Propyläen
Geschichte Europas
Band 1

Propyläen Geschichte Europas

Band 1
Anspruch auf Mündigkeit
um 1400–1555

Band 2
Hegemonialkriege und
Glaubenskämpfe
1556–1648

Band 3
Staatsräson und Vernunft
1649–1775

Band 4
Der Durchbruch des Bürgertums
1776–1847

Band 5
Staatensystem
als Vormacht der Welt
1848–1918

Band 6
Die Krise Europas
1917–1975

Propyläen

Propyläen
Geschichte Europas

Hellmut Diwald
Anspruch auf Mündigkeit

um 1400–1555

Propyläen

Ungekürzter fotomechanischer Nachdruck des 1975 erschienenen
ersten Bandes der »Propyläen Geschichte Europas«

Umschlagentwurf: Theodor Bayer-Eynck unter Verwendung
von Fotos aus dem Archiv für Kunst und Geschichte, Berlin
Gesamtherstellung: Franz Spiegel Buch GmbH, Ulm-Jungingen

Frankfurt am Main · Berlin
Propyläen Verlag
Printed in Germany 1992
ISBN für das Gesamtwerk:
3-549-05220-0
ISBN für das Einzelwerk:
3-549-05312-6

Die Deutsche Bibliothek – CIP-Einheitsaufnahme

Propyläen-Geschichte Europas / [Red.: Wolfram Mitte ...]. –
Ungekürzter fotomechanischer Nachdr. – Frankfurt am Main ;
Berlin : Propyläen.
ISBN 3-549-05220-0
NE: Mitte, Wolfram [Red.]

Ungekürzter fotomechanischer Nachdr.
Bd. 1. Anspruch auf Mündigkeit : um 1400–1555 / Hellmut
Diwald. – Ungekürzter fotomechanischer Nachdr. des 1975
erschienenen 1. Bd. – 1992
ISBN 3-549-05312-6
NE: Diwald, Hellmut

Inhalt

Europa: Abendland und Morgenland

Seit Herodot wurde Geschichtsschreibung als eine Form der Erzählkunst betrieben – mehr als zwei volle Jahrtausende hindurch. Die Erzähler konnten recht unterschiedliche Absichten haben: unterhaltende, verklärende, rechtfertigende, belehrende, informierende. Mit dieser großen Tradition brach erst die moderne Geschichtsschreibung, die sich auf der Basis der Geschichtswissenschaft entwickelt hatte. Ihre Geburt begann mit einem Akt der Desillusion. Das Vertrauen zum naiven Berichten von der Geschichte ging verloren; die Historiker distanzierten sich entschieden und bewußt davon. Kritik, zunächst in ihrer engeren Bedeutung als Quellenkritik, wurde zum Prüfstein dafür, was Geschichte tatsächlich gewesen war.

Zum historischen Geschehen gibt es keinen direkten Zugang; das wissen wir seitdem unwiderruflich. Vergangenheit wird uns nur durch geschichtliche Quellen vermittelt. Der moderne Historiker muß mit der verdrießlichen Tatsache fertig werden, daß Geschichte nur auf dem Weg mühseliger Erforschung und reflektierten Wissens erreicht wird und sich in der Darstellung nicht momentgetreu abspiegeln läßt. Historie ist kein Sujet für naturalistische Maler, und deshalb geht es in der Geschichtsschreibung um kein Abbilden. Das hat viele Gründe. Der wichtigste ist zweifellos, daß es sich bei der historischen Vergangenheit um keinen festumrissenen, abgeschlossenen Gegenstand handelt, sondern um einen ungeheuren Komplex von einmaligen, unwiederholbaren Ereignissen, Zusammenhängen, Wechselbeziehungen, Bedingungen, Wirkungen und Nachwirkungen, bei dem es konstant um den Menschen und sein Konzept, seine Gesellungsformen und Institutionen geht. In diesem verwirrenden Gespinst von Folgeeffekten sind sämtliche denkbaren und real möglichen Konstellationen der Gegenwart angelegt. Daraus läßt sich aber kein Prinzip entwickeln, das den Historiker ermächtigen würde, nur diejenigen Momente der Geschichte hervorzuheben, die der Profilierung unserer eigenen Zeit dienten. Jedenfalls ist es nicht einmal in der phantasielosesten Geschichtsschreibung möglich, nur eine Aneinanderreihung von Tatsachen wiederzugeben; sie ist zur Interpretation gezwungen. Für den Historiker gehört die Nötigung zur Interpretation zu den Voraussetzungen der geschichtlichen Objektivität, der Sachangemessenheit. Geschichtsschreibung ist heute mit dem Grundsatz verbunden, daß man sich sowohl von seinem Forschungsobjekt kritisch zu distanzieren hat, als auch von sich selbst Abstand nehmen muß, von den eigenen Vorlieben, Abneigungen und Vorurteilen.

Die Beziehung des Historikers zur Geschichte wird wesentlich stabilisiert durch die Kategorien, die es für ihre Erfassung und Darstellung gibt; etwa: Linearität der geschichtlichen Abläufe, Kontinuität und Veränderung, Tradition und Konvention, Wirkungszusammenhang, Finalität des menschlichen Handelns, Generation und Epoche, Zäsur und Periode, Krise, Bedeutung und Werk, Notwendigkeit und Freiheit. Festigend wirkt sich auch die unlösbare Verbindung der geschichtlichen Ereignisse mit dem objektiven, physikalisch meßbaren Zeitverlauf aus. Allerdings läßt sich das Entscheidende der historischen Entwicklungen und Veränderungen nicht mit den einfachen Maßeinheiten der Chronologie erfassen.

Unter dem Gesichtspunkt der Endgültigkeit bildet die Geschichte eine Art orographisches Thema; sie gleicht dem Panorama eines Gebirges mit seinen Gipfeln, Abbrüchen, Hochebenen und Tälern. Unter dem Gesichtspunkt der historischen Wirkung dagegen kann das Wesentliche am besten mit dem Begriffsarsenal der Elektrodynamik verdeutlicht werden; da gibt es unveränderliche Felder, Induktionen, Impulse, Kraftlinien, Schwingungen, Interferenzen, Widerstände, periodische Wechsel, Entladungen und Kurzschlüsse. Für beide Aspekte ist die logische Vernunft zwar eine Voraussetzung, aber sie ist alles andere als ein Mittel, um die Geschichte lückenlos zu erklären und begreiflich zu machen. Daß unsere Vernunft überhaupt dazu in der Lage ist, in der augenfälligen Anarchie so viel Geordnetes zu entdecken, macht ein Gutteil ihrer Größe aus, einer Größe allerdings, die sich erst dort voll entfaltet, wo auch das Bewußtsein von den eigenen Grenzen entwickelt wird. Geschichte ist für die Vernunft das härteste Feld der Bewährung. Sie bietet ihr die Möglichkeiten weiter Expansion, sie kann hier aber ebenso ihre Dignität prüfen durch den Respekt vor demjenigen, das sich rational nicht erklären läßt. Denn bis jetzt ist es selbst den Experimentatoren nicht gelungen, die Geschichte völlig unter das Regime der Vernunft zu beugen.

Unseren Bedürfnissen nach Übersicht und Struktur kommt es entgegen, die historischen Prozesse wenigstens im Rückblick einer geregelten Chronologie anzupassen. Wenn sich dieses Zugeständnis allerdings in Pedanterie verwandelt, entsteht ein falsches Bild. Zahlen, Perioden, Zeitalter, Konstellationen, Zusammenhänge, Wirkungen – wir brauchen solche Daten und Mittel, um uns die Dinge zu verdeutlichen. Wer in ihnen mehr sehen will als nur Behelfe, der verwendet sie auf Kosten der Tatsachen und ihrer Klarheit. Historische Epochen sind nichts Feststehendes, sondern Näherungsformeln. Ihr Charakter und die Begrenzungen, innerhalb derer sie gültig sind, ändern sich, sobald neue Gesichtspunkte ins Spiel der historischen Urteile kommen. Dann müssen wir unser Wissen von einem bestimmten Geschichtssegment oder einer ganzen Epoche berichtigen. Solche Korrekturen sollten nicht vom Geschmack der Zeit und nicht von den wechselnden Interessen einer wechselvollen Gegenwart abhängen. Zeitalter und Perioden der Geschichte werden zwar von uns Menschen festgesetzt, aber wir dürfen das nicht ohne Rücksicht auf die Fakten. Der Historiker hat mehr zu tun, als nur Gedanken in Worte umzusetzen. Er muß die Phänomene berücksichtigen, die sich in der Geschichte ausgeformt haben, und er muß versuchen, sie angemessen zu formulieren, damit wir uns über sie verständigen können.

Die Grenzen der interpretierenden und darstellerischen Freiheit des Historikers sind durch die historischen Gebilde und Ereignisse festgelegt. Daß Freiheit nur im Reich der Träume ist, war ein bestechender Irrtum Schillers. An dieser Sentenz ist so viel richtig, daß der Verstand die größte Freiheit besitzt, wenn er sich um sich selbst dreht. In einem solchen Fall sind die Gedanken wirklich frei. Den nachdenklichen Menschen hat das zu allen Zeiten fasziniert. Mit Recht gehört es zum Schönsten an der Kopfarbeit, daß sie uns allmählich dazu befähigt, sie auszuüben. Leider darf der Historiker sich diese Freiheit nicht leisten; er bleibt ein Sklave seiner Phänomene. Deshalb sollte er auch niemals sein Strukturierungsbedürfnis übermächtig werden lassen. Er braucht den Mut zu der Einsicht, daß die normativen Prinzipien und die Ordnungslogik immer wieder in der Flut des Materiellen und Sinnlich-Vitalen zuschanden werden. Er muß die Neigung bekämpfen, sich die Dinge nur durch ihre wirklichen, vermuteten oder unterstellten Abhängigkeiten und Wirkungen zu verdeutlichen. Solche Gelüste vergällt er sich am besten durch das präzise Studium einzelner Persönlichkeiten, ungewöhnlicher Details oder sogenannter Zufälle. Dabei kommt er rasch ins Schwerefeld eines anderen Extrems, das genauso verführerisch sein kann: der Überzeugung, daß sich die Weltgeschichte mit Vorliebe als Chaos entfaltet und nicht als Logik. Der Vernunft- und Gesetzesgläubige hat allerdings mehr mit dem berauschten Historiker der Regellosigkeit zu tun, als beide glauben. Wer versucht, die Geschichte nur an Hand des historiographischen Gliederungsbedürfnisses mit Hilfe der menschlichen Logik aufzubereiten, der landet schließlich bei derselben anarchischen Willkür, die der Anlaß gewesen ist, sich in den Bunker des Verstandes zu retten. Nicht viel anders sieht es bei demjenigen aus, der die Geschichte als regelloses Feuerwerk schillernder Erscheinungen präsentiert, das nur durch die Zeiteinheiten des Erdumlaufs, durch die Jahreszahlen also, zusammengehalten wird.

Beide Extremlagen erinnern den Historiker an seine Doppelaufgabe: Er muß versuchen, dasjenige aufzugreifen und zu formulieren, das völlig klar zu sein scheint und sich trotzdem nur annähernd sachgerecht erfassen und darstellen läßt. Und er muß ebenso versuchen, dasjenige ins Wort zu bringen, das bloß wuchernde Fülle der Geschichte zu sein scheint und sich zu leicht schildern läßt, als daß es angemessen geschildert wäre.

Die traditionellen Bezeichnungen ›Altertum‹, ›Mittelalter‹ und ›Neuzeit‹ sind von den Fachleuten schon lange zu Notbehelfen und Schablonen degradiert worden. Dennoch ist es bis jetzt nicht gelungen, etwas Besseres an die Stelle des Dreierschemas der aufeinanderfolgenden Geschichtsabschnitte zu setzen. Dieses Unvermögen enthält das verschämte Zugeständnis, daß es sich hier nicht um etwas durchweg Falsches handeln kann, daß also die Hauptetappen der bisherigen Geschichte Europas mit dieser Gliederung im wesentlichen richtig umrissen sind. Die Frage ist dann nur noch, mit welchen Daten oder Jahrzehnten die Epochenwechsel sich verbinden. Zeitalter beginnen oder enden freilich nicht mit solchen Fixpunkten. Andererseits kann man durch bestimmte Daten die Stadien der Veränderungs- und Ablösungsprozesse oft besonders gut veranschaulichen. Jahreszahlen, mit denen der Beginn der Neuzeit gern verknüpft wird, sind der 29. Mai 1453, der Tag, an dem Konstantinopel durch die Osmanen erobert wurde, oder die Entdeckung Amerikas durch Kolumbus 1492. Traditionell besonders geschätzt ist der Fixpunkt des Jubeljahres 1500 auf dem Höhepunkt der Entdekkungsphase. Kurz zuvor, als Konsequenz des Erfolges von Kolumbus, hatten sich Portugal und Spanien über den Besitz der noch unentdeckten Welt geeinigt. Die Rücksicht auf äußerlich-politische Gesichtspunkte kann ohne Schwierigkeit dazu verleiten, das Datum 1500 mit dem Akzent eines neuen Zeitenbeginns auszustatten. In der Sache aber läßt sich dafür keine stichhaltige Begründung finden. Gerade diese Jahreszahl ist mehr als willkürlich. Sachlich ist es weit zutreffender, die Neuzeit schon einhundert Jahre früher »beginnen« zu lassen: um 1400, nach dem Sieg der Osmanen auf dem Amselfeld 1389, während des Krisenhöhepunktes des Großen Schismas.

Abgesehen von allem Streit über die Korrektheit solcher Bezeichnungen wie Altertum oder Mittelalter, abgesehen auch von den Auseinandersetzungen über die begrenzenden Jahreszahlen, reicht der Abschnitt, in dem sich diejenigen Konstellationen entwickelten, die für das moderne Zeitalter Europas charakteristisch sind, etwa von der Schlacht auf dem Amselfeld bis in die Mitte des 16. Jahrhunderts: zum Augsburger Religionsfrieden also, der Abdankung Karls V., dem ersten Höhepunkt des Schiffsverkehrs zwischen Spanien und Amerika. Wenn man sich nicht an bestimmte Daten halten will, sondern an ausgreifendere Bewegungen, dehnt er sich vom Großen Schisma bis weit über die erste Phase der Reformation. Die Rückkehr des Papstes aus Avignon nach Rom gehört genauso dazu wie die breite Entfaltung der Reformation. Die ersten Konturen dieser neuen Epoche Europas treten demnach im 14. Jahrhundert hervor, aber das Mittelalter selbst reicht mit seinen letzten Fühlern bis in die Ära Karls V. Der thematische Zusammenhalt dieses Abschnitts ist schon durch die Glaubensfragen gesichert, denn der Zerfall der kirchlichen Einheit im 16. Jahrhundert ist eine Fortführung und letzte Entladung der Situation vor und während des Großen Schismas.

Problematisch wie die feste Datierung ist die Frage der Epochengeltung. Im allgemeinen wurde der Ausdruck ›Mittelalter‹ lediglich für die Geschichte Zentral- und Westeuropas benutzt, meist auch noch mit der Unterstellung, daß die Geschichte Europas sich im wesentlichen nur hier abspielte. Ranke hatte der Geschichtsforschung ungewollt einen Bärendienst erwiesen, als er sein berühmtes Erstlingswerk als ›Geschichte der romanischen und germanischen Völker‹ vorstellte. Seitdem wurde europäische Geschichte allzu selbstverständlich einem Wirbel gleichgesetzt, der in diesem Raum sein Zentrum hatte und dem sich alles übrige, zumal Byzanz, das Osmanenreich und Rußland, sekundär zugesellte. Heute aber läßt sich die große Rolle nicht mehr ignorieren, die das Osmanenreich und Rußland im europäischen Staatensystem dieser Zeit spielten, läßt sich nicht unterschlagen, daß die kulturelle Einheit des Kontinents im 15. und 16. Jahrhundert auch Ostmitteleuropa umschloß und unter dem Aspekt der künstlerischen Produktion und Vitalität Moskau und Konstantinopel ein eigenes Schwergewicht besaßen, das den europäischen Metropolen gleichgeordnet war. Als Beweis für die politischen Valenzen müßten die Rücksichten und Bündnisversuche zwischen Frankreich und den Osmanen gegen Habsburg–Spanien einerseits und die Allianzbemühungen Wien–Moskaus gegen Paris andererseits vollauf genügen.

Ost-Rom, die Entwicklung des byzantinischen Reiches, die Ereignisse in Rußland und im Ost- und Südostbereich des Mittelmeeres waren für die Historiker mehr als ein Jahrhundert lang allen Tatsachen zum Trotz Phänomene, die mit Europa nichts oder nur in mysteriöser Beziehungslosigkeit etwas zu tun hatten. Deshalb schien es folgerichtig zu sein, daß es in der Geschichte dieser Räume und Staaten keine Zäsuren gab, durch die sich eine Periodisierung entsprechend dem zentral- und westeuropäischen Mittelalter im gängigen Sinn rechtfertigen ließe. Können aber Epochen, hier vor allem die Epochen der Geschichte Europas, so eng gezogene räumliche Grenzen haben? Gilt die Periodisierung Altertum – Mittelalter – Neuzeit nicht für Ost-Rom, nicht für das russische Reich, nicht für die Entwicklung des Islam und seiner Staaten auf dem Boden Europas? Die Frage ist nicht absurd, sinnwidrig ist die Verabsolutierung einer Epochengliederung. Byzanz paßt nicht zu der traditionellen Mittelalter-Charakterisierung, das Dreierschema ignoriert Kultur und politische Expansion des Islam, springt über die Tatsache hinweg, daß noch zu Beginn des 11. Jahrhunderts der Mittelpunkt Europas sich nicht in Rom oder Paris befand, sondern in Córdoba, der Residenz der Omayyaden in Spanien. Byzanz, der Islam, Rußland fallen aber nur aus der traditionellen Epochengliederung, nicht jedoch aus der Entwicklung Europas heraus. Ihre Geschichte gehört vollständig und essentiell zur europäischen Geschichte. Die Geschichte Europas ist nicht die Geschichte des Abendlandes, sondern die Geschichte des Morgenlandes und des Abendlandes. Europa war übergreifend, es umfaßte das weströmische und dann römisch-katholisch geprägte Abendland ebenso wie das oströmisch-byzantinisch und dann islamisch bestimmte Morgenland, vom russischen Raum ganz zu schweigen.

Das starre Dreierschema hatte den Irrtum genährt, als wäre in den letzten eineinhalb Jahrhunderten Geschichtsschreibung nur an Hand eines eurozentrischen Weltbildes betrieben worden. In Wirklichkeit handelte es sich dabei um eine erklärt christlich-zentrierte Historiographie, bei der das italienische Rom den Bezugspunkt der Welt darstellte. Nur diese spezielle Einengung muß heute korrigiert werden, nicht die Tatsache, daß von den ersten ägyptischen Dynastien bis tief in unser Jahrhundert Weltgeschichte effektiv nichts anderes gewesen war als eine Geschichte, die sich auf dem europäischen Kontinent und den angrenzenden Gebieten ereignete, vor allem rund um das Mittelmeer – eine Geschichte, die von Europa ausging und in der sich vor allem Europa, um nicht zu sagen: nur Europa, manifestierte. Die West-Ost-Abgrenzungen hatten sich im übrigen schon die griechischen Seefahrer der Kolonisationszeit recht genau markiert: von den Säulen des Herakles bis zum Don. In seinen ersten vier Jahrhunderten war das Christentum kein Phänomen Zentraleuropas, sondern Vorderasiens und Ägyptens, also der Diözese Oriens, wie unter Diokletian der Orient bezeichnet wurde. Und Augustinus, der größte Kirchenlehrer bis zu Thomas von Aquin, war Numidier.

In den Ausdruck ›Eurozentrismus‹ verpackte man jahrzehntelang die bittersten Vorwürfe, die jemals gegen die europäische Geschichtswissenschaft erhoben wurden. Die eurozentrische Historiographie sei provinziell-abendländisch fixiert, ihr Gesichtskreis reiche nicht über den Kirchturmhorizont hinaus, den die Sicht vom Petersdom in Rom abstecke. Auch dasjenige, das von ihr unter dem Etikett ›Weltgeschichte‹ angeboten worden sei, hätte seinen Segen nur gemäß dem päpstlichen »Urbi et orbi« erhalten. Diese Mischung aus Narzißmus und Nabelschau sollte aber nicht nur die Besonderheit einer erklärt christlichen Geschichtswissenschaft gewesen sein. Auch für die anderen Historiker, die neuhumanistisch imprägnierten, sei das Abendland der Weltmittelpunkt gewesen, und alle außereuropäische Geschichte hätte es nur mit Affären zu tun gehabt, die sich auf Straßen zweiter und dritter Ordnung abspielten. Eurozentrismus, das sei Arroganz plus Hybris plus Ideologie.

Solche Argumente waren nur zum geringen Teil sachlich motiviert. Insgesamt gehörten sie in den Bezirk des allgemein-europäischen Minderungskomplexes, der sich nach dem Zweiten Weltkrieg vorübergehend ausgebildet hatte, als Politiker und Historiker die europäisch-abendländischen Felle in die USA, die Sowjetunion, nach China und in die Dritte Welt davonschwimmen sahen. Ob sich heute die Weltpolitik noch immer vorwiegend an europäischen Problemen orientiert, steht nicht zur Debatte. Der Historiker muß allerdings feststellen, daß es zur Zeit kein Volk und keinen Staat gibt, gleichgültig auf welchem Kontinent, dessen brennendste Probleme nicht Neuauflagen oder Spielarten europäischer Probleme wären: die Fragen der Industrialisierung, der Demokratie, des Sozialismus, der unabhängigen Nationalität und individuellen Freiheit. In Europa sind diese Forderungen allzu bekannt und vertraut; deshalb hält man sie schon weithin für abgestanden und reagiert kühl, als wären sie nur der Widerhall von Kastagnetten-Formeln. Außerhalb Europas jedoch verbinden sich damit Opferbereitschaft und Leidenschaften, für die das Risiko des Todes nur eine Nebenwirkung des Weges ist, der zur Verwirklichung dieser Forderungen führt.

Jeder universalhistorische Ansatz muß heute grundsätzlich davon ausgehen, daß die entscheidenden Trends und wesentlichen Treibsätze europäisch geartet und konditioniert sind. Wird das nicht beachtet, dann bringt man es nur zu einem Bündel unterschiedlicher Staatengeschichten. Durch Europa entstand der globale Geschichtsraum, Europa bildete seine Struktur und Konstitutiva aus, in Europa wurde auch das Geschichtsbewußtsein schlechthin entwickelt. Die Geschichte des europäischen Zeitalters ist das Fundament jeder Weltgeschichte. Auch der Ausgriff in und über die Weltmeere gehört essentiell zum Zeitalter Europas. Durch ihn wurde die Geschichte der transeuropäischen Kontinente abhängig von europäischen Entwicklungen und Entscheidungen. Der europäische Vorrang läßt sich nicht hinwegdisputieren. Mit »Vorrang« ist keine rangmäßige Stufung gemeint, sondern ein Sachverhalt, dessen Bewertung durchaus kontrovers sein kann, dessen Existenz aber nicht zu bestreiten ist. Daß alle wichtigen Impulse, Anstöße und Bewegungen von Europa ausgingen, zeigt sich besonders eindrucksvoll in derjenigen Epoche, die zum ersten Mal den Anspruch auf Mündigkeit erhebt. Die Zeit vom Großen Schisma bis zum Augsburger Religionsfrieden strotzt von Zwangsläufigkeiten und Widersinn, Verfall und neuen Phänomenen, Zusammenbrüchen und Expansionen, Auflösungen und Kristallisationen. Der widerwärtige Druck der Notwendigkeiten ist ebenso vorhanden wie das aufschäumende Gefühl unbegrenzter Aktions- und Ideenfreiheit. Die Polyphonie des Miteinanders und Widerstreitens, die Fülle der Bewegungen und Veränderungen erscheinen verwirrend; sie werden noch gesteigert durch die unerhörte Zahl profilierter Persönlichkeiten, die plötzlich den Vordergrund der Geschichtsszene bestimmen.

Hier hebt sich das 15. Jahrhundert scharf und markant von den vorangehenden Epochen ab. Das Mittelalter war im wesentlichen beherrscht vom Widerspiel zwischen Universalismus und Partikularismus, zwischen Religion und Territorium. Der Papst als Gott auf Erden, Deus in terris, das gehörte ins Bild. So wie der Kaiser, der seinen Auftrag nicht viel anders sah. Bei aller Härte aber war dieser Antagonismus im Mittelalter verhältnismäßig ausgeglichen. Die Labilität dieses Gleichgewichtes zeigte sich erst bei seiner Zerstörung. Der Staat schob sich nun als eigene Größe dazwischen, vor allem mit Hilfe der fürstlichen Hebel. Vordergründig ging der Kampf um die Stärkung oder Depotenzierung der partikularen Territorien. Im deutschen Reich lief dieser Prozeß besonders kompliziert und langwierig ab – ein Sonderfall, wenn man mit anderen Staaten vergleicht. Zweifellos bildete die Kirche in dieser Phase noch immer die Achse des Herrschaftsraumes. Allerdings wurde für die Gesamtentwicklung nicht mehr ihr Schwergewicht maßgebend, sondern die Verminderung ihres Schwergewichtes.

Die Veränderung zeigte sich zunächst als Zerstörung. Gleichgültig, woran man illustriert, was die sogenannte Höhe einer Epoche ausmacht, oder was man im einzelnen mit so angeschlagenen Begriffen wie ›Niedergang‹ oder ›Verfall‹ meint: Ohne Zweifel ist die Richtung der europäischen Gesamtentwicklung vom Ende des 13. bis zum Beginn des 15. Jahrhunderts nicht aufsteigend, nicht auf Anwuchs, Blüte, Auftrieb und Wohlstand, nicht auf Expansion und Prosperität im umfassendsten Sinne gerichtet. Obgleich in derselben Jahrhundertspanne etwas völlig Neues sich auszuformen begann, wurden die Anzeichen dafür von den Wogen der Erschütterungen fast vollständig überdeckt: Das Exil der Päpste in Avignon, der Hundertjährige Krieg – seit seinem Beginn 1339 das grellste Indiz für die Dominanz des Krieges während des 14. Jahrhunderts –, die Hungersnöte und Seuchenwellen, die in der Pestkatastrophe 1348/49 gipfelten, der französische Bauernaufstand 1358, die Jacquerie, das Große Schisma 1378 bis 1417, die Aufstände in England und Frankreich 1381/82, der sensationelle Sieg der Schweizer Eidgenossen über die österreichischen Ritter bei Sempach 1386, die Schlacht auf dem Amselfeld 1389 und schließlich die Niederlage König Sigismunds von Ungarn gegen die Türken bei Nikopolis, sieben Jahre später. Das sind keine Klammerdaten verstaubter Schlachtengeschichte, sondern Höchstmarkierungen im Seismogramm der Zeit.

Kein Wunder, daß in einem solchen Jahrhundert Handel und Geldwesen weitgehend stagnierten. Geldentwertungen und Bankiersbankrotte ließen die Zeitgenossen drastisch darunter leiden. Die Inflationen wurden mehr als einmal von den Monarchen künstlich herbeigeführt, durch Münzverschlechterungen und Neuprägungen, denn die Herrscher glaubten damals noch, auf solche Weise am einfachsten aus der ständigen Geldnot herauszukommen; klassische Beispiele dafür hat Frankreich geliefert. Allerdings ist die Lage gerade im Kapitalbezirk nur unzureichend mit dem Wort Stagnation charakterisiert. Denn im selben Jahrhundert liefen die Veränderungen des gesamten Geld- und Finanzwesens an, wurde rigoros umgesattelt. Nicht nur, daß zur Beherrschung des Metiers weitaus mehr Präzision und Kenntnisse fast wissenschaftlicher Manier nötig wurden, nicht nur, daß eine außerordentliche Differenzierung stattfand, die sich als Folge einer großartigen Rationalisierung niederschlug – ohne eine grundlegend neue Einstellung zum Geld schlechthin wäre die Distanzierung von den alten Formen und Gebräuchen nicht durchgeführt worden. Geld wurde zum ersten Mal eine selbständige Größe.

Im Gegensatz zu Meinungen, die noch vor knapp zwei Jahrzehnten energisch vorgetragen wurden, ist es weit überzeugender, die Gesamtentwicklung Europas auch in wirtschaftlicher Hinsicht als überwiegend geschlossenen Prozeß anzusehen. Die Sache zwingt dazu. Regionale Unterschiede gab es zu allen Zeiten in jedem Bereich. Im 14. und 15. Jahrhundert wurden sie jedoch nie so groß, daß der Historiker berechtigt wäre, von einer Aufsplitterung Europas in drei oder vier wirtschaftliche Großräume zu sprechen, die voneinander so gut wie unabhängig gewesen sein sollten. Tatsächlich verhielt es sich umgekehrt. Gerade im 15. Jahrhundert drängte sich überall in Europa der Gleichklang auf, die wechselseitige Abhängigkeit und Konvergenz von Handel, Wirtschaft, Geldwesen, Außenpolitik, religiöser Entwicklung, geistiger Vitalität.

Das zwingt auch die Darstellung zu einigen Besonderheiten. Die politische Geschichte hält sich gewöhnlich dicht an den Nerv der äußeren Entscheidungen. Für diejenige Epoche aber, die das Thema dieses Buches ist, gilt das nur modifiziert. In ihr herrscht weithin eine Gleichrangigkeit des religiös-geistigen, individuell-kulturellen, wirtschaftlich-sozialen und politischen Lebens. Die Stärke ihrer Triebkräfte ist ausgeglichen. Das Geflecht der Bezugs- und Knotenpunkte ist annähernd regelmäßig strukturiert. Dadurch wird der Historiker zu einer enzyklischen Geschichtsschreibung und einem Darstellungsverfahren gedrängt, für das die Abfolge der politischen Ereignisse genausowenig verbindlich sein kann wie die Fluchtlinie der Chronologie. Geschichte manifestiert sich persönlich und unpersönlich, in Menschen und objektiven Bewegungen. Ihre Wirklichkeit soll dargestellt werden. Das ist die Forderung und das Problem. Realität ist nun einmal keine Sache des Kopfes, sondern des Kopfes und der Sinne. Ein Historiker, der die sinnliche Anschauung ignoriert, mißachtet die Wirklichkeit. Und er setzt sich ebenfalls über sie hinweg, wenn er die außerpersönlichen Bewegungen und Kräfte zu Lasten des einzelnen überbewertet – oder umgekehrt alle Entscheidungen in den Händen des einzelnen sieht und das übrige beiseite läßt.

Die Präliminarien des Zeitalters Europas werden im 14. Jahrhundert eröffnet und im folgenden beendet. Da berauscht sich der Universalismus der Kirche an seiner eigenen Abendstimmung, und gleichzeitig, weil davon abhängig, individualisieren sich endgültig Staaten, Mächte, Stände. Souveränität wäre aber nicht zu gewinnen gewesen, wenn damals nicht der einzelne seine Befähigung zur Souveränität entdeckt und Anspruch auf Mündigkeit erhoben hätte. Dieses Bewußtsein und diese Selbstsicherheit konnten sich nur entwickeln, weil der Wechsel, das Dynamische schlechthin, konstitutiv für die Selbstverwirklichung des Menschen ist. Im 15. Jahrhundert wird die permanente Veränderung als ein anthropologisches Grundmoment sichtbar. Zum ersten Mal stellt sich die Vermutung ein, ob nicht die Variabilität das einzig Beständige am Menschen sein könnte. Das Handeln allein ist nicht signifikant für den Menschen, denn auch das Handeln wechselt. Die Bemühung, ihn auf bestimmte gesellschaftliche Konditionen festzulegen, ist nur ein spezieller Versuch, die Momente seiner Unbestimmtheit weitmöglichst zu reduzieren. Wer ihn auf diese Kondition hin orientiert, ignoriert das wirkliche Privileg des Menschen.

Diesen Vorrang mit dem alten Reizwort ›Freiheit‹ zu bezeichnen, ist nicht korrekt, ja widersinnig. Denn Freiheit bedeutet für den Menschen noch immer, daß er einem täglich sich wiederholenden Entscheidungszwang unterliegt, den er nicht von sich abwälzen kann. Die Pression zum Entschluß und zur Handlung ist so unerbittlich, wie die Reaktion der Tiere entsprechend ihrer Natur unerbittlich ist. Variabilität, Fluktuation, Mobilität – das charakterisiert den Menschen. Sein Kommen und Gehen, seine Herkunft und seine Ziele stehen in ihrer Unberechenbarkeit der Vagabondage weit näher als demjenigen, das nach konstatierbarem Gesetz aussieht. Und diese Wechselfreude und Beweglichkeit sind zum ersten Mal in derjenigen Geschichtsepoche zu einem Bewußtseinsfaktum und Signet des Verhaltens geworden, in der das moderne Zeitalter Europas debütiert.

Kirche in der Welt

Das Ringen zwischen Papst und Kaiser im Spätmittelalter war zu Ende gegangen, ohne daß man wußte, wer die Flagge gestrichen hatte. Zielbewußt hatte das Kaisertum den Weg eingeschlagen, der aus der Oberhoheit der römischen Kurie herausführte. Diese Befreiung aber war nicht verbunden mit Machtzuwachs, Festigung der Basis, Stärkung der politischen Kraft. Denn der Kaiser hatte sich auf die Fürsten gestützt, und von diesem Moment an war innerhalb des Imperiums der Vormarsch der partikularen Kräfte nicht mehr aufzuhalten. Die weltlichen Privilegien, die der Kaiser verlangt hatte, konnte er zwar nach außen als Recht durchsetzen, aber er war unfähig, diese Forderungen auch im politischen Feld zu verwirklichen. Er war ein Sieger ohne Gewinn, ja ein Sieger um den Preis schwerster Verluste, denn die zunehmende Distanzierung von Rom bedeutete eine durchgreifende Verweltlichung des Kaisertums. Die Säkularisierung machte den Kaiser zwar selbständiger, degradierte ihn jedoch mehr und mehr zu einer nur politischen Größe, die sich der Substanz nach kaum noch von anderen politischen Größen unterschied.

Ist die weltliche Gewalt der geistlichen unterworfen? Auf diese Frage hatte sich der Kampf schon zwischen Gregor VII. und Heinrich IV. zugespitzt. Dieselbe Frage war zu Beginn des 13. Jahrhunderts von Innozenz III. in feierlichem Tonfall bejaht worden. Ein weiteres Jahrhundert darauf kam es noch einmal zu einer Reprise. Bonifatius VIII. versuchte gegenüber dem französischen König Philipp dem Schönen, in einem ungeheuren Kraftakt die alte Macht der Kirche zu behaupten, und das hieß vor allem: die kurialen Weltherrschaftsansprüche durchzusetzen. Das Duell zwischen Pontifex und Herrscher war von rücksichtsloser Härte. Der Kampf dieses finsteren, gewalttätigen, wahrhaft großen und von seiner Größe kleinlich besessenen Papstes um Frieden in Europa, sein Ringen mit Frankreich und dem französischen Königtum wurden zu einer verzweifelten Schlacht, die er für die Unabhängigkeit der Kirche schlug, und gleichzeitig zu einer verbissenen Verteidigung gegenüber den zunehmend national-staatlich orientierten, politischen Mächten.

Die große Bulle ›Unam sanctam‹ vom 18. November 1302 präzisierte den Anspruch des Papstes auf Weltherrschaft mit einem Hochmut, der seine ganze Schärfe letzten Endes nur aus der faktischen Schwäche des Papsttums bezog. In keinem Erlaß des Mittelalters und keinem Dokument der neueren Zeit wurde der Supremat des Pontifex über alle weltliche Herrschaft schroffer behauptet; da heißt es: »Eine heilige katholische apostolische Kirche müssen wir im Gehorsam des Glaubens annehmen und festhalten. Von dieser einen und einzigen Kirche gibt es nur einen Leib und ein Haupt, Christus nämlich und Christi Stellvertreter, Petrus und Petri

Der Papst im Mittelpunkt von Repräsentanten der geistlichen und weltlichen Mächte
Aus dem Wandgemälde ›Die streitende und triumphierende Kirche‹ von Andrea da Firenze
in der Spanischen Kapelle von S. Maria Novella in Florenz, um 1365

Nachfolger. – Daß dieser über zwei Schwerter zu verfügen hat, ein geistliches und ein weltliches, das lehren uns die Worte des Evangeliums. Beide Schwerter hat die Kirche in ihrer Gewalt, das geistliche und das weltliche. Dieses aber ist für die Kirche zu führen, jenes von ihr. Ein Schwert aber muß dem anderen untergeordnet sein, die weltliche Macht muß sich der geistlichen fügen. Daß aber die geistliche Macht an Würde und Adel jede weltliche überragt, müssen wir um so freier bekennen, als überhaupt das Geistliche mehr wert ist als das Weltliche. Das ersehen wir auch deutlich aus dem Regiment der Welt. Denn in Wahrheit: Die geistliche Macht hat die weltliche einzusetzen und ist Richterin über sie, wenn sie nicht gut ist. – Es ist aber diese Macht, auch wenn sie einem Menschen gegeben ist und von einem Menschen ausgeübt wird, keine menschliche, sondern eine göttliche, nach Gottes Wort dem Petrus gegeben, ihm und seinen Nachfolgern von Christus selbst. Somit erklären wir denn, daß alle menschliche Kreatur dem Papst in Rom untertan sein muß, wenn sie nicht die Seligkeit ihrer Seelen verlieren will, und wir sagen es ihr und bestimmen es.«

Mit dieser Bulle zerbrach endgültig die delikate Kooperation zwischen geistlicher und weltlicher Herrschaft, wurde zum letzten Mal die alte Lehre von den zwei Schwertern beschworen, da beide Schwerter schon gegeneinander gezogen waren. Jetzt ließ auch der französische König sämtliche Rücksichten fallen. Der Papst wurde der Gotteslästerung beschuldigt, der Simonie, ja selbst der Zauberei und persönlichen Lasterhaftigkeit angeklagt. Philipp IV. entsandte Truppen nach Rom. Der achtundsechzigjährige Pontifex flüchtete in das Bergstädtchen Anagni, seinen Geburtsort. Ein Ultimatum, sich zu ergeben, lehnte er ab. Daraufhin wurde sein Palast gestürmt. Der Ratgeber des französischen Königs, Wilhelm von Nogaret, und Graf Sciarra Colonna drangen in das Zimmer des Papstes ein und forderten seinen Rücktritt. Bonifatius VIII. weigerte sich; eher wollte er sterben: »Hier mein Nacken, hier mein Haupt!« Zwei Tage blieb er in seinem Palast gefangen. Dann befreiten ihn die Einwohner von Anagni nach schweren Kämpfen. Fünf Wochen später starb er.

Die mittelalterliche Herrschaft des Papsttums endete an jenem Spätsommertag 1303 in Anagni. In Nogarets und Colonnas Auftritt wurde erstmals eine politisch motivierte Gewalttätigkeit sichtbar, die keine Immunität des Stellvertreters Gottes auf Erden anerkannte. Hier hatte nicht nur der säkulare Staat sein Debüt, hier war auch der erste Akt eines Aufbegehrens, dessen Summe zweihundert Jahre später Luther mit der reformatorischen Forderung und ihrer gewaltsamen Verwirklichung zog.

Im Jahr 1305 wurde Clemens V., der Erzbischof von Bordeaux, neuer Pontifex. Das Konklave hatte fast ein Jahr gedauert, dann war der Kampf zwischen der französischen und italienischen Partei entschieden; das Kardinalskollegium hätte ebenso den französischen König wählen können. Clemens V. wurde in Lyon gekrönt. Er residierte in Bordeaux, schließlich in Avignon. Mit ihm begann das große »Babylonische Exil« der Kirche, wie es bald genannt wurde, falsch genannt wurde. Denn Clemens V. dachte nicht daran, jemals nach Rom zu gehen. Parteikämpfe beherrschten die Stadt. 1308 brannte der Lateran ab, wurde die Mutterkirche der christlichen Welt vernichtet. In der Metropole der Apostel lebte man so gefährlich und chaotisch wie seit Menschengedenken nicht mehr. In Avignon dagegen, das der Kirche seit dreißig Jahren gehörte, war es ruhig. Dort stand der Papst unter dem Schutz des Grafen der Provence, genauer: unter seiner Aufsicht. Clemens V. zementierte den Pariser Einfluß, produzierte französische Kardinäle wie vom Fließband, fünf davon allein aus seiner Familie, und schuf binnen wenigen Jahren ein absolutes französisches Übergewicht in der Kirchenleitung. Während der avignonesischen Ära wurden insgesamt einhundertvierunddreißig Kardinäle ernannt, einhundertdreizehn davon waren Franzosen. Und Franzosen waren auch alle sieben Päpste von Avignon. Trotzdem war Avignon weit mehr als nur ein politisches Brecheisen in französischen Königshänden. Es gab royalistische und selbstbewußte, willige und eigenwillige, biedere und pfiffige Päpste. Besonderes Format hatte Johannes XXII., der Nachfolger von Clemens V.

Zu Beginn der avignonesischen Herrschaft fehlten dem Papst alle finanziellen Einkünfte. Not lehrt aber nicht nur Beten, sondern auch Rechnen. Mit Johannes XXII. war eine Verwaltungskapazität ersten Ranges auf den Petristuhl gekommen. Er führte eine straffe, scharf durchdachte Finanzverwaltung ein und praktizierte sie so hart und erfolgreich, daß die Klagen darüber durch Europa schallten. Andererseits wurde sie für alle Staaten zum bewunderten Vorbild. Johannes XXII. hat dem System der Annaten, Reservationen und Exspektanzen seinen Schliff gegeben. Es scheint, als seien seither die Tränen über den Steuerdruck das sicherste Indiz für die Effizienz eines Abgabensystems.

Insgesamt waren die Folgen des Faktums Avignon für Kaiser und Reich ungut. Auf reichspolitische Nöte kamen von der Rhône niemals christlich-universale, sondern immer nur französisch eingefärbte Antworten. Zusätzlich belastend wurde das nahezu beziehungslose Nebeneinander von Kirchentum und Volksfrömmigkeit, das sich immer stärker entwickelte. Daß zum Beispiel Meister Eckart, der vergötterte Mystiker, von Papst Johannes verurteilt wurde, war weder zu begreifen noch zu vergessen. Die Gegner Avignons besaßen drei starke Bundesgenossen: die Franziskaner, die deutschen Fürsten und eine Kampfschrift, deren Autor im Jahr 1324 – drei Wochen vor der Bannung und Absetzung des deutschen Königs Ludwig IV., des Bayern, durch den Papst – den Schlußpunkt unter sein Manuskript gesetzt hatte. Dieser ›Defensor pacis‹ des Italieners Marsilius von Padua avancierte rasch zu einem der wichtigsten staatstheo-

Ablaßbrief von dreizehn avignonesischen Bischöfen zugunsten der Zisterzienserinnen von Fröndenberg bei Unna für ihre im Ausbau befindliche Klosterkirche
Urkunde vom 2. Januar 1342 mit ursprünglich dreizehn Siegeln
Münster, Staatsarchiv

retischen Dokumente. Noch niemals war die Restriktion päpstlicher Ansprüche theoretisch so radikal durchgeführt worden: »Das Papsttum ist die Ursache des gestörten Friedens, der Grund des zerrissenen Universums der Christenheit. Seine Aufgaben, die ihm Christus und die Apostel hinterlassen haben, sind apostolische Armut, geistliche Seelsorge, nicht aber Einmischung in die Dinge des Staates. Der weltliche Staat ist Gott für das irdische Wohl der Menschen verantwortlich.« Kein Wunder, daß wenig später Clemens VI. wegen solcher Sätze Marsilius von Padua als »größten Häretiker unseres Zeitalters« verdammte. Die folgenschwere Rolle der Schrift des Marsilius bestand darin, daß hier rigoros die Auflösung der Kompetenzverzahnung von Regnum und Sacerdotium angepeilt, wenn nicht schon grundsätzlich verlangt wurde.

Im Jahr 1327 zog Ludwig der Bayer in den Süden, seine Reisigen um sich, den ›Defensor pacis‹ bei sich, den Segen der Franziskaner über sich. In Mailand ließ er sich zum italienischen König krönen und in Rom, am 17. Januar 1328, zum Kaiser. Die Krone wurde ihm allerdings nicht vom Papst aufgesetzt, sondern von Vertretern des römischen Volkes. Einer der vier Syndici, die den feierlichen Akt zelebrierten, war Sciarra Colonna, der sich ein Vierteljahrhundert zuvor gerüstet hatte, Bonifatius VIII. zu ermorden. Die Kaiserkrönung war zwar eigenmächtig, aber sie war auch legitim, wenn man dem ›Defensor pacis‹ folgte. Ludwig besiegelte die Aktion noch dadurch, daß er den Avignon-Papst für abgesetzt erklärte und einen neuen Pontifex inthronisierte: den Franziskaner Nikolaus V. Damit hatte die Kirche erstmals wieder seit eineinhalb Jahrhunderten einen Gegenpapst. Das Pontifikat von Gnaden Ludwigs war kurz, unerheblich, jedoch alles andere als ohne Bedeutung. Mit diesem Usurpations- und Protestakt ist ein erstes, sichtbares Zeichen der Opposition gegen das Exil von Avignon gesetzt worden. Der »Rock Christi« schlitzt in der Mitte auf; hier wird er einmal zerreißen.

Das Schisma von 1378 bis 1417 war im Bewußtsein der Gläubigen längst beklemmende Wirklichkeit, bevor die Trennung sichtbar vollzogen wurde. Avignon gelang es trotz aller Anstrengung nicht, auch nur für einige Jahre das zu werden, was Rom seit Jahrhunderten war: Zentrum der Christenheit. Avignon war respektabel. Der imposante Papstpalast mit der provozierenden Endgültigkeit seiner ungeheuren Mauern, der riesenhafte Verwaltungsapparat, die diplomatische Betriebsamkeit entwickelten natürliche Anziehungskräfte. Die Metropole an der Rhône gehörte bald zu den Städten des Okzidents mit der größten Einwohnerzahl. Diese Eigenschaften aber genügten nicht, um eine Stadt in den religiösen Mittelpunkt der christlichen Welt zu verwandeln. »Roma, caput mundi« blieb für die Gläubigen der Leitspruch auch in der avignonesischen Periode, obwohl damals kaum jemand die Stadt am Tiber noch ernsthaft als Haupt der Welt gelten ließ. Cola di Rienzo bezeichnete 1347 Rom als eine Räuberhöhle, nicht als Wohnstätte für Menschen. Franzosen, die hartnäckig Avignon als neue Stadt der Päpste verteidigten, disqualifizierten Italien als ein Land der Toten.

Doch hatten sich die Gläubigen, die Kirche, die Päpste wirklich von Rom abgewandt? War es nicht Zwang, Furcht, Bequemlichkeit, was sie nach Avignon brachte und dort bleiben ließ? Babylonisches Exil? Wer hatte sie dazu gezwungen? Avignon war anfangs Notwehr und Rettung, wurde dann zum goldenen Käfig und war wenig später platte Desertion. Die meterdicken Mauern dieser Kirchenburg – der exilierte Thron Petri in der Provence war zur wuchtigsten Festung der Gotik ausgebaut worden – ließen nicht die Klagen und Bittrufe von Hunderttausenden hindurch, die danach jammerten, jene Emigration zu beenden. Das Exil war spätestens seit Clemens VI., diesem Pontifex des Pompes und der pompösen Defekte, kein Exil; es war schlimmstenfalls eine Entführung, und die Päpste fuhren nicht schlecht dabei. Innerkirchlich läßt sich der Gegensatz Rom–Avignon in etwa auf den alten Streit zwischen Franziskanern und Dominikanern reduzieren, und zum Umkreis der Armutsbrüder zählte in diesem Fall alles, was sich damals als mystische Frömmigkeit Ausdruck verschaffte. Schärfer als diese Mönche hatte kein weltlicher Kritiker die Habgier der Kurie verdammt und die Reform der ganzen Kirche gefordert, eindringlicher als die Mystiker hatte niemand die Päpste beschworen, die Mauern auf dem Felsen über der Rhône zu verlassen und ins Ewige Rom zurückzukehren.

Urban V. machte den ersten Versuch. Im Jahr 1367 zog er wieder in Rom ein. Drei Jahre später kapitulierte er, ging zurück nach Frankreich und starb kurz darauf. Sein Nachfolger, Gregor XI., hatte vom ersten Tag an mit dieser Hypothek zu tun. Schließlich drehte es sich nicht einfach darum, daß der Statthalter Christi rechtens in Rom zu residieren hatte. Die Beendigung des Aufenthalts in Avignon war identisch mit der Wiederherstellung der Selbständigkeit der Kirche, das hieß: mit ihrer Unabhängigkeit von Frankreich. Die Absicht, das Exil zu beenden, stand bei Gregor XI. bald fest. Es kam nur darauf an, diese Absicht zu verwirklichen. Daß dies möglich wurde, hatten der Papst, die Kirche, Italien, die Gläubigen der westlichen Christenheit letztlich einer jungen Frau zu verdanken: Katharina Benincasa aus Siena. Siebzehnjährig war sie Dominikanerin geworden, wenig später wurde sie auch öffentlich aktiv. Ihre Strafpredigten, Ermahnungen, Ratschläge häuften sich, ihre Briefe gingen bald überall hin, an Fürsten, Staatsmänner, Priester, Könige, Rektoren, Kardinäle, Legaten. Kaum eine Heilige vor oder nach ihr hatte so viel politische Wirkung wie die kleine Mantellata. Ihr erstes Schreiben an den Papst traf Anfang 1376 in Avignon ein. Anlaß waren die leidigen Kardinalsernennungen. Katharina erwähnte in diesem Zusammenhang die beiden Hauptdefekte Gregors: seine Vetternwirtschaft und die Gutmütigkeit, die bis zur Charakterschwäche ging. Wegen dieser Mängel mache sich der Papst – il dolce Christo in terra – schuldig, daß die Kirche ins Elend gerate. Indigniert ermahnte sie Gregor: »Ich bitte Euch, daß Ihr das, was Ihr tut, als Mann tut.« Eine Zumutung, denn nichts fiel diesem Mann so schwer. Schließlich stellte Katharina für die Rückkehr nach Rom ein Ultimatum; sie nannte als letzten Abreisetermin den September 1376. Gregor XI. hielt sich daran. Am 17. Januar 1377 hielt er seinen Einzug in Rom. Wieder einmal jubelte die Bevölkerung: »Hochgelobt sei der Oberhirte, der da kommt im Namen des Herrn.« Aber so wenig wie Urban V. zehn Jahre zuvor konnten Gregor solche Zurufe den Einzug erleichtern; auch er wurde vom Anblick der verkommenden Stadt tief deprimiert, auch ihm setzten die römischen Widrigkeiten derart zu, daß er es vorzog, außerhalb zu residieren, in Anagni, dem Ort unseligen Gedenkens an die Schmach von Bonifatius VIII. Erst am Jahresende versuchte er es noch einmal mit Rom. Ein paar Monate darauf starb er, am 27. März 1378.

Katharina von Siena im Augenblick der Stigmatisation
Zeichnung eines italienischen Künstlers
in einer Sammelhandschrift über das Leben
der Katharina von Siena, 15. Jahrhundert
Siena, Biblioteca Comunale

So sehr das Ansehen des Papsttums und der Kirche durch Avignon zermürbt wurde, so wenig ausschließlich hatte das Exil nur Nachteile gehabt. Unbestreitbar verlor die Kurie in dieser Phase viel an Macht. Andererseits gelang den avignonesischen Päpsten ein Umbau der ganzen Institution von Grund auf, eine Tatsache, deren Auswirkungen erst nach Jahrzehnten sichtbar wurden. Recht besehen hatte die Kirche in den Zeiten vor Avignon nur bedingt einen institutionellen Charakter. Sie griff weithin konturlos ins Universalistische aus. Demgegenüber setzte in Avignon eine juristische und finanztechnische Konzentration ein. Zielstrebig schuf die Kirche ein Verwaltungssystem, das Jahrzehnte überdauerte. So paradox es klingt: Der römisch-katholische Zentralismus wurde nicht in Rom, sondern in Avignon geboren, und damit entstand die Kirche als ein Phänomen sui generis. Erst jetzt wurde sie tatsächlich zur Kirche in der Welt, aber außerhalb der Welt, über ihr. Sie separierte sich, sie wurde zur Institution auf eigenen Fundamenten, ein geformter Organismus mit differenzierten Funktionen; sie wurde ein staatliches Gebilde. Die Macht, die früher ein einzelner Papst repräsentiert und ausgeübt hatte, verlagerte sich nun auf die Kirche als Anstalt.

Verweltlichung mochte eine Einbuße an Glaubenskraft, ein Abirren vom göttlichen Auftrag bedeuten, wie er in der Bibel vorgezeichnet ist. Dort freilich steht nichts von der Notwendigkeit, die kuriale Verwaltung zu modernisieren, zu etablieren, zu perfektionieren. Die Kardinäle, Bischöfe, Prälaten, die alle ihre Ernennung mit einem tiefen Griff in die Tasche honorieren mußten, hatten kaum ein Gespür für das, was die Gläubigen zuinnerst bewegte und bedrängte. Sie sorgten für den äußeren Bau. Um das Leben in ihm kümmerten sie sich nicht. Wo aber hätte sich dieses Leben abspielen sollen, wenn der Bau nicht errichtet worden wäre? Daß beides zusammengehörte, war nun einmal das große Thema, von dem alle Erneuerer im folgenden Jahrhundert getrieben wurden und von dem noch die ganze Reformation gelebt hat, auch wenn die alten Etiketts keine Rolle mehr spielten und schon lange ausgewechselt worden waren.

Sowohl Gregor als Katharina von Siena wußten, daß die Rückkehr nach Rom erst den Anfang

Anklage eines römischen Papstes gegen einen Würdenträger der avignonesischen Partei
Miniatur von Niccolò di Giacomo di Nascimbene
in dem Bologneser ›Decretum Gratiani‹, letztes Viertel des 14. Jahrhunderts
Jena, Universitätsbibliothek

darstellte, bei weitem noch nicht das Ende. So friedlich sanft die Papstwahlen in Avignon abgelaufen waren, so turbulent ging es nach Gregors Tod zu. Rom wollte die Tiara auf keinem Franzosenhaupt mehr sehen. Während des Konklaves, des ersten, das nach einer Pause von einem dreiviertel Jahrhundert wieder in Rom abgehalten wurde, umtobte die Menge den vatikanischen Palast. Die sechzehn Kirchenfürsten – elf Franzosen, vier Italiener, ein Spanier – befanden sich in einer bedrohlichen Situation. Doch am Ende dieses tumultuösen Tages hatte die Kirche ihren neuen Papst, den Erzbischof von Bari und Vizekanzler der Kurie. Als Urban VI. erhielt er seinen Platz auf dem Petristuhl und in der Geschichte. Sechzig Jahre war er alt, jung für einen Papst. Kaum nominiert und gekrönt, wollte er die Kirche, den Klerus, die gesamte Institution von der Wurzel auf reformieren, gewissermaßen in ein paar Tagen. Er fing jedoch nicht bei der Wurzel, sondern bei den Spitzen an, dem Kardinalskolleg. Seine Anweisungen waren so detailliert, daß er den Kirchenfürsten und Prälaten sogar vorschrieb, was sie täglich zu essen hätten. Er war vor allem entschlossen, ein für allemal mit dem französischen Krebsschaden des Ämterkaufs, der Simonie, Schluß zu machen. Ständig versicherte er: »Ich will Dinge vollbringen, von denen die ganze Welt sprechen wird.«

Das Kardinalskollegium war freilich kein Gremium, über das sich der Papst mit Dekreten hinwegsetzen konnte. Keine drei Monate, und die Kardinäle begannen sich von der Wahl zu distanzieren. Als Urban VI. schließlich verkündete, er werde die unwürdige Abhängigkeit der Kirche von Paris rigoros beenden, griff auch der französische König ein. Heimlich versprach Karl V. den letzten noch zögernden Kirchenfürsten seine volle Unterstützung; falls es nötig sein sollte, würde er ihnen mit Truppen zu Hilfe kommen, selbst wenn er den Krieg mit England abbrechen müßte.

Am 9. August 1378 formulierten dreizehn Kardinäle in Anagni ihre Absage: Die Papstwahl sei ungültig, denn sie sei erpreßt worden. Urban müsse abdanken. Sollte er sich weigern, würden die Kardinäle einen Gegenpapst wählen. Rücktritt also oder Schisma. Die Würfel fielen erst am 20. September. An diesem Tag wählte die französische Partei der Kardinäle in Fondi den blutjungen, sechsunddreißigjährigen Robert von Genf als Clemens VII. zum Gegenpapst; er war mit dem französischen Königshaus verwandt. Urban VI. allerdings hielt das massige Kinn noch immer nach vorn geschoben. Die rechtlichen Begründungen für die Wahl des Gegenpapstes waren schwach. Ob Urban unter Drohungen oder unbehindert gewählt wurde, läßt sich heute nicht mehr klären. Entscheidend jedoch war, daß er ohne weiteres inthronisiert wurde und monatelang kein einziger Kirchenfürst ein Wort des Einspruchs oder der Kritik äußerte. Der Grund für die Distanzierung der Kardinäle lag nicht in den Details der Wahl, sondern in den Zielen Urbans. Das allein bewirkte die verhängnisvollste, schwerwiegendste Spaltung in der Geschichte der Kirche. Das Schisma war eine Folge des Konflikts zwischen dem Papst und seinen Kardinälen. Der Gegensatz Avignon–Rom oder Frankreich–Italien allein hätte die Kirchenfürsten nicht in die Provence zurückgebracht. Doch ein Mann wie Urban VI. machte ihnen den Rückzug leicht. Trotzdem zog der Gegenpapst Clemens VII. nicht als jubilierender Sieger in Avignon ein.

Das Für und Wider im Streit um die beiden Päpste wurde reißend schnell durchtränkt vom politisch-nationalen Gegensatz zwischen Italien und Frankreich, es schwoll zu einer Woge wechselseitigen Hasses. Der Gegenpapst verkörperte nicht nur eine bestimmte Kirchenposition, sondern auch politische Ansprüche, denn Frankreich unterstützte ihn bedingungslos. Urban dagegen stand für Italien und Rom. Das Exil der Kirche wurde also 1378 nur zum Teil beendet; endgültig aufgehoben wurde es erst 1415, als das Pontifikat des letzten avignonesischen Papstes, Benedikts XIII., durch Absetzung erlosch. Keine wichtige Macht Europas blieb von dem Strudel der politischen Folgen des Schismas unberührt. Der Kirchenkampf wurde zu einem

Kalkül der großstaatlichen Politik. Parteigänger der römischen Päpste waren außer Italien: England, Portugal, der überwiegende Teil der deutschen Fürsten, Flandern, Böhmen, Polen und Ungarn. Das avignonesische Oberhaupt dagegen wurde anerkannt von Frankreich, Savoyen, Schottland, Dänemark, Norwegen, zum Teil auch im Reich, in einem Gutteil der habsburgischen Gebiete, dem Königreich Neapel und nach einer Phase der Neutralität auch von Kastilien und Aragonien.

Die Auseinandersetzungen um Avignon waren bis zu Gregor XI. für die Kirche selbst nicht existenzgefährdend gewesen. Jetzt sah es anders aus. Die Spaltung reichte vom Wipfel bis zur Wurzel. Das Schisma löste einen verheerenden Werte- und Autoritätsverfall aus, eine äußerst heftige Erschütterung der Fundamente, Zersetzung der Kirchenorganisation und Stürme von Gewissensnöten. Selbst wenn die einfachen Gläubigen davon überzeugt waren, daß ihr Papst der richtige sei und damit auch ihr Glaube – war es wirklich so sicher, daß der Gegenpapst sein Amt nur usurpiert hatte, war sein Bann über den anderen Papst und alle, die ihm anhingen, eine leere Formel? Denn mit diesem Bann wurde schließlich über Hölle oder ewige Seligkeit entschieden. So wurde die Spaltung zum Geschwür, das bis in die letzte Zelle wucherte, unaufhaltsam. Sie durchsetzte Abertausende von Bistümern, Pfarreien, Orden, Klöstern, Städten, Familien. Sie zerriß Europa: »Ein Reich kam über das andere, eine Landschaft gegen die zweite, der Klerus kämpfte gegen den Klerus, Doktoren gegen Doktoren, Eltern erhoben sich gegen die Söhne und Söhne gegen die Eltern«, so klagt ein Zeitgenosse. Als 1409 ein Konzil in Pisa versuchte, das Schisma zu beenden, und nichts anderes dabei herauskam als die Wahl eines dritten Papstes, Alexanders V., schien es sicher zu sein, daß die Kirche des Okzidents sich selbst vernichtete.

Das Schisma war eine Folge des Exils von Avignon. Auch sein Verlauf wurde von den Konstellationen bestimmt, die sich im 14. Jahrhundert entwickelt hatten. Es war diejenige Epoche der Kirchengeschichte, in der kanonisches Recht und formaljuristisches Denken die Bühne beherrschten, und zwar zu Lasten der fundamentalen theologisch-religiösen Fragen, also der wirklichen Glaubensprobleme. Besonders tief pflügten die Rechtfertigungen in den verschiedenen päpstlichen Legitimationen nicht. Wortgewaltigster Fürsprecher der neuen Avignon-Päpste war der Dominikaner Vinzenz Ferrer, dessen aufwühlende Predigten, Geißler- und Büßerzüge zu den spektakulärsten Glaubensphänomenen der Zeit gehörten. Und dieser Mann hatte im wesentlichen kein anderes Argument zur Hand als die Behauptung, für den Pontifex sei nun einmal der sicherste Platz in Frankreich, nicht aber bei den Römern und ihrem »geradezu angeborenen Hang zum Bösen«.

In den Differenzen der mittelalterlichen Kaiser mit den Päpsten war es nicht um die Bewahrung oder Ausdehnung eigener Rechte gegangen. Wenn sie in die Kirchenführung einzugreifen versucht hatten, dann nur, weil ihr universales Herrscheramt sie dazu berechtigte und verpflichtete, sich an der Leitung der Gesamtkirche zu beteiligen. Am Ende des 14. Jahrhunderts aber waren die Kaiser und Könige Europas nicht mehr Repräsentanten eines Universalen, sondern Vertreter national partikularer Interessen. Wenn sie sich zu Wort meldeten, dann geschah es zwar noch immer von einer solide-christlichen Plattform aus, doch sie sprachen nur jeweils für ihren eigenen abgegrenzten Raum. Aus dieser Position heraus konnte das Schisma nicht aufgehoben, der Kirchenfriede nicht wiederhergestellt werden. Durch die Kirche selbst war er ebenfalls nicht zu erreichen, denn die Abhängigkeit der Päpste von den Königen und Fürsten war jetzt weit stärker als jemals zu Zeiten Avignons. Es blieb nur die Anleihe bei den alten Verhältnissen: Unter dem Schutz des Kaisers mußte ein Generalkonzil zusammentreten. Diese Kombination war verhältnismäßig neu, trotzdem wäre sie ohne das, was man formelhaft als »Geist des Mittelalters« bezeichnen kann, nicht möglich gewesen; des gleichen Geistes bediente sich ein Jahrhundert später ein Mann wie Kaiser Karl V., ebenfalls mit bestem Effekt. Überraschend sind solche Hebammendienste des Alten bei der Geburt des Neuen nicht, aber sie sind erfolgreich.

Die partikularen Kräfte spielten trotz allem ihre jugendlichen Liebhaberrollen weiter. Die Bedenken Vinzenz Ferrers gegen die Schlichtung des Schismas auf einem Generalkonzil waren nur von der Befürchtung durchzittert, die italienischen Prälaten würden kraft ihrer Überzahl den Schiedsspruch in römischem Sinn beeinflussen. Solche Bedenken wurden neutralisiert. Auf dem entscheidenden Konzil in Konstanz 1414 bis 1418 wurde nach Nationen beraten und abgestimmt und damit unter eine der jämmerlichsten Phasen der Kirchen- und Glaubensgeschichte der Schlußpunkt gesetzt. Das Schisma, »wie man auf Erden noch kein zweites gesehen« – so ein Augenzeuge –, war beendet. Äußerlich zumindest. Denn es hat die Voraussetzungen für ein Europa geschaffen, das sich, sobald die Bedingungen gegeben waren, jederzeit wieder in ein päpstliches und in ein antirömisches Lager spalten konnte.

Das Reformkonzil von Konstanz: Kirchenvertreter und Gelehrte während eines Disputs im Münster der Stadt
Miniatur in der Konstanzer Konzils-Chronik des Ulrich Richenthal, zweite Hälfte des 15. Jahrhunderts
Konstanz, Rosgartenmuseum

Der Hundertjährige Krieg

Die europäischen Fürsten hatten nicht nur allgemeine und prinzipielle, sondern auch speziell-interessenbestimmte Gründe, in den Papst- und Kirchenfragen mehr denn je ein Politikum erster Ordnung zu sehen; vor allem die Könige von Frankreich und England. Seit Jahrzehnten waren beide Staaten in einen Waffengang verbissen, der als Hundertjähriger Krieg in die Geschichtskalender eingegangen ist. Er ist weniger seiner Länge, seiner unerhörten Grausamkeit oder bestimmter Ereignisse wegen bemerkenswert – man denke nur an das Auftreten der Jungfrau von Orléans –, sondern weil die Geschichte Englands und Frankreichs niemals wieder eine so eklatant gemeinsame Geschichte war wie in diesem endlos scheinenden Ringen, und zwar militärisch, dynastisch, finanziell, religiös. Überdies handelt es sich um den ersten großen Nationalkrieg zweier Staaten in der neuzeitlichen Geschichte.

Der Konflikt hatte mit Eduard III. von England, einem Enkel Philipps IV. von Frankreich, begonnen; der Vater Eduards hatte seinerzeit Philipps Tochter Isabella geheiratet. Als die Kapetinger erloschen, meldete Eduard III. französische Thronrechte an. Ohne juristische Zierbänder legte er sich den Titel ›König von Frankreich‹ zu. Er markierte seine Ansprüche auch heraldisch. 1340 wurde der englische Löwenschild mit dem französischen Wappen quadriert. Dieses englische Anspruchswappen führte in versetztem Wechsel die goldenen Lilien auf blauem Feld und die traditionellen Löwen. Die tatsächlichen Rechte Eduards waren dünn, aber letzten Endes sollten sie nur die Entschlossenheit anheizen, sich von den Franzosen nicht mehr Stück für Stück das alte Herzogtum Aquitanien im Südwesten Frankreichs abnehmen zu lassen, das 1259 dem König von England als französisches Lehen bestätigt worden war.

Im Jahr 1337 setzte Eduard III. auf Krieg, wenig später, 1339, hatte er seine Vorbereitungen abgeschlossen. Damit begann die Selbstzerfleischung zweier Nachbarn, die auf dem Weg in Richtung einer souveränen Staatlichkeit ihre Kräfte offensichtlich nur dadurch entdecken und erproben konnten, daß sie diese vernichteten. 1346 stießen die Engländer mit sechzehntausend Mann ins Land vor, auf Paris zu. Philipp VI. warf ihnen dreißigtausend Soldaten entgegen. Seine Ritter trieben die Engländer einfach vor sich her. In Küstennähe wurden die Flüchtenden gestellt, bei Crécy an der Somme. Die Engländer verschanzten sich in einem Wald und hinter Weidenhürden. Gegen den traditionellen, niederrollenden Reiteransturm setzten sie ihre Bogenschützen ein. Die mannshohen Pfeile flogen so dicht wie Wolken von Schnee – so berichtet der Hof-Chronist Froissart –, sie durchschlugen die Kettenhemden der Ritter, als wären es Aluminiumfolien. Im Moment der größten Verwirrung brach der sechzehnjährige Sohn Eduards III., der

Das Heer Eduards III. von England samt Artillerie auf dem Vormarsch in Frankreich
Miniatur in den Breslauer ›Chroniques de France, d'Angleterre ...‹ des Jean Froissart, um 1468/69
Berlin, Staatsbibliothek Preußischer Kulturbesitz, Handschriftenabteilung

»Schwarze Prinz« von Wales, mit seinen Reitern vor und trieb das Gros des aufgelösten Franzosenheeres in die Flucht. An die sechstausend Ritter und Knappen wurden getötet, die Zahl der gefallenen Pikeniere belief sich auf rund zwanzigtausend. Die Verluste der Engländer dagegen waren so gering, daß die Zahlen von den Chronisten gewissermaßen mit einem Achselzucken abgetan wurden.

Die Schlacht von Crécy verdient einen Stern nicht nur wegen des englischen Sieges, der die Briten in dem Maße verblüffte, wie er die Franzosen niederschmetterte, sondern weil die Engländer an diesem Tag den glänzendsten militärischen Triumph errangen, der ihnen jemals auf dem Kontinent geglückt ist. Als Folge dieses Sieges gelang ihnen im Jahre darauf die Eroberung von Calais. Dieser Brückenkopf wurde der wichtigste Festlandsstützpunkt der Briten, der Schlüssel zu Flandern und seinen Webstühlen, unersetzlich also für das Volk der Schafzüchter. Über zwei Jahrhunderte blieben Stadt und Hafen in englischem Besitz, und mehr als doppelt so lang führte der englische König die französische Lilie im Wappen, trug er den Titel ›König von Frankreich‹.

Der Schwarze Tod

England vermochte seinen Triumph nur bedingt auszukosten. Calais war dem König schließlich nicht einfach in den Schoß gefallen; die Eroberung, der ganze Krieg hatte zu viel verschlungen, Geld und Truppen. Dazu kam eine Katastrophe, die Europa einen Vorgeschmack apokalyptischer Erfahrungen vermittelte. 1348 ist als das große Pestjahr in die Annalen eingegangen. Der Schwarze Tod hatte über asiatische Handelsstraßen seinen Weg in den Kontinent gefunden und war von Stadt zu Stadt, von Land zu Land gestürmt. Die Pest – mit ihren mehr als dreißig Millionen Toten – wurde ein Signet des 14. und 15. Jahrhunderts, sie ist epochentypisch. So freies Spiel hat auch der historische Zufall nicht, als daß nicht eine Entsprechung zwischen dem ungeheuren Sterben und diesem Zeitalter bestehen müßte. Auf das religiöse Empfinden, das Bewußtsein von der prinzipiellen Fragwürdigkeit des Lebens, das Daseinsverhalten wirkte die Pest umwälzend. Das Wirtschaftsleben veränderte sich bis zur Basis. Arbeiter wurden selten, Handwerker schraubten die Löhne ins Astronomische, die allgemeine Teuerung war horrend. Leibeigene flüchteten in die Städte. Das wiederum reizte die Güterproduktion an, und die Handelsherren bekamen unerhörte Trümpfe in die Hand. Alle Versuche, in England und Frankreich Festlöhne durchzusetzen, wirkten nur wie Eingeständnisse der Ohnmacht gegenüber diesen neuen Tendenzen, zu denen keine der bekannten Erfahrungen paßte.

In der Wirtschaft, dem Sozialleben setzten sich Kalkül und Ausnützung der Chancen durch. In den Glaubensbezirken verhielt es sich umgekehrt. Nicht Ratten oder Seeleute hatten die Pest gebracht, man hielt sich an die Juden. Die Pogrome folgten der Pest als dunkler Rauchstreifen. Morde, Schändung, Raub, Scheiterhaufen gehören zum Bild wie die Mortalitätsquote. Geißler zogen über die Straßen, das Volk starrte zum Himmel, zitterte vor Kometen, präparierte sich für das Jüngste Gericht. Weltenangst gärte in Europa. Das Thema der Hinfälligkeit des Lebens, der sinnlosen Gewalt, der Unentrinnbarkeit und Widerwärtigkeit des Todes wurde seit 1348 bis hin zu Luther ein Zentralmotiv. Die Menschen hatten einen Begriff von der Realität der vier apokalyptischen Reiter bekommen: Pest, Krieg, Hunger, Tod. Früher wurde das Ende des Lebens religiös stabilisiert hingenommen. Jetzt verwandelte sich der Tod vom Freund zum Mörder. Das Sterben, die Kunst des Sterbens, wurde ein Spitzensujet der Erbauungsliteratur. Kein Büchlein war damals so populär wie die ›Ars moriendi‹, am bekanntesten in der Version ›Speculum artis bene moriendi‹ des Nikolaus von Dinkelsbühl aus dem 15. Jahrhundert. Diese Werke lebten vollständig aus dem Daseinsgefühl, das nicht zufällig die Ära der großen Reformkonzilien füllte, das sich aber erst im Gefolge der Großen Pest markant entwickelte. Der Ekel vor dem zerstörten, verseuchten Körper, der buchstäblich unberührbar geworden war, gewann unheimliche Intensität; zusammen mit der verzweifelten Trauer wurde er zum Kern des Makabren, das sich literarisch am ergreifendsten in den Klagen des Dichters Eustache Deschamps über die irdischen Widerwärtigkeiten niederschlug und besonders berühmt wurde im ›Danse macabre‹, dem Totentanz. Symbolik und Wirklichkeit vermengen sich hier ohne Unterschied. Eine andere Kundgebung aus demselben Empfinden der Weltverstörung und Bitterkeit ist das bekannte und so zeittypische Streitgespräch des ›Ackermanns aus Böhmen‹ zu Beginn des 15. Jahrhunderts.

Dazu aber gehörte als Gegenstück die Akorie der Lebenslust, das sinnlich gesättigte Bekenntnis, das vorerst seine größte Kraft aus der Angst vor dem Tod und seiner Suggestion bezog. Sigmund Freud hat versucht, die Dichotomie von Sexualität und Tod auf den Begriff zu bringen. Das Faktum selbst war im 14. und 15. Jahrhundert eindrucksvoll sichtbar. Im ›Decamerone‹ Boccaccios ist die lineare Triebhaftigkeit der Liebe nicht in das Grauen der Pest in Florenz eingebettet, sondern sie ist eine seiner Funktionen. Das Motiv der Totentänze hatte sein Gegenstück in der steigenden Beliebtheit der

Ein Geißlerzug
Miniatur in einer vermutlich aus der Gegend von Konstanz stammenden Weltchronik, Ende des 14. Jahrhunderts
München, Bayerische Staatsbibliothek, Handschriftenabteilung

Memento mori:
der Tod und der fürstliche Rat
Miniatur zu Rede und Gegenrede im sogenannten Jüngeren Totentanz, zweite Hälfte des 15. Jahrhunderts
Kassel, Murhardsche Bibliothek

nackten Tänze an italienischen Höfen, dem zehrenden Vergnügen an der bewegten, entblößten Gestalt, der triumphierenden Lust an der sexuellen Körperlichkeit. Solche Lust erhielt dann im Zentrum der Renaissance einen eigenen Stellenwert, an dem sich noch spätere Jahrhunderte wie selbstverständlich orientieren sollten.

Abscheu vor dem leblosen Fleisch und Genuß der lebendigen Fleischlichkeit stehen in einer besonderen Beziehung. Totentänze und die gleichzeitigen Darstellungen des Paradieses als eines Gartens der Lust umkreisen ikonographisch dieselbe Erscheinung. Deschamps, der sich so sehr vor dem Tod ekelte und für Edelfrauen Gedichte verfaßte, die wir heute als Pornographie bezeichnen, hat sein Schmerzensthema der schwindenden Sexualkraft kaum verändert an François Villon weitergegeben. Paradoxerweise aber signalisiert das geschärfte Wissen um die Begrenztheit der körperlichen Existenz ein Ja zur irdischen Realität und eine Abkehr von der jenseitigen Welt. Zugleich verwandelt sich die trübe Erkenntnis von der physischen Endlichkeit des Menschen in die Entdeckung seiner besonderen Eigenheit und seines Fundaments des Selbstbewußtseins, in die Einsicht also, daß zum Menschen sicherlich mehr gehört als ein Scheindasein, das nur aufs Jenseits ausgerichtet ist. Sobald das Sterben seinen Sinn verändert, wechseln die Bezüge des Lebens. Das bedeutete unter christlichem Aspekt, daß Gott in Frage gestellt und die Unsterblichkeit der Seele verneint wurde. Daraus entstand das Novum einer emphatischen Selbstbehauptung. In Luthers Tischreden wird dem Sohn Lorenzo de'Medicis, Leo X., dem Papst der Hochrenaissance, ein verblüffendes Bekenntnis in den Mund gelegt. Beim Disput zweier Kontrahenten über die Unsterblichkeit der Seele soll Leo gesagt haben: Er stimme mit demjenigen überein, der die Seele für sterblich halte, denn dies bewirke ein fröhliches Gesicht und mache einen guter Dinge.

Akorie der Lebenslust: eine Badestube
Miniatur in den Breslauer ›Facta et dicta memorabilia‹ des Valerius Maximus, Mitte des 15. Jahrhunderts
Berlin, Staatsbibliothek Preußischer Kulturbesitz, Handschriftenabteilung

»Als Adam grub und Eva spann . . .«

Während der Pestzeit blieb neben der öffentlichen Ordnung auch der Hundertjährige Krieg auf der Strecke. 1355 jedoch hatten sich der Schock und seine Folgen bereits zum Alltag gewandelt. Der »Schwarze Prinz« begann durch Frankreich zu ziehen, mordend, brennend, plündernd. Das nächste Halbjahrhundert des Konflikts zwischen England und Frankreich bildete ein Chaos von Streifzügen, Waffenstillständen, Friedensschlüssen, erneuten Angriffen, Erfolgen der Franzosen, Rückschlägen, Siegen und Niederlagen. In England kam es zu einer Parallele der Jacquerie, dem beispiellosen Bauernaufstand des Jahres 1358 in Frankreich. John Ball, der »tolle Prediger von Gent«, brachte all das in leidenschaftliche Formulierungen, wozu die Geschundenen selbst nicht in der Lage waren. Seine Forderungen – christliche Demokratie, Beachtung allgemeiner Menschenrechte, Gleichheit der Menschen – bedeuteten einen theoretischen Umsturz von Gottes Ordnung, waren damals des Scheiterhaufens würdig. Wohl mit Recht unter den Gesichtspunkten derjenigen, die Scheiterhaufen errichteten, selbst wenn heute über die vulgäre Selbstverständlichkeit solcher Ansprüche kein Wort nötig ist, bestenfalls der Einsatz von Waffen.

Der Waffen bedienten sich auch beide Widersacher: die Rebellen und die Herren. Der Aufstand begann in Essex, im Mai 1381. Die Revolte sprang hinüber nach Kent und London, dann erfaßte sie epidemisch das gesamte Territorium über Norfolk hinweg bis hinunter nach Devon im Südwesten. Die Kenter Bauern ernannten den Ziegelbrenner Wat Tyler zu ihrem Anführer. John Ball wurde aus dem Kerker befreit. Am 13. Juni hielt er eine seiner flammenden Predigten über die berühmt gewordene Sentenz: »Als Adam grub und Eva spann, wer war denn da ein Edelmann?« Eine Frage, die durch die Jahrhunderte aktuell geblieben ist, aktuell unter höchst unterschiedlichen, sogar abstrusen Vorzeichen.

Die französischen Bauern hatten wegen des Hungers und aus purer Verzweiflung rebelliert. Soweit sich depressive Situationen miteinander vergleichen lassen, standen die Dinge auf der Insel

Kampf der Engländer gegen die Franzosen in der Normandie im Jahr 1417
Miniatur in der ›Chronique d'Angleterre‹ des Jean de Wavrin für Eduard IV. von England, spätes 15. Jahrhundert
London, British Museum

nicht ganz so schlimm wie auf dem Festland, aber ein sozialer Aufruhr reinsten Wassers blieb es trotzdem. Nur daß es nicht ausschließlich um Lohn und Brot ging, sondern zudem um Freiheit und Gerechtigkeit; so wurde es auch formuliert. Höhepunkt des Aufstands war die Eroberung Londons, die ein britischer Historiker als »bemerkenswertestes Ereignis« der englischen Sozialgeschichte charakterisiert hat.

Nur durch ungewöhnlichen Mut und ungewöhnliche Wortbrüche rettete der junge König Richard II. die Lage, wurde er mit der Revolte fertig. Im Herbst 1381 herrschten wieder die alten Zustände, wenngleich ohne den alten Schmelz. Wat Tyler war getötet, John Ball gerädert, gehenkt und gevierteilt. Dazu kamen etwa hundert Aufrührer an den Galgen.

Den Krieg mit Frankreich hielt Richard II. auf kleiner Flamme. Die innere Konsolidierung seines Landes schien ihm wichtiger zu sein als jeder Beutezug auf dem Kontinent. Bis auf die große Landung Tausender Engländer 1383 in Flandern, einem Unternehmen, das als »Kreuzzug« im Streit der Gegenpäpste deklariert wurde, taktierte der König sehr vorsichtig. 1396 schloß er einen Waffenstillstand, der fast zwanzig Jahre eingehalten wurde und somit seine Regierungszeit überdauerte.

Der Hundertjährige Krieg bestand nicht nur aus einer lockeren Kette von Schlachten, Belagerungen und Raubzügen, sondern lieferte auch eine Fülle von Beispielen sowohl für stilisierten Anstand und Ritterlichkeit als auch für Infamie und schäbige Vertragsbrüche. Das soll nicht heißen, daß erst in dieser Zeit die »ehrwürdige« Überlieferung entstanden sei, Verträge vor allem deshalb zu schließen, um sie bei der nächsten Gelegenheit zu brechen. Jedenfalls erneuerte auch Heinrich V. die Ansprüche auf Frankreichs Krone, die feierlich begraben worden waren, erst nach einer gründlichen Bilanz des Kräfteverhältnisses. 1415 kam er zu dem Ergebnis, daß ein Königsthron für ihn nicht genug sei. Schon das erste Treffen bei Azincourt in der Nähe von Crécy bestätigte die Rechnung: Die Engländer verbuchten einen grandiosen Sieg. 1417 eroberte Heinrich die ganze Normandie, zwei Jahre darauf stürmten seine Truppen die Schlüsselfestung Rouen. Die Loire verwandelte sich in einen englischen Grenzfluß. Der Frieden von Troyes 1420 gab ganz Frankreich in englische Hände. Letztlich blieb Karl VI. nur die Krone übrig. In der Bastille, im Louvre, kampierten britische Soldaten.

Der Bastard von Frankreich

Damit nicht genug. Karl VI. erklärte seinen Sohn, den Dauphin, zum Produkt eines angeblichen Fehltritts der Königin Isabella. Er machte ihn zum Bastard, der keine Kronrechte besaß. Der junge Dauphin kämpfte zwar im Süden weiter, aber daß seine Legitimität plötzlich so zweifelhaft geworden war, machte ihm genausoviel zu schaffen wie die Tatsache, daß in Paris ein englischer König residierte. Die Machtverhältnisse waren so klar wie nie seit bald hundert Jahren. Deutsche Fürsten huldigten Heinrich V.; man erörterte, ob nicht diesem Herrn über zwei Königreiche die Kaiserkrone offeriert werden sollte.

Heinrich V. und Karl VI. starben 1422. Die Engländer ernannten sofort den Sohn ihres Monarchen zum König von Frankreich. Heinrich VI. war erst ein Jahr alt. Regent wurde sein Onkel, der Herzog von Bedford. Auch der Dauphin, noch nicht ganz zwanzig, meldete sich umgehend zu Wort. Der Schnelligkeit, mit der er seine dynastischen Rechte reklamierte, entsprach allerdings nicht die Energie, mit der er sie durchzusetzen versuchte. Kaum ein Herrscher seiner Zeit verkörperte eindringlicher das Bibelwort von dem willigen Geist und dem schwachen Fleisch, und es wurde noch durch das hartnäckige Gerücht verschärft, der Dauphin selbst sei nicht frei von Zweifeln an der Legitimität seiner Geburt gewesen – als wäre es ein Naturgesetz, daß jeder thronberechtigte Sohn eines Königs sich so verhalten müßte, wie es der Ausdruck ›königlich‹ signalisiert. Die Thronfolge in den erblichen Monarchien war unter Persönlichkeitsaspekten fast durchweg reines Roulett, zumal in jenen Zeiten, da das Mißverhältnis zwischen den machtvollen Rechten der Herrscher und ihrer individuellen Qualifikation so eklatant war.

Zielstrebig war Karl VII. bestenfalls in der Konsequenz, mit der er alles Politische und Militärische seinen Beamten, seinen Offizieren und seiner Schwiegermutter überließ. Seine Aktivität bestand in diesen Jahren aus guter Meinung, Wunschdenken und einer Frömmigkeit, die sich mehr in der Furcht des Herrn erschöpfte als in gelassener Glaubensintensität. Außerdem bedrängte ihn ein nicht zu stillendes Bedürfnis nach Mätressen. Ihre übergroße, heute nicht mehr präzis festzustellende Zahl entsprach vollständig seinem schwächlichen Charakter. Dabei hatte er letztlich sogar Glück; denn er fiel schließlich Agnes Sorel in die Hand, und dieser Frau gelang es, ihn nicht nur in einen König, sondern auch in einen Mann zu verwandeln. Nichts für die mysteriösen Wahrheiten der Physiognomik – aber um zu wissen, weshalb Agnes Sorel eine solche Verwandlung Karls VII. möglich gewesen ist, braucht man nur die Porträts der beiden von Jean Fouquet zu vergleichen.

Der zuverlässigste Berater Karls VII. war Jean Dunois, ein Sohn des Herzogs von Orléans. Mit Orléans verband sich damals Existenz und Untergang des legitimen französischen Königtums und damit das Schicksal Frankreichs in diesem langen Krieg. Die Stadt am Knie der Loire war das Tor zum Süden des Landes, auf den sich der Dauphin noch stützen konnte. Aber 1428 rückten britische Truppen vor die Mauern, entschlossen, mit diesem letzten Hindernis auch die letzten Widerstände zu brechen. Obgleich der Ausgang festzustehen schien, noch bevor die Belagerung ernsthaft begonnen hatte, war die Spannung im ganzen Land fieberhaft. Die Kämpfe mit den verhaßten Engländern hatten zu lange gedauert, als daß nicht jedermann begriffen hätte, was mit Orléans entschieden wurde. Da die Menschen sonst nichts tun konnten, taten sie das, was in gläubigen Zeiten immer getan werden konnte: Sie beteten um ein Wunder. Es gehört zu den markantesten Kennzeichen solcher Epochen,

Politische Insignien der Partei Karls VII. von Frankreich: zwei Feldzeichen in Form des Dauphin-Wappentieres und zwei Taler mit den französischen Wahrzeichen
Bleigüsse, zweites Viertel des 15. Jahrhunderts. Paris, Musée de Cluny

daß Erflehtes sich auch wirklich erfüllt hat. In diesem Falle hieß das Wunder Jeanne d'Arc, die Jungfrau von Orléans.

In Domrémy an der Maas, im Osten Frankreichs, ihrem Heimatort, gab es seit längerem eine Verheißung, nach der eines Tages Gott eine Pucelle, eine Jungfrau, schicken werde, um Frankreich von der englischen Satansbrut zu befreien und diesen unseligen Krieg triumphal zu beenden. Die Legende wurde auch der kleinen Jeanne erzählt. Als Dreizehnjährige hatte sie ihre ersten Visionen. Zunächst nahm sie Lichterscheinungen wahr, dann hörte sie Stimmen, und daraus wurden konkrete Verheißungen; so die Ankündigung: »Kind Gottes, du wirst den Dauphin nach Reims führen, damit man ihn dort würdig zum König weiht.«

Die vielen Details auf den nächsten Etappen sind ebenso interessant wie umstritten Anders verhält es sich mit den tatsächlichen Ereignissen. Jeanne d'Arc konnte nach abstrusen Schwierigkeiten schließlich bis zum Dauphin in der Festung Chinon an der Vienne, einem Nebenfluß der Loire, vordringen, und ihn dort von ihrer Gottesgesandtheit überzeugen, kräftig unterstützt von seiner Schwiegermutter. Karl VII. akzeptierte ihr Hilfsangebot. Dunois, der noch immer die Verteidigung Orléans' leitete, hatte inzwischen vom Auftreten der Jungfrau erfahren. Er stärkte die Besatzung durch das Versprechen, daß in Kürze göttliche Hilfe eintreffen werde. In einer weißen Rüstung, auf dem Rappen des Königs, mit einer weißen Fahne, auf der die französischen Lilien eingestickt waren, kam Jeanne d'Arc mit einem Trupp nach Orléans. In den folgenden Tagen leitete sie mehrere Ausfälle und Sturmangriffe, die sämtlich siegreich endeten. Die Engländer mußten ihre Stellungen räumen, und zehn Tage nach dem Eintreffen der Jungfrau hoben sie die Belagerung auf und zogen nach Norden. Tags darauf ritt sie dem Dauphin entgegen und überredete ihn, mit ihr quer durch Frankreich nach Reims im Nordosten zu ziehen, um sich dort krönen zu lassen. Die Route führte ausschließlich durch Gebiete, die von den Engländern besetzt waren. Jedes Gefecht endete mit einem überwältigenden Sieg der Franzosen. Am 15. Juli 1429 kam der Dauphin in Reims an. Zwei Tage darauf wurde er in der Kathedrale gekrönt. Jeanne d'Arc sah ihren Auftrag als erfüllt an und wollte wieder zurück, nach Hause, weiter Schafe hüten.

Andererseits hatte sich in ihr die Zuversicht entwickelt, sie könne ihr militärisches Glück zur völligen Vertreibung der Engländer einsetzen. Es ist also nicht unwahrscheinlich, daß sie ihre himmlischen Aufträge eigenmächtig erweiterte und deshalb von diesem Moment ab nicht mehr durch ihren göttlichen Führer, den Erzengel Michael, unterstützt wurde. Von halb Frankreich wurde sie als Heilige verehrt, von ganz England als Hexe gehaßt. Seit der zweiten Julihälfte 1429 war sie aber weder das eine noch das andere; denn die verblüffende Kampfmethode, über starke Geschütze durch stärkere Gebete zu triumphieren, hatte keinen Erfolg mehr. Ein Sturmangriff auf Paris mißlang, sie verschanzte sich in Compiègne, wurde von Engländern und Burgundern belagert und. bei einem Ausfall gefangengenommen. Zunächst internierte man sie ehrenvoll auf burgundischem Gebiet. Dann erzwangen die Engländer ihre Auslieferung. Nach einem Ketzer- und Hexenprozeß, dessen Ergebnis von vornherein feststand, wurde sie am 30. Mai 1431 auf dem Marktplatz von Rouen verbrannt. Karl VII. hatte sich nach ihrer Gefangennahme nicht mehr um sie gekümmert. Später bat er den Papst um eine Überprüfung des Urteils. 1456 erklärte Calixtus III. den Gerichtsspruch für ungerecht und nichtig, aber erst 1920 wurde Jeanne d'Arc heiliggesprochen und zur zweiten Schutzpatronin Frankreichs erhoben.

Militärs und Historiker haben später mit besten Argumenten versichert, Orléans wäre auch ohne Jeanne d'Arc befreit worden. Dasselbe gelte für die Krönung Karls VII., die Wende des Kriegsglücks, die Rettung und endlich den Sieg Frankreichs. Um das Kuriose solcher Behauptungen zu empfinden, muß man durchaus nicht von einem Kinderglauben an Geschichtslegenden paralysiert sein. Einer so außergewöhnlichen Gestalt wie der Jungfrau von Orléans, einer Persönlichkeit, die so offenkundig alle einsichtigen Erfahrungen und Erwartungen über den Haufen wirft und sich jeder rationalen Exekutive entzieht, muß der gleiche historische Stellenwert zugebilligt werden wie anderen Akteuren, deren Handlungen, Erfolge und Fehlschläge unseren freundlich geübten Urteilskategorien nichts Unbilliges abfordern. Das Ende des Hundertjährigen Krieges und der Triumph Frankreichs lassen sich mit Hilfe ihres Auftretens weit logischer erklären als ohne sie, auch wenn dieses Mädchen zu keiner Logik paßt und ihre Wirkung sich auf eine intellektuell zufriedenstellende Weise nicht erklären läßt. Vernunft heißt in solchen Fällen, die empirischen Daten in ihrer Außervernünftigkeit zu akzeptieren.

Mit dem Auftreten der Jungfrau von Orléans wendete sich das Blatt. Frankreich erhielt wieder einen legitimen König. 1435 schloß Philipp der Gute von Burgund einen Separatfrieden mit Frankreich. Damit verlor England seinen stärksten Verbündeten auf dem Kontinent. Nachdem Frankreich die Zweifrontenklammer zersprengt hatte, wurde eine Stadt um die andere von der englischen Besatzung befreit. 1436 zog Karl VII. wieder in den Louvre ein.

Seit Jeanne d'Arc hatte sich der König verändert. Vollendet wurde dieser Prozeß durch Agnes Sorel, der ersten Maîtresse en titre in der Geschichte des Landes. Karl, der so lange regierte wie selten ein König, war zwar schwächlich und willenlos, aber er muß klüger gewesen sein, als man vermutet; sonst hätte er Agnes Sorel nicht so großen Einfluß auf sich und die Staatsgeschäfte zugebilligt. Kaum war sie an seinem Hof, wurde der König entschlossen, verantwortungsfreudig, interessiert, zielstrebig, und doch unternahm er letztlich nichts anderes, als was

Karl VII. von Frankreich
Aus einem Gemälde von Jean Fouquet
Paris, Musée du Louvre

Agnes Sorel
Aus einem Gemälde vermutlich nach Jean Fouquet
Paris, Collection Duc de M.

Agnes Sorel für richtig hielt und empfahl. Das reichte von allgemeinen Direktiven bis zur Ernennung von Ministern und Feldherrn. Es hatte seinen Grund, wenn ein Chronist den König wegen seines Entschlusses lobte, »die Weisheit von solchen Lippen« zu genießen.

Im Jahr 1444 war Frankreich stark genug, den Waffenstillstand aufzukündigen. Die Engländer resignierten bald, als die letzten wichtigen Städte kapitulierten und Guyenne wieder vollständig in französischen Händen war. Beendet wurde der Krieg 1453, den Frieden jedoch schloß man erst 1475. Den Briten blieb Calais, ein knappes Jahrhundert lang, und es blieben ihnen die normannischen Inseln, immerhin bis heute.

Weiße Rose, Rote Rose

Die Quintessenz dieses längsten Krieges der europäischen Geschichte war eine Konzentrierung, das heißt in politischem Sinn: eine Nationalisierung beider Staaten. Jeanne d'Arc, diese überwältigende Personifikation eines jungen Nationalbewußtseins, hat Frankreich den Weg zum national und geographisch fest umrissenen Staat geöffnet. Dieser Weg führte über Burgund. England trennte sich weitgehend von den französischen Einflüssen, kappte die wesentlichsten geistig-kulturellen Verbindungen und profilierte dadurch ebenfalls sein Nationalitätsbewußtsein. Erst seit dem Hundertjährigen Krieg entwickelten sich englische Kultur und englisches Geistesleben mit eigenem Gewicht. Die Bedingung für jedes einigermaßen erfolgreiche Agieren auf dem Kontinent war eine ruhige Lage auf der Insel, im Mutterkönigreich, gewesen, nicht umgekehrt. Die britischen Herrscher mußten sich das im Verlauf dieses Krieges wiederholt bestätigen lassen.

Unter Heinrich VI., der als Säugling zum König von England und Frankreich ausgerufen wurde und der Gegenspieler Karls VII. war, ging die britische Herrschaft in Frankreich verloren. Es gelang auch nicht, die zerrütteten Staatsfinanzen zu sanieren. 1431, nach der Hinrichtung der Jungfrau von Orléans, wurde Heinrich VI. gekrönt. Zehn Jahre war er damals, aber seine Umgebung mußte nicht erst das Ende seiner Minderjährigkeit abwarten, um einzusehen, daß er kein Herrscher, sondern ein gelehrter Hypochonder war, dessen Abscheu gegenüber allen Kriegshandlungen durch seine Vorliebe für religiöse Probleme nur unvollständig kompensiert wurde. Politisch bedeutete das einen ungeahnten Machtverfall. 1452 soll der sensible König den Verstand verloren haben. Herzog Richard von York wurde zum Reichsprotektor ernannt, aber nach zwei Jahren vom König entlassen, weil dieser die Ambitionen seines Protektors erkannt hatte. Daraufhin ernannte sich Richard selbst zum Thronprätendenten. Er war ein direkter Nachkomme Eduards III. und pochte jetzt darauf, daß sein Thronrecht über die mütterliche Linie der Plantagenets älter sei als das der Lancaster.

Richard versuchte seinen Anspruch mit den Waffen durchzusetzen. Das Gefecht von St. Alban 1455 gab den Auftakt zu den Rosenkriegen, den Jahrzehnten der blutigsten und grausamsten Thronkämpfe in der Geschichte Englands. Die zweite Hälfte des 15. Jahrhunderts auf der Insel war mit Gewalttaten, Meuchelmorden und Hinrichtungen so vollgepackt, daß wohl die Vermutung richtig ist, ihr einziger positiver Ertrag hätte darin bestanden, Shakespeare den Stoff für seine Trilogie ›König Heinrich der Sechste‹ und das abschließende Schauspiel ›König Richard der Dritte‹ zu liefern. Kontrahenten waren die Häuser York und Lancaster. Beide führten als Badge, heraldisches Kennzeichen, das alte Wappensymbol der Rose; sie stand für die ritterliche Ehre. York trug eine weiße Rose, Lancaster eine rote.

Die Rosenkriege bilden eines der deprimierendsten Kapitel nicht nur der anhebenden neuzeitlichen englischen, sondern der ganzen europäischen Geschichte. In diesen Metzeleien läßt sich wirklich nichts Bemerkenswertes finden. Erstaunlich ist nur die Tatsache, daß ein Land, das wegen Totalbankrotts den Krieg mit Frankreich aufgeben mußte, noch jahrzehntelang zu solchen Blut- und Gewaltakten fähig war. Zur Selbstzerfleischung gehört weit mehr Kraft als zur Führung eines Krieges in einem anderen Land. In der Besessenheit, mit der die britischen Adelsgeschlechter übereinander herfielen, lag etwas Kannibalisches, eine rattenhafte Mordgier, und die Indignation, die dem Betrachter der Details zusetzt, würde vollauf die Ironie der Darstellung rechtfertigen, zu der sich der Historiker in solchen Fällen ständig verführt sieht.

Andererseits ist dieser Adelskrieg nicht mit Konflikten wie dem Dreißigjährigen Krieg oder den Napoleonischen Feldzügen zu vergleichen; denn die Bevölkerung wurde kaum direkt betroffen. Vielmehr nahmen die Herren so weit wie möglich Rücksicht. Eine Verwüstung und Plünderung von Dörfern, Städten, ganzen Landstrichen war nicht beabsichtigt. Die Rosenkriege waren persönliche Machtkämpfe zwischen konkurrierenden Adelsgruppen, und das wirkte sich als Indifferenz gegenüber der Bevölkerung, dem Land, dem Handel aus. Niemand kümmerte sich um die allgemeine soziale und wirtschaftliche Lage. Die Popularität der Gewinner, der Herrscher des Hauses Tudor, beruhte im wesentlichen darauf, daß mit ihrem Sieg diese Gleichgültigkeit beendet wurde, daß ihre Könige die Zentralgewalt konsequent durchsetzten und die früher übermächtigen Adelsherren an die kurze Leine nahmen.

Die Rosenkriege motivieren auch grundsätzliche Überlegungen, wie sie spätestens seit Voltaire immer wieder angestellt worden sind: Sollte man die Menschheitsgeschichte nicht endlich anders darstellen als ein Sammelsurium von Kriegen, Morden, kämpfenden Herrscherhäusern, aufgefädelt an der Chronologie? Diese Frage hat heute, differenzierter, die gleiche Aktualität wie vor zweihundert Jahren. Nur ist die Alternative dazu nicht eine Kulturgeschichte oder eine Geschichte der geistigen und künstlerischen Leistungen der Menschen oder eine Geschichte der Namenlosen, durch deren Ausbeutung einige wenige ihre Throne fundierten. Auch die Intention einer Totalgeschichte des Menschen, seiner Staaten, Gesellschaften, Leistungen und Manifestationen kommt nicht daran vorbei, daß Gewalttaten und Kriegen eine dominante Rolle zufällt. So wünschenswert das Gegenteil ist, so unkorrekt wäre das Verfahren, wegen des Seinsollenden die menschlichen Widerwärtigkeiten zu unterschlagen.

Zentralfigur der Rosenkriege ist Eduard IV. Sein Leben, seine Persönlichkeit sind fast ein Lichtblick in den allgemeinen Blutnebeln, obwohl er sich an ihrer Verbreitung ebenfalls eifrig beteiligte. Eduard war der Sohn Richards von York. 1461 wurde er durch den sprichwörtlich gewordenen Grafen Warwick, den »Königsmacher«, gekrönt. Er regierte bis 1483. Philippe de Commynes, der französische Diplomat und Historiker, sah ihn im Alter von einunddreißig Jahren und notierte, »er sei so schön wie kein Mann, der in seiner Zeit gelebt hat«. Exklusivurteile muß man prüfen. Vor Eduards Bildnis in der National Portrait Gallery in London wird man teils über seine »Schönheit«, teils über das Schönheitsideal eines so weitgereisten Mannes wie Commynes staunen.

Eduards Schwager war Karl der Kühne von Burgund, der mächtige Herzog hatte in dritter Ehe Margarete von York geheiratet, die Schwester Eduards IV. Der englische König hielt von dieser Verwandtschaft so viel, daß er sich stark genug fühlte, den Krieg mit Frankreich zu erneuern – in der bewährten englisch-burgundischen Frontenschere. 1475 setzte er über den Kanal. Die Größe des Heeres übertraf alles, was seit Eduard III. ein englischer König gegen Frankreich aufgeboten hatte. Karl der Kühne gab jedoch seinen eigenen Plänen den Vorrang gegenüber denjenigen seines Schwagers. Eduard IV. wiederum wollte die Risiken nicht allein tragen. Er ließ sich deshalb ohne allzu große Schwierigkeiten vom französischen König die Kriegsgelüste samt seinen französischen Thronansprüchen mit fünfundsiebzigtausend Ecu d'or und einer Jahrespension von weiteren fünfzigtausend abkaufen. Für Ludwig XI. war das kein zu hoher Preis; er sicherte sich mit den Vereinbarungen von Picquigny freie Hand gegenüber seinen aufsässigen Vasallen und vor allem gegenüber Burgund. Erst

Ritterlicher Zweikampf von Angehörigen konkurrierender englischer Adelsgruppen zur Zeit der Rosenkriege
Miniatur eines englischen Künstlers in einer Vita des Earl of Warwick, um 1485
London, British Museum

durch den Rentenvertrag wurde der Frieden endgültig besiegelt. Realvernunft drückte sich hier in barer Münze aus.

Mit dem französischen Geld machte Eduard IV. das Parlament praktisch arbeitslos. Dieser Akt der finanziellen Saturierung des britischen Königs durch Frankreich ist in den Geschichtsbüchern farblos als der Beginn des Absolutismus in England registriert worden, so als wäre der englische Absolutismus letztlich eine französische Erfindung. Unabhängig vom Parlament wollte Eduard IV. schon immer sein; das hatte Ludwig XI. klar erkannt. Vom ersten Tag seiner Regierung an zeigte Eduard den festen Willen, seine Kassen mit allen Mitteln zu füllen. 1465 ließ er sich vom Parlament auf Lebenszeit sämtliche Zolleinnahmen überschreiben. Am meisten aber warfen die Ländereien der Krone ab. Während der Thronkämpfe hatte sich der Kronbesitz durch Erbschaften und Konfiskationen enorm vermehrt. Eduard IV. entwickelte ein effizientes Nutzungssystem, dessen Einnahmen er durch verschiedene Sondererträge noch erheblich steigerte, durch sogenannte freiwillige Geschenke, zu denen er seine Untergebenen zwang. Das Verfahren war eine deutliche Anleihe an dem System, das Johannes XXII. in Avignon entwickelt hatte, und es funktionierte genauso gut. Ob das schon die Vorform eines modernen Verwaltungssystems darstellte, sollte keine Streitfrage sein; zumindest war es eine bürokratische Verwaltung, die ihren Zweck optimal erfüllte: Eduards Bedürfnissen gemäß die königlichen Prärogative zu festigen.

Was waren das für Bedürfnisse? Dieselben, die in weiten und vor allem in den entscheidenden Bereichen Europas vorhanden waren, als sich die Renaissance zur Üppigkeit entfaltete. Ihrer Entdeckung der Weltlichkeit und des Genusses am Irdischen hat Eduard IV. enthusiastisch Tribut geleistet, sowohl den allgemeinen der Epoche als auch einen höchstpersönlichen. Er darf als erster Renaissance-Fürst auf dem englischen Thron bezeichnet werden, aber gemeint ist damit nicht das, was Machiavelli darunter verstand.

Als Soldat hatte Eduard IV. einen ausgezeichneten Ruf, dieser wurde jedoch kaschiert durch seine abnorme Faulheit, seinen Leichtsinn und sein hemmungsloses Schwelgen in allen leiblichen Genüssen. In seinen letzten Jahren konnte er sich auf seinen Leistungen und den Zahlen der Toten ausruhen; er hatte alle ernst zu nehmenden Feinde, Hunderte von Adligen, aus dem Weg geräumt. Die Parole, die er in den Kämpfen vom Pferd aus verkündet hatte, war gut durchdacht: »Schonet das Volk, tötet die Herren!« So gesichert konnte er, wie ein Baum seine Jahresringe, Fettschicht auf Fettschicht ansetzen, prangend und unermüdlich. Das hinderte ihn nicht daran, seiner Vorliebe für große Zirkel gebildeter Männer und wohlgebildeter Frauen zu frönen. – Philippe de Commynes beschreibt den König in den siebziger Jahren des

Eduard IV. von England
Gemälde eines Unbekannten
London, National Portrait Gallery

Jahrhunderts: »Er hatte sich nun schon zwölf oder dreizehn Jahre, mehr als jeder andere Fürst, der zu seiner Zeit gelebt hat, an seine Freuden und Vergnügungen gewöhnt. Nichts anderes hatte er im Kopf gehabt und hatte ihn beschäftigt als Damen, und zwar mehr als vernünftig, nichts anderes als Jagden und die Pflege seiner Person.« Auf den hohen Adel war der König nicht gut zu sprechen, die Gesellschaft reicher Bürger und Handelsherren war ihm weit lieber. Davon profitierten Wirtschaft und Lebensstandard in der Hauptstadt. Unter Eduard IV. entwickelte sich London nach einem wohlmeinenden Urteil zur »Blume der Städte« in Europa.

Die Mauer um das Königreich

Eduard IV. starb 1483, keine einundvierzig Jahre alt. Die dezimierten Adelsparteien lieferten sich zwei Jahre darauf nochmals ein großes Treffen. In der Schlacht von Bosworth wurde Richard III. aus dem Hause York von Heinrich Tudor, Earl of Richmond, besiegt. Nach diesem Triumph, noch auf dem Schlachtfeld, wurde der Sieger zum König ausgerufen. Der Graf war ein Lancaster-Sprößling. Mit ihm, als Heinrich VII., traten die Tudors ihre Herrschaft an. Sie dauerte bis 1603. Durch seine Heirat mit Elisabeth von York, einer Tochter Eduards IV., neutralisierte Heinrich die Gegensätze der Rosenkriege dynastisch. Auch symbol-publizistisch zog er einen Schlußstrich: Als neues politisches Badge gab er seinem Haus eine Rose mit weißem Fruchtblatt und roten Kronblättern. Diese Tudor-Rose, ein echtes Entgrenzungssymbol, blieb bis in unsere Tage das britische Königs-Badge.

Heinrich VII. konnte den Thronkämpfen auch deshalb ohne besondere Schwierigkeiten ein Ende machen, weil es kaum noch ernst zu nehmende Kontrahenten gab. In England begann eine relativ ruhige Zeit. Landfriede und Rechtsordnung nahmen so ausgeprägte Formen an, daß auswärtige Besucher feststellten, seit Wilhelm dem Eroberer sei England nicht mehr so sicher gewesen. Der König saß auf dem Thron in einer Gelassenheit, als wäre er der ungewöhnlichen Überzeugung, daß sich von hier aus besser eine Regierung als ein Krieg führen ließe. Die seltenen Gelegenheiten, bei denen er das Schwert zog, benützte er nur dazu, der Welt zu zeigen, daß keiner so schnell wie er das Schwert wieder in die Scheide stecken konnte. Seine Außenpolitik war von großartiger Simplizität: Er distanzierte sich einfach vom europäischen Kontinent. Vom Festland aus gesehen war die Beschränkung Englands auf seine Insellage ein Rückzug, eine Neutralisierung bis zur Bedeutungslosigkeit. Von London aus aber handelte es sich um weit mehr: um die erste klare Einsicht in die Vorteile der insularen Situation des Königreiches.

Das garantierte zunächst einen Frieden mit Frankreich, dessen Dauer im Vergleich mit früheren Zeiten nahezu sensationell war, einen Frieden, den Heinrich VII. auch noch in Geld ausmünzte. In der Konvention von Etaples (1492) verpflichtete sich der französische König Karl VIII., den Rentenvertrag seines Vorgängers, Ludwigs XI., fortzuführen. Die Vereinbarung war nach einigem Kriegsgeschrei und Säbelrasseln abgeschlossen worden, übrigens als echter Sieg für den Tudor-König, der sich gegen einen erneuten Verzicht auf Frankreichs Krone nicht nur das Geld, sondern auch die Anerkennung der Tudor-Dynastie durch Frankreich und Spanien eingehandelt hatte.

Im Inneren setzte Heinrich VII. die Verwaltungs- und Finanzführung Eduards IV. abgewandelt fort. Francis Bacon, der Philosoph und Staatsmann, berichtet von Heinrich, er hätte »gefüllte Truhen als Glücksbringer« eingeschätzt. Um sie zu füllen, strapazierte er seine Phantasie noch weit stärker als Eduard IV., dem Geld im wesentlichen nur Mittel zu vergnügten Zwecken war. Heinrich VII. lag das Wohl des Staates am Herzen, sofern man bei diesem mißtrauischen, zähen, mürrischen Mann von einem Herzen sprechen kann. Zweifel sind erlaubt, denn die Chronisten haben den König nur ein einziges Mal in Gemütsbewegung erlebt, und zwar als sein Sohn Arthur starb, knapp fünfzehnjährig. Auch hier bleibt es offen, ob der Kummer über den politischen Aspekt des Unglücks dem persönlichen Schmerz nicht die Waage gehalten hat; denn die wichtige Verbindung mit Spanien war erst einige Monate zuvor durch die Verheiratung des Prinzen mit der Infantin Katharina konsolidiert worden. Der Tod Arthurs war ein politischer Rückschlag. Eine solche Episode ändert nichts an der Charakteristik des Königs: gefühlsdürr bis froschig kalt, in der privaten Haushaltsführung knickerig, im Ausnehmen anderer mafiotisch skrupellos, ein Mann, dem als einzige starke Leidenschaft der Altersgeiz schon in die Wiege gelegt worden war – und so verschlossen, wie nur ein Mensch sein kann, der überhaupt nicht weiß, was den Gegensatz ausmacht.

Defekte? Vielleicht, doch es spielt keine Rolle. So widerlich seine fiskalischen Erpressungs-Exzesse sind, schaden sie nur dem Bild des Königs, nicht aber dem Land. In einem venezianischen Gesandtschaftsbericht aus den ersten Jahren des 16. Jahrhunderts wird verblüfft festgestellt, daß England alle Länder Europas an Reichtümern übertreffe. Heinrich VII. ist tatsächlich der erste Herrscher seit den Zeiten der Magna Charta, seit dreihundert Jahren also, der nicht mehr ausgab, als er einnahm. Und diese britische Insel scheint nicht nur im Meer, sondern auch in Silber geschwommen zu haben.

Politisch war der König von respektablem Gleichmut und außerordentlichem Weitblick. Da setzte er sich auf den insularen Eckbalkon, sah den europäischen Kämpfen wohlwollend desinteressiert zu und ließ sich von Frankreich für diese Abstinenz noch bezahlen. Das ist Konzept; er sagte es. Er wollte um sein Königreich eine eherne Mauer bauen, durch Sicherungen, Absprachen, Heiraten, Verträge mit den Mächtigsten Europas. England sollte Insel werden, aber eine Insel, die nicht zu stürmen war. England brauchte jetzt, nach eineinhalb Jahrhunderten Aderlaß, nichts weiter als Ruhe, Frieden, Wohlstand. Heinrich VII. wollte keine äußeren Verwicklungen, er hatte es schwer genug, im Inneren Ordnung zu machen. Die staatsmännische Devise hieß: Pazifizierung durch Gewalt, um die Selbstzerstörung des Reiches zu verhindern,

Heinrich VII. von England
Gemälde eines flämischen Künstlers, 1505
London, National Portrait Gallery

durchgesetzt von einem Herrscher, der sich und sein Amt als nahezu absolute Institution verstand. Ob ihn seine Umgebung, die Untertanen, die Barone liebten, oder ob sie ihn und seine Steuerbüttel verfluchten – was scherte ihn das. Dazu hatte er auf dem Totenbett noch Zeit genug. Die privaten Skrupel verblaßten gegenüber der Tatsache, daß er ein Reich hinterlassen würde, dessen Solidität selbst von einem so ausschweifenden Nachfolger wie seinem zweiten Sohn, Heinrich VIII., nicht zu durchlöchern wäre, sondern von ihm schließlich sogar zur Grundlage des modernen Staates England ausgebaut werden könnte.

Solange sich England während des Hundertjährigen Krieges inmitten Europas befunden hatte, konnte es paradoxerweise nur einmal, unter Heinrich V., eine überragende politische Rolle spielen. Zur europäischen Großmacht dagegen wurde das Königreich erst, nachdem es sich vom Kontinent zurückgezogen, dem Anschein nach radikal von Europa distanziert hatte. Das setzte mit Eduard IV. und Heinrich VII. ein, wurde dann rasch gesteigert und unter Heinrich VIII. vollendet. Die britische Sezession ist ein längerer Prozeß, in dessen Verlauf England noch ganz andere Konsequenzen aus seiner insularen Situation zog. Ein »Volk von Schafzüchtern« verwandelte sich in »Kinder der See«. Heinrich VIII. zeichnete mit festen Strichen die Konturen eines Staates, der die Rolle der Kontinentalmacht den wirklichen Landmächten überließ, der in der Konkurrenz mit Portugal und Spanien einen neuen Nerv entdeckte, weil er sich selbst als erste und stärkste maritime Großmacht verstand, als eine Macht, die vom Meer fundiert ist und sich damit in die erste Globalmacht der Geschichte verwandelte.

Reform an Haupt und Gliedern

Das Ringen zwischen Frankreich und England schlug sich fast allzu natürlich auch in der Parteiung während des Großen Schismas nieder. England bekannte sich zur Obedienz der römischen Päpste. Auf die grundsätzliche Kritik an der Kirche wirkte sich die Inseldistanz freilich nicht aus, und dabei war es nebensächlich, ob die Adresse Rom oder Avignon hieß. Der schärfste Stachel saß im Nervus rerum: Ununterbrochen, gleichmäßig und gleichmäßig aufreizend floß der Peterspfennig in die Kassen der Kurie ab. Eine zeitgenössische Schätzung veranschlagt die Gesamtsumme höher als die Abgaben an König und Staat. Die Separationsbewegung begann mit Eduard III. Er ordnete 1351 durch ein Gesetz die bischöfliche Gerichtsbarkeit der königlichen praktisch unter und bestimmte, daß der Papst in England keinen Geistlichen mehr ernennen und keine Pfründe mehr verleihen dürfe.

Ohne diese Aversion gegen das Papsttum wäre die Tätigkeit eines Mannes wie John Wiclif unmöglich gewesen. Wiclif, etwa 1320 geboren, hatte in Oxford Theologie studiert, später dort selbst Theologie gelehrt; er amtierte auch als Pfarrer. Dieser vehemente Theologe bestritt als erster die Berechtigung der päpstlichen Autorität und begründete das auch theoretisch. Die Macht des Bösen lasse sich unmöglich auf Gott zurückführen; deshalb seien nicht Christus oder Petrus die Urheber der päpstlichen Macht, sondern die römischen Kaiser, also höchst irdische Herrscher. Er votierte wie die Franziskaner, wie Katharina von Siena für eine besitzlose Kirche. Die Grundlage des Glaubens sei die Heilige Schrift; deshalb dürfe, ja müsse jeder, der auch nur über ein Minimum an Bildung verfüge, die Bibel selber lesen. Außerdem leugnete Wiclif die Transsubstantiation, verwarf den Ablaß und bekämpfte die Heiligenverehrung. Die Konsequenzen solcher Theorien und Forderungen waren eindeutig. In Wiclif sehen die Protestanten, die Anglikaner und die Laienkirche ihren Urahn und ersten Meister.

Wiclif wurde 1377 zu einem Gutachten aufgefordert, ob England wegen der Kriegslage berechtigt sei, die Abgaben an den Papst einzustellen. Sein Memorandum war eine sprühende Attacke auf den »besitzenden, cäsarianischen« Klerus, die praktisch in dem Vorschlag gipfelte, die englische Kirche solle sich gänzlich vom Papst trennen: »Der Papst kann den Reichtum des englischen Königreiches nur in der Form eines Almosens fordern. Da aber alle Wohltätigkeit zu Hause beginnt, wäre es kein Werk der Wohltätigkeit, sondern ein Werk der Dummheit, die Almosen des Königreichs ins Ausland zu schicken, wenn das Königreich sie selbst braucht.« Daß die englische Kirche ein Teil der Universalkirche sei und insofern dem Papst Gehorsam schulde, treffe nicht zu: »Nach den Worten der Heiligen Schrift hat das Königreich England ein einziger Organismus zu sein, dessen Glieder die Geistlichkeit, die Lords und die Gemeinen bilden.« Diese Behauptung hätte auch im Auftrag Heinrichs VIII.

John Wiclif
Initialenbildnis eines Unbekannten
in einer Sammelhandschrift mit Wiclifs
›Tractatus de veritate sacrae scripturae‹,
erstes Viertel des 15. Jahrhunderts
Prag, Staatsbibliothek der ČSSR

formuliert sein können. Damals aber wirkte sie bei den Offiziellen, selbst bei den Antiklerikalen noch so revolutionär, daß Wiclif untersagt wurde, dieses Thema jemals wieder zu berühren.

Nach dem Aufruhr im Jahr 1381 verdächtigte man Wiclif als Komplicen. Daß man ihn überhaupt so lange ungeschoren gelassen hat, zeigt nur, wie wenig man ihn verstand. Implizite griff er mit seinem Kampf gegen die Kirchenhierarchie auch den hierarchischen Aufbau der weltlichen Obrigkeit an. Das deckte sich der Sache nach mit der Zielrichtung der Sozialbewegungen; denn auch sie mußten im kirchlichen Sinn zwangsläufig häretisch sein. Für den Christen damals war es unbestritten, daß die Autorität der irdischen Gewalt von Gott stammt, daß ihre Stufung von Gott gewollt ist und daß folglich jede Kritik an dieser Ordnung eine Auflehnung gegen Gottes Werk sein mußte. Der neue Erzbischof von Canterbury setzte durch, daß die Lehren des Reformators verworfen wurden. – In seinen letzten Jahren hatte Wiclif sich dazu hinreißen lassen, den Papst als Antichrist zu bezeichnen. Seine Interpretationen der Heiligen Schrift wurden immer radikaler. Man verbannte ihn auf seine Pfarrei Lutterworth. Schärfere Verfolgungen blieben ihm wahrscheinlich nur durch seinen Tod (1384) erspart. Wiclif war nicht etwa nur ein Vorläufer Luthers; in einer Fülle von Lehrsätzen ist umgekehrt Luther ein Nachläufer Wiclifs. Der englische Reformator forderte auch, daß die Gottesdienste nicht mehr in Latein, sondern in der englischen Muttersprache abgehalten werden sollten, bestimmt nicht deshalb allerdings, weil er selbst ein grauenhaftes Latein schrieb. Seit 1883 gibt die Wyclif Society seine Werke heraus.

Wiclif war bis dicht an den theoretischen Urkommunismus und Anarchismus herangerückt. Er bestritt das persönliche Eigentumsrecht und lehnte unter dem Gesichtspunkt einer Ordnung universeller Tugend alle Gesetze ab, die von Menschen gemacht werden. Um sich nicht mit einem mächtigen Schwung auf den Scheiterhaufen zu argumentieren, betonte er – höchst modern in seiner schlauen Distanzierung von der Praxis –, es handele sich dabei nur um Theorie, um einen Idealzustand, zumal auch Paulus die Obrigkeit respektiert habe, da sie von Gott eingesetzt sei, und Gott müsse man gehorchen. Dieses Jonglieren zwischen Bibelfestigkeit und Revolution ist dann von Luther zur Vollendung getrieben, nämlich zur Identität gebracht und damit ad absurdum geführt worden.

Der Kongreß Europas

Es waren viele Stimmen, Birgitta von Schweden, die Minoriten, Katharina von Siena und die kaum zu zählenden Wanderprediger, die Lollarden, die Wiclifs Lehren, sozialhäretisch verschärft, unters Volk brachten. Alle diese Stimmen sprachen für Millionen andere, die sich nicht ausdrücken konnten, die in den knappen Ruf nach einer Reform an Haupt und Gliedern mündeten, der immer lauter das christliche Europa durchhallte.

Johannes Hus bei der Rechtfertigung seiner Lehren vor dem Reformkonzil im Münster von Konstanz im Jahr 1415
Erinnerungsbild eines Unbekannten im Leitmeritzer Graduale, 1510-1514
Litoměřice, Kreisarchiv

Die Notwendigkeit dazu war schon vom ersten Avignon-Papst, Clemens V., eingesehen worden. Auf dem Konzil von Vienne (1311) hatte der Bischof von Mende in einem Gutachten empfohlen, alles, was nötig sei, an der Kirche »zu verbessern und an Haupt und Gliedern zu reformieren«. Realität wurde dieses Verlangen erst knapp hundert Jahre später. Es drückte sich am deutlichsten in der Konzilsbewegung aus, die seit den Franziskanern und Marsilius von Padua einen zunehmenden Sog entwickelt hatte. Nur waren jetzt, im Großen Schisma, die Motive dafür so drängend wie noch nie: Wie sollte ohne ein Konzil die katastrophale Spaltung jemals beendet werden? Auf dem Pisaner Konzil von 1409 wurden die beiden amtierenden Päpste für abgesetzt erklärt – ohne daß sie deshalb zurücktraten – und ein neuer, dritter Papst gewählt. Er sollte bis zum Mai 1412 ein weiteres Konzil einberufen.

Sein Nachfolger, Johannes XXIII., verschleppte die Einberufung; denn er ahnte zu Recht, daß seine eigene Absetzung zu den ersten Amtshandlungen des Konzils gehören würde. Aus Pisa hatte der Klerus aber auch gelernt, daß die Kirche von sich aus nicht in der Lage war, die Spaltung zu beenden, die Einheit des westlichen Christentums wiederherzustellen. Bis jetzt hatte niemand die beiden oder nunmehr drei Päpste daran hindern können, ihre Absetzung zu ignorieren. Dazu war eine außerkirchliche Macht und Autorität nötig.

Hier liegt die Bedeutung des deutschen Königs und späteren Kaisers Sigismund. Ohne seine Energie und Beharrlichkeit wäre das Konzil nie einberufen worden. Papst Johannes eröffnete zwar im November 1414 die Versammlung zu Konstanz noch persönlich, aber wirklich geleitet und in allen entscheidenden Fragen bestimmt wurde sie vom König, der sich durchaus nicht nur aus religiösen Gründen als Advocatus ecclesiae verstand. Dreieinhalb Jahre tagte dieses Konzil, das größte in der Geschichte der Kirche, sicherlich auch das wichtigste seit Nicaea (325). Es war der erste Kongreß, an dem sich ganz Europa beteiligt hat. Während seines Verlaufs fanden sich dort fast alle weltlichen und geistlichen Häupter der Christenheit ein, bis hin zum Erzbischof von Gnesen in Polen und dem Metropoliten von Kiew. Die Hoffnung schien nicht unbegründet, daß nach Überwindung des westlichen Schismas auch die West-Ost-Trennung der Kirche endlich beizulegen war. Der Ort selbst, Konstanz, schien symbolisch zu sein; denn er lag ziemlich genau im Mittelpunkt der Grenzbezirke Italiens, Deutschlands und Frankreichs: Nach Bordeaux war es genauso weit wie nach Krakau, Rom oder London.

Christlicher Universalismus war das große Motiv, aber behandelt und abgestimmt wurde nach Nationen. Die Selbsteinschätzung der Versammlung war hoch. In dem Dekret ›Haec sancta‹, veröffentlicht auf der fünften Sitzung am 6. April 1415, wird feierlich die Superiorität des Generalkonzils über den Papst festgestellt: »Dieses rechtmäßig im Namen des Heiligen Geistes versammelte Konzil von Konstanz bildet ein allgemeines, die streitende katholische Kirche repräsentierendes Konzil und hat unmittelbar von Jesus Christus seine Gewalt erhalten, welcher jede Person, welchen Stand und welche Würde sie auch habe, sei es auch die päpstliche, in allem, was den Glauben, die Austilgung der gegenwärtigen Spaltung und die allgemeine Reformation der Kirche Gottes in Haupt und Gliedern betrifft, zu gehorchen verpflichtet ist.« Dreierlei hatte man sich vorgenommen: Das Schisma zu beenden (Causa unionis), ketzerische Irrlehren auszurotten (Causa fidei) und die Kirchenreform durchzuführen (Causa reformationis).

Punkt eins gelang: Die drei Päpste wurden abgesetzt und zur Annahme dieses Beschlusses gezwungen. Die Einheit der Kirche konnte dadurch wiederhergestellt werden, indem man die Kirche zunächst enthauptete. Im November 1417 wurde gemeinsam ein neuer Papst gewählt: Martin V. – Punkt zwei war ebenfalls ein Erfolg, allerdings nur in den Beschlüssen. Die Lehren Wiclifs wurden verurteilt. Seinen Meisterschüler in Böhmen, Johannes Hus, erklärte man zum Ketzer. Am 6. Juli 1415 wurde er verbrannt, ein Jahr später auch noch

Hieronymus von Prag, ein leidenschaftlicher Mitkämpfer von Hus. Beide sangen Hymnen, bis ihre Stimmen in Rauch und Flammen untergingen. So weitsichtig König Sigismund das Konzil geplant und durchgeführt hatte, so kurzsichtig war es von ihm, sein Wort, mit dem er Hus freies Geleit zugesichert hatte, zu brechen und den böhmischen Reformator verhaften und hinrichten zu lassen. Der König hatte deshalb sein Wort verpfändet, weil er durch die erwartete Rechtfertigung des Reformators vor dem Konzil in seinem Erbland Böhmen den religiösen Frieden sichern wollte. Er konnte Hus nicht retten, wurde aber durch dessen Verbrennung zum meistgehaßten Mann in Böhmen. Nach König Wenzels Tod (1419) versagte man ihm die Anerkennung. Im Jahr darauf griffen die Hussiten zu den Waffen, und im nächsten Jahrzehnt wurde der Krieg mit ihnen zum Hauptproblem des Königs. Damit scheiterte sein größtes Ziel: das Reich, womöglich Europa, gegen die Türken zu einigen. – Punkt drei, die Causa reformationis, wurde praktisch vertagt; nicht zuletzt deshalb, weil sich der neue Papst nicht dem Konzil nachordnete, sondern energisch und ohne Rücksichten seine Superiorität betonte.

Eine Reform der Kirche aus dem Inneren der Kirche schien unmöglich zu sein; das zeigten Konstanz und die folgenden Konzilien des 15. Jahrhunderts recht deutlich. Auch Luther versuchte es zunächst im Rahmen der Kirche. Als das mißlang, schreckte er vor der Zersprengung nicht zurück. Der Kirchenspaltung des Schismas folgte die Glaubensspaltung der Reformation. Die ersehnte Kirchenreform, um die sich Millionen Christen bekümmert hatten, war es nicht; denn Luther reformierte nicht die Kirche, sondern schuf eine neue. Ob es sich aber wirklich um eine Kirche handelte, das wurde zum brennendsten Problem des Protestantismus.

Das Habsburger Spiel

Von 1310 bis 1437 herrschten in Böhmen die Luxemburger, nahezu einhundertdreißig Jahre lang. Im Mittelpunkt dieser Ära stand Karl IV. Mit seinem Namen verbindet sich das »goldene Zeitalter« Böhmens, eine Epoche, deren Glanz sich weithin auf das Reich erstreckte. Wenn der Kaiser das Schwergewicht der Politik nach Prag verlagerte, dann nicht um privater Vorlieben willen. In Prag sah er das natürliche Gravitationszentrum für eine Staatskunst, die Schlesien und Brandenburg dem Westen und Süden gleichordnete, die Polen oder Ungarn für nicht unwichtiger hielt als Frankreich oder Italien. Sein Denken in Großräumen schätzte die Bedeutung der Elbe für Handel und Wirtschaft genauso hoch ein wie den Rhein oder die Donau. Was Karl IV. der Tendenz nach errichtete, arbeitete den Habsburgern für Jahrhunderte vor. Sein Tod im Jahr 1378, der mit dem Beginn des Großen Schismas zusammenfiel, wurde zu einem tiefen Einschnitt in der Geschichte Europas.

Karls Erbe drohte in den folgenden Jahrzehnten willkürlich verschleudert zu werden. Die Herrschaft in Böhmen verblieb bei Wenzel, dem Sohn des Kaisers. Aber erst 1410 wurde durch Sigismund die Luxemburger Königstradition entschlossen weitergeführt. Die Einberufung des Konzils und seine Durchführung profilierten den zweiundvierzigjährigen König zu einem außerordentlichen Herrscher. Die Funktionen des Schirmherrn der Kirche, seit Avignon mit Recht von den französischen Königen beansprucht, gingen in erstaunlich kurzer Zeit auf den deutschen König über, kaum angefochten von anderen Fürsten im europäischen Christentum. Schon die Zeitgenossen schienen das Lob Sigismunds kaum übertreiben zu können; sie rühmten ihn als »fidelissimus protector« des Konzils.

Das Schicksal des Papsttums und der Kirche fand im Reich eine merkwürdige Parallele. 1409 wurden den Gläubigen drei Päpste beschert, und ein Jahr darauf konnten die Untertanen mit der Herrschaft von drei Königen aufwarten: Wenzel von Böhmen und Sigismund, die Söhne Karls IV., sowie Jobst von Mähren, der Neffe ihres Vaters, der drei Wochen nach der nicht ganz einwandfreien Wahl Sigismunds ebenfalls zum deutschen König gewählt wurde. Dieses rivalisierende Triumvirat war gleichfalls als eine Folge des Schismas entstanden. Das Kurfürstenkollegium war in der Papst-Obedienz zerspalten, und daraus hatte sich die Konkurrenzwahl ergeben.

Jobst, Chef der mährischen Linie des Hauses Luxemburg und im Pfandbesitz der Mark Brandenburg sowie des Herzogtums Luxemburg, hatte seine Pläne stets mit Betrug und Täuschungen statt mit Waffengewalt durchzusetzen versucht. Gemessen an nichtbürgerlichen Standards war das zweifellos ein Verdienst; denn so blieb nur sein guter Ruf auf der Strecke. Seine Zeitgenossen nannten

Die Schlacht bei Nikopolis an der Donau am 28. September 1396:
Kampf der siegreichen Osmanen gegen ein Kreuzheer Sigismunds von Ungarn
Miniatur in den Breslauer ›Chroniques de France, d'Angleterre. . .‹ des Jean Froissart, um 1468/69
Berlin, Staatsbibliothek Preußischer Kulturbesitz, Handschriftenabteilung

ihn »den großen Lügner«. Aber das ist eine Feststellung, kein Verdikt, zumal das ganze 15. Jahrhundert, dieses bizarre, strahlende, von Reichtum, Vitalität, Phantasie und Niedertracht strotzende Saeculum, später mit vollem Recht als ein Jahrhundert größter Verlogenheit charakterisiert worden ist. Jobst von Mähren starb 1411. Wenzel von Böhmen, seit 1400 ohne Macht im Reich, gab sich nun mit dem Königstitel zufrieden, unter dem nicht abgesprochenen Agreement, daß man sein Privatleben, seine Perversitäten und seine Einflußlosigkeit in Böhmen nicht störte. Seit Juli 1411 herrschte Sigismund endlich unangefochten.

Schon sehr früh war Sigismund bewußt geworden, daß der Kampf gegen die Osmanen das erste Problem christlich-europäischer Politik zu sein hatte. Mit neunzehn Jahren (1387) war er zum König von Ungarn gekrönt worden, und für einen ungarischen König gab es nichts Dringlicheres, als das Land vor den Türken zu bewahren. Die Osmanen, seit der Mitte des 14. Jahrhunderts im Balkan operierend, drängten nach Nordwesten, in die ungarischen Ebenen. Hätte der junge König Sigismund diesen natürlichen Expansionsdrang unterschätzt, wäre er spätestens durch die Schlacht auf dem Amselfeld (1389) eines Besseren belehrt worden. Die Türken zerbrachen den serbischen Widerstand in der Wurzel. Sultan Beyazit I. trennte Serbien in zwei Teile, und ihre Herrscher mußten ihm Tribut leisten. Dann eroberten die Osmanen Bulgarien. Sigismund rief zu einem Kreuzzug auf, aber die päpstliche Unterstützung blieb aus. Für Rom war das ganze Projekt inexistent, weil Burgund sich beteiligte, das auf seiten der Avignon-Päpste stand. Mühsam genug brachte der König ein Kreuzheer aus ungarischen, deutschen und französischen Rittern zusammen. Er glaubte, diese Streitmacht würde genügen, um den Türken zu zeigen, wem die Herrschaft im Südosten Europas gehörte. Doch 1396 wurden diese Truppen im Norden Bulgariens, bei Nikopolis an der Donau, von den Osmanen völlig aufgerieben. Im gleichen Jahr zwang der Sultan das zwischen Bulgarien und Ungarn gelegene Fürstentum Walachei zur Tributpflicht.

Sigismund hatte daraus seine Lehren gezogen. Er war der erste Fürst, der begriff, daß Reichspolitik in jener Zeit nur eine bestimmte Form europäischer Politik sein konnte, und daß ein deutscher König und Kaiser mehr vorweisen mußte als die Bereitschaft, Titel zu tragen. Im deutschen Königtum sah er aber auch die Chance, seine eigene Hausmacht zu stärken. Diese Intention war kein Selbstzweck; wurde sie verwirklicht, dann mußte seine Position gegenüber den Osmanen erheblich an Substanz gewinnen. Viel Zeit hatte er dabei nicht. Daß ihm die Türken seit 1396 eine Atempause gönnten, war nicht ein Verdienst seiner Stärke, sondern derjenigen des Mongolenfürsten Timur Leng, der tief in islamisches Gebiet vorgedrungen war und das östliche Kleinasien erobert hatte. Erst zwei Jahrzehnte später konnten sich die Osmanen wieder energisch mit dem Balkan beschäftigen. 1422 hat Murat II. Konstantinopel zum ersten Mal angegriffen und belagert.

Die Hussiten

In diesen Jahren war König Sigismund vollauf mit den böhmischen Wirren beschäftigt. Johannes Hus hatte im Volk eine breite Anhängerschaft gefunden und außerdem einen Gutteil der böhmischen Barone hinter sich, wenn auch nicht gerade aus puren Glaubensgründen. Aber die Opposition gegen König Wenzel und den herrschenden Klerus trieb viele auf die Seite der Hussiten. – Wenzel duldete die Hussiten, ohne zu sehen, daß seine Herrschaft nur noch eine Sache ihres guten Willens war; denn inzwischen hatten sie sich in die wirklichen Herren des Landes verwandelt. Die Bewegung radikalisierte sich. Im Juli 1419 kam es in Prag zu einem Aufstand. Das Rathaus wurde gestürmt, Bürgermeister, Räte, Gerichtsdiener warf man zum Fenster hinaus – der erste Prager Fenstersturz. König Wenzel reagierte mit einem Wutanfall, wurde krank und starb nach einem Schlaganfall im August.

Sein Tod wirkte wie ein Sturmsignal. Kirchen und Klöster wurden geplündert und niedergebrannt, so, wie es dann in einem der zwölf Artikel der Taboriten, des radikalen Flügels der Hussiten, heißt: »Item, muß man die Klöster der Ketzer zerstören und ebenso die überflüssigen Kirchen und Altäre, die Bilder, die man offen oder insgeheim aufbewahrt, die stolzen Ornate, die goldenen und silbernen Kelche und diese ganze Brutstätte des Antichrists und die simonistische Schlechtigkeit, die nicht von Gott dem himmlischen Vater herrührt.« Kein Wunder, daß ein Zeitgenosse feststellen mußte, es hätte schon vor dem Jahr 1422 in Böhmen keinen Ort gegeben, an dem die Mönche sicher gewesen wären. Im November 1419 kam es zu einem ersten Kampf zwischen königlichen Truppen und Prager Hussiten. Es war nicht daran zu denken, daß Sigismund sein böhmisches Erbe friedlich übernehmen konnte. Er mußte die bittere Erfahrung machen, daß die Ideen eines Märtyrers durch seinen Tod erst richtig lebendig werden. Die waffenführenden Böhmen reagierten nur mit Haß und Hohn auf die Ansprüche eines Königs, der für das Sterben ihres Reformators, ihres Apostels und Propheten verantwortlich war. Die Wenzelskrone auf Sigismunds Haupt, das wäre ein Verbrechen an ihrem Märtyrer und Heiligen.

Das Schisma hatte eine katastrophale Sprengwirkung gehabt, seine politischen und sozialen Folgen waren verheerend. Daraus allein ist der unerbittliche Kampf der neu vereinheitlichten offiziellen Kirche gegen alle »Ketzereien« entstanden, nur von daher ist er zu begreifen; daraus hat sich schließlich die schroffe Absage Roms an die Konziliartheorie ergeben. Die Beseitigung der Kirchenspaltung war mit der grundsätzlichen Ausräumung aller Häresien fest verkoppelt. Das brachte Leute wie Wiclif und Hus an die Spitze der Tagesordnung und gab der religiösen Befriedung Böhmens für Sigismund den rigorosen Vorrang. Gerade er, der Initiator und Schutzherr des Konzils, mußte es als private Schande empfinden, wenn man von seinem Erbland sagte: »Auf der ganzen Welt ertönt der Ruf: Die Böhmen sind Söhne ketzerischer Nichtswürdigkeit.« Auf Böhmen aber konnte Sigismund nicht verzichten. Seit Karl IV. war es das Herzland des Luxemburger Hauses, Kern seiner Hausmacht und damit seiner Macht schlechthin. Wenn Sigismund nach dem Tod König Wenzels im Reich, in Europa Respekt und Autorität behalten wollte, durfte er nicht nur als Hausherr von Ungarn auftreten, dessen

Jan Žižka an der Spitze eines hussitischen Heeres im Jahr 1419
Miniatur in einer didaktischen alttschechischen Handschrift, zweite Hälfte des 15. Jahrhunderts
Göttingen, Niedersächsische Staats- und Universitätsbibliothek, Handschriftenabteilung

Status ohnehin so stark von den osmanischen Plänen abhing. Seine Position als ungarischer König wäre auch ohne Türkenbedrohung schwierig genug gewesen; denn seit Jahren kämpfte er mit Venedig um den Besitz Dalmatiens.

Die beste Unterstützung des vielbedrängten Herrschers war sein rosiges Naturell. Das hob ihn besonders scharf von seinem Bruder Wenzel ab, der ein jähzorniger Finsterling und ein sadistischer Schwächling war, jedoch ausgesprochen klug. Auch Sigismund war klug, aber legendär wurden seine Genußsucht und die Neigung zu allem, was auf zwei Beinen ging und weiblichen Geschlechts war. Die vergnügte Offenheit, mit der er sich zu dieser Vorliebe bekannte, geht noch über das hinaus, was die anhebende Renaissance als »natürlich« ansah. 1406 heiratete Sigismund – er war achtunddreißig – in zweiter Ehe die sechzehnjährige Tochter eines steiermärkischen Grafen. Alle Berichte schildern Barbara als ideale Frau für den König: schön, verschlagen, amoralisch, verschwenderisch, genußsüchtig, so daß sie dem Gemahl über den Kummer hinweghelfen konnte, der ihm in Ungarn, in Böhmen, mit den Hussiten und seinen scheiternden Reformplänen im Reich entstand. Nach Sigismunds Tod (1437) griff Barbara voll in die Register, ein wahres Playgirl von Königin, deren Liebhaber nicht zu zählen sind. Enea Silvio Piccolomini, der vor seiner Priesterweihe genau gewußt hatte, in welcher Betätigung sich der höchste Lebensgenuß konzentrierte, und der die Probe aufs Exempel nicht oft genug wiederholen konnte, entrüstete sich später als Papst Pius II. pflichtgemäß: Kaiserin Barbara »wurde von unersättlicher Sinnlichkeit geradezu verzehrt. So weit sank sie in ihrer wahnsinnigen Verblendung, daß sie heilige Jungfrauen, die für den Glauben an Jesu den Tod erlitten, öffentlich als Dummköpfe beschimpfte, welche die Freuden der sexuellen Lust nicht zu genießen verständen.«

Als Sigismund nach Wenzels Tod bemerkte, was sich da zusammenzog in seinem Erbland Böhmen, das ihm wohl gehörte, das er aber noch nicht hatte, reagierte er schnell. Umgehend stellte er den Kampf mit Venedig ein, verglich sich mit den Türken und zog 1420 mit einem Heer nach Prag. Er drang bis zur Burg vor, konnte sich auf dem Hradschin auch krönen lassen, die Stadt jedoch eroberte er nicht. Im Frühjahr 1421 wurde seine Lage aussichtslos; er mußte Böhmen verlassen und nach Ungarn ausweichen. Das Land war fest in hussitischer Hand.

Böhmen war ein Kurfürstentum des Reiches. Das gab der Lage Sigismunds den objektiven Aspekt. Allerdings war die Situation im Reich seit Jahren

Das allgemeine Reformkonzil von Basel
Rückseite des Siegels der Konzilsakten, vor 1449
Wien, Kunsthistorisches Museum

bestimmt von einem zähen Kampf aller gegen alle. Es gab die unterschiedlichsten Fürsten-, Ritter-, Städtebünde, die sich unter keinen Hut, geschweige denn unter die Helme bringen ließen, die Sigismund wegen des böhmischen Aufstands so nötig hatte. – Der König rief zu einem Kreuzzug, unterstützt vom Papst. Schon 1421 wurde ein erstes Reichsheer zusammengebracht, aber bei Saaz zerfiel es in panischer Flucht, als die Hussiten heranrückten. Im Jahr darauf drang Sigismund über Mähren vor, doch bei Deutsch-Brod wurde er von den Hussiten gründlich und eindrucksvoll geschlagen. Damit waren die Initiativen im Reich für Jahre gelähmt.

Interesse aus Eigennutz und Eigennot fand Sigismund nur noch bei den Anrainern Böhmens. Wiederholt, fast in regelmäßigem Turnus, wurden sie von den Hussitenheeren überfallen: Meißen, die Lausitz und Schlesien genauso wie Brandenburg, Thüringen, Franken und Bayern, aber auch Österreich und Ungarn; die Hussiten kamen sogar bis an die Ostsee. Erst 1426 brachte das Reich eine neue Streitmacht zusammen. Aber wiederum flohen die Ritter Hals über Kopf, als die Böhmen bei Aussig anrückten; ähnlich sah es 1427 bei Mies aus. Die Hussiten schienen zu bestätigen, daß die Unbesiegbarkeit am wirksamsten durch den Ruf der Unbesiegbarkeit gesteigert wird. 1431 machte noch einmal ein Ritterheer den Versuch, die Böhmen zu besiegen; doch es wurde bei Taus in Westböhmen erbarmungswürdig geschlagen.

Im selben Jahr trat in Basel ein neues Konzil zusammen. Hauptthemen waren die Kirchenreform und das Hussiten-Problem. Der Start verlief schleppend, Sigismund wollte sich erst zum Kaiser krönen lassen, weil er damit rechnen konnte, daß diese Erhebung seine Autorität und seinen Einfluß stärken würde. Der Weg nach Rom war nicht leicht, aber schließlich konnte er seinen Zwist mit der Kurie durch geschicktes Lavieren im Streit zwischen Papst und Konzil beilegen. Ende Mai 1433 wurde Sigismund in Rom vom Papst gekrönt. Er war nach zweihundert Jahren der erste König, der die Kaiserkrone wieder direkt aus der Hand des Papstes erhielt. Zurück in Basel, vermittelte die neue »allerdurchlauchtigste, großmächtigste, unüberwindlichste« Majestät zwischen dem Konzil und Rom. Im November 1433 wurden mit den Hussiten die Compacta beschlossen und im nächsten Jahr in Prag bestätigt. Die religiösen Differenzen mit Böhmen waren dadurch einigermaßen beseitigt, und das Königreich wurde wieder ein Glied der Kirche.

Die gemäßigten Hussiten hatten damit ihre Hauptforderung durchgesetzt: die Gewährung des Laienkelchs. Die endgültige Befriedung des Landes wurde ein hussitisches Internum. 1434 kam es bei Lipan zu einer Schlacht zwischen Gemäßigten und Radikalen, den Calixtinern und Taboriten. Die Gemäßigten triumphierten; das Gemetzel unter den Taboriten war so fürchterlich, daß, wie man sagte, nur noch die Waisenkinder als Kämpfer übrigblieben.

Seit diesem Tag bestimmten fast zwei Jahrhunderte lang, bis zum Ausbruch des Dreißigjährigen Krieges, der böhmische Hochadel, die Prager Bürgerherren und die Universität die wesentlichsten Dinge des Landes, zeitgenössisch gesagt: die Richtlinien der Politik. Im Inneren setzte sich fort, was zum Hussitenaufstand wesentlich beigetragen hatte: die Eigenmacht der Herren gegenüber dem König. Ihre Gegensätze und Eifersüchte wirkten zentrifugal; denn man übersah, daß die Pflege der Individualinteressen nicht dem Landesinteresse zugute kam. Die Schwäche der staatlichen Ordnung schlug auf Böhmen und seine Herren selbst zurück, da vor allem sie die Entwicklung der böhmischen Selbständigkeit nachhaltig hemmte. Pro forma erhielt Kaiser Sigismund Genugtuung dadurch, daß er auf einem Landtag in Iglau als König anerkannt wurde. 1436 zog er feierlich in Prag ein. Ein kurzes, ein herbes Glück; es kam zu spät. Außerdem vergällten ihm politische Kämpfe diesen »Erfolg«. Er mußte sogar seine Gemahlin Barbara einkerkern lassen. Im Jahr darauf starb er, nach Ungarn unterwegs, fast siebzig Jahre alt.

Kaiser Karl IV. hatte das Deutsche Reich auf Böhmen hin zentrieren wollen. In der kaiserlichen Kanzlei der Prager Metropole war durch Johann von Neumarkt die entscheidende Grundlage für die neuhochdeutsche Schriftsprache gelegt worden. Lateinische Dokumente machten immer häufiger deutschen Urkunden Platz. Deutsche Stadtbücher wurden eingeführt, deutsche Urbare angelegt, deutsche Predigten schriftlich festgehalten. In keinem Land hat es vor Luther so viele deutsche Bibeln gegeben wie damals in Böhmen.

Auch die Vorzeichen des Epochenwechsels machten sich in Böhmen am frühesten bemerkbar. Johann von Neumarkt, der Hofkanzler des Kaisers, war mit Petrarca und Cola di Rienzo befreundet

Kaiser Sigismund
Zeichnung von Antonio Pisanello, um 1430
Paris, Musée du Louvre

gewesen, die Prag besucht hatten und lange geblieben waren. Nicht nur die Frührenaissance, auch die religiösen Reformbewegungen wie die der Waldenser oder die Laienfrömmigkeit der niederländischen Begharden hatten in Böhmen einen guten Nährboden gefunden. Viele Jahre hatte man gehofft, die ersehnte Reform der abendländischen Kirche würde von Böhmen ausgehen. In Böhmen, speziell in Prag, hatte sich in der zweiten Hälfte des 14. Jahrhunderts die Essenz des geistig-politischen Lebens Europas konzentriert.

König Wenzel und die Hussitenbewegung bedeuten einen Grabenbruch. Die Hussitenstürme bewirkten in Böhmen eine Umwälzung der kirchlichen, politischen, nationalen und wirtschaftlichen Verhältnisse. Die Gemeinsamkeit von Deutschen und Tschechen bekam einen unheilbaren Riß. Der hussitische Kampf um Glaubensartikel verwandelte sich in einen Kampf gegen die Deutschen als Repräsentanten der kirchlichen Hierarchie. Wie bei Wiclif, so hatte sich auch bei Hus eine starke sozialrevolutionäre Komponente entwickelt; sie gibt der Frühform des tschechischen Nationalismus ihren harten Akzent. Der tschechische Historiker Palacký hatte nicht ganz unrecht, als er im 19. Jahrhundert feststellte, daß Böhmen ohne die Hussiten ein deutsches Land wie Schlesien oder Österreich geworden wäre.

Sigismund hatte schon in seinen ersten Jahren zweierlei begriffen: Kircheneinigung und Kirchenreform waren Voraussetzung für die Reichsreform, und sie wiederum war die Grundbedingung für den Versuch, der osmanischen Expansion einen Riegel vorzuschieben. Die Stellung des Königs im Reich war ausgeglichen, seine Hausmachtbedürfnisse kollidierten nicht mit der Reichsidee. Sein Reformwille brach sich nur an den Realitäten, zerbröselte in dem mißtrauisch-lauen Verhältnis zu den Territorialherren und Städten, nicht zuletzt auch an den Befugnissen der Kurfürsten. Seit Karl IV. war das Wechselspiel zwischen ihnen und dem Kaiser ein Phänomen für sich geworden. Seine Tonart allein bestimmte die Reichspolitik durch die folgenden Jahrhunderte.

Welche Fülle an Hoffnungen, Wünschen, Erwartungen sich mit Kaiser Sigismund verbunden hatte, zeigte sich noch einmal drastisch zwei Jahre nach seinem Tod. 1439 erschien eine Flugschrift mit dem Titel ›Reformatio Sigismundi‹. Ihr konservativ-revolutionäres Programm ist bis ins 16. Jahrhundert hinein leidenschaftlich diskutiert worden; es gab kein Reformprojekt, das an diesem umstürzlerischen Dokument vorbeisehen konnte. Man hat diese Schrift, die sich nicht zufällig gerade mit dem Namen von Sigismund geschmückt hat, später sogar als »Trompete des Bauernkrieges« bezeichnet.

Anno domini 1440

Die drei Kronen, die der letzte Luxemburger, Sigismund, getragen hatte, konnte er seinem Schwiegersohn, Herzog Albrecht von Österreich, vererben. Mit Albrecht II. wurden die Habsburger in kaum unterbrochener Folge zu Erbherren des Reiches, begann das »ewige habsburgische Königtum«, wurde eine Dynastie zum Repräsentanten eines Staatensystems, das sich um die österreichischen Länder schloß und dessen politischer Auftrag das Reich genauso umfaßte wie den Donau-Raum.

Albrecht II. regierte zu kurz, um seine Qualitäten ausspielen zu können. 1439 zog er gegen die Türken ins Feld, holte sich aber keinen Sieg, sondern die Ruhr und starb im Oktober desselben Jahres. In seiner letzten Verfügung bestimmte er seinen Vetter Friedrich V. von Innerösterreich – aus dem steirischen Zweig der Leopoldischen Linie des Hauses Habsburg – zum Vormund seines Sohnes, dessen Geburt bevorstand. Für diesen Erben, Ladislaus Posthumus, übernahm Friedrich die Regierung. Erst nach einigen Zwisten mit anderen Herzögen setzte Friedrich sich durch, und schließlich wurde in die Chroniken eingetragen: »Anno domini MCCCCXL an unserer lieben frouwen Tag ze lichtmeß in der ailfften stund desselbigen Tages ward ze Frankfurt von den curfürsten ainhellenklich erwelt der hochgeborene fürst hertzog friedrich von österreich, der jung her, zuo ainem römischen künig und künftigen kaiser.«

Friedrich, damals dreiundzwanzig Jahre alt, war der Senior des Hauses Habsburg. Seine Wahl zum »Haupt, Schutzherrn und Vogt der ganzen Christenheit« hatte ihre Pikanterie, denn sein Mitbewerber war der Markgraf und Kurfürst von Brandenburg aus dem Haus Hohenzollern, dem Land also, das Karl IV. von den Wittelsbachern 1376 erworben hatte und dessen Herrscher einmal in der Reichsfrage eine so folgenschwere Rolle spielen sollten. Viel besagt es nicht, daß man die Regierungszeit Kaiser Friedrichs III. als eine Zeit der Wirren, als Chaos bezeichnet, mehr schon vielleicht, daß Friedrich seine Stellung allen Angriffen und Bedrohungen zum Trotz behaupten, ausbauen und länger behalten konnte als jemals ein anderer Herrscher des Reiches. Er regierte volle dreiundfünfzig Jahre lang.

Der junge Mann, der in Frankfurt zum König gewählt wurde, war körperlich ein Riese, allzu offensichtlich ein echter Sohn Ernsts des »Eisernen« und Cimburgis' der »Starken« von Masowien. Alle Welt glaubte, wünschte, hoffte, daß er auch das Zepter gemäß dieser Namensverpflichtung und Statur handhaben würde. Man täuschte sich jedoch gründlich. Nach dem gängigsten Urteil der Historiker war Friedrich eine zögernde, schlaffe, quallige Persönlichkeit, die verkörperte Indolenz auf dem Thron. Andererseits hielt er gerade die fernen und fernsten Ziele für zu wichtig, als daß er sich von den aktuellen, vorübergehenden Nöten über Gebühr hätte erregen lassen. Er wog kalt und empfindungsleer das Pro und Kontra einer Lage ab, verschwendete seine begrenzten Kräfte nie an unmögliche Projekte, beutete aber auch die kleinste Chance aus und war vor allem fähig, die Chancen zu sehen, an denen andere blind vorbeiliefen. Sein Phlegma also war auch seelische Robustheit, Gleichmut, Träumerei in die Ferne. Dazu kam seine Hartnäkkigkeit, sein unerschütterlicher Glaube an die Auserwähltheit seines Geschlechts, dessen Stammbaum er bis in die Zeiten des Königs Priamos von Troja zurückführte. Das Bewußtsein der Habsburger Exklusivität wurde von Friedrich ganz unpersönlich gesehen; es war ein Verhältnis wie das zwischen Priesteramt und Träger des Amtes. Kaum war er zum Kaiser gekrönt, ließ er die von Rudolf IV. zum Privilegium maius gefälschten Dokumente reichsrechtlich bestätigen. Damit war Österreichs Sonderstellung im Reich juristisch verankert: Österreich war Erzhaus, seine Mitglieder waren rechtsverbindliche Erzherzöge.

Gott selbst hatte die Habsburger auserwählt; deshalb mußte Gott alles zum Guten wenden; er, Friedrich, hatte dabei nichts anderes zu tun, als ruhig abzuwarten. Das aber hieß bei ihm nicht einfach, darauf zu warten, daß sich alles von selbst regelte, es hieß: warten auf die beste Gelegenheit. Und diese Gelegenheit wußte der Kaiser zäh, stark, klug, ohne Rest auszunützen. Zieht man die Bilanz seiner Halbjahrhundertregierung, dann kann man nur folgern, daß die beanstandete Trägheit, sein Zögern, seine Schlaffheit eine solide Grundlage für die größten politischen Erfolge gewesen sind. Er

Stammbaum der Habsburger bis zu den Kindern Maximilians I.
Malerei eines Unbekannten
München, Bayerisches Nationalmuseum

kümmerte sich niemals um andere Meinungen, er war in seiner Ruhe auch jedem kurzäugigen Spott überlegen, so wenn Enea Silvio Piccolomini ihn mit der Bemerkung aufzog, der Kaiser wolle die Welt im Sitzen erobern. Das war neu; man sollte es überlegen, es klang nicht schlecht, jedenfalls lohnte es eine Probe aufs Exempel. Und diese Probe gelang. Durch scheinbares Nichtstun, durch ruhiges Dasitzen sind Friedrich III. mehr Eroberungen geglückt als anderen mit riesigen Heeren. Von dieser Plattform aus hat der Kaiser viele Merkmale österreichischen Herrschertums prototypisch entwikkelt, in denen sich zusätzlich etliches vom Mirakulösen der Habsburger Monarchie findet.

Er war es auch, der den einleuchtenden Wahlspruch »Tu, felix Austria, nube!« mit größtem Effekt in die Wirklichkeit übersetzt hat. Die Entdekkung, daß man nicht unbedingt gleich Krieg führen, sondern nur die Töchter der potentiellen Feinde heiraten muß, um das Land auf sublimste Weise zu

Bestätigung der österreichischen Privilegien durch König Friedrich IV. mit Bewilligung der Kurfürsten am 25. Juli 1442
Wien, Haus-, Hof- und Staatsarchiv

verteidigen und dasselbe Land auf massivste Weise zu vermehren, gehört zu den größten historischen Verdiensten der Habsburger. Ihr politisch ausgemünztes Kopulieren hat etwas eindrucksvoll Unwahrscheinliches. Da werden ganze Reiche aufgebaut durch Erbteilungen und Anwartschafts-Ehen, und sie fluktuieren, zerfallen, verwandeln sich nach dem gleichen Prinzip: durch Erbfolgekriege und Konkurrenzheiraten. Den Grundsatz selbst hat Friedrich III. nicht erfunden, aber er hat dafür die Normen gesetzt. Seitdem blieb Österreich-Habsburg in der hohen Staatskunst, die Territorialgrenzen auf dem Weg über Ehebetten und mit Hilfe einschlägiger Unternehmungen und Offensiven zu vergrößern, führend. Das Feld der Ehre wurde um das Feld der Ehe erweitert. Kein anderes Herrscherhaus ist in der Identifikation der Staatsnotwendigkeiten mit den Heiratsinteressen erfolgreicher gewesen.

Friedrich versuchte zunächst, den widerspenstigen Schweizern ihre Eroberungen zu entreißen. Seit der unglückseligen Schlacht bei Sempach (1386) besaßen die Eidgenossen alle habsburgischen Gebiete südlich des Rheins. Friedrich bediente sich nicht gerade erlesener Mittel. Ohne Wissen der Kur- und Reichsfürsten bat er den französischen König, ihm mit Heeresmacht gegen die Schweizer zu Hilfe zu kommen; er ließ sich die Erfüllung dieses Wunsches sogar Geld kosten. Die Schweizer waren zwar Feinde Habsburgs, aber sie sind Deutsche, und vor allem war die Eidgenossenschaft noch immer ein Glied des Reiches. Da Frankreich gerade das letzte Kapitel des Hundertjährigen Krieges glücklich abschloß, ließ Karl VII. sich von Friedrich nur einmal bitten. Er schickte den Dauphin mit Scharen arbeitsloser Söldnerhaufen, den Armagnacs, in das Reichsgebiet; denn er wollte diese Leute nur allzu gern aus Frankreich forthaben.

Am 26. August 1444 lieferten die Eidgenossen diesen Banden in der Nähe von Basel, bei St. Jacob an der Birs, eine so mörderische Schlacht, daß die Armagnacs ein für allemal die Lust zu ähnlichen Siegen verloren, aus Schweizer Gebiet abzogen und statt dessen das obere Elsaß, den ergiebigen Sundgau Habsburgs, plünderten und verwüsteten. Friedrich hatte ihnen gestattet, dort Quartier zu nehmen. Karl VII. kommentierte diese Wendung mit der Bemerkung, er beanspruche eine Reihe von Gebieten am Rhein, die einmal der französischen Krone gehört hätten. Laut und aufgebracht wetterte Friedrich auf dem Reichstag zu Nürnberg gegen die frechen Invasoren und gelobte feierlich, er werde sie mit allen Kräften wieder hinaustreiben. Wenig später freilich erschien ein Gesandter Karls VII. und erklärte den Herren, König Friedrich selbst hätte die Franzosen gerufen. Der Reichstag war sprachlos, er kochte. König Friedrich reagierte »etwas erschamrotet«, wie es ein Bericht ausdrückt. Offensichtlich hatte er die Verstellung noch nicht viel geübt, später jedenfalls merkte man ihm bei solchen Pannen kaum mehr etwas an. Die Fürsten verlangten von ihm, das Reichsbanner aufzuwerfen, den Reichskrieg gegen das »auswärtige Volk« zu verkünden. Friedrich nickte. Eine Gesandtschaft des Reiches erschien in Frankreich und protestierte. Aber in Paris konnte man darüber nur lächeln; denn geheime Botschafter des deutschen Königs schlugen zur selben Zeit ein neues Bündnis vor. Die Armagnacs trieben sich weiter im Elsaß umher. Obwohl die blanke Wut der Bevölkerung nicht auf das Reich übergriff, verwandelte sie sich in tiefe Indignation. Der König zeigte sich davon nicht sehr beeindruckt. Sobald er die Aussichtslosigkeit der Schweizer Affäre einsah, strich er das ganze Kapitel ohne Gemütswallungen und schmerzliche Mimik. Da er Rücksicht auf seine Seelenruhe nahm, verließ er den Nürnberger Reichstag und ritt in seine Landeshauptstadt Graz. Siebenundzwanzig Jahre lang betrat er nicht mehr deutschen Reichsboden und besuchte keinen Reichstag mehr. Er befaßte sich vor allem mit Geschäften. In stärkerem Maße als Kaiser Karl IV. begriff er Staatskunst als Metier und pflegte sorgfältig den merkantilen Aspekt.

Auch das Konkordat, das er im Februar 1448 mit dem Papst »pro Natione Alamanica« abschloß und das bis zum Ende des Reiches 1806 das Verhältnis der deutschen Kirche mit Rom regelte, war in erster Linie ein Geschäft. Der König ließ sich hier von seinem genialen Kanzleisekretär, Ratgeber und Freund Enea Silvio Piccolomini führen. Piccolomini, der in dem Streit zwischen Papst Eugen IV. und dem seit 1431 tagenden Allgemeinen Konzil von Basel einer der entschlossensten und einflußreichsten Gegner des Papstes gewesen war und der, einem innerkirchlichen Saulus gleich, sogar als Sekretär des vom Konzil gewählten Gegenpapstes Felix V. fungiert hatte, verwandelte sich nach der Priesterweihe (1445) rigoros in einen Paulus der römischen Kurie. König Friedrich machte diese Umkehr mit, ließ sich das aber reichlich honorieren. Noch im gleichen Jahr schloß er für Österreich ein Konkordat mit Rom und erhielt vom Papst erhebliche Kontrollrechte für die Kirche Österreichs, ebenso die Garantie der Kaiserkrönung. Eugen IV. wollte sogar alle Kosten der Rom-Fahrt übernehmen.

Nach derselben Generallinie kam das Konkordat von 1448 zustande. Der König machte es allerdings nicht zum Reichsgesetz, so daß die Regionalfürsten nicht gezwungen waren, den Vertrag zu akzeptieren. Durch eigene Verhandlungen mit dem Papst konnten sie zusätzliche Vorteile herausholen. Bei diesen einzelnen Concordata Nationis Germanicae war es wie bei den Fürstenkonkordaten ein Jahr vorher: Es ging um dasselbe, was Friedrich schon für sich errungen hatte, um finanzielle Gewinne und um Mitsprache bei der Stellenbesetzung. Durch diese Stärkung der weltlichen Macht im Kirchenbereich ist das Grundsätzliche der späteren landeskirchlichen Selbstherrlichkeit präjudiziert worden. Die modifizierte Parallele zur inneren Entwicklung der europäischen Großstaaten ist deutlich zu sehen. Ihr Streben nach Autonomie gegenüber der Kirche drückte sich nicht nur als Distanzierung aus, sondern auch als Prozeß des Eindringens in die Kirche selbst.

Das Papsttum hatte alle Intentionen der Konziliarbewegung zunichte gemacht, ein schwerer Sieg,

Das politische Kräfteverhältnis
zwischen Kaiser und Papst unter Friedrich III.
Kolorierter Einblattholzschnitt aus Schwaben, 1468
Wien, Graphische Sammlung Albertina

jedoch kein Pyrrhus-Sieg, obschon die Herrscher Europas prompt in Rom die Rechnungen dafür präsentierten, daß sie Parteigänger des Pontifex geworden waren. Damit wurden für das 15. Jahrhundert alle Reformen auf Eis gelegt; weder äußere noch innere, weder Reformen an Haupt und Gliedern noch an Geist und Seelen standen ferner zur Debatte. Piccolomini notierte 1448 kühl: »Die Anhänger des Konzils sagen: Wir sind der Gewalt gewichen; was wir uns aber in den Kopf gesetzt haben, daran halten wir fest. Aus diesem Grund warten wir nur auf eine Gelegenheit, den Kampf zu erneuern.«

Diese Gelegenheit kam nicht. Friedrich vertrieb im gleichen Jahr das Konzil aus Basel. Es zog nach Lausanne und hielt am 25. April 1449 seine letzte

Sitzung. Elf Jahre darauf erließ Enea Silvio als Papst Pius II. die berühmt gewordene Bulle ›Execrabilis‹, in der die Dominanz und das Vorrecht des Papstes über jedes Konzil endgültig formuliert und der theoretische Konziliarismus für ketzerisch erklärt wurde. Der Pontifex und die weltlichen Herrscher waren zu Partnern in Sache Kirche und Klerus geworden. Die Einbußen des Papsttums wirkten sich allerdings auch als Konzentration und innere Stärkung aus. Der Charakter Roms als weltliche Macht gewann neuen Aplomb, das Papsttum der Renaissance begann seine besonderen Merkmale auszuformen. Der Anteil Friedrichs III. daran kann nicht unterschätzt werden. Als echter Habsburger hatte er schließlich in jeder Hinsicht die Bündnistradition zwischen Österreich und Rom weitergeführt, und das schloß von jetzt ab unwiderruflich das Bündnis des deutschen Königtums mit Rom ein.

Friedrich entschied sich auch hier gegen mächtige Bestrebungen im Reich, aber das hieß nicht unbedingt: gegen das Reich. Das Gros der deutschen Fürsten wäre zweifelsohne gerade im 15. Jahrhundert vehement dem englischen und französischen Vorbild gefolgt und hätte innerhalb der Universalkirche eine starke, national geeinte Kirche auszubilden versucht. Friedrich III. entzog solchen Wünschen den Boden. Er ließ Sonderregelungen der Einzelherren zu und sicherte dadurch, daß sie zwar getrennt marschieren, aber nicht vereint schlagen konnten.

Jahrhundert des Faustrechts

Welche Zustände im Inneren des Reiches herrschten, wie es mit dem Landfrieden stand, das scheint den König so wenig gekümmert zu haben wie der Zustand seiner eigenen Gebiete. Wurde das Reich von Kriegen zerrissen, welche die Fürsten untereinander führten, so wurde Österreich von Räuberbanden verheert. In Sachsen ein Bruderkrieg zwischen den Fürsten, zur selben Zeit die Soester Fehde und gleich darauf ein Krieg zwischen Markgraf Albrecht Achilles von Brandenburg gegen Nürnberg, zehn Jahre später ein Heerzug des Pfalzgrafen Friedrich des Siegreichen gegen Mainz, Leiningen, Württemberg, Baden und Speyer. Das 15. Jahrhundert ist durchtränkt von Rechtsunsicherheit, Überfällen, Raubritterzügen, Plünderungen; es ist geradezu ein Jahrhundert des Faustrechts.

Die kaiserliche Distanz läßt sich aber nicht nur als Gleichgültigkeit, sondern ebenso als Konsequenz einer kühlen Diagnose der wirklichen Verhältnisse interpretieren, als Einsicht eines Mannes, der die prekären Zustände des Reiches nicht dadurch stören wollte, daß er sich mit ihnen beschäftigte. Lag Mitverantwortung nicht auch bei den Fürsten? Fühlten sich diese deutschen Stände nicht gerade im 15. Jahrhundert ihrem König gegenüber als die wahren Repräsentanten des Reiches? Wurde nicht gerade in dieser Zeit der Prozeß der staatlichen Verdünnung des Reichskonzepts durch die Intensivierung und Zementierung der Sonderinteressen der Fürsten weitergetrieben? Die Würde mochte dem Kaiser und König zukommen, die Gewalt jedoch lag in den Händen der Fürsten. So war der Reichslandfriede nichts weiter als eine Vereinbarung zwischen König und Ständen. Wirksam werden konnte er nur durch die Herren; denn sie hatten sich dazu verpflichtet, das Verhalten ihrer Untertanen den Gesetzen anzupassen. Ob das auf dem Papier blieb oder Realität wurde, war mehr und mehr Sache der Fürsten geworden. Schließlich kam es so weit, daß Reichsgesetze überhaupt nur noch durch eigene, innerterritoriale Gebotsrechte praktisch wurden.

Friedrich III. hat diese Tendenzen nicht gebrochen. Der Vorwurf der Geschichtsschreibung aber, er hätte sie gar nicht brechen wollen, ist irreführend. Daß er den Reichstag so lange nicht einberief, daß er ihn nicht besuchte, war sogar eine Konsequenz aus der vagen Reichsverfassung, die es dem König de facto erlaubte, mit, ohne oder auch gegen den Reichstag zu regieren. Seit seinem Landfriedensgesetz von 1442, der »Reformation« König Friedrichs – sie hat dem Begriff zusammen mit der ›Reformatio Sigismundi‹ zum Durchbruch in die Popularität verholfen – machte sich der König keine Illusionen mehr über das Reich und die Kraft der ständischen Interessen. Für das Reich, so sah es Friedrich, war nichts innerhalb, sondern nur außerhalb des Reiches zu gewinnen, notfalls sogar gegen das Reich.

Friedrich III. erhielt schon damals keine besonderen Pressestimmen, am meisten aber schadete es seiner Popularität, daß er keinen Wert darauf legte. So brach immer wieder der Hohn über diesen schwer zu begreifenden Herrscher durch, der da nichts weiter zu machen schien als zuzusehen, und der sich nur dann seiner Haut wehrte, wenn man ihm zu nahe rückte. 1452 bat er den Papst für seine Reise nach Italien zur Kasse. Er zog nach Rom. Als erster und einziger Habsburger und letzter deutscher König wurde er dort zum Kaiser gekrönt.

Zur deutschen Krone hatte Friedrich sich nicht gedrängt, er hatte abgewehrt, abgewartet, geprüft, acht lange Wochen, und hatte sich erst dann zum Reichsdebüt entschlossen, als er sicher war. Oder bis er die Kurfürsten durch sein Zögern zusätzlich in ihrer Überzeugung bestärkt hatte, in ihm den Rechten gewählt zu haben? Das Kaisertum dagegen strebte er in aller Beharrlichkeit und Unbeirrbarkeit an; denn in ihm sah er richtig den entscheidenden Integrationsfaktor für die Territorien seiner Hausmacht, die so weit durch Europa verstreut waren. Ohne Ideenverklärung erkannte er ferner: Die Kaiserwürde war und blieb ein schwergewichtiges Moment innerhalb der europäischen Staatenkonstellation und Großmachtverhältnisse. Bald darauf verklammerte er deshalb die deutsche Königskrone mit der Kaiserwürde und stellte ihre Identität mit den Interessen und Intentionen des Hauses Österreich fest. Das führte Friedrich III. als Prinzip in die europäische Geschichte ein, und keiner seiner Nachfolger ließ bis 1806 daran deuteln.

Bei der Krönung in Rom setzte Friedrich ein zweites außenpolitisches Zeichen. Er heiratete in der Petersstadt die sechzehnjährige Nichte König Alfons' V. von Aragon-Neapel: Eleonore von Portugal. Die Spitze gegen Mailand war deutlich. Auch wenn es dem Kaiser nicht gelang, das mailändische Reichslehen mehr als dem äußeren Anschein nach gegen die Sforza zu halten, so waren doch Reichsinteresse und Ziel identisch und gegenüber Frankreich bis tief ins nächste Jahrhundert richtig konzipiert und folgenschwer, um nicht zu sagen: erfolgreich.

Im Jahr darauf, 1453, erzitterte der Kontinent bei der Nachricht von der Eroberung Konstantinopels durch die Türken. Ein Chronist schrieb dazu: »Der Kaiser sitzt daheim, bepflanzt seinen Garten und fängt kleine Vögel, der Elende!« Das mochte so sein, wenngleich damit nichts über Friedrichs Verdienst um neue landwirtschaftliche Erkenntnisse gesagt ist. Seinem Vergnügen an Agrikultur und Birnenzucht hat er mit systematischer Hingabe gefrönt, das entsprach im übrigen ganz dem Duktus der Zeit, in der die Wissenschaften dabei waren, sich von der Wurzel auf neu zu formieren. Seine Liebhaberei war außerdem standesgemäß. Von Lorenzo de' Medici, dem ungekrönten König der Renaissance, stellte der kluge Zeitgenosse Niccolò Valori in seiner Vita fest, daß er sich auch deshalb mit so großer Neigung der Landwirtschaft zugewandt habe, weil »deren Pflege eines Fürsten nicht unwürdig« sei.

Vielleicht ist es kein gänzlich falscher Brauch, das Wirken am Ergebnis zu messen. Will man unbedingt an dem Klischee festhalten, daß Friedrich zu lange »im Schlaf gelegen habe«, dann hat der Kaiser jedenfalls die Trägheit nobilitiert zu der seltenen Kunst des staatsmännischen Attentismus, einer Fähigkeit, die nicht auf den überdüngten Feldern des Fortschrittsjubels blüht. Friedrich III. hatte das Format, seinem eigenen Verstand zu trauen, anstatt sich auf den Verstand anderer zu verlassen, die es gar nicht so gut meinen konnten, wie es der Kaiser mit sich und seinem Haus Habsburg-Österreich meinte. Er war nie unentschlossen, er war nur inoffensiv; denn in striktem Gegensatz zu seinem Zeitalter hielt er die Schaustellung militärischer Aktivität nicht für Manifestationen politischer Hochvernunft. Seine Handlungen waren so vorberechnet, daß sie kaum Aufsehen erregten. Die Geschwindigkeit etwa, mit der er sich dem lästigen Übergewicht der deutschen

Der Kaiser und die sieben Kurfürsten mit ihren Wappenschilden
Titelminiatur in einem flandrischen Hansekopiar mit Abschriften älterer Privilegien
für deutsche Hansekaufleute, 1484/85
Köln, Historisches Archiv

Fürstenanmaßung entzog, war zu groß, als daß es die Territorialherren gleich gemerkt hätten.

Im Jahr 1457 starb Ladislaus V. Posthumus, so daß die Königsthrone von Böhmen und Ungarn vakant wurden. Im Land der Wenzelskrone war schon fünf Jahre vorher der hussitische Utraquistenführer Georg von Podiebrad als Landesverweser anerkannt worden. Damit war 1458 seine Wahl zum König präjudiziert; allerdings wurde Georg insgeheim dazu verpflichtet, den katholischen Glauben anzunehmen und die böhmische Kirche wieder mit Rom zu vereinen. – In Ungarn kamen die Habsburger wenigstens bedingt zum Zug, obwohl zunächst nur dem Titel nach. 1458 wählte der ungarische Adel Matthias Corvinus, den Sohn des Reichsverwesers und ungarischen Nationalheros Johann Hunyadi, zum König. Aber Kaiser Friedrich wurde im Jahr darauf zum Gegenkönig ernannt. Erst vier Jahre später, 1463, gelang ein vertragliches Arrangement, wonach Friedrich die Stellung Matthias' akzeptierte und selbst ebenfalls als ungarischer König anerkannt wurde. Genauso wichtig wie dieses Doppelkönigtum wurde die Bedingung des Kaisers, daß ihm die Nachfolge in ganz Ungarn gebühre, falls Matthias keinen Erben hinterlasse; ein Abkommen, das nur als typisch für Friedrich bezeichnet werden kann.

Matthias I. Corvinus von Ungarn
Glasierte Kachel aus dem königlichen Schloß in Buda, zweite Hälfte des 15. Jahrhunderts
Budapest, Történeti Muzeum

Matthias I. Corvinus war bei der Einigung mit Friedrich III. dreiundzwanzig Jahre alt. Er erreichte es, als Nachfolger Georg von Podiebrads auch böhmischer König zu werden. Ungarn baute er zur stärksten Macht des mitteleuropäischen Raumes aus, zu einem Großstaat von territorialen Riesenmaßen, indem er Wien und Niederösterreich eroberte, in Steiermark und Kärnten einzog, fieberhaft daran interessiert, den Vertrag von 1463 auszulöschen. 1485 vertrieb er sogar den Kaiser aus Wien. Schließlich rüstete er sich, an Friedrichs Stelle deutscher König zu werden. Aber 1490 starb er, trotz zweier Ehen, ohne Nachfolger: Der Kaiser hatte ihn und seine Großreichspläne überlebt. Nach einem Zwischenspiel innerer Wirren, für das die Osmanen die Partitur schrieben, wählten schließlich die ungarischen Magnaten 1526 Ferdinand von Habsburg zum König.

Die Hoffnung, Stammvater einer nationalen Dynastie zu werden, trug auch Georg von Podiebrad nicht über die erste und schwerste Hürde hinweg. Er war so wenig wie Matthias Corvinus königlichen Blutes. Bei Böhmen verließ sich Friedrich III. nicht auf seine Erbrechte. Er hatte ein besonders raffiniertes Argument zur Hand: Da Böhmen ein erledigtes Lehen des Reiches sei, gelte das Heimfallrecht. Damit gab er den habsburgischösterreichischen Ansprüchen gegenüber Georg von Podiebrad ein reichsrechtliches Fundament. Es hätte am Reich selbst gelegen, an den Ständen und Fürsten, auf derselben Linie die Interessen des Reiches zu vertreten. Doch insofern sie nur privat-territorial dachten, sahen sie hier lediglich die Stärkung Habsburgs, ließen den Kaiser im Stich und schwächten das Reich.

Trotzdem hielt Friedrich III. unerschütterlich seine Ansprüche fest. Auch der polnische Jagiellonenkönig Kasimir IV. stellte sich mit seinen Rechten ein. Er war mit Elisabeth, der Schwester von Ladislaus V. Posthumus, verheiratet. Ebenso meldete sich Sachsen. Georg von Podiebrad konnte sich demgegenüber auf seine militärische Macht verlassen. Sein Ehrgeiz aber war nicht auf Defensive gerichtet, er griff hoch, sein Ziel war die deutsche Königskrone. Unerreichbar schien sie nicht zu sein; denn der König von Böhmen war als Kurfürst des Reiches zum Oberhaupt wählbar. Auch die Krone von Byzanz sah er in seiner Reichweite. Doch er scheiterte bereits an dem Problem, die versprochene Union mit Rom zu verwirklichen. 1461 kam es zum Reichskrieg gegen ihn, 1466 bannte ihn Paul II., und Matthias I. Corvinus übernahm mit Vergnügen die Vollstreckung. Er wurde 1469 zum böhmischen König gewählt.

Nach Georg von Podiebrads Tod trat Wladislaw von Polen, der Sohn Kasimirs IV., in Böhmen die Nachfolge an. 1490 wurde ihm auch die Stephanskrone aufgesetzt, die er bis 1516 trug. Wichtig für den Kaiser war der Vertrag von Preßburg (1491). In ihm bestätigte Wladislaw nicht nur die Teilhabe Habsburgs am ungarischen Königtum, sondern erneuerte auch die Erb-Einung des Jahres 1463 und sicherte dem Sohn des Kaisers, Maximilian, unter denselben Voraussetzungen die Nachfolge in Böhmen zu. Friedrichs III. zielgerichtete Politik hatte in Ungarn und Böhmen zu respektablem Erfolg geführt.

Die Mirakel des Hauses Habsburg

Im Jahr 1485 schien die österreichische Dynastie, die Herrschaft des Kaisers, machtmäßig einen Tiefpunkt erreicht zu haben. Wer gab denn noch etwas für ihn, als Matthias I. Corvinus Wien erobert hatte und Friedrich III. als Flüchtling Österreich verlassen mußte? Die oft zitierten Mirakel des Hauses Habsburg senkten sich allerdings nicht ohne Zutun derjenigen von oben herab, denen sie galten. Der Kaiser war immer ein Meister der Situation, vorausgesetzt, sie schien aussichtslos zu sein. Schon ein Jahr darauf, 1486, wurde sein einziger Sohn, Maximilian, zum römischen König gewählt. Dabei hatte der Kaiser selbst in dieser Frage, die für sein Haus so wichtig war, keine besondere Eile. Allerdings taktierte er nicht etwa wegen des Leichtsinns seines Nachfolgers in der Krönungsfrage so reserviert, sondern weil er die Fäden der Führung in den Händen behalten wollte. Deshalb auch die Zusicherung Maximilians, während dieser Doppelregentschaft nichts zu tun, das nach Ausübung der Reichsgewalt aussah. 1490, nach dem Tod des ungarischen »Krähenkönigs«, drängte der Kaiser seinen Sohn dazu, Österreich wieder zurückzuerobern. Maximilian fügte sich widerwillig. Ohne große militärische Unkosten glückte das Unternehmen noch im selben Jahr.

Daß die entscheidende Dominante dieses rätselvollen Kaisers weitausgreifender Ehrgeiz und außerordentlicher Machtinstinkt waren, bewies er noch einmal in den trüben Endachtzigern des Jahrhunderts: bei der Gründung des Schwäbischen Bundes (1488). Der Kaiser schob hier in Oberdeutschland den schlimmsten Auswüchsen der Rechtsunsicherheit einen Riegel vor. Dieser Landfriedensorganisation des »kaiserlichen Bundes in Schwaben« gehörten bald nicht nur die schwäbischen Reichsstände an. Das stehende Heer des Bundes – zunächst zwölftausend Fußknechte und eintausendzweihundert Reiter – war eine feste Stütze des Kaisers im Reich. Seine Hauptrivalen, die Wittelsbacher, wurden durch ihn vorerst matt gesetzt. Maximilian schließlich konnte von dieser Basis aus den Bund zur stabilen Plattform Habsburgs in Oberdeutschland ausbauen. Der Schwäbische Bund war aber nicht so etwas wie eine Notbremse, die der Kaiser zog. Friedrich hatte die Reichsreform bewußt und in erklärtem Affront gegen die Fürsten Jahr für Jahr verschleppt, um sie in dem Augenblick, der ihm am günstigsten erschien, zu präjudizieren. Die Landfriedenseinigung des Schwäbischen Bundes galt für das ganze Reich – nur Norddeutschland blieb ausgeklammert. Damit war den ständischen Reformprojekten zunächst die Luft abgeschnürt. Friedrich ließ keine Zweifel daran, daß Reichspolitik kaiserliche Reichspolitik zu sein hatte, daß Kaiser und Reich identisch waren.

Mit keinem Urteil wurde der Kaiser irreführender charakterisiert als mit der Behauptung, er sei des »Heiligen Römischen Reiches Erzschlafmütze« gewesen. Das ist an einer seiner größten Leistungen zu sehen: an dem unübertrefflichen Geschick, mit dem er die Heirat Maximilians mit Maria von Burgund, der Erbtochter Karls des Kühnen, in Szene setzte. Der Herrscher von Burgund war damals der reichste und mächtigste Fürst Europas. Jahrelang hatte der Kaiser überlegt und recherchiert, wie Maximilian zum Nutzen des Hauses bestmöglich zu verheiraten wäre. Vermutlich wurde das Projekt mit Burgund noch von Friedrichs altem Berater Enea Silvio Piccolomini initiiert. Allerdings handelte es sich nicht gerade um einen Geheimtip. Daß Maria als Mitgift ein ganzes Reich mitbrachte und sich die potentiellen Freier gleichsam die Klinke in die Hand gaben wie bei der Prinzessin im Märchen, wußte jeder in Europa.

Karl, Graf von Charolais, hatte die Regierung Burgunds zwei Jahre vor dem Tod seines Vaters, Philipps des Guten, als Regent übertragen bekommen, 1465; er war zweiunddreißig Jahre alt. In langer Regierungszeit war es Philipp gelungen, sein Reich Burgund Schritt für Schritt zu einer selbständigen Macht zu entwickeln. Die Basis dafür lieferte der wirtschaftliche Reichtum des Herzogtums, der genaugenommen fast ausschließlich aus dem Reichtum Flanderns und Brabants bestand. Die gewerbliche Entwicklung der beiden Länder hatte innerhalb Europas nur noch eine Parallele in Italien. 1455 beliefen sich nach einer Schätzung die Einkünfte des Herzogs auf neunhunderttausend Golddukaten. Das war das Doppelte der Summen, mit denen der Papst und Mailand rechneten; nur Venedig kam höher. Zwanzig Jahre später hatte sich das auf eine Million und zweihunderttausend Gulden gesteigert. Dazu kam die durchdachte, rational aufgebaute Verwaltung des Staates, deren Leistungskraft nicht der menschlichen Unzulänglichkeit der Beamten überlassen wurde. Bürgerliche Räte und Fachleute ersetzten den Adel. Die Behörden waren zentral organisiert und gelenkt. Burgund war hier ein Vorreiter der Moderne und Vorbild für die klügsten Fürsten der Zeit.

Im Jahr 1435 gelang es Philipp dem Guten, dem französischen König Karl VII. im Vertrag von Arras das Zugeständnis der politischen Eigenständigkeit abzutrotzen. Seine Lehnsabhängigkeit wurde auf Lebenszeit aufgehoben. Diese Generallinie blieb dem Sohn vorgezeichnet, seine politischen Pläne und Ziele waren klar, hochfliegend, ausgreifend – überpersönliche Reflexe eines unbändigen Ehrgeizes. Sein späterer Beiname ›der Kühne‹ gibt nicht genau den Sinn des französischen ›le Téméraire‹ wieder, nämlich: Waghals. Es müßte heißen: Karl der Verwegene, Draufgängerische, Unbesonnene, Vermessene. Karl von Burgund war allerdings nicht unbesonnen, vielmehr vermessen aus Selbstbewußtsein. Im übrigen korrespondierte die offenkundige Melancholie, die zu den Gipfeln und dem Ende Burgunds gehört, mit dem schwierigen, auf Schizophrenie gerichteten Charakter Karls, seinen Leidenschaften, Bedrückungen, Euphorien, geistesverstörten Grausamkeiten und verklärenden Träumereien. In der Geschichte gibt es nicht viele Persönlichkeiten, die so wenig mit sich selbst identisch waren wie dieser Regent, der sich ständig auf der Suche nach dem befand, was er wirklich war, auf der Suche nach dem Reich, in dessen Realität er

Philipp der Gute von Burgund mit seinem Sohn, dem späteren Karl dem Kühnen, bei der Entgegennahme der Hainault-Chronik aus den Händen des Übersetzers Jean Wauquelin
Miniatur von Rogier van der Weyden in den ›Chroniques Hainault‹ des Jacques de Guise, um 1448
Brüssel, Bibliothèque Royale

selbst lebte, die sich aber mit der Wirklichkeit seines realen Reiches Burgund nicht deckte.

In den ersten Jahren seiner Herrschaft galt Burgund als glanzvollster Staat Mitteleuropas, eine offen bewunderte und offen beneidete Großmacht, ein Stück unverfälschter Renaissance außerhalb Italiens. In Karl dem Kühnen darf man den einzigen Fürsten sehen, der in Charakter, Anspruch und Zielen ein bestechendes Gegenstück zu den italienischen Herrschern jener Zeit bildete, weit mehr noch als König Eduard IV. von England. Karl hatte seine besondere Art, die Antike neu zu entdecken, worin ihm viele Renaissance-Fürsten folgten: Aus der Lektüre der alten Berichte über die Taten eines Hannibal, Cäsar, Alexander gewann er ununterbrochene Antriebe für sein Bedürfnis nach bewunderten Unternehmungen, Ehre und Nachruhm. Nichts dagegen, wenn er dabei von der bestehenden Wirklichkeit ausgegangen wäre. Alles dagegen, wenn er glaubte, in seinem speziellen Fall würde die Wirklichkeit nur darauf warten, sich seinen Wünschen zu fügen. Karl der Kühne wäre ein unvergleichlicher Dichter gewesen, sein Werk eine Epopöe von den Jubeln des Handelns und seiner Ver-

Das burgundische Wappen Philipps des Guten:
in der Kette des Ordens vom Goldenen Vlies der schwarze flandrische Löwe im goldenen Herzschild,
französische Lilien in Feldern, blau-goldene burgundische Schilder,
der goldene brabantische und der rote limburgische Löwe
Mittelteil des Tausendblumenteppichs von Jehan de Haze, 1466
Bern, Historisches Museum

geblichkeit, gestaltet vor einem rissigen Goldgrund aus tiefem Glauben, aus Trauer und der Verlorenheit menschlichen Strebens. Der Poet als Herrscher aber wurde zum politischen Bankrotteur.

Karl der Kühne bemühte sich verbissen darum, sein Herzogtum, dieses heimliche Königreich Mitteleuropas, in ein wirkliches Königreich zu verwandeln. Auch das hatte der Vater schon versucht, in jahrelangen Verhandlungen mit dem gerade gekrönten Friedrich III. umsonst versucht. Philipps Wunsch, 1447 den Königstitel zu erhalten, war von Friedrich strikt abgelehnt worden. Der gleiche Ehrgeiz des Sohnes wurde zusätzlich gestachelt von dem abgründigen Haß des Herzogs auf Frankreich, insbesondere gegen seinen König Ludwig XI., einem Haß, der nur mit denselben Empfindungen Ludwigs gegenüber Burgund zu vergleichen ist.

Das Burgunderreich bestand aus zwei Hauptgebieten. Im Süden aus dem Herzogtum Bourgogne und – direkt daneben – der Freigrafschaft Burgund, der Franche Comté; ihr östlicher Rand verlief am Schweizer Juragebiet, der heutigen Grenzlinie. Im Norden gehörten zu Burgund die Hauptgebiete der Niederlande. Lehnsrechtlich hing das Herzogtum sowohl von Frankreich als auch vom Reich ab. Um das nördliche mit dem südlichen Territorium zu verbinden, mußte Karl der Kühne Lothringen samt den Reichsstädten und Bistümern Metz, Toul und Verdun in die Hand bekommen. Erst dann wäre es ihm möglich gewesen, dieses Großherzogtum des Abendlandes in das Substrat eines selbstgewichtigen Großstaates zu verwandeln, der sich nach seiner Erhebung zu einem Königreich zwischen Frankreich und dem Reich hätte behaupten können. In einem nächsten Schritt, dem letzten, sollte im Süden das Herzogtum Savoyen in Abhängigkeit gebracht werden, ebenfalls in Konkurrenz zu Frankreich, aber auch in Rivalität mit der Eidgenossenschaft. Das burgundische Großreich hätte sich dann von der Nordsee bis zum Mittelmeer erstreckt und seine Dominanz auf Oberitalien ausgedehnt; die Wiedergeburt des karolingischen Lotharingiens wäre in

Karl der Kühne von Burgund
Gemälde von Rogier van der Weyden, um 1460
Berlin, Staatliche Museen
Preußischer Kulturbesitz, Gemäldegalerie

reinster Form vollendet gewesen. Das Konzept besaß alle Stärken und Schwächen einer einfachen Idee.

Schon 1465, während seiner Regentschaft, wurde Karl der Kühne gegen Ludwig XI. aktiv, indem er die Grenzen Burgunds an der Somme erweiterte. Drei Jahre später nahm er den König bei einer Zusammenkunft gefangen, genauso unehrenhaft notabene, wie sich Ludwig kurz zuvor bei Verhandlungen mit ihm gezeigt hatte. Karl zwang ihn zu dem Vertrag von Péronne, in dem Flandern aus der Zuständigkeit des Pariser Parlaments entlassen wurde. Ferner nötigte er den König, persönlich an der Belagerung Lüttichs teilzunehmen und dann die

Plünderung mit anzusehen; die Stadt hatte sich auf die Seite Frankreichs geschlagen, überdies war sie vom König aufgewiegelt worden.

Zusätzliche Erfahrungen; denn Burgund war schon seit den Tagen, da der Dauphin Ludwig als Flüchtling vor seinem Vater Karl VII. Schutz bei Philipp dem Guten gesucht hatte, für ihn zum Problem geworden. Nicht die Hilfe des Herzogs hatte den Dauphin in den Jahren 1456 bis 1461 beeindruckt, er hatte sich vielmehr im Haß auf den Reichtum und die Stärke dieses Herrschers geübt, der für ihn nach wie vor ein Vasall blieb wie Burgund eine Apanage der französischen Krone, die einhundert Jahre zuvor Philipp der Kühne von seinem Vater, dem französischen König Johann dem Guten, zugesprochen erhalten hatte. Diese Jahre also vergaß Ludwig XI. zeitlebens nicht. Selbst sein Ekel vor jedem großen Luxus war eine Wirkung des Exils, obschon er persönlich dazu disponiert zu sein schien. Die Demütigung von Péronne lehrte ihn nur, sich noch vorsichtiger, geduldiger, klüger zu verhalten als bisher.

Die Zeit und der schnelle Atem Karls des Kühnen arbeiteten für ihn. Im gleichen Jahr, 1468, war die Eidgenossenschaft in die habsburgischen Vorlande eingedrungen und hatte schließlich Herzog Sigmund von Tirol im Frieden von Waldshut zur Zahlung großer Geldsummen gezwungen. Sigmund fehlte es an Geld. Karl der Kühne dagegen besaß es. Auf dieser Basis kam am 9. Mai 1469 der Vertrag von St. Omer zustande. Der Herzog erhielt für die Summe von fünfzigtausend Gulden Vorderösterreich links des Rheins und auf der anderen Seite einen Teil des Breisgaus, die Städte Breisach, Waldshut, Laufenberg und Säckingen verpfändet. Karl hätte für den Pfandbesitz zweifellos noch weit mehr gezahlt; denn diese Gebiete wurden der erste wichtige Brückenkopf für die Verbindung zwischen seinen getrennten Ländern.

Vier Jahre später eroberte er im Norden das Herzogtum Geldern. Noch wichtiger war im selben Jahr ein Treffen mit Friedrich III. Der Kaiser war der einzige Herrscher Europas, der eine Königskrone verleihen konnte. Die Verständigungssituation war günstig. Beide Herrscher wollten etwas voneinander, beide waren bereit, etwas zu geben. Karl wünschte die deutsche Königskrone, außerdem sollte Burgund zu einem selbständigen Königreich erhoben werden. Ferner strebte er das Reichsvikariat mit dem Recht auf Nachfolge im Kaisertum an. Das war viel. Karl aber hatte auch viel zu bieten, nämlich genau das, was der Kaiser schon seit Jahren wollte: die Hand Marias von Burgund für seinen Sohn Maximilian. Gelang diese Verbindung, dann kam Habsburg in den Besitz eines Territoriums und eines Reichtums, mit dem sich damals in Europa kaum etwas messen konnte. Denn der Herzog war bereit, Maximilian die Nachfolge in Burgund zu sichern.

Der Kontrast zwischen diesen Herbstgesprächen in Trier hätte aus einer angerauschten Phantasie stammen können: Hier der einfach, ja armselig gekleidete Friedrich, nur mit ein paar Juwelen geziert, jedoch Träger der höchsten irdischen Würde Europas, und das hieß damals: der Welt im politischen Vorstellungsbereich. Ihm gegenüber Herzog Karl, der nicht wußte, wie er all das Gold, die Schätze, Kleinodien, Teppiche, Gemälde arrangieren sollte, bekannt wie kein anderer für seine Spitzenleistungen in der Präsentation brutalster Pracht, aber nur ein Vasall des Kaisers. Die Burgunder-Show der Schätze lief nach scharfer Berechnung ab; der Herzog kannte die Lage des Kaisers, er taxierte seinen Geldbedarf richtig ein. So plazierte er ihn beim ersten Bankett dem in ganz Europa berühmten siebenstufigen Schaubüfett gegenüber, in dem rund achthundert Stücke des herzoglichen Tafelgeschirrs ausgestellt waren, durchweg aus Gold und Silber. Und doch verkannte Karl der Kühne, daß sich der Effekt überredender Beweisführung nicht immer am besten durch monetäre oder militärische Macht steigern läßt.

Sie sprachen wochenlang miteinander, verhandelten langatmig und selbstbewußt, den September und Oktober hindurch. Der Kaiser beharrte unerbittlich darauf, daß das neu erhobene Königreich

Burgund ohne Abstriche unter der Lehnshoheit des Reiches bleiben müsse. Außerdem sah er erst in der vollzogenen Heirat Maximilians mit Maria die Voraussetzung für den burgundischen Königstitel. Karl dagegen bestand auf der Verleihung der römischen Königskrone mit Zustimmung aller Kurfürsten als Voraussetzung der Heirat. Das größte Hindernis war vielleicht das Mißtrauen, der Instinkt des Kaisers. Immerhin war es nicht unlogisch, daß der Herzog beabsichtigte, Habsburg-Österreich zu beerben und auf diese Weise auch das Reich; dasselbe hatte Friedrich III. umgekehrt ja mit Burgund vor.

Der Herzog war sich seines Erfolges schließlich so sicher, daß er bei einem Goldschmied in Trier eine Königskrone nach seinen Maßen bestellte. Tag

Kaiser Friedrich III. und Karl der Kühne von Burgund beim Festessen in der Abtei von St. Maximinus in Trier im Oktober 1473
Miniatur in der Berner Chronik des Diebold Schilling, 1484
Bern, Burgerbibliothek

Die ausgebreitete Burgunder-Beute der Schweizer nach der Schlacht bei Granson am 6. Mai 1476
Miniatur in der Luzerner Chronik des Diebold Schilling, 1508-1513
Luzern, Zentralbibliothek

und Stunde der Krönung waren bereits festgelegt, auch das Zeremoniell. Der Kaiser aber bestieg plötzlich, einen Tag zuvor, noch in der ersten Morgendämmerung, das Schiff und fuhr moselabwärts in Richtung Köln. Ein direkter Streit war nicht der Anlaß; das auslösende Motiv für diese Brüskierung ist unbekannt. Karl erhielt kein einziges Abschiedswort. Statt dessen durfte der Erzbischof von Trier ein Briefchen empfangen samt der Mitteilung, es sei ihm gnädigst gestattet, die angefallenen Rechnungen zu begleichen. Ein Zwist oder gar offene Feindschaft entstanden deshalb nicht, dazu waren die Interessen Burgunds und Österreichs zu dicht verflochten. Heikel war nur die Tatsache, daß der Kaiser den Zeit-Begriff nicht zu kennen schien, Karl dagegen, eine Generation jünger, sich von der Zeit gehetzt fühlte. Als der Herzog sich in eine Kölner Auseinandersetzung mischte, in rheinisches Gebiet eindrang und 1474 Neuß belagerte, griff Friedrich mit einem Reichsheer ein und zwang den Burgunder, die Belagerung aufzugeben und Frieden zu schließen. Die Absprache wurde perfekt, noch bevor das Reichsheer vor Neuß handelte. Diesmal hatte der Kaiser Grund zur Eile; denn ein militärischer Aufeinanderprall hätte das Heiratsprojekt so gut wie zerstört.

Mit dem Vertrag von Picquigny vom 29. August 1475 zwischen Frankreich und England war soeben der formale Schlußpunkt unter den Hundertjährigen Krieg gesetzt worden. Ludwig XI. hätte jetzt die Hände frei gehabt, um endlich etwas Eindrucksvolles gegen die Témérité Herzog Karls zu unternehmen. In dieser Situation verfiel der französische König auf eine äußerst kluge Idee: Er schloß mit Burgund einen neunjährigen Waffenstillstand, damit der Herzog selbst die Hände frei bekomme. Gleichzeitig bahnte er eine Art wohlwollend-neutrale Zweckgemeinschaft auf Zeit mit Habsburg an. Beide Herrscher fanden sich in sympathisierender Passivität bei der Betrachtung der unsinnigen Abenteuer, in die Karl der Kühne sich sofort stürzte. Er glaubte, jetzt ungebunden zu sein; in Wirklichkeit war er nur isoliert. Er warf sich sofort auf Lothringen und die Eidgenossenschaft und eroberte am 30. November 1475 Nancy, die Hauptstadt des Herzogs René von Lothringen. Mit diesem Triumph eröffnete er sein eigenes Finale. Anfang 1476 wurde er bei Granson am Neuenburger See von einem eidgenössischen Bauernheer geschlagen. Im Juni wiederholte sich dasselbe bei Murten auf der anderen Seite. Die Schweizer, auch zahlenmäßig überlegen, überrumpelten das Heer Karls des Kühnen und jagten die Truppen einfach davon; der Herzog hatte gerade noch Zeit, die Rüstung anzulegen und sich dann der wilden Flucht anzuschließen. Seit jenem Tag rangierte die Eidgenossenschaft in Europa endgültig unter den gewichtigen militärischen Potenzen.

Was nutzte dem Herzog nunmehr die Neutralität des Kaisers, auf die er sich absolut verlassen konnte, da er ihm – noch immer unter dem Eindruck des Desasters von Granson – am 6. Mai 1476 schriftlich und unverbrüchlich die Heirat Marias mit Maximilian garantiert hatte. Lothringen und die Schweizer waren von Frankreich gedeckt, ebenso alliierten sich Mailand und Neapel, schließlich sogar Savoyen mit Frankreich. Nach den Katastrophen von Granson und Murten war Karl zwar noch nicht am Ende, aber das Ende in Sicht. Herzog René wartete nicht auf eine noch bessere Gelegenheit, um sein Land zurückzugewinnen. Ein gemischt lothringisch-eidgenössisches Heer, dreimal so stark wie die Burgunder, griff Karl den Kühnen am 5. Januar 1477 bei Nancy an, schloß seine Truppen ein und vernichtete sie. Auch Karl wurde getötet. In der Dämmerung des nächsten Morgen entdeckte ein Trupp burgundischer Herren seinen nackten Leichnam in einem Weiher, halb im Wasser, von Wölfen angefressen, das Gesicht festgefroren im Eis.

Dieses Ende hat die Zeitgenossen sehr beeindruckt, auch Philippe de Commynes; er resümierte philosophisch-trüb: »Gott gibt den Untertanen einen Fürsten, je nachdem er sie strafen oder züchtigen will. Und den Fürsten gibt er die Untertanen samt ihrer Haltung ihm gegenüber, wie er die Fürsten erheben oder demütigen will. So hat er es mit dem Hause Burgund gemacht: Denn nach ihrem langen Glück und großen Reichtum und drei großen, guten und weisen Fürsten gab er ihnen diesen Herzog Karl, der sie ständig in großen Kriegen, Mühsal und Unkosten hielt und dies fast ebenso im Winter wie im Sommer. Viele reiche und wohlhabende Herren wurden in diesen Kriegen getötet oder durch Gefangenschaft ihrer Güter beraubt ... Nun hat unser Herrgott mit einem Schlage dieses so große und glanzvolle Gebäude, dieses mächtige Haus, niedergeworfen, das so viele edle Männer gehalten und erzogen hat, nah und fern so geehrt worden ist durch so viele Siege und so großen Ruhm wie kein anderes in der Umgebung seiner Zeit. Dann stürzte das Oberste zuunterst; sowohl der Fürst als auch das Volk waren so verlassen und vernichtet wie keiner ihrer Nachbarn. Solche und ähnliche Dinge hat unser Herrgott, schon bevor wir geboren waren, getan und wird sie noch tun, wenn wir schon tot sind.«

Hochzeit in Burgund

Das schriftliche Heiratsversprechen Karls des Kühnen von 1476 war nicht nur eine Depressiv-Reaktion. Der Herzog sah darin das einzige salvatorische Moment gegenüber dem französischen König, dessen Politik sich ganz darauf konzentriert hatte, Burgund eines Tages zu beerben, sei es militärisch, sei es dynastisch, indem er den österreichischen Heiratsplänen zuvorkam. Kaum hatte Ludwig XI. die Nachricht vom Tod Karls des Kühnen, rückte er sofort in die Bourgogne und die Picardie ein und gab bekannt, er würde Maria von Burgund mit dem Dauphin – dieser war damals sieben Jahre alt – verheiraten. Weder die Erbtochter, die in Burgund als natürliche Herrin und Herzogin respektiert wurde, noch die Länder brachen darüber in Jubel aus. Im Gegenteil. Ende März rief Maria den Erzherzog gegen die französischen Ehenötigungspläne zu Hilfe, zu Hilfe auch in ihrer Bedrängnis durch die aufbegehrenden Stände. Eine österreichische Gesandtschaft reiste sofort in die Niederlande, wo sie begeistert empfangen wurde. Die Heirat mit Maximilian vollzog man am 21. April 1477 per procurationem; die Hochzeit selbst fand am 19. August in Gent statt.

Österreich wurde durch diese Verbindung mit der Goldprinzessin Europas Haupterbe Burgunds, dieser Schatztruhe des 15. Jahrhunderts. Mit einem Minimalaufwand hatte es sich dadurch in die reichste und politisch eindeutig federführende Macht Europas verwandelt. Soweit die Tatsache selbst. Daß diese österreichische Großmacht in den nächsten Jahrzehnten ihr Standvermögen beweisen mußte, vor allem durch den Kampf um Burgund, ist nur eine der Folgen aus dieser Tatsache. Auch die große Auseinandersetzung des Weltenkaisers Karl V. mit Frankreich war ein Kampf um das Burgundererbe, geführt von einem Herrscher, der seinem ganzen Wesen nach als der letzte große Burgunderfürst zu sehen ist und gleichzeitig als der imposanteste aller Habsburger.

In Burgund war eine der entscheidenden Konstellationen der europäischen Politik bis in die jüngste Zeit angelegt: der Gegensatz Deutschland-Frankreich. Die burgundische Grenzlinie Rhône-Saône-Maas war die alte Abgrenzung des Heiligen Römischen Reiches gegen Frankreich, bereits seit fünfhundert Jahren. Für die französischen Herrscher bedeutete der Besitz Burgunds nicht nur das Zurückdrängen dieser Reichsgrenze bis zum Rhein, sondern auch den Besitz des Kronlandes Valois vor den Toren von Paris und der Gebiete an der Somme. In der Moderne Europas veränderte sich der Kampf um Burgund letztlich nur dem Namen nach; er wurde zum Kampf um den Rhein.

Wenn Friedrich III. zu Anfang der neunziger Jahre sein Leben betrachtete, konnte er von sich sagen, daß er den Grundstein der Weltmacht Österreich-Habsburgs gelegt hatte. Was er seinem Nachfolger hinterließ, war so stabil und solide, daß sich Maximilian praktisch jeden Anachronismus und eine Fülle politischer Widersinnigkeiten leisten konnte, ohne Österreichs Grundmauern zu erschüttern. Am 19. August 1493 starb der Kaiser. Seine gefährlichsten und stärksten Gegner waren aus dem Feld geschlagen oder gestorben. Maximilian erbte volle Kassen und eine Hausmacht, wie sie noch nie ein deutscher Kaiser besessen hatte. Die Gefahren, die noch existierten, kamen von außen. Bedrohungen aus innerer Schwäche gab es nicht mehr.

Der junge Herzog Friedrich hatte im Jahr 1437 sein Notizbuch mit dem Eintrag der Vokal-Devise A E I O U eröffnet. Welche Deutung er selbst den fünf Buchstaben gegeben hat, ist strittig. Sprichwörtlich geworden ist die Auslegung: Austriae est imperare orbi universo – Es ist Österreichs Bestimmung, die Welt zu beherrschen. Daß Friedrich schon vor der Königswahl in Frankfurt diese Interpretation als bündig betrachtet hat, ist unwahrscheinlich, aber nicht ausgeschlossen. Immerhin war sie schon damals gängig, und neben den vielen Deutungen, die der Kaiser selbst später übernommen und aufgezeichnet hat, findet sich auch diese bekannteste Auslegung.

Friedrich ließ die Formel fast manisch auf seine Bauten meißeln, in seine Wagen schnitzen, seinen Büchern aufprägen, in die Juwelen gravieren, in Kirchenparamente wirken, in das Majestätssiegel schneiden. Über diesen Eifer sich zu belustigen, ist nicht schwer, gleichgültig, ob der Kaiser in dieser Vokalreihe nur ein Orakel, Amulett oder Spielsymbol sah und superstitiöse Neigungen befriedigen wollte oder nicht. Ebenso sinnvoll ist es anzunehmen, daß Friedrich diese Devise ernsthaft meditierte, daß ihm vor allem der politische Bezug auf Österreich nicht abwegig erschien. Das würde die sichere Gelassenheit flankieren, mit der Friedrich III. im Jahr 1453 das Privilegium maius bestätigte und zum Reichsrecht machte.

Gerade um diese Zeit, nach seiner Kaiserkrönung, könnte ihm entgegen aller Aussicht, Wahrscheinlichkeit und sogenannter politischer Vernunft das Sinnbildliche ein Konzentrat der Wirklichkeit und des Bevorstehenden gewesen sein, und tatsächlich hat er nicht nur dafür gesorgt, sondern es auch noch selbst erlebt, daß sich diese Devise als Schlüsselformel habsburgisch-österreichischer Zukunft entpuppte. Ihr Richtungssinn ist dann als politischer Antrieb von allen Habsburgern unbeirrt aufgenommen worden: Von Österreich aus wurden riesige Teile Europas gewonnen, und von Österreich-Burgund aus wurde über Spanien die Neue Welt erobert – strikt nach dem Imperativ der fünf Vokale.

Ein Fürstenhof

Die Phänomenalität Karls des Kühnen, sein Auftreten als Herrscher, der Glanz seines Reiches und der Luxus seines Hofes bilden eine Parallele zu den zeitgenössischen Fürstenhäusern Italiens und ihren Repräsentanten, die nicht zufällig ist. Die Gleichheit der Einbettung ist zu offensichtlich, als daß sich die Verwandtschaft im Äußerlichen erschöpfen könnte. Von Anfang an waren die Beziehungen Burgunds zu den italienischen Prinzipaten wie Mailand oder Ferrara besonders eng und vertraut. Bleibt man nur bei der Tradition und der charakteristisch adligen Legitimität, bei der die Ahnenreihe eine so zentrale Rolle spielt, dann gerät zunächst die Familie der Este in Ferrara in den Blickpunkt, eines der ältesten Adelsgeschlechter Italiens.

Neben den fünf großen Mächten in Italien, den »cinque principati« Venedig, Rom, Mailand, Florenz und Neapel, hatte sich Ferrara für eine politische und wirtschaftliche Hauptrolle qualifiziert. Dazu kamen eine Administration, die in Italien zum Vorbild wurde, eine einmalige Beständigkeit der politischen Institutionen und eine Finanzwirtschaft, neben der nur Venedig und Florenz sich sehen lassen konnten. Genauso wesentlich war der künstlerisch-kulturelle Aspekt, der allerdings – anders als im ökonomischen Bereich – eine zahlenmäßig sichtbare Stufung und Differenzierung unmöglich macht. Das würde schon deshalb schwerfallen, weil sich im 15. Jahrhundert Florenz unter den Medici unerhört schnell zur einflußreichsten Konkurrenz-Metropole entwickelte und eine Sonderstellung errang, der sich in Europa nichts zur Seite stellen läßt.

Im Jahr 1208 war der Familie Este das Herrscheramt als erblich und vererbbar übertragen worden. Seitdem regierte sie in Ferrara; die Macht blieb fast vier Jahrhunderte in den Händen dieser Dynastie. Nominell waren ihre Markgrafen und späteren Herzöge Vasallen des Kaisers und des Papstes. Tatsächlich aber amtierten sie als uneingeschränkt souveräne Fürsten, man kann sie ohne weiteres als Alleinherrscher, Tyrannen oder Despoten bezeichnen. Unter Niccolò III. d'Este brachte es Ferrara zu einem Höhepunkt an Einfluß, Bedeutung und politischer Gewichtigkeit. Der Marchese regierte den Staat fast ein halbes Jahrhundert hindurch, von 1393 bis 1441. In dieser Zeit erreichte Ferrara territorial die größte Ausdehnung; neben dem Stammgebiet gehörten auch Modena, Rovigo, Reggio und Parma zu der Grafschaft.

Niccolò III. war ein normal gutmütiger Mensch und Regent, obgleich eine Trennung dieser Funktion vom Persönlichen in der italienischen Renaissance keine Rolle gespielt hat und somit für die Betrachtung sinnlos ist. Normal war bei dem Marchese auch ein Leben sowohl mit Ehefrauen als Mätressen, ungewöhnlich aber war ihre Vielzahl. Die Chronisten Ferraras notierten, daß Niccolò acht-

Tresor und Büro eines vermutlich ferraresischen Bankhauses
Miniatur eines oberitalienischen Künstlers in einer Sammelhandschrift, Ende des 14. Jahrhunderts
London, British Museum

hundert Nebenfrauen gehabt habe und sicherlich auf tausend gekommen wäre, wenn er länger gelebt hätte; der Anflug von Stolz in dieser Statistik ist nur durch den Glauben zu erklären, daß sich hier Ferraras unerschöpfliche Vitalität stellvertretend im obersten Herrn äußerte. Aus der Flut der illegitimen Kinder wurden vom Herzog zwanzig bis dreißig anerkannt. Sie alle lebten an seinem Hof; es gab keinen faktischen Unterschied zwischen ehelichen und unehelichen Sprößlingen, außer in der Nachfolgefrage.

Die Mutter seines erstgeborenen Sohnes Ugo war die sienesische Geliebte des Fürsten, Stella dell'Assasino, von der auch die Söhne Lionello und Borso stammten. In zweiter Ehe heiratete Niccolò die erlesen schöne und sehr viel jüngere Parisina Malatesta. Sie verliebte sich in den zwanzigjährigen Ugo, doch die Affäre wurde verraten. Niccolò sah in einem Spiegel, wie Ugo die Fürstin umarmte. Der Marchese ließ beiden den Kopf abschlagen. In seiner rasenden Wut drohte er jedem in Ferrara dasselbe Schicksal an, der sich eines solchen Delikts schuldig mache. Allerdings scheinen derartige Verwirrungen und Leidenschaften seit alters auch in dem ferraresischen Fürstentum allgemein beliebt gewesen zu sein. Der Herrscher wurde recht behutsam darauf aufmerksam gemacht, daß die Überlebenschancen der Bevölkerung durch sein Dekret verschwindend klein geworden seien. Niccolò III., obgleich er noch lange mit seinem ohnmächtigen Zorn und Elend kämpfen mußte – Ugo war von ihm sehr geliebt worden, ebenso Parisina, die ihm zwei Töchter geboren hatte –, sah das ein und beließ es deshalb beim Buchstaben.

In seiner langen Regierungszeit bewies der Marchese immer wieder praktische Vernunft. Er vervollkommnete Ferraras markant durchgebildeten Verwaltungsapparat und brachte ihn zu einer Mustergültigkeit, der emsig nachgeeifert wurde. Vor allem die Finanzorganisation war bewunderungswürdig, letzten Endes ein zwangsläufiges Ergebnis der territorial prekären Lage des Fürstentums. Unter den italienischen Staaten war Ferrara am verletzlichsten, offen nach allen Seiten und gefährdet von allen Seiten. Selbst die Andeutung eines natürlichen, geographischen Schutzes fehlte. Rüstung und Kampfbereitschaft gehörten zu den obersten Vokabeln der Politik. Die geöffnete, nur künstlich zu

Niccolò III. d'Este
Vorderseite der Medaille eines ferraresischen Künstlers, um 1441
Hamburg, Kunsthalle

Lionello d'Este
Gemälde von Antonio Pisanello, zweites Viertel des 15. Jahrhunderts
Bergamo, Galleria dell'Accademia Carrara

sichernde Lage Ferraras nötigte seine Fürsten zur Überdurchschnittlichkeit, erzwang politisch-militärische Reüssite. Weil aber die Bewahrung der Herrschaft nicht Selbstzweck, sondern Fundament und Voraussetzung einer Regierung war, die sich der Macht um der Kunst, Gelehrsamkeit, Kultur willen verpflichtet fühlte und damit den wesentlichsten neuen Antrieb des Zeitalters realisierte, steigerten sich Einfluß, Rang und politisches Gewicht Ferraras mit fast kausaler Konsequenz.

Eine solche Regierung kostete horrende Summen. Die Familie Este, zumal Niccolò III., hatte früher als andere Fürsten den funktionellen Zusammenhang zwischen dem allgemeinen Wohlstand und dem Steueraufkommen begriffen. Niccolò brachte das auf die schlichte Wunschformel: »Meine Untertanen sollen reicher sein als die Untertanen anderer Herrscher.« Die Absicht war nicht altruistisch-karitativ, sondern zweckbedingt-fiskalisch, und die Wirkung entsprach der Erwartung. Der Fürst senkte die Steuern, und prompt erhöhte sich die Ziffer der Gesamtabgaben. Diesem Effekt hängt etwas Widersinniges beharrlich an, obgleich das Schaukelspiel zwischen persönlichem Erfolg und gesteigerter Intensität des Handels, der Wirtschaft, der handwerklichen Produktion durchaus nicht irrationaler Natur ist. Ferrara entwickelte in diesen Jahren die Signaturen einer unverwechselbaren Modernität.

Nachfolger wurde Lionello d'Este, eine Ausnahmeerscheinung unter den Herrschern der Zeit und des Landes. Nicht weil er anders gewesen wäre als sie, sondern weil er sich anders verhielt. Von Anlage und Fähigkeit her war er zum Urbild eines Renaissance-Fürsten bestimmt, wie er im Buch der Gesetzlosigkeiten steht, doch er lebte und regierte dem Klischee zum Trotz – ein Kronzeuge gegen alle Versuche der intellektuellen Einebnung des Historischen. Als blutjunger Mann erlernte er das Kriegshandwerk bei einem der namhaftesten Condottiere der Zeit, bei Btaccio da Montone, dem Herrscher von Perugia. Braccios Siege, sein erstaunliches Heer, seine extreme Grausamkeit und absolute Gottlosigkeit verwandelten seinen Namen in eine Formel der Furcht. 1424 wurde er vor Aquila in einer der blutigsten Schlachten des Jahrhunderts schwer verwundet und starb einige Tage darauf. Bei diesem Condottiere, mit dem sich eine ganze Schule der Kriegskunst verband, lernte Lionello d'Este das Waffenwerk.

Sein wahres Interesse allerdings konzentrierte sich auf anderes. Als Einundzwanzigjähriger überredete er seinen Vater, einen der berühmtesten und gefeiertsten Humanisten der Zeit, Guarino da Verona, für ihn nach Ferrara zu holen. Sieben Jahre, von 1429 bis 1436, wurde Guarino der Lehrer und Gefährte Lionellos. Er gilt seitdem als einer der großen Prinzenerzieher Europas. Lionello verdankte ihm seine stupende Bildung; er dichtete in Latein, er war ein Liebhaber der Musik und spielte virtuos die Gitarre. Zu seinen engsten Freunden gehörte der große Florentiner Leone Battista Alberti, der Prototyp des universal orientierten und universal befähigten Renaissance-Menschen, dessen Eigenschaften einen Grad der Vervollkommnung erreicht hatten, daß er das Absurde streifte: Er war Architekt, Bildhauer, Maler, Mathematiker, Mechaniker, Diplomat, Pädagoge, Kunsttheoretiker, Humanist, Musiker, Sänger, Dichter, Philosoph, Dramatiker, Jurist und auch noch berühmt für seine sportlichen Glanzleistungen. Zu den Favoriten Lionello d'Estes gehörte der überragende Antonio Pisanello, den einer der besten Kunstkenner als größten Medailleur aller Zeiten charakterisiert hat, und schließlich ein Mann wie der venezianische Maler Jacopo Bellini, Haupt der damals äußerst einflußreichen Malerschule Italiens und Gründer einer ganzen Künstlerfamilien-Dynastie.

Über das unglaubliche Echo, das Guarino ausgelöst hat, schrieb der ferraresische Chronist Ludovico Carbone: »Seitdem ein günstiger Stern diesen göttlichen Mann nach Ferrara brachte, fand eine geistige Umwälzung statt, die erstaunlich war. Kaum hatte er bekanntgegeben, daß er öffentliche Vorlesungen halten werde, strömte eine ungeheure Menge herbei, die ihn hören wollte. Alle, Kinder, junge Leute,

Erwachsene, waren begierig, sich der alten Irrtümer nach besten Kräften zu entledigen und das Licht der wahren Erkenntnis zu erblicken.« Guarino hat das Studium des Griechischen aus den Bezirken eines esoterischen Vergnügens herausgeholt und in den Grundstein wirklicher Bildung verwandelt. In Venedig hatte er den byzantinischen Gräzisten Manuel Chrysoloras kennengelernt, mit dessen Lehrtätigkeit in Florenz die rapide Entfaltung der Renaissance in Italien einsetzt, und war mit ihm nach Konstantinopel gegangen, um sich im Griechischen zu vervollkommnen. Fünf Jahre später, 1409, ging Guarino in seine Heimat zurück und lehrte in Verona, Florenz und Padua. Nach der Ausbildung Lionellos blieb er bis zu seinem Tod 1460 an der ferraresischen Universität. Der Ruhm des Fürstenhofes der Este, ein oder das Zentrum des Humanismus in Italien zu sein, ist an Guarinos Namen und Tätigkeit gekoppelt.

Ferraras Goldene Jahre

Ohne Förderung und Schutz eines starken Fürsten konnte allerdings keiner der Humanisten existieren; die einzige Ausnahme von dieser Regel war später Erasmus von Rotterdam. Die italienischen Herrscher hatten selbst größtes Interesse an der Tätigkeit der Gelehrten und Künstler. Ob man es als Mode, als Wetteifer illustrer Namen, als Prunksucht oder luxuriösen Ehrgeiz bezeichnet – es bleibt zu registrieren, daß sich im 15. Jahrhundert neue Urteilskategorien für Rang, Ruhm und Norm herausgebildet und gefestigt haben. Der Vorwurf, bar aller Kultur zu sein, den ein Mann wie Benedetto Dei im Zwist Florenz–Venedig der Bevölkerung der Lagunenstadt entgegenschleuderte, traf tief und verletzte. Die Studien der Gelehrten, die Arbeit der Künstler, die Bildung der Humanisten waren nicht an Grenzen gebunden; die universale Ordnung war konstitutiv, und doch profitierte von der konkreten Arbeit zuallererst der Name des fördernden Herrscherhauses, die jeweilige Stadt, das Prinzipat. Die Durchflechtung von Mäzenatentum, künstlerisch-gelehrter Produktion, dynastischem Ehrgeiz und politischer Potenz prägte sowohl die italienischen Herrschaften des Jahrhunderts als auch die ganze Renaissance und den Humanismus. Kunst, Architektur, Dichtung, Musik, Philosophie, Politik – dieses Spektrum ist nur die Aufgliederung eines einheitlichen Lichtes.

Die kurze Regierungszeit Lionello d'Estes, nur neun Jahre, war eine Phase des absoluten Friedens für den Stadtstaat und seine Bevölkerung. Der Fürst schien keine anderen Aufgaben und Dringlichkeiten zu kennen, als das Ondit zu bestätigen, er wäre einer der gelehrtesten Männer Italiens, als Wissenschaft und Künste zu fördern und die Universität zu einer Attraktion ersten Ranges auszubauen. Daß er, ganz in der politischen Tradition seines Vaters, sich energisch aus den Händeln und Kämpfen der Staaten heraushielt und nur als höchst begehrter Schiedsrichter fungierte, geschah fast beiläufig. Seine persönlichen Eigenschaften nehmen sich im Normenkatalog eines Pietisten genauso gut aus wie im Sittenkodex eines antiken Weisen. Wenn jemals für die brokatene Geschichte Ferraras von den Goldenen Jahren gesprochen werden kann, so trifft dieser Ausdruck auf Lionellos Herrschaft zu, die nur viel zu früh endete: mit Lionello d'Estes Tod im Alter von dreiundvierzig Jahren.

Angelo Camillo Decembrio, ein Schüler Guarinos und der Chronist Ferraras dieser Jahre, hat eine aufschlußreiche Bemerkung Lionello d'Estes notiert: »Ich empfinde keine besondere Freude und Bewunderung, wenn ich die Gesichter der Cäsaren auf den Bronzemedaillen betrachte, wohl aber, wenn ich ihre Gestalten in den Schriften Suetons oder der anderen Verfasser vor Augen habe; denn hier ist die Betrachtung völlig geistig.« Sicher findet hier keine Entwertung des konkreten Gegenstandes zugunsten der Imagination oder Idealisierung statt, aber der hohe Rang der vorstellenden Phantasie herrscht deutlich genug vor.

Lionellos Ehe mit Margerita Gonzaga von Mantua entstammte ein Sohn: Niccolò di Lionello. Dieser war erst zwölf, als sein Vater starb. An der Nach-

Ein italienischer Humanist bei der Vorlesung am Hof Federigo III. da Montefeltros
Gemälde vermutlich von Joos van Wassenhove, um 1480
Hampton Court

folge Borso d'Estes gab es deshalb keine Zweifel. Schmückende Beiworte gelingen bei diesem Fürsten weniger glatt, und Reserve ist nötig; denn Borso hat sich nie geschämt, seine individuellen Anlagen unabhängig von der Meinung anderer öffentlich zu aktualisieren. An ihm wird ein Familienzug der Dynastie exemplarisch deutlich: Die Este waren brutal, die Este waren volkstümlich; eine Wechselseitigkeit oder gar Interdependenz gibt es dabei nicht. Der neue Herrscher war kein Gelehrter wie sein Bruder Lionello, aber auch ihn bestimmte die fast schon erbliche Realvernunft seiner Familie. Kriege hielt er für eine Geldverschwendung. Es gelang ihm, seine Nachbarn darauf einzuspielen, was ihm nicht leichtfiel; denn er setzte die friedliche, auf Glanz gerichtete Politik Lionellos so erfolgreich fort, daß die neidische Mißgunst der Anrainer noch stärker genährt wurde.

Im Innern benutzte er härtere Mittel. Seine ausgeprägte Eitelkeit, das Bedürfnis nach Prunk, Juwelen, Ehren, Ansehen, Titeln waren bei ihm Eigenschaften, die er nicht mit antiken Vorbildern untermauerte. Um seinen gut entwickelten Sinn für luxuriöses Hofleben zu befriedigen, war ihm keine Steuerlast zu groß. Sie drückte aber nicht seine Schultern, sondern diejenigen der Untertanen. In diesem Punkt hatte Borso weder von seinem Vater noch von seinem Bruder gelernt, den er schrankenlos geliebt und bewundert hat. Borsos immense, kaum zu begreifende Popularität blieb trotzdem intakt. Seine Devise, von allen Säften zu saugen, die sich fanden, ließ er von seinen Steuerbeamten praktizieren, die zudem den Haß der Gepreßten zu ertragen hatten. Für sich selbst heimste er massive Volkstümlichkeit auf Grund seiner verschwenderischen Großzügigkeit ein. Schon Jahre vor seinem Regierungsantritt notierte Enea Silvio Piccolomini lapidar: »Die Ferraresen verehren ihn beinahe wie unsern Herrgott.«

Entscheidend war, daß Borso den Staat vor Krieg verschonte, daß die Gewerbe ständig intensiver florierten, der Handel ununterbrochen zunahm. Zu den Wissenschaften und Künsten hatte der Fürst keinen persönlichen Zugang, für Gelehrsamkeit und Dichtung fehlte ihm das Organ. Die Panegyrikoi seiner Hofpoeten nahm er nicht ernst. Trotz seiner Eitelkeit war sein Gespür für die Proportionen des Irdischen und Unvergänglichen recht ausgeprägt. Dazu kam ein satter Humor. Sein Hofnarr war denn auch eine besonders amüsante Figur, was einiges besagt, da kein Fürst in Europa jener Zeit ohne einen Hofnarren war, der in dreister Form den späteren Sinn für das Groteske der menschlichen Bemühungen vorwegnahm, wie es sich am unvergänglichsten im ›Lob der Torheit‹ des Erasmus ausgedrückt hat. Fürst Borsos Hofnarr wurde sprichwörtlich für seinen Witz. Als nämlich Lachen außer Mode kam und Gravität nach vorn drängte, wurde lautes Gelächter mit dem sprichwörtlichen »Es ist nicht mehr die Zeit des Herzogs Borso« mißbilligt.

Es wurde schon erwähnt: Einer Herrschaft, selbst wenn sie in den Händen eines alten Fürstengeschlechts gelegen hätte, fehlte die nobilitierende Valenz, wenn sie nicht mit Dichtung, Studien, Baukunst, Plastik, Malerei, Verehrung des Altertums verbunden war. Oder noch schärfer: Wenn diese Grundlage fehlte und wenn die geistig-kulturelle Atmosphäre sich nicht ständig real sichtbar ausdrückte, war weltliche Herrschaft im Empfinden der Zeit nicht legitimiert. Insofern förderte Borso d'Este die Universität, die humanistischen Studien, die Dichtung und die Künste so exzensiv, als läge ihm verehrendes Mäzenatentum im Blut.

So verschwenderisch die Haushaltung Borsos sein mochte, die Grundlagen des Staates waren zu solide, als daß der Luxus des Fürsten sie hätte zermürben können. Immerhin ertrugen die Untertanen ihren Herrn ohne Aufbegehren; er war zwar rücksichtslos, insgesamt jedoch gerecht, und trotz des Steuerdrucks und seiner persönlichen Prachtliebe – man sah ihn nie anders als in Brokat und mit Juwelen – wurde Ferrara das Salz, das aus den Salinen Comacchios gewonnen wurde, zu besten Preisen los. Außerdem partizipierte die Bevölkerung nicht ungern an dem Glanz, den Borso auf seinem Haupt zu sammeln versuchte. Als Friedrich III. bei seinem Zug nach Rom durch Ferrara kam, erkaufte der Marchese mit verschwenderischer Gastlichkeit und exorbitanten Geschenken den ersehnten Titel: Er wurde zum Herzog von Modena und Reggio ernannt. Die Belehnung fand am Himmelfahrtstag 1452 statt, vor der Kathedrale von Ferrara, in einem prunkvollen Zeremoniell samt einem der riesenhaften Feste, die der Fürst so sehr liebte. Kurz vor seinem Tod wurde er noch von Papst Paul II. zum Herzog von Ferrara erhoben; das Territorium war seit dem 8. Jahrhundert päpstliches Lehen. Das Schauspiel im Petersdom bedeutete für Borso d'Este die Erfüllung seines sehnlichsten Wunsches. Seine mystische Begeisterung teilte sich auch dem greisen Papst mit. Der dankbare Herzog überschüttete Rom geradezu mit Festlichkeiten.

Dieses Bedürfnis nach bestätigter Exzellenz war bei Borso d'Este im letzten Jahrzehnt mehr geworden als eine persönliche Neigung. Glanz und Rang Ferraras hatten ein solches Ausmaß erreicht, daß sein Herrscher in entfernteren Gebieten als gewaltigster Herr des ganzen italienischen Landes galt. Sein Tod am 19. August 1471 traf die Bevölkerung hart. Selbst wenn man von den gängigen Übertreibungen abstrahiert, spiegelt sich etwas davon in der Feststellung des Chronisten: »Es schien, als wäre unser Heiland ein zweites Mal gestorben.« Die glücklichsten, die unbeschwert heiteren und lichtdurchfluteten Tage Ferraras waren vorbei. Von Lionello und Borso d'Este wurde mit Recht gesagt, daß keiner unter den Herrschern des 15. Jahrhunderts so wenig Blut vergossen habe wie diese beiden.

Wettrennen am Hof Borso d'Estes
Aus dem Wandgemälde ›Der Monat April‹ von Francesco del Cossa
im Palazzo Schifanoia in Ferrara, zwischen 1458 und 1478

Der Bauherr Ferraras

Der nächste ferraresische Herrscher hatte wie seine Vorgänger Niccolò III. d'Este zum Vater. Ercole I. d'Este entstammte der dritten Ehe Niccolòs, so daß Lionello und Borso seine Halbbrüder waren. Friede bedeutete für ihn ebenfalls die Achse seiner Politik, und wie seine Brüder hielt er nichts von Zwisten und Intrigen, dafür viel von Prunk und Kunst, Bauten und Festen. Im Jahr 1473 heiratete er Eleonora von Aragon, die Tochter König Ferrantes I. von Neapel. Eleonora war eine höchst kultivierte, gebildete und souveräne Frau. Ihr war der Fürst absolut ergeben, und er bewunderte sie sehr. Wenn er abwesend war, führte sie die Regierungsgeschäfte entschlossen und sicher. Ihre Partnerschaft auf der Grundlage gegenseitigen Respekts, der Gleichordnung und Zuneigung trug auffallend moderne Züge. Sechs Kinder entstammten dieser Ehe. Das Gerücht, Eleonora hätte Ercole I. im Auftrag ihres Bruders vergiften wollen, er aber sei informiert gewesen, wäre ihr zuvorgekommen und hätte sie vergiften lassen, ist nichts als ein Gerücht. Die Fürstin starb 1493 an einer schweren Krankheit und nicht als Opfer einer familiären Präventiv-Justiz.

Gleichwohl, Ercole I. war schon ein wenig aus dem Borgia-Holz geschnitzt. Eine Rebellion, die Lionellos Sohn Niccolò 1476 anzuzetteln versuchte, wurde hart und blutig zerschlagen, Ercole ließ seinen Neffen enthaupten, den Kopf wieder auf den Rumpf setzen, den Toten in Prunkgewänder kleiden und aufbahren. Dann wurde ein öffentlicher Gottesdienst in der Kathedrale zelebriert, an dem der ganze Hof, die Würdenträger der Kirche, die

Gelehrten der Universität, die akkreditierten Botschafter teilnahmen, und anschließend wurde Niccolò di Lionello, der legitime, aber erfolglose Herr Ferraras, mit einem Staatsbegräbnis in der Familiengruft der Este beigesetzt. Nicht nur, daß sich der Trieb, Feste jeglicher Art zu feiern, bei den Herrschern nachgerade zu einer Sucht entwickelt hatte – auch der estensische Familiensinn, in Schatten gestellt höchstens von dem unerschütterlichen Zusammenhalt der Borgia, triumphierte selbst dort, wo er sich Wunden schlug.

Es mag sein, daß dieser Staatsstreich ein schlechtes Omen war. Jedenfalls brach zwei Jahre später die lange Tradition der neutralen, aber machtvollen Friedfertigkeit ab. Ercole I. d'Este wurde in den Krieg verwickelt, den Papst Sixtus IV. nach der Pazzi-Verschwörung gegen Florenz und die Medici begann. Obgleich sich Ercole mit Eleonora von Aragon eigens verheiratet hatte, um die Freundschaft mit dem Königreich zu konsolidieren, verbündete sich Ferrara mit Florenz gegen den Papst und Neapel; auch die Mailänder Sforza waren auf seiten der Medici. Befehlshaber dieser vereinigten Truppen war Herzog Ercole I.; sein Selbstgefühl lief offenbar seinem Leichtsinn den Rang ab.

Sixtus IV. nahm die Frontstellung seines Vasallen nicht einfach hin; denn für den Kirchenstaat hatte sich die Existenz und wachsende Bedeutung dieses

Ercole I. d'Este und seine Gemahlin Eleonora von Aragon
Gemälde vermutlich von Baldassare d'Este, drittes Viertel des 15. Jahrhunderts
Hannover, Niedersächsische Landesgalerie

Riegelfürstentums zwischen Ober- und Mittelitalien allmählich in eine Herausforderung verwandelt. Dasselbe ist von Venedig zu sagen, mit dem der Papst nach Beendigung des Krieges ein Bündnis schloß. So stark Ferrara sich militärisch fühlte, so wenig gab es gegen diese Zange zu hoffen, auch wenn Florenz, Mailand, Neapel mit ihm alliiert waren. Der Krieg begann 1482, König Ferrante I. von Neapel war im Süden zunächst erfolgreich. Er wurde zwar im August von päpstlich-venezianischen Truppen geschlagen, rückte danach aber wieder vor, weil Sixtus IV. nicht mit ernsthaften Schwierigkeiten gerechnet hatte. Außerdem irritierte ihn die Energie, mit der sich Venedig jetzt auf Herzog Ercole I. konzentrierte. Als das venezianische Heer mit der Belagerung Ferraras begann, überkam ihn nicht unberechtigt die Befürchtung, die Signoria würde diesen verhaßten Staat nicht nur erobern, sondern auch behalten. Im Dezember 1482 schloß er deshalb mit Neapel Frieden, ebenso mit Florenz und Mailand. Ercoles I. Herrschaft wurde bestätigt.

Venedig aber sträubte sich und blieb fest, auch dann, als der Papst mit seinen Feinden von gestern – Neapel, Florenz, Mailand, Ferrara – gegen die Serenissima einen Vertrag schloß, Ende April 1483. Doch das half Ferrara nicht aus der Bedrängnis, sein Untergang schien beschlossene Sache zu sein. Noch nie hatte das Herzogtum so schwere Monate erlebt. Erst im folgenden Jahr konnte Lodovico il Moro vermitteln, für Ferrara nicht zufriedenstellend, weil er in seinen Bemühungen, anerkannter Herzog von Mailand zu werden, auf die Hilfe Venedigs angewiesen war. Am 7. August 1484 wurde der Friede von Bagnolo geschlossen. Venedig stellte die Bedingung, daß die eroberten Gebiete in seinem Besitz blieben. Ercole I. fügte sich. Venedig konnte Rovigo, den Mittelpunkt der Provinz zwischen Etsch und Po, als Gewinn verbuchen, eine Stadt, die seit 1194 den Este gehört hatte.

So bedrohlich diese Verwicklung gewesen war, so sehr Ferrara an den wirtschaftlichen Schäden zu leiden hatte und dadurch verarmte – sie blieb in der Regierungszeit Ercoles I. eine Episode, allerdings eine, die nie vergessen wurde. Der Herzog ließ sich kein zweites Mal die außerordentliche Verwundbarkeit Ferraras bestätigen. Nach 1484 war er strikt auf Konsolidierung des Staates aus. Er begann erneut damit, das Wirtschaftsleben in Konjunkturen zu treiben. Damals war die Po-Ebene noch dicht bewaldet und der Wildreichtum enorm. In den Lagunen wurden Aale gefangen und mariniert in alle Gebiete Italiens geschickt. Der ungeheure Fischbestand in der Adria garantierte sowohl Wohlstand als auch dauernde Konkurrenz mit Venedig. Die Gewinne des Aal- und Fischfangs waren hoch. Besonders lukrativ war der Handel mit echtem Kaviar; denn die Adria wimmelte von Stören. Die Haupteinnahme des Herzogs kam jedoch aus den estensischen Salzsiedereien. Sie belief sich immerhin auf die enorme Summe von zweihunderttausend Dukaten im Jahr. Ursprünglich waren diese Lagunen, in denen das Seesalz gewonnen wurde, Besitz Venedigs. Für die Signoria stellten Ferrara und die Salinen austauschbare Vokabeln dar. Die Este hatten kein Interesse, den begehrten Artikel aus den Salzbergwerken der Republik zu beziehen; denn sie waren durch ihren Reichtum auf diesem Gebiet ohnehin der schärfste Konkurrent Venedigs im Orienthandel. Hinzu kamen die Einkünfte aus dem Anbau von Getreide, aus der hochentwickelten Viehzucht und aus der Verarbeitung der Wolle, dem ältesten und bedeutendsten Gewerbe aller blühenden Städte Italiens. Die Tuchexporte gingen bis nach Holland und England. Berühmt war Ferrara schließlich durch seine Waffenfabrikation, durch seine Spezialanfertigung von Stecknadeln und durch das Gerben von Fellen. Die absolute Konjunkturbeständigkeit ergab sich aus der günstigen Lage am Po; sie erhöhte die Gewinne aus den Straßenzöllen und Paßgebühren, garantierte den großartigsten Handel und Verkehr und gab dem Reichtum des Prinzipats ein unerschütterliches Fundament.

Ercole I. d'Este hatte eine unstillbare Liebe zur Baukunst. Aber nicht nur aus Motiven, die sehr viel

Ferrara zur Zeit Ercole I. d'Estes
Aus dem Schaubild eines oberitalienischen Holzschneiders, um 1490
Modena, Biblioteca Estense

später, zwei Jahrhunderte nach ihm, den Fürsten Karl Eusebius von Liechtenstein zu dem Bekenntnis verführt haben, das im Namen so vieler Regenten hätte abgelegt sein können: »Das Geld ist nur, schene Monumenta zue hinterlassen zue ewiger und unsterblicher Gedechtnuss!« Die Bevölkerung wuchs rapide, das brachte Ercole I. auf die Idee, einen völlig neuen Stadtteil zu bauen, also Ferrara nicht nur zu erweitern, sondern eine Trabantenstadt zu schaffen. Diese »Addizione Ercolea« wurde im Norden errichtet. Ihre Ausmaße übertrafen das ganze ältere Wohngebiet; in der Großzügigkeit des Entwurfs und dem städtebaulichen Konzept war sie von einer staunenswerten Modernität. Seit mehr als einem Jahrtausend hatte man in Italien keine so ausgreifenden Straßen gesehen. Gegen Ende seiner Regierung herrschte Ercole I. in einer Metropole, die in Europa nur schwer ihresgleichen fand. Die Einwohnerzahl hatte mit mehr als hunderttausend fast diejenige Roms erreicht.

Unerschütterlich in seiner stabilen Schaukeldiplomatie zur höheren Ehre seines Hauses und zur Sicherheit Ferraras hielt sich der Herzog aus allen Kriegen heraus. 1493 trat er zwar der großen antifranzösischen Liga bei, doch während der Invasion des französischen Königs Karl VIII. erklärte er sich als neutral und deckte sich nach beiden Seiten. Als 1495 keine Risiken mehr bestanden, schloß er sich wieder der Liga an, empfahl aber mäßigend, Karl unbehelligt aus Italien abziehen zu lassen. Sein Spiel als ehrlicher Makler war gut geplant. Seinen zweiten Sohn, Ferrante, hatte er in den Dienst des französischen Königs geschickt, seinen ältesten, Alfonso, mit einer Truppe Mailand unterstützen lassen. So kämpften am 6. Juli 1495 in der Schlacht von Fornovo Söhne des Herzogs auf beiden Seiten.

Ercole I. d'Este blieb die Freundschaft Frankreichs erhalten, auch unter Ludwig XII. Die Eroberung Mailands 1499 durch ihn hatte für Ferrara keine Folgen. Gefährlicher war kurz darauf der Eifer Cesare Borgias in der Romagna. Seine Aktivität und rücksichtslose Entschlossenheit, sein dringender Wunsch, sicher zu sein, daß ihm Ferrara keine Schwierigkeiten mache, kolorieren die Situation, in der plötzlich der Borgia-Papst Alexander VI. sehr nachdrücklich Ercole I. das Angebot unterbreitete, seine Tochter Lucrezia Borgia mit Alfonso, dem Erben Ferraras, zu verheiraten.

Der Herzog hatte zwei Töchter, Isabella und Beatrice d'Este. Beide waren 1490 verheiratet worden, die sechzehnjährige Isabella mit Marchese Francesco Gonzaga von Mantua, dem Nachbarstaat Ferraras an der Nordgrenze, die fünfzehnjährige Beatrice mit Lodovico il Moro, dem Herrn von Mailand und Nachbarn im Nordwesten. Isabella war durchaus nicht so schön, daß sie sich das Brachliegen anderer Gaben hätte leisten können. Scharfäugig, empfindsam, immer bereit zu leichtem Spott, entwickelte sie sich rasch zu der illustren Persönlichkeit, an der die Zeitgenossen sich berauschten und die Nachfahren bis heute sich begeistern, zur »ersten Dame der Welt«, die bereits zu Lebzeiten über alles gefeiert wurde. Sie war zweifellos eine der überragenden Figuren der Renaissance, von deren überlegener Vernunft schon ihr herbes Motto zeugte: Nec spe nec metu.

Solche Familienverbindungen zwischen den Dynastien und Staaten waren wichtig als Vehikel politischer Stabilisierung, und immer erhofften sich die Beteiligten einen Zuwachs ihres Einflusses. Allerdings wurden derartige Verbindungen auch damals, in der intrigensüchtigen Renaissance, durch Haß, Querelen und Abneigungen relativiert, wie sie sowohl familienintern als auch im öffentlichen Bereich eh und je wuchern. Gleichwohl, solche Heiraten wurden nun einmal ebenso gern geschätzt wie überschätzt.

Der Einfall, den künftigen Herrn von Ferrara zu heiraten, war Lucrezia Borgia zu verdanken. Nach kurzer Verblüffung ließen sich ihr Bruder Cesare und der Papst von der Genialität des Projekts überzeugen. Alexander VI. versprach sich besonders viel davon, er spekulierte vor allem territorial. Der künftige Herrscher Ferraras als sein Schwiegersohn, das mußte dieses stolze und reiche Fürstentum fast mit Sicherheit wieder auf den Weg bringen, der in den Kirchenstaat zurückführte; vielmehr umgekehrt: das mußte ihm die Expansion nach Norden ermöglichen, und dabei würde Mantua, durch Isabella d'Este ebenfalls verwandtschaftlich verbunden, noch eine leichte Beigabe sein. Lucrezia, die der Papst jetzt den Este so sehr aufdrängte, war damals zwanzig Jahre alt. Sie hatte eine Verlobung und drei Ehen hinter sich und die übelsten Gerüchte um sich, Gerüchte, die später fast alle in eine Schmäh- und politische Zweckschrift, den ›Savelli-Brief‹ aus dem Jahr 1502, aufgenommen wurden, bewußt verschärft und ausgeschmückt, und dann durch die Jahrhunderte als zweifelsfreie Tatsachen den Borgia zu ihrem Hautgout aus Korruption, Mordlust und sexuellem Jubilate verhalfen. Die Scheidung von ihrem zweiten Mann, Giovanni Sforza, hatte der Papst betrieben; sie endete in einem Skandal. Ihr dritter Mann, Alfonso von Aragon, wurde im Vatikan ermordet. Sein Tod soll im Interesse des Papstes gelegen haben; für das Gelingen des Mordes wurde Cesare verantwortlich gemacht.

Grundsätzlich hätte auch Ercole I. d'Este ein freundlicheres Verhältnis zum Kirchenstaat geschätzt, aber er verabscheute Lucrezia, weil das Vorleben dieser Papsttochter im zeitgenössischen Italien den mehr als üblen Ruf eingebracht hatte, von dem sie erst durch jüngere historische Untersuchungen befreit wurde. Mit dem Ferraresen opponierte seine ganze Familie, zumal Isabella d'Este. Schließlich stand ihre Dynastie an der Spitze des italienischen Adels, war sie die unbestritten vornehm-

Der Musenhof Isabella d'Estes
Gemälde von Lorenzo Costa, 1505
Paris, Musée du Louvre

ste Familie des Landes, mit allen Herrscherhäusern Europas verwandt; es gab keinen Fürsten, der vor den Este nicht die größte Hochachtung empfand. Auch Kaiser Maximilian empörte sich – aus handfest politischen Gründen – über diesen Heiratsplan mit der Bastardtochter eines verkommenen Priesters. Ebenso fühlte sich Venedig brüskiert und bedroht – für Ercole I. ein Grund, die geplante Heirat nicht ganz und gar ungünstig zu beurteilen. Zunächst wandte sich der Herzog an den französischen König um Hilfe, weil die ferraresischen Verhandlungen über die Ehe Alfonsos mit Louise, der Witwe des Fürsten von Angoulême, einer Prinzessin aus dem Hause Savoyen, in Kürze abgeschlossen werden sollten. Ludwig XII. selbst aber war dem Papst aufs äußerste verpflichtet; denn Alexander VI. hatte es ihm erst kürzlich durch großzügige Scheidungs- und Ehedispensen ermöglicht, die Witwe seines Vorgängers Karl VIII., Anna von Bretagne, zu heiraten. Zweiundzwanzig Jahre lang war Ludwig mit Johanna von Valois, der Schwester Karls VIII., verheiratet gewesen, doch von der Verbindung mit

Anna hing buchstäblich die Einheit und der Fortbestand der französischen Monarchie ab. Ludwig konnte also Ercole I. keinen besseren Rat geben, als hart und unnachgiebig zu verhandeln, extrem hohe Forderungen zu stellen und das so lange, bis der Papst – damals siebzig Jahre alt und in Freuden fett geworden – gestorben sei. Damit würde sich das Projekt Lucrezia erledigen, und Alfonso würde für die französische Prinzessin frei sein.

Harte Verhandlungen, mehr blieb dem Este nicht übrig. Diesen Bogen spannte er mit ganzem Einsatz, mit dem Risiko wiederholter Ultimaten. Er stellte dem Papst Bedingungen, bei denen er fest damit rechnen konnte, daß der Papst sie zurückweisen würde. Aber der Fürst verrechnete sich. Obgleich das Herzogtum so reich war, daß Ercole I. sich Unbestechlichkeit leisten konnte, benötigte er zeitlebens ungeheure Summen. Nachdem er sich endlich dazu durchgerungen hatte, die giftige Schwiegertochter einzukaufen, indem er sich dafür bezahlen ließ, schraubte er den Preis in einem Dauerpoker so hoch, daß ihn Alexander VI. – der gar nicht daran dachte, zu sterben, vielmehr gerade die Vergnügungen genoß, seinen jüngsten und letzten Sohn Rodrigo zu zeugen – schließlich einen Mercatante, einen üblen Krämer schimpfte. Die Mitgift sollte fast zweihunderttausend Golddukaten betragen, die Kirchensteuern Ferraras sollten auf eine symbolische Summe gesenkt, also praktisch gestrichen und bestimmte Territorialwünsche erfüllt werden. Der Papst mußte den Herzogstitel von Ferrara auf alle Zeiten bestätigen, die Este bekamen das Recht, ihre Bischöfe selbst zu ernennen, und die Familienangehörigen erhielten zu guter Letzt eine Fülle von Pfründen. Treibend, dirigierend hatte Lucrezia alle Phasen der monatelangen Verhandlungen bestimmt, unerbittlich und routiniert wie der versierteste Diplomat. Es hatte sie nie interessiert, ob der Papst und Cesare die Este für eine Frucht gehalten hatten, die für Borgia-Hände zu hoch hing. Als der Papst sämtlichen Forderungen zugestimmt und der alte Herzog endgültig das Heiratsprojekt akzeptiert hatte, sperrte sich der künftige Bräutigam.

Im Alter von einem Jahr war Alfonso von seinem Vater mit Anna Sforza verlobt worden, der Tochter Galeazzo Maria Sforzas, des Herzogs von Mailand. Vierzehn Jahre später hatten sie geheiratet, und nach weiteren sechs Jahren war Anna einundzwanzigjährig gestorben. Alfonso war ein Rüpel. So richtig

Lucrezia Borgia
Lünettengemälde von Bernardino Pinturicchio
im Borgia-Saal des Vatikanischen Palastes, um 1494

wohl im Kreis der Weiblichkeit fühlte der Erbprinz sich nur in Gasthöfen, bei Huren. Seine Ehe mit der zarten Anna Sforza war durch und durch unglücklich gewesen. Dennoch hatte er gegen die französische Prinzessin nichts einzuwenden gehabt; im Falle von Lucrezia Borgia aber gelobte er: Nichts würde ihn zu einer Heirat mit dieser Frau bewegen können. Ercole I. fürchtete, daß ein Scheitern nach so vielen Gesprächen und Zugeständnissen die bitterste Feindschaft und wahrscheinlich Krieg nach sich ziehen würde. Er drohte deshalb, selber Lucrezia zu heiraten, wenn Alfonso störrisch bliebe. Da resignierte der Prinz.

Die Festlichkeiten vor dem Auszug Lucrezias nach Ferrara übertrafen alles, was Rom jemals gesehen hatte. Die Mitgift Alexanders VI. für sein Lieblingskind ging weit über die Summe hinaus, die er mit dem Herzog ausgehandelt hatte. Edelsteine, Schmuck, Prunkgewänder, Röcke, Hemden, Hermelin- und Nerzmäntel, Bettzeug, Gold- und Silbergeschirr füllten einhundertfünfzig Wagenladungen und ebenso viele Maultierlasten. Lucrezia war die reichste Braut der Weltgeschichte. Das Gefolge dieses riesigen Hochzeits- und Triumphzuges bestand aus mehr als zweihundert Mann. Die Reise von Rom nach Ferrara dauerte fast einen Monat. Alfonso hatte die Braut noch nicht gesehen. Inkognito ritt er ihr entgegen, unangemeldet. Zwei Stunden unterhielten sie sich allein im Kastell Bentivoglio; dann trennten sie sich bis zum offiziellen Empfang in der Hauptstadt. Alfonso war zufrieden. Bei der Ankunft Lucrezias in Ferrara verschlug es der Bevölkerung fast den Atem: Eine so strahlend schöne Frau hatte noch niemand gesehen. Trotz der Kälte trug Lucrezia ein Kleid, dessen Oberteil durchbrochene Einsätze hatte, so daß die Brüste durchschimmerten. Isabella d'Este, die ihr zutiefst grollte und die Borgia-Tochter in Ferrara mit »fröhlicher Wut« empfing, berichtete es bigott-aufgebracht ihrem Mann. Die Hochzeit wurde vierzehn Tage lang gefeiert. Keine Festlichkeit der ganzen Renaissance konnte sich mit diesem Schauspiel messen.

Alle Vorbehalte Alfonsos waren durch Lucrezias Schönheit, Liebenswürdigkeit, Verstand und Charme vergessen. Was schon Alexander VI. riskiert hatte, indem er seine Tochter offiziell stellvertretend die Papstgeschäfte führen ließ – einmalig in der Kirchengeschichte –, das wurde für Alfonso selbstverständlich. Wiederholt übernahm Lucrezia an seiner Statt die Regentschaft, sogar in den gefährlichsten Etappen, in Kriegstagen. Sie wurde rasch der ferraresische Mittelpunkt für die berühmtesten Künstler, Gelehrten und Dichter. Mit den Jahren verlor sie ihren üblen Ruf, aber auch ihre große Schönheit; schließlich wurde sie prüde und dick. Unter den Kleidern trug sie nunmehr einen häreren Bußgürtel, und als Hofdamen kamen nur noch erlesen häßliche Frauen in Frage. Da sie die Dekolletés der Ferraresinnen für anstößig hielt, führte sie eine Gorgiere, ein Anstandstuch für Hals und Busen, ein. Sie starb am 24. Juni 1519, nach siebzehn Ehejahren, in denen sie Alfonso fünf Kinder geboren hatte. Der Herzog, robust wie eh und je, stand tief erschüttert am Sarg. An seinen Neffen schrieb er: »In dieser Stunde hat es Gott gefallen, die Seele der so hervorragenden Frau Herzogin, meiner getreuesten Gemahlin, zu sich zu berufen. Ich kann das nicht ohne Tränen schreiben. So hart ist es mir, mich einer so süßen und lieben Gefährtin beraubt zu sehen. Das war sie für mich durch ihre guten Sitten und durch die zärtliche Liebe, die uns verband.« Dies als letztes Wort über jene Frau, die als Inbegriff weiblicher Sittenlosigkeit durch die Geschichte geistert.

Die Verbindung Ferraras mit dem Kirchenstaat durch die Verheiratung Lucrezias wirkte sich nicht so aus, wie es die Borgia erhofft hatten. Der Papst war schon ein Jahr nach der Hochzeit, 1503, gestorben. Sein Nachfolger, Julius II., obzwar eine völlig andere Natur, hatte die Interessen des Kirchenstaates genauso hart durchzusetzen versucht. Bevor Herzog Ercole I. aber die ersten Folgen zu spüren bekam, mußte er aufs Totenbett, 1505, im vierundsiebzigsten Lebensjahr.

Alfonso I. d'Este regierte fast so lange wie sein Vater, beinahe volle drei Jahrzehnte. Der Ruhm Ferraras als einer der glanzvollsten Höfe Europas setzte sich unter seiner Ägide ungebrochen fort, ja steigerte sich noch, nicht zuletzt durch Lucrezia Borgia. Alfonso I. war der eigentliche Fürst der Renaissance in dem inzwischen ausgefeilten, phraseologisch abgesunkenen und vollendet manierierten Sinn. ›Renaissance‹ war aber auch das politische Schicksal Ferraras in diesem ersten Drittel des 16. Jahrhunderts. In der ungewöhnlichen Familiengeschichte der Este ist Alfonso seinerseits eine ganz ungewöhnliche Erscheinung, durch und durch weltlich, ein Praktiker von rüder Rationalität. Er war in Frankreich gewesen und auf der britischen Insel, er kannte Flandern, interessierte sich für die Handwerke genauso wie für Wirtschaft und Verwaltung. Seine Bildung hielt sich in Grenzen – neben Lionello d'Este oder Lorenzo de'Medici wirkte sie schlicht aufgesetzt –, aber die Humanisten konnten sich darauf verlassen, von ihm exzessiv unterstützt zu werden. Er respektierte die Gelehrsamkeit um so stärker, je weniger er an ihr partizipierte. Das Mäzenatentum der Este, das Ferrara in der Welt berühmt gemacht hatte, war ihm eine politische Verpflichtung. Ein Fachmann für das Waffenhandwerk und den Festungsbau, übertraf Alfonso I. im Grundsätzlichen und in den Details bei weitem das, was ein Kaiser Maximilian an Geschütztechnik beherrschte, und schon das galt nördlich der Alpen als staunenswert und vorbildlich. Ferrara wurde in dieser Zeit in eine der stärksten Festungen Italiens und Europas verwandelt.

Politisch kam Alfonso I. bald in Nöte. Für Venedig war das Herzogtum nach wie vor eine Provokation, ebenso für den Kirchenstaat. Die Venezianer, bereits im Besitz von Rovigo, drängten weiter nach Süden, in die Romagna; sie wollten zumindest die Po-Mündung kontrollieren. Julius II. wiederum entwickelte ein noch weit größeres Interesse an dem Herzogtum Ferrara, als es der Borgia-Papst getan hatte. Abgesehen von Neapel waren die Este seine größten »Vasallen«, war das Prinzipat sein bestes Kirchenlehen. Und ihn ärgerten die Vereinbarungen, die vor der Heirat Lucrezias getroffen worden waren. Die Erweiterung des Kirchenstaates um das ferraresische Herzogtum betrachtete er als entscheidende Voraussetzung für eine fundamentale Stärkung des Papsttums und der Kirche, zumal es darum ging, die Gelüste Venedigs auf die Romagna endgültig auszumerzen, ja noch mehr: die Macht der Lagunenstadt im Kern zu treffen.

Julius II. war mit sechzig Jahren zum Papst gewählt worden. Wer ihn nicht kannte, hielt ihn für einen müden Greis; das galt vor allem für die Venezianer, die seit alters auf ihre Wohlinformiertheit und engelshaarige Diplomatie stolz waren. Welch ein Willensblock der Papst tatsächlich war, das hatte er schon wiederholt als Kardinal gezeigt. In Julius II. darf man zweifellos eine überwältigende Inkarnation des Renaissance-Papsttums bestaunen, einen sanguinischen Förderer von Kunst, Dichtung, Wissenschaft, einen Feuerkopf und glühenden Geist, eine Kraftnatur kat exochen. Sein Beiname ›il Terribile‹ sagt alles, also auch, was Alfonso I. d'Este zu erwarten hatte.

Julius II. schaltete zunächst Cesare Borgia aus. Er führte die Romagna in den Kirchenstaat zurück. Den nächsten Stoß richtete er gegen Venedig. Er trat im März 1509 der Liga von Cambrai bei, die im Dezember zuvor zwischen Frankreich und Kaiser Maximilian gegen Venedig geschlossen worden war. Zu ihr stießen binnen kurzem England, Spanien, Ungarn, die Eidgenossen, Savoyen und Mantua. Auch Alfonso I. wurde zum Beitritt bewogen. Viel Überredung hatte nicht dazu gehört; denn der Herzog glaubte, mit diesen Bundesgenossen werde es einfach sein, Rovigo zurückzugewinnen. Seine Artillerie vernichtete eine venezianische Flotte, die den Po aufwärts gegen Ferrara segelte. In der Romagna mußte Venedig alle Städte den päpstlichen Truppen überlassen. Im Mai wurde den Venezianern bei Agnadello von den französischen Truppen eine fürchterliche Niederlage beschert. Dieses Ereignis wird in der Geschichte Venedigs als der absolut schwarze Tag verzeichnet. Damit wurde der venezianischen Expansion endgültig ein Riegel vorgeschoben. Außerdem datiert seit der Liga von Cambrai der Verlust der venezianischen Großmachtposition in Europa. Noch nie war die Serenissima dem Untergang so nahe gewesen.

Julius II. hatte allerdings nicht vor, Ferrara auf Kosten der Lagunenrepublik mächtiger werden zu lassen. Die offiziellen Bedenken, die der Papst äußerte, waren teils einsichtig motiviert, teils durchsichtig geheuchelt: Eine übertriebene Entmachtung sei wegen der Barrikadenfunktion Venedigs gegenüber den Türken weder aus christlichen noch aus italienischen Interessen zu rechtfertigen. Der Papst stellte plötzlich fest: Wenn die Republik Venedig nicht schon bestände, wäre es notwendig, sie zu erschaffen – eine Formulierung, die durch die plagiierte Anwendung des tschechischen Historikers Palacký 1848 auf den Vielvölkerstaat Österreich sprichwörtlich geworden ist.

Der Papst befahl Alfonso I. d'Este, Frieden zu schließen. Der Herzog lehnte ab. Schneller, als man es für möglich hielt, deklarierte Julius II. ihn zu einem Rebellen, exkommunizierte ihn am 9. August 1510, erklärte ihn aller Kirchenlehen für verlustig und verhängte über Ferrara den Kirchenbann. Was Alexander VI. erhofft hatte, das wollte Julius II. mit Gewalt erzwingen: »Ferrara, Ferrara, beim Leichnam Christi, du wirst mein!« Jetzt stand Alfonso I. in demselben Zweifrontenkrieg, der das Herzogtum Jahre zuvor Rovigo gekostet hatte. Die Liga von 1511 zwischen Rom, Venedig und Spanien richtete sich nicht nur gegen die Franzosen, sondern auch gegen Ferrara. Die päpstlichen Truppen eroberten Modena und Reggio. 1512 aber kam es zur Schlacht bei Ravenna, die mit einer fürchterlichen Niederlage der päpstlich-spanischen Armee endete. Entscheidend für den französischen Sieg war die Artillerie Alfonsos I. Ludwig XII. war unfähig, den Sieg zu nutzen. Es gibt kaum eine andere große Schlacht, die für den Sieger so viele Katastrophen zur Folge hatte. Die Eidgenossen kamen dem Papst zu Hilfe, und Oberitalien wurde im Bund mit den Venezianern von den Franzosen befreit. Julius II. fühlte sich stärker denn je zuvor, doch Alfonso sah sich militärisch am Ende. Er beschloß, selbst zum Papst zu gehen.

In Rom wurde der große Mann, den man allein für die Niederlage der päpstlichen Truppen verantwortlich machte, zum Tagesgespräch. Der Papst war zur Versöhnung bereit, aber nur nach totaler Kapitulation der estensischen Dynastie und Ferraras. Alfonso lehnte ab. Das Klima wurde frostig, der Herzog sah sich in größter Gefahr. Mühsam gelang ihm die Flucht aus Rom. Verkleidet, auf den kuriosesten Schleichwegen traf er nach einem Vierteljahr wieder in Ferrara ein. Der Tod des Papstes (1513) gab Alfonso I. eine Atempause. Aber die Nachfolger, Leo X. und Clemens VII., setzten den Kampf um Ferrara genauso hart fort. Dieses Ringen ging in den Jahren 1526/27 abrupt zu Ende. Karl V. hatte 1525 in der Schlacht von Pavia das französische Heer besiegt und König Franz I. gefangengenommen. Im Jahr darauf schlossen sich alle Gegner Karls in Italien erneut zu einer Liga zusammen, doch der Erfolg blieb aus. 1527 triumphierte der Kaiser über die alliierten italienisch-päpstlichen Truppen. Es kam zu der grauenhaften Plünderung der Ewigen Stadt, dem berüchtigten Sacco di Roma, der ohne die energische, rachelüsterne Unterstützung Alfonso I. d'Estes kaum möglich gewesen wäre. Der Papst wurde von kaiserlichen Truppen gefangengesetzt. Für Ferrara hatte das den Effekt, daß Alfonso vom Kaiser die Besitzungen Modena und Reggio zurückerhielt und das Herzogtum bis über die Mitte des 16. Jahrhunderts hinaus keine Existenzsorgen mehr hatte.

Die Schlacht bei Ravenna am 11. April 1512:
Kampf der siegreichen, von Alfonso I. d'Este unterstützten Franzosen gegen die päpstlich-spanische Armee
Holzschnitt für die Publikation des ›Weißkunig‹
Wien, Österreichische Nationalbibliothek

Mailand und Rom: Herrschaft und Usurpation

In der Repräsentation des bestimmenden Zeitmoments, des Humanismus, der Gelehrsamkeit und Künste, steht die Hochburg Ferrara inmitten so illustrer Städte wie Rom, Florenz, Venedig und Mailand. Im Italien dieser Zeit spielen das nördlichste Herzogtum und seine regierenden Familien eine Rolle, die vielleicht nicht so viel zu dem Fundus beiträgt, aus dem integrierende Begriffe entwickelt werden, die aber konstitutiv zum europäischen Gesamtbild des 15. und 16. Jahrhunderts gehört. Innerhalb der Mächtegruppierungen hatte Mailand eine besondere Position. Das oberitalienische Herzogtum wurde durch seine geographische Lage zu einer Drehscheibe der politischen Interessen. Während der Kämpfe zwischen den Guelfen und Ghibellinen im Mittelalter hatte die Familie der Visconti sich 1310 endgültig siegreich behauptet. Von diesem Moment an kehrte Mailand seine Kräfte nach außen. Die größten Gewinne konnte das Herzogtum unter Gian Galeazzo verbuchen, dem bedeutendsten der Visconti, der 1395 zum Reichsherzog erhoben worden war. Daß auch das Prinzipat in jenen Jahren in ein Herzogtum verwandelt wurde, ist eine Konsequenz der Expansion Mailands und nicht viel mehr als die Bestätigung des faktischen Zustands. Die Visconti hatten mit der systematischen Ausdehnung der Grenzen ihres Gebietes nicht nur ihre politischen Ansprüche demonstriert, sondern auch ihr politisches Schwergewicht. Die Hauptstadt Mailand zählte damals etwa einhundertfünfzigtausend Einwohner, gegenüber einhundertneunzigtausend im gesamten venezianischen Staatsgebiet.

Mailands Waffen- und Tuchfabrikation garantierte zusammen mit den zahlreichen Bankgeschäften einen Reichtum, der sich unentwegt steigerte. Dazu trat die gelungene Kombination von weltlicher und geistlicher Macht. Sie ermöglichte es den Herrschern, die ohne republikanische Konzessionen regierten, eine straffe Zentralverwaltung aufzubauen. Der Einfluß des gehobenen Bürgertums, das nach Mitsprache lüstern war, wurde geschickt paralysiert durch teils tatsächliche Erleichterungen, teils Scheinrücksichten auf die Wünsche der breiten Bevölkerung. Die Visconti erhöhten dadurch ihre Schlagkraft. Sie hatten schon eine Stadt nach der anderen erobert, so daß in der Mitte des 14. Jahrhunderts praktisch die ganze Lombardei in ihrem Besitz war. Dazu kamen noch Bologna und zeitweise die Republik Genua, die ihre Kräfte mit Vorliebe im Kampf gegen Venedig verschwendete. Gian Galeazzo Visconti strich schließlich die Städte Verona und Vicenza ein, er fügte seinem Herzogtum die Mark Treviso samt Padua hinzu, stieß tief nach Umbrien und in die Toskana vor, eroberte Pisa, Siena und Perugia. Am meisten fühlte sich Venedig durch diese unaufhaltsam scheinende Ausdehnung bedroht; denn der Druck kam aus derselben Region, die von der Serenissima als ihr

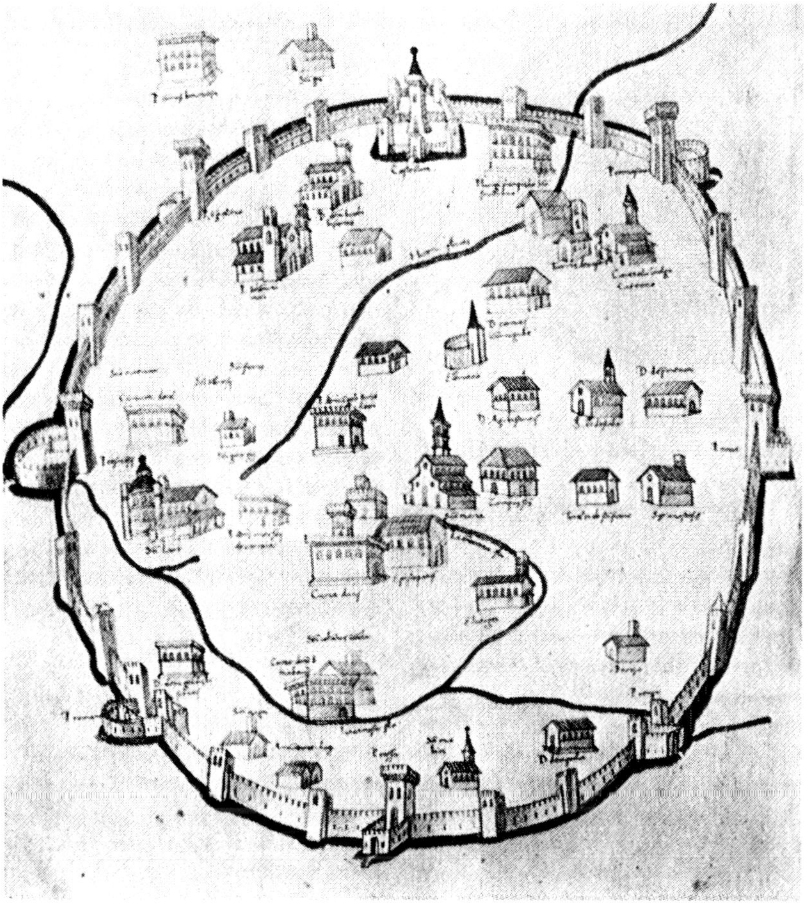

Mailand zur Zeit Filippo Maria Viscontis
Stadtplan in einer ›Cosmographia‹ des Tolomeo, zwischen 1420 und 1450
Rom, Biblioteca Apostolica Vaticana

angestammtes Vergrößerungsgebiet betrachtet wurde. Nach dem Tod Gian Galeazzos (1402) drangen venezianische Truppen umgehend über Padua, Vicenza und Brescia erneut weit in Mailänder Gebiet ein; der alte Territorialstatus quo sollte wiederhergestellt werden. Die Zeit war günstig; Mailand hatte keinen Herrscher, da der älteste Sohn Gian Galeazzos noch unmündig war. Die Generale des verstorbenen Herzogs stritten untereinander um die Herrschaft, statt gegen die begehrlichen Anrainer und die anderen Despoten zu kämpfen, die ein Teil nach dem anderen aus Mailänder Gebiet herausrissen.

Gian Maria Visconti, der Sohn Gian Galeazzos, wurde 1412 ermordet. Jetzt trat sein Bruder, Filippo Maria Visconti, die Herrschaft an, ein ängstlicher,

Filippo Maria Visconti
Vorderseite der Medaille von Antonio Pisanello,
zwischen 1435 und 1445
Florenz, Museo Nazionale

verfressener, mißtrauischer Mensch. Seine Furcht vor Mordanschlägen war so groß, daß sie den Fürsten zu Glanzleistungen der persönlichen Absicherung und zu einer Staatsführung durch Distanz angetrieben hat. Ohne exzellente Klugheit wäre ihm das allerdings nicht gelungen. Der Herzog setzte sich selbst im Mailänder Kastell gefangen – ein Freiheitsentzug, der durch die großartigen Parkanlagen recht erträglich war. Das Mißtrauen, das er jedem gegenüber hatte, mußte zur Gesamtatmosphäre seiner Umgebung werden. Ohne ein ausgeklügeltes Spitzel- und Denunziantensystem wäre es nicht möglich gewesen, volle fünfunddreißig Jahre lang zu regieren und sogar ausgedehnte Kriege zu führen. Seine Generale eroberten die ganze Lombardei zurück. 1421 konnte der Herzog sogar den Genuesen einreden, daß sein Despotismus für sie bei weitem nicht so schlimm sei wie die Last ihrer permanenten Bürgerkriege. Mit Hilfe einer ähnlichen Logik regierte er die Mailänder Massen: Er nahm ihnen ihre Freiheit und damit die Möglichkeit, sich gegenseitig abzuschlachten. Sie seufzten unter dieser Tyrannis des Rechts und der Ordnung. Sie seufzten und genossen sie; denn dieser letzte Visconti – der letzte, da ihm männliche Erben versagt blieben – schützte die Bauern vor der Willkür der Grundherren, die Kaufleute vor den Überfällen der Straßenräuber und die Parteien vor sich selber.

Filippo Maria Visconti starb 1447. Die Visconti wurden gestürzt, und Mailand schlüpfte für kurze Zeit ins demokratische Kostüm, es wurde zur »Ambrosianischen Republik«. Der Name war gut, er sollte an den aufrechten, mutigen Mailänder Bischof Ambrosius erinnern, der vor mehr als tausend Jahren, 390, Kaiser Theodosius den Großen wegen des Blutbades in Thessalonike zu öffentlicher Buße gezwungen und die Bekehrung Augustins eingeleitet hatte. Eine Verpflichtung gegenüber diesem Namen wäre noch besser gewesen. Doch Mailand vergaß, daß eine feste Regierung sich nicht auf Wünsche und freundliche Erinnerungen, sondern auf Macht gründet. Diese Macht fehlte jetzt der Republik. Statt dessen besaß sie einer der charakteristischsten Söldnerführer Italiens, die dort seit Jahrzehnten bekannt, gefragt, gefürchtet und bewundert waren.

Sie kamen aus dem Adel wie von den Bauern: die Colleoni, Malatesta, Montone oder Gattamelata. Sie stellten gegen Bezahlung ihre Truppen jedem beliebigen Dienstherrn, Fürsten, Despoten zur Verfügung. Im 15. Jahrhundert setzte sich bei diesen Condottieri nach und nach der Brauch durch, auch einmal selbst die Gründung eines Fürstentums, das Geschäft des Herrschens zu versuchen. Ihre Situation drängte sie gelegentlich fast mit Gewalt dazu. Obwohl sie über ergebene Truppen verfügten, war ihre persönliche Lage alles andere als sicher, und das nicht nur, weil die Treue der Soldaten eine Funktion des Soldes war. Die Fürsten brauchten die Condottieri, aber sie trauten ihnen nicht. Wer konnte dafür garantieren, daß sie bei einem höheren Angebot des Gegners mit ihren Truppen nicht einfach das Lager wechselten? Es kam vor, daß sie ihre Frauen und Kinder als Geiseln für die versprochene Zuverlässigkeit einsetzen mußten. Brachten sie keinen Sieg nach Hause, drohte ihnen als Rache die

Ermordung. Siegten sie, dann waren sie eine Gefahr, und die Herren mußten vor ihnen besonders auf der Hut sein.

Einer der berühmtesten Soldatenführer war der Bauernsohn Muzio Attendolo, mit dem Beinamen ›Sforza‹, der Erzwinger. Sein Sohn Francesco war am Hof Niccolò III. d'Estes in Ferrara zusammen mit den Söhnen des Fürsten erzogen worden. Nach dem Tod seines Vaters (1424) gelang es Francesco, der damals noch keine dreiundzwanzig war, das Kommando zu übernehmen. Sein militärisches Genie, seine soldatischen Fähigkeiten und Tugenden stellten alles in den Schatten, was es bis dahin gegeben hatte; sein Ruhm als größter Heerführer Italiens ist kein leeres Gerede. Wiederholt geschah es, daß feindliche Truppen einfach die Waffen senkten, wenn Francesco I. Sforza erschien, und die Kopfbedeckungen zur Reverenz abnahmen, weil alle Söldner, in welchem Dienst sie auch standen, ihn als gemeinschaftlichen »Vater der Kriegerschaft« ansahen – eine vernünftige Art der Kriegsführung.

Filippo Maria Visconti hatte Francesco I. Sforza in seine Dienste genommen. Nach einigen Zerwürfnissen begriff er, was die Gaben des Generals für Mailand bedeuteten. Der Fürst bot ihm die Hand seiner einzigen Tochter Bianca Maria an. 1432 wurden sie in Gegenwart König Sigismunds verlobt. Mit der Heirat selbst mußte Francesco noch warten, da Bianca erst sieben Jahre alt war. Ihr Vater benutzte sie als Köder für den ungeduldigen Sforza. Als sie endlich 1441 heirateten, waren Cremona und Pontremorli das Hochzeitsgeschenk. Sechs Jahre später starb der letzte Visconti. Mailand, nun Ambrosianische Republik, schien rasch eine Beute all derjenigen zu werden, die Ansprüche auf Oberitalien erhoben. Das reichte von Florenz und Venedig über Kaiser Friedrich III. und den Herzog von Orléans bis zu König Alfons V. von Aragon. Als diese Bedürfnisse militärische Formen annahmen, baten die Mailänder Francesco I. Sforza um Hilfe. Sein Heer räumte wie gewünscht auf. Mailand schloß mit Venedig Frieden, jedoch ohne Sforza zu konsultieren. Deshalb war es für Venedig nicht schwer, ihn jetzt für sich zu gewinnen. Andererseits benahm sich die Lagunenstadt ihm gegenüber nicht viel besser als er gegenüber Mailand. Da entschloß sich der Herrscher von Florenz, Cosimo de'Medici, zu einer seiner berühmten salomonischen Empfehlungen. Er riet Francesco, das zu tun, was der Condottiere schon immer wollte, nämlich sich selbständig zu machen und Mailand zu erobern. Sforza zog vor die Stadt, riegelte sie hermetisch ab und wartete. Der Hunger kam rasch und damit die Kapitulation. Nachdem er triumphal eingezogen war und die Bevölkerung mit Brot und Lebensmitteln gesättigt und wahlfähig gemacht hatte, übertrug eine allgemeine Volksversammlung Francesco I. die Herzogswürde.

Ein Condottiere
Gemälde von Giovanni Bellini
Washington, D. C., National Gallery of Art,
Samuel H. Kress Collection 1939

Francesco I. Sforza war nicht nur das Urbild eines Renaissance-Feldherrn, er war ebenso das Muster eines weitsichtigen Staatsmannes, neben dem sogar die Erinnerung an Gian Galeazzo Visconti bläßlich wird. Auch an ihm läßt sich das eindrucksvolle Zusammenspiel von sozialem Wohlstand, Wirtschaftsblüte, schrankenloser Förderung der Gelehrsamkeit und Künste beobachten, wie es in Ferrara Brauch war, in Florenz, Venedig, Rom, in allen größeren und vielen kleineren italienischen Fürstentümern des Jahrhunderts. Francesco I. war ein gepriesener Mäzen, er war großmütig und weise. Zu ihm gehören aber auch die harten Züge von Grausamkeit und Rachsucht; diese Feststellung ist ohne jeden Nebenton, sie zählt zu den Signa der Epoche und betrifft Männer und Frauen ohne Unterschied. Das rasche Töten, der heimliche Mord, das geschulte Um-die-Ecke-Bringen sind Charakteristika. Entrüstung ändert nichts am Phänomen, man muß es konstatieren wie die Entwicklung des Tötens im Krieg: vom Kampf Mann gegen Mann zur industrialisierten Vernichtung. So war im 15. Jahrhundert die Bemerkung üblich, daß diese oder jene Familie »ihre Toten vorzeigen kann«. Man meinte damit, daß ihre Familienmitglieder natürlich gestorben waren und keine Würgemale oder sichtbaren Wunden hatten. Wie es sich dabei mit der beliebtesten Form zu töten verhielt, dem Vergiften, steht allerdings dahin. Was die Sforza betrifft: Bianca Maria hatte eines Tages die Geliebte ihres Mannes satt und ließ sie ermorden; das erleichterte sie außerordentlich. Sie ertrug die Anfälligkeit des Fürsten gegenüber Frauenschönheit in den folgenden Jahren gleichmütiger. Der Ehe entstammten acht Kinder.

Als Fürst und Alleinherrscher hatte Francesco I. Sforza mit der Armee anderes im Sinn, als es der Condottiere im Sinn gehabt hatte. Sein einziges Ziel bestand in der Sicherung des territorialen Besitzstandes. Im Frieden von Lodi vom 9. April 1454 einigte er sich mit Venedig, das lange, kostspielige Ringen um die Hegemonie auf der Basis des Status quo einzustellen. Die anderen italienischen Mächte traten wenig später dem Vertrag bei. Das war die Vorstufe für den Abschluß einer »Lega Italica«, die nach und nach alle wichtigen Staaten Italiens umfaßte und deren Ziel es war, innere Ordnung als Voraussetzung eines wirkungsvollen Schutzes nach außen zu garantieren. Das Prinzip des internen Ausgleichs, frei von Rücksichten auf alle weitergespannten Ziele, ist volle vierzig Jahre die Hauptachse der inneren Politik Italiens geblieben. Diese Tatsache wiegt mindestens so schwer wie das Faktum, daß es sich um einen höchst labilen Ausgleich gehandelt hat, wie labil, das erwies der katastrophale Zerfall des Systems am Ende des 15. Jahrhunderts.

Für Francesco I. Sforzas Sicherungspolitik war die unbedingte, feste Freundschaft mit Florenz, mit Cosimo de'Medici, am wichtigsten. Neapel neutralisierte er durch die Verheiratung seiner Tochter Ippolita mit Alfons, dem Sohn König Ferrantes. 1464 stellte er auch die alte Abhängigkeit Genuas von Mailand wieder her. Zwei Jahre später starb er. Niemand hat so bestechend wie er das verkörpert, was die Wendung »Liebling der Götter« ausdrücken soll, ja noch mehr: Sein Erfolg und Ruhm scheinen eine natürliche Folge seiner ganz persönlichen Kraft und Genialität gewesen zu sein.

Pius II. gibt folgende Bilanz dieses Lebens: »Im Jahr 1459, als der Herzog zum Fürstenkongreß nach Mantua kam, war er achtundfünfzig Jahre alt. Er ritt sein Pferd wie ein junger Mann, seine Gestalt war hoch und äußerst imposant, sein Gesichtsausdruck ernst, er sprach ruhig und gemessen, sein ganzes Benehmen war fürstlich, die Einheit seiner leiblichen und geistigen Begabung war in unserer Zeit ohnegleichen, im Feld wurde er nie besiegt – das war der Mann, der von niedrigem Stande zur Herrschaft über ein ganzes Reich emporstieg. Seine Gemahlin war schön, vornehm und tugendhaft, ihre Kinder waren anmutig wie Engel. Er war selten krank, alle seine wesentlichen Wünsche erfüllten sich. Doch hatte er auch einiges Mißgeschick: Seine Gemahlin tötete ihm aus Eifersucht die Geliebte; seine alten Waffengenossen Troilo und Brunoro verließen ihn; einen anderen mußte er wegen Verrates henken

Diplomatische Geheimschriften der Kanzlei der Sforza in Mailand
Die zweite Seite im Protokoll der von Francesco Tranchedino verwendeten Chiffren
im Schriftverkehr mit dem Ausland, vor 1496
Wien, Österreichische Nationalbibliothek

lassen; einer seiner Söhne intrigierte gegen ihn und kam in Haft. Niemand«, so resümiert der Papst mit einem zeitgenössisch-epikuräischen Schnörkel, »genießt ein so ungetrübtes Glück, daß er nicht irgendwo mit Schwankungen zu kämpfen hätte. Nur derjenige ist glücklich, der wenig Widerwärtigkeiten hat.«

Der Mohr

Sein Sohn, Galeazzo Maria Sforza, gab ein zehnjähriges Regierungs-Schauspiel: gerecht im Inneren, Freund aller Künste, Feind jeder Bestechung und des Ämterschachers, privat von scheußlicher Grausamkeit, »ein Monstrum an Lastern wie an Tugenden«, so schildert ihn ein Zeitgenosse. Nach Galeazzo Marias Ermordung bestieg der vierte Sohn Francesco I. Sforzas den Thron der Condottiere-Dynastie: Lodovico Sforza, mit der Beifügung »il Moro«, der Kurzform seines zweiten Namens Maurus. Er war der letzte regierende Sforza, ein Herrscher, der im Italien der Renaissance, das mit einer Überfülle abstoßender und bewundernswerter Persönlichkeiten aufwarten kann, zu der Handvoll absolut überragender gehört wie Cosimo und Lorenzo de'Medici, Lionello d'Este, Francesco I. Sforza oder Cesare Borgia.

Lodovico il Moro war kein exzeptioneller Staatsmann, obgleich er seiner Zeit als unübertrefflicher Diplomat galt und sich kurz vor seinem Sturz rühmen konnte: »Papst Alexander ist mein Kaplan, Kaiser Maximilian mein Condottiere, Venedig mein Kämmerer, der König von Frankreich mein Kurier, der kommen und gehen muß, wie ich es wünsche«; ein Staatsmann hätte sich das bestenfalls gedacht, er hätte es niemals gesagt. Lodovico war auch kein großer Feldherr, trotz seiner enormen Kenntnisse in Kriegskunst, Strategie und Taktik. Er zeichnete sich vielmehr durch eine Eigenschaft aus, die sich gerade in der Zeit des Humanismus selten registrieren läßt: Der letzte Sforza war durch und durch human, allerdings nicht in dem zensurhaften, abgegriffenen Sinn; denn zu seiner Menschlichkeit gehörten alle Konzessionen an das Renaissance-Gebaren, das nicht vollkommen zu sein schien, wenn ihm ein Schuß Skrupellosigkeit, Heuchelei und Verschlagenheit fehlte. Ein zeitgenössischer Chronist: »Der glorreiche und hochgerühmte Fürst Lodovico hatte viele Männer, die sich in Gelehrsamkeit und Kunst auszeichneten, in sein Land gerufen, sogar aus den entlegensten Teilen Europas. In Mailand wurde das Studium des Griechischen betrieben, hier gediehen in vollem Glanz lateinische Poesie und Prosa, hier wohnten die Musen der Dichtkunst. Hierher kamen die Meister der Bildhauerkunst, hier versammelten sich aus fernen Ländern die Besten in der Malerei.« Solchen Superlativen hat der bedeutendste italienische Literarhistoriker des 18. Jahrhunderts, Girolamo Tiraboschi, assistiert. Auch er zählt des Herrschers Meriten für Wissenschaft und Kunst auf und endet: »Wenn wir nebst all diesem die glänzenden Lobreden und Widmungen lesen, die ihm von Gelehrten aller Nationen dargebracht wurden, dann fühlen wir uns geneigt, ihn als den besten Fürsten, der je gelebt hat, zu bezeichnen.« Dieses Urteil ist deshalb so erstaunlich, weil es von einem Mann stammt, der alle Details sowohl von Lodovico il Moros Privatleben als

Lodovico Sforza
Relief vermutlich von Benedetto Briosco, um 1494
Washington, D. C., National Gallery of Art,
Mellon Collection 1937

auch von seinem öffentlichen Wirken gekannt hat, dem seine innere Politik so vertraut war wie seine Diplomatie, die schließlich Mailand in die nackte Katastrophe gebracht hat. Leute wie Tiraboschi haben allerdings begriffen, wie belanglos eine erwünschte Adäquation zwischen persönlicher Freiheit und politischer Fortune für die Beurteilung eines Menschen sein kann – eine Einsicht, die man als Ergänzung der Quintessenzen betrachten muß, zu denen Machiavelli vom Leben eines Cesare Borgia inspiriert worden ist.

Lodovico il Moro begann seine Herrschaft in Mailand nicht als legitim designierter Fürst. De facto gebührte die Nachfolge dem unmündigen Enkel Francesco I. Sforzas, dem zwölfjährigen Gian Galeazzo. Bis zu seinem Tod 1494 hatte Lodovico für ihn die Regierung in den Händen. Das änderte sich auch nicht, als sein Neffe volljährig wurde. Der junge Mann begnügte sich mit der Repräsentation, er saß bei Empfängen und öffentlichen Ereignissen auf dem Herzogsthron und stellte die Macht zur Schau, die sein Onkel so bewundernswert auszuüben verstand. Weniger zufrieden mit diesem Dasein als Dekor war seine Frau, Isabella von Aragon, die den Mailänder Schattenherzog 1489 geheiratet hatte. Sie war die Tochter des Thronfolgers von Neapel, der 1465 aus Gründen neapolitanischer Staatsräson Ippolita Sforza, die Tochter Francesco I. Sforzas, geheiratet hatte. Trotz ihrer Energie und Intelligenz gelang es Isabella nicht, Gian Galeazzo zu einer Übernahme der Regierung zu bewegen.

Unter Lodovico il Moro entwickelte sich Mailands Wirtschaftsleben so intensiv, daß Venedig und Florenz Sorgen bekamen. Allein in der Seidenindustrie, die schon Francesco besonders gefördert hatte, wären zwanzigtausend Arbeiter beschäftigt. Daneben gab es eine Fülle anderer Gewerbe: Gold-, Silber-, Eisenschmiede, Töpfer, Sticker, Instrumentenmacher, Steinmetze, Schwertfeger, Importeure sowie Bankleute und vor allem Bildhauer, Maler und Mosaizisten. Damals erhielt der Mailänder Dom, das berühmteste und imposanteste gotische Bauwerk Italiens, mit dem 1386 begonnen worden war, seine endgültige Gestalt: Die Meister Amadeo und Dolcebuono schufen von 1490 bis 1500 die Kuppel über der Vierung dieser riesenhaften fünfschiffigen Basilika, die rund vierzigtausend Menschen faßt. Lodovico il Moro setzte alles daran, die bekanntesten Künstler nach Mailand zu bringen. Von 1482 bis 1499 band er Leonardo da Vinci an die Stadt. Er gewann Bramante, den berühmten Architekten, und brachte den Dichter Bernardo Bellincioni an seinen Hof.

Die Bevölkerung lebte gut. Eine solche Feststellung hat jedoch nur einen relativen Sinn; denn der Wohlstand Mailands war kein Neutralisator der Unzufriedenheit. Wegen der hohen Steuern kam es zu Unruhen in den Städten Cremona und Lodi. Philippe de Commynes versichert: Er hätte noch niemals ein schöneres oder wertvolleres Stück Erde gesehen als Mailand; die Untertanen Lodovico il Moros wären reich gewesen, wenn sich der Fürst mit fünfhunderttausend Dukaten jährlich begnügt hätte. Er forderte aber sechshundertfünfzig- bis siebenhunderttausend, »was eine große Tyrannei bedeutet. Daher verlangt das Volk auch einen anderen Herrn«. Der Fürst rechtfertigte sich: Er verwende nur so viel Geld für den Luxus des Hofes, als aus Repräsentativ-Rücksicht nötig sei; die Gesandten fremder Mächte erwarteten das, Mailands Staatsreputation hänge davon ab. Alles andere fließe in öffentliche Ausgaben und Investitionen, wie die Förderung der Künste, die sich mit bestem wirtschaftlichem Effekt auf den Wohlstand auswirke, die Dotationen für die Universitäten von Mailand und Padua, die Kosten für städtische Sanierungsarbeiten, für Krankenhäuser, für die »Sforzesca«, sein Mustergut, und ähnliche Unternehmungen.

Solche Begründungen sind sachlich eindrucksvoll, aber nicht subjektiv überzeugend. Subjektiv überzeugend empfand die Mailänder Bevölkerung die Heirat Lodovico il Moros mit Beatrice d'Este im Jahr 1491. Der Haß Isabellas von Aragon erreichte dadurch freilich seinen Gipfel und wurde schließlich eine der Ursachen, die Lodovico die Herrschaft kosten sollten. Der Fürst war neununddreißig, Bea-

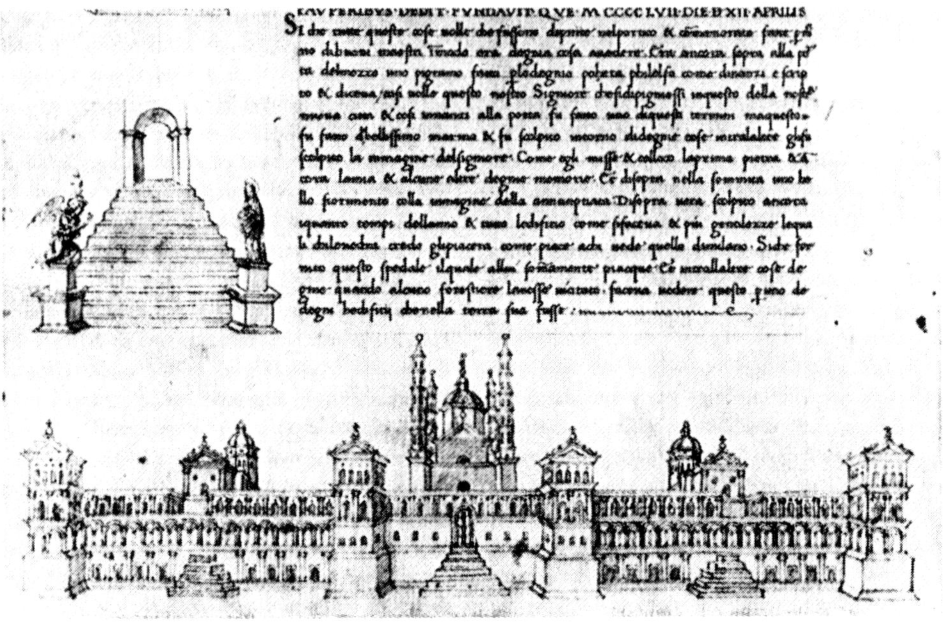

Plan für das Ospedale Maggiore in Mailand
Zeichnung von Filarete im ›Architekturtraktat‹, 1460
Florenz, Biblioteca Nazionale

trice fünfzehn. Sie empörte sich bald darüber, daß ihr Mann seine Geliebte, die Dichterin Cecilia Gallerani, mit der er seit 1481 verbunden gewesen war, auch nach der Heirat im Castello Sforzesco wohnen ließ und sie regelmäßig besuchte; sie hatten einen Sohn. Cecilias wegen war die Hochzeit zweimal verschoben worden. Dem Gesandten von Ferrara hatte Lodovico freimütig erklärt, es sei unmöglich, eine derart schöne, kluge und hilfreiche Frau, die so vollkommen für die Unterhaltung seines Geistes und seines Körpers gesorgt habe, einfach davonzuschicken. Leonardo da Vincis Bildnis von Cecilia aus dem Jahr 1484 bestätigt das Urteil Moros. Beatrice aber blieb hartnäckig, zunächst nur aus verletzter Selbstachtung; zwei Monate später drohte sie, nach Ferrara zurückzugehen. Der Fürst kapitulierte. Ein Graf Bergamini mußte Cecilia heiraten. Beatrice d'Este hatte seitdem keinen Grund mehr, gekränkt zu sein; erst 1495 erwählte Lodovico sich eine neue Geliebte: Lucrezia Crivelli.

Poker als Politik

In den Jahren von 1491 bis 1494 war der Mailänder Hof Schauplatz eines wahren Bacchanals der Kunst, der Dichtung, der verschwenderischen Geselligkeit und der Affären. Dieser Ausbruch an Lebenslust und Lebensgier schien mit den Merkmalen bevorstehender Katastrophen allzu deutlich versetzt, als daß sie nicht krampfhaft ignoriert werden mußten. Schon die Übernahme des Pontifikats durch den Borgia-Papst Alexander VI. (1492) hätte ein Signal sein können. Lodovico il Moro merkte nichts, er dachte, daß diese Wahl, die durch den Einsatz seines

Bruders, des Kardinals Ascanio Sforza, entschieden worden war, eine feste Allianz mit Rom begründen würde. Savonarolas besessene Untergangspredigten in Florenz und der Sturz der Medici (1494) aber hätten eine Warnung sein müssen. Sie waren es nicht. Es gehört zu den Melancholien des Untergangs der Sforza, daß Lodovico eigenhändig dieses Signal setzte; aus Überheblichkeit, Kurzsicht oder unwahrscheinlicher Gutgläubigkeit, gleichwohl, er selbst verschuldete sein Ende.

Noch immer führte er Mailand nur als Regent. Isabella von Aragon drängte zunehmend härter auf seine Ablösung. Hinter ihr stand nicht nur der Ehrgeiz, sondern auch das Königreich Neapel mit seinen Interessen. Dazu kam, daß Beatrice d'Este 1493 einen Sohn zur Welt gebracht hatte. Was sollte aus ihm werden, wenn dem rechtmäßigen Herrscher ebenfalls ein männlicher Erbe geboren wurde? Die Frage der Legitimität war ohnedies verwickelt genug, doch eben diese Komplexität schien für Lodovico il Moro eine günstige Möglichkeit zu enthalten. Kaiser Friedrich III. hatte nach dem Sturz der Visconti die Rechtmäßigkeit der Sforza bis zu diesem Tag nicht anerkannt. Der Sohn Beatrices wurde nun nach dem Erben Friedrichs III., nach Maximilian, benannt. Der deutsche König und künftige Kaiser übernahm auch die Patenschaft. Kurz darauf erhielt Maximilian ein Angebot Moros. Er offerierte ihm die Hand seiner Nichte Bianca Maria Sforza, der mittlerweile einundzwanzigjährigen Tochter seines Vorgängers, Galeazzo Maria Sforzas, dazu als Mitgift die ungeheure Summe von vierhunderttausend Goldukaten. Maximilian sollte sich als Gegenleistung dazu verpflichten, das Herzogtum samt Titel auf Lodovico il Moro zu übertragen, sobald er Kaiser geworden war. Maximilian stimmte zu. 1493 heiratete er Bianca Maria Sforza.

Die Absprachen waren geheim gewesen; nur diejenigen hatten von ihnen gewußt, die davon nichts wissen sollten. 1494 wechselte dann in Neapel die Herrschaft: Alfons II., Vater Isabellas, wurde König, und damit begann eine scharfe Politik gegen Mailand. Mit dem Tod Lorenzo de' Medicis (1492) hatte Lodovico il Moro in Florenz den sichersten Freund verloren, und da der Papst mit Neapel verbündet war, sah der Fürst sich binnen kurzem völlig isoliert. Da verfiel er, der Politik und Staatskunst so oft wie ein Pokerspiel betrieben hatte, auf ein abenteuerliches Projekt. Glaubend, um jeden Preis auf ein Gegengewicht zu Neapel angewiesen zu sein, erinnerte er den französischen König Karl VIII. an die alten Rechte Frankreichs auf den neapolitanischen Königsthron, offerierte ihm Riesensummen für die notwendigen Rüstungen und freien Durchzug seines Heeres durch Mailänder Gebiet, falls er die Absicht und den Willen habe, seine Ansprüche auf das Erbe der Anjou in Neapel durchzusetzen und in den Süden zu ziehen.

Dieser Einladung, die einer massiven Aufforderung glich, vermochte der französische König nicht zu widerstehen. Seine Truppen rückten ein. Lodovico il Moro begrüßte den König in Mailand auf dessen Weg gen Süden. Kaum hatte Karl VIII. die Stadt verlassen, starb der Titularherrscher von Mailand, Gian Galeazzo Sforza. Am 21. Oktober 1494 teilte Moro seiner Nichte Catarina diesen Tod und zugleich seine Proklamation zum Herzog von Mailand mit. Im Mai 1495 setzte er sich die Krone auf. Die Gerüchte, Gian Galeazzo sei auf Veranlassung seines Onkels umgebracht worden, waren Erfindung, aber sie wurden durch die Eile, mit der sich Lodovico den Herzogstitel übertragen ließ, nicht gerade ebenso schnell aus der Welt geschafft. Der Tod Gian Galeazzos gab dem Prinzen Louis von Orléans, einem Enkel des letzten Visconti, das Stichwort. Er meldete sich mit Ansprüchen auf die rechtmäßige Sforza-Nachfolge und schickte ebenfalls ein Heer nach Oberitalien, mit anderen Absichten freilich, als sie Lodovico il Moro bei seiner Einladung an Karl VIII. gehabt hatte. Erst jetzt begriff Moro die Konsequenzen seiner Diplomatie, die erneut einem zweitklassigen Intrigenspiel ähnlich war. Er vollzog eine Kehrtwendung und verbündete sich mit den Gegnern der Franzosen. Wieder einmal wurde das Abkommen eine heilige Liga genannt. Der französische König strebte nun schnellstens dem sicheren Heimatboden zu. Seine Truppen, bei Fornovo im mailändischen Süden geschlagen, erreichten die französische Grenze in so trauriger Verfassung, daß auch Louis von Orléans seine Thronfolgewünsche vorerst vertagte.

Auf den ersten Blick hatte Lodovico il Moro eine vorzügliche Partie gespielt und glänzende Erfolge verbucht. Drei Jahre später, 1498, wurde der Herzog von Orléans als Ludwig XII. französischer König. Jetzt hielt er sich für stark genug, um noch einmal sein Glück und sein Recht in Mailand und Neapel zu suchen. Diesmal jedoch fand Lodovico sich allein, niemand unterstützte ihn, sogar Maximilian ließ ihn im Stich und schloß einen Vertrag mit dem französischen König. Der alte Erbfeind Venedig unterdrückte nicht einmal die Schadenfreude: Warum denn Lodovico il Moro sich errege, er habe doch schon einmal die Franzosen aus freien Stücken in die Lombardei gebeten. Auch der Papst unterstützte die Ansprüche Ludwigs XII. auf Mailand. In seiner Verzweiflung animierte Lodovico il Moro sogar die Türken dazu, den Verhältnissen in Italien mehr Aufmerksamkeit zu widmen. Doch als noch seine Generale ihm den Dienst versagten, flüchtete er nach Innsbruck, wo er Maximilian inständig um Hilfe bat. Unterdessen war Mailand friedlich erobert worden, durch Verrat und Bestechung. Marschall Trivulzio, der den Dienst bei Lodovico quittiert hatte und zu den Franzosen übergegangen war,

Die Gefangennahme Lodovico Sforzas durch die Franzosen im Jahr 1500
Holzschnitt für die Publikation des ›Weißkunig‹
Wien, Österreichische Nationalbibliothek

wurde Kontributionskommissar. Er hatte sich schon vor der Eroberung für dieses Amt qualifiziert; denn als der französische König wissen wollte, welche Vorbereitungen er für nötig halte, um Mailand zu erobern, hatte er die berühmt gewordene Antwort gegeben: »Drei Dinge, Sire, sind bereitzustellen: Geld, Geld und nochmals Geld.« Die Bevölkerung sollte den Krieg Ludwigs XII., der ihn so wenig gekostet hatte, so hoch wie möglich bezahlen.

Lodovico il Moro hatte sich von seiner Nichte Caterina Sforza, der Herrin von Forli und Imola, in aller Grobheit sagen lassen müssen, daß sich mit Worten kein Staat verteidigen lasse. Solche Erkenntnisse standen dieser leidenschaftlichen, markanten Herrscherin gut; denn so zügellos sie in der Liebe ihren Körper einsetzte, so deutlich zeigte sie ihren Feinden die Zähne. Lodovico erschien endlich mit einem kleinen Heereskontingent in Oberitalien, erzielte einige Anfangserfolge und rückte sogar wieder in Mailand ein. Dann aber wendete sich das Blatt unwiderruflich. Auch sein Schwager, der Herzog von Gonzaga und Gemahl Isabella d'Estes, zog sich von ihm zurück. Der Fürst wurde von seinen eigenen Soldaten verraten, fiel in französische Hände und wurde im Triumph nach Frankreich gebracht. Der Papst ließ in Rom Freudenfeuer brennen. – Bis zu seinem ersten Fluchtversuch (1508) war Lodovico il Moros Haft ehrenvoll und großzügig. Danach kam er in einen unterirdischen Kerker, in Einzel- und Dunkelhaft. Einige Monate später, am 17. Mai 1508, starb »die vollendetste fürstliche Charakterfigur dieser Zeit«, wie er später einmal bezeichnet wurde.

Die Katalanen in Rom

Die Este in Ferrara gehörten zum ältesten Hochadel Italiens, sie regierten uneingeschränkt, in absoluter Selbstherrlichkeit. Die Visconti in Mailand waren nicht ganz so alt, und die Sforza zählten zu dem, was der Adel unter dem Aspekt des Stammbaums als Emporkömmlinge bezeichnet – beide aber regierten ebenfalls in völliger Souveränität. Bei den Borgia schließlich spielten Alter, Abstammung oder Legitimation kaum noch eine Rolle, sehr wohl jedoch die unbeschränkte Selbstherrlichkeit und die Mittel, die dafür in blanker Naturwüchsigkeit und höchster moralischer Indifferenz mobilisiert worden sind. – Nur selten glückte es einem Gremium, ohne lange Auseinandersetzungen und einstimmig jemanden aus dem Kreis seiner Mitglieder zur Führung zu berufen. Das gilt besonders für das Kardinalskollegium und die Papstwahlen, das gilt vor allem für die Konklave des 15. und 16. Jahrhunderts. In der Zusammensetzung der Kardinalsversammlungen spiegelte sich die politische Lage Italiens.

Der italienischen Zerrissenheit verdankte die Kirche in der Mitte des Renaissance-Jahrhunderts die Wahl eines spanischen Kardinals zum Papst, verdankte dessen Familie ihren Aufstieg in der kurialen Hierarchie und in die obersten Ränge der Weltgeschichte und verdankten schließlich die Stammbewohner der »sittlichen Glashäuser« die Entstehung eines Entrüstungsobjekts, das seine Dienste als Nonplusultra der Abscheulichkeit noch Jahrhunderte unverdrossen leisten sollte. Nach dem Tod Nikolaus' V. 1455 wählten die Väter den spanischen Kardinal Alonso Borja zum Papst, den Sproß einer Familie aus dem katalanischen Kleinadel; er war bei Valencia geboren worden. Der neue Pontifex nannte sich Calixtus III. und kam, da er schon siebenundsiebzig Jahre alt war, der traditionellen Kardinalsspekulation bei Verlegenheitswahlen entgegen, nur so lange den Stuhl Petri zu besetzen, bis sich die Lage ein wenig geklärt hatte. Er regierte drei Jahre – eine kurze Zeit, aber doch lange genug, um dem ausgeprägten Familiensinn der Borgia Gelegenheit zu geben, sich rüstig zu entfalten.

Calixtus III. war in einer Zeit der erbittertsten Feindschaft zwischen den Orsini und Colonna gewählt worden. Die Zeremonie seiner Krönung hatte unterbrochen werden müssen, und nur seiner Geistesgegenwart war es zu danken, daß ein blutiges Ende verhindert wurde. Die Schlußfolgerung des

Papstes war einsichtig: Statt sich mit den Adelsfamilien Roms einzulassen, distanzierte er sie von seiner Residenz und stützte sich auf seine eigene Familie. Es klingt nicht gut, aber Nepotismus war hier identisch mit Vernunft. Mit Calixtus III. begann der Einzug spanischer Würdenträger am päpstlichen Hof, faßten die Katalanen Fuß in Rom. Das war keineswegs eine weitere Folge der Günstlingswirtschaft, sondern ein gerechtfertigtes Schutzverfahren; denn so wie überall im Europa dieser Zeit konnte auch ein Papst nur wirklich Geprüften und Zuverlässigen vertrauen, und dazu boten sich zuallererst das eigene Heimatland und seine Bewohner an. Calixtus ernannte zwei seiner Neffen zu Kardinälen, beide blutjung, Luis Juan de Milàn und Rodrigo Borja; ein dritter, der Lieblingsneffe des Papstes, Pedro Luis Borja, erhielt das Amt des Kardinalvikars. Diese Hauspolitik des Papstes, dessen persönliche Lebensführung herausfordernd schlicht und korrekt war, schlug Wellen der Empörung bis über die Alpen; sie veranlaßte auch auf dem Frankfurter Fürstentag von 1456 die Gravamina der deutschen Nation – das Mißtrauen gegenüber den Spaniern im 16. und 17. Jahrhundert hatte seine verwickelte Vorgeschichte.

Calixtus III.
Gemälde von Andrea del Verrocchio
Orléans, Musée des Beaux-Arts

Besonders vehement nutzte Rodrigo Borja die Chancen. Er italienisierte seinen Namen in Borgia, er spielte seine eminente Begabung aus, mit den schwierigsten Problemen der Organisation, Verwaltung, Diplomatie und seiner Sucht nach Frauen fertig zu werden. 1457 ernannte ihn sein Onkel, der Papst, zum General und Oberstkommandierenden aller päpstlichen Truppen, sowie zu seinem Vizekanzler. Rodrigo war damals sechsundzwanzig. Daß beide Posten kompensatorisch verliehen wurden, ist nicht anzunehmen, auch wenn der erste der gefährlichste im Bereich der Kirche war und der zweite der einträglichste.

Im Jahre 1458 starb Calixtus III. Sein Pontifikat ist dreier Dinge wegen bemerkenswert: wegen seiner mißglückten Anstrengungen, einen Kreuzzug gegen die Türken zustande zu bringen – diesen Ruhm teilt er mit den meisten Päpsten seit Bonifatius VIII.; wegen seines geschickten Vorgehens bei der raschen Aufhebung des Verdammungsurteils gegen Jeanne d'Arc, wodurch Frankreich mit dem Heiligen Stuhl beinahe ausgesöhnt wurde; schließlich wegen seiner geglückten Anstrengung, seinen Neffen Rodrigo ins Avancement zu bringen. Auch der nächste Pontifex, Pius II., trennte sich nicht von dem jungen Kardinal und Vizekanzler; denn er schätzte an ihm seinen Charme, seine Intelligenz, seine Désinvolture und die ständige Bereitschaft, fröhlich zu sein und das Leben zu genießen. Der Kardinal Borgia konnte nicht einsehen, warum er die sympathischen Fähigkeiten, mit denen er und die Frauen ausgestattet waren, verkümmern lassen sollte. Als er einunddreißig war, wurde die Geburt seines ersten Sohnes aktenkundig, fünf Jahre später kam seine erste Tochter zur Welt, im Jahre darauf, 1471, die zweite Tochter, Isabella Borgia. Die Namen der Mütter sind unbekannt.

Engelsburg und Engelsbrücke über den Tiber
Zeichnung in einem römischen Skizzenbuch aus dem Kreis Domenico Ghirlandaios, um 1491
Madrid, Escorial, Real Biblioteca

Um 1473 erwählte der Kardinal die dreißigjährige Römerin Vanozza de Cattaneis zur Favoritin, eine fromme, zurückhaltende, liebevolle Frau, dabei durch und durch vornehm, eine große Dame, wie ihr selbst von den erbittertsten Borgia-Feinden attestiert wurde. Von ihr hatte Rodrigo drei Söhne und eine Tochter. Der Kardinal und spätere Papst – Alexander VI. – blieb dieser Frau in einer erstaunlichen Beharrlichkeit verbunden. Noch erstaunlicher allerdings ist die Liebe zu seinen Kindern. Weder vor noch nach Alexander VI. hat es einen Papst gegeben, dessen väterliche Fürsorge die Rücksichten auf die Reputation der Kirche so stark übertroffen hat. Die Leistungen und das Schicksal der Borgia-Familie hängen ursächlich mit der schrankenlosen Vaterliebe Rodrigos zusammen; sie lebt als untilgbarer Makel seines Charakters in den Geschichtsbüchern fort. – Vanozza empfand ähnliches für ihre Kinder und das Haus Borgia. Sie war dreimal verheiratet; ihr letzter Mann, Carlo Canale, ein hochgeschätzter Humanist, erhielt eine vorzügliche Stelle in der päpstlichen Kanzlei; auch ihn erfüllte die »Verwandtschaft« seiner Frau mit Stolz. Obgleich nach einem Jahrzehnt der Treue andere Geliebte an ihre Stelle rückten, fühlte Vanozza sich stets den Borgia gänzlich verbunden und partizipierte an deren Glück und Elend. Sie starb 1518 in Rom, sechsundsiebzig Jahre alt. Ihr stattliches Vermögen hinterließ sie der Kirche, die sie in echter Borgia-Manier wie ein Familienunternehmen geschätzt hatte. Auch der amtierende Papst, Leo X., ein Sohn Lorenzo de' Medicis, betrauerte Vanozzas Hinscheiden. Das Begräbnis war einem hohen Würdenträger angemessen.

Liberalität und Majestät

In Rodrigo Borgia hatte die Kirche fünfunddreißig Jahre lang einen vorzüglichen Vizekanzler gehabt. Bei der Papstwahl entschieden sich die Kardinäle mithin für einen großartigen Fachmann; überdies durfte jeder von ihnen mit hohen Belohnungen rechnen. Nach der einstimmigen Wahl notierte ein Chronist ironisch: »Sofort, nachdem Alexander VI. Papst geworden war, verteilte er unter die Armen alle seine Güter.« So formulierte er die Erfüllung der Borgia-Wahlversprechen. Damit aber bestätigte der Pontifex nur das Urteil eines anderen Zeitgenossen, der ihn fünf Jahre vorher charakterisiert hatte: »Er ist ein Mann von hohem Sinn, außerordentlich beredt, von Natur aus verschlagen, ungemein geschäftstüchtig und entwickelt dort, wo es zu handeln gilt, einen bewundernswerten Verstand.« Glanzvoll wie nur selten wurde der Beginn dieses Pontifikats gefeiert. Ein Augenzeuge: »Nicht einmal Mark Antonius wurde von Kleopatra mit so viel Glanz empfangen« wie der neue Papst von der römischen Bevölkerung. Alexander VI. gab sich keine Mühe, seine Jubelempfindungen zu unterdrücken. Als er sich zum ersten Mal in der neuen Würde zeigte, wurden an dem Einundsechzigjährigen »die Eleganz der Gestalt, die heitere Stirn, die königlichen Brauen, das Antlitz mit dem Ausdruck der Liberalität und Majestät« bewundert. Vor Genugtuung war der Papst so außer sich, daß er nach dem Krönungsritt ohnmächtig zusammensank. Wenig später wiederholte sich dasselbe vor dem Altar der Kapelle Sancta Sanctorum.

Alexander VI. stellte in Rom zunächst wieder sichere Zustände her; die Überfälle und Morde hatten sich erschreckend gehäuft. Den ersten Mörder, der gefaßt wurde, ließ er sofort hängen, seinen Bruder gleich mit dazu; ihr Haus wurde niedergerissen. Dieses Beispiel hatte Erfolg; denn damals glaubten sogar die Verbrecher an die abschreckende Wirkung harter Strafen. Seitdem konnte man in der Dämmerung oder gar nachts wieder auf den Straßen sein.

Für die Kirche besonders wichtig war Alexanders Spar- und Sanierungsprogramm. Binnen zwei Jahren hatte er das große Defizit beseitigt, das ihm sein Vorgänger Innozenz VIII. als Erbe eines sechsjährigen Pontifikats hinterlassen hatte. Politisch weniger relevant waren die neuen Kardinalsernennungen. Am meisten von sich reden machte die Verleihung des Purpurs an Ippolito d'Este, den fünfzehnjährigen Sohn Ercoles I. von Ferrara, und an Alexanders achtzehnjährigen Sohn Cesare Borgia. Ebenfalls umstritten war die Ernennung Alessandro Farneses, des Bruders der jungen Giulia Farnese. Sie war kurz zuvor die Geliebte des Papstes geworden. Unter dem Namen ›La Bella‹ galt sie in Rom als schönste aller Frauen; der Florentiner Gesandte, Lorenzo Pucci, hielt sie sogar für »das schönste Geschöpf der Welt« – eine wahrhaft aufregende und an allen Aufregungen unermüdlich interessierte Frau. Kardinal Farnese erhielt von den Römern den Spitznamen ›Cardinale della gonella – Kardinal von Unterrocks Gnaden‹. Das hinderte ihn nicht, vierzig Jahre später als Paul III. mit der Kirchenreform Ernst zu machen, die katholische Restauration und die Gegenreformation einzuleiten und damit der einflußreichste Papst des 16. Jahrhunderts zu werden.

So rücksichtslos Alexander VI. seine Familie bevorzugte, so sicher wählte er sich seine Mitarbeiter. Der Hauptberater seines Vorgängers war Kardinal Giuliano della Rovere gewesen, der mächtigste und schärfste Rivale der Borgia und später ihr größter Feind. Am Sterbebett von Innozenz VIII. standen sich beide gegenüber und beschimpften sich »weißer Neger« und »Marrane«. Alexander VI. stellte den Kardinal kalt, obgleich er im Konklave auch seine Stimme erhalten hatte. Der Kirchenfürst floh nach Frankreich, zu Karl VIII., und schürte von dort aus. Der Papst kümmerte sich vorerst nicht um den gekränkten Gegner und seine Versuche, ihn wegen Simonie vor ein Konzil zu bringen. Wegen seines unerschütterlichen Selbstgefühls reagierte er auf Feindseligkeiten oft genug mit der großzügigen Handbewegung eines Herrschers. Als ihm der giftige Savelli-Brief vorgelegt wurde, amüsierte er sich sehr und wiederholte dann nur seinen generösen Grundsatz: »Rom ist eine freie Stadt, wo jeder denken und schreiben kann, was ihm beliebt. Es wird viel Schlimmes über mich erzählt, doch ich mache mir nichts daraus.« Völlig naiv und souverän war er davon überzeugt, daß sein privates Verhalten nichts mit seiner kirchlichen Funktion zu tun hatte, und daß er sich in beiden untadelig verhielt.

Seine erste und oberste Aufgabe sah er darin, dem Kirchenstaat alle Territorien zurückzugewinnen, die von Nachbarstädten, oppositionellen Adligen, wie den alten Feinden Orsini und Colonna, oder Einzelherrschern erobert worden waren. Mit Neapel arrangierte er sich durch spanische Vermittlung. Dem Ausgleich versuchte er durch die Verlobung seines dreizehnjährigen Sohnes Giofre mit der Enkelin des neapolitanischen Königs Ferrante Halt zu geben. Weniger gut entwickelte sich das Verhältnis zu Frankreich. Lodovico il Moros Ermunterungen, die von Kardinal della Rovere verstärkt wurden, führten den französischen König schließlich nach Rom. Plötzlich war die Hälfte der Kardinäle ebenfalls für eine Absetzung des Papstes. Alexander VI. verschanzte sich in der Engelsburg und begann die Verhandlungen. Er taktierte so klug und geschickt, daß Karl VIII. schließlich alle Vorhaben gegen ihn fallenließ. Er wollte sich mit dem Versuch einer Absetzung nicht die Feindschaft Spaniens einhandeln, die ihm sicher gewesen wäre, obgleich das Verhältnis der beiden katholischen Könige zu den

Die Heilige Liga Alexanders VI. mit Maximilian I., Spanien, Mailand und Venedig gegen Frankreich im Jahr 1495
Holzschnitt für die Publikation des ›Weißkunig‹
Wien, Österreichische Nationalbibliothek

Borgia mehr als heikel war. Die wirklichen Interessen des französischen Königs lagen in Neapel, bei dem Erbe der Anjou. Der Papst kehrte in den Vatikan zurück und erhielt die formelle Obedienz der Kirche Frankreichs. Kaum waren die Franzosen aus Rom abgezogen, schloß er mit Venedig, Spanien, Mailand und Maximilian I. die Heilige Liga, die Karl VIII. schleunigst nach Frankreich zurückbrachte. Diese Jahre, 1495 und 1496, bilden den ersten Gipfel des Borgia-Pontifikats.

Sichtlich verärgert waren die Römer über die Fortsetzung der Spanier-Tradition, die Alexander VI. wie sein Vorgänger damit begründete, daß er zuverlässige Leute in seiner Umgebung haben müsse. Das verhalf neunzehn Spaniern zu Kardinalshüten und Hunderten von Katalanen zu Brot und Gehalt als Diener, Sekretäre, Beamte. Staunen erregte der Familiensinn des Papstes, die exzessive Liebe zu seinen Kindern. Von Lucrezia war er so hingerissen und zeigte das so offen, daß er Gerüchten über ein inzestuöses Verhältnis Vorschub leistete. Die Überhäufung Cesares mit Ämtern, Privilegien und Macht konnte er mit den militärischen und politischen Erfolgen seines Sohnes allerdings leicht rechtfertigen.

Delikat waren die Methoden, mit denen Alexander VI. die Kassen der Kirche füllte. Ohne Hemmungen verkaufte er Posten und Würden jeder Art, schuf neue Kardinalsstellen, die an die meistbietenden Bewerber vergeben wurden. Dreiundvierzigmal verlieh er während seiner Amtszeit den roten Hut. Eine Ehe annullieren zu lassen war unter seinem Pontifikat keine Glaubens-, sondern eine Geldfrage. Das Jubeljahr 1500 benutzte der Papst als Gelegenheit, aus Ablässen aller Schattierungen einen ungeheuren Geldstrom nach Rom zu leiten. Ausgerechnet er, der wie kein anderer den Ämterschacher systematisiert hatte, setzte abgestufte Bußgeld-Skalen für diejenigen Würdenträger fest, die sich des Ämterschachers schuldig gemacht hatten und dafür Vergebung wollten. Als Verwendungszweck der Ablaßgelder nannte er die Vorbereitungen zu einem neuen Türkenfeldzug; in Wirklichkeit erhielt einen Großteil davon Cesare Borgia, um die Truppen zu bezahlen, die er für die Kämpfe im und um den Kirchenstaat benötigte.

Nach kanonischem Recht fielen Hab und Gut eines Geistlichen nach seinem Tod der Kirche zu. Noch heute darf kein Kardinal ohne Genehmigung des Papstes jemandem seinen Besitz hinterlassen. Nur der Pontifex kann davon dispensieren. Alexander VI. war darin großzügig, bei seinen Kardinälen aber kannte er praktisch keine Ausnahme; denn sie waren die reichsten. Bald kam das Gerücht auf, daß der Papst und sein Sohn mit Gift den Weg zum Jenseits verkürzten, wenn einer der bestbegüterten Herren nicht schnell genug das Zeitliche segnete. Die Tradition der Giftmordverdächtigungen ging bis in die Avignon-Zeit zurück. Die Anschuldigungen waren um so leichter, je schwerer sie sich beweisen ließen. Daß Alexander rigoros die Besitztümer der Verstorbenen einzog, genügte als Zeugnis. Die Chronique scandaleuse läßt hier offen, zu welchen anderen Zwecken als zur Auffüllung des Kirchenschatzes seines Vaters Cesare Borgia den Tod einer Eminenz wünschte oder veranlaßte.

Im Zentrum der Borgia-Aktivität stand die Hoffnung und Absicht, dem Kirchenstaat ein unerschütterliches Fundament zu geben, ihn zu einem Macht- und Ordnungsfaktor ersten Ranges in Italien zu machen mit dem mutmaßlichen Fernziel, die Halbinsel politisch völlig zu einigen. Die Größe eines solchen Projekts hat Machiavelli zur Bewunderung hingerissen und seine Urteilskategorien bei der Bewertung Cesares genauso geprägt wie diejenigen seiner allgemeinen Ansichten von der Staatskunst.

Herzog Valentinus

Cesare Borgia erinnert körperlich phänotypisch an Francesco I. Sforza: stark, unermüdlich, von seltener Schönheit, mit blondem Haar, das in Italien so bewundert wird. Auf Feldzügen, bei Jagden und Kampfspielen war er ein fabelhafter Reiter, besessen wild, im gewöhnlichen Umgang dagegen werden

Verkündigung eines Ablasses
Holzschnitt von Jörg Breu d. Ä. für ein Flugblatt
Berlin, Staatliche Museen Preußischer Kulturbesitz, Kupferstichkabinett

seine Selbstbeherrschung, absolute Ruhe, Zurückhaltung, seine Umgangsformen gerühmt. Ein Mensch »von großem, ausgezeichnetem Genie und vornehmem Naturell; er verhält sich ganz wie ein Fürstensohn, ist auffallend fröhlich und heiter, er ist ganz und gar Festlichkeit«, so ein Beobachter. Cesare erhielt die niederen Weihen, Priester wurde er nicht. 1498 gab Alexander VI. seinen Bitten nach und entband ihn von den Verpflichtungen der Kardinalswürde. Als römischer Beauftragter überbrachte er Ludwig XII. den Scheidungsdispens des Papstes. Der König war glücklich und erfüllte den Wunsch seines Oberhirten, Cesare eine standesgemäße Braut zu vermitteln. Ludwig XII. verlieh ihm ein Herzogtum; es bestand aus den Grafschaften Valence und Dinois in der Nachbarschaft Avignons – daher der neue Titel Cesares: Herzog Valentinus. Im Mai 1499 heiratete er die Nichte Ludwigs XII., die Schwester des Königs von Navarra, Charlotte d'Albret. Diese Heirat besaß politische Brisanz: Sie sprengte endgültig die Allianzen der Heiligen Liga. Alexander VI. wurde Parteigänger eines Königs, von dessen Invasionsplänen damals jedermann wußte.

Mit dem Einmarsch Ludwigs XII. in Italien begann Cesare Borgia, gestützt auf eine kleine französische Kerntruppe, die letzten und wichtigsten Besitzungen für den Kirchenstaat zurückzuerobern. Das Tempo, die Rücksichtslosigkeit und seine Erfolge machten den jungen Gonfaloniere der Kirche

Cesare Borgia
Porträtstudien von Leonardo da Vinci
Turin, Biblioteca Reale

in Europa berühmt. Nach einem halben Jahr hatte er die Romagna unterworfen; die Städte Imola, Forli, Rimini, Pesaro, Faenza, Piombino und die Insel Elba waren in seine Hand gefallen, durch Sturm und geniales Taktieren, durch Bestechung und Verrat. Der Papst entschloß sich zu einer Aufteilung des Königreichs Neapel zwischen Spanien und Frankreich. Im August 1501 marschierte Cesare Borgia neben dem französischen Marschall Robert d'Aubigny in Neapel ein. Sein offizieller Titel lautete nun: »Cesare Borgia von Frankreich, Herzog von Romagna und von Valence, Fürst von Andria, Herr von Piombino, Bannerträger und Generalkapitän der Kirche«. Im Jahr darauf eroberte er Urbino. Der Stadt-Staat war ein päpstliches Lehen, aber rechtlich war es völlige Willkür, den Herzog zu vertreiben, zumal der Papst mit ihm noch in freundschaftlichster Atmosphäre konferierte. Ähnlich stand es mit der Stadt Camerino. Cesare Borgia handelte absolut eigenmächtig, und der Papst fand sich dann achselzukkend mit der Situation ab, da überall die Bevölkerung dem Usurpator zujubelte. Er wurde jetzt von den Herrschern Italiens mehr denn je gefürchtet. Seine Popularität bewies, wie schmal die Vertrauensbasis der früheren Regenten war.

Im gleichen Jahr, 1502, kam es zu einer gefährlichen Verschwörung der Condottieri; treibend dabei waren die Orsini. Der Papst und Cesare konnten die Pläne durchkreuzen. Die Söldnerführer kehrten zum größten Teil reuevoll zurück. In einem Handstreich setzte Cesare die Hauptgegner fest. Zwei von ihnen wurden zu Silvester 1502 in Schnelljustiz erwürgt. Die Kaltblütigkeit und Geistesgegenwart, mit der er in dieser bedrohlichen Lage reagierte, ist sogar von seinen unerbittlichsten Feinden als bewunderungswürdige Kriegslist gerühmt worden, als »schönste aller Täuschungen«. Der Papst verhängte den Bann über die Orsini und beschlagnahmte ihre römischen Paläste. Im Januar ließ Cesare Borgia in Rom auch die Brüder Paolo und Francesco Orsini umbringen. Mit achtundzwanzig beherrschte dieser Mann einen Staat, dessen Größe in Italien nur vom Königreich Neapel erreicht wurde. Die besten Condottieri, eine Schar von Künstlern und Gelehrten, Persönlichkeiten wie Machiavelli und Leonardo da Vinci drängten zu ihm. Unter seiner Regierung erreichte die Romagna einen Wohlstand, wie sie ihn bisher nicht gekannt hatte. Italien war für die Borgia nicht nur eine Deponie ihres nackten Ehrgeizes. Zweifellos hätte sich das

Die Stärke: Allegorie der staatlichen Selbstbehauptung Roms
Kupferstich von Marco Dente, Anfang des 16. Jahrhunderts
Hamburg, Kunsthalle

noch gesteigert, wenn ihre Herrschaft nicht jäh zu Ende gegangen wäre. – Am 11. August 1503 wurde ein Bankett zur Feier des elften Jahrestages der Papstkrönung gegeben. Am nächsten Morgen waren Alexander VI. und Cesare schwer erkrankt. Fünf Tage später starb der Papst. Angeblich war eine Malariainfektion die Ursache, die Wahrscheinlichkeit aber spricht auf Grund der Umstände dafür, daß einer der Kardinäle den Giftmord inszeniert hat. Cesare, jünger und weit kräftiger als sein Vater, überstand die Vergiftung mit knapper Not; erst nach Wochen verschwanden die Lähmungen und Fieberstöße.

Machiavelli, der in moralischen Dingen kühl genug dachte, beurteilte den Borgia-Papst nicht ohne Rücksicht auf die Nachreden der Zeit: »Alexander VI. hat sein ganzes Leben hindurch nichts anderes getan als betrogen. Niemand besaß eine größere Gabe, andere zu täuschen, niemand bekräftigte jemals seine Versprechen mit stärkeren Eiden als er, und niemand hielt sie weniger. Trotzdem gelangen ihm seine sämtlichen Betrügereien – so gut kannte er die schwache Seite der Menschen.«

Der Tod seines Vaters beendete auch Cesares glanzvolle Laufbahn. Nach dem Zwischenpontifikat Pius' III. von knapp dreißig Tagen wurde der härteste Feind und Gegenspieler der Borgia zum Papst gewählt: Giuliano della Rovere als Julius II. Kurze Zeit arrangierten sich Cesare und der Papst, dann aber verhaftete dieser ihn und zwang ihn, seine Truppen aus allen Festungen und Gebieten abzuziehen. Cesare floh nach Neapel, wurde in Ehren aufgenommen, bald jedoch auf Betreiben des Papstes und König Ferdinands II. von Aragon erneut verhaftet und nach Spanien gebracht. Zwei Jahre später konnte er entfliehen. Sein Schwager, der König von Navarra, nahm ihn auf. Am 12. März 1507 fiel er auf einem Kriegszug gegen Kastilien.

Cesare Borgia hat den Grund für eine völlige Neuordnung des Kirchenstaates gelegt. Er hat die vielen Klein- und Teilstaaten vernichtet, die Gebietsstruktur vereinheitlicht und mit dem Aufbau einer neuen Verwaltung begonnen. Das Hemmnis bei dem umstürzlerischen Verfahren war die Familienpolitik, die es unmöglich machte, zwischen übergeordneten Notwendigkeiten und privaten Interessen zu scheiden. Alexander VI. hatte die Gebiete der Colonna, Savelli und Caëtani, die von seinem Sohn erobert worden waren, und die jüngsten Neuerwerbungen in drei Herzogtümer für seine Söhne verwandelt: für Cesare und Giovanni – den Infans Romanus – sowie seinen Enkel Rodrigo, den ersten Sohn Lucrezia Borgias.

Die freundliche Verworfenheit des Papstes war damals schon zu bekannt, als daß man den Versicherungen seines Sohnes, er regiere die Romagna nur im Auftrag der Kirche und als Vasall des Papstes, ohne weiteres glaubte. Denn er regierte sie wie ein König, und die Überraschung wäre nicht groß gewesen, wenn es Borgia wirklich gelungen wäre, ausgehend vom Kirchenstaat als Kernzelle, die zentralsten Gebiete Italiens in einem Königreich zu vereinen. Der Gedanke an ein Italien, das von einem starken Fürsten gegen alle Widerstände geeinigt wurde, war keine Geistesspielerei Cesare Borgias, sondern existierte spätestens seit Petrarca und verzückte einen Machiavelli. Vergleicht man das Italien der Zeit mit Staaten wie England, Frankreich oder Spanien, die schon zielstrebig den Weg zur nationalisierten Einheit eingeschlagen hatten, dann war das Land noch weit zerstückelter und dezentralisierter als Deutschland. Je dünner der innere Zusammenhalt, um so heftiger der Anreiz auf Frankreich, Spanien oder auch das osmanische Reich, also auf jeden großen Staat, der Gelegenheit hatte, sich die Uneinigkeit und den Kampf aller gegen alle zunutze zu machen.

Das Papsttum unter Alexander VI. – genauso wie unter dem Nachfolger Julius II. – war diejenige Macht, die protagonistisch die Einigungsbestrebungen vorantrieb, wenn auch nicht zuletzt zum Nutzen der Kirche. Der Unabhängigkeits- und Einheitsgedanke als einzige Möglichkeit der staatlichen Selbstbehauptung unter den Umständen des Jahrhunderts wurde von niemandem konsequenter und rücksichtsloser vertreten als von den beiden

Borgia. Das insbesondere bestimmt ihren historischen Rang. Alle, die nach den Borgia dieselben politischen Bestrebungen weiterzuführen versuchten, knüpften bei ihnen an – ob sie sich über ihre Methoden entrüsteten oder nicht. Köpfe, die weiterblickten – man denke noch einmal an Machiavelli –, hielten eine Vereinigung Italiens nicht nur für begrüßenswert, sondern auch für eine Notwendigkeit. Demgegenüber wäre die Illegitimität der Usurpation, mit der das hätte erkauft werden müssen, sekundär geworden. In den Hintergrund gerückt wären der Haß, die Widerstände, die wütende Gegenwehr der Depotenzierten und Depossedierten. Deshalb hätten auch die Momente der Gewalttätigkeit, des gleichgültigen Niederstampfens alter Rechte und Ansprüche, des Zerstörens um einer neuen Ordnung willen eine untergeordnete Rolle gespielt – alles Momente, die an das Auftreten und die Unternehmungen Cesare Borgias geknüpft sind.

Das Unerhörte an ihm, das, was die Kritiker seine Verruchtheit, Immoralität, Scheußlichkeit genannt haben, war letztlich nichts weiter als eine absolute Unschuld des Handelns, die persönliche Naivität der Natur sogar dort, wo er sich des Wortbruchs und Verrats, der Bestechung und des Verbrechens bediente, wenn er seine Ziele nicht anders erreichen konnte. So wie Machiavelli den Staat als Naturphänomen gewertet hat, so war Cesare Borgia als Persönlichkeit ein Naturphänomen, nämlich natürlich und frei im Bekenntnis zu seinen Eigenschaften und Anlagen, gleichgültig wie ihre Qualität unter außerpersönlichen Gesichtspunkten taxiert wird. Solche Eigenschaften und vor allem der gleiche oder ähnliche Verhaltensduktus lassen sich bei den meisten Fürsten der Renaissance feststellen, bei Lodovico il Moro so gut wie bei Lorenzo de' Medici oder den Dogen von Venedig. In Cesare Borgia verkörperten sich diese Merkmale, die mit den spätmittelalterlichen Kategorien keinerlei Verbindung mehr besaßen, lediglich am schärfsten und in konsternierender Eindeutigkeit. Das garantierte dem Fürsten seine ausgezeichneten Erfolge zu Lebzeiten und seinen miserablen Ruf bei der Nachwelt, aber das machte ihn auch charakteristisch für wesentliche Eigentümlichkeiten sowohl der Politik und Staatskunst als des persönlichen Verhaltens und Kalkulierens, wie es sich immer unverkennbarer zu konturieren begann.

Die Medici

In den Familien der Este und Visconti, der Sforza und Borgia und ihren überragenden Persönlichkeiten verbindet sich Individuelles und Exemplarisches zu einem Phänomen der Epoche, dem die argumentierende Erklärung nur zum Teil gerecht werden kann. Noch weit schwieriger wird es bei den Medici, die gegenüber den anderen illustren Dynastien erneut eine Kategorie für sich bilden: unvergleichlich in einem betont gefühlsarmen Sinn und trotzdem durch und durch repräsentativ. Die Medici heben sich in diesem ganzen Jahrhundert durch ihre unbestrittene Excelsität ab. Über den Staat, der dazu gehörte, das Florenz ihrer Zeit, sagte Jacob Burckhardt in zwei Sätzen: »Die höchste politische Bewußtheit, den größten Reichtum an Entwicklungsformen findet man vereinigt in der Geschichte von Florenz, welches in diesem Sinne wohl den Namen des ersten modernen Staates der Welt verdient. Hier treibt ein ganzes Volk das, was in den Fürstenstaaten die Sache einer Familie ist.«

Dieses Urteil wird man ergänzen müssen. Florenz hätte ohne die Medici seinen Ausdruck nicht gefunden; andererseits personalisiert sich in ihnen vollständig der »wunderbare florentinische Geist«, von dem Burckhardt ebenfalls spricht. Sicherlich, auch Dante und Machiavelli waren Florentiner, der größte Dichter und der entschiedenste politische Denker. Aber in einem Mann wie Lorenzo de' Medici war beides gleichermaßen vorhanden. Deshalb stellte Machiavelli sachlich fest: »Sein politisches Können macht Florenz zum führenden Staat, sein Kunstsinn zum geistigen, künstlerischen und gesellschaftlichen Mittelpunkt von Italien.« In der Geschichte wird sich keine Familie finden, die für die bildende Kunst, für Literatur, Philosophie und Wissenschaft mehr bedeutet und geleistet hat als die der Medici, und zwar nicht auf Kosten großer Bevölkerungsschichten, sondern unter der Devise: Das Wohlergehen aller ist die Bedingung für eine größtmögliche Entfaltung der geistig-künstlerischen Potenzen.

Florentinische Politik war seit dem Mittelalter eine Politik, die sich elementar an den Wirtschafts- und Handelsinteressen der Stadt orientierte, das heißt: an einer Anzahl von Kaufmanns- und Bankiersfamilien, die ihren Reichtum und ihre Macht nicht zuletzt durch Kämpfe untereinander zu steigern versuchten. Die bekanntesten Namen waren die Albizzi, Alfani, Bardi, Capponi, Cerchi, Peruzzi, Pitti, Pulzi, Ricci, Ridolfi, Rucellai, Sassetti, Strozzi, Uzzano und die Medici.

Die ersten Daten über die Medici stammen von 1201. Chiarissimo de' Medici wird als Mitglied des Consiglio del Commune, des öffentlichen Rates, erwähnt; sein Reichtum und Einfluß hielten sich noch in mittleren Grenzen. Hundert Jahre später hatten die Nachkommen sich bereits nach vorn geschoben, da wurde Averardo di Bicci de' Medici

Stammbaum der Medici
Zwei Seiten der ›Genealogia Medicea‹ des Pier Cattaci für Leo X., erstes Viertel des 16. Jahrhunderts
Florenz, Biblioteca Medicea Laurenziana

zum Gonfaloniere von Florenz gewählt, zum Haupt der Signoria, die sich aus den vornehmsten Zunftmeistern der Stadt zusammensetzte. Ein weiteres Jahrhundert danach stand die Familie neben den rivalisierenden Albizzi an der Spitze des Gemeinwesens. Ihr Reichtum hatte dieselbe Basis wie der Wohlstand von ganz Florenz: Er beruhte auf der Textilfabrikation, der Verarbeitung von Wolle, ihrer Veredelung und auf neuartigen Einfärbungsmethoden. Dazu kamen ausgedehnte Bankgeschäfte, Handelsunternehmen und die Bewirtschaftung großer Landgüter. 1421 wurde wiederum ein Medici zum Gonfaloniere gewählt: Giovanni di Bicci de' Medici. Er galt als der reichste Bürger der Stadt. Bei den anderen einflußreichen Parteien und Familien war er nicht beliebt, aus eigener Schuld; denn er setzte eine Steuerreform durch, die zwar seit langem fällig, aber für die damaligen Zustände verhältnismäßig radikal war. Im alten System hatte man Reiche und weniger Reiche nahezu schematisch gleich besteuert, die Besitzenden also begünstigt. Giovanni di Bicci drückte nun statt einer Belastung des Einkommens eine Besteuerung des Vermögens durch und führte eine öffentliche Kontrolle der Steuererklärung ein. Damit machte er der Methodenwillkür bei der Steuereintreibung ein Ende.

Er setzte auch das erste große Zeichen für das weltgeschichtlich gewordene Mäzenatentum der Medici. Denn er war es, der Donatello förderte, der

Filippo Brunelleschi dazu ansporntе, die Kuppel des Doms zu vollenden. Ein Jahrhundert lang hatte der Bau stillgelegen, niemand hatte sich an das letzte Stück gewagt, weil es noch keine Erfahrungen gab, ob eine solche Riesenkuppel ungestützt technisch zu verwirklichen war. Brunelleschi riskierte den Bau. Die Höhe der Kuppel der Kathedrale Santa Maria del Fiore beträgt einundneunzig Meter. Als sie fertig war, kam der Papst persönlich, begleitet von sieben Kardinälen und siebenunddreißig Bischöfen, nur zu dem Zweck, dieses absolute Bauwunder der damaligen Zeit anzustaunen.

Im Jahr 1429 starb Giovanni di Bicci. Sein knapp vierzigjähriger Sohn Cosimo übernahm die Familienführung. Er wurde für die Verwaltung des größten Vermögens in der Toskana verantwortlich; denn er besaß das einträglichste Kaufmannsgeschäft des Staates. Sein Reichtum wurde nur noch von den Peruzzi übertroffen, den gewiegtesten Bankiers des Landes neben den Bardi. Die Geldsumme seines Vermögens soll bald einhundertundachtzigtausend Florin betragen haben. Cosimo de' Medici hatte von seinem Vater auch die nahezu fanatische Neigung zu den Künsten geerbt. Er kannte sich im Lateinischen, Griechischen und Arabischen aus. Seine umfassende Bildung hatte es ihm bereits im Alter von sechsundzwanzig Jahren ermöglicht, Johannes XXIII. zum Konzil nach Konstanz zu begleiten.

Vater des Vaterlandes

Als Cosimo die Führung der Familienunternehmungen erhielt, war die wichtigste Sparte des Medici-Handels der Orientimport von kleinen Gütern mit hohem Wert, also von Gewürzen, seltenen Nüssen, Aloe und ähnlichem. Cosimo war aber nicht nur Kaufmann, Handelsherr, Bankier und Mäzen, er war auch Politiker; denn ein kapitalschwerer Wirtschaftskapitän mußte es damals wohl oder übel sein. Er gehörte zum Kriegsrat der zehn Gerichtsherren von Florenz. Ihm war der zweifelhafte Sieg der Florentiner über Lucca zu verdanken; er hatte diesen Krieg, der 1429 begonnen worden war, nicht gewünscht, ihn dann aber durch ein großes Darlehen finanziert und insofern überhaupt erst ermöglicht.

Im Jahr 1433 versuchte Rinaldo degli Albizzi, das Familienhaupt der schärfsten Medici-Rivalen, Cosimo auszuschalten, da dieser den Auftrag gegeben hatte, einen neuen riesigen Palast zu bauen. Albizzi, der auch Führer der oligarchischen Junta war, verklagte ihn; er behauptete, Cosimo wolle sich von dort aus »über seine Nachbarn erheben und sie zu Sklaven machen«, also die Republik stürzen und eine Diktatur errichten. Die Familie wurde verhaftet, und Cosimo sollte vergiftet werden, wie eine weder bestätigte noch widerlegte Legende erzählt. Cosimo aber lehnte drei, vier Tage lang jedes Essen ab und bestach den Gonfaloniere. Dadurch kam er einem Schauprozeß samt dem wohl sicheren Todesurteil zuvor. Doch er wurde mit seinen Söhnen und den wichtigsten seiner Parteigänger aus Florenz verbannt. Nun bestimmten die Albizzi unangefochten die florentinische Politik.

Zwei Kriege wurden geführt, beide gingen verloren. Auf diese Weise verspielten die Albizzi alle Sympathien. Rinaldo degli Albizzi wollte sich damit nicht abfinden, er war entschlossen, notfalls einen Bürgerkrieg zu riskieren. Aber der Papst, Eugen IV., vermittelte; die Waffen brauchten nicht gezogen zu werden. 1434, ein Jahr nach der für zehn Jahre ausgesprochenen Verbannung, wechselte die Signoria vom Crucifige zum Hosianna; denn die drohende Verlagerung der Medici-Geschäfte aus der Stadt öffnete Florenz alle Aussichten auf eine Finanzkatastrophe. Am 6. Oktober 1434 kehrte Cosimo zurück, begrüßt von einer jubelnden Bevölkerung. Machiavelli notierte: »Einer, der vom Sieg zurückkehrt, wird selten von einer solchen Volksmenge und mit so großer Zuneigung begrüßt wie Cosimo, der aus der Verbannung kam! Jeder rief ihm zu: ›Wohltäter des Vaterlandes!‹ Jetzt war ihm der von den Humanisten vorgeschlagene alte Ehrentitel ›Pater Patriae‹ sicher.«

Die Rufe »Wohltäter des Vaterlandes« waren keine gewöhnlichen Schmeicheleien. Giovanni di

Bicci hatte seinem Sohn Cosimo folgende Ratschläge hinterlassen: »Nichts in der Welt macht mich im Tode so vergnügt wie die Erinnerung, nie jemanden beleidigt, sondern nach Vermögen jedem wohlgetan zu haben. Ich mahne euch, dies ebenso zu tun. Was der Mensch sich nimmt, nicht was ihm gegeben wird, macht ihn verhaßt. Tut nichts gegen die deutliche Strömung, die unmißverständliche Neigung des Volkes, stellt aber seinem Unverstand nicht besseres Wissen, sondern die begütigende Rede entgegen. Laßt euch nicht mit geschäftiger Betriebsamkeit im Palast der Regierung erblicken, sondern wartet, bis man euch ruft. Greift nicht in Streitigkeiten ein; denn wer Gerechtigkeit hemmt, kommt durch Gerechtigkeit um. Wirket dahin, das Volk in Frieden und die Stadt wohlversorgt zu erhalten.«

Cosimo hat sich daran gehalten, an den trüben

Die Rückkehr Cosimo de'Medicis nach Florenz am 6. Oktober 1434 aus einjähriger Verbannung in Venedig
Zeichnung von Francesco Bacchiacca
Stockholm, Nationalmuseum, Kupferstichkabinett

Realismus genauso wie an den plakativen Moralismus. Die Medici sind wohl die einzige großkapitalistische Familie, die absolut demokratisch orientiert war. Der Bankier Cosimo schlug jede weithin sichtbare politische Position aus, wollte lediglich die Führung der auswärtigen Angelegenheiten in einer halboffiziellen Form akzeptieren. Er erläuterte seine Abneigung gegen Posten mit ironischer Naivität: »Sich zu einem Amt wählen zu lassen ist oft schädlich für den Körper und nachteilig für die Seele.« Dagegen charakterisierte Vespasiano Bisticci, ein scharfäugiger Kommentator und Vertrauter der Medici, als Prinzip von Cosimos Politik, sich so zu verhalten, »als ginge die Sache von anderen aus, nicht von ihm, um die Eifersucht von sich abzulenken«. Cosimo de' Medici war seine eigene Graue Eminenz. Wie sein Vater blieb er dem Anschein nach ein Bürger wie jeder andere, als Kaufmann nur darauf bedacht, den Wohlstand der Stadt Florenz und seiner Bewohner zu fördern.

Die Medici besaßen in Florenz zwei Tuchbetriebe. Neben dem Textilgewerbe konzentrierte Cosimo sich auf das Alaungeschäft, das sein Vater in Gang gebracht hatte. Ein Jahrzehnt genügte, um das Monopol auf die florentinische Alauneinfuhr zu sichern. 1433 gehörten den Medici zweiundfünfzig Handelshäuser in Europa und sechzehn Filialen. 1440 zog Florenz dank der Aktivität Cosimos im Levantehandel mit Pisa und Venedig gleich. Es erreichte den Höhepunkt in seiner Rolle als Finanzkapitale Europas: Hier, am Arno, wurden die Kurse aller europäischen Geldsorten festgelegt, bis zum Ende des 15. Jahrhunderts. Schon 1437 hatte Cosimo damit begonnen, die Kurie zu finanzieren. Papst Eugen IV. überließ ihm gegen eine Hypothek von fünfundzwanzigtausend Gulden die Burg Assisi. Ohne die mediceischen Subventionen hätte damals kaum ein Konzil durchgeführt werden können. Cosimo schoß für diesen Zweck vierunddreißigtausend Gulden vor.

Die längste Zeit in der Geschichte war es eine Regel, daß Ruhm und Glanz einer Stadt, eines Landes, einer ganzen Epoche vom Stand der Wissenschaften und von der Förderung der Künste abhingen. Cosimo de' Medici hat diesem Prinzip oberste Richtwerte gegeben. Er schickte Agenten und Gelehrte fast reihenweise nach Griechenland, Konstantinopel, in jede Ecke Europas, in der man Manuskripte vermutete, die vielleicht sogar zu kaufen waren. 1444 gründete er die erste öffentliche Bibliothek Europas, die Medicea, heute als Biblioteca Laurenziana bekannt. Im einzelnen läßt sich nicht aufzählen, wie viele Werke antiker Schriftsteller ohne die Bibliomanie dieses Medici verlorengegangen wären. Der Florentiner Niccolò de' Niccoli aus dem Freundeskreis Cosimos gab sein Vermögen bis zum letzten Gulden für Bücher und Manuskripte aus. Als er nichts mehr besaß, übernahm Cosimo seine Auslagen in unbegrenzter Höhe. In der Medicea, die für Europa etwas ganz Einmaliges darstellte, befindet sich das juristische Sammelwerk Justinians, die ›Pandekten‹, die Grundlage des römischen Rechts. Cosimo trug Abschriften nach Äschylus, Sophokles, Vergil oder Plinius zusammen und erlaubte jedem, der sie lesen wollte, die Ausleihe – so vertrauensselig war er in diesen Dingen. Cosimo hatte viel Vergnügen daran, mit den klügsten Bürgern das Gelesene zu diskutieren. Manuskripte, die er nicht erwerben konnte, ließ er abschreiben. Er beschäftigte fünfundvierzig Schreiber, die ausschließlich Kopien alter Werke anfertigten.

Was in Cosimos Zeit für die Kunst getan wurde, ist ein eigenes Kapitel der Kunstgeschichte. Einige Namen müssen genügen: Michelozzo di Bartolomeo, Fra Angelico, Filippo Lippi, Benezzo Gozzoli, Filippo Brunelleschi, Lorenzo Ghiberti, Donatello. Der berühmte Bronze-David Donatellos wurde wahrscheinlich in den Jahren 1430 bis 1433 geschaffen. Er ist seit der Antike, seit vielen Jahrhunderten, die erste freistehende nackte Plastik des Abendlandes, eine ebenso gewagte wie revolutionäre Leistung. Es ist bezeugt, daß er von 1469 an – vermutlich schon vordem – im Hof des Medici-Palastes stand und 1495 in den Palazzo Vecchio gelangte; heute ist er im Bargello-Museum zu sehen.

Eine von Teodoro Gaza vor 1450 kopierte Homer-Handschrift aus dem Besitz des Humanisten Francesco Filelfo
Titelseite mit Miniaturen eines vermutlich lombardischen Künstlers, Mitte des 15. Jahrhunderts
Florenz, Biblioteca Medicea Laurenziana

Florenz als Gemeinwesen war damals ein Phänomen eigener Art. Der Verfassung und dem Äußeren nach gab es keinen anderen Stadt-Staat, der so offensichtlich eine demokratische Republik war. Und doch wurde Florenz nicht anders regiert, als führte ein Despot die Geschäfte; denn hier setzte ein einzelner seine Intentionen ohne Zugeständnisse durch: Cosimo, ohne daß er die demokratischen Formen verletzte. Der republikanische Geist von Florenz störte sich nicht an dem Unterschied zwischen Armen und Reichen, weil auch der Minderbegüterte potentiell ein Wohlhabender war. Beide

Florenz zur Zeit Lorenzo de'Medicis
Aus dem Schaubild von Francesco Rosselli, 1482/92
Berlin, Staatliche Museen, Kupferstichkabinett

fühlten sich in erster Linie als Bürger. Unüberbrückbar dagegen war der Abstand zwischen Aristokratie und Bürgertum. Papst Pius II. bescheinigte Cosimo: »Ihr seid ein König in jeder Beziehung, außer dem Namen nach.« So konnte man es auch sehen. Aber in Florenz war kein König denkbar, den man mit Öl gesalbt hatte, viel eher ein König der Großfinanz, der mit allen Wassern gewaschen war, sei es kaufmännisch, politisch oder auf dem Gebiet diplomatischer Dezenz. Am deutlichsten schrieb es Machiavelli: »Die Medici waren von ihren Mitbürgern aufgezogen und genährt worden und beherrschten sie ihrerseits auf so familiäre Art, daß jene sich geehrt fühlten.«

In der Außenpolitik sind Cosimo zwei entscheidende Dinge gelungen. Erstens: Er achtete zwar auf das Image, daß Florenz eine Demokratie sei, war sich aber darüber im klaren, daß er den Staat nicht anders dirigierte als die vielen Alleinherrscher in den großen, kleinen und winzigen Städten Italiens und daß er wie sie alle jederzeit von einer Opposition oder einem Opponenten gestürzt werden konnte. Er war auf Frieden und Ruhe bedacht, zielte deshalb nicht auf irgendwelche Rechtsgrundsätze oder politische Prinzipien und ihre Verwirklichung ab, sondern darauf, ein Gleichgewicht unter den Herrschenden in Italien zu erhalten. Er brachte es beinahe zu einer stillschweigenden Vereinbarung, daß man sich um der Herrschaftsfestigkeit willen gegenseitig stützen und absichern mußte. Der Effekt war eine lange Phase labiler Stabilitätspolitik, von der fast jedes Gebiet Italiens profitierte. – Zweitens: Cosimo ist es gelungen, Florenz zu einem ruhenden Pol im Kreis der Hauptmächte Italiens zu machen und die Spannungen der Staaten untereinander auf ein Minimum zu reduzieren. Auch hier also ein Gleichgewichtskonzept mit dem Erfolg, daß jeder Staat sich ohne Kriege der Wirtschaft und prosperierender Solidität widmen konnte. Mit Francesco I. Sforza und Mailand verband Cosimo eine unbedingte Freundschaft, sein Verhältnis zu Venedig und Neapel konnte er gut temperieren, und als 1452 seine Politik diesen Mächten gegenüber zu scheitern drohte, führte die Eroberung Konstantinopels im Frühling 1453 rasch zu einer Solidaritätsübereinkunft, die im Frieden von Lodi zum verbindlichen Buchstaben wurde.

Ausschlaggebend wie die überlegene Diplomatie Cosimos war selbstverständlich das ungeheure Kapital, das er einsetzen konnte. Heute ist es im einzelnen kaum noch zu klären, wie viele Herrscher von der mediceischen Bank unterstützt wurden. Fest steht nur, daß kaum jemals die Kombination von Kapital und Klugheit außerhalb der traditionellen königlichen Legitimität größere Regierungserfolge verbucht hat als unter den Medici. Allerdings muß gerade bei Cosimo und seiner geschulten Bescheidenheit unterstrichen werden, wie stark auch er sich der üblichen politischen Mittel der Zeit bediente. Wenn er zum Ausdruck brachte, daß »ein Staat nicht mit Paternostern regiert« werde, so erinnert das an eine Formulierung, wie sie wenig später Caterina Sforza verwendet hat. Das ging bis zur heimlichen Beseitigung von Leuten, die zufällig oder unglückseligerweise seinen politischen Plänen gefährlich waren; aber selbst diese Geschäfte besorgte er niemals direkt. Er schickte ergebene Räte nach vorn, die mit Aufwieglern Fraktur sprachen. Bei Steuerhinterziehungen war er mehr als großzügig, mit dem feinen Haken, daß er die Beweise dafür sorgfältig sekretierte und dadurch alle Eventual-Intrigen von vornherein unmöglich machte.

Gleichfalls vollendet beherrschte er die charakteristischen Methoden monetärer Kreise, um mit hartnäckigen Gegnern fertig zu werden. Die vom Vater übernommene Abgabenreform verbesserte er, aber auch zu seinen politischen Gunsten. Cosimos Anwendung der Decima scalata, einer progressiven und in Zweifelsfällen freizügig zu handhabenden Einkommenssteuer, konnte zur sicheren finanziellen Vernichtung des Betroffenen führen. Gianozzo Manetti, der große Humanist, war eins dieser Opfer: 1453 mußte er Florenz verlassen; er ging nach Rom und dann nach Neapel. – Cosimos eigener Reichtum war nicht nur von selbst gewachsen. Über die Unsauberkeit vieler Gewinne und Geschäfte wußte Cosimo recht gut Bescheid; denn er hielt nichts von Schuldscheinheiligkeit. Als er Papst Eugen IV. seine Skrupel klagte, bekam er von diesem schnell Rat: Er solle »zur Beruhigung und Erleichterung seines Gemüts zehntausend Florinen« für ein Kloster stiften. Da der Medici über das Ausmaß seiner unsoliden Profite besser orientiert war als der Papst, stiftete er das Vierfache. Kurz vor seinem Tod betrug sein Vermögen zweihundertsiebzigtausend Goldgulden. – Im Jahr 1458 mußte Cosimo durch eine Art kaschierten Staatsstreich noch einmal seine politischen Gegner ausschalten. Insgesamt aber war seine lange Regierungszeit verhältnismäßig ruhig. Er starb am 1. August 1464.

Figlio del Sole

Nach dem Tod seines Sohnes Piero, der Florenz fünf Jahre geleitet hatte, übernahm 1469 Cosimos Enkel, Lorenzo I. de' Medici, die Führung der Staatsgeschäfte. Auch wenn seine Stellung als Privatmann und einfacher Bürger nach außen hin aufrechterhalten wurde, gibt es keinen Zweifel daran, daß mit dieser Wahl auf Vorschlag der angesehensten Familien von Florenz die Erbfolge der Medici eine Art von Legitimität erhielt.

Lorenzo I. de' Medici war damals erst zwanzig Jahre alt. Die Überlegung, ihn an die Spitze von Florenz zu stellen, ließ sich nur verwirklichen, weil niemand das Risiko eingehen wollte, einer anderen Familie den Vorzug zu geben und damit die tatsächliche Macht und das hohe Ansehen der Medici zu ignorieren. Lorenzo war sich darüber im klaren, daß hier nichts Normales im Sinne einer Thronfolge geschah. Er hatte wie sein Großvater tröstende Ironie zur Hand. In seinen ›Erinnerungen‹ meinte er, solch eine Position hätte seinem Alter noch nicht entsprochen und wäre mit viel Mühen und Gefahr verbunden; seine Zustimmung sei ohne Vergnügen gegeben worden und nur »um die Freunde und unser Vermögen zu erhalten; denn in Florenz kann man schlecht leben ohne den Staat«. – Cosimo hatte man geachtet und verehrt. Lorenzo dagegen wurde von Florenz geliebt. Nicht wegen seiner Jugend und schon gar nicht wegen seines Äußeren: Die Medici-Köpfe sind berühmt wegen ihrer komplexen Häßlichkeit, speziell Lorenzos eindrucksvoll abstoßendes Profil, dessen imperatorische Verzerrung jede physiognomische Deutung in Widersinnigkeiten führt. Lorenzo wurde wegen seiner Unbeschwertheit geliebt, wegen seiner offenen Haltung, seiner Anmut und Fröhlichkeit. Diese Eigenschaften waren deshalb so bezwingend, weil ihnen essentielle Momente von Trauer und Melancholie zugehörten, zwei Ingredienzen der Menschlichkeit, die Lorenzos ganzes Leben durchsetzten. Er leitete die Stadt nicht viel anders als seine Vorgänger, nur weniger verborgen; er nahm die Sichtbarkeit als Odium und Schicksal in Kauf. Er gab die einfache Bürgerrolle auf, benahm sich als Fürst, allerdings nicht in Pomp und Prunk, sondern in Anspruch und Aplomb. Auch das nahm ihm Florenz ab; denn seine Sicherheit war eminent natürlich, ostensibel heiter.

Neun Jahre regierte Lorenzo I. de' Medici ohne ernsthafte Schwierigkeiten und Verwicklungen. Von den früheren Medici unterschied er sich be-

Öffentliches Fest auf der Piazza della Signoria in Florenz
Wandgemälde aus dem Medici-Zyklus von Jan van der Straet im Palazzo Vecchio in Florenz, 1561/62

sonders auffällig dadurch, daß er über der Intensität seiner politischen Arbeit niemals vergaß, bei allen Gelegenheiten die großartigsten Feste zu feiern. Der verschwenderische Aufwand für solche Veranstaltungen war vom Geist Ferraras erfüllt, im eigenen Haushalt jedoch war Lorenzo mehr als genügsam. Er inszenierte keine Familienbankette, keine Feiern in ausgewähltem Freundeskreis, sondern öffentliche Festlichkeiten, an denen sich ganz Florenz beteiligte: Turniere, Fackelzüge, Maskenfeste, Feuerwerke, Umzüge, Konzerte und Tanzvergnügungen. Der Wille zur affirmativen Feier, zur Selbstdarstellung in kommunikativer Lustbarkeit und öffentlicher Freude ist signifikant für dieses Jahrhundert. Doch was in Ferrara noch ohne Sprünge gewesen ist, war unter symptomatischem Gesichtspunkt im Florenz Lorenzos zwar schon jenseits der Stellvertretung, hat sich aber hier zu einer Pracht entfaltet, deren Funkeln bereits von sublimer Korruption durchschossen wurde. Diese Endgültigkeit klingt durch das entschlossene Wort Lorenzo de' Medicis: »Facciamo festa tuttavia!«

Machiavelli notierte in einem Augenblick analytischer Schwäche, Lorenzo de' Medici habe »sich das Herz des Volkes durch freizügiges Denken und andere populäre Eigenschaften« gewonnen. Aber intellektuelle Liberalität ist wohl das letzte, das als volkstümlich bezeichnet werden kann. Sie träfe weit mehr auf einen so dogmatisch-besessenen Mann wie Girolamo Savonarola zu – dem reinen Gegentyp Lorenzo il Magnificos –, der einige Monate so »volkstümlich« wurde, wie es der Medici niemals war. Die bewundernde Liebe, die man Lorenzo entgegenbrachte, basierte auch nicht auf dem satten Empfinden, daß die Schulter, die man klopft, nicht höher ist als die eigene. Bestechend an Lorenzo de' Medici war die Wechseleinheit von Kraft und Beherrschung, von Leidenschaft und Reserve. Sollte in der Epochenbezeichnung das Daseinsverhältnis und die Lebenswirklichkeit integriert sein, dann hat die Hochrenaissance in Lorenzo il Magnifico Gestalt erhalten. Aber selbst verblüffende Modernität wird durch ihn sichtbar: Die kluge Desillusioniertheit des selbstbewußten Menschen, der keine Angst vor seiner gläubigen Vitalität und seinem vitalen Glauben gekannt hat. Wenn er allein war, sang er oft so inbrünstig zur Laute, als wäre er »von göttlicher Raserei entflammt«. So erlebte es Marsilio Ficino, der berühmte Philosoph, ein Freund Lorenzos. Unerschöpflich war für den Medici das Thema der Liebe, sicherlich nicht nur wegen einer Abhängigkeit von den Lineamenten Platons. Seine Bemerkung, daß jeder Liebende einer »forte imaginazione« unterworfen sei, war auch nicht platonisch, sondern als Selbstausweis zu verstehen. Sein Leben lang habe er glühend geliebt – nicht seine Frau Clarice Orsini. Die Namen seiner Geliebten sind kaum bekannt, doch es sind nicht viele gewesen, da Lorenzo zu kraftvoll war, um flüchtig zu sein. Dazu paßt seine betonte Diskretion; er hielt nichts davon, andere samt dem üblichen Gerede an dem zu beteiligen, was ihn am stärksten berührte.

In der Öffentlichkeit bewegte er sich mit Würde und freundlichem Ernst. Standesunterschiede wurden von ihm ignoriert. Sein scharfer Geist war gefürchtet, auch sein treffender Witz. Ein Diplomat über seine Ausstrahlung: »Bevor er mit dem Mund zu sprechen beginnt, sprechen seine Augen« – eine Variante der altitalienischen Spruchweisheit, daß die Toskaner den Himmel in den Augen und die Hölle im Mund haben. Angelo Poliziano bestätigte: »Scharf ist seine Rede und gewichtig und wenn nötig mit Salz gewürzt, aber mit dem Salz aus jenem Meer, dem die Venus entstiegen ist.« Machiavelli, dessen Maßstäbe schon stark vom Manierismus leben, beanstandete an Lorenzo die Natürlichkeit im Privaten; daß er mit seinen Töchtern und Söhnen gespielt hat, als wäre er selbst ein Kind, erschien Machiavelli als »unschicklich für einen solchen Mann«. Stichhaltiger ist seine Feststellung, Lorenzo sei der größte Schirmherr der schönen Künste gewesen, den es jemals gegeben habe. Im Zentrum seines Mäzenatentums stand die Dichtung, diejenige Kunst, die ursprünglich dem fördernden Gönnertum zu seinem klassischen Namen verholfen hatte und die für Lorenzo il Magnifico ebenfalls eine höchst persönliche Rolle spielte. Ihm selbst ist keine große Dichtung gelungen, aber er war dieser Kunst restlos verfallen. Er glaubte unerschütterlich daran, daß nicht nur die eigene Dichtung – auch innerhalb ihrer Grenzen – seinen Ruhm sichern würde, sondern daß seinem Mäzenatentum später dieselbe Bedeutung zugebilligt werden müsse.

Zu Lorenzo il Magnifico gehört der welthistorische Ruhm der Platonischen Akademie, gehören die Freundschaften mit Marsilio Ficino, Luigi Pulci, Angelo Poliziano und Pico della Mirandola. Von Ficino war Lorenzo mit den Schriften Platons vertraut gemacht worden. Platonisch in unverfälschtem Sinn versuchte er sein Leben zu führen. Er bemühte sich darum, daß Florenz sich nicht nur ruhmrednerisch dem Athen des Perikles zur Seite stellte, sondern auch den Werken nach; das aber sowohl zum Ruhm der Stadt als um seines eigenen Namens willen.

Neben der Dichtung förderte Lorenzo besonders die Architektur und die Malerei: Verrocchio, Domenico Ghirlandaio, Botticelli, Luca Signorelli, Benozzo Gozzoli, Filippino Lippi, Cosimo Rosselli. Nur die Beziehung zu dem jungen Leonardo da Vinci war nicht so, wie es viele Kunsthistoriker vierhundert Jahre später gern gesehen hätten. Allerdings gab es für den Medici genügend Grund zur Zurückhaltung: Im Jahr 1478 hatte Leonardo einen Auftrag der Stadt angenommen, dann aber nichts weiter getan, als den Vorschuß kassiert. Drei Jahre später hatte er sich unter ähnlichen Umständen zur Fertigstellung eines großen Altarbildes, der ›Anbetung der Könige‹, verpflichtet, jedoch nach einigen Studien die Arbeit eingestellt. Verständlich, daß Lorenzo den Künstler 1482 leichten Herzens nach Mailand zu Lodovico il Moro gehen ließ. Andererseits ist es ausschließlich dem Medici zu verdanken, daß der fünfzehnjährige Michelangelo seinen Weg zur Kunst fand. Man hat nicht umsonst gesagt, Lorenzo könne die Bedeutung von Künstlern und Gelehrten wittern, »wie das Wild auf der Jagd«. Ob es Zweck-Elogen waren oder nicht – schon die Zeitgenossen haben ihn als geistigen Vater der Größten in Malerei und bildender Kunst dieser Epoche gerühmt.

Lorenzo il Magnifico versuchte einmal nachzurechnen, was die Familie seit seinem Großvater für die Künste finanziell getan hatte. Dabei wußte er, daß eine solche Bilanz nur Spielwert besaß, weil die Äquivalenzen nicht zusammenpassen. Außerdem bedauerte er seine eigene Unzuständigkeit im Kaufmännisch-Finanziellen. Unter seiner Ägide wurden die Handels- und Bankgeschäfte der Familie rückläufig. Das lag größtenteils an der allgemeinen wirtschaftlichen Situation in der zweiten Hälfte des Jahrhunderts, aber viel auch an Lorenzos Gleichgültigkeit. Er mußte wichtige Niederlassungen im Ausland schließen. Seine Bankverwalter in Florenz waren genötigt, ein Stützungsdarlehen der Stadt aufzunehmen. Trotz solcher mediceischen Depressionen gilt die Ära Lorenzos mit Recht als Höhepunkt der Familiengeschichte und der ganzen Geschichte von Florenz.

Die Pazzi-Verschwörung

Im Jahr 1471 wurde in Rom Sixtus IV. zum Papst gewählt. Gerade bei ihm ist das Wort ›gewählt‹ schlecht gewählt, da kein anderer Papst, nicht einmal Alexander VI., sich das Amt so skrupellos gekauft hat wie Sixtus. Der Papst, dessen Denken ausschließlich um Geld und Macht kreiste, registrierte rasch die schwierige Situation der Medici-Bank; sie war für ihn das Signal, sich auch in die florentinische Politik einzumischen, zu versuchen, Florenz in Abhängigkeit zu bringen. Seine ursprünglich guten Beziehungen zu Lorenzo de' Medici erlahmten unter dem Einfluß seines Neffen Girolamo Riario, der nicht nur ebenso geldgierig wie sein Onkel, sondern auch gierig nach Ländern war. Die schönste Vorstellung für ihn mußte die Macht über Florenz sein. Sixtus IV. hatte zunächst Aspirationen auf die Städte Forli und Faenza, die beide zur Signoria von Florenz gehörten. Sofort schickte Florenz sechstausend Soldaten in die bedrohten Gebiete. Damit waren die Positionen zwischen Florenz und Rom klargelegt. Lorenzo unterstützte eine Rebellion in Umbrien und verbündete sich mit Mailand und Venedig gegen den Kirchenstaat. Der Papst wiederum quittierte das dadurch, daß er das päpstliche Konto bei der Medici-Bank löschte und es den größten Rivalen der Medici in Florenz übertrug: den Pazzi. Das waren die Ausgangsbedingungen für einen der berühmtesten Anschläge der europäischen Geschichte.

Girolamo Riario sah in dem Medici einen persönlichen Feind; denn dieser hatte es verhindert, daß ihm ein Fürstentum in der Romagna zufiel. Der Papstneffe entwickelte den Plan, die beiden Brüder Lorenzo und Giuliano de' Medici zu ermorden und den Stadt-Staat in die Hand zu bekommen. Dazu brauchte er Mittäter und Mitverschwörer. Der Papst wurde in das Projekt eingeweiht; er war einverstanden; denn mittlerweile haßte auch er den »Flegel« Lorenzo, wie er ihn bezeichnete. Aber er wünschte nur einen Regierungswechsel, kein Blutvergießen und keine Toten. Noch leichter konnte Riario die Pazzi für die Verschwörung gewinnen, zumal den jungen Francesco de' Pazzi. Der Erzbischof von Pisa, Salviati, schloß sich der Partie an. Die Verschwörer einigten sich auf einen Plan Riarios, der besonders zweckmäßig erschien. Die Medici-Brüder sollten im Dom Santa Maria del Fiore ermordet werden, beim Hochamt. Als Signal galt der Moment, in dem der Priester die Hostie erhob. Für jeden Medici waren zwei Attentäter vorgesehen. Lorenzo sollte von einem Söldner aus den Abruzzen ermordet werden, aber dieser wollte in der Kirche keinen Mord begehen, so daß er durch zwei Priester ersetzt werden mußte; ihnen war das

Die Pazzi-Verschwörung am 16. April 1478
Rückseite der Erinnerungsmedaille von Bertoldo di Giovanni auf Lorenzo und Giuliano de'Medici, vor 1491
Berlin, Staatliche Museen, Münzkabinett

Terrain vertrauter. Kirchen waren für Attentate bestens geeignet. Das feierliche Ritual, die liturgischen Gebärden, das »gesammelte Schweigen« versetzten die Zielpersonen in einen Zustand hoher Wehrlosigkeit; sie präsentierten sich geradezu dem Angriff. Faktisch waren Morde an geweihten Orten zwar ein Sakrileg, doch das brauchte einen Attentäter nicht zu kümmern.

Das Unternehmen gegen die Medici wurde auf den 16. April 1478 festgesetzt, einen Sonntag. Die Meßglocke läutete, der Priester hob die Hostie – in diesem Augenblick stürzten sich vier Männer auf die Medici. Giuliano, fünfundzwanzig Jahre alt, wurde niedergestochen; immer wieder stieß Francesco de' Pazzi seinen Dolch in den Körper seines langjährigen Freundes. Giuliano verblutete vor dem Hochaltar; er hatte an die zwanzig Wunden. Anders Lorenzo: Die beiden Priester, die für ihn bestimmt waren, hatten nicht mit seiner Kaltblütigkeit gerechnet. Er reagierte nämlich blitzschnell, sprang auf, wurde nur am Hals verwundet, riß seinen Dolch heraus, setzte während des ganzen Tumults über das niedrige Chorgitter und stürmte in die Sakristei; von dort gelang es ihm, in seinen Palast zu kommen. – In der Stadt war für die Partei der Pazzi das Meßläuten ebenfalls als Signal vereinbart worden. Auch hier verlief die Sache anders als geplant. Die Verschwörer versuchten das Regierungsgebäude zu besetzen, doch sie selbst wurden im Podestà-Palast eingeschlossen und bekamen von außen keine Hilfe. Man verhaftete sie, darunter den Erzbischof Salviati. Gleichzeitig wurden die Wachen alarmiert und die großen Glocken des Palastes geläutet.

Die Spekulation der Pazzi, daß die Bevölkerung mit ihnen gegen die Medici stehen würde, erwies sich als falsch. Die gedungenen Söldner wurden niedergemacht, buchstäblich auseinandergerissen und zerstückelt. Dem Erzbischof und fünf Mitverschwörern knotete man einfach ein Seil um den Hals und hängte sie hinaus an die Fenstergitter des Regierungspalastes. Francesco de' Pazzi wurde in den Bergen von Bauern gefangen und in Florenz hingerichtet. Der andere Mörder Giulianos, Bernardo Bandini-Baroncelli, konnte sich zunächst davonstehlen und zu Verwandten nach Konstantinopel fliehen. Sultan Mehmet II. schickte ihn jedoch Lorenzo zurück, gefesselt an Händen und Füßen. Zwei Jahre nach der mißlungenen Verschwörung wurde Bandini in Florenz wie seinerzeit der Erzbischof und Francesco de' Pazzi gehenkt; an einem eisernen

Der gehenkte Mörder Bernardo Bandini-Baroncelli
Zeichnung von Leonardo da Vinci, 1479
Bayonne, Musée Léon Bonnat

Fensterkreuz des Palastes der Signoria. Der junge Leonardo da Vinci hat ihn so gezeichnet; die Skizze gehört zu seinen besten frühen Studien.

Einer der wenigen, die dem Blutbad vom 16. April 1478 entkommen konnten, war Kardinal Raffaello Riario, der sich ebenfalls an der Verschwörung beteiligt hatte. Lorenzo de' Medici schützte ihn persönlich, indem er ihn an den einzigen sicheren Ort in Florenz brachte, in den Medici-Palast. Als der Papst und Girolamo Riario von dem Fiasko erfahren hatten, wollten sie den florentinischen Gesandten verhaften lassen. Doch Lorenzo erinnerte Sixtus IV. daran, daß er seinen Großneffen Raffaello gefangenhalte. Der Papst lenkte ein. Er wurde erst wieder aktiv, als der Kardinal freigelassen war: Er verhängte den Bann über Florenz und alle florentinischen Besitzungen, und Lorenzo wurde exkommuniziert. – Trotzdem war Lorenzos Position in Florenz so stark und fest wie kaum jemals bei einem Medici. Schon sein Großvater Cosimo hatte die Fundamente für eine unentbehrlich erscheinende Medici-Oligarchie gelegt. Ein Jahr nach der Pazzi-Verschwörung wurde diese Basis von Lorenzo geschickt und entschlossen ausgebaut. Durch eine Verfassungsänderung ließ er sein persönliches Regiment nahe an die Institutionalisierung heranrücken.

Dem Papst gelang es, König Ferrante I. von Neapel zu einem Krieg zu überreden, zum Kampf gegen die »Tyrannenherrschaft« des Medici in Florenz. Die Florentiner antworteten, Lorenzo sei kein Tyrann, sondern der Verteidiger ihrer Freiheit, und sie selbst würden alles tun, um ihre Freiheit zu verteidigen. In diesem sogenannten Toskanischen Krieg hatte Lorenzo zwar die Unterstützung Frankreichs, Mailands und Venedigs, aber das genügte nicht als Gegengewicht zu dem energischen Einsatz Roms und Neapels. Die Truppen der beiden Angriffsmächte drangen bis vor die Tore von Florenz. Die Lage erschien ziemlich hoffnungslos. Da entschloß sich Lorenzo il Magnifico zu einer Aktion, die mehr von ihm verrät als ein Dutzend Reformgesetze. Er nahm mit dem König von Neapel heimlich Kontakt auf. Ferrante schlug das Angebot nicht ab; er hatte kein Interesse daran, die päpstliche Macht allzusehr zu stärken. Außerdem dürfte er sich eines mehr als zwanzig Jahre zurückliegenden Ereignisses erinnert haben: Lorenzo hatte als Siebzehnjähriger bei einer Verschwörung durch Geistesgegenwart und Mut das Leben seines Bruders Piero gerettet. Das hatte die Bewunderung Ferrantes von Neapel erregt, so sehr, daß der König ihn als seinen »Liebling« bezeichnet und zu seiner großen »Einsicht, Männlichkeit und Herzhaftigkeit« beglückwünscht hat. Nach der Zusage Ferrantes begründete Lorenzo seinen Alleingang in einem Brief an die Signoria: Der Moment verlange jetzt entschiedene Handlungen und nicht bloß Worte, und »da ich sehe, daß alle anderen Mittel erschöpft sind, erscheint es mir besser, mich selbst in Gefahr zu begeben, als die Stadt darin zu lassen. Ich habe daher mit Eurer Erlaubnis beschlossen, freiwillig nach Neapel zu gehen. Denn da ich es bin, der hauptsächlich von unseren Feinden verfolgt wird, so könnte ich vielleicht auch, wenn ich mich ihren Händen ausliefere, der Anlaß werden, unserer Stadt den Frieden wiederzugeben. Wenn der König gut gesinnt ist, dann gibt es keinen besseren Weg, um das zu erfahren, als daß ich freiwillig zu ihm gehe. Wenn er jedoch vorhat, unsere Freiheit zu nehmen, so erscheint es mir gut, das in Erfahrung zu bringen durch den Untergang eines einzelnen und nicht aller übrigen. Ich will gern dieser einzelne sein, denn es wäre ja möglich, daß die Feinde tatsächlich nur meinen persönlichen Untergang wollen. Vielleicht aber will es Gott, daß dieser Krieg, der mit dem Blute meines Bruders begann, durch meine Hände beendigt wird«. Das Risiko war tatsächlich groß: Der Medici lieferte sich mit diesem Besuch dem König ohne Sicherheiten aus, auf Gedeih und Verderb. Ferrante von Neapel war das Gegenteil eines timiden Politikers; er war wild, falsch, ungezügelt leidenschaftlich, jähzornig und hinterlistig. Selbst wenn nur ein Drittel von dem stimmen würde, was an Gerüchten über seine infernalisch-sadistische Grausamkeit umlief und den Nach-

Neapel zur Zeit Ferrantes I.
Aus dem Gemälde ›Die Flottenrückkehr‹ eines italienischen Künstlers, 16. Jahrhundert
Neapel, Museo di Capodimonte

kommen tradiert wurde, wäre sein Ruf als Verabscheuungswürdigster unter den Gewaltherrschern seiner Zeit immer noch gerechtfertigt.

Lorenzo de' Medici segelte nach Neapel, landete kurz vor Weihnachten 1479, generös im Verschwenden von Geld, Geschenken und seiner unerschöpflich wirkenden Heiterkeit. Man darf vermuten, daß Ferrante verblüfft gewesen ist über den tollen Mut und die bewußte Naivität im Gebaren seines Gastes, der so tat, als gäbe es am Hof von Neapel keine Hintergedanken, Kerker und Privatmuseen für die ermordeten und einbalsamierten Feinde des Königs, der dann bei Rundgängen vor den Toten immer wieder seine befriedigte Rache durchkostete wie ein Kenner des Ästhetischen vor Gemälden. Woche um Woche, einen Monat, zwei Monate blieb Lorenzo in Neapel; es war ein ununterbrochener Seiltanz. Niccolò Valori berichtete, Lorenzo habe nachts vor Sorgen und Kummer geweint, am Tage aber sei er so beschwingt, fröhlich und doch würdevoll aufgetreten, daß der König nur staunend zu sagen gewußt habe: »Seine Gegenwart übertrifft noch seinen Ruhm.« Schließlich konnte Lorenzo den Herrscher davon überzeugen, daß ein Frieden mit Florenz gerade wegen der Machtgelüste des Papstes besser war als ein Sieg, der letzten Endes nicht Neapel, sondern Sixtus IV. zugute kommen mußte. Der Medici bedachte dabei keinesfalls nur die Interessen seines Staates, vielmehr war das Ziel seiner Politik ein Ausgleich aller politischen Ambitionen zugunsten einer gesicherten Pace d'Italia. Nur ein Bündnis zwischen Neapel, Florenz und Mailand schien ihm eine längere Ruhepause in Italien garantieren zu können.

Die Figur Lorenzo I. de' Medicis markiert nicht nur im Geistig-Künstlerischen den Höhepunkt der Renaissance. Mit seinem Namen verbindet sich auch das Prinzip der italienischen Gesamtpolitik der zweiten Jahrhunderthälfte. Sie war an Balance, Ausgewogenheit und Sicherung des Status quo orientiert. Lorenzo hatte die politischen Maximen und Pragmatismen seines Großvaters Cosimo folgerichtig und zielstrebig weiterentwickelt. Diese drei Richtmaße wurden als Minimalübel deshalb so sehr geschätzt, weil ihre Basis realistisch war und weil bewußt darauf verzichtet wurde, um einer angestrebten »Ideal«-Ordnung willen das Vorhandene aufs Spiel zu setzen. Lorenzo lehnte es ab, Politik so zu betreiben, als käme es für einen Staatsmann nur darauf an, sich ein Alibi für politische Illusionen zu schaffen. Er bemühte sich, sein Friedenskonzept für Italien nicht mit selbstbewußter Schläue durchzusetzen wie sein Freund Lodovico il Moro in Mailand, sondern mit leidenschaftlicher Kälte. Während des späteren Krieges zwischen Neapel und Rom schrieb er an den Papst, daß die Auseinandersetzung ganz Italien gefährde. Er rate dringend zu einem Vergleich; denn ihm erscheine »ein gemeinsames Übereinkommen besser als ein glücklicher Krieg«. Noch entschiedener in einem Brief: »Der Friede, wenn er Friede und wirklich Ruhe bedeuten würde, wäre gut, und wenn er aus den Händen des Teufels käme.« Politisches Handeln war hier nicht auf Bewegung gerichtet, sondern auf Stabilität, die mit Nicht-Veränderung gleichzusetzen ist. Die Notwendigkeit, das bestehende Ordnungssystem der Staaten zu erhalten, war nicht das Ziel einer Konzeptpolitik, wohl aber durch sich selbst gerechtfertigt, weil jeder andere mögliche Zustand nur schlechter zu sein schien. In Lorenzo fand diese Überlegung nicht nur ihren profiliertesten Ausdruck, sondern sie brachte auch die politischen Traditionen des Gesamthauses der Medici angemessen zur Geltung. – Weniger traditionell war Lorenzos durchaus nicht demokratisch wirkende Führung. Wiederholt wurde ihm Herrschsucht vorgeworfen, die Rücksichtslosigkeit, mit der er alles selbst entschied. Immerhin konzedierte ihm später Francesco Guicciardini, daß es – da Florenz nun einmal seine innere Freiheit nicht habe behalten können – »unmöglich gewesen wäre, einen liebenswürdigeren Tyrannen zu finden«. Selbst Lorenzos Gegnern wäre es nicht möglich gewesen, dem Medici seine Außerordentlichkeit und Größe zu bestreiten. Davon zeuge, daß er in dreiundzwanzigjähriger Herrschaft die Macht und den Ruhm der Stadt ununterbrochen vermehrt habe; wer das leugnen wolle, sei verrückt.

So schloß Ferrante von Neapel Anfang März 1480 mit Florenz Frieden und unterzeichnete mit dem Medici sogar ein Schutz- und Trutzbündnis. Die Bedingungen für Florenz waren nicht besonders gut, aber alles andere als schlecht. Kaum hatten die Partner die Dokumente unterschrieben, verließ Lorenzo die Stadt, ohne Rücksicht auf den Vorschlag des Königs, man solle doch die Verträge noch einige Wochen lang in Neapel feiern. Er wollte seiner Waghalsigkeit nicht zuviel zumuten. Machiavelli beschrieb die Rückkehr: »War Lorenzo de' Medici schon als Großer abgereist, so kehrte er als ein noch viel Größerer heim und wurde von den Florentinern mit einer solchen Freude empfangen, wie sie seinen außerordentlichen Qualitäten und seinen neuen Diensten zustand: Er hatte sein eigenes Leben aufs Spiel gesetzt, um dem Vaterland den Frieden wiederzugeben.« Und ein Jahrhundert später stellte der Historiker Amirato in seiner Geschichte der großen Florentiner Familien fest, Lorenzos Ansehen sei von diesem Moment an »so gewachsen, daß er bis zum Ende seines Lebens Herr über alle Angelegenheiten Italiens« geworden ist.

Sixtus IV. gab zwar nicht so schnell auf, aber isoliert hatte er gegen Florenz wenig Aussichten, zumal er jetzt von Neapel gelähmt wurde. Der Krieg schlief ein. Das Ende brachten die Osmanen. Am 11. August 1480 landeten sie in Italien und eroberten die wichtige Hafenfestung Otranto in Apulien. Von den zweiundzwanzigtausend Einwohnern sollen weit über die Hälfte getötet worden sein, der Rest ging in die Sklaverei. Otranto bedeutete für Italien, für Europa einen Schock. Obwohl die Bedrohung noch nicht Rom direkt galt, wurde sie so empfunden. Lorenzo I. de' Medici, der sich zwar mit Sultan Mehmet II. hervorragend verstand, nutzte diese Situation zu einer ebenso harmlosen wie eindrucksvollen Geste. Er schickte fünfzehn Galeeren zur Unterstützung Roms. Sie bewirkten nichts, nur den endgültigen Sinneswandel des Papstes, der sich schon nach dem Fall Otrantos mit dem Ende des Toskanischen Krieges abgefunden hatte. Im Dezember 1480 schloß auch er Frieden mit Florenz.

Fortuna

In Italien wurde seit langem die Distanz zum Norden als kategoriale Differenz empfunden. Im Bereich der Kunst, etwa in der Reserve gegenüber den französischen oder flämischen Malern, äußerte sich das in Werturteilen, die sich betont auf Rationalität stützten. Allerdings ist in der italienischen Hochrenaissance »Ratio« noch nichts Intellektuelles, sondern ein besonderer Sinn für künstlerische Ordnung, für das schlicht »Wohlgeordnete«. Das eben spielte folgerichtig mehr und mehr die Hauptrolle, ob in der Kunst, im staatlichen Bereich, im Denken, in den politischen Kontrasten und Intrigen, bei denen es damals entgegen der noch immer landläufigen Meinung keineswegs um das Überleben in Dschungelsituationen oder um das Faustrecht des Stärkeren ging, sondern um die mögliche, wenn nicht bestmögliche Ordnung zwischen den Herrschern und Mächten, die sich so stark voneinander unterschieden. Das Prinzip der Vollendung ist hier nicht moralisch, sondern politisch-ästhetisch begründet. Nur deshalb, nicht etwa wegen einer substantiellen Immoralität hat Machiavelli die raffinierte Art, in der Cesare Borgia seine rebellischen Heerführer auf eine Burg einlud und dort ermordete, als »bellissimo« gerühmt. Aus dieser festen Überzeugung vom Rang der Ratio nährte sich die Zuversicht, daß die Erkenntnis der Antagonismen und diskordanten Bestrebungen zur Auflösung der Gegensätzlichkeiten und damit zur Stabilität führt. Ein solches Vertrauen war nicht nur von Neigungen zur Harmonie getrieben, sondern hatte politischen Zwang hinter sich in diesem »veränderungslustigen

Die platonischen Ideen und ihre Ausstrahlung auf den Renaissance-Philosophen und -Gelehrten
Holzschnitt in dem 1493 in Rom erschienenen Werk ›Computus cum commento‹ des Anianus
Berlin, Staatliche Museen Preußischer Kulturbesitz, Kupferstichkabinett

Italien, wo nichts fest steht«, wie Pius II. in der Jahrhundertmitte beklagte.

Berechnung und intellektuelles Planen schlossen sich auch zu dem erfolgreichen Bemühen, die folgenschwerste Form der Gewalt, den Krieg, mehr und mehr einzugrenzen und zu ketten. An seine Stelle trat das angestrengte Lavieren, die raffinierte Bedächtigkeit. Deshalb notierte Machiavelli respektvoll: »Obwohl ohne militärische Fähigkeiten, führte Lorenzo de' Medici doch auf diplomatischem Wege mehrere Kriege zum glücklichen Ende.« Und Guicciardini charakterisierte das Florenz Lorenzo il Magnificos so: »Die Stadt genoß den vollkommenen Frieden. Die führenden Bürger waren einig und hielten fest zusammen, und ihre Regierung war so mächtig, daß niemand ihr zu widersprechen wagte. Tag für Tag ergötzte sich das Volk an Schauspielen, Festen und Neuigkeiten. Florenz war im Überfluß mit Lebensmitteln versehen, und alle Gewerbe standen in Blüte. Die Männer von Geist und Talent fanden ehrenvolle Aufnahme und die Möglichkeit, alle Wissenschaften, Künste, alle Begabungen zu pflegen. Im Inneren der Stadt herrschte allgemein Ruhe und Eintracht; nach außen stand sie in höchstem Ansehen, weil sie eine Regierung und ein Oberhaupt von größter Autorität besaß, weil sie ihr Gebiet erneut ausgedehnt hatte, weil sie sehr viel zur Stützung der Stadt Ferrara und des Königs Ferrante beigetragen hatte, weil sie völlig über Papst Innozenz verfügte und mit Neapel und Mailand verbündet war und so gewissermaßen ganz Italien im Gleichgewicht hielt.« Dieses Urteil wiegt besonders viel, da Guicciardini den Medici gegenüber höchst reserviert war. Sein Resümee unterstreicht vor allem die Feststellung, daß das Harmonie- und Vollkommenheitsideal der Hochrenaissance auch in der Politik Lorenzo de' Medicis zum Ausdruck drängte.

Das also gehörte ebenfalls zum Stolz des neuen Selbstbewußtseins: Einsicht befähigt den Menschen, die Dinge zu ordnen, und zwar nicht nur im Raum der Vorstellung, sondern im konkreten Feld. Dem Anschein nach handelte es sich lediglich um einen paraphrasierenden Rückgriff auf die Empfehlungen Platons. Doch es war primär kein Aufnehmen des sokratisch-platonischen Ansatzes, keine Restitution des platonischen Idealismus, sondern eine völlig neue Selbstartikulierung mit Hilfe des irrigen Glaubens an die Konkordanz der eigenen Beweggründe mit denjenigen der griechischen Antike. Erst aus dem grundsätzlich veränderten Verhältnis zur Welt und aus der selbstbewußten Hochschätzung des persönlichen Potentials in dieser Zeit läßt sich erklären und verständlich machen, warum Platon und das Platonische so plötzlich in den Mittelpunkt rückten. Aus einer bloß literarischen Vorliebe für alte Handschriften ergibt sich das nicht zwingend. Die möglichen Ergebnisse einer historischen Logik haben nur selten etwas mit Philologie und Bibliophilie zu tun.

Das Neue, grundlegend andere gerade im Vergleich mit der Antike konzentriert sich mit am augenfälligsten in dem Begriff »Fortuna«. Der antike Schicksalsbegriff enthält dafür bestenfalls nur das Präkonzept; er wurde ständig, in unermüdlichen Anläufen durchdacht und nach allen möglichen Gesichtspunkten meditiert, jedoch nicht wegen seines Gehalts oder wegen der Gesichtspunkte, sondern wegen der Dimensionen, die außerhalb dieser Gesichtspunkte liegen. Das neue Selbstgefühl erhielt Klarheit und steigende Sicherheit, je prägnanter es sich vom griechischen Schicksalsbegriff absetzte. Fortuna in der Renaissance – das ist nicht göttliche Willkür und unausweichlicher Eingriff von oben, vielmehr Herausforderung des Menschen; das ist bildlich kaum noch ein Schiff, allein gesteuert von der wohlwollenden Nymphe, denn mitbestimmend an Bord sind Virtu und Prudenza geworden. Der symbolische Gehalt besagt, daß hier aller überweltlichen Willkür und dem blinden Zufall die Spitze geboten wurde. Das Risiko der irdischen Existenz wurde zunächst ertragen, dann bewußt aufgenommen, schließlich als Spannung begrüßt. Man ergriff es enthusiastisch, euphorisch, souverän, man begann es von sich aus zu suchen, rastlos und zugreifend; denn der Selbstentdeckung des Menschen folgte der fast besessene Zwang zur permanent wiederholten Selbstbestätigung.

In Lorenzo il Magnifico haben sich diese Perspektiven mehr als in jeder anderen Persönlichkeit versammelt, und zwar in einzigartig adduktiver Weise. Das ist der Grund für die ungewöhnliche Suggestion, die noch immer von diesem Mann ausgeht. Er ist nur dreiundvierzig Jahre alt geworden.

Kurz vor seinem Tod, am 8. April 1492, war er bereits in einem Stadium, das ihm die Absenz ermöglichte, noch bevor er das Leben verlor. Als er starb, war es auch bald vorbei mit dem langen Frieden von Florenz, vorbei mit dem so starken Einfluß der Medici, vorbei mit der Autonomie der italienischen Staaten und Stadt-Staaten gegenüber dem Ausland. Denn mit dem Tod Lorenzos neigte sich die Herrschaft Lodovico il Moros in Mailand ihrem Ende zu. König Ferrante I. von Neapel stellte betroffen fest, als er vom Tod Lorenzos erfuhr, daß dieser größte aller Medici »für seinen Ruhm lange genug, für Italien aber zu kurze Zeit gelebt hat«.

Das souverän sich selbst Präsentierende, das Lorenzos Beiname ›il Magnifico‹ provokativ genug ausdrückt, wird bildlich am stärksten in seiner Totenmaske sichtbar. Sie läßt auch einiges von der Bedeutung des Medici-Mottos ›Semper‹ ahnen, die hineingelegt oder herausgelesen wurde. Dieses Motto ist nicht christlich geradlinig nach vorn gerichtet bis zum Unabsehbaren. Der um sich selbst kreisende Verlauf gehört zum Blickfeld, wie er in der Vollkommenheit intendiert ist – ob sie nun erreicht worden ist, oder ob man sich ihr nur angenähert hat: die Zeit, aus dem Unbenannten heraufgeholt und vollendet in der Zeitlosigkeit, diesem wirklichen Implement der Zeit; das Zentrale der Renaissance – Wiedergeburt – ins einmalig Persönliche verwandelt.

Totenmaske Lorenzo de' Medicis
Florenz, Museo Mediceo

Die Wiedergeburt der Antike: Mäzene und Manuskripte

Nach Beendigung des Großen Schismas führten in Europa wieder alle Wege nach Rom, und das heißt: in die Renaissance. Deshalb erstaunt es nicht, daß dieses Phänomen bis in unsere Tage nach allen Aspekten untersucht worden ist, die denkbar sind. Das steht einem Sujet durchaus zu, über dessen Bedeutung es keine Zweifel gibt und bei dem Initiatives und Eminentes sich den Rang abzulaufen scheinen. Zu der ungewöhnlichen Spannweite der Erklärungen gehört allerdings auch das Ungenüge an den Ergebnissen der Interpretationen; so bleibt das Feld der Deutung wie bisher unverändert offen, und die Bahn, die das Faszinosum ›Renaissance‹ zurückgelegt hat, wird weiterhin eingerahmt von den Galerien staunender Betrachter. Das ist nicht überraschend bei einer Epoche, die sich selbst so verschwenderisch ins Manifeste entäußert hat; denn alles, was in der Geschichte Rang besitzt, ist sichtbar und präsentiert sich offen. Das Rätselhafte liegt im äußeren Erscheinungsbild, so daß nur das Augenfällige die Interpretation lohnt.

Am eingängigsten drückt sich das umstürzend Neue des Zeitalters in der Kunst aus. So zeigt etwa der Bronze-David Donatellos an, wie endgültig die Wegscheide ist. Kaum eine andere Skulptur der Epoche macht das Ausmaß der Kraft deutlicher, mit dem sich die menschliche Selbständigkeit freisetzt. Es ist nicht wesentlich, daß in Plastik, Malerei und Architektur ein neuer Stil zur Geltung kam, der sich über Jahrhunderte hinweg als Norm behauptet hat, sondern daß sich in dem, was als Stil registriert werden kann, ein Weltverhältnis äußert, das zu den Essentialen der Moderne gehört. Der Anspruch, den es enthält, gilt noch immer.

Die Gelehrten konzentrierten eine Menge Scharfsinn auf die Frage, in welchem Jahr die Renaissance begonnen habe, und was zu den unverwechselbaren Indizien des Neuen gehöre. Alle Versuche, die Wende an einen mysteriösen »Zusammenbruch des mittelalterlichen Weltbildes« zu fixieren, sind so unbefriedigend, weil dabei bereits die Ablösung vorausgesetzt wird, die erst erwiesen werden soll. Die frühesten Anzeichen, die zartesten Säume der veränderten Entwicklungsrichtung liegen zeitlich weit vor der Evidenz der späteren Ausformungen; sie sind für uns bestenfalls Morpheme. Aber das genügt. Was sich ins Ungegenständliche aufzulösen droht oder sich noch nicht im Gegenständlichen befindet, dessen kann man sich dadurch versichern, daß man es gegenständlich, auf anschauliche Körperlichkeit bezieht.

So nichtssagend der Wahrheitsgehalt der schütteren Verallgemeinerungen, die ins Zentrum der Renaissance gehören, inzwischen geworden ist, so korrekt ist er noch immer. Läßt man für das, was zuvor gewesen ist, das eigentümlich Religiös-Christliche auf sich beruhen, dann bedeutet die entschieden theozentrische Ausrichtung des Mit-

Das am Beginn des 15. Jahrhunderts zu erforschende Universum
Miniatur eines vermutlich französischen Künstlers in dem von Jean Corbechon übersetzten ›Livre des proprietez des choses‹ des Bartholomaeus Anglicus, erstes Viertel des 15. Jahrhunderts
London, British Museum

telalters, daß dem einzelnen Menschen keine besondere Rolle zugebilligt wurde. Christlich war allerdings die grundsätzliche Sündhaftigkeit des Menschen, sein hilfloses Ausgeliefertsein, das sich in seiner Erlösungsbedürftigkeit überwältigend äußerte. Mit diesem Konzept brach die Renaissance radikal, und zwar schon im Ansatz. In den Frühstadien wurde das jedoch von keiner der beiden Seiten bemerkt. Als Beweis dafür müßte genügen, daß fast alle Protagonisten der großen Wende davon überzeugt waren, der erste und größte von ihnen sei Dante gewesen – eine Tatsache, die später nicht ohne Absicht ignoriert wurde zugunsten des effektvollen Gegensatzes von Mittelalter und Renaissance/Neuzeit.

Renaissance ist im Unterschied zum Mittelalter tatsächlich ein Aufbegehren des Menschen zugunsten des Menschen, eine Investitur des Humanen. Der Ausdruck ›Individualismus‹ greift hier zu weit, ebenso die Wendung ›Persönlichkeitsideal‹. Auf dem Programm stand schlicht die allmähliche Entdeckung des Eigenwerts der Persönlichkeit. Der Mensch und mit ihm die Natur und die Welt – nämlich »seine« Welt – wurden der »anderen« Welt gegenübergestellt, dem Supranaturalen, dem Jenseits. Der Mensch erdreistete sich plötzlich zu behaupten, er besitze mit seiner Vernunft etwas »Ewiges«; denn diese Vernunft werde sich nicht ändern, vielmehr seine Natur sein. »Göttliche Natur« als Ewigkeit korrespondiert hier mit der Göttlichkeit der Menschennatur, die ebenfalls als »ewig« bewertet wird. Entschieden wurde mit der Rolle gebrochen, die dem Menschen im scholastischen Weltaufriß zugeteilt war. Und diese Entschiedenheit griff bald zu argumentativen Mitteln, die Behauptung wurde zu einer Maske der Selbstbehauptung. Das ist der Rubikon. Im christlichen Mittelalter gab es keinen Platz für den Menschen; in der Renaissance setzte man ans andere Ufer über, dorthin, wo die Konditionen des Menschen zum Fundamentalthema werden. So entwickelten sich die Begriffspaare: Vita contemplativa – Vita activa; Transzendenz – Immanenz; Theologie – Studia humanitatis. Die menschliche Persönlichkeit wurde ins Zentrum der Betrachtung gerückt. Pico della Mirandola entwarf dann mit seinem berühmten Traktat ›De hominis dignitate‹ ein vollständiges Programm von der Würde des Menschen.

Des Menschen Divinität wurde freilich nicht platonisch-begrifflich verstanden als eine Würde, die sich in bloßem Sein erschöpft. Das Göttergleiche war vielmehr identisch mit der Befähigung des Menschen zu schöpferischer Arbeit, zu kreativer Tätigkeit. Der Mensch, so formulierte es Alberti, sei »per stare facendo« geboren. Hier geht es folglich nicht um Tätigkeit, Arbeit. Aktivität an sich. Aber Tätigkeit, Arbeit, Aktivität bildeten exklusive Möglichkeiten der Selbstrealisierung. Dabei gab es keine qualitativen Abstufungen des Wirkens. Bildende Kunst, Architektur, Dichtung, Philosophie, Handel, Politik – die disziplinäre Sonderung ist belanglos gegenüber der grundsätzlichen Nobilitierung der Tätigkeit überhaupt. In ihr verwirklichte der Mensch seine Ansprüche, bestätigte er sich seinen Stellenwert als ein Wesen mit nur ihm eigener Magnanimitas. Er war nicht etwa bloß ein Homo – er war ein Homo magnus.

Aktivität – das neue Dasein

Diese Bejahung der weltlichen Tätigkeit ohne Jenseitsorientierung bedeutete einen massiven Bruch mit den Traditionen. Schon Leonardo Bruni erregte sich über die festgefahrene Meinung, »nur der könne ein Studierender sein, der sich in Einsamkeit und ohne feste Beschäftigung zurückzieht; ich für meinen Teil dagegen bin niemals einem dieser den menschlichen Umgang meidenden, dumpfsinnigen Einsiedler begegnet, die drei Wissenschaften kannten. Ein großer und erhabener Geist bedarf keiner derartigen Auflagen.« Diese Absage an die mönchische Klausur wurde von jedermann verstanden. Der große Pädagoge der Frührenaissance, Vittorino da Feltre, drückte das Prinzip mit einem Satz Ciceros aus: »Der Ruhm eines Mannes hängt von seiner Aktivität ab.« Nur der Ruhm? Nein, seine ganze Existenz. Und gemeint war keinesfalls nur die geistige oder künstlerische Aktivität, sondern genauso die politische, wirtschaftliche, militärische Tätigkeit, mit der Nuance allerdings, daß es keine sperrigen Konfinien gegenüber der intellektuellen Wirksamkeit gab. Vor allem in der Frührenaissance konnte ein Humanist ebensogut Kaufmann wie Politiker oder Bankier sein. Entscheidend für die Würde des Menschen war nicht, was er produzierte, sondern daß er produzierte. Marsilio Ficino brachte es später auf die Formel: »Gott will nichts Ungeformtes in der Welt.« Gestaltende Aktivität war eine Bedingung des irdischen Menschen-Daseins.

Das Monopol der Klöster auf die Tresore des tugendsamen, gottgefälligen Lebens wurde damit gebrochen. Kaufleute, Politiker, Heerführer, Künstler hatten sie jetzt ebenfalls in Besitz. Irdische Geschäftigkeit wurde nicht mehr als Verirrung disqualifiziert, sie entwickelte sich zu einem achtbaren Verhalten. Denn die Vita activa, die mehr und mehr auch demonstrativ gegen die klösterliche Kontemplation und den asketischen Müßiggang ausgespielt wurde, lebte ganz von der Bejahung der eigenen Existenz. Mönchische Entsagung wurde immer häufiger als humane Minderform eingeschätzt, als Versagung des persönlichen Daseins und des natürlichen Rechtes darauf.

Zwei Aspekte sind hier von besonderer Bedeutung. Erstens die Billigung jedes menschlichen Ausdrucks, gleichgültig ob er – gemäß der abgelebten Tradition – körperlich oder geistig war. Zweitens die Erprobung sämtlicher Möglichkeiten, die in diesem Konzept des Menschen enthalten waren. Das Wesentliche besteht im zuerst genannten

Gesichtspunkt darin, daß die körperliche Selbstbestätigung als Hochschätzung der Sinne und des Erotisch-Geschlechtlichen – mit der Intention auf umfassende Glückserfahrung – im alltäglichen Leben praktiziert wurde. Diesem konkret umgesetzten Wirklichkeitssinn korrespondiert der »Realismus« der neuen Kunst; er motiviert sowohl den Rückgriff auf die antike Skulptur wie die verletzende Polemik gegen die mönchisch-klerikale Sexualverfemung als schiere Heuchelei. Ähnliches gilt vom zweiten Aspekt. Auch bei ihm wurde der Rückgriff auf die Antike durch den Zwang ausgelöst, eine gewandelte Persönlichkeitsvorstellung durchzusetzen, einem neuen Weltkonzept seine Geltung zu verschaffen. Deshalb die Konsequenz, mit der sich in der Renaissance darstellende Kunst zur selbstdarstellenden Kunst entwickelte und Weltrecherche als eine Form der Selbstrecherche kundtat.

In den humanistischen Studien wird geistig-intellektuelle Selbstbestätigung aktuell. Der Anschein, als sei hier die Autoritätshörigkeit gegenüber der Antike weit offenkundiger als in den bildenden Künsten, entsteht lediglich durch die Eigentümlichkeit der literarischen Materie. Es gehört zu dieser Materie, daß die mimetischen Bemühungen der Zeit, durch die Neuschöpfung des Alten die Selbstschöpfung eines Neuen zu vollziehen, be-

Autor und Gedanke
Miniatur eines niederländischen Künstlers, letztes Viertel des 15. Jahrhunderts
Berlin, Staatliche Museen Preußischer Kulturbesitz, Kupferstichkabinett

sonders stark verdeckt sind. Aber auch in der Domäne der Humanisten läßt sich ohne Schwierigkeit zeigen, daß die »Wiedergeburt« der Antike zwischen dem 14. und 16. Jahrhundert nur das bewunderungswürdige Ergebnis eines epochalen Mißverständnisses gewesen ist. Die suchenden Menschen der Renaissance wollten durchaus nicht die Antike entdecken, sondern sich selbst. Allein zu diesem Zweck wurden klassisch-literarische Studien betrieben. Auf diesem Wege kam es zur Kostümierung der zeitgenössischen »Tugend«: der Studia humanitatis als Bemühung um Erziehung, um Selbstbildung. Und so brach sich erstmals in der Geschichte das autarke Schöpfertum des menschlichen Geistes freien Raum. Seine Mobilisierung wurde von der Entfaltung eines in ihm selbst wurzelnden sittlichen Lebens begleitet, das mehr war als ein Verhaltensduktus nach äußeren und oktroyierten Regeln.

Hier erfüllte sich der ganze Sinn der neuen Vita activa. Pico della Mirandola, der glühende Verehrer Platons und Aristoteles', entzog mit seiner ›Oratio de hominis dignitate‹ (1486) der antiken Philosophie, zumal derjenigen Platons, den Boden. Pico hatte diese Rede im gleichen Jahr abgefaßt wie seine neunhundert Thesen, die 1487 von Innozenz VIII. als ketzerisch verdammt wurden. Für den jungen Grafen bestand die Würde des Menschen nicht darin, sich des Besitzes einer substantiellen Seele zu erfreuen; sie lag vielmehr in der uneingeschränkten Fähigkeit, sich für eine der drei irdischen Seinsarten entscheiden zu können, die im Menschen vorhanden sind, und seine Seele diesem Entschluß gemäß durch entsprechende Handlungen zu bilden. Pico läßt Gott zu Adam sprechen: »Du, durch keine Beschränkung eingeengt, sollst dein Wesen bilden nach deinem freien Ermessen; denn in diese Hand habe ich dich gegeben. Ich habe dich in die Mitte der Welt gestellt, damit du Ausschau hältst nach dem, was dir in der Welt besonders entspricht. Wir haben dich nicht himmlisch und nicht irdisch, nicht sterblich und nicht unsterblich gemacht, damit du dir diejenige Gestalt schaffst, die du möchtest, gewissermaßen als freier und edler Bildner und Schöpfer deiner selbst. Du wirst ins Niederste, zum Tier absinken können: Du wirst ins Hohe, zum Göttlichen aufsteigen können aus der Einsicht deiner Seele. O welch höchstes Geschenk des Göttlichen Vaters, welch höchstes und wunderbares Glück des Menschen! Ihm ist gegeben zu haben, was er wünscht, und zu sein, was er will!«

Kein Zweifel, daß solche Sätze nicht christlich sind, aber sie sind genausowenig antik oder platonisch. Sie sind ein offenes Bekenntnis zu dem abendländisch-modernen »Eritis sicut Deus«. Das Wesen des Menschen und seiner Seele äußert sich nur noch in der Funktion, im Handlungsvollzug. In der Hochschätzung seiner Aktion wird seine Deifikation sichtbar. Deshalb ist die Mikro-Makrokosmos-Lehre der florentinischen Neuplatoniker um Lorenzo I. de' Medici weniger eine Aufnahme und Weiterführung Platons und Plotins als vielmehr die philosophische Begründung einer Entschlossenheit zum Aufbruch, dem nur funktionale Bestimmungen der menschlichen Fundamentation angemessen sind. Alles, was später in moderner Terminologie vom Individualismus und Subjektivismus der Renaissance ausgesagt worden ist, bezieht sich auf diese Ansätze.

Die Menschen allerdings warten nicht auf diffizile Begründungen, wenn sie bereit sind, neuen Impulsen zu folgen. Verhalten und Handlungen hängen von vitalen Antriebsmotivationen ab, nicht von Theoremen. Solche Feststellungen haben jedoch für die Frührenaissance nur bedingte Geltung, weil in ihr der intensivste Versuch der abendländischen Geschichte unternommen worden ist, die überlieferte Trennung von Geist und Körper aufzuheben. Der Mensch als Mikrokosmos ist eine Entsprechung des Schöpfergottes und seiner Schöpfung; deshalb ist das Human-Göttliche an ihm seine Fähigkeit, tätig zu sein. Der Modus ist dabei zweitrangig. Leone Battista Alberti versuchte mit einer großartig einfachen Behauptung, endgültig die Tür hinter dem Problem zuzuschlagen: »Sobald die Menschen wollen, können sie von sich aus alles.«

Albertis alles ergreifende Universalität hat nur in Leonardo da Vinci ein Pendant, und doch: Sie sind durch Entscheidendes getrennt. Obwohl heute eine allzu große Einigkeit darüber besteht, daß es für Leonardo keinerlei Vergleichsmöglichkeiten gibt, ist nicht bei ihm, sondern bei Alberti nach der unverfälschten Verkörperung des Menschentums der Renaissance zu suchen. In Leonardo herrschte die Richtung auf höchstmögliche Steigerung der Fähigkeiten vor, bei Alberti ging es um die Ausbildung und Repräsentanz aller menschlichen Fähigkeiten, die für ihn im Prinzip durchaus gleichwertig waren. Er schätzte alles Produzierte, sofern dabei auf Vollkommenheit abgezielt worden war; denn durch die Produktion wurde Göttliches sichtbar. Welche Differenz zu Leonardo: Alles, was Alberti erkannte, was er entdeckte und schuf, betrachtete er nicht als persönlichen Besitz, sondern verschenkte, ja verschleuderte es. Leonardo dagegen wurde verfolgt von dem Wahn, daß man ihn ununterbrochen bestehlen wollte. Dieser göttliche Geiz eines Ingeniums, dem sich schon der Gedanke fremder Teilhabe manisch mit der Vorstellung einer Entweihung verband, verschloß alles, verbarg es. Alberti lebte in vollständiger Identität mit sich und der Welt. Leonardo dagegen wurde zum Urbild des Individuums, dem Exorbitanz ohne Vereinzelung nicht möglich ist.

Die stereotype Behauptung, Alberti und Leonardo hätten sich unterschieden wie Schüler und Meister oder Dilettant und Vollender, ist schief. Für beide waren Kunst und Wissenschaft eine zentrale Einheit des menschlichen Vermögens, mit dem Unterschied, daß Alberti den Umkreis der prominenten Befähigungen erheblich weiter spannte als Leonardo, bei dem sich das Schätzenswerte schon eindeutig zum Genial-Gelehrten hin verschob. Verständlich zu einer Zeit, in der Wissenschaft und Kunst bereits zu Kriterien neuzeitlicher Nobilitierung geworden waren. Überspitzt gesagt: Leonardo besiegelte die Vorherrschaft des Gehirns. Er sicherte sich damit die Kränze und Ergebenheitsadressen aller Schreibtisch-Gelehrten, Head-Eggs, Experimental-Wissenschaftler und archivierenden Kunsthistoriker. Mit ihm beginnt die Hypertrophie der Erwägung auf Kosten der vitalen Unmittelbarkeit.

Schwer vorstellbar, daß Leonardo den Wunsch Albertis gehabt haben könnte, den Menschen »in drei Dingen untadelhaft zu erscheinen: im Gehen, im Reiten und im Reden«. Der Körper also, die Schulung sämtlicher Muskeln, seine Bewegungseleganz und Disziplinierung bestimmen die Qualität eines Menschen in gleicher Weise wie die Verrichtungen seines Kopfes. Demgegenüber waren die späteren Literatur-Humanisten nur Platoniker des Sitzfleisches. Zu welthistorischem Format ist dieser Typus durch Erasmus von Rotterdam gesteigert worden, dem Urvater des humanistischen Professors, der zu den großen Symbolgestalten der letzten Jahrhunderte gehört: Bildung als unvermeidliches

Unterricht nach mittelalterlichen Gepflogenheiten:
eine medizinische Vorlesung
Titelholzschnitt in dem um 1495 in Leipzig
erschienenen ›Speculum medicine‹
des Arnold von Villanova
Leipzig, Universitätsbibliothek

Unterricht nach ›modernen‹ Methoden:
Demonstration des Bauchsitus einer weiblichen Leiche durch Andreas Vesalius,
Lektor für Chirurgie und Lehrer der Anatomie
Titelholzschnitt vermutlich von Johann Stephan von Calcar
in dem 1543 in Basel erschienenen Hauptwerk des Vesalius
Basel, Universitätsbibliothek

Ergebnis vollständiger Introversion und ruinöser Körperlichkeit.

Die Frührenaissance zog bemerkenswerte Konsequenzen aus der Verherrlichung der Aktivität. Als Grundsatz des Lebens wurde Betätigung samt ihren Ergebnissen durch sich selbst gerechtfertigt; der sittliche Bezug mußte freilich bald eigens unterstrichen werden. Anläßlich der Übersetzung eines alten Textes für Cosimo de' Medici versicherte Leonardo Bruni seinem Gönner, der Besitz materieller Güter »biete eine Gelegenheit, Tugend zu üben«. Dagegen hatte kein Reicher etwas einzuwenden. Differenzierter schon Gianozzo Manetti – derselbe, mit dem sich Cosimo 1453 so bitter überwarf: Er bedauerte an Boccaccio, daß seine Verteidigung der Armut ihn bei der geistigen Entwicklung behindert habe. Noch einen Schritt weiter ging Alberti in der Rechtfertigung von Besitz und Reichtum. Er betrachtete sie fast als Hauptmomente des Bildungsprozesses: Wohlhabenheit als Bedingung nicht des Wohl-Habens, sondern des Wohl-Seins, der menschlichen Wohl-Gestaltung.

Hier handelt es sich nicht bloß um Einzelmomente der realistischen Grundfärbung der Renaissance und ihrer Hochschätzung des tätigen Lebens. In solchen Kundgebungen drückt sich sowohl das hartnäckige Beharren des Menchen auf eigener Gangart als auch sein Stolz aus, sich im faßlich Gemachten und Sichtbaren die Unbegrenztheit des Aktionsraumes bestätigen zu können. Zum ersten Mal ist eine Ahnung davon zu verspüren, daß die Sprache zwar vor allem das Bedürfnis nach Mitteilung befriedigt, daß aber die private Expression zu ihren erlesensten Möglichkeiten gehört. Ebenso lassen sich die ersten Anzeichen einer bis dahin unbekannten intimen Subjektivität feststellen, einer Interiorisierung, die das Wirkliche nicht entwertet, sondern das Allgemeine der Welt auch in den Binnenräumen entdeckt. Zur selben Zeit drängte das individuelle Porträt in den Vordergrund, eine bildnerische Paraphrase des großen Aufbruchthemas.

Als Quintessenz ergibt sich, daß der Mensch seine Möglichkeiten mit wachsender Energie in unbekannten Regionen erprobte. Unbekannt war er vor allem sich selbst, und je mehr er entdeckte, um so mehr wuchs die Erkenntnis, wie viel es noch zu erforschen gab. Unbekannt waren die Dimensionen und Inhalte weltlich ausgerichteter Wissenschaften. Unbekannt war noch der ganze Erdball, der Kosmos sowohl des geographisch Erfahrbaren als auch der Persönlichkeit.

Die falsch verstandene Antike

Der Mensch dieser Jahrhunderte entdeckte sich über die Antike; denn es führte kein andrer Weg zu sich selbst. Das relativiert erheblich den ganzen Prozeß der sogenannten Wiedergeburt des Altertums, der unverändert, wie eh und je, ins Zentrum der Renaissance und ihrer Erforschung plaziert wird. Wiederholt wurde schon von den Frühhumanisten darauf hingewiesen, daß sie nicht nur versuchten, das verschüttete Alte ans Licht zu heben, sondern daß diese Wiederbelebung auch eine umfassende Erneuerung der eigenen Zeit bedeute, und zwar von Grund auf, von den »eigentlichen« Ursprüngen her. Unmöglich war es in diesem Stadium, ein klares Bewußtsein von der bloß deiktischen Rolle der Antike zu entwickeln.

Immerhin war das Empfinden für die anregende Funktion der klassischen Studien deutlich ausgeprägt. Die antiken Vorbilder galten als Urbilder oder vielmehr als schrankenlos bewunderte Beispiele dafür, die Urbilder sichtbar zu machen; das Altertum schlechthin war ein grandioses Muster für Diaphonie. Und diesen Urbildern versuchte man mit Hilfe der Vorbilder in den eigenen Schöpfungen gerecht zu werden. Marsilio Ficino resümierte, daß die Wiederkunft des Goldenen Zeitalters in seinen Tagen nicht zuletzt mit der Erweckung der platonischen Philosophie in Florenz – »in luce e tenebris revocavit« – verbunden sei. Aber bereits ein halbes Jahrhundert früher hatte der Florentiner Humanist Matteo Palmieri in seinem Dialog »Della vita civile« (1431/32) die Wiedergeburt der Künste und Wissenschaften, die verlorengegangen seien, mit dem

Bemühen um eine eigene Form der Selbstrepräsentation gerechtfertigt.

Dieses gewichtige Moment der Selbstrepräsentation muß entschieden hervorgehoben werden. Renaissance – das war zwar die leidenschaftliche Sehnsucht, der Antike wieder Leben einzuhauchen, aber dieses Leben sollte sich nicht rekapitulierend in den flachen Dimensionen des Pergaments, der Buchrollen, erfüllen, sondern starke, vitale Gegenwart werden. Die sogenannte Wiedergeburt gewann Wirklichkeit durch die persönliche Existenz derjenigen, die zwar die Antike als Vorbild vergötterten, letzten Endes aber nur sich selbst meinten. Die Restitution des Alten war tatsächlich nur die Investitur eines Neuen.

Betrachtet man die Epoche nicht durch den Schleier angenehm irritierenden Weihrauchs zu Ehren der Alten, dann zeigt sich, daß die Antike für die Renaissance kein objektgeschichtliches Phänomen war, sondern ein Internproblem der Renaissance selbst. Die Römer und Griechen, die zu Wort kamen, gehörten zum 15. und 16. Jahrhundert, mochten die Dokumente und Zitate noch so original sein. Der Gang zu den Quellen, zum Ursprung, sollte das Konstitutive des Menschen freilegen. Heute verbinden wir mit dem Wort ›Prinzip‹ fast nur noch die Bedeutung ›Grundsatz‹. Der originale Sinn von Principio aber war Ursprung. Für Renaissance und Humanismus bedeutete die Rückkehr zur Antike eine Entdeckung des Prinzi-

Der Triumphwagen Federigo III. da Montefeltros
Aus einem Gemälde von Piero della Francesca, um 1465
Florenz, Galleria degli Uffizi

Eine Episode aus der Geschichte Jasons als Illustration des Treuegelöbnisses
aus Anlaß der Hochzeit Giovanna Albizzis
Gemälde von Piero di Cosimo, 1486
London, Royal Academy of Arts

piellen, des gleichbleibend Ursprünglichen, ja »ewig« Grundsätzlichen des Menschen. Daran gab es vor allem später keine Zweifel. Machiavelli erklärte ausdrücklich, der Griff zu den Ursprüngen sei deshalb so notwendig, weil in ihnen eine regenerierende Kraft stecke; diese Wirkung lasse sich herausholen. Deshalb die Hetzjagd durch ganz Europa nach Manuskripten der alten Autoren, deshalb das verzückte Starren auf die Statuen und ihre Torsi, die Säulenreste und Tempelruinen: die Verklärung der Antike als Galafest der Selbstfindung.

Die erste Hälfte des 15. Jahrhunderts brachte Italien geradezu eine geistig-künstlerische Dauereruption. Höhepunkt waren die Pontifikate von Nikolaus V. (1447–1455) und Pius II. (1458–1464). Mit Nikolaus beginnt die majestätische Reihe der Renaissance-Päpste; mit ihm – so wird gern kolportiert – sei die Renaissance persönlich auf den Stuhl Petri gekommen. Christlich imprägnierte Historiker ergänzten das gern durch den ehrbaren Hinweis, man müsse zwischen einer »falschen heidnischen« und der »wahren christlichen« Renaissance unterscheiden: Nikolaus V. sei edel und rein gewesen.

Für diesen Papst blieb der Seufzer gegenwärtig, den er als junger Mann – Sohn eines Arztes im ligurischen Sarzana – ausgestoßen hatte: »Wenn ich in der Lage wäre, Geld auszugeben, würde ich zweierlei tun: Bücher sammeln und Bauten errichten.« In diese Lage kam er als Oberhirte, nachdem schon vorher eine seiner Lieblingsbeschäftigungen im Abschreiben antiker Autoren bestanden hatte. Jetzt rekrutierte er eine große Schar von Kopisten und Übersetzern, die praktisch rund um die Uhr arbeiten mußten und die sich ständig in seinem Gefolge befanden. Dazu kamen seine vielen Agenten, die vor allem Griechenland nach Handschriften durchforsteten, so daß »Griechenland nicht untergegangen, sondern durch diese Liberalität des einen Papstes nach Italien – einst im Altertum Magna Graecia genannt – herübergewandert zu sein schien«, wie der

Humanist Francesco Filelfo rühmte. So mauerte Nikolaus V. mit Manuskripten den Grundstock der Biblioteca Vaticana, wohl der berühmtesten Bibliothek der Welt. In ihr wurde die erste Sammlung griechischer Handschriften in Westeuropa angelegt. Ebenso exzessiv betrieb der Papst die Restaurierung der römischen Kirchen und die Erneuerung der Stadtmauern. Er beauftragte Alberti, das gesamte leoninische Stadtviertel neu zu entwerfen. Seit Nikolaus V. datiert das Goldene Zeitalter Roms. Mit seinem sehnsüchtigen Jugendwort lieferte er der ganzen Renaissance ein Stichwort ihrer Verve, allerdings im umgekehrten Sinn: Nicht Geld ausgeben, um Bücher zu sammeln und zu bauen, sondern Bücher sammeln und bauen, ob man Geld besaß oder nicht.

Beides, Bibliophilie und Bauwerke, waren Formen eines ständig zunehmenden Selbstbewußtseins. Bei diesem Prozeß wurde die Antike bald nur noch zum Katalysator und schließlich zum neutralen Vorwand. Renaissance bedeutete nun das Erwachen der Musen aus einem tausendjährigen Schlaf. Die Rückkehr zu den Alten verwandelte sich jetzt in den triumphalen Einzug einer Dichtkunst, die soeben dem Jungbrunnen entstiegen zu sein schien. Dabei komplizierte sich das Verhältnis zur Antike noch mehr. In den ersten Jahrzehnten wurden die Größen der alten Literatur von den Humanisten fast wie religiöse Autoritäten verehrt. Sie blieben von Zweifeln unbehelligt, von aller Kritik ausgespart; sie wurden zu einer kanonischen Vorbildlichkeit stilisiert, aus der die Maße für alle Wertungen und Beurteilungen gewonnen wurden. Gleichlaufend dazu bildete sich jedoch ein klares Empfinden für das eigene Vermögen aus. Wenn die Antike schlechthin zur Norm erhoben wurde, dann mußte an ihr auch die eigene Leistung gemessen werden. Das blieb nicht lange bei ergeben prüfenden Vergleichen, zumal im Bildnerischen. Schon 1435 schrieb Alberti in seinem Werk ›Della pittura‹: »Unser Ruhm würde viel größer sein, wenn wir neue und unbekannte Künste und Wissenschaften entdeckten, ohne Lehrer und Vorbilder.«

Ohne Skrupel benutzte dann im Cinquecento ein Mann wie Giorgio Vasari den inzwischen häuslich gewordenen Begriff ›Rinàscita‹ mit klarem Bewußtsein von seinem Doppelcharakter: Für die Hochepoche bedeutete er sowohl die Rückkehr und Revitalisierung der Antike als auch die Entdeckung unverrückbarer, quasi natürlicher Normen des Schönen, die für die Kunstwerke der Alten genauso verbindlich gewesen sein sollten, wie sie es für die Schöpfungen der Renaissance zu sein hatten. Ästhetische Normen als natürliche Prinzipien und antik-klassische Schaffensgesetze sollten mit den verbindlichen Regeln der zeitgenössischen Kunst identisch sein – eine Kontamination, die für den Klassizismus Europas zum unumstößlichen Gesetz wurde. Originalität und Nachahmung sind hier nur zwei Aspekte einer zeitenthobenen Konstante, die im Kanon ebenso enthalten ist wie im Prinzip, im Ästhetisch-Grundsätzlichen. Nur unter dieser Voraussetzung kann der mimetische Elan der Renaissance verstanden werden; genaugenommen ist hier der Terminus ›Nachahmung‹ fehl am Platz.

Man ließ die Fragestellung selbst bald auf sich beruhen, standen doch letzten Endes auch die sogenannten antiken Vorbilder zu den urbildlichen Richtwerten, den Archetypen, in keinem anderen Verhältnis als die eigenen Schöpfungen. Schon in den ersten Jahrzehnten des Quattrocento war der Wetteifer mit den Werken der Alten von der Überzeugung unter Feuer gehalten worden, gleichwertig dasselbe, wenn nicht noch Besseres hervorbringen zu können. Alberti war einer der ersten mit seiner sachlich stolzen Versicherung, Männer wie Brunelleschi, Donatello, Masaccio, Luca della Robbia wären den Größten der Antike ebenbürtig.

In der Hochrenaissance mußte darüber nicht mehr nachgedacht werden; denn die eigenen Leistungen hatten die Vorbilder längst hinter sich gelassen. Zu dieser Zeit kam erstmals das qualitative Fortschrittskonzept ins Spiel. Dem erhöhten Selbstgefühl folgte unmittelbar die Überzeugung, eine eigene neue Epoche heraufgeführt zu haben. Als sicherstes Mittel der Kontrastierung boten sich

Allegorie der Polarität: Finsternis und Licht
Miniatur in dem Codex Rhenoviensis, um 1420
Zürich, Zentralbibliothek

die vorangehenden Jahrhunderte an, jene Spanne, die bis heute als ›Mittelalter‹ bezeichnet wird. Die Humanisten verwendeten dafür herablassend den uralten Gegensatz von Licht und Finsternis – ganz im Geiste der verheißenen Nachfahren Petrarcas, der versichert hatte, daß »unsere Enkel zum reinen Glanz der Vergangenheit zurückfinden« würden, sobald die Dunkelheit gewichen sei. Nur handelte es sich um den Glanz der Gegenwart.

Im mittelalterlichen Raum der Kirche ist das Akt-Ästhetische auf hieratische Symbolik in wesentlich dekorativer Absicht reduziert und fast ausschließlich den Darstellungen Adams und Evas oder einigen Gestalten beim Weltgericht vorbehalten. Ausschlaggebend dafür waren die besondere Sinnenhaftigkeit, die grundsätzlich negative Wertung des menschlichen Körpers, der Sexualekel, die Reduzierung des Erotischen bis zur »erhaben reinen«, das heißt geschlechtslosen Form. Davon hob sich in der Renaissance der Sinn für das Optisch-Taktile schroff ab; er gehörte damals zur vollen Bedeutung des Schönen und setzte die rückhaltlose Zustimmung zum erotischen Kern der Sinnenhaftigkeit voraus. Der Mensch, der im 15. und 16. Jahrhundert noch in ganz anderer Radikalität als bei den Griechen entdeckt wurde, ist nackt. Seine nicht mehr durch traditionell-fixierte Bezüge gehaltene Körperlichkeit wurde von den althergebrachten Wertungen entblößt; sie hatten sich in Abwertungen verwandelt. Das ist der ästhetische Aspekt der soziologischen »Ortlosigkeit« des nackten Menschen.

Die Krisenphase war allerdings schon in den vorangegangenen beiden Jahrhunderten durchschritten worden, so daß nun die Freisetzung nicht mehr Verlust des Bodens, sondern Gewinn eines eigenen Raumes bedeutete. Selbst-Besinnung äußerte sich in der körperlichen Wirklichkeit als Ver-Sinnlichung. Deshalb die gewaltige Rolle des Ästhetischen, der Harmonie, des Kanons der Schönheit. Freilich stand hier die Sache im Mittelpunkt, nicht ihre terminologische Verfestigung; der Begriff ›Ästhetik‹ ist erst im 18. Jahrhundert aufgekommen. Und der Sache nach ging es um die gesamte Welt, die als ästhetisches Phänomen erfahren wurde, weil sie selbst ein ästhetisches Phänomen darstellte – nicht nur für die Künstler. In der Renaissance orientierte sich das Ästhetische also am Materiellen, am Inhalt des griechischen Wortes ›aisthesis‹, bei dem die Sinne und die Sinnlichkeit die eigentliche Rolle spielen.

»Der letzte Sinn des Lebens ist Genuß« (A. Firenzuola)
Stich von Virgil Solis
München, Staatliche Graphische Sammlung

Die Aktstudien Pisanellos, des großen Bildnismedailleurs und Favoriten der Este in Ferrara, waren demzufolge noch ein Pionierunterfangen. Seltsam immerhin in einer Atmosphäre, in der sich seit dem ›Decamerone‹ Boccaccios die Mentalität in carnalibus konsequent gewandelt hatte, in der schon ein so ehrenwerter Papst wie Martin V. zum größten Vergnügen seiner Kardinäle den Humanisten Poggio Bracciolini als apostolischen Sekretär nach Rom geholt hatte, einen Mann, dessen außerordentliche Gelehrsamkeit so geschätzt wurde wie seine Fähigkeit, dem erotischen Humor und seiner elementaren Unentbehrlichkeit alle möglichen Paraphrasen abzugewinnen. Mit dem ›Liber facetiarum‹, dieser Summe seiner gesammelten Wallungsweisheiten und Obszönitäten, ist er zum Schöpfer einer ganzen Literaturgattung der Neuzeit geworden. Das sind Besonderheiten des Weltgenusses, der diese Zeit bis zum letzten Winkel erfüllte. Lorenzo Valla, Carlo Marsuppini und Antonio degli Beccadelli Panormita waren ebenfalls federführend. Traktate ›Über die Lust‹ begannen Schule zu machen. Valla ließ seinen Kollegen Beccadelli konstatieren: »Was die Natur hervorbrachte und formte, das kann nur beifallswürdig und heilig sein«; denn die Natur – auch das wurde Beccadelli in den Mund gelegt – »ist dasselbe oder doch nahezu dasselbe wie Gott«.

Tugend ist hier auf dem Weg, eins zu werden mit allem, was den Menschen erfreut; sie schließt sämtliche Sinne ein. Da die Natur göttlicher Abkunft ist, gelten auch ihre Güter als göttlich geartet. Demgegenüber wirkt die Konfession des Dichters Agnolo Firenzuola zu Beginn des 16. Jahrhunderts fast wie eine leicht lädierte Gefälligkeit: »Die Liebe ist nichts anderes als Genuß. Ich liebe die Frauen so, wie ich den Wein, das Spiel, die Wissenschaft liebe. Der letzte Sinn des Lebens ist Genuß.« Ebenso ist die extreme Kühnheit der verrufenen ›Sonette‹ Pietro Aretinos mit ihrer auftrumpfenden Indezenz oder der nur in Sammlerbänden publizierten ›Positionis amoris‹ Giulio Romanos, des besten Raffael-Schülers, nicht frei von Anzeichen, daß sich der kraftvollen Vitalität bereits Irritationen der Unmittelbarkeit zugesellt haben.

Ob es sich um künstlerische Demonstrationen oder um spätere Begründungen literarisch-exegetischer Art handelte – die christliche Kirche hatte schwer damit zu tun, um so mehr, als das Humanistengros tief überzeugt war, im Einklang mit dem kirchlichen Glauben zu schreiben, zu lehren und zu denken. Jedenfalls entwickelte sich das Gespür für den Epochenwechsel in der Kirche nicht weniger intensiv als bei den Protagonisten des Neuen. Die allenthalben emporschießende Überzeugung von der Prominenz des Menschen rührte im Christentum tiefes Mißtrauen auf; denn wie die Schlußfolgerungen von der wörtlich genommenen Gottebenbildlichkeit aussahen, das wurde hier sogar früher geahnt, als von den Humanisten expressis verbis ausgesprochen. Die christlichen Befürchtungen trafen zu, weil über die Mikro-Makrokosmos-Lehre der florentinischen Neuplatoniker die Sanktifizierung des Menschen nicht lange auf sich warten ließ; es spielte keine Rolle, ob das im Vollzug geschah oder reflektiert.

Ein Gutteil der künstlerischen und intellektuellen Produktion der Renaissance gewann seinen Glanz gerade durch die Ahnung der Kirche von dem bevorstehenden Bankrott der christlichen Sinnenfeindschaft. Daß sich gleichwohl ein schimmernder Bogen von Martin V. über Nikolaus V. und Pius II. bis weit über Leo X. hinaus spannt, der für die Renaissance tragende Bedeutung besitzt, ist das welthistorische Ergebnis klerikaler Irrtümer, die durch ebenso große Mißverständnisse der Künstler und Humanisten ergänzt wurden. Mit derselben Leidenschaft, mit der Denker wie Marsilio Ficino die Antike verehrten, fühlten sie sich als Christen. Niemand empfand dabei etwas miteinander Unvereinbares zusammengespannt. Erst sehr viel später wurde auf das Abstruse dieser Verbindung hingewiesen.

So steht man heute vor dem Dilemma, daß in der Renaissance und im Humanismus etwas praktisch gelebt wurde, von dem die Forschung schließlich eindeutig bewiesen hat, daß es gar nicht gelebt werden konnte. Trotzdem sollte man aus der posthumen Position eines gefilterten Wissens Marsilio Ficino keiner gewaltsamen Harmonisierungsversuche schuldig sprechen, wenn er behauptet hat, derjenige, der von den Lehren Platons nichts wisse, könne weder ein guter Christ noch ein guter Bürger sein. Immerhin waren Christen und Humanisten auf das gleiche Ziel eingestimmt: sich dem Göttlichen zu nähern. Dabei unterschieden sich lediglich die Wege; die Humanisten sahen immer ausschließlicher in der Bildung die exklusivste Form menschlicher Selbstverwirklichung als Erfüllung des göttlichen Auftrags.

Auch die meisten Päpste in den beiden Renaissance-Jahrhunderten lebten nach der Meinung, daß der Stuhl Petri kein Argument gegen die ungezü-

Die drei Grazien
Rückseite einer Medaille in der Art
Niccolò Fiorentinos, 15. Jahrhundert
Washington, D. C., National Gallery of Art,
Samuel H. Kress Collection

Die Hure Babylon mit der Vulgata
und ein Bischof mit Kelch
Rückseite einer Spottmedaille
der Reformation, 1543
München, Staatliche Münzsammlung

gelte Liebe zur antiken Klassik und die praktizierte Freude am Dasein sei. Gestaltung und Bildung als Inbegriff der Kultur bringe den Menschen ebenso zu Gott wie der christliche Glaube – zumal dann, wenn er sich im Einklang mit diesem Glauben wisse. Die Empfindung dafür, daß sich in der Alternative von persönlicher Gläubigkeit und fixierter Offenbarung etliche Fundamentalien der christlichen Religion in ihrer überlieferten Form zersetzten, schien unwiderruflich in Vergessenheit zu geraten.

Heute weiß man, daß die Kunst der Griechen sowohl mit ihrem Leben als auch mit ihrer Religion identisch gewesen ist, daß antiker Mythenglaube, Kult und Mysterien das künstlerische Schaffen getragen haben. Die Orientierung auf die Götterwelt ist zu eng an ihren Grund gebunden gewesen, als daß sich Skulptur und Architektur – auch die Tragödie – ohne Verzerrung davon ablösen ließen. Das plastische Werk ist ein Teil des Pantheons, die Skulptur eine Verkörperung des Göttlichen gewesen. Deshalb war die Renaissance bei ihrem leidenschaftlichen Wunsch, die Antike neu zu beleben, wohl oder übel zu einer Fiktion gezwungen; sie mußte von der religiösen Basis vollständig abstrahieren. Antikes konnte dadurch nicht ins Leben gerufen werden, wohl aber das »Neuzeitliche«. Und gerade der Glaube, bei diesem Unternehmen im Einklang mit dem Christentum zu sein, wurde die zeitgemäße Form, sich von ihm zu distanzieren.

Luther verdammte Rom als die große Hure Babylon und den Papst als Antichrist, er wütete gegen »diese Kardinäle, diese Päpste und diese ganze Meute des römischen Sodom«, aber auch er saß dem zeitgenössischen Blickirrtum auf. So eindrucksvoll in ihm das traditionelle Reformverlangen des Spätmittelalters sich vollendete, so sehr war auch er ein Renaissance-Mensch, nur in der besonderen Varietät, daß er seine Antike im Urchristentum suchte, und zwar mit derselben illusionären Hoffnung wie die Humanisten bei ihrem Versuch, die Antike neu zu beleben. Luther griff gleichfalls auf die Ursprünge zurück, auf das Grundsätzliche im ursprünglichen christlichen Glauben – so wie er es sah; er kämpfte darum, die »echte« Bibel, das »wahre« Christentum zu restituieren. Daß Antike und Urchristentum jeweils auf eine andere Art »tot« waren, spielte dabei eine nachgeordnete Rolle. Diese Entsprechung wird durch eine Figur wie Erasmus schlüssig ergänzt. Er verstand unter »Renascentia« nicht zuletzt eine persönliche Lebensform, in der sich die wohlgeordnete Natur verwirklicht. Weil das aber von Erasmus speziell christlich aufgefaßt wurde, handelt es sich hier um eine besonders charakteristische Gelenkstelle von Renaissance und Reformation.

Die Schlußfolgerung erscheint merkwürdig und ist doch einleuchtend: Historische Epochen oder Phänomene lassen sich nur dann mit Erfolg neu beleben, wenn man sie falsch versteht. Im 15. und 16. Jahrhundert hatte man davon schon einige Begriffe. Je nachdrücklicher sich allerdings die Überzeugung durchsetzte, in einem neuen geschichtlichen Zeitalter zu leben und diese notabene goldene Epoche durch eigene Leistungen heraufgeführt und ausgeformt zu haben, um so eindringlicher stellte sich das Problem des substantiellen Verhältnisses zur Antike, das heißt: der historischen Dimension. Die Besinnung auf lange Zurückliegendes, die Bemühung um seine Wiederherstellung konnten ohne ein neues Bewußtsein der Zeitlichkeit nicht wirksam werden; man war auf Historizität angewiesen. Geschichtliche Orientierung setzte sich in der Renaissance auch deshalb durch, weil in der Bemühung, das sogenannte Wahre, Wirkliche der Antike zu finden, zugleich die eigene Unverwechselbarkeit entdeckt wurde und damit die Überzeugung aufkam, daß ihre Gegenwart etwas gänzlich Neues darstelle, der historischen Reflexion zusätzliche Impulse liefere.

Dem Enthusiasmus der Epoche öffnete sich hier ein weiterer Sektor für die Ausschweifungen der rationalen Unersättlichkeit. Zunächst könnte es scheinen, als hätte die Entdeckung der »ewigen« Prinzipien des Menschen durch den Mund antiker Autoren eine Abwertung des Historischen bedingen müssen. Aber das täuscht, weil gerade aus der Geschichte und der Vielzahl der Kulturformen die Beweise für die angeblich gleichbleibende Natur des Menschen gewonnen wurden. Der Geschichte fiel demnach eine demonstrative, bezeugende Rolle zu. Überdies war historischer Sinn eine Voraussetzung für die Entwicklung des Dreierschemas der geschichtlichen Chronologie: Antike – Zeit der Finsternis und Barbarei (Mittelalter) – Wiedergeburt der Antike. Das wurde keinesfalls als ein natürlicher Prozeß hingenommen; es wurde begründet, und dafür mußte ein Distanzierungsvermögen vorhanden sein. Sowohl in den Überlegungen, wie die Antike aus den Verschattungen der vorangegangenen Jahrhunderte herausgeholt werden konnte, als auch in den Erörterungen über die Bedeutung, welche ihr für diejenigen zufiel, die antike Wertvorstellungen mit Hilfe größtmöglicher Annäherungen an die »wirkliche« Antike verbindlich zu machen versuchten, drückte sich ein eminenter Sinn für die Geschichte und ihre eigentümlichen und eigentümlich verschränkten Dimensionen aus. Deshalb kommt dem kritischen Akt des Lorenzo Valla, seinem historisch-philologischen Beweis, daß die Konstantinische Schenkung gefälscht war, exemplarische Bedeutung zu.

Zu dem Empfinden für historische Distanz gehörte ein prägnantes Bewußtsein für die menschliche Zeitdimension. Bezugspunkt blieb dabei allerdings die besondere Situation, die spezielle Lage innerhalb der Realzeit. Diesem Zeitproblem korrespondierte im künstlerischen Bereich das Problem der Perspektive und im allgemeinen Lebensbereich die Tatsache der neuen Welterfahrung und Freiheitsvorstellung. Dieselbe Ausrichtung gehörte zu den Antrieben, von denen so eingespielte Reizbegriffe der Renaissance wie Realismus, Individualismus, Naturalismus, Säkularisierung belebt sind. Ein vollständiges Tableau der geistigen, religiösen, politischen, gesellschaftlichen Bedingungen einer Epoche kann immer nur Wunsch und Ziel sein, nie eine realisierbare Möglichkeit. Wohl aber lassen sich Indikatoren sichtbar machen, und dazu gehörte in der Renaissance, daß Realismus der Kunst und Individualismus des Menschen nicht ausschließlich Phänomene der Kunst und einer besonderen Personalitäts-, Subjektivitäts- und Gesellschaftsvorstellung waren. In der Kunst, mit Hilfe der Literatur, in der praktischen Lebensverwirklichung wurden nur die Instrumente einer veränderten Daseinsorientierung und Empfindungslage des Menschen gehandhabt.

Ein Schlüsselerlebnis bildete die Erfahrung von der umfassenden Befreiung des Menschen. Sie wurde zur Ursache für die häufigen Ausbrüche des Überschwangs in diesem Zeitalter. Besonders auf-

Das Glück der Freiheit
Zeichnung von Peter Vischer d. J., um 1500
Erlangen, Universitätsbibliothek

fällig gestaltete sich dieses wichtige Moment in Florenz. Zu dem Konzept eines Menschen, der sich von den Bindungen der Kirche, den ständigen Beschränkungen und dem Raster eines festgelegten Umfeldes gelöst hatte, der in übertragenem Sinn genauso entblößt war wie in künstlerisch buchstäblichem, gehörte bereits das Schema der innerlich und äußerlich freien Person. Florenz demonstrierte wie keine andere Stadt Italiens, welchen Stellenwert die Kunst besaß. Kunst war dort nicht irgendein autonomer Spezialbezirk, kein Areal, in dem Privatpersonen ihre geistig-kulinarischen Bedürfnisse tummelten. Sie war der schlüssige Ausdruck eines Bestrebens, das sich nur auf dem Boden entwickeln konnte, der die Gesamtgesellschaft trug. Ein Ziffernbild ist bemerkenswert: 1480 wurden in Florenz siebzig Metzger gezählt, daneben aber vierundachtzig Werkstätten für Holzschnitzereien und Intarsien, vierundfünfzig Betriebe für Marmor- und Steinarbeiten und vierundvierzig Gold- und Silberschmieden.

Die kontinuierliche Entfaltung der Mündigkeit wurde von der Ausgestaltung eines Freiheitskonzepts begleitet, das bereits die wesentlichen Bestimmungsmerkmale neuzeitlich-moderner Freiheitsvorstellungen enthielt. Vor allem profilierte sich die Idee einer durchaus persönlichen Freiheit, einer Freiheit, die nicht mehr wie früher von oben zugeteilt und gewährt wurde, sondern als selbstlegitimierte Tugend, Gabe, Befähigung und schließlich als Recht zur Signatur des Menschen gehörte.

Das Freiheitsstreben, das sich zunehmend gegen Bindungen richtete, deren gottgewollte Natur bestritten, in Frage gestellt oder nicht mehr akzeptiert wurde, hatte sich im wesentlichen mit den Forderungen der verschiedenen sozialen oder häretischen Bewegungen gedeckt, denen sämtlich die Bereitschaft zur Auflehnung und deshalb revolutionäre Tendenzen gemeinsam waren. Immerhin hatte es schon zu dem reich facettierten Bild des Spätmittelalters gehört, daß dieses oppositionelle Element auch von dem tief religiösen Bemühen bestimmt war, ein Christentum zu verwirklichen, wie es mutmaßlich den Vorstellungen der Urgemeinde entsprach. Das galt für die Katharer, Waldenser und für die franziskanische Bewegung genauso wie für die Unzähligen, die innerhalb der Kirche nach grundsätzlichen Reformen riefen; es galt für die Aufstände eines Wat Tyler und John Ball, für die Jacquerie in Frankreich und wenig später für den Bundschuh und den großen Bauernkrieg in Deutschland.

Damit jedoch kein falsches Bild entsteht: Hier handelte es sich durchweg nur um Vorstadien eines bewußt geführten Kampfes um Freiheit als eines Persönlichkeitsrechtes. Das betraf den Humanismus in gleicher Weise wie die Reformation. Gerade diesen Bewegungen ist oft ein gemeinsames Freiheitsstreben unterlegt worden: Der Humanismus hätte versucht, künstlerisch-wissenschaftliche Freiheit zu verwirklichen, der Reformation wiederum sei es um religiöse Freiheit gegangen. Beide Bewegungen hätten die Emanzipation des abendländischen Menschen eingeleitet, ihn also von den Fesseln befreit, in die er von der mittelalterlichen Kirche gelegt worden war. Eine solche Interpretation vergröbert die wirklichen Verhältnisse.

Unbestreitbar: Die Humanisten präformierten die entscheidenden Merkmale des neuzeitlich-modernen Prinzips der Freiheit, am eindrucksvollsten natürlich in ihrer Domäne, im Bereich des Forschens und der Wissenschaft. Und dies sowohl wegen ihrer Forderung, daß alle beengenden und regulierenden Schranken aufgehoben werden müßten, als auch wegen ihres Leistungsgrundsatzes, der sich Jahrhunderte später so folgenreich im liberal-demokratischen Dschungelethos wiederfindet und durch Bethmann Hollweg zum geflügelten Wort von der freien Bahn für alle Tüchtigen geworden ist. – Eine Verkörperung dieses Prinzips war das Leben des Erasmus von Rotterdam. Die persönlichen Bedingungen humanistischer Existenz nahmen Wesentliches des modernen Verhältnisses von Staat und Geistesfreiheit vorweg. Schon das bloße Dasein der Humanisten war an bestimmte politische Voraussetzungen gebunden; sie waren auf die finanzielle Förderung und den unbedingten Schutz der politischen Machthaber angewiesen. Die Trias von Wissenschaft, Literatur und Schönen Künsten in humanistischem Sinn war nur dort möglich, wo Geistesfreiheit nicht bloß gewährt, vielmehr auf die Länge garantiert wurde.

Dieses Verhältnis freilich war nicht einseitig. Seine Wechselbeziehung verhalf Europa zu wesentlichen Zügen seiner Eigentümlichkeit. Im politischen Gemeinwesen existierten Geistesfreiheit sowie Allmacht des Staates in gemessenen Grenzen nur, solange die humanistischen Grundsätze und Normen von der führenden Beamtenschicht akzeptiert und womöglich persönlich gelebt und praktisch zu verwirklichen versucht wurden. Das ist der Hintergrund des unkomplizierten, aber oft genug mißverstandenen Satzes, daß jede geistig-künstlerische und wissenschaftliche Tätigkeit ihrem Wesen nach autark ist und sich in freiem Widerstreit und ungehemmter Meinungsäußerung selbst korrigiert – ein Verfahren, das schlimmstenfalls nicht einmal durch die Regeln mittelmäßiger Erziehung gebremst wird. Es gibt eine Flut geschichtlicher Beispiele, zu welch grotesken Verzerrungen und Unzuträglichkeiten es kommt, wenn dieses empfindliche Verhältnis gestört wird, wenn vor allem eine politische Instanz gegen die Grundbedingungen des praktizierten Humanismus verstößt, die aus dem 15. und 16. Jahrhundert stammen und noch heute von den modernen Wissenschaften reklamiert werden.

Die befragte Welt

Die Freiheitsproblematik war damals nichts Intellektuelles oder Deklamatorisches. Sie wurde von dem Realitätsbewußtsein erfüllt, das überall zur Geltung kam und eine der mächtigen Modalitäten der gewandelten Welterfahrung bildete. Die Humanisten der Renaissance benötigten zur Denkarbeit sowohl das Hirn als auch etliche andere Sinne. Deshalb das Frisch-Elementare im Geistigen, die Forschheit im Gedachten, die Gier, mit der man sich der Vorstellungsobjekte bemächtigte. Denken war die Erfüllung eines intellektuellen Kontrektationstriebes, also noch nicht das Unterfangen späterer Zeiten, durch Vernunfterklärung die Dinge der Welt herabzurationalisieren. Noch war der Verstand nicht von der Art, nur an das zu glauben, was innerhalb der Grenzen des Verstandes lag.

Wenn die Realitätserfahrung der Renaissance gleichbedeutend mit der Entdeckung der präsenten Umgebung, der umgebenden Präsenz, war, dann lag die erste Form der Selbständigkeit darin, daß der Bezug zu Gott und Jenseits, Kirche und Glaube, der sich bis dahin wie ein bedingter Reflex eingestellt hatte, gestutzt wurde. Für dieses Phänomen hat sich der Begriff ›Säkularisierung‹ eingebürgert, zu Unrecht. In ihm kommt nur der christliche Aspekt zur Geltung. Dieser Begriff signalisiert den Abfall, die Abwendung von etwas Besserem. Unter religiös-kirchlichen Vorzeichen muß Säkularisierung die qualitative Minderung eines vorher Nicht-Säkularen, sich über dem Nieder-Irdischen Befindlichen bedeuten; insofern war Säkularisierung in der Tat Versündigung. Im somatischen Bereich drückte sich Säkularisierung praktisch so aus, daß der Körper nicht mehr nur als »sterbliche Hülle« gewertet wurde. Nur noch unter einigen untypischen Gesichtspunkten rangierte die Welt als irdisches Jammertal; unter der Mehrzahl der anderen hatte sie durchaus den Stellenwert eines nicht Unparadiesischen, das den intersubjektiven Genüssen mehr zubilligte als nur die Rechte auf Vegetarisches.

Die Fiktion der christlichen Übereinstimmung konnte deshalb so lange aufrechterhalten werden, weil der Verselbständigung der Welt eine Projektion des Inneren nach außen, eine Externalisierung, zugrunde lag und dieses Phänomen christlich-philosophisch verdoppelt wurde. Leicht waren Zusammenhänge zwischen den Vorstellungen aufzuweisen, daß einerseits auch der neue Mensch nur ein Ebenbild Gottes sei und einen Mikrokosmos darstelle, daß andererseits die ganze Welt sich als ein überdimensionaler Mensch betrachten lasse, als

Die sieben freien Künste unter dem Schutz der Philosophie
Titelholzschnitt in der 1503 in Freiburg erschienenen ›Margarita philosophica‹ des Gregor Reisch
Berlin, Staatliche Museen Preußischer Kulturbesitz, Kupferstichkabinett

Makranthropos. Jenseits dieser gröberen Demonstrationen wurde jedoch die besondere Welt- und Realitätserfahrung ununterbrochen differenziert. In der revolutionären Einsicht, daß diese Prima-facie-Realität nicht schon die eigentliche Realität ist, stecken alle Wurzeln der Kritik. Ohne sie wäre Lorenzo Vallas Entschluß unmöglich gewesen, die Aussage des Dokuments der Konstantinischen Schenkung nicht unbefragt hinzunehmen; ohne sie hätte man den Schluß nicht gewagt, daß die Erde – sofern sie eine Kugel und keine Scheibe war – umsegelt und folglich Indien nicht allein auf Ostkurs, sondern ebenso auf Westkurs erreicht werden könne; ohne sie würde noch immer die Sonne um die Erde kreisen.

Die offerierte Wirklichkeit wurde befragt und geprüft. Zwischen dieser kritischen Einstellung und der Erweiterung des Wissens vom Bestehenden gab es einen festen Zusammenhang. Um den Expansionsprozeß der Kenntnisse voranzutreiben, wurde in der Renaissance ein bis dato unbekanntes Verfahren entwickelt: Natur, Wirklichkeit, sämtliche Phänomene wurden künstlich wiederholt, aber nicht um einer objektivierenden Spiegelung willen, auch nicht im Schlepptau der mimetischen Theorie der Griechen, die das Grundprinzip der Kunst auf die Nachahmung der Wirklichkeit festgelegt hatte, sondern unter dem Gesichtspunkt bestimmter Erwartungen oder Fragestellungen. Der so deutlich hervorgehobene Realismus der Renaissance-Kunst beruhte auf demselben Weltverhältnis wie die Naturwissenschaften der Zeit, die aus ihm das Verfahren des wiederholbaren, konkludierend entwickelten Experiments ableiteten. Deshalb findet sich bei Alberti und Leonardo soviel Prototypisches, gibt es bei ihnen keinen Unterschied zwischen Künstlertum und Naturforschung, vielmehr eine Einheit, die unter heutigen Bedingungen nur als abstruses Ineinander kontradiktorischer Gegensätze bewertet werden kann.

Kunst und Natur – das waren in der Renaissance zwei Zustände derselben Sache. Wissenschaft bildete ein Ganzes. Sie führte sowohl zur Kunst als zur Natur; denn die Operationen auf künstlerischem Gebiet unterlagen gleich strengen Regeln wie die Arbeiten im Bereich der Natur. Das äußerte sich auch in der theologischen Überzeugung, daß Gott die Welt nach festen Ordnungs-Prinzipien entworfen habe, so daß sich sowohl die Gesetze der Natur als diejenigen der Kunst durch mathematisch-rationale Verfahren entschlüsseln ließen und dieser Auflösungsprozeß ein direkter Weg zu Gott sei. Ein besonders einförmiger Niederschlag davon war der physikotheologische Gottesbeweis, der nur auf Grund des »physikotheologischen Scheins« möglich war.

Der Universalauffassung, dem Aspekt der durchgehenden Ordnung, entsprang die antizipatorische Festigkeit der Frührenaissance. Obwohl Masaccio keine achtundzwanzig Jahre alt wurde, prägte er die Malerei des folgenden Zeitalters; es läßt sich ernsthaft darüber diskutieren, ob dieser Anfang nicht auch schon den Höhepunkt darstellt. Ähnliches gilt von Brunelleschi und der Architektur, von Donatello und der Plastik. Bei Masaccio und Donatello ist auch die Verschränkung zweier Grundhaltungen zu sehen, die sich inzwischen zu echten Gegensätzen auseinanderentwickelt haben: Das Kunstwerk ist einerseits expressive Gestaltung, in das die ganze Persönlichkeit des Künstlers – ohne Diskretion des Empfindens – eingebracht ist, andererseits Ausdruck des Einklanges mit den berechenbaren Gesetzen der Wirklichkeit und ihrer Harmonie. Für Brunelleschi, Masaccio, Donatello oder Piero della Francesca wurde durch die Entdeckung der Zentralperspektive das Fundament ihres künstlerischen Schaffens gelegt. Alberti lieferte dazu die Theorie.

Die Kunst der Renaissance bietet sich extrem figurativ dar. Aber die scheinbare Nachahmung der Wirklichkeit wurde nicht von den Bedürfnissen nach gestaltender Rekapitulation getrieben, sondern von der Nötigung zum Selbstausdruck, von dem Zwang, die Dignität des Menschen zu rechtfertigen. Die bildenden Künste wurden dafür das erste, weil naheliegendste Medium der Äußerung. Von hier

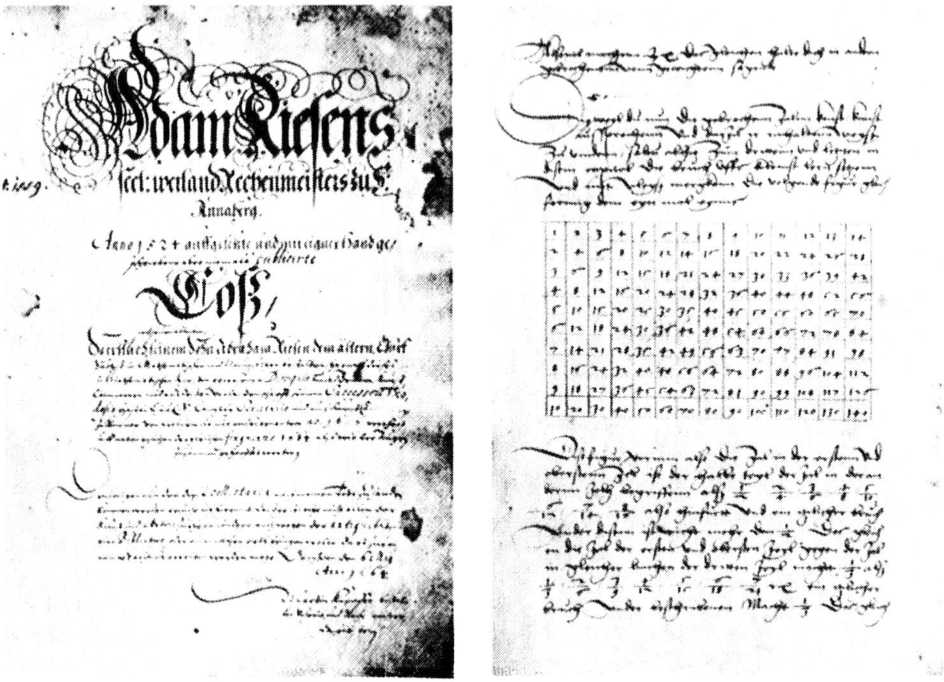

Eine Einführung in die Algebra
Zwei Seiten in dem 1524 niedergeschriebenen Manuskript des Rechenmeisters Adam Ries
Annaberg-Buchholz, Erzgebirgsmuseum

erstreckt sich eine direkte Linie zu der bis zum Nervösen hochgetriebenen Reagibilität der Künstler des beginnenden 16. Jahrhunderts. Wenn in der Spätrenaissance die reine Phantasie ihre höchsten Triumphe zu feiern schien, dann handelte es sich dabei um mehr als das Eingeständnis, nicht mehr auf die sichtbare Wirklichkeit angewiesen zu sein. Sobald sich das Selbstbewußtsein auch der Innenräume bemächtigte, entwickelte sich unausweichlich die Exklusivität der psychischen Erlebnisse.

Die Differenzen zwischen dem zur Kaste feudalisierten Humanismus und der neuen Naturwissenschaft, wie sie von Regiomontanus, Paracelsus, Leonardo da Vinci, Kopernikus oder Agricola vertreten wurde, waren zwar erheblich, stimmten aber in der grundlegenden Überzeugung zusammen, daß sich die Realität nicht anders als rational verstehen lasse und die Erklärungsprinzipien der Wirklichkeit nur in dieser Wirklichkeit selbst zu entdecken seien. Geometrische Systematik wurde für die Astronomen zur Prämisse für die Berechnung der Planetenbewegungen und für die Darstellung des Universums. Mathematische Strukturen spielten eine ähnliche Rolle für die Malerei. Rationales Erfassen der Wirklichkeit, mathematische Gliederung von Harmonien, der Goldene Schnitt als Kanon des Schönen, Vereinheitlichung von rechnerischem Kalkül, künstlerischer Wahrheit und Rationalisierung des Ästhetischen in der Zentralperspektive,

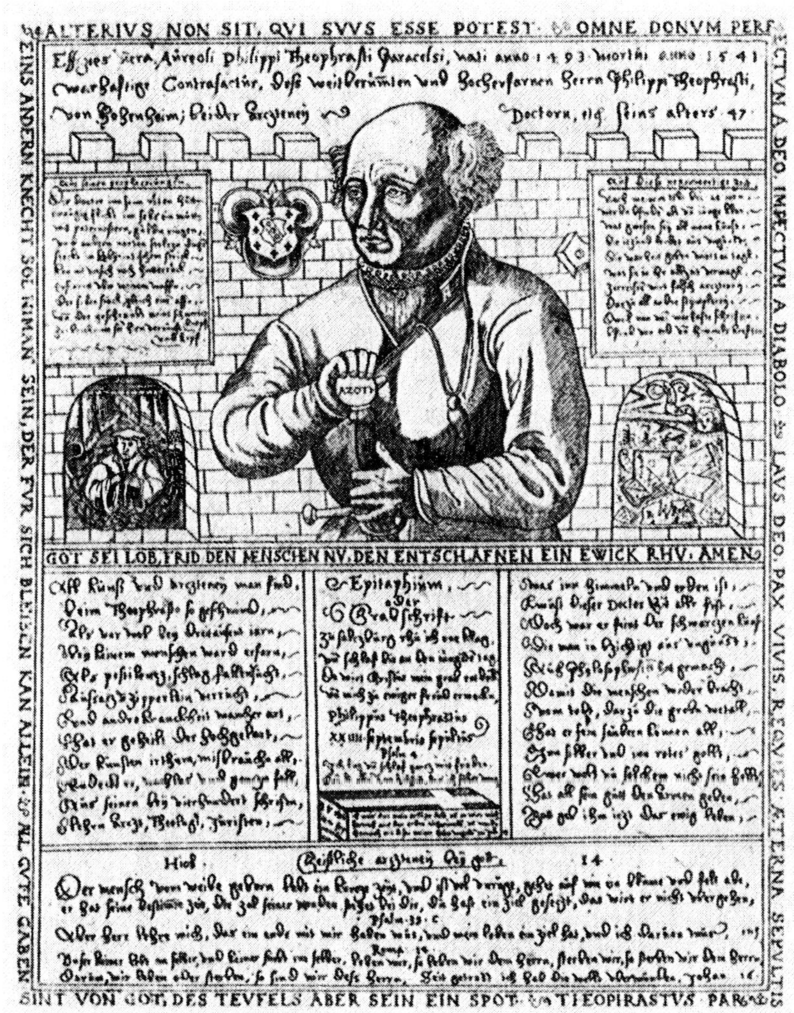

Theophrastus Bombastus von Hohenheim, genannt Paracelsus
Radierung von Balthasar Jenichen
Berlin, Staatliche Museen Preußischer Kulturbesitz, Kupferstichkabinett

philosophisches Fragen more geometrico, im 17. Jahrhundert durch Descartes vollendet – das alles sind nur verschiedene Modalitäten desselben Sachverhalts: einer unverwechselbar einheitlichen Auffassung von Proportion und Raum, Mensch und Universum.

Seit Beginn des 15. Jahrhunderts hielt die Zentralperspektive unangefochten ihre Schlüsselstellung, zumal in der programmatischen Form, in die Alberti das Prinzip gebracht hatte und deren Apodiktik für sich selbst sprach: Die Perspektive sei die Vollendung des präzisen Sehens. Damit war nicht bloß ein bildnerisches Formproblem gemeint. In der Perspektive wurde Wahrheit – drastisch als Inhaltsaussage verstanden – visuell deutlich. Nur das trifft den Sinn von Perspicio, dem scharfen und zugleich geduldigen Betrachten und Durchschauen, dem entscheidenden Gehalt von Perspicuitas als elementarer Deutlichkeit. Auch in dieser radikal veränderten Behandlung des Raumes brach letzten Endes nur die Exklusivität des Menschen in einer besonderen Weise durch; denn sofern der Mensch eine unerschöpfliche Welt für sich bildete, konnte auch die Räumlichkeit nichts anderes als eine seiner Entfaltungsmöglichkeiten bedeuten. Die Perspektive war deshalb mehr als eine Sichterweiterung: In ihr kam eine neue Ordnung des Gegenständlichen zum Ausdruck.

Faktum und Ausweitung des Perspektivismus und das unaufhaltsame Vordringen perspektivischer Begriffe und Strukturen in außerkünstlerische Bezirke wären nicht möglich gewesen, wenn die Perspektive nicht in einem optisch eindeutigen Sinn die Mittelpunktstellung des Menschen vorausgesetzt hätte; anders bliebe die Leidenschaft für die Ratio perspectivae unverständlich. An ihrer materialen Tragweite hat sich bis heute nichts geändert; allerdings ist das volle Ausmaß ihrer Virtualität für die Moderne begrifflich noch nicht wünschenswert verdeutlicht worden. Der systematische Aspekt des Ansatzes drängt zwangsläufig über die Grenzen des Malerischen hinaus, erstreckt sich praktisch in sämtliche Regionen. Das Interdisziplinäre gehört zum Wesen des Perspektivismus: deshalb während der Renaissance das leichte Durchqueren von Malerei und Mathematik, Skulptur und Naturwissenschaft, Dichtung und Geschichte, Architektur und Astronomie, das heute vielfach verspielt-naiv erscheint und dem man mit Schatullenbegriffen wie Universalität, genialer Dilettantismus oder Vielseitigkeit hilflos genug gerecht zu werden versucht.

Wer in der Rinàscita dieses Zeitalters neben der Kunst im wesentlichen nur die vitalisierende Rekapitulation vor allem philosophischer Überlegungen gelten lassen möchte, der muß daran erinnert werden, daß die Wiege der Renaissance nicht von gelehrten Positivisten und positivistischen Philosophen geschaukelt worden ist, sondern von Künstlern, zumal von Dichtern. Dichter sind es gewesen, die als erste die klassischen Texte in Latein und Griechisch studiert haben, nicht Philologen. Dichter haben mit ihren Schöpfungen die ersten Zäsuren der neuen Epoche gesetzt. Eine gemessene Frist entwickelten sich künstlerische Renaissance und literarisch-wissenschaftlicher Humanismus simultan, aber selbst in dieser Frühzeit, die spätestens in der Mitte des Quattrocento beendet war und nicht zufällig etwa mit der Gründung der Platonischen Akademie in Florenz zusammenfiel, lassen sich nicht beide schlichtweg miteinander gleichsetzen. Man braucht sich nicht vor der Feststellung zu scheuen, daß die Renaissance in ihren wesentlichen Elementen ohne Humanismus denkbar wäre. Der Humanismus dagegen muß im besten Sinn als Renaissance-Derivat verstanden werden, und das unbenommen der Spannweite humanistischer Studien und des Gewichts, das ihnen innerhalb der Gesamtbewegung zukommt.

Kein Zweifel kann dagegen bestehen, daß den Humanisten innerhalb der Renaissance eine geistige Träger- und »Vorreiter«-Funktion zufiel. Aber die mögliche Vorstellung, Europa sei von einer intellektuellen Invasion der Humanisten erfreut worden, wird rigoros korrigiert durch die Tatsache, daß die Lese- und Schreibunfähigkeit der Bevölkerung erst

Jahrhunderte später überwunden, die Exklusivität des Wissens, sein elitärer Charakter, von den Kirchenräumen nur in die literarischen Klausen verlagert worden ist. Trotzdem beginnt mit dem Humanismus die intellektuelle Alphabetisierung Europas.

Obwohl es wie selbstverständlich erscheint, daß die Entfaltung und Ausformung der Renaissance mit der Wirtschaftslage maßgeblich zusammenhing und daß dafür bestimmte Sozialbedingungen vorhanden gewesen sein mußten, konnte dieser Tatbestand erst kürzlich durch Spezialuntersuchungen erschlossen werden. Noch jüngeren Datums ist die Aufmerksamkeit, die dem Gleichtakt der geistigen Orientierung gewidmet wurde, der zwischen den frühkapitalistischen Großkaufleuten, Bankiers, Handelsherren und den »reinen« Humanisten bestanden hat. Bei solchen Untersuchungen schält sich als bemerkenswert heraus, daß eine Trennung derartiger Orientierungen oft genug überhaupt nicht

Christoforo Landino bei einer Vorlesung über Poesie an der Platonischen Akademie in Florenz
Titelholzschnitt in einem 1492 in Florenz erschienenen Werk Landinos über Beredsamkeit

durchführbar ist. Die großen Kanzler der Republik Florenz im anhebenden 15. Jahrhundert sind auch Humanisten erster Ordnung gewesen. Belesenheit, Wissen, Bildung solcher Politiker wie Coluccio Salutati oder Leonardo Bruni lassen sich mit den Fähigkeiten jedes Berufs-Humanisten nach ihnen messen, und doch bilden sie blanke Gegentypen zu den literarischen Klaustrophilen. Gelehrsamkeit, geschliffene Beweisführung, rhetorischer Glanz haben zu den Hauptelementen des praktischen, des politischen Lebens gehört. Die Klage Gian Galeazzo Viscontis, daß ihm die Kampfschrift ›De tyranno‹ (1400) gegen Mailand aus der Feder Salutatis mehr geschadet habe als dreißig Schwadronen florentinischer Reiterei, spricht für sich, ohne daß man deswegen die damaligen leitenden Politiker auch noch für ihre eigenen Propagandaminister halten müßte. Ein Mann wie Cosimo de' Medici entzieht sich allen kategorisierenden Abgrenzungen. Humanistische Schulung hatte eine eminent praktisch-politische Seite, nicht anders als das Mäzenatentum. Gerade in Florenz entstand damals durch die politische Aktivität humanistischer Repräsentanten der sozialen Oberschichten ein staatsformender »Bürgerhumanismus«, der sich nicht in das gängige Bild des nur literarisch wirkenden, von Zuwendungen abhängigen humanistischen Gelehrten einfügen läßt.

Erasmus von Rotterdam
Gemälde von Quinten Massys, 1517
Rom, Galleria Nazionale d'Arte Antica

Humanitas und skeptische Vernunft

Während des 15. Jahrhunderts haftete den Humanisten lange die Verwandtschaft zum Homo universalis an, wie er von Alberti verkörpert worden war. Rationale Geistigkeit hatte sich noch nicht in Intellektualität verwandelt, sie hatte noch nicht die Ausgewogenheit aller Sinne prädominiert. Erst zu Beginn des 16. Jahrhunderts begann sich dieser Prozeß deutlich abzuzeichnen, aber ebenso seine Unwiderruflichkeit. Humanismus war jetzt nicht mehr Übersetzung und Realisierung antiker Richtwerte; denn der Humanist hatte den Weg zum bibliographischen Gelehrtentum eingeschlagen. Auf dieser Verengung, der Konzentration aller Gaben im Gehirn, beruht die Monumentalität des Erasmus von Rotterdam, dieses Prototyps einer Existenz, die in Europa einmalig war und zum Vorbild für Abertausende in den Jahrhunderten nach ihm geworden ist.

Der Ruhm, den Erasmus zu Lebzeiten genoß, war von einer heute kaum vorstellbaren Übermächtigkeit. Kein Dante, kein Voltaire oder Goethe sind mit solchen Ehrungen überhäuft worden wie er. Dabei war sein Start recht ungut: Nicht einmal sein Geburtsjahr steht fest. Der 28. Oktober ist gesichert, das Jahr kann 1466 oder 1469 gewesen sein; lange stand auch 1465 zur Auswahl. Erasmus wurde unehelich geboren; das setzte ihm zeitlebens zu. Wäre sein Vater nicht bloß ein schlichter Priester gewesen, sondern vielleicht ein Kardinal, dann hätte der Purpur die Folgen der Niederlagen, die im Kampf gegen Versuchungen unvermeidlich waren,

QVATVOR EVANGELIA, AD VETVSTISSIMORVM EXEMPLARIVM LATINORVM FIDEM, ET AD GRAECAM VERITATEM AB ERASMO ROTERODAMO SACRAE THEOLOGIAE PROFESSORE DILIGENTER RECOGNITA.

ΕΥΑΓΓΕΛΙΟΝ ΚΑΤΑ ΜΑΤΘΑΙΟΝ.

EVANGELIVM SECVNDVM MATTHAEVM.

Liber generationis Iesu Christi filij Dauid, Filij Abrahã, Abraham genuit Isaac, Isaac aũt genuit Iacob. Iacob aũt genuit Iudã, & fratres eius. Iudas aũt. genuit Phares, & Zarã, e Thamar. Phares autẽ, genuit Esrom. Esrom aũt genuit Aram. Arã autem genuit Aminadab. Aminadab aũt genuit Naasson. Naasson aũt genuit Salmon. Salmon autẽ genuit Boos, e Rhachab. Boos aũt genuit Obed, e Ruth. Obed autẽ genuit Iesse, Iesse aũt genuit Dauid regem. Dauid autẽ rex genuit Solomonem, ex ea q̃ fuerat uxor Vriae. Solomon autem genuit Roboam. Roboam aũt genuit Abiam. Abia autem, genuit Asa. Asa autem genuit Iosaphat. Iosaphat autem, genuit Ioram. Ioram autem, genuit Oziã.

IOANNES FROBENIVS SVIS TYPIS EXCVDEBAT

Das von Erasmus 1516 in Basel herausgegebene Neue Testament
Titelseite mit griechischem und lateinischem Text und einem Rahmenholzschnitt von Urs Graf
Basel, Universitätsbibliothek

wohl gesäubert. Erasmus wurde – jung genug – zum Eintritt ins Kloster genötigt, aber er verließ die Mauern bei der ersten Gelegenheit und erhielt 1492 die Priesterweihe. Der Bischof von Cambrai, der ihn als Sekretär beschäftigte, ermöglichte ihm ein Studium in Paris. Dort vervollkommnete er sein Französisch in didaktisch nicht unübler Weise. Seine Erfahrungen filterte er dabei in der berühmten Schrift ›Colloquia familiaria‹ zu der Empfehlung, der ansprechendste Weg, um diese Sprache zu lernen, führe über die »Filles de joie«. Wobei man noch so gerecht sein muß hinzuzufügen, daß er Französisch nicht gerade exquisit beherrschte. Anschließend ging er nach England, befreundete sich mit Thomas Morus und John Colet, reiste nach Italien und schuf sich nebenbei mit zielbewußter Systematik eine Vielzahl von Freunden, Bewunderern und finanzkräftigen Gönnern in ganz Europa, alles nur mit den Gaben seines Kopfes, seiner verzaubernden Gesprächskunst, seiner wahrhaft überwältigenden Bildung – ein Nabob des unermeßlichen Reiches der Gelehrsamkeit. In seinem Jahrhundert wurde dieser Souverän aller Humanisten als »Licht der Welt« gefeiert, als »Pythia des Abendlandes«, als »Fürst der Wissenschaft«. Erasmus bildete für seine Zeit einen Brennpunkt der höchsten Eigenschaften; er galt als »optimum et maximum«, wie es Melanchthon formuliert hat. Ein anderer Humanist: »Erasmus erhebt sich über Menschenmaß. Er ist göttlich und zu verehren wie ein himmlisches Wesen.«

Worauf gründete sich dieses Ansehen, was bewog die Empfänger seiner Briefe, die Blätter in Brokat einzuschlagen? Ausgerüstet mit einem ganz ungewöhnlichen Gedächtnis, einer staunenerregenden Konzentrationsfähigkeit, beherrschte er Latein besser als seine Muttersprache; er handhabte es mit einer Vollendung und Brillanz wie niemand mehr nach ihm. Sein erstes Werk, die ›Collectanea adagiorum‹ (1500), eine Sammlung von Sprichwörtern und Seufzern aus Schriften antiker Schriftsteller, ist das Ergebnis seiner schrankenlosen Belesenheit. Das Buch erreichte zu Lebzeiten des Erasmus sechzig Auflagen. Ohne Gutenbergs Erfindung des Buchdrucks mit beweglichen Metall-Lettern wären solche Erfolge unmöglich gewesen; begeistert rühmte Erasmus dieses »beinahe göttliche Werkzeug«. Mit den ›Adagia‹ war der Start für die erste völlig freie Schriftstellerexistenz der Neuzeit gegeben. Erasmus schuf die Voraussetzung dafür in einem ununterbrochenen Kampf gegen die materielle Not und die verschiedenartigsten Verlockungen, seine Ungebundenheit gegen verpflichtende Sicherheit einzutauschen. Die heroischen Schlachten, durch die er seine Existenz materiell abzustützen versuchte, schlug er fast durchweg in Briefen. Keine Persönlichkeit der Weltgeschichte hat das epistolographische Format seines Implorantentums überboten; der Fächer reichte von zartester Betörung über luziferisch feingesponnene Nötigung bis zu einem termitenhaft zermürbenden Geschwätzigkeits-Sadismus. Nicht ohne Grund verhöhnten ihn seine Gegner, man könne diese »Leuchte des Abendlandes« wie einen Hund mit einem Stückchen Brot locken. Wie quälend auch damals schon Geldnot war, läßt sich an dem kümmerlichen Leben seines Zeitgenossen Ludovico Ariosto studieren, des gewaltigsten Poeten Italiens neben Dante und der Krone der ganzen Renaissance-Dichtung.

Die größte Leistung des Erasmus war seine Erstausgabe des Neuen Testaments in Griechisch und seine Übersetzung ins Lateinische im Jahr 1516. Die Bedeutung dieses Unternehmens für die Geschichte Europas läßt sich kaum überschätzen. Erasmus wurde zum Begründer der Patristik, mit ihm beginnt das Zeitalter der Bibelkritik, und von hier führt ein direkter Weg zu der radikalen Traditionskritik der Aufklärung, jener Nachgeburtsperiode der modernen Welt. Von seinen Schriften ist das ›Lob der Torheit‹ am berühmtesten geworden, aber am publikumswirksamsten haben sich die ›Colloquia familiaria‹, die ›Vertraulichen Unterhaltungen‹ erwiesen; sie waren bis zur Mitte des 16. Jahrhunderts das meistgekaufte Buch nach der Bibel. – Der Lorbeer, mit dem man Erasmus schmückte, wuchs auf dem Boden einer Zeit, die in Wissenschaft und Gelehrsamkeit ihre höchsten Ideale verehrte. Sie feierte in Erasmus den Repräsentanten ihrer selbst. Seine glänzende Latinität, sein freies, unnachahmlich elegant formuliertes Urteil, seine Verstandesschärfe machten ihn zu einem vergötterten Idol.

Erasmus war gläubiger Christ. Daß es sich bei ihm um ein anderes Christentum als das offiziell gelehrte gehandelt hat, begriff die Kirche viel zu spät. Erasmus war von einer unbegrenzten Ehrfurcht vor allem Geistigen erfüllt, doch er war zugleich voller Resignation, was den Menschen und sein unauflösliches Schickal in dieser Welt betraf. Er war der erste und einer der größten Vertreter der skeptischen Vernunft, deren zweifelnde Kraft auch nicht vor der eigenen Autorität zurückschreckte. Das machte ihn zum Ahnherrn der Aufklärung, das aber schied ihn auch von der Aufklärung. Sein Naturell wurde von der Neigung zu Frieden und Milde beherrscht. Seine Sanftmut hatte jedoch nur in Anflügen mit moralischer Konsistenzlosigkeit zu tun. Für ihn war die persönliche Freiheit eine Hauptbedingung seiner geistigen Existenz. Kaiser, Könige, Päpste umwarben ihn. Auf dem Gipfel seines Ruhms wurde er mit Ehren und Geschenken überschüttet, mit Kardinalshüten, Bistümern, Lehrstühlen und Pfründen gelockt. Seine Empfänglichkeit dafür war überdurchschnittlich, aber er besaß das Format, damit nur seine Eitelkeit zu befriedigen, nicht seine Freiheit abwürgen zu lassen. Während der anhebenden Reformation erfuhr er auch manche Drohung, doch er blieb reserviert.

Viele Jahre war Erasmus der unbestrittene Wortführer der Kritik an den herrschenden Mächten. Sein ›Lob der Torheit‹, in dem kein gutes Haar selbst an den scheinbar solidesten Überzeugungen gelassen wird, ist nicht nur eine der sprühendsten Satiren der Weltliteratur, sondern auch eine der gefährlichsten Kampfschriften, die jemals veröffentlicht worden sind. Zwei Monate, bevor Luther seine Thesen verkündete, schrieb Erasmus: »Ich fürchte, in diesem Teil der Welt steht eine große Revolution bevor.« Und doch hat niemand der Reformation wirkungsvoller vorgearbeitet als Erasmus. Von Anfang an unterstützte er die Forderungen der Reformatoren, andererseits opponierte er energisch gegen den tumultuarischen Verlauf der Reformation. Zu Zwingli äußerte er: »Alles, was Luther fordert, habe ich selber gelehrt, nur nicht so heftig.« Luther seinerseits erklärte vor Freunden, daß er eigentlich nichts anderes wolle, als dasjenige ungeschminkter formulieren, was Erasmus seit Jahren gesagt habe.

Die historische Bedeutung des Erasmus wird freilich nicht durch die Reformation bestimmt. Allzu lange und allzu sehr ist seine Gestalt vom Pro und Kontra des damaligen Religionsstreites verfärbt worden. Auf die Unterstellung, er wäre kein Kämpfer, antwortete er selbst: »Ein harter Vorwurf, sofern ich ein Schweizer Söldner wäre. Aber ich bin ein Gelehrter und brauche meine Ruhe zur Arbeit.« Wer das Wesentliche der Geschichte in aufwühlenden Schauspielen zu finden glaubt, wird das Bedürfnis nach Ruhe nicht hoch veranschlagen. Für Erasmus jedoch bedeutete Ruhe, Geistesruhe, das natürliche Ende allen Hasses, allen Streites und aller Mord- und Gräber-Dramatik. Es hat Hunderte von Jahren gedauert, bis man für diese Erfahrung und Einsicht wieder etwas Gespür bekommen hat.

Die hochgetriebene Intellektualität, die sich auf Kosten der sensoriellen Fähigkeiten mit besessener Gier der Dinge bemächtigte, war nicht nur eine private Begnadung des Erasmus. Sie gehört konstitutiv zur Hochrenaissance. Sie durchdringt das Cinquecento in der Literatur und in den Künsten. Eine ebenso mystische wie manische Vernunfthörigkeit setzte sich durch, die gleichwohl an Mathematik orientiert war. Nicht Erasmus, sondern Leonardo da Vinci ist der Kronzeuge für die Exaktheit der Betrachtung und Beobachtung, für den leidenschaftlichen Wissensdurst, hinter alle Rätsel zu kommen. Daher Leonardos Zurückhaltung gegenüber den entlastenden Generalisierungen und Pauschalfolgerungen, daher das echt wissenschaftliche Insistieren auf unbedingte Zuverlässigkeit, der timide Hang zu mathematischer Absicherung, der so häufig nichts anderes ist als gleichfalls ein Ausdruck für die Unfähigkeit zur Synopsis.

Leonardo da Vinci bezeichnete die Malerei als Wissenschaft, aber nicht in einem unpräzisen Sinn, sondern mit der Einschränkung, daß unsere Erkenntnisse und Untersuchungen nur dann genuin wissenschaftlicher Art seien, wenn ihnen Mathematik zugrunde liege; denn allein durch Mathematik sei Sicherheit der Ergebnisse garantiert. Aus diesem Grund Leonardos wiederholte Beteuerungen, nur Mathematiker seien befähigt, ihn zu verstehen; andere Leute sollten sich erst gar nicht mit den Grundlagen seines Werkes befassen. In seinen Notizbüchern findet sich die charakteristische Bemerkung: »Abkürzungen fügen der Kenntnis und der Liebe Schaden zu, da die Liebe zu allen Dingen der Ursprung dieser Kenntnis ist und die Liebe in dem Maße glühender als die Kenntnis sicherer ist. Es ist wahr, daß die Ungeduld, die Mutter der Dummheit, die Kürze lobt, als ob solche Personen nicht ein ganzes Leben hätten, lang genug, sie die vollständige Kenntnis eines einzelnen Objektes, etwa die des menschlichen Körpers, erwerben zu lassen; und dann sollen sie den Geist Gottes verstehen, in dem das Universum inbegriffen ist, indem sie ihn genauestens wiegen und in unendliche Teile zerstückeln, als ob sie ihn zu zerlegen hätten.«

In Leonardo personalisiert sich die höchste Form eines Ingeniums, das von der Kunst aus enzyklopädisch in die Hauptbezirke der menschlichen Erfahrung griff und dort alles in seine besondere Kunst verwandelte: Festungsbau, Architektur, Technik, Anatomie, Botanik. Hierbei handelte es sich nicht um die makellose Verwirklichung des Vollkommenheitsideals Albertis; denn in Leonardo war etwas übermächtig Amplifikatorisches am Werk, das alles niederlegte, was sich zwischen dem Menschen, der Realität und dem imaginierten Überwirklichen befand, obgleich die Reduktion darin nicht zu übersehen ist. Bei allem Beharren auf Empirie und Detailforschung fand ein Rückzug von der Welt statt; die Richtung weist auf einen Solipsismus der Selbstsicherheit.

Die Leonardo-Forschung hat es zu einer eigenen Scholastik und zu entsprechend konkurrierenden Schulen gebracht. Doch unbeschadet aller unterschiedlichen Deutungen dieses Einmaligen verbindet sich mit dem Schöpfer des berühmten Gemäldes der Mona Lisa die vor allem uns selbst faszinierende Vorstellung von einem Getriebenen – in bürgerlicher Terminologie: einem Genialen –, dessen abnorme Gaben und unerbittliche Vernunft selbst der Insuffizienz noch großartige Leistungen abgewann, zumal ihm bewußt war, daß er auch auf eigenem Terrain die Vollkommenheit oft nicht erringen konnte, die möglich gewesen wäre. Das hatte ihm wiederholt sein schrankenlos verhaßter Konkurrent Michelangelo bewiesen, von dem er ahnte, daß dieser den wahren Musensohn und Souverän im Reich der Kunst darstellte. Die Verachtung Leonardos für den mehr als zwei Jahrzehnte Jüngeren und zu seiner Zeit schon in ganz Italien Bewunderten, der mit Aufträgen buchstäblich überschüttet wurde, entsprang sicherlich nicht einfach einer verständlichen Rivalität und gehässigen Selbstgefälligkeit, die Künstler für ihren Selbstausdruck und Humanisten für ihren Selbsteindruck elementar benötigen. Hier standen sich keine eifersüchtelnden Götter dritter Klasse gegenüber, sondern Inkarnationen einer Gegensätzlichkeit, welcher Objektivitäten der Hochrenaissance entsprachen, von denen – wie die Kunsthistoriker versichern – der Stil des Barock und derjenige des Klassizismus im 16. Jahrhundert geprägt worden sind.

Die italienische Renaissance rief in ganz Europa mächtige Koinzidenzen zwischen Süden und Norden, Westen und Osten hervor. Ihrer treibenden Vorbildlichkeit konnten sich kein Land und kein Herrscher entziehen. Es gehört zu ihrer Epochalität, daß sie nicht etwa bloß anwesend wirkte, sondern daß ihre regionalen Ausformungen nur über den Weg entstanden, der durch ihr Beispiel vorgezeichnet war. Das verstärkte sich durch die Berufung italienischer Künstler und Humanisten an die europäischen Herrschaftszentren; von Italien schwärmten die Träger des Neuen in alle Richtungen der Windrose aus. Ein ergänzendes Moment

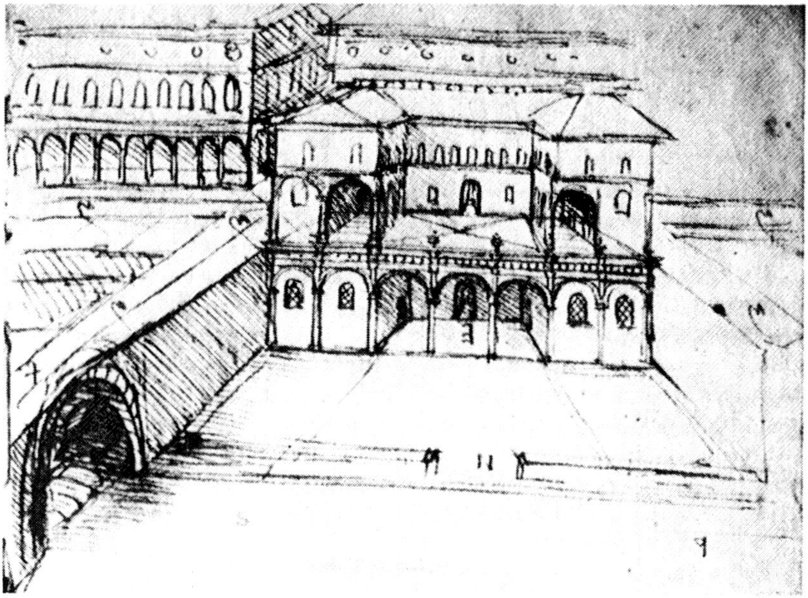

Übereinanderliegend konzipierte Stadtstraßen
Entwurfszeichnung von Leonardo da Vinci im sogenannten Pariser Album B, um 1500
Paris, Bibliothèque de l'Institut

brachten schließlich die vielen Fürstenheiraten ins Spiel.

Zentrum der östlichen Renaissance wurde der Hof von Buda unter Matthias I., dessen italienische Kontakte sich durch das Bündnis mit Venedig ohne Zwang entwickelten und seit 1476 durch die zweite Ehe des Corvinen, seine Heirat mit Beatrice von Neapel aus dem Haus Aragon, intensiviert wurden. Seine Förderung der Künste, Wissenschaften und humanistischen Studien wurde kaum von einem der italienischen Renaissance-Fürsten in den Schatten gestellt, zumal er sie betont und mit rigoroser Kraft zur Profilierung und inneren Zentrierung eines eigenen ungarischen Staatsbewußtseins betrieb. Das Mäzenatentum Matthias' I. hatte erhebliche Anziehungskraft; an der Spitze der Künstlerschar, die Aufträge des ungarischen Hofes erhielten, steht ein so illustrer Name wie Verrocchio.

Über Buda und Prag erstreckten sich die Einflüsse der Renaissance nach Krakau und von dort bis in die ukrainischen und litauischen Gebiete der Jagiellonenföderation. Auch König Sigismund I. von Polen war mit einer italienischen Fürstin verheiratet. – in zweiter Ehe wie Matthias I. Corvinus –, mit Bona Sforza, der Tochter Isabellas von Aragon und Gian Galeazzo Sforzas, des offiziellen Herzogs von Mailand unter der Herrschaft seines Onkels Lodovico il Moro. Als Mitgift brachte diese vierundzwanzigjährige Nichte Kaiser Maximilians I. sowohl exzellente Künstler aus ihrer Heimat ein als auch ausgefeilte Vorstellungen über die politische Praxis, die unmittelbar von Cesare Borgia oder Machiavelli zu stammen schienen und nicht nur Produkte der persönlichen Energie und Skrupellosigkeit Bona Sforzas waren. Wie überall gehörte auch in diesem Fall der politische Vektor mit seiner

Sittlichkeitsindifferenz zur Zeiterscheinung; denn die Renaissance erschöpfte sich nicht in den gesammelten Aktionen von Gemäldetapezierern im abendländischen Museum.

Endete seit der islamischen Expansion Europa südlich der Donau und versickerte an dieser Linie alles, was diesem Europa seine Prägung gab? Im Jahr 1479 hatte Lorenzo I. de' Medici eine Gesandtschaft nach Konstantinopel geschickt, geführt von Antonio di Bernardo de' Medici, um die Auslieferung des geflohenen Mörders von Giuliano de' Medici zu erreichen; Antonio di Bernardo hatte vorher neben Tomaso Portinari die Medici-Filiale in Brügge geführt und war dann nach Mailand gekommen. Waren es nur diplomatische Wortgirlanden, wenn bei dieser Mission Sultan Mehmet II. als »ruhmreichster Fürst« tituliert wurde, der den Bürgern von Florenz jederzeit seine »Liebe und unermeßliche Gunst« bezeugt habe? Der Sultan lieferte den Mörder Bandini in Ketten aus, und Lorenzo, der noch in Neapel mit seinem halsbrecherischen Seilakt der Friedensstiftung bei König Ferrante I. zu tun hatte, beschloß spontan, sich bei dem Sultan mit einer großen Schaumünze zu bedanken, mit der berühmten Mehmet-Medaille von Bertoldo di Giovanni, einem Schüler Donatellos.

Die Gedenkmünze wurde einem türkischen Sondergesandten mitgegeben, der die mündliche Antwort auf die Frage des Sultans überbrachte, wie denn Lorenzo il Magnifico sich zu der »gewaltigen Rüstung« des Osmanenherrschers stelle. Die Anspielung bezog sich auf Mehmets Vorbereitung zu einer Invasion in Italien, die dann mit der Eroberung Otrantos im August 1480 begann. Lorenzo und Mehmet waren Freunde, obgleich es niemand offen

Das Geschenk Lorenzo de' Medicis an Mehmet II.:
Rückseite der Medaille von Bertoldo di Giovanni
mit einer symbolischen Darstellung der von den Osmanen eroberten Reiche
Berlin, Staatliche Museen, Münzkabinett

aussprach. Der Medici hätte sich im übrigen nichts Besseres gegen seinen Todfeind Sixtus IV. wünschen können.

Was er vom »Weltenstürmer« Mehmet hielt, das läßt sich ohne Nöte von der Gedenkmünze ablesen: Vorn das Profil des Sultans, auf der Rückseite ein Triumphwagen mit dem Imperator. Im Gefolge des Wagens drei gefesselte Frauen, die eroberten Reiche Asien, Trapezunt und Griechenland symbolisierend; die Namen stehen daneben, Fehldeutungen waren ausgeschlossen. Auf dem Medaillen-Avers trägt Mehmet den Titel: Kaiser von Asien, Trapezunt und Großgriechenland. Und mit dem Namen ›Groß-Hellas‹ sind schon bei Strabon die griechischen Staaten unterhalb der Linie Tarent-Poseidonia samt Sizilien zusammengefaßt.

Die Sympathien zwischen dem Haus Medici und Mehmet II. beruhten nicht allein auf gleichlaufenden politischen Interessen. Denn es gab schon unter den Vorgängern des Sultans äußerst gelehrte und gebildete Herrscher – man denke nur an Murat II. –, so daß es nicht verwundert, wenn das bewegend Neue dieser Epoche bei Mehmet II. eine Resonanz weckte und auf Verständnis, ja sogar kongeniale Sympathie stieß. Während seiner dreißigjährigen Herrschaft brach sich jedenfalls die Ausstrahlung der Renaissance nicht brüsk an den Grenzlinien, die er mit dem Säbel in Europas Karte zeichnete. Eine von christlichen Gelehrtenhänden aufgespannte Folie von orthodoxer Islamgläubigkeit und orientalischer Despotenphobie genügt heute nicht mehr, um die Beziehungen dieses Osmanenfürsten zu Dichtung, Wissenschaft, Malerei und Architektur zu würdigen, geschweige denn die kulturellen Hochleistungen der islamischen Herrscher richtig zu bewerten.

Das osmanisch-europäische Reich

Die Flut der neuen Ablässe im Jubeljahr 1500 motivierte Papst Alexander VI. damit, daß er das Geld zur Vorbereitung eines neuen Kreuzzuges benötige. Das geschah mehr als vierhundert Jahre nach dem ersten Appell von Urban II., dessen erregende Kreuzpredigt im November 1095 eine Bewegung ausgelöst hatte, deren Folgen sich auf die ganze Struktur der damaligen Welt auswirken sollten: Die Kreuzzüge wurden zu einem der großen Komplexe übergreifend europäischen Charakters. Der Zug gegen Tunis im Jahr 1270, der siebente Kreuzzug, ist genaugenommen das letzte Unternehmen gewesen, das diesen Namen verdiente; die Idee selbst aber und ihre Notwendigkeit, die nicht allein von der Kirche oder dem Papsttum als unausweichlich empfunden wurde, lebte Jahrhunderte länger, und zwar als ein eminent bewegender Faktor der europäischen Geschichte. Die Kreuzzüge relativierten die selbstbezogene Vorstellung von der Einheit des christlichen Abendlandes. Nachdrücklicher konnte kaum demonstriert werden, wie wenig es sich beim Christentum um ein abendländisches Phänomen handelte. Auch die übernationale Zusammensetzung der militärischen Aufgebote, die Teilnahme der Ritterschaft praktisch ohne Ausschluß eines Landes, beweist den tatsächlich europäischen Charakter der Bewegung. Hier fanden sich die europäischen Völker zu ihrem ersten gemeinsamen Unternehmen zusammen, einem Unternehmen, das sie nicht bloß negativ einigte, wie die gewohnten Schlachten unter- und gegeneinander. So sehr die einzelnen Elemente nach Schwergewicht, Einfluß und Wirkung deutlich voneinander zu sondern sind – das Papsttum, die Tradition des Heidenkrieges als Variante des christlichen Missionsgedankens, die Wallfahrt ins Heilige Land, die sozio-ökonomische Bedrängnis großer Teile der Bevölkerung aller Schichten und Stände –, so wenig läßt sich das ganze Phänomen mit den Kategorien einer überwiegend rationalen Vorstellungswelt erfassen. Und das ist charakteristisch für Jahrhunderte, bis in die Zeit der großen Schlachten gegen die Osmanen auf dem Balkan und vor Wien.

Der religiöse Glaube, immer wieder gesteigert zu apokalyptischer Jenseitsbegier, erwies sich als die unerschöpflich scheinende Antriebskraft. So phänomenal dieses Movens sich in den Kreuzzügen äußerte, so sehr gliederte die Bewegung selbst sich in die lange Tradition der West-Ost-Wechselseitigkeit ein, die erheblich älter ist als das ganze Christentum. Schon der islamische Dschihad, der Heilige Krieg als Pflicht der ganzen muslimischen Gemeinde, den Islam mit Waffengewalt so lange zu verbreiten, bis sich die Welt dem wahren Glauben unterworfen habe, gehört zu den unmittelbaren Vorgängern. Der Charakter der Kreuzzüge erschöpft sich weder darin, daß sie sich aus der Wallfahrt entwickelt haben, also im Prinzip militärisch

Eine Kreuzfahrerflotte unter Marschall Boucicaut vor Anker an der Küste des Heiligen Landes im Jahr 1396
Miniatur eines französischen Künstlers in dem Werk
›Passagez faiz oultre mer par les François contre les Turcqs . . .‹ des Sébastien Mamerots, um 1490
Paris, Bibliothèque Nationale

ausgerüstete Pilgerfahrten mit Zusatzzielen gewesen sind, noch darin, daß hier nur zu einem religiösen Kampf um ein »heiliges Gebiet« oder gegen den Antichrist aufgerufen wurde. Es hat seine Berechtigung, die Kreuzzüge als eine Variante der vorchristlichen, griechisch-persischen Waffengänge und Auseinandersetzungen, allgemein als eine besondere Form der uralten orientalischen Frage zu werten. Dieser wichtige Gesichtspunkt ist in der Erforschung und Darstellung der Kreuzzüge und ihrer Bedeutung für die Formung Europas viel zu häufig ignoriert worden.

Die damalige Situation Europas gegenüber dem Islam, seiner Expansion und seiner fast ausschließlich religiös bestimmten Stoßkraft war so, daß die christlichen Kreuzzüge sich zu einem Gutteil als Antwort auf die islamische Herausforderung interpretieren lassen könnten. Ob wirklich eine Abhängigkeit des Kreuzzugsgedankens vom Heiligen Krieg der Muhammedaner besteht oder ob er einen Komplex für sich darstellt, läßt sich nicht ohne weiteres klären. Die Antwort hängt davon ab, ob man bei den islamischen Eroberungskriegen der Religion den Vorrang gibt und dann erst die staatlich-politischen Ziele berücksichtigt. Viel zu kurz kommt gewöhnlich auch der klaffende Zivilisationsunterschied zwischen den Gegnern: die kulturelle Überlegenheit der Muhammedaner.

Der islamische Monotheismus galt lange als Musterfall einer rigorosen, intoleranten Religion. Aber heute weiß man auch, daß sich in der Härte der Forderung neben ihm nur das Christentum behauptete. Ein nüchternes Urteil über die praktizierte Toleranz, die in unserer Zeit ein Grundelement der menschlichen Existenz darstellt, fällt keineswegs immer zuungunsten der islamischen Völker aus. Dabei braucht nicht einmal an die christliche Inquisition und die Hexenprozesse erinnert zu werden; solchen Ereignissen der Kirchengeschichte können die Muhammedaner wirklich nichts Gleichwertiges zur Seite stellen. Und was die Zeit der Reformation betrifft, so war ein so selbständiger Theologe wie Sebastian Franck der tiefen Überzeugung, daß es bei den Türken größere Rede- und Glaubensfreiheit gebe als in den lutherischen Staaten.

Die Freiheitskonzeption hatte sich im Islam weder stärker noch schwächer ausgebildet als im christlichen Mittelalter. Was Freiheit, Rücksicht, Duldsamkeit jeweils realiter erfüllte, hing von den besonderen Kategorien ab, die vom Absolutheitsanspruch der christlichen oder der islamischen Religion und ihren Auslegungen geprägt wurden. Beiden Glaubensweisen war das Freiheitsbewußtsein als positiver Wert durchaus vertraut. Der Islam erwies sich den beiden anderen »Buchreligionen« gegenüber – dem Judentum und dem Christentum –

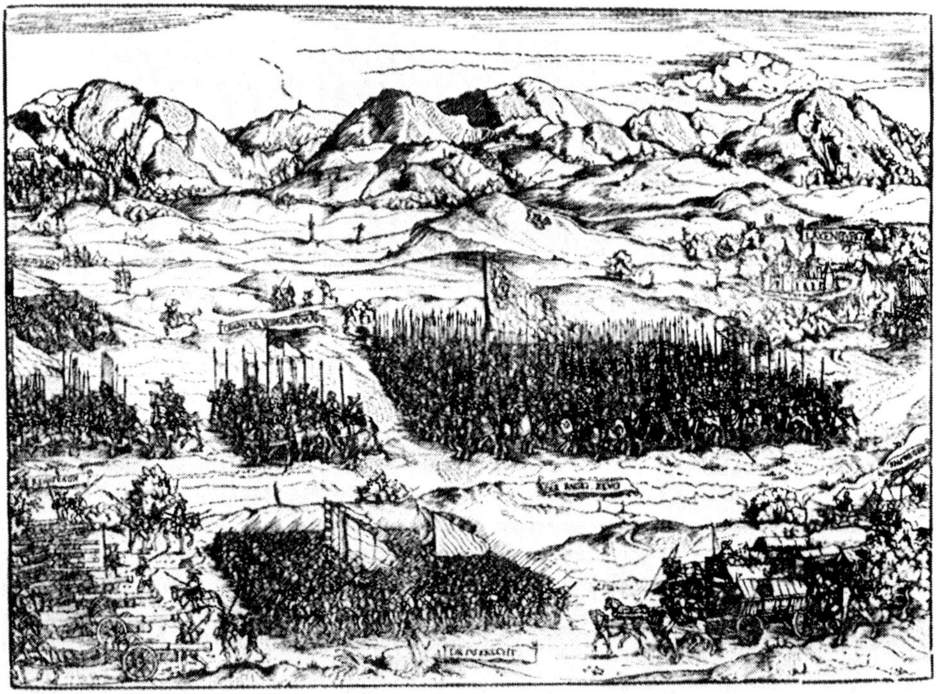

Der Kreuzmarsch Friedrichs von Bayern gegen die Osmanen im Jahr 1532:
ein Reichsheer mit Kavallerie, Artillerie und Infanterie im Vorstoß auf Baden bei Wien
Holzschnitt von Michael Ostendorfer
Wien, Graphische Sammlung Albertina

zeitweilig von einer so generösen Nachsicht, daß diese heute wie ein Vorgriff auf die Humanitätsbestrebungen der europäischen Aufklärungsepoche wirkt. Um das sichtbar werden zu lassen, war nicht erst ein so außergewöhnlicher Herrscher wie Sultan Saladin nötig, der Eroberer Jerusalems, der mit gutem Grund später zu einer der beliebten romantischen Bilderbuchfiguren avanciert ist. Die tatsächliche Praxis der Muslimen erregte vor allem im 18. Jahrhundert durch viele Reiseberichte in Europa Aufsehen; am bekanntesten wurde ihr Niederschlag in Lessings ›Nathan dem Weisen‹.

Diese Tatsachen sollten mitbedacht werden, wenn man sich mit der Geschichte der Kreuzzüge und Türkenkriege befaßt, dieser »Story of world's debate«, wie sie der britische Historiker Gibbon bezeichnet hat – mit ihrem Verlauf, den Wirkungen und Sekundärfolgen, die in jedem Staat Europas zu spüren waren, militärisch, politisch, wirtschaftlich, kulturell. Die außerordentliche Rolle der europäischen Kolonien in den neuen christlichen Herrschaften von Antiochia, Tripolis in Phönikien und Edessa wurden von der Geschichtsschreibung gebührend gewürdigt. Charakteristisch für sie war ihre Autonomie; es gab keine Abhängigkeit von bestimmten Staaten des christlichen Westens, etwa im Sinne neuzeitlicher Kolonialverbundenheit. Führend bei den Gründungen sind die Franzosen und die Normannen Süditaliens gewesen. Besonders nachhaltig erwies sich die Initiative der italienischen See- und Handelsstädte wie Genua, Pisa und Venedig, die nicht nur den notwendigen Nachschub über das Meer monopolisierten, sondern Europa die Tore des Orients und dem Orient die Tore Europas öffneten. Das hatte einen unerhörten Aufschwung des Handels und der Wirtschaft zur Folge.

Während der Kreuzzüge verstärkten sich zwangsläufig die Kontakte zwischen den Gegnern, vor allem später, als die Erfolge der Christen spärlich wurden und eine Position nach der anderen verlorenging. Damit wuchs mehr und mehr die Achtung vor den Muhammedanern; der Respekt und die Bewunderung ihres kulturellen, künstlerischen, wissenschaftlichen Niveaus untermischten sich mit ersten Ansätzen religiöser Nachsicht, die sich bald genug zu starken Zweifeln daran steigerten, ob denn überhaupt die religiöse Begründung der ganzen Kreuzzugsbewegung außerhalb jeder Diskussion stand. Durch die Sprengung des abendländischen Horizonts, die enorme Ausweitung des begrenzten christlichen Gesichtskreises, wurde schließlich auch die Basis des gesamten Konzepts brüchig, seine Begründung fragwürdig. Zeitlich fiel das mit der innereuropäischen Neustrukturierung zusammen. An ihren wirtschaftlichen, künstlerischen, mentalen Folgen hatten die Veränderung der Kreuzzugsidee und die praktischen Erfahrungen mit dem islamischen Kontrahenten ihren nicht zu unterschätzenden Anteil.

Die Geburt einer Dynastie

Im ausgehenden 11. Jahrhundert hatte der Kaiser von Byzanz, Alexios I. Komnenos, den Westen nicht wegen der Befreiung Jerusalems um Hilfe gerufen, sondern wegen der Entlastung vom militärischen Druck der türkischen Seldschuken und der Erhaltung seiner Hauptstadt Konstantinopel. 1090/91 war Byzanz hart an der Vernichtung vorbeigekommen. Dem Zangenangriff der turkstämmigen Petschenegen aus dem bulgarischen Donau-Raum und der Seldschuken aus dem Osten schien nichts gewachsen zu sein. Der Grundstein der türkischen Herrschaft in Kleinasien war kurz vorher, 1071, durch den Sieg der Seldschuken über die Byzantiner bei Manzikart am Vansee in Ostanatolien gelegt worden. Manzikart hatte einen Dammbruch bedeutet: Byzanz war gezwungen gewesen, den ganzen Nordwesten des Landes zu räumen; das Sultanat der Rumseldschuken hatte sich mit der Hauptstadt Konya etabliert. Ein Jahrhundert später, 1176, war es zur Schlacht von Myriokephalon am Paß von Tschardak in den phrygischen Bergen gekommen, da die Byzantiner Konya zurückerobern wollten. Ihre Niederlage hatte einer Katastrophe geglichen, der Sieg der Seldschuken dagegen einem

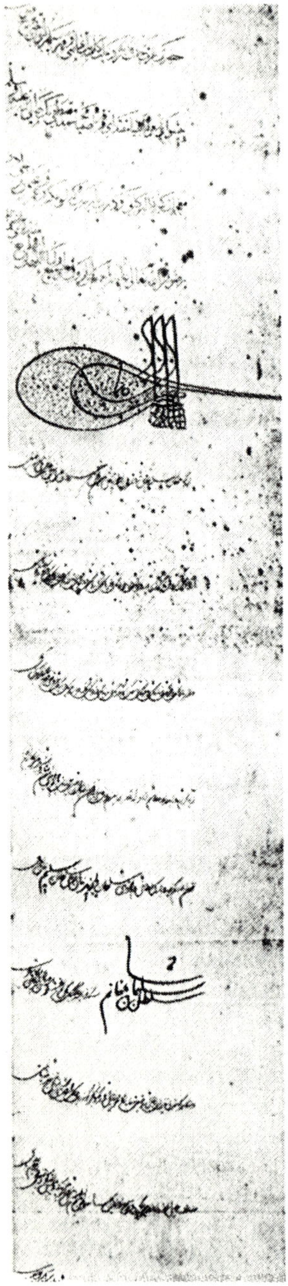

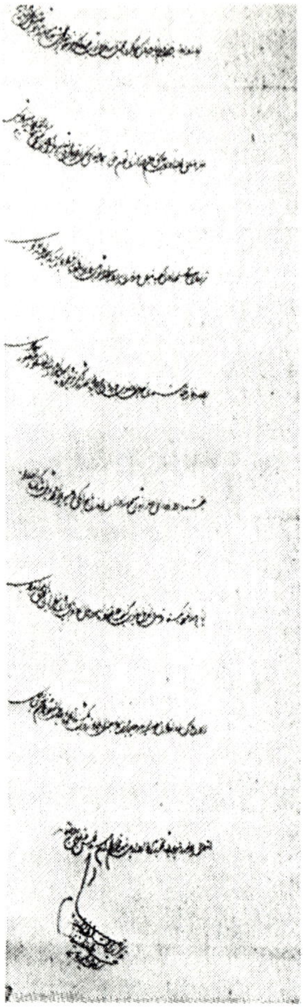

Süleyman II. an Franz I. von Frankreich:
Schutzgarantie für französische
und katalanische Kaufleute und deren Handelsgüter,
auch an den maurischen Küsten;
Erlaubnis zum Wiederaufbau
der zerstörten christlichen Kirchen
im osmanischen Ägypten;
Einwilligung in die Zuständigkeit
des französischen Konsuls in Alexandrien
bei einfachen Rechtsfragen
Schreiben des Sultans vom 20. September 1528
Paris, Archives Nationales

Richtfest der türkischen Herrschaft in Anatolien, woran sich nichts grundsätzlich geändert hat, als das Reich um Konya in der Mitte des 13. Jahrhunderts zerbrach. Die Türken blieben; denn in einer Metamorphose setzte sich die Seldschukenherrschaft in den Turkstämmen fort, die zunächst teils auf der Flucht, teils unter dem Schutz der Mongolen in Anatolien eingeströmt waren und etliche Regionalherrschaften errichtet hatten. Das Emirat von Groß-Karaman bildete ihr Zentrum.

Welthistorischen Rang gewann der kleine Stamm der Ogusen, dessen Führer Ertoğrul von dem Seldschukensultan Ala'eddin II. um Hilfe gegen die Mongolen gebeten worden war. Ertoğruls Sohn und Nachfolger, Osman I., hatte enorme Dynamik in die Territorialexpansion gebracht, und zwar nicht in der Art einer bloßen Landnahme. Da es in erster Linie ein religiöser Kampf gegen die Christen gewesen ist, haben diese Fürsten den Beinamen Ghazi (Glaubenskrieger) erhalten. Von Osman leitet sich die Bezeichnung der folgenden Dynastie ab, die sechs Jahrhunderte, genauso lang wie ihre mitteleuropäischen Intimfeinde, die Habsburger, an der Herrschaft geblieben ist. 1326, im Todesjahr Osmans I., hatte sein Sohn, Orhan, die Stadt Bursa südlich des Marmarameeres am Fuße des mysischen Olymps erobert, und 1352 war er von dem regierenden Kaiser in Byzanz, Johannes VI. Kantakuzenos, um Hilfe gebeten worden. Der Osmanensultan hatte als Entgelt für seine Unterstützung die Burg Tzympe (Cimbi) auf der europäischen Seite der Dardanellen, nordöstlich von Gallipoli, erhalten. Orhans Sohn, Süleyman, wurde dann mit starken Truppen über den Hellespont geschickt und nutzte zwei Jahre später die Gelegenheit eines starken Erdbebens, das die Mauern der Festung Gallipoli schwer beschädigt hatte, um auch dieses Bollwerk zu besetzen.

Innerhalb der osmanischen Gesamtexpansion und Gegenbewegung ließe sich dieses Fußfassen in Europa als ein verhältnismäßig nebengeordnetes Moment bewerten, selbst wenn man die Bedeutung

Ein Feldlager der nomadisierenden Ogusen
Miniatur von Mehmet Siyah Kalem in einem Album für Mehmet II., 15. Jahrhundert
Istanbul, Topkapi Saray Museum

des Hafens und der Festung Gallipoli als Riegel zwischen Ägäis und Marmarameer, Bosporus und Schwarzem Meer in Rechnung stellt. Doch dieses Datum besitzt insofern seine Denkwürdigkeit, als die osmanischen Truppen sich diesen Brückenkopf nicht gewaltsam und mühsam erkämpft hatten, sondern von einem christlichen Kaiser dazu eingeladen worden waren. Diese Tatsache wirft ein Schlaglicht sowohl auf den desolaten Zustand von Byzanz als auch auf das Machtvakuum im Südosten Europas, dessen Sog den osmanischen Herrschaftswillen noch erheblich verstärkt hat. Orhan hatte einen Staat hinterlassen, der organisatorisch und militärisch ein äußerst energiegeladenes System darstellte. Ihm war genügend Zeit geblieben, um seinem Reich eine erste koordinative Prägung zu geben. Am folgenschwersten hatte sich die Erkenntnis des Sultans ausgewirkt, daß seine Soldaten noch immer nicht viel mehr als ausgezeichnete, tolldreiste Reiter waren, ganz ihrer Steppenabkunft gemäß. Mit solchen Reitern ließen sich offene Schlachten schlagen, mit ihnen konnte man tief in feindliches Gebiet vorstoßen und auch große Landesteile vorübergehend erobern, aber Festungen waren auf diese Weise kaum zu erstürmen, Territorien nicht zu halten und schon gar nicht in den Staat einzugliedern. Erst Fußtruppen konsolidierten große Heereshaufen zu einer schlagkräftigen Armee. Deshalb hatte Osman I. unter seinen Feinden, geborenen Fußsoldaten, zunächst etwa tausend junge Christen fangen lassen – das berüchtigte Devşirme, die »Knabenlese«. Da nach islamischem Recht nur Muhammedaner Waffen tragen und kämpfen durften, waren sie zwangsweise bekehrt worden. Der Sultan hatte dafür gesorgt, daß sie exzellent behandelt, untergebracht und ausgebildet wurden. Durch die Gewährung besonderer Privilegien hatte er persönliche Bindungen an die Person des obersten Gebieters geschaffen. Das Experiment war gelungen: Die Osmanen hatten eine »neue Truppe«, die »yeni tscheri«, und diese Janitscharen wurden rasch berühmt und überall gefürchtet. Sie haben ein eigenes Kapitel der osmanischen Geschichte und einen erregenden Abschnitt der allgemeinen Kriegshistorie geschrieben. Diese erste stehende Armee Europas ist ein Musterfall, zu welch eindrucksvollen Ergebnissen eine schöpferische Mißhandlung führen kann.

Einmal in Thrakien, gab es für die Osmanen kein Halten, zumal ihre Aktivität durch die Uneinigkeit der Balkanfürsten noch gestachelt wurde. Murat I. eroberte Adrianopel und bestimmte es seit 1366 zur osmanischen Residenz; nun war der Landweg nach Byzanz durchschnitten. Bulgarien wurde unter ihm tributpflichtig. Der Balkan geriet schließlich in solche Nöte, daß sich die Serben mit Bosniern, Bulgaren, Rumänen, Magyaren und Albanern zu einer Koalition der »starken Angst« zusammenfanden. Murat I. hatte die Balkaninvasion im wesentlichen seinen Truppenführern überlassen, da er selbst hinreichend mit der Ausdehnung und Befestigung der osmanischen Macht in Anatolien beschäftigt war. Diesmal führte er das Heer persönlich. Die Gegner stießen im Juni 1389 auf dem serbischen Amselfeld zusammen, zweihundert Kilometer südlich von Belgrad. Nach Truppenstärke, Unerbittlichkeit und Verlusten war dieses Treffen die bis dahin größte Schlacht in der Geschichte des südöstlichen Europas und eine der verbissensten und blutigsten der ganzen Historie. Der Sultan wurde von einem Serben ermordet, aber sein Sohn und Erbe, Beyazit, vollendete den osmanischen Sieg. Nahezu der gesamte serbische Adel verlor hier sein Leben; noch heute werden uralte Klagelieder aus dieser Zeit in serbischen Dörfern gesungen.

Seit der Schlacht auf dem Amselfeld gab es für ganze Epochen keine Kämpfe mehr zwischen Serben und Osmanen. Beyazit I. heiratete eine Schwester König Stephans. Serben stellten freiwillig große Truppenkontingente, die auf osmanischer Seite kämpften. Daß der Balkan unter dem »grausamen Druck der islamischen Eroberer ächzte«, ist eine Geschichtsfabel des 19. Jahrhunderts. – Seit dem Jahr 1389 waren die Osmanen nicht nur die Herren Serbiens, sondern bestimmten auch über Krieg und

Timur-Leng beim Ausritt
Aus der Miniatur eines persischen Künstlers,
zwischen 1430 und 1440
Washington, D. C., Freer Gallery of Art

Frieden auf dem ganzen Balkan, und das hieß: in einem Hauptgebiet Europas. Beyazit I. wußte mit dem, was ihm sein Vater hinterlassen hatte, vorzüglich umzugehen: Das Osmanenreich stand auf festen Säulen, es wurde zu einer Großmacht. In Anatolien eroberte der Sultan die letzten griechischen Besitzungen. Er leitete die Invasion der ägäischen Inseln ein, nachdem ganz Thessalien besetzt worden war und die Osmanen knapp vor Athen standen. Seit 1391 wurde auch Konstantinopel belagert.

Die Rettung der Stadt und eine Atempause für Europa waren dem Mongolenchan Timur-Leng zu verdanken. Er betrachtete sich als Dschingis Chan redivivus. Seine wiederholten Kriegszüge bis tief nach Syrien ließen Beyazit I. nicht vergessen, was in Anatolien, das inzwischen zum osmanischen Kernland geworden war, auf dem Spiel stand. An der Spitze seiner Truppen fiel Timur im Jahr 1400 in Anatolien ein, stürmte Sivas und schlachtete die Bevölkerung ab, an ihrer Spitze Ertoğrul, den Sohn Beyazits – getreu seinem Ruf als Nonplusultra menschlicher Grausamkeit. Zwei Jahre später fiel bei Ankara die Entscheidung zwischen Beyazit und Timur. Das Heer des Sultans, zahlenmäßig unterlegen, wurde geschlagen, Beyazit gefangengenommen. 1403 starb er in Akşehir, westlich von Konya. Der Mongolenchan gestattete seine Überführung nach Bursa.

Das Ende von Byzanz

Die Mongolenschlacht von 1402 war die größte militärische Katastrophe der osmanischen Geschichte; trotzdem hatte sie nur eine mäßig bremsende Wirkung. Der Streit um das osmanische Erbe, begleitet von Aufständen, Separationsrevolten und Religionskämpfen, dauerte ein Jahrzehnt, und nach einem weiteren Jahrzehnt war das Reich erneut konsolidiert. Diese Festigung war Mehmet I. zu danken, dem »Noah«, wie die Türken schrieben, »der die Arche des osmanischen Reiches rettete«. Murat II. konnte dann die Zwiste endgültig beheben. Obgleich er 1444 bei Warna und vier Jahre später nochmals auf dem Amselfeld siegte, vermochte er die Osmanenherrschaft auf dem Balkan noch nicht völlig in der früheren Form zu restaurieren. Die Nachfolge trat Murats einundzwanzigjähriger Sohn Mehmet an. Mehmet II. debütierte mit einer selbst für damalige Begriffe ungewöhnlich rücksichtslosen Aktion: Er ließ seinen jüngeren Bruder Ahmet sofort umbringen und räumte damit von vornherein all die Erbstreitigkeiten aus, die seinen Vorgängern und dem Staat so viel zu schaffen gemacht hatten. Seitdem wurde Brudermord nahezu ein zwangsläufiger Reflex jedes Regierungswechsels im Osmanenreich. Diese ebenso verwerfliche wie stabilisierende Maßnahme rief den geheimen Neid zahlreicher christlicher Herrscher Europas hervor. Auch sonst liebte Mehmet II. schnelle, eindeutige Entschlüsse. Bald nach seinem Regierungsantritt mußte er eine Revolte des Emirs von Karaman niederschlagen; auf der anderen Seite drohte ihm Kaiser Konstantin XII. Palaiologos. Mehmet II. zog nach Beilegung der anatolischen Affäre sofort an den Bosporus, setzte an der schmalsten Stelle über und ließ binnen wenigen Monaten das Fort Rumelihisar errichten, eine Festung, deren Ausmaße schon damals als gewaltig empfunden wurden. Den Protest des Kaisers beantwortete er auf seine Art, indem er die Gesandten enthaupten ließ.

Konstantinopel hatte den türkischen Truppen nicht viel mehr als seine enorm starken Mauern, eine resigniert entschlossene Bevölkerung und die Hilferufe des Kaisers nach Rom entgegenzusetzen. Der Humanisten-Papst Nikolaus V. machte sein Interesse und eine mögliche Hilfe davon abhängig, daß endlich die Union der beiden christlichen Kirchen verwirklicht wurde. Konstantin, der das Ausmaß der osmanischen Gefahr kannte, wäre dazu bereit gewesen, aber die Bevölkerung von Byzanz weigerte sich. Der Megas Dux Lukas Notaras, des Kaisers höchster Minister und Großadmiral, formulierte ihre Überzeugung: »Es ist besser, in der Mitte der Stadt den Turban des türkischen Sultans zu sehen als die lateinische Mitra.« Der alleinseligmachende Glaube, gleichgültig welcher Färbung, war ein Exorbitanzmotiv: Lieber tot, aber im richtigen Himmel, als »ketzerisch« auf Erden lebend und wenig später auch noch in der Hölle. Der Papst blieb ebenfalls unnachgiebig, zumal er die Nöte Konstantinopels nicht als seine größten Sorgen betrachtete.

Anfang April 1453 gab der Sultan das Zeichen zum Angriff auf die »Stadt der Städte«. Konstantin XII. verfügte nicht über genügend Truppen, um die mehr als zweiundzwanzig Kilometer langen Festungsmauern überall zu besetzen; andererseits galten die Fortifikationen an der Landseite mit ihrer dreifach tiefen Staffelung und dem mehr als fünfzehn Meter emporragenden inneren Ring als uneinnehmbar. Der Kern der Stadtmauer maß zwischen vier und fünf Metern, die sechsundneunzig Wehrtürme ragten zwanzig Meter in die Höhe. Konstantinopels Mauern gehörten zu den stärksten Befestigungen der damaligen Welt. Der Sultan selbst hatte monatelang die Pläne für die Belagerung durchdacht und ausgearbeitet. Das Handikap der Osmanen bestand im Fehlen einer genügend schweren Artillerie, aber das betraf alle damaligen Armeen. Normalerweise wurden Festungen ausgehungert. Konstantinopel war dafür zu groß, und vor allem ließen sich die Meereszufahrten nicht völlig blockieren. Die Einfahrt ins Goldene Horn wurde durch eine riesige eiserne Kette gesperrt; sie hatte bis zum 22. April allen Durchbruchsversuchen türkischer Schiffe widerstanden und dadurch das Goldene Horn, eine der schwächsten Stellen im Verteidigungsring, geschützt. Mehmet II. ließ große Tragbühnen auf Rollen bauen. Darauf wurden siebzig Schiffe vertäut, an Land gezogen und über den Berg an der Nordostseite des Goldenen Horns, oberhalb des heutigen Galata und Beyoğlu, gezogen. Die Christen der belagerten Stadt glaubten in den Mittagsstunden des 22. April, der Teufel selbst sei am Werk gewesen, als in Riesenformation vollbeflaggte Osmanenschiffe mit gehißten Segeln den Berg hinab zum Goldenen Horn und ins Wasser rollten, begleitet von Trommeln, Pfeifen, Fanfaren und dem Jubel der türkischen Truppen. Damit hatte der Sultan die Herrschaft über das Goldene Horn errungen.

Seit Beginn der Belagerung wurden die großen Landmauern im Westen Konstantinopels Tag und Nacht beschossen. Ununterbrochen mußten die Verteidiger die Breschen ausbessern. Hätten die Osmanen nur über die gewöhnlichen Geschütze verfügt, dann wäre auch dieser Dauerbeschuß ohne besondere Effekte geblieben. Schwere Verwüstungen entstanden jedoch durch die Kanone eines ungarischen Geschützgießers, die Mehmet eigens hatte bauen lassen. Ihr Abschuß war zwanzig Kilometer weit zu hören; die Kugeln wogen mehr als

Die Landmauer Konstantinopels
zwischen dem Kanonentor und dem Edirne-Tor mit der Balyemez-Bresche vom 29. Mai 1453

eine halbe Tonne. Der Name ›Baliamezza‹, unter dem dieses riesige Geschütz bekannt geworden ist, ist eine Europäisierung der türkischen Bezeichnung ›Balyemez‹ – die Kanone, »die keinen Honig aß«. Ende Mai gab der Sultan den Befehl zum Sturm. Am 29. Mai 1453 frühmorgens drangen die ersten Soldaten durch eine Bresche in die Stadt, die von einem der monströsen Geschosse stammte. Binnen weniger Stunden brach jeder Widerstand zusammen. Kaiser Konstantin XII. fiel schon beim ersten Durchbruch der Osmanenkrieger. Mehmet II. – von diesem Tag an Fatih (der Eroberer) genannt – betrat erst gegen Nachmittag die Stadt. Langsam ritt er an der Spitze seiner Janitscharen-Leibwache durch die Straßen, nachdenklich und ergriffen, daß ihm der höchste Sieg des Islam zugefallen war. Er hatte nicht nur die Hauptstadt des christlich-byzantinischen Staates erobert, er durfte sich jetzt auch als Erbe dieses Reiches betrachten, als Nachfolger der Cäsaren und Kaiser. Denn Konstantinopel lag sowohl in Asien als in Europa, und zwar nicht nur symbolisch. Der Sultan konnte mit Recht seinen Titeln einen neuen hinzufügen: »Herr zweier Erdteile und zweier Meere.« Er ritt direkt zur Hagia Sophia, der Kathedrale des Basilaios, und nahm sie feierlich für den Islam in Besitz. Dann betrat er den alten Kaiserpalast, ging durch die verlassenen Hallen und Säle, fern aller schäumenden Triumphgefühle; denn er entsann sich des mythischen Ahnen seines Volkes; er zitierte einen alten persischen Vers:

»Die Spinne webt die Vorhänge im Palast der Cäsaren
Die Eule ruft von den Türmen Afrāsiyābs die Stunden aus.«

Das Bewußtsein von diesem welthistorischen Augenblick durchdrang den christlichen Teil Europas, als der Fall Konstantinopels bekannt wurde. Dabei hielten sich das Entsetzen über den »zweiten Tod Homers und Platons« – so stöhnte Enea Silvio Piccolomini –, über das Ende des christlichen Byzanz und die schlagartig wachsende Furcht vor der osmanischen Bedrohung, besonders akut im ungarischen Raum, die Waage. Alle erneuten Kreuzzugsvorhaben zerschlugen sich jedoch schnell. Kaiser Friedrich III. hatte keine Illusionen und kein Geld, Karl VII. nach dem Hundertjährigen Krieg keine Kräfte, England keine Zeit, da es mit den Rosenkriegen beschäftigt war, keiner in Italien andere Interessen als die Handelsverbindungen, und Philipp der Gute von Burgund, auf den das alles nicht zutraf, raffte sich 1454 lediglich zu einem ungeheuren Festmahl in Lüttich auf, bei dem ein lebender, völlig mit Diamanten behängter Fasan zur Tafel getragen wurde und alle anwesenden Ritter einen neuen Kreuzzug beschworen. Dieses Fasanen-Gelübde wurde viel beredet, von den Chronisten notiert, aber erfüllt wurde es nicht.

Mehmet Fatih kümmerte sich nicht um die Reaktionen im Westen. 1456 versuchte er Belgrad zu stürmen, ohne Erfolg, aber drei Jahre später war ganz Serbien in osmanischen Händen, ausgenommen Belgrad, das erst 1521 von Süleyman II., dem Prächtigen, erobert wurde. Die Reste der Autonomie wurden beseitigt. Die Adligen und damit die Landherren weiter Teile Serbiens, Bosniens und der Herzegowina wechselten die Religion und bekannten sich zum Islam; ihnen taten es Hunderttausende von Bauern gleich. 1460 wurde die Peloponnes erobert, Lesbos besetzt und den Venezianern, mit denen Mehmet mehr als eineinhalb Jahrzehnte im Krieg lag, Euböa abgenommen. Ein Jahr darauf erkämpften die Osmanen das Kaiserreich von Trapezunt am Schwarzen Meer und damit die letzte selbständige Hauptstadt der Griechen. 1478 fiel schließlich noch Albanien, so daß die Osmanen Tuchfühlung mit Italien bekamen; sie standen knapp neunzig Kilometer vor seiner Küste. Am Schwarzen Meer, dessen Süden etwa der heutigen Grenze entsprechend osmanisch war, eroberte Mehmet an der Südspitze der Krim mit der Stadt Kaffa – dem heutigen Feodosija – Genuas letzten Handelsplatz. Der Chan der Krimtataren, die bis zur Moldau die Steppen beherrschten, wurde Vasall der Osmanen. Damit hatte sich das Schwarze Meer in ein osmanisches Binnenmeer verwandelt. Mehmet II. konnte sich freilich während seiner mehr als drei Jahrzehnte langen Herrschaft niemals die Pose des Saturierten leisten. Ein Jahr nachdem seine Truppen auf dem italienischen Festland Otranto erstürmt hatten, starb er, zweiundfünfzig Jahre alt, während eines Feldzugs gegen Persien. Seinem Beinamen ›der Eroberer‹ hatte er auch statistisch Tribut entrichtet; denn auf sein Konto ging die Erstürmung von zwölf Reichen und rund zweihundert Städten.

Nichts wäre verfehlter, als in diesem Sultan nur den außergewöhnlichen Feldherrn, den Militärgiganten, zu sehen. Nach der Erstürmung Konstantinopels ordnete er unverzüglich den Wiederaufbau der Stadt an. Er holte aus dem ganzen Reich die Aktivsten und Begabtesten der Bevölkerung; aus allen Himmelsrichtungen strömten Händler, Finanzleute, Kunst- und Goldschmiede, Steinmetze, Keramiker und Architekten zusammen. Der Sultan rief auch alle Griechen zurück, die schon vor Beginn der Belagerung nach Europa geflüchtet waren, und tatsächlich stellten sich unerwartet viele von ihnen wieder ein, und zwar nicht nur, weil sie mit Grund von der Toleranz des Islam mehr hielten als von jener ihrer römisch-christlichen Glaubensbrüder. Mehmet II. legte größten Wert darauf, die Stadt so schnell wie möglich wieder zu bevölkern, um ihr in kürzester Zeit den früheren Rang als eine der bedeutendsten Handelsstädte der Welt zurückzugeben. Als dem Sultan die Vergrößerung der Stadt zu langsam ging, siedelte er hier ganze Kolonien von Südslawen zwangsweise an, errichtete ungezählte fromme Stiftungen und zog die besten Gelehrten, Wissenschaftler und Künstler an die Metropole. So wurde verblüffend schnell die Bevölkerung vervierfacht. Aus einer verfallenden byzantinischen Ruine verwandelte sich Istanbul – offiziell wurde dieser türkische Name allerdings erst in unserem Jahrhundert – im Verlauf einiger Jahre in die prachtvolle, schäumende, von Reichtum strotzende Osmanenmetropole, in den geistigen Mittelpunkt und das machtpolitische Zentrum des Islam. Mehmet Fatih hatte zwar Byzanz, dessen Zukunft schon seit Dezennien hoffnungslos gewesen war, als Staat vernichtet, aber byzantinische Traditionen und Reichsvorstellungen gingen bruchlos im osmanischen Staatsgedanken auf.

In der Frage der Andersgläubigen hielt sich der Sultan kategorisch an die klaren Vorschriften des Islam. Schon die Behandlung der Bulgaren hatte deutlich gezeigt, wie wenig den Osmanen der Missionseifer zusagte, von dem die Christen unentwegt geplagt wurden. Für Mehmet II. waren die orthodoxen Griechen genauso Untertanen seines Staates wie die islamgläubigen Völker. Bereits am Tag der Eroberung hatte er Wachen vor die zweitgrößte Kirche der Stadt, die Kathedrale der Heiligen Apostel, postiert und jede Plünderung verboten; denn diese Kathedrale war zur künftigen Patriarchatskirche bestimmt. Der Sultan tastete die griechische Hierarchie in keinem Punkt an. Die Kirchenverfassung wurde aufrechterhalten; die orthodoxen Christen besaßen alle Rechte und Privilegien einer sich selbst verwaltenden Gemeinde. Die Kirchenfürsten hatten volle Befugnisse in religiösen Angelegenheiten und in Fragen des kanonischen Rechts, sie behielten sogar die weltliche Gerichtsbarkeit über ihre Gläubigen; lediglich strafrechtliche Vergehen fielen in die Zuständigkeit der osmanischen Behörden. Der neugewählte Patriarch der Gemeinde, Gennadios – damals neben dem Humanisten Johannes Bessarion der bedeutendste Theologe der orthodoxen Kirche Europas –, wurde zu einem persönlichen Freund des Sultans, der ihn regelmäßig zu langen Gesprächen aufsuchte. Mehmets II.

Mehmet II., der Eroberer
Albumblatt vermutlich von Costanza da Ferrara, zweite Hälfte des 15. Jahrhunderts
Istanbul, Topkapi Saray Museum

Schutz der orthodoxen Kirche wie der jüdischen Gemeinden gestaltete sich vor allem im Hinblick auf die römischen Christen zu einem Schauspiel, dessen Dimensionen erst ins rechte Licht kommen, wenn man das Schicksal dagegenhält, das die katholischen Könige Isabella und Ferdinand wenig später den islamischen Arabern und Juden in Spanien bescherten.

Daß der Sturm auf Konstantinopel mit einem »rasenden Türkensturm« identisch gewesen sei und diese Bezeichnung nur das Synonym für einen Bildersturm in den Ruhmeshallen der klassischen Kultur gebildet habe, ist eine Legende, die heute kaum noch Nachsicht verdient. Die Mäzene und Humanisten waren schließlich schon seit einem Halbjahrhundert durch ganz Europa unterwegs, um alte Manuskripte einzuheimsen, und griechische Wissenschaftler konnten schon seit langem an den europäischen Höfen ganz anders leben und lehren als in der letzten Epoche der Paläologenherrschaft des abgewirtschafteten Stadt-Staates Konstantinopel. Den Osmanen fiel dort nichts in die Hand, was wert gewesen wäre, christlichen Gelehrten vorenthalten zu werden – und wenn dies doch einmal der Fall war, dann wurde es weder sekretiert noch vernichtet. Das Destruktionsvergnügen seiner siegreichen Truppen duldete der Sultan nur einige Stunden am Tag der Eroberung; es überstieg nicht dasjenige der Schweizer, der französischen, spanischen, englischen oder burgundischen Söldner und bei weitem nicht jenes der Landsknechte eines Frundsberg beim Sacco di Roma (1526). Verglichen mit der grauenhaften Plünderung Konstantinopels durch die sogenannten christlichen Ritter des vierten Kreuzzuges von 1204 benahmen sich Mehmets II. Soldaten wie Anfänger. Der Sultan selbst besaß einen extrem entwickelten Sinn für immaterielle Werte. Die klassische Bildung hatte ihn von Anfang an fasziniert. Seine Liebe zu den Künsten, seine Bewunderung der abendländischen Maler, Architekten und Bildhauer, seine Hochachtung vor der Wissenschaft waren in Europa bekannt wie sein Mäzenatentum oder wie der Umstand, daß die Osmanen und die Medici sich nicht erst seit jenen Tagen besonders freundschaftlich zugetan waren. Wie in Italien entwickelte sich unter Mehmet II. eine Renaissance, nur bezog sie sich nicht allein auf die griechisch-römische Antike; in ihr erfuhr zudem die arabisch-persische Literatur eine intensive Neubelebung. Obschon also ein anderer Richtpunkt als im christlichen Europa Geltung hatte, fand formal derselbe Prozeß statt. Mehmets Förderung aller Wissenschaften, die Errichtung von Akademien und Bibliotheken, seine Handschriftensammlungen, seine geradezu schrankenlosen Bemühungen, antike Bauten und Denkmäler vor dem Verfall zu bewahren, seine eigenen Dichtungen – ein ganzer Band Gaselen – würden es rechtfertigen, seine Hauptstadt als ein Florenz am Bosporus zu bezeichnen – ein Ehrenname, der sich dann unter Süleyman dem Prächtigen in der ersten Hälfte des 16. Jahrhunderts von selbst anbot.

Daß christlich bestimmte Gelehrsamkeit, Architektur und Bildkunst nach dem Fall von Byzanz in der alten Metropole nicht mehr dominierten, hat somit nichts mit einer unterstellten Feindschaft oder Kulturlosigkeit der Osmanen zu tun. Die welthistorische Ablösung am Bosporus bedeutete eine radikale Veränderung aller Bereiche: Nun dominierten eo ipso islamisch-osmanische Kunst und Wissenschaft, und in welchem Ausmaß dies der Fall war, mit welcher Monumentalität, mit welchem Ausdruckswillen und ästhetischem Eigengewicht, das sollte heute nicht betont werden müssen. Gleichwohl haben die Orientalisten noch immer keine Interpretation der osmanischen Welt und Geschichte vorgelegt, die ihren konstitutiven Bedingungen und nicht nur dem Horizont des christlich-abendländischen Sichtwinkels entspricht.

Der Schatten Gottes auf Erden

Seit Mehmet Fatih gewann das osmanisch-europäische Reich rasch den sachlichen Status eines Faktums der europäischen Politik. Dies allein gab schließlich den Ausschlag dafür, daß den Kämpfen gegen die Osmanen die alte Basis der christlichen Kreuzzugsidee endgültig entzogen wurde. Und weil diese Neubegründung des politischen Raumes zu den elementaren Eigentümlichkeiten Europas in der Moderne gehört, zählen der Fall Konstantinopels, die Vollendung des Osmanenstaates durch Mehmet II. und das veränderte Verhältnis zum Islam zu den ausgezeichneten Daten jener Epoche. Die Medici waren die ersten, welche die Osmanenherrscher und ihre Völker nicht als Ketzer und natürliche Todfeinde Europas betrachteten, sondern als eine Gegebenheit, deren Macht, Kraft und Interesse zum politischen Kosmos Europas genauso gehörten wie diejenigen eines christlichen Staates. Ähnliches gilt – unbeschadet der kriegerischen Auseinandersetzungen – für die Beziehungen Genuas und Venedigs. Wie schnell seit Mehmet Fatih der Osmanenstaat sich zu einem Kalkül der europäischen Staaten entwickelte, wurde dann durch Frankreich augenfällig, das sich offen mit der Hohen Pforte verbündete – indifferent gegenüber der Frage, ob es sich um »Ungläubige« handelte oder nicht.

Disputierende Theologen in einer Moschee
Miniatur von Kamal ad-Din Bihzad in dem ›Bustan‹ des Sadi, 1489
Kairo, Ägyptische Bibliothek

Ein bemerkenswerter Vorreiter war der Borgia-Papst Alexander VI., der es recht selbstverständlich fand, bei seiner Suche nach Bundesgenossen gegen die Franzosen sich auch der ausdrücklichen Unterstützung Sultan Beyazits II., Mehmets Nachfolger, zu vergewissern; dasselbe gilt von Lodovico Sforzas türkischen Kontakten im Sommer 1499.

Diese Entwicklung liefert einen weiteren Beitrag zu der allgemeinen Autonomisierung des politischen Handelns in Europa, innerhalb derer wohl noch Kriege um der Religion willen, aber keine wirklich qualitativ religiösen Kriege möglich waren. Politik erschöpfte sich allgemein nicht mehr in christlicher Politik gegen Ungläubige, sie duckte sich nicht mehr unter dem Zeichen des Kreuzes, sondern stand nunmehr unter den Zeichen eigenstaatlicher Interessen. Der Sultan im Serail war ein Fürst wie jeder andere König oder Herrscher Europas. Daß es sich schon bei dem Kampf gegen Byzanz recht besehen um eine innereuropäische Angelegenheit gehandelt hat, weil der wirkliche Gegner nicht Kaiser Konstantin XII. gewesen ist, sich vielmehr Rom und die Osmanen gegenübergestanden haben sowie die Republik Venedig und das Kaiserreich Habsburg, das wurde deutlich in der späteren Politik Mehmet Fatihs, deren Geradlinigkeit keine Konsequenz beliebiger Willensentschlüsse der Sultane war. Es mag widersinnig erscheinen, aber gerade der Umstand dieser europäischen Gegnerschaft und ihr Vorrang in der osmanischen Reichsführung zeigt, wie sehr sich seine Herrscher und Wesire als Staatsmänner und Politiker einer europäischen Großmacht empfanden. Besondere Aufmerksamkeit verdient das kräftige Leben, das die Reichsidee im Osmanenstaat entwickelte, teils in Verwandlung des byzantinischen Konzepts, teils in spezifisch islamisch-osmanischer Gestaltung, und dies zu einer Zeit, in der das Reich in Mitteleuropa seine schwerste Krise durchzustehen hatte, weil sich die Staatenwelt endgültig nach nationalen Gravitationszentren umgruppierte. Die widerstreitende Parallelität des Reichsgedankens ist schon deshalb von hohem Interesse, weil es sich sowohl beim Habsburger Kaiserreich als auch beim osmanischen Großreich um erklärte Vielvölkerstaaten handelte.

Von 1481 bis 1512, während der Regierung Beyazits II., schoben die Osmanen ihre Grenzen weiter in den italienischen, österreichischen und polnischen Raum vor. Der zweite venezianische Krieg (1499) dauerte nur drei Jahre; dann gab es keine Zweifel mehr daran, daß die Zeiten der Alleinherrschaft Venedigs im östlichen Mittelmeer vorbei waren. Unter den besetzten Seestützpunkten erhielt Lepanto am Golf von Korinth einen besonderen Rang als Schiffsarsenal und osmanische Kontrollfestung. In der Regierungszeit Beyazits, dem Europa im Südostraum eine Friedensphase von siebzehn Jahren zu danken hatte, entwickelte sich der Zwang zur Beherrschung des Mittelmeeres nicht nur von den Küstenräumen her zu einem brisanten politischen Problem. Der Sultan hatte erkannt, daß die Zurückweisung der Serenissima nichts mit machtpolitischer Reputation zu tun hatte, daß erst die Vernichtung der venezianischen Flottenüberlegenheit die Voraussetzungen schuf, um in der bevorstehenden Konfrontation im westlichen Mittelmeer bestehen zu können. Deshalb das Sultanswort zu den Venezianern: »Bisher waret ihr mit dem Meer vermählt. Von jetzt an gehört es mir.« Die Rohform der osmanischen Expansionsphase wurde bis 1520 von Sultan Selim I. präjudizial beendet. Jerusalem und Kairo, Mekka und Medina fielen. Syrien, Palästina und Ägypten wurden osmanisches Hoheitsgebiet. Der Sultan fügte zu seinen Titulaturen die Bezeichnung ›Chalif‹ und dokumentierte damit, daß dem Großherrn im Serail auch die Würde des obersten Herrschers aller Islamgläubigen gebühre.

Auf Selim I. folgte derjenige Herrscher, der den Riesenbau des europäisch-osmanischen Reiches vollendete: Süleyman II. Er wurde zum imperialen Glyptiker der osmanischen Dynastie. Was sich in der Politik Beyazits II. abgezeichnet hatte, wurde von Süleyman dem Prächtigen – oder mit den Osmanen treffender: dem Gesetzgeber (Kanuni) –

Leben der Osmanen in ihren unter Selim I. erworbenen Hoheitsgebieten
Holzschnitt von Pieter Coecke van Aelst, erste Hälfte des 16. Jahrhunderts
Düsseldorf, Kunsthandel

rigoros umgesetzt. Binnen wenigen Jahren beherrschte die osmanische Flotte das Mittelmeer. Der östliche Teil verwandelte sich nach der Eroberung von Rhodos (1522) zum osmanischen Mare clausum. Im Westen demonstrierte der überragende Admiral Hayrettin Barbarossa, schon Pläne eines Kanals zwischen Mittelmeer und Rotem Meer skizzierend, mit gebührender Eindringlichkeit, daß der Osmanenstaat unwiderruflich den Notwendigkeiten einer bloßen Kontinentalmacht entwachsen war und seine maritime Politik als eine ebenso natürliche wie unerläßliche Sicherung seiner Interessen in Europa, in der Levante, in Nordafrika verstand. Der folgenschwere Sieg von Mohács Ende August 1526, die Eroberung Ungarns, die Belagerung Wiens von 1529, deren Abbruch keineswegs eine empfindliche Niederlage des Sultans bedeutete, wie westliche Historiker so gern betont haben – Ferdinand I. ließ sich das 1533 durch die nahezu diktierten Friedensbedingungen von der Hohen Pforte unmißverständlich bescheinigen –, der Vorstoß in den Jemen bis Aden, die Festigung des nordafrikanischen Raumes, selbst die großen Züge nach Täbris und Bagdad: alle diese Großaktionen wären ohne eine osmanische Oberhoheit zur See nicht möglich gewesen. Von ihrem Aplomb bekamen die Römer eine Probe, als eines Tages Kriegsschiffe Barbarossas in die Tiber-Mündung segelten und vor der Ewigen Stadt Anker warfen. Das gelegentliche Wort Süleymans II. zu seinen Militärs, sie würden sich einmal in der Metropole des Papstes wiedersehen, und die Überlegungen des

Sultans, dem Großreich der Osmanen auch Indien einzuverleiben, waren nicht aus der Luft gegriffen.

Die Reichsverfassung Süleymans hatte fast drei Jahrhunderte Bestand und Gültigkeit, bis zum Ende des Osmanenstaates. Gleiches gilt von der inneren Organisation und den grundlegenden Gesetzen. Der Sultan stützte sich dabei auf das kodifikatorische Fundament, das Mehmet Fatih gelegt hatte. Die Tradierung, Weiterführung und Vollendung der raumpolitischen Intentionen von Mehmet bis Süleyman entfalten sich in frappanter Geradlinigkeit; wären die Antriebe nicht von einer Jahrhundertprägung gewesen, dann hätte die Konsequenz der osmanischen Politik, Diplomatie und Staatsführung seit Orhan I. nicht diese gigantische Beharrlichkeit entwickelt.

Zwischen Mehmet II. und Süleyman II. bestand trotz abweichender Charaktere eine bemerkenswerte Kongenialität: Beide Herrscher waren Musageten anspruchsvollster Art, beide Dichter hohen Ranges, mit beider Namen verbindet sich die intensivste Pflege aller Wissenschaften; in ihrem Jahrhundert erreichte die osmanische Kunst ihren absoluten Höhepunkt. Die Moscheen, Paläste, Bibliotheken, Medresen, Brunnen, Mausoleen, Hane, Schlösser, die noch heute Istanbuls architektonisches Profil und atmosphärische Suggestivität bestimmen, wurden größtenteils in der Epoche Mehmets und Süleymans erbaut. Keinem späteren Architekten gelang es, sich dem Normenzwang Sinans zu entziehen, des herausragenden Architekten der Osmanen.

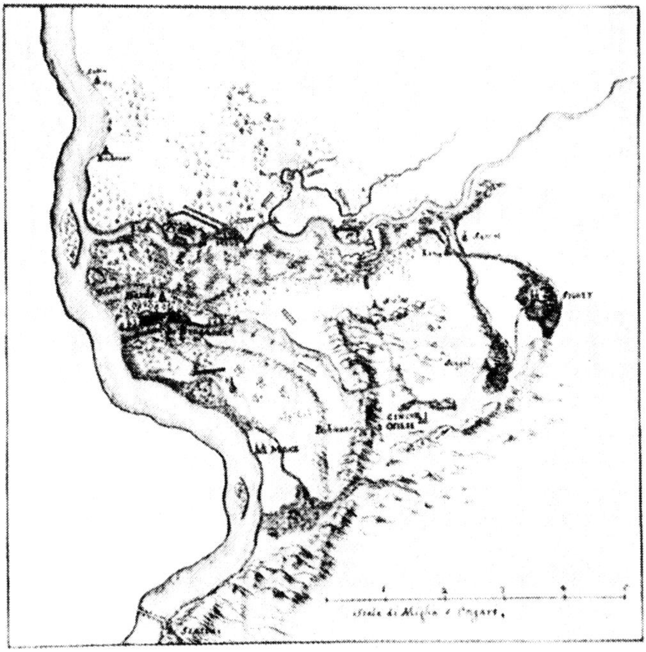

Das Schlachtfeld bei Mohács am 29. August 1526
Plan eines vermutlich italienischen Augenzeugen
Wien, Haus-, Hof- und Staatsarchiv

Die Belagerung Wiens durch die Osmanen unter Süleyman II. im Jahr 1529
Miniatur vermutlich von Makkas Osman in einer türkischen Handschrift, 1588
Istanbul, Topkapi Saray Museum

Sinan, dem an die dreihundert Werke zugeschrieben worden sind, ist einer der wenigen Großbaumeister in der Geschichte der Baukunst, der sich kaum noch in den Rahmen des erklärt Architektonischen einfügt, weil für ihn Konstruktion, Materialbehandlung, Problemlösung im Grunde nur zufällige Mittel des künstlerischen Ausdrucks waren. Die mathematische Klarheit, vollkommene Proportionalität, nahezu mysteriöse Schwerelosigkeit seiner Moscheen setzten ein grundsolides Handwerkerkönnen und ein nüchternes Kalkül voraus; trotzdem hat man sie nicht unrichtig als Produkte einer Dichtkunst in Marmor und Stein bezeichnet. Mit seinem untrüglichen Gespür für das Harmonikale gelang es Sinan, eine Einheit von konfiguriertem und natürlichem Raum, von architektonischer und naturgegebener Eigenheit zu schaffen. Gerade durch die scheinbare Gewichtlosigkeit der sphärischen Kuppelkomplexe dieser Moscheen – besonders augenfällig bei der Süleymaniye in Istanbul, Sinans großartigstem Werk neben der Selimiye in Edirne – wird deutlich, wie sehr es sich dabei auch um Kristallisationen des Osmanisch-Majestätischen handelt, um den Epochenausdruck eines Anspruchs auf Größe und Vollkommenheit. In Sinan fanden sich die sensorischen Äquivalente zur politischen Vollendung des osmanischen Staates. Keine Kunst ist so sehr wie die osmanische ein integraler Teil der osmanisch-islamischen Welt, und es gibt keinen zuverlässigeren Kronzeugen dafür als Sinan.

Nizamalmulk, der legendär berühmte Kanzler der Seldschukensultane Alp Arslan und Malikschah, schrieb in seinem Werk über die Staatskunst einen Satz, der emblematisch über der Epoche von Mehmet II. und Süleyman II. stehen könnte, zumal seiner dürren Sachlichkeit wegen: »Herrscherhäuser, Reiche und Städte hängen allezeit mit einem bestimmten Manne zusammen. Es bedarf immer wieder eines Menschenalters und dazu noch günstiger Umstände, bis ein entsprechender und bewährter Mann sich einstellt.« Kaum ein Sultan der osmanischen Aufbruchsjahre, auf den das nicht zuträfe. Bei Mehmet drang noch mitunter das Gewalttätige durch, der paradigmatische Elan des Staatengründers; bei Süleyman dagegen dominiert die Würde des Herrschers, der sich der Fundamente des Reiches sicher und seiner unbeschränkten Ordnungskompetenz bewußt ist. Privat war Süleyman die Verkörperung dessen, was man früher einen Seigneur nannte, ein Mensch, der Kontenance und Definition besaß: gütig, gerecht, nachsichtig, beherrscht und liebenswürdig. Diese extrem zentripetale Persönlichkeit hätte ein Beweis dafür sein können, daß Charme und Charisma nur etymologisch nichts miteinander zu tun haben. Der Gesandte Habsburgs an der Hohen Pforte, Ogier Ghiselin de Busbecq, ein rücksichtslos scharfer und den »Ungläubigen« gar nicht gewogener Beobachter charakterisierte den Großherrn so: »Sein Charakter und sein Wesen waren geprägt von Zurückhaltung und Besonnenheit; sogar in seiner Jugend, in der nach türkischer Regel Sünden entschuldbar sind, verhielt er sich ohne Tadel, und selbst jene Leute, die sich bemühen, seine Handlungen möglichst unvorteilhaft auszulegen, können nichts Schlimmeres gegen ihn vorbringen als seine exzessiv innige Liebe zu seiner Gemahlin.« Und dann die lapidare Feststellung: »Seine Würde und Haltung entsprechen vollständig dem Herrscher eines so ungeheuren Reiches.«

Süleyman II. starb auf einem Feldzug im September 1566, acht Jahre nach dem Tod seines großen Gegenspielers Karl V. Es war die Nacht, in der seine Truppen die ungarische Festung Sziget erstürmten. Der Großwesir verheimlichte den Tod des geliebten, verehrten, bewunderten Herrschers fast drei Wochen lang. In diesem postmortalen Interim äußerte sich ein archaisches Verneinen der Zeit, das starrsinnige Festhalten eines Zustands, von dem man wußte, daß seine Stabilität auf der Gleichsetzung von Herrscher und Imperium beruhte, die sich in dieser Form nie mehr wiederholen würde. Da saß der tote Sultan auf seinem Diwan im Schatten des großen Zeltes, aufgerichtet und gelassen, so wie ihn alle seit Jahrzehnten kannten, in der unbeweglichen

Haltung, die jede Mutmaßung über eine innere Teilnahme kategorisch abweist. Man brachte ihm Meldungen, servierte ihm Speisen, Botschafter erstatteten ihm Berichte. Seine großen dunklen Augen blickten die Offiziere und Diener an, durch sie hindurch – so war es immer gewesen. Im Sultanchalifen, dem Herrn dreier Erdteile und dreier Meere, dem »Schatten Gottes auf Erden«, versinnbildlichte sich der Bestand des osmanischen Weltreiches; er war – wie alle Sultane nach ihm – seine Präsenz: die im Herrscher versammelte Gegenwart des Imperiums.

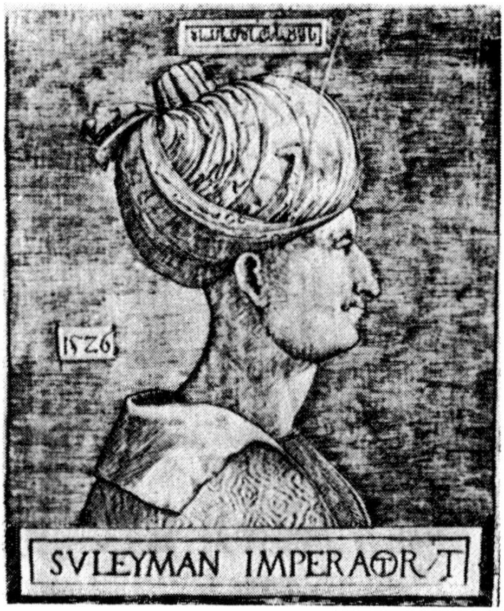

Süleyman II., der Prächtige
Kupferstich von Melchior Lorichs
Wien, Graphische Sammlung Albertina

Rom in Rußland

Allegorie der Bedrohung des Fürstentums Smolensk (Häschen)
durch Litauen (Löwe), Deutschen Orden (Schneeleopard), Moskau (Bär) und Tataren (gehörntes Untier)
Miniatur eines Smolensker Künstlers im Onega-Psalter für den Mönch Alexej, 1395
Moskau, Staatliches Historisches Museum

Süleyman II. hinterließ ein Reich, dessen gefestigte Strukturen eine lange Phase des Bestands garantierten, ein Reich, das sich drei volle Jahrhunderte das Odium des permanenten Verfalls leisten konnte. Die Gründe seines Zusammenbruchs am Ende des ersten Weltkrieges enthielten nicht mehr und weniger Zwangsläufigkeit als die Gründe des Zerfalls anderer Großreiche. Beharrlichkeit in der Geschichte, womöglich chronometrisch belegt, ist kein Indiz für Rang und Wirkung. Als Süleyman starb, war die Aufteilung des westlichen Reiches Karls V. längst vollzogen. Nicht einmal ein Dezennium lang war es dem Kaiser gelungen, die Einheit seines Imperiums überzeugend zu verwirklichen.

Zu einer dritten Staatenbildung großen Formats war es während des Aufstiegs der Osmanen im Osten Europas gekommen. Sie war zwar weit langsamer als im Südostraum verlaufen, aber auch sie hatte in der Mitte des 16. Jahrhunderts einen Grad der Konsolidierung erreicht, der einen weiteren Beitrag zu der tiefen Zäsur lieferte, die in der Mitte des 16. Jahrhunderts liegt: Mit dem Großfürsten Wassilij III. wurde die »Sammlung russischen Landes« beendet. Sein Sohn Iwan IV., der Schreckliche, ließ sich 1547 als erster Herrscher der Moskauer Dynastie feierlich zum »Zaren von ganz Rußland« krönen und leitete mit rücksichtslosesten Veränderungen die Umgestaltung seines Reiches in einen zentralistischen Staat ein, die organisatorisch, juristisch, sozial, boden- und kirchenrechtlich kurz vor dem Tod Süleymans II. beendet wurde.

Das Großfürstentum im Nordosten Europas hatte seit der abgeschlossenen »Sammlung russischen Landes« zwei Probleme. Das erste: ein Staat zu werden. Das zweite: ein Staat zu sein im Interessengeflecht der europäischen Mächte, nicht nur dem Anspruch nach, sondern auch in Gewicht und Substanz. Mit Iwan III., dessen Rang wohl nur von Peter dem Großen erreicht und übertroffen wurde, hatte Moskaus Bemühen begonnen, das nunmehr relativ geschlossene Reich in einen einheitlichen Staat zu verwandeln. Nimmt man es genau, dann gab es noch zu Beginn des 15. Jahrhunderts kein Land, das sich in modernem Verständnis Rußland hätte nennen können. Moskau selbst war eineinhalb Jahrhunderte vorher nichts weiter gewesen als eine ziemlich belanglose Grenzsiedlung und -feste des Fürstentums Wladimir-Susdal. Durch Erbteilung war Moskau in den Besitz Daniils, des jüngsten Sohns des Großfürsten Alexander Newskij gekommen, der später zum russischen Nationalheiligen avancierte. Daniil, der Stammvater der Moskauer Dynastie, hatte ebenfalls den Großfürstentitel samt seinen Herrschaftsrechten angestrebt. Doch erst seinem Sohn, Iwan I., ist es vergönnt gewesen, sich mit Billigung des Chans der Goldenen Horde »Großfürst von ganz Rußland« zu nennen. Er hatte mit dem »Sammeln der russischen Länder« begonnen und innerhalb von fünfzehn Jahren die Fläche seines Moskauer Gebietes verdoppelt. So folgenschwer wie diese Geburt des späteren Großrußland sollte sich auch die Übersiedlung des Metropoliten der russischen Kirche von Twer nach Moskau erweisen, welche der Großfürst inszeniert hatte. Denn seitdem datiert die Zusammenarbeit und wechselseitige Unterstützung zwischen den Moskauer Großfürsten und den Oberhäuptern der einzigen Institution, die über alle Fürstentümer hinweg die Christen Rußlands erfaßt hat. – Dem Enkel Iwans I. sind dann zwei große Erfolge gelungen. Dimitrij Donskoj hat den Kampf mit Twer um den Nordosten Rußlands zugunsten Moskaus entschieden und damit die Kapitulation Twers im 15. Jahrhundert vorbereitet. Außerdem hat er mit der entwürdigenden Abhängigkeit von der Goldenen Horde gebrochen. Im September 1380 schlug er die Tataren am oberen Don vernichtend. Das war der Anfang vom Ende der Tatarenherrschaft. Rußland befand sich auf dem Weg zur Selbständigkeit.

Expansion und dreimal Rom

Bis zu diesem Ziel war es freilich noch weit, doch man sollte dies nicht den Moskauer Großfürsten und ihrer unterstellten Schwäche oder »Mittelmäßigkeit« anlasten. Sie waren nicht viel durchschnittlicher als der Durchschnitt ihresgleichen anderswo in Europa. Im 15. Jahrhundert dominierte im Nordosten nicht das aufstrebende Moskauer Fürstentum, sondern das polnisch-litauische Großreich, dessen politische Ausrichtung von König Wladislaw II. Jagiello und seinem litauischen Vetter, dem Großfürsten Witold, bereits in den ersten Jahren ihrer Regierung fixiert worden war. Diese ebenso merkwürdige wie bemerkenswerte »Polnisch-Litauische Union«, die alle ruthenischen Länder zu einem Riesenterritorium zusammenschloß, das sich von der Ostsee bis zum Schwarzen Meer erstreckte, bildete für Moskau neben den Tataren die große Barriere und Herausforderung, die nicht deshalb kleiner wurde, weil die Rückgewinnung der vom Deutschen Orden gehaltenen Gebiete durch Polen-Litauen den Moskauer Interessen entgegenkam. In der zweiten Hälfte jenes Jahrhunderts erreichte das Großpolen der Jagiellonen zusammen mit Litauen den Gipfel seiner Macht und Wirkung. Preußen und Livland waren genauso einbezogen worden wie die bedeutendsten Fürstentümer im unteren Donau-Raum, zumal die Moldau. Der Jagiellonen-Dynastie entstammten damals die Könige von Böhmen und Ungarn. Sie zeigt in praxi, daß alle späteren Isolierungen des

Die Schlacht bei Tannenberg am 15. Juli 1410:
Sieg des vereinigten polnisch-litauischen Heeres über das Heer des Deutschen Ordens
unter Hochmeister Ulrich von Jungingen
Miniatur in der Celler Chronik eines vermutlich aus Danzig stammenden Schreibers, zwischen 1553 und 1556
Celle, Bibliothek des Oberlandesgerichts

europäischen Ostens nichts weiter als historiographische Fiktionen sind.

Die Kontinuität der Moskauer Politik, deren elementarste Sorge damals darin bestand, daß sich die Doppelfront zwischen Tataren und Polen-Litauen nicht zur Existenzbedrohung auswuchs, wurde von Dimitrij Donskojs ältestem Sohn, Wassilij I., geschickt und mit diplomatischem Verstand gewahrt. Der Territorialgewinn in dieser von inneren Kämpfen zerrissenen und durch Tatarenverwüstungen charakterisierten Zeit bestand lediglich aus dem Fürstentum Nischnij Nowgorod. Großfürst Wassilij mußte es hinnehmen, daß sein Schwiegervater Witold die Hand auf Smolensk legte, dreimal gegen ihn Krieg führte und die Ugra zur Grenze zwischen den Großherzogtümern Litauen und Moskau bestimmte. Das große Ereignis des Jahrhundertbeginns im Osten fand nicht in Rußland statt: 1410 erlitt das Heer des Deutschen Ordens bei Tannenberg eine katastrophale Niederlage. Damit begann die Endphase seiner zweihundertjährigen Herrschaft. Tannenberg war das Cannae der Ritter mit dem schwarzen Kreuz. Diese Niederlage machte freilich nur mit den Waffen sichtbar, was politisch-territorial sowie nach Auftrag und Anspruch schon lange besiegelt war, auch ohne militärisches Desaster. Die Zeit des Ordens war abgelaufen. Nach etlichen Zerkleinerungen wurde der Deutsche Ordensstaat 1466 ein polnisches Lehen, und 1525 wurde schließlich Preußen von Herzog Albrecht von Brandenburg in ein weltliches und erbliches Herzogtum verwandelt. Die Festigung des polnisch-litauischen Reiches war geradezu identisch mit der Vernichtung der Ordensherrschaft und der Eroberung seiner Territorien von Danzig bis nach Kurland.

Moskau blieb währenddessen unverändert der Vorreiter im Kampf gegen die Fremdherrschaft, im Kampf um die russische Unabhängigkeit. Es blieb dies, obgleich mit Wassilij II. seit 1425 ein Herrscher an die Spitze des Großfürstentums gekommen war, der zweifelsohne nicht neben Persönlichkeiten wie Iwan II. oder Iwan IV. bestehen kann. Aber er war auch nicht der Ausbund an Schwächlichkeit, als der er später so oft dargestellt worden ist. Während seiner mehr als drei Jahrzehnte langen, für ihn persönlich unglückseligen Regierungszeit wurde er wiederholt aus Moskau vertrieben. 1445 geriet er überdies in die Gefangenschaft der Tataren und wurde im Jahre darauf von seinem Vetter geblendet. Wassilijs II. Stärke war seine sanfte Beharrlichkeit, seine Hartnäckigkeit, mit der er an seinem Thron festhielt und trotz aller Wirren, und obgleich er in den letzten fünfzehn Jahren als Blinder regieren mußte, die Rangstellung Moskaus zu wahren und zu mehren wußte. Die Territorialgewinne jener Zeit mögen vielleicht nicht ins Gewicht fallen, aber erst seit Wassilij II. gewann das Moskauer Reich staatliche Konsistenz. Wesentlich dafür wurde die kirchenpolitische Entwicklung: Die Orthodoxie erhielt in der ersten Hälfte des 15. Jahrhunderts ihre scharf umrissenen und für Rußland so folgenreichen Merkmale. Die Richtung war bereits im sogenannten asketischen Zeitalter Rußlands, ein Jahrhundert zuvor, festgelegt worden, in der hermetischen Glaubensbewegung des heiligen Sergius von Radonesch – diesem großen Mönch und seinen Schülern werden mehr als fünfzig Klostergründungen zugeschrieben – sowie durch die eigenwillige Aktivität der Moskauer Metropoliten.

Die lateinische Antike war von dem Glauben durchdrungen gewesen, daß Rom niemals untergehen könne; es sei die »Ewige Stadt« auch in einer topographisch handfesten Bedeutung. Dann hatte das Christentum diese Überzeugung in variierter Form aufgenommen und weitergetragen. Aber nach der Plünderung Roms durch die Goten im Jahr 410 hatte der Rom-Gedanke sich von der Stadt am Tiber bereits gelöst. Das erneuerte, das »Zweite Rom«, war in Konstantinopel entstanden, der Metropole des oströmischen Reiches, und mit dieser »Stadt in Gottes Hand« blieb der Rom-Gedanke länger als ein Jahrtausend verbunden. Konstantinopels Staatsreligion, das Christentum griechisch-orthodoxer Prägung, wirkte bald auch in den Norden des Reiches, nach Rußland. Schon

Großfürst Wladimir von Kiew hatte es zur offiziellen Religion seines Reiches erklärt. Da man es in Rußland als irritierend empfunden hatte, daß man sich auf keine apostolische Tradition berufen konnte, wurde krampfhaft nach schriftlichen Gegenbeweisen gesucht. Dank den Konstruktionen der Nestor-Chronik des 11./12. Jahrhunderts, der ältesten ostslawischen Chronik, und der publizistischen Glaubenspropaganda zweifelte seit dem 12. Jahrhundert kein Orthodoxer in Rußland mehr daran, daß auch das russische Christentum eine solide apostolische Basis besitze. Damit lag die Linie fest, die schließlich in Moskau als dem »Dritten Rom« endete, in der Stadt der »siebzig Apostel«, in welcher der Zar als russischer Cäsar das römische Kaisertum weiterführte.

Vor diesem Hintergrund wird verständlich, warum der russische Metropolit unter Iwan I. seinen Sitz von Twer nach Moskau verlegt hat und warum ein Jahrhundert danach, 1439, die russische Orthodoxie sich so selbstbewußt weigerte, der Kirchenunion von Florenz beizutreten, also dem »rechten Glauben« zu entsagen. Als der vom Patriarchen in Konstantinopel ernannte Metropolit Isidor, einer der aktivsten Unionsbefürworter, von Italien zurückkehrend in Moskau eingezogen war, ließ Großfürst Wassilij II. ihn festnehmen und in ein Kloster sperren. Den Mut zum endgültigen Bruch mit der Mutterkirche in Konstantinopel brachte man erst einige Jahre später auf. Ende 1448 wählten die russischen Bischöfe auf einer Synode zum ersten Male selbst ihren Metropoliten »von Kiew und ganz Rußland«. Diesem Emanzipationsakt assistierte Wassilij II. um so bereitwilliger, als er in seinen Thronkämpfen vor allem die Rückendeckung der Kirche nötig hatte. Damit wurde das, was Iwan I. angebahnt hatte, nahezu institutionalisiert: die unlösbare Verzahnung von Staat und Kirche, die Korrelation von Herrscher und Oberhirten, von politischer und religiöser Hierarchie. Obgleich es immer wieder zu härteren Zusammenstößen zwischen der Kirche, zumal den Mönchen, und den Zaren kam, fand Rußland gerade über das theokratinoide Herrschaftssystem seinen Weg zur modernen Staatsform, dorthin also, wohin die anderen Völker Europas ebenfalls unterwegs waren.

Besiegelt wurde die Eigenentwicklung der russischen Kirche schon in der Zeit Wassilijs II. Nach dem Fall Konstantinopels, der in Moskau nur als eine verdiente Strafe registriert wurde, schien nichts weniger dringlich zu sein als das Einverständnis des neuen Patriarchen. 1459 bestätigte eine Moskauer Synode erneut dem Metropoliten sein Amt, und als zwei Jahre darauf der Kirchenfürst verstarb, wurde sein Nachfolger von den Synodalen und dem Großfürsten wiederum nach eigenem Entschluß gewählt, so, als gäbe es keinen Patriarchen am Goldenen Horn: Die russische Kirche hatte sich unwiderruflich als autokephal erklärt. Der Zeitpunkt dieser Verselbständigung in der Mitte des 15. Jahrhunderts ist auch bemerkenswert, weil er mit der Verwandlung des alten Moskau in das neuzeitliche Rußland zusammenfiel. Diese Emanzipation bedeutete ein Gleichziehen mit dem westlichen Europa und den Osmanen sowie eine Zäsur, die jede künstliche Isolierung der russischen Geschichte von der europäischen fortan unmöglich macht. Das »Sammeln russischer Erde« durch Moskau ist nichts weiter als die östliche Version der westlichen Entwicklung zu nationaler Staatlichkeit. Der vielberedete Drang Rußlands nach Westen datiert weder erst seit Peter dem Großen, noch sollte er als kaschierte Anbiederung oder Imitation mißverstanden werden. Seit der Mitte des 15. Jahrhunderts wollte Groß-Moskau in der europäischen Politik ein deutliches Wort mitreden, aber es mußte ein Wort sein, das der eigenen und eigenständigen politischen Größe entsprach – nicht weil Rußland anders als Europa war, sondern weil Rußland sich mit allen Besonderheiten als Teil Europas empfand. Deshalb gliederte sich die eigene Kirchenhoheit in klarer Abgrenzung von Rom und Konstantinopel als gefügiges Element in Moskaus politisches Selbstbewußtsein, deshalb wurde diese Kirchenautonomie ein wesentliches Moment der politischen Individualität Rußlands.

Iwan III., Sohn und Nachfolger Wassilijs II., hielt sich unbeirrbar an Richtung und Maxime seines Vaters. Er griff die Tradition der religiösen Reichsidee entschlossen auf und konzentrierte sie auf seine Person. In den Bannkreis dieser politisch-religiösen Ideenwelt gehört das oft zitierte Wort vom »Heiligen Rußland«, das im 15. Jahrhundert, zu Zeiten Wassilijs und Iwans III., auftauchte. Die Behauptung, Rußland stehe im Grunde jenseits aller Geschichte, ja im »Heiligen Rußland« werde sich überhaupt die gesamte Geschichte vollenden, hatte zunächst keinerlei politische Bedeutung. Trotzdem erhielt sie politische Wirkung, als sich das Bewußtsein von Moskau als dem »Dritten Rom« durchsetzte: Rußland sei berufen dazu, die Welt zu erlösen. Nach dem Zusammenbruch des byzantinischen Reiches sei der Auftrag des alten Rom geradezu zwangsläufig auf die Hauptstadt des russischen Großreiches übergegangen, auch wenn sich das Zarentum bei seiner Begründung kaum auf diese Kette gestützt habe. Die Verselbständigung der russischen Kirche und die gottähnliche Stellung des Zaren sei ohne eine Vorbereitung über Jahrhunderte hinweg nicht möglich gewesen. In den russischen Klöstern, bei vielen Herrengeschlechtern, in weiten Teilen des Volkes hatte sich längst der Glaube eingewurzelt, daß sich erst in Rußland und nicht zuletzt durch seine Herrscher das wahre christliche Reich des Friedens auf Erden realisieren werde.

Zum Theoretiker dieses Glaubens wurde am

Die Gesandtschaft Wassilijs III. bei Maximilian I. zum Zweck eines Bündnisses zwischen Habsburg und Moskau gegen Polen vor Beginn des Wiener Fürstenkongresses von 1515
Holzschnitt für die Publikation des ›Weißkunig‹
Wien, Österreichische Nationalbibliothek

Ende des 15. Jahrhunderts Abt Josif vom Kloster Wolokolamsk zwischen Moskau und Twer. Für ihn gab es kaum einen Unterschied zwischen der politischen Herrschaft in Moskau und dem Idealbild des christlichen Staates. Ununterbrochen und zäh kämpfte er für ein bedingungsloses Miteinander von Kirche und Staat. In seinen Augen bestand die Hauptaufgabe der weltlichen Obrigkeit darin, die Kirche zu schützen, den russisch-orthodoxen Glauben notfalls mit allen Mitteln der Gewalt zu verteidigen. Aus solchen Gedankengängen entwickelte sich die politische Theorie von der unbeschränkten weltlichen Macht des christlichen Herrschers, in diesem Falle des Moskauer Großfürsten. Abt Josif und Iwan III. legitimierten das russische Staatskirchentum politisch und sanktionierten umgekehrt die unbegrenzte Alleinherrschaft der Zaren religiös-kirchlich.

Iwan III. sah seine Fürstenstellung ganz so, wie sie ihm von Josif umrissen worden war: »Der Zar ist von Natur einem jeden Menschen gleich, an Macht und Amt jedoch nur dem höchsten Gott« – eine Formulierung, die fast wörtlich der Nestor-Chronik entlehnt worden war. Gegen Ende des 15. Jahrhunderts verkündete auch der Metropolit Zosima höchst offiziell: »Konstantin der Große hat das neue Rom gegründet, Wladimir von Kiew hat das Heilige Rußland getauft, Zar Iwan III. aber ist der neue Kaiser Konstantin in der neuen Konstantin-Stadt Moskau.« 1472 heiratete Iwan III. die Nichte des letzten Kaisers von Konstantinopel und die Erbin der Paläologen-Dynastie: Zoë. Seit 1473 verwendete er selbst immer häufiger den Titel ›Zar‹, ferner wurde der doppelköpfige Adler von Byzanz zum russischen Staatswappen erhoben. Es wird strittig bleiben, ob Iwan III. aus dieser Verbindung zusätzliche Begründungen religiös-symbolischer Art für Moskau ableitete, oder ob dies später überschätzt wurde. Moskaus Herrscher waren auf solche Sekundärhilfen kaum angewiesen. Als Kaiser Friedrich III. zur selben Zeit dem russischen Herrscher die Königskrone samt Titel anbot, brachte der kaiserliche Gesandte aus Moskau die herablassende Antwort zurück: »Wir seyen wie unsere Urahnen in Gottes Gnaden von aller Anfang in unserem Land, wie unsere Urahnen dazu von Gott berufen. Item, wir eine solche Berufung nimmer und von niemand anders haben wollten, brauchen wir sie auch heute nicht!« Unter Iwan IV., dem Schrecklichen, wurde dann die Theorie vom »Dritten Rom« geradezu eine Staatstheorie. Durch diese religiösen und geschichtstheologischen Besonderheiten setzte es sich aber weder vom engeren europäischen Staatensystem noch von der christlich-abendländischen Welt ab. Denn zu dieser Welt gehörten die Pilgerväter Nordamerikas genauso wie die Anglikaner Großbritanniens, die griechisch-orthodoxen Gläubigen des Konstantinopeler Patriarchats im Osmanenreich und die Frommen vor den Ikonen in den Weiten Großrußlands.

Der mächtigste Herr unter der Sonne

Ein Staat nach Gewicht und Rang mußte Rußland auch im Zusammenspiel der europäischen Mächte werden; daß politischer Autismus dafür nicht genügte, hatte Iwan III. erkannt. Die Zielstrebigkeit, mit der er Moskaus Expansion vorantrieb, wäre ohne die Grundlagen nicht möglich gewesen, die Wassilij II. geschaffen hatte. Man kann die staunenswerte Gewalt, mit der sich Großrußland in der zweiten Hälfte des 15. Jahrhunderts entfaltete, keinesfalls nur auf das überragende Format Iwans III. zurückführen, so ausschlaggebend sein politischer Ehrgeiz war. Jeder damalige Thron- und Regierungswechsel rückt das Phänomen der politischen Kontinuität in Rußland in den Vordergrund, unabhängig von den einzelnen Herrscherpersönlichkeiten. Veränderungen, Umformungen, Neuentwicklungen, Wandlungen der unterschiedlichsten Orientierung entstanden dort kaum völlig neu; fast immer läßt sich ein Traditionsansatz nachweisen, ein historisches Präjudiz.

So sehr das für Iwan III. gilt, so sehr sprengt er doch fast in jeder Beziehung den Rahmen, der bisher von den Moskauer Großfürsten abgesteckt wurde.

Das ›Gesammelte russische Land‹ zu Anfang des 16. Jahrhunderts
Rußlandkarte in dem 1549 erschienenen Werk ›Rerum moscovitarum commentarii‹ des Sigmund von Herberstein

Die Entscheidung, ob nicht er an Stelle von Iwan IV. der bedeutendste Fürst vor Peter dem Großen war, ist schwierig genug, und man sollte sich bei dem Zwang zur Wertung nicht unbedingt an die historiographischen Gefälligkeiten halten. Zunächst darf Iwan III. für sich in Anspruch nehmen, die »Sammlung russischen Landes« so weit vorangetrieben zu haben, daß sie sein Sohn Wassilij abschließen konnte. Ebenso verbindet sich mit seinem Namen der Zusammenbruch der Tatarenherrschaft. Am Ende seiner Regierung – 1462 bis 1505, kein Herrscher Rußlands stand länger als er an der Spitze des Staates – waren die russischen Teilfürstentümer im wesentlichen vernichtet oder besaßen ihre Selbständigkeit nur noch pro forma, hatte das Reich der Goldenen Horde sich in drei verfeindete Chanate zersplittert: Kasan, Astrachan, Krim.

Iwan III. hatte die Nachfolge seines Vaters im Alter von zweiundzwanzig Jahren angetreten. Sein Start war erheblich komplikationsloser verlaufen als etwa derjenige seines Vaters nach einer langjährigen Vormundschaft. Schon phänotypisch deutete einiges darauf hin, daß der neue Herrscher Moskaus der erste werden sollte, den man mit der Beifügung ›der Große‹ zu charakterisieren versucht. Das muß noch nicht viel besagen; denn die superlativischen Beinamen in der Geschichte gehören teils zu den kuriosen Sachen, teils sind sie dubioser Natur. Nach Haltung und Statur paßte Iwan nicht zu den gängigen Maßen; selbst seine etwas vorgezogenen Schultern unterstrichen das Gebieterische seines Auftretens. Wer einer Notiz des kaiserlich-habsburgischen Botschafters Glauben schenken will, darf sich an der Vorstellung erfreuen, daß Iwans Erscheinen, zumal bei Frauen, Tremor auslöste, und daß besonders Sensible in Ohnmacht fielen, wenn der Großfürst seinen Blick auf sie richtete. Zweifellos strahlte er ungewöhnliche Présence aus. Dabei zählte er durchaus nicht zu der Kategorie der selbstsicher Begnadeten wie ein Lorenzo de' Medici, Süleyman II. oder Cesare Borgia. Obgleich Iwan III. nie von Ausdruckshemmungen gequält wurde, dominierten bei ihm Mißtrauen, Selbstbeherrschung, Zähigkeit, Berechnung und, wenn es not tat, mürrische Gewissenlosigkeit, die er rasch zu schrankenloser Infamie steigern konnte. Seine Stellung als Herrscher betrachtete er als nichts Bodenständiges, die kriegerischen Notwendigkeiten hielt er für unvermeidlich, aber nicht vordringlich seines Amtes: Das Militärische fiel in die Zuständigkeit seiner Militärs – eine Meinung, die Mißfallen erregte in einer Zeit, in der Staatsexpansion noch weithin mit der Tätigkeit von Banditenführern verwechselt werden konnte. Wahrhaft imposant an Iwan III. und seiner Regierung sind die Unbeirrbarkeit, mit der er auch in verwickelten Lagen dem überkommenen Moskauer Herrschaftskonzept Geltung verschaffte, die Härte, mit der er die russische Politik der einfachen Formeln verwirklichte, und die lavagleiche Beharrlichkeit, mit der er seine Hand auf alles Land legte, in dem russische Menschen orthodoxen Glaubens lebten, weil diese Gebiete, wie er gelassen erklärte, »seit alten Zeiten von unseren Urvätern her unser Erbland gewesen sind«.

Ende der sechziger Jahre, nach Abschluß einer Sicherungsphase im Inneren, gab der Großfürst den Auftakt zu der Erfolgsserie, die Moskau im Osten an die Spitze brachte. Kasan wurde von russischen Truppen erobert, der Chan abgesetzt, ein neuer inthronisiert. Ein vorübergehender Triumph, nicht so wichtig, weil vorerst die Tataren-Frage an Dringlichkeit hinter dem Verhältnis zu Litauen und zu den reichen, unabhängigen Stadtrepubliken Nowgorod im Nordwesten und Pskow am Peipussee zurückstand. Der florierende Handel Nowgorods war sowohl für Litauen als auch für Moskau eine ständige Herausforderung. Den Nowgorodern war letztlich die Verbindung mit Litauen angenehmer als die Einverleibung durch Moskau, doch gerade dadurch wurde das Ende der Republik schnell besiegelt. 1471 kam es zu einem Feldzug, bei dem die Nowgoroder geschlagen wurden. Iwan drückte die Stadt durch strenge Auflagen in ein Untertanenverhältnis, ließ allerdings die Selbständigkeit Nowgorods nominell noch unangetastet. Der Großfürst demonstrierte Macht und Anspruch Moskaus dadurch, daß er seine Truppen in der Stadt morden und verwüsten ließ, was sie wollten. Ein realistischer Kommentar zu den früheren Mahnungen des Herrschers: »Du mein Erbland Nowgorod und ihr Nowgoroder Männer, bessert euch! Haltet meinen Namen in Furcht und Ehren! Demütigt euch vor mir, und ich werde meinem Erblande nach altem Brauch gnädig sein.«

Vergleicht man diese Versicherung Iwans mit der harten Finalität seiner Politik, dann bestand die Essenz solcher Verlautbarungen nur darin, die Folgerichtigkeit der Moskauer Aktionen zu stärken; davon allein hing es ab, ob seine Zusagen eingehalten wurden. 1478, nach einem erneuten Kriegszug Iwans, gaben die Nowgoroder auf. Ihre Bitten um Gnade nahm der Sieger entgegen, reagierte aber nach eigenem Gutdünken und mit wohlbedachter Brutalität. Er ließ keine Zweifel daran, daß alle Rechte der Stadtrepublik an ihn allein gefallen waren. Der aristokratischen Führer nahm sich der Henker an, und zwei Jahre später wurden auf Iwans Befehl mehr als siebentausend Familien deportiert, an der Spitze die mächtigsten und reichsten Patrizier; ihr Vermögen wurde beschlagnahmt. 1494 wurden auch die deutschen Kaufleute verhaftet. Der große Petershof, das berühmte Kontor der Hanse, das seit dem 13. Jahrhundert bestanden hatte, wurde geschlossen und damit ein Strich unter den jahrhundertealten Handel deutscher Kaufleute in Rußland gezogen. Diese Faktorei am Ilmensee hatte den östlichsten Zielpunkt des großen atlantisch-baltischen Verkehrszuges der Hanse von Brügge aus gebildet. Moskauer Kaufleute übernahmen die Nowgoroder Geschäfte. Pskow hatte Moskau bei diesem Unternehmen Waffenhilfe geleistet, in dem Wahn, seine Zukunft dadurch sichern zu können.

Der Sohn Iwans, Wassilij III., statuierte an ihren Bewohnern 1510 dasselbe Exempel, mit Plünderungen, Hinrichtungen, Deportationen. Moskaus Macht reichte jetzt bis zum Eismeer. Die Vernichtung Nowgorods bedeutete eine der radikalsten Veränderungen der osteuropäischen Verhältnisse dieses Jahrhunderts. Niemand konnte mehr daran zweifeln, daß die Neuordnung anderes besagte als die Ausdehnung des Moskauer Herrschaftssystems in die vier Himmelsrichtungen ohne Rücksicht auf Fürstentümer, Grenzen, Rechte. Unter Iwan III. nahm die Expansion des Staates bereits Charakteristika eines vorwiegend geographischen Problems an. Die Eroberung Twers und seine endgültige Gleichschaltung 1485 waren ein Kronzeugnis dafür; denn mit diesem Erbfeind zerbrach das letzte selbständige Fürstentum zwischen Litauen und Moskau.

Die Zerschlagung der russischen Teilherrschaften und der Kampf gegen die Tataren waren ein Teil vom Aufstiegsduktus des Moskauer Reiches zur Großmacht. Die Teilung der Horde in drei selbständige, rivalisierende Chanate bot Moskau Gelegenheit, den Zwist diplomatisch zu präparieren. 1475 brachten die Osmanen durch die Eroberung Kaffas das Chanat der Krim-Tataren in Vasallenabhängigkeit. Die Verbindung mit Polen-Litauen

Flehende Nowgoroder
Aus einer Deesis-Ikone der Nowgoroder Schule, 1467
Nowgorod, Staatliches Kunsthistorisches Museum

wurde gelöst; der Krim-Chan schloß statt dessen mit Iwan III. einen Freundschafts- und Nichtangriffspakt – eine damals nicht unnatürliche Liaison; denn für beide Herrscher war die Goldene Horde der Hauptfeind. Iwan III. begann mit dem inzwischen schon traditionellen Mittel der Provokation: Er verweigerte den Tribut und lehnte es ab, sich am Hof des Chans in Sarai einzufinden. Diesmal war die Absage kategorisch gemeint und unterschied sich scharf von den früher üblichen Verzögerungstaktiken.

Zunächst reagierte der Chan so, als hätte er aus der Brüskierung durch den Großfürsten richtig gefolgert, daß es nicht mehr darauf ankomme, nach welchen Prinzipien sich das Verhältnis zu Moskau regulierte, sondern gegen welche Prinzipien die Tataren nunmehr zu kämpfen hatten. Er marschierte 1480 mit seinen gesamten Streitkräften die Wolga aufwärts, bog nach Nordwesten und schlug an der Ugra, der litauisch-moskowitischen Grenze, sein Lager auf, hundert Kilometer vor Moskau. Iwan III. rückte ihm entgegen; seine Truppen lagerten auf der anderen Seite des Flusses. Monatelang

Moskowitische Krieger
Holzschnitt in dem 1549 erschienenen Werk
›Rerum moscovitarum commentarii‹
des Sigmund von Herberstein

standen die Mammutarmeen einander gegenüber und blickten sich furchtlos in die Augen; denn die Wassergrenze bot reichlich Entschuldigungen dafür, warum es zu keiner offenen Schlacht kam. Im Spätherbst allerdings, als sich das erste Eis bildete und den Übergang ermöglichte, gab Iwan das Zeichen zum Aufbruch. Sein Heer marschierte ab, nach Moskau in die warmen Quartiere. Die Tataren dachten an eine besonders raffinierte List, gerieten in Panik und räumten Hals über Kopf das Feld. Das Jahr 1480 wurde zum vielzitierten Datum der endgültigen Befreiung vom Tatarenjoch. Moskau hatte einen unglaublichen und unglaublich leichten Sieg errungen. Schon von seinem Beichtvater wurde es dem Großfürsten schwer verübelt, daß er einer Schlacht ausgewichen war, und auch später tauchte immer wieder der Vorwurf der Feigheit auf. Die Tatsache aber, daß sich Moskau mit diesem Sieg, bei dem es keine Niederlage gab, von der Oberhoheit der Tataren befreit hatte, ist indifferent gegenüber allen Erwartungen von heroischem Mut oder ziviler Feigheit. Die Entscheidung hatte sich aus einer Symmetrie des Schreckens entwickelt, bei der die Nerven eines Gegners versagten, weil ihn sein Glaube an die Vernunft nicht davon überzeugte, daß er im Kräftegleichgewicht siegen konnte – ein Phänomen, das sich gerade wegen seiner Kuriosität in der Geschichte regelmäßig wiederholt.

Seit dem Tatarenjahr 1480 konnte Iwan III. auch mit Rücksicht auf die politische Situation den Titel eines Alleinherrschers führen. Obgleich ihn die Würdenträger der Kirche schon immer als Zar und Gossudar bezeichnet hatten, war für den Großfürsten erst jetzt der Unterschied zwischen Titulatur und Aussage des Herrschaftsprädikats gefallen. Die Entwicklung bestätigte das: Bis zum Jahrhundertende zerrieb sich das Chanat der Goldenen Horde in Bruderkämpfen, und 1502 löste es sich auf. Seinen plötzlichen Respekt gegenüber dem Moskauer Herrscher demonstrierte der Krim-Chan in einer Nuancierung der Anrede. Der Großfürst wurde nicht mehr wie früher mit Knecht (Cholop) tituliert, sondern ebenbürtig mit Bruder.

Durch den Sieg über Nowgorod grenzte Moskau an Livland und wurde damit Nachbar des Heiligen Römischen Reiches. Der Besitz Livlands bedeutete für den Zaren den Zugang zur Ostsee, dem Tor zum europäischen Westen. Iwan III. erklärte, daß er dieses Gebiet ebenfalls als ein »Erbland« betrachte; die Bevölkerung erhielt einen Wink wie seinerzeit die Nowgoroder: »Wißt ihr denn nicht, daß unser Herr, der Großfürst, der mächtigste Herr unter der Sonne ist . . .« Doch die Ritter hatten andere Vorstellungen.

Dreimal stießen die Heere Moskaus und des großen Ordensmeisters Wolter von Plettenberg aufeinander; den ersten Zug unternahmen die Deutschen präventiv, aber die letzte Schlacht, jene von 1502 am See Smolina, war für Iwan III. so katastrophal, daß dieser Sieg Livland ein Halbjahrhundert Frieden einbrachte und bis zu Peter dem Großen die Selbständigkeit bewahrte. Erfolgreicher für die Russen verliefen die Auseinandersetzungen mit Polen-Litauen. Hier kam dem Zaren die alte Feindschaft der Habsburger gegen die Jagiellonen zugute, die aus den Zeiten Kaiser Sigismunds datierte. Sie führte zu einer beständigen Annäherung an Moskau. Ein erstes Bündnis zwischen Habsburg und Iwan III. wurde 1490 geschlossen. Es richtete sich gegen die Jagiellonen, kam aber auch dem Wunsch des Zaren entgegen, sich in aller Form und diplomatisch mit dem abendländischen Westen zu verbinden und Politik zu treiben. Das polnisch-litauische Großreich wurde jetzt in die gefährliche Doppelfront gedrängt, unter der Moskau so viele

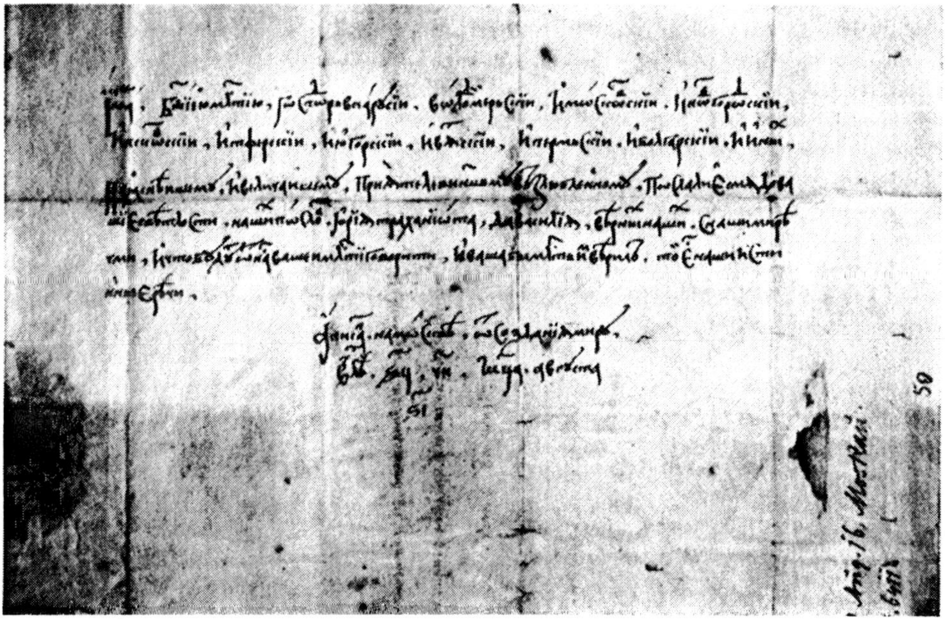

Beglaubigungsschreiben Iwans III. für seine Gesandten Jurij Trachaniot und Wassilij Kurleschin, die Überbringer des Moskauer Vertrages vom 16. August 1490 an Maximilian I.
Kredenzbrief vom 16. August 1490
Innsbruck, Tiroler Landesarchiv

Jahrzehnte gelitten hatte. Litauen versuchte, dem Militärduell auszuweichen. Es offerierte einen neuen Friedensvertrag und schlug vor, die Regelung durch eine Heirat des Großfürsten Alexander mit Jelena, der Tochter Iwans III., zu bekräftigen. Iwan sagte zu, hielt jedoch an seinen Plänen fest. Bei der Bevölkerung des Großfürstentums konnte er mit breiter Unterstützung rechnen, weil die Ukrainer und Weißrussen orthodoxen Glaubens waren und in einem permanenten Kampf gegen den litauischen Katholisierungszwang standen. Ein Großteil der orthodoxen Bojaren stellte sich unter die Oberhoheit Moskaus. Die Spannungen der schwimmenden Grenzen entluden sich 1500 in einem dreijährigen Krieg. Iwan III. konnte seinen Schwiegersohn Alexander – seit 1501 als Nachfolger seines Bruders polnischer König – dazu zwingen, auf die Gebiete, die durch die Bojaren an Moskau gekommen waren, zu verzichten; das gewonnene Gelände umfaßte nahezu alle Territorien östlich des Dnjepr und Hauptgebiete des früheren Kiewer Rusj. Der Waffenstillstand war auf sechs Jahre festgeschrieben; vermittelt hatte ihn Papst Alexander VI., der noch immer darauf hoffte, Rußland in die Union der West- und Ostkirche einbeziehen zu können – damals bereits eine blanke Illusion.

In den letzten Regierungsjahren förderte Iwan III. mit allem Nachdruck die Ausgestaltung eines betont feierlichen Hofzeremoniells, bei dem byzantinische Devotionsformen bewußt aufgegriffen und neu belebt wurden. Zweifellos geschah das nicht nur deshalb, weil Iwan die Früchte seiner langen Regierung als eine Bestätigung seiner persönlichen Verdienste betrachtete. Der »Zar von ganz Rußland«, der sein Szepter von Gott selbst empfangen hatte, wie ihm Abt Josif unermüdlich versicherte, verband mit der Stellung des Alleinherrschers nicht nur bestimmte Ansprüche, sondern verlangte, daß die Ansprüche auch anspruchsvoll sichtbar wurden. Diese Forderungen, auf denen besonders die Gesandten Moskaus im Ausland mit grotesker Empfindlichkeit beharrten, waren alles andere als Konzessionen an die politische Eitelkeit einer vergleichsweise jungen Großmacht, sie waren die Visitenkarte eines veränderten Selbstgefühls und Indizien der imperialen Politik, mit der sich Rußland den Weg in die Moderne bahnte. 1505 starb mit dem fünfundsechzigjährigen Iwan III. der erste Großfürst Moskaus, der sich mit vollem Recht als Herrscher Rußlands hatte bezeichnen können, als Selbstherrscher vor allem, ganz so, wie sich die Kaiser von Byzanz als Autokratoren bezeichnet hatten.

Iwan III. war der erste Monarch, der das Thema des modernen Absolutismus anschlug. Er sammelte in seinem Reich nicht nur den Großteil der »russischen Erde«, er holte auch die Überzahl der orthodoxen Gläubigen heim. Moskaus Grenzen waren jetzt de facto Abgrenzungen gegenüber Fremdstaaten und -ländern. Man könnte einwenden, daß der Zar einige seiner Hauptziele nicht erreicht hat; denn Kiew und Smolensk gehörten noch immer zu Litauen. Mehr Berechtigung freilich hätte die Feststellung, daß Wassilij III., der Sohn Iwans, nichts weiter zu tun hatte, als dem Gebäude des großrussischen Reiches die Schlußsteine einzufügen. Die Tatarenpolitik entwickelte sich unter Wassilij III. weit weniger günstig als unter Iwan III. Dem Krim-Chan waren Moskaus Grenzen zu weit nach Süden gerückt. Doch 1510 wurde Pskow am Peipussee erobert, vier Jahre später Smolensk. Wassilij III. annektierte den Rest des Fürstentums Rjasan und eine Reihe kleinerer Territorien; durch ihn wurde das Akkumulieren russischer Erde beendet. Iwan und Wassilij konnten den Territorialumfang ihres Reiches nahezu verdreifachen, ihn von rund fünfzehn- auf vierzigtausend Quadratmeilen bringen.

Gleichwohl war die Gesamtlage Rußlands im Jahre 1533, als Wassilij III. starb, erheblich prekärer als beim Tod Iwans III. Das Hauptproblem war recht privat, unter den Traditionsbedingungen Moskaus aber ein Staatsproblem höchsten Ranges: Der Thronfolger war damals erst drei Jahre alt. Wassilijs erste Ehe war viele Jahre kinderlos ge-

Befestigungsanlagen des Kreml von Pskow am Welikaja zur Zeit Wassilijs III.

blieben, schließlich hatte er verzweifelt ausgerufen: »Wem gleiche ich denn? Nicht den Vögeln unter dem Himmel; denn sie sind fruchtbar. Nicht den Tieren auf der Erde; denn sie bringen Junge zur Welt!« – so die Pskower Chronik. Der Zar hatte sich gegen das Verbot der orthodoxen Lehre, jedoch mit Unterstützung der meisten Bojaren und schließlich auch mit der Einwilligung des Metropoliten zur Scheidung entschlossen. Anfang 1526 hatte er in zweiter Ehe Jelena geheiratet, und 1530 war der Thronfolger zur Welt gekommen, unter dem hallenden Jubel der Moskauer. Auf dem Totenbett, bis zum letzten Augenblick, hatte Wassilij III. nur der verzweifelte Gedanke erfüllt: seinem minderjährigen Sohn die Thronfolge durch Schwüre und Treuegelöbnisse der Bojaren zu sichern.

Der geliebte Zar des Schreckens

Die folgende Regentschaft dauerte bis 1547. Diese bald fünfzehn Jahre glichen einem Taifun von Intrigen, Verbrechen, Morden, Hinrichtungen. Zunächst hielt Iwans Mutter Jelena die Zügel in der Hand, eine mutige, entschlossene Frau, die alle Verschwörungen, Aufstände und Umsturzversuche der Bojaren energisch zerschlug. 1538 starb sie plötzlich, nicht viel über dreißig Jahre alt, eine kerngesunde, vitale Frau; kein Bericht erwähnt etwas von einer Krankheit. Ihr jäher Tod muß als Schicksal bezeichnet werden, und wer unter diesem Wort ein Synonym für Gift verstehen will, der wird dafür weder einen Beweis noch einen Gegenbeweis finden. Während des nächsten Jahrzehnts lösten sich bis aufs Messer verfeindete Bojaren der Hocharistokratie in der Regentschaft ab. Ein italienischer Architekt, der es in diesem Moskau der nackten Willkür und Anarchie nicht mehr aushielt, begründete seine Flucht: »Da es keinen Großfürsten mehr gab und keine Großfürstin, da der jetzige Herr noch unmündig ist und die Bojaren leben, wie sie wollen, und große Gewalttaten verüben, da niemandem im Lande Gerechtigkeit widerfährt und sogar unter den Bojaren größte Zwietracht herrscht, entschloß ich mich, fortzureisen aus diesem Land voller Aufruhr in einer herrscherlosen Zeit.«

Für den siebenjährigen Iwan war der Tod seiner Mutter eine Katastrophe. Im folgenden Minoritäts-Jahrzehnt jagten sich Schrecken, Demütigungen, schauerliche Erlebnisse in einem exzessiven Wechsel, mit eingesprengten Phasen von Geborgenheit, in denen Iwan, ein ungewöhnlich sensibler, intelligenter, hochbegabter Junge, die Grundlagen seiner enormen geistig-religiösen Bildung erhielt. Und immer wieder kamen Wochen, in denen Angst ihn schüttelte, Tag und Nacht, die panische Vorstellung, daß sich die Bojaren plötzlich entschließen könnten, ihn einzukerkern, zu ermorden. Diese Angst bewirkte einen grenzenlosen Haß, und der Haß verwandelte die Ängste zum Trauma. Neben derartigen Torturen könnte es beinahe als nebensächlich erscheinen, daß man ihn zeitweise völlig verwahrlosen ließ, daß niemand sich um seine Kleidung und sein Essen kümmerte. Aber auch das brannte sich ein; noch ein Vierteljahrhundert später stöhnte der Zar bei einer Jugenderinnerung: »Was habe ich nicht an der mangelnden Kleidung gelitten und an dem Hunger!« Aus allem entstand ein abgründiges Mißtrauen, das den Zaren schließlich in einen anhaltenden Zustand paranoider Zwangsvorstellungen versetzte. Was Iwan IV. als Charakteranlage mitbekam, wird sich nicht klären lassen; sicher aber ist, daß nach einer solchen Jugend auch der Normalste die schlimmsten Stigmata für sein Leben erhalten hätte.

Im Jahr 1547 übernahm Iwan IV., siebzehnjährig, die Regierung. Kategorisch gab er die Anweisung, ihn mit allem Prunk zu inthronisieren: als Großfürsten und »heiligen, von Gott gekrönten Zar von ganz Rußland«. Iwan IV. gab als erster Herrscher des Reiches diesem Titel seine offizielle Geltung. In den ersten Jahren stützte er sich noch auf Männer, denen er vertraute – vielmehr: vertrauen zu können glaubte. So erhielten einige Leute größten Einfluß auf die Politik des nächsten Jahrzehnts, eine Politik, die zu den Jahren vorher einen echten Kontrast bildete. An der Spitze des Beraterkreises standen der Nowgoroder Kathedralpriester Silvester – zugleich Beichtvater des Zaren –, der junge Adelige Aleksej Adaschew und der Metropolit Makarij. Drei Männer bestimmten im wesentlichen, welche Fürsten und politisch erfahrene Männer als Mitglieder dem »Auserwählten Rat« des Zaren, der Rada, angehören sollten. 1549 berief Iwan eine Landesversammlung (Zemskij Sobor) nach Moskau. Mit ihr begannen die großen Reformen. Den Auftakt gab der Zar selbst in einer öffentlichen Rede vor dem Kreml, in der er leidenschaftlich erregt die Verbrechen der Bojaren in der jüngsten Vergangenheit anprangerte, seine eigene Unschuld an dem vergossenen Blut beteuerte und dem Volk versprach, ein Sachwalter der Gerechtigkeit zu sein: »Gottesvolk, von Gott unserer Hut anvertraut! Bei eurem Glauben an Ihn, bei eurer Liebe zu mir: Seid bereit, zu vergeben! Vergangenes Unrecht kann nicht ungeschehen gemacht werden. Ich kann euch nur vor

Iwan IV. unter dem Goldregen aus Anlaß seiner Krönung im Jahr 1547
Zeichnung im sogenannten Zarenbuch der großen russischen Chronik, 1560/70
Moskau, Staatliches Historisches Museum

künftiger Unterdrückung und Erpressung bewahren. Vergeßt, was geschehen ist und was nicht wieder geschehen wird! Wendet euch ab von Haß und Feindschaft! Laßt uns alle einig sein in christlicher Liebe! In Zukunft will ich euer Richter und euer Beschützer sein!«

Mit dieser Rede hatte sich der Zar einen Kredit bei der Bevölkerung seines Reiches verschafft, der nicht mehr schwinden sollte und ihn, all seinen Exzessen und Grausamkeiten zum Trotz, zu einem der meistgeliebten Herrscher Rußlands machte. Zunächst wurde in verblüffend kurzer Zeit das Gesetzbuch (Sudebnik), das 1497 von Iwan III. eingeführt worden war, von Grund auf umgearbeitet. Mehr als ein Drittel wurde völlig neu geschrieben, ein Großteil der anderen Verordnungen erheblich verändert. Unverzüglich folgten weitere Reformen, kein Bereich, in den nicht seit 1550 rigoros eingegriffen wurde: Kirchenrecht, Heeresorganisation, Finanzen, Verwaltung. Iwan IV. schuf dadurch das Fundament für die radikale Zentralisation der nächsten Jahrzehnte. Für die Haupttendenzen der Neugestaltung wirkte sich entscheidend aus, daß der Zar über die traditionelle Bojarenduma zwar noch konziliant, aber unerbittlich hinwegging. Am energischsten betrieb er die Heeresreform, sie hatte wegen der Tatarenpolitik den Vorrang; die militärischen Erfolge rechtfertigten das überstürzte Tempo. Seit 1553 rückte die interne Neuordnung des Staates in den Mittelpunkt. Die Eigenmächtigkeit der Bezirksgouverneure wurde drakonisch beschränkt, kurz darauf ihr Amt völlig abgeschafft und durch Starosten ersetzt. Das System der Abgaben und Steuern wurde neu geregelt und konsequent zentralisiert, ein Landregister eingeführt, mit dem endlich Klarheit über die Verteilung des Grundbesitzes geschaffen wurde. Außerdem verkündete man zahlreiche Gesetze zugunsten des Dienstadels. In der Mitte der fünfziger Jahre hatte sich durch diese Reformen und Neugliederungen Moskau zur maßgebenden Verwaltungsmetropole entwickelt; die Landesdistrikte waren ähnlich wie in Frankreich völlig auf die Hauptstadt ausgerichtet. Die Zentralisation des Staates mußte damit als unwiderruflich betrachtet werden, wenngleich noch vieles zu ihrer Vollendung fehlte.

Die innere Straffung wirkte sich allerdings auch als erheblicher Druck aus, vorwiegend auf weite Teile der bäuerlichen Bevölkerung. Die Steuerpflicht, die Tausende von Bauern nicht erfüllen konnten, deklassierte sie zu Schuldnern der Grundbesitzer, und von hier führt ein direkter Weg in die Leibeigenschaft, besonders als sich der Zar entschloß, halb Rußland in seine Privatdomäne zu verwandeln. Im Zuge dieser berüchtigten Opritschnina wurden die meisten der riesenhaften Bojarengüter enteignet und mit Iwans Leibgarden besetzt. Bei der bäuerlichen Bevölkerung kam es zu anhaltender Landflucht, ganze Dörfer entvölkerten sich. Der Strom ergoß sich in die Zonen der Fluß-, Wald- und Grasbezirke jenseits der Grenzen im Süden und Osten. Immer mehr Menschen sammelten sich in diesem Niemandsland, das allerdings keine Öde oder Wüste war, sondern bestes Weidegebiet, zumal entlang der großen Ströme. Die Kosakengemeinden entstanden. Das Aufbegehren und Ausscheren war eine Rebellion gegen die Obrigkeit, gegen Gesetze, die in keiner Weise als Unrecht gedacht waren, sich aber als Ungerechtigkeit auswirkten. Das Kosakentum in seinen Ursprüngen ist eine Empörung der Eigenwilligen, die lieber tödliche Gefahren riskierten als die Sicherheit des Zwanges genossen. Noch im folgenden Jahrhundert, 1641, heißt es in einem Brief der Don-Kosaken, der fast als Programm des Kosakentums gelten könnte: »Wir fliehen aus dem Moskauer Staat, aus ewiger Arbeit, aus erzwungener Knechtschaft, wir fliehen vor den Bojaren und Adligen des Herrschers und haben uns in der undurchdringlichen Wildnis festgesetzt. Es speist uns in der Steppe der Herrgott durch seine Gnade bei Tag und Nacht mit wilden Tieren und den Fischen des Meeres. Wir nähren uns wie die Vögel des Himmels: Wir säen nicht, wir pflügen nicht, wir sammeln nicht in Scheuern.« Moskau reagierte mit Drohungen und strengsten

Landnahme der Kosaken
Miniatur eines russischen Künstlers in dem Werk ›Das Leben des Sergius Radoneschski‹, zweite Hälfte des 16. Jahrhunderts
Moskau, Staatliches Historisches Museum

Befehlen, um die Rückkehr der Flüchtlinge zu erreichen; ohne Erfolg.

In dem ganzen Phänomen offenbart sich ein charakteristischer Aspekt der Zentralisierung und der in ihrem Gefolge allmählich festgeschriebenen Leibeigenschaft, die der Staat mit schweren Sozialerschütterungen bezahlen mußte. Aber das Negativum wirkte sich auf Länge der Sicht nicht bloß zuungunsten des Staates aus. Die Kosaken wurden die treibende Kraft in dem großen Prozeß der Landnahme, der sich außerhalb der politischen Konfrontation abspielte; von ihnen wurde die agrarische Expansion Rußlands nicht etwa nur vorbereitet, sondern überhaupt erst ermöglicht. Schon Iwan IV. versuchte zwar die Abwanderung durch die Bodensperre für die Bauern zu unterbinden, akzeptierte jedoch in gewissem Sinn das neue Phänomen. Er bat die Don-Kosaken um Hilfe gegen die Krim-Tataren, er warb sie für Kriegszüge an, und die legendäre Eroberung Sibiriens durch den nahezu legendären Kosakenführer Jermak geschah mit offiziöser Billigung des Zaren. Ein chinesischer Diplomat formulierte später in karger Ergebenheit: »Am Knauf des Kosakensattels liegt die Grenze Rußlands.«

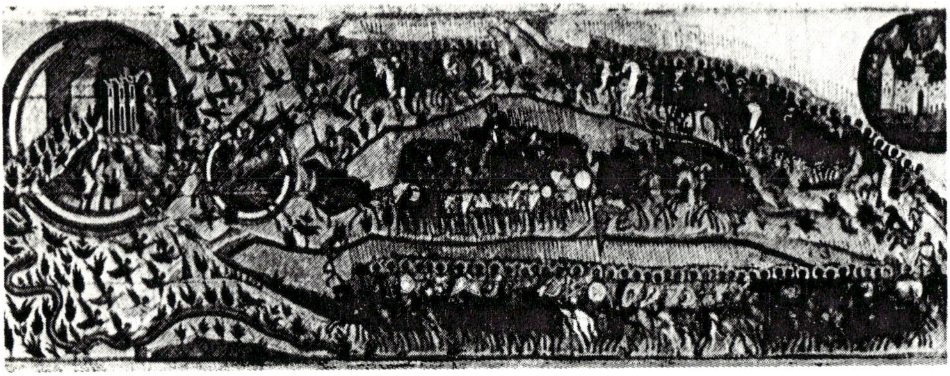

Apotheose der Eroberung Kasans durch Iwan IV. im Jahr 1552
Ikone der ›Kämpfenden Kirche‹, zweite Hälfte des 16. Jahrhunderts
Moskau, Staatliche Tretjakow-Galerie

Außenpolitisch bestand das dringlichste Ziel seit dem Regierungsantritt Iwans IV. darin, mit dem Tataren-Problem endgültig aufzuräumen. Nach dreimaligen Anläufen wurde 1552 Kasan in einem Kampf voller Erbitterung und Grausamkeit erstürmt. Die Begeisterung, mit der Iwan nach dem Sieg in Moskau empfangen wurde, war kaum zu überbieten: »Alle Menschen gerieten in Verzükkung, als sie ihn im Glanze seines herrlichen Ruhmes erblickten; denn er war angetan mit dem ganzen zarischen Ornat, wie am hellstrahlenden Tag der Auferstehung Christi, unseres Gottes.« Der Zar hatte endlich »die chronische Wunde im Leben Moskaus« geheilt. Die Eroberung Kasans ist neben dem Sieg Dmitrij Donskojs (1380) und dem »Befreiungsjahr« 1480 das dritte große Datum im Kampf Rußlands gegen die Tataren. Moskau wurde hier erstmals siegreich initiativ: Da der Zar die Tataren nicht mehr dulden wollte, trieb er sie machtvoll zurück und zerschlug ihre Chanate. Zwei Jahre später griff er schon nach Astrachan an der Wolga-Mündung, und 1556 wurde das gesamte Chanat dem Moskauer Reich eingegliedert. Die Strompolitik des Zaren hatte einen ihrer eindrucksvollsten Triumphe errungen. Die Riesenterritorien bis hin zum Ural waren jetzt herrenlos und warteten buchstäblich auf den Zugriff Moskaus. Zur selben Zeit entschloß sich Iwan IV. als erster moskowitischer Herrscher zu einem Angriff auf das Krim-Chanat. Russische Truppen kämpften sich am Dnjepr entlang bis zum Schwarzen Meer hinab und kehrten fast ohne Verluste zurück.

Die Eroberung Kasans hatte dem jungen Zaren ein Selbstbewußtsein vermittelt, das er aus der Rolle des Herrschers allein, selbst in seiner speziellen religiös-inbrünstigen Übersteigerung, nicht hätte gewinnen können. Das bedingungslose Vertrauen zu seiner Rada, vor allem zu seinen Intimi Silvester und Adaschew, war noch ungeschmälert, aber er stellte sich jetzt rasch auf die eigenen Füße. 1553 erkrankte er plötzlich, die Ärzte waren ratlos, der Tod schien ihm sicher zu sein. Ein Nottestament wurde aufgesetzt, der Zar erhielt das Euchelaion, die Letzte Ölung. Dann bat er die Fürsten, den Treueid für seinen Sohn Dimitrij – er war noch ein Säugling – auf das Kreuz abzulegen. Iwan selbst war so schwach, daß er zwei Bojaren um die Stellvertretung bitten mußte. Der geforderte Treueschwur löste heftigsten Widerstand aus, tumultuarisch verweigerten viele den Eid: »Es waren unter den Bojaren großer Streit und Geschrei und großer Lärm und viele Schimpfworte. Und als der Zar und Großfürst die Härte der Bojaren sah, begann er zu ihnen so zu sprechen: ›Wenn ihr meinem Sohn Dimitrij das Kreuz nicht küßt, werdet ihr einen anderen Herrscher haben; ihr aber habt mir nicht nur einmal das Kreuz geküßt, daß ihr außer uns keine anderen Herrscher erstreben werdet, und ich führe euch zum Kreuzeskuß und befehle euch, meinem Sohn Dimitrij zu dienen. Ich kann nicht viel mit euch reden; ihr aber habt eure Seelen vergessen, ihr wollt uns und unseren Kindern nicht dienen, worauf ihr aber uns das Kreuz geküßt habt, daran denkt ihr nicht; wer einem Herrscher in den Windeln nicht dienen will, der will diesem Herrscher auch nicht dienen, wenn er groß ist; wenn ihr uns nicht braucht, dann liegt das auf euren Seelen.‹« Schließlich wurde der Eid geleistet. Am meisten schockierte den fast Bewußtlosen, daß auch Silvester und der einflußreiche Vater Adaschews sich gegen ihn stellten, und daß Adaschew selbst nicht so zuverlässig schien, wie er bis zu dieser Stunde geglaubt hatte. Der Todkranke sah alles wiederkehren, was seine eigene Jugend zu einer Hölle gemacht hatte.

Entgegen jeder Wahrscheinlichkeit überstand Iwan IV. die Krankheit. Doch die Ereignisse an seinem »Sterbebett« im März 1553 bedeuteten in seiner Regierung eine größere Wende als die Eroberung Kasans. Sie hatten ihm vor Augen geführt, daß Vertrauen zu Ratgebern und sogenannten Freunden nicht viel mehr war als schlichte Dummheit. Nach seiner Genesung erfüllte er sofort ein Gelübde, das er abgelegt hatte, und begab sich auf eine Pilgerfahrt. Im Kloster Wolokolamsk sprach er mit einem hohen Geistlichen, den sein Vater, Wassilij III., besonders geschätzt hatte. Er fragte ihn, wie er denn künftig regieren solle. Der alte Mann empfahl ihm, keinem Ratgeber zu vertrauen, allein zu herrschen und alle Macht in seinen Händen zu konzentrieren. Vielleicht ist die Glaubwürdigkeit des Berichts anfechtbar, aber Iwans Reaktion – »Selbst mein Vater, wenn er noch leben würde, könnte mir keinen vernünftigeren Rat gegeben haben!« – deckte sich nahtlos mit der allmählich einsetzenden unbegrenzten Alleinherrschaft.

Iwan IV. löste sich nicht abrupt von seinen Vertrauten. Reformen und Kriegszüge füllten die Zeit bis 1560. Obgleich die Wende innerlich 1553 eingeleitet worden war, datiert sie im Äußeren erst seit 1560. In jenem Jahr schickte er Silvester und Adaschew in die Wüste, starb seine Gattin, Anastasja Romanowna, die er mehr als alles andere geliebt hatte. Beide Ereignisse, das eine kraft eigenen Entschlusses, das andere durch Fügung, ließen den Zaren grenzenlos vereinsamen, und in diesem Moment brach seine Monströsität durch. Seit 1560 veränderte sich Iwan IV. zu Iwan Grosnij, dem Schrecklichen, Fürchterlichen, rasend Gestrengen, Drohenden – auch Mörderischen, als der er in der Geschichte weiterlebt. Allerdings hatte schon 1557 ein englischer Besucher geschrieben: »Iwan übertrifft seine Vorgänger gleichen Namens, ja nach dem, was man hört, übertrifft er sie an unerschütterlichem Mut, Heldenhaftigkeit und vielem anderen mehr. Er wird von seinen Edelleuten und dem gemeinen Volk aber nicht nur geliebt, sondern im ganzen Land lebt man in Furcht und Schrecken vor ihm, so daß ich glaube, kein Fürst der Christenheit wird von den Seinen mehr gefürchtet als er, keiner aber auch mehr geliebt.« Diese Charakteristik gilt für Iwan und seine Herrschaft bis zum letzten Tag. Doch nicht weniger gilt die Feststellung seines bösartigsten und haßerfülltesten Kritikers, des Fürsten Kurbskij, über die Zeit nach dem Tod Anastasjas: »Es dampfte eine große Verfolgung auf, und ein Brand der Grausamkeit entzündete sich.«

Iwan IV., der Schreckliche, war paranoid, grausam, pervers, ein vielfacher Mörder und abominabler Sadist. Kurz vor seinem Tod erschlug er im Jähzorn seinen Sohn Dimitrij, den Erstgeborenen und Thronfolger, der sein ganzer Stolz gewesen war. Aber dieser heillos abstoßende Iwan war gütig, empfindsam, mitleidig, ein Staatsmann säkularen Formats, ein Herrscher von einzigartiger politischer Gestaltungskraft, ein Dichter hohen Ranges, ein großer Denker und Theologe, ja ein Weiser biblischer Konvenienz mit tiefen Einsichten in die grenzenlose Hinfälligkeit des Menschen, mit Erfahrun-

Die ›Kirchenstadt‹ Iwans IV. im Zentrum Moskaus: die Wassilij-Blaschennij-Kathedrale

gen, die er aus seinen eigenen Defekten und Verbrechen gewann. Am Ende seines Lebens schrieb er, ähnlich wie schon oft in früheren Jahren: »Der Körper ist geschwächt, und es krankt der Geist. Die Wunden der Seele und die des Körpers mehren sich, aber es gibt keinen Arzt, der mir helfen könnte. Ich wartete auf einen, der Mitleid mit mir hätte, aber es erschien niemand; ich fand keinen, der mich tröstete. Man hat mir mit Bosheit für Güte bezahlt, mit Haß für Liebe.« Mit den Fäulnissen, Qualen und Eruptionen seines Inneren wirkte er, so wurde zu Recht wiederholt festgestellt, bis zur letzten Geste wie ein Produkt aus der Phantasie Dostojewskijs.

Bereits der zweiundzwanzigjährige Zar hatte ein sicheres Gefühl für die politische Tragweite seines Sieges über die Tataren und seiner Eroberung Kasans. Er ließ zum Gedächtnis daran die gewaltige Kathedrale ›Wassilij Blaschennij‹ erbauen, mitten in Moskau. Kunsthistorisch bildet sie den Gipfel der altrussischen Baukunst, doch sie ist weit mehr als nur ein Sakral-Monument: Man muß in ihr die Stein gewordene Allegorie eines ausgeprägten Herrschaftswillens sehen. In dem genuin russischen Reichsstil dieser Kathedrale drückt sich vieles aus: die architektonische Formungskraft Rußlands in der Mitte des 16. Jahrhunderts, die Stärke des russischen Nationaltriumphs, aber auch Iwans IV. gewaltige und gewalttätige Staatsführung.

Kapital und Krieg

Bis zu Iwan IV. wurden die russischen Landbezirke von Gouverneuren verwaltet, die der Großfürst ernannte, aber nicht besoldete; meistens waren es Bojaren. Diese Nastawniki besaßen das Recht, ihren Unterhalt (Kormlenje) durch eigene Steuererhebungen aus den Gebieten, die ihrer Verwaltung unterstanden, zu bestreiten. Die Beauftragten des Moskauer Herrschers lebten also nicht von der Hand in den Mund, sondern durch das Kormlenje vom Volk in den Mund. Es war ein System der legalisierten Erpressung und methodischen Korruption. Iwan IV. schaffte diese verrufene und verhaßte Ausbeutung ab, wobei ihn allerdings keine vorwiegend humanitär-moralischen Beweggründe trieben. Weit wichtiger war es für die Regierung, daß durch die Starosten und die von Moskau direkt besoldeten Beamten plötzlich ein Geldstrom in die Staatskassen zu fließen begann, von dessen Existenz und Ausmaßen die Herrscher kaum eine Ahnung gehabt hatten. Die Reform der Finanzverwaltung, das neugeschaffene Schatzamt und die kontrollierten Steuereinkünfte ermöglichten jetzt dem Zaren einen auf lange Sicht geplanten Aufbau des Heeres als Voraussetzung seiner expansiven Außenpolitik, die Verwirklichung seiner kulturell-repräsentativen Ambitionen, an der Spitze den Ausbau Moskaus, und die Umstrukturierung und Sanierung des ganzen Staates. Iwan IV. hatte die Funktion des Geldes als Stemmeisen politischer Macht entdeckt. Das russische Sprichwort »Viel Geld – große Sünde; aber wenig Geld – noch größere« könnte geradezu aus dieser Epoche stammen. Die Quintessenz hatte freilich Rabelais kurz zuvor in seinem ›Gargantua‹ allgemeiner und irdischer formuliert, auch der gesellschaftlichen Substanz des Wohlstandes angemessener: »Deficiente pecu, deficit omne nia.«

Daß in dieser Welt des Greifbaren und Materiellen häufig am Anfang nicht das Wort war, wie das Johannes-Evangelium versichert, sondern das Kapital, wurde vom 14. bis zum 16. Jahrhundert in erhabener Folgerichtigkeit von einem Fürsten nach dem anderen entdeckt. Ob es die Medici in Florenz waren, die Päpste im Kirchenstaat, die französischen Könige oder die deutschen Kaiser – die Unersetzlichkeit der qualvoll-schönen Verkettung von Kapital und Kunst und Krieg, von Handel und Herrschaft und Hegemonie offenbarte sich immer triumphaler, empfindlicher und folgenreicher. Der Nervus rerum entpuppte sich als Nerv des Staates, der Macht, des Krieges, der Kunst, einem Misanthropen-Ondit zufolge auch als der Nerv der Liebe und lange Zeit sogar als ein Nerv der Himmelfahrt, wie sich an den Freikarten der kirchlichen Ablässe nachrechnen läßt.

Wenn aber das Geld so viel Realitäts-Motorik enthält, warum dann die Fülle flammender Empörung dagegen, die grenzenlosen Aversionen und moralischen Philistrositäten? Warum die todern-

Die apostolische Armut und der Reichtum der Kirche
Miniaturen in einer didaktischen alttschechischen Handschrift, zweite Hälfte des 15. Jahrhunderts
Göttingen, Niedersächsische Staats- und Universitätsbibliothek, Handschriftenabteilung

sten, bitteren, höhnischen, verächtlichen, altklugen, traurigen Bemerkungen über Reichtum, Gewinn, Mammon, Profit von den alttestamentlichen Rachepropheten über Sophokles – das Geld sei der ärgste Fluch des Menschen – bis zur modernen Metaphysik der Mißgunst, die sich so gelungen als rechter Wille zu linker Gerechtigkeit maskiert? Ist es die Indignation des Moses gegen den Tanz um das Goldene Kalb, das sich ausgemünzt durch die Jahrtausende erhalten hat als der »Erde Gott«? Oder lebt in einem Unterstrom die marcionitisch-gnostische Weltverneinung weiter, die der Herausforderung des Irdischen nur mit Askese begegnen kann und Sachwerte als materiell Greifbares genauso verwirft wie des Menschen Geschlechtlichkeit und seinen Impuls zu körperlichem Besitz? Der Platzwechsel zu Satan, dem Gegenspieler des Paradieses und Himmels der Seligen, fällt nicht schwer: »Es ist leichter, daß ein Kamel durch ein Nadelöhr gehe, denn daß ein Reicher ins Reich Gottes komme.« Davon lebte die christliche Armutsbewegung im Spätmittelalter, lebten die zornigen Mahner der Kirche bis hin zur Reformation Luthers. Trotzdem: Weder Bibel noch Evangelien liefern Paradigmatisches zum Thema Erwerb, Reichtum und Luxus. Frömmigkeit und Gottesfurcht ergeben sich nicht als Funktion des Besitzstandes; denn der Herr hat niemals sein Wohlgefallen nach Einkommensteuertabellen verteilt. Niemand wird dem Armen, dem Säulenheiligen oder Minderbruder ohne Demut begegnen, selbst wenn die Asketen ihn alleine lassen mit seinem bedenkenvollen Kummer, ob denn nicht die freiwillige Armut in der Welt – erhoben zum allgemeinen Postulat – auch eine Verarmung dieser Welt nach sich ziehe. Weder im Alten noch im Neuen Testament hat Gott das irdische Dasein mit der Hölle identifiziert, nirgends werden dort die materiellen Werte als Teil seiner eigenen Schöpfung mit der Aura der Gnadenlosigkeit umgeben. Ungerechte Armut ist etwas ganz anderes als freiwillige Askese, und deshalb hat eine daseinsbestätigende Wohlfahrt nichts mit Schuld und Widergöttlichkeit zu tun. Die Empfehlung, dem Kaiser zu geben, was des Kaisers ist, und Gott, was Gottes ist, muß nicht zwangsweise nur politisch verstanden werden.

Solche Erwägungen legten sich besonders häufig den Christgläubigen der Renaissance nahe, die sich und das Evangelium in der Obhut einer Territorialmachts-Kirche sahen, deren Führung weit über ein Jahrhundert lang in den Händen von Päpsten lag, die den Fels der Kirche wesentlich als Substrat der Baukunst betrachteten und sich mit den Schlüsseln Petri vor allem die Türen zu den weltlichen Freuden und Schönheiten öffneten. Wäre es denkbar gewesen, diese Kirche als eine Macht in dieser Welt mit denselben Mitteln kämpfen zu lassen wie die kleinen Streiter der Kinderkreuzzüge: mit Unschuld und Reinheit? Oder waren derart exklusiv gefaßte Tugendbegriffe im Hinblick auf die irdischen Notwendigkeiten sinnlose Alternativen? In dem jahrhundertelangen Ringen der Kirche um das Christentum selbst – von den Kreuzzügen über den Kampf mit dem Islam in Europa bis zur Conquista Spaniens – mußte wohl oder übel der Kampf um die Seelen auch wesentlich ein Kampf um Gold sein.

Die Empörung gegen die Häufung von Reichtümern, die kaum so viel Verve besäße, wenn es dabei nicht auch um Liebespolemik gegen den Mammon ginge, nährt sich aus unintellektuellen Impulsen. Das gilt ebenso für die Leitzentren des Zorns gegen den Kapitalismus – wohlgemerkt gegen ihn, nicht jedoch gegen die Flut seiner verwerf-

Geldzählung und Kontenführung
Aus dem Gemälde ›Die Geldzähler‹ von Marinus van Roymerswaele
Nancy, Musée des Beaux-Arts

lichen, also überwiegend unnötigen Folgen. Die Entwicklung des Kapitalismus wurde weitgehend von der Verselbständigung und Abstraktion des Geldes und Geldwesens bestimmt. Diesem Prozeß folgte in allen seinen Etappen ein Strom verständnisloser Reaktionen, gerade weil in ihm so viel Zwangsläufigkeit und Unausweichlichkeit enthalten war. Zu der jähen Steigerung der Gewerbetätigkeit im 15. Jahrhundert, der Expansion der Wirtschaft, dem Triumphzug der Künste und Wissenschaften gehörte konsequenterweise eine reißende Zunahme der Geldzirkulation. Vor allem hier konnte der unverwechselbare Synergismus dieser Epoche mit Händen gegriffen oder sachgerechter: mittels Buchführung nachgeprüft werden. Der Kultivierung der Kritik, der berechnenden Naturforschung, die das Universum von einem Sinnbild in ein System verwandelte, der formalisierten Kunst, selbstgewissen Rationalität, dem theologisch unbeengten Weltverhalten und der vollständigen Akzeption der Wirklichkeit fügten sich ein besonderes Gespür für die Monetisierbarkeit der Dinge, ein prägnanter Sinn für Wesen und Möglichkeiten des Geldes, dieser schärfsten Umsetzung von Werten ins Meßbare, und insofern die absolute Konzentration objektiver Äußerlichkeit. Geld, Präzision und Rationalität bedingen sich; ohne Geld war der Verstand gelähmt, die Kunst eine Chimäre und die Liebe kein Traum. Hätte die Renaissance kein monetäres Sprungbrett besessen, so wäre sie ein leeres Versprechen geblieben. Daß Europa endlich den Stalldunst der Barbarei verlor, war den Wirtschaftsabenteurern, Bankiers, Spekulanten, Wucherern der Zeit zu danken.

Die Fehden waren gnadenlos. Zum Geld gehörte zwar wesentlich die Indifferenz gegenüber allem Individuellen, eine Transsubjektivität, aber es ermöglichte gerade deshalb dem Individuellen ohne imponderable Bedenken einen unvergleichlichen Selbstausdruck. Geld ist nicht Reduktion qualitativer Werte auf quantifizierbare, sondern eine unerläßliche Quantifizierung von Qualitativem. Sogenannten höheren Werten, denen die Qualität durch eine Monetisierung geraubt werden kann, steht nichts anderes zu. Das sind keine Fragen einer besonderen Finanzpsychologie, sondern geschichtssoziologische und geisteswirtschaftliche Probleme erster Ordnung. Mag sein, daß ein Finanzier, der nur Scheckbücher als Lektüre kennt, zu den Analphabeten der Kultur gehört, aber Verstand besitzt er ohne Frage. Die Humanisten und Künstler der Renaissance betrachteten die Tatsache, daß sich ihre Buchkultur und ihr Schaffen unverbrüchlich auf das Scheckbuch stützte, als sicherste Garantie ihrer Tätigkeit.

Die Existenz der Kreuzfahrerkolonien an den Mittelmeerküsten ist vom Nachschub der Handelsstädte abhängig gewesen. Das hatte weitreichende Veränderungen der Routen, der Handelsintensität und der Zusammensetzung der Frachten bewirkt. Der Orienthandel konnte zwar auf eine bemerkenswert erfolgsträchtige Geschichte zurückblikken, aber die sprunghafte Vergrößerung des Warenvolumens durch die Kreuzzüge ist etwas bis dahin Einmaliges gewesen. Die »Kaufmannschaft« hatte ihren Charakter der christlichen Kriegslieferung verloren, der Levantehandel sich von engen Zwecksetzungen befreit und sich weitgehend unabhängig von der Existenz und dem Status der Niederlassungen und Staatengründungen der Kreuzfahrer entwickelt. Heute wissen wir, daß sich nur in Ausnahmefällen unter sozial- und wirtschaftsgeschichtlichen Gesichtspunkten klare Zäsuren setzen lassen. Wirtschaftsentwicklungen können völlig unabhängig von politischen Veränderungen weiterlaufen, brauchen keine Kontinuitätsbrüche durchzumachen, selbst wenn im politischen Raum die Zeichen auf Umsturz stehen.

Abendland und Morgenland handelten miteinander, trieben Geschäfte, tauschten Waren nach seriösen Regeln und in vertrauensvoller Wechselseitigkeit, nach Treu und Brauch und gegebenem Wort, das unverbrüchlicher war als jeder Eid bei Christus oder dem Barte des Propheten. Religiöse Implikationen, zumal christliche, waren dabei nicht nötig, sie wirkten eher störend als förderlich; es gelang ihnen auch nie, den merkantilen Aspekt in die zweite Linie zu drängen. Im Islam konnte sich überdies jeder Kaufmann auf eine Tradition des Propheten berufen, in der Muhammad die drei Hilfsquellen des gläubigen Muslim segnete: Akkerbau, Viehzucht und Handel. So genossen die Kaufleute den besonderen Schutz der Chalifen, weil der Reichtum des Staates, der ihnen zu verdanken war, auch und vor allem den Herrschern zugute kam. Die Handelszentren der arabischen Welt verbanden Routen, die sich von China bis zum Atlantik erstreckten. Durch die Emanzipation des Mittelmeerhandels gewann das christliche Europa über die Kaufmannsstädte Anschluß an diese Milch- und Honig-Flüsse des Wohlstands. Dabei entwikkelten sich außerordentliche Monopole. Zeitweilig flossen von den Zollgewinnen Konstantinopels neunzig Prozent in die Kassen der genuesischen Niederlassung in Pera. Deshalb suchte Genua als erste der italienischen Handelsrepubliken bei den Osmanen um Konzessionen nach und schloß einen Handelsvertrag, als sich im 15. Jahrhundert die künftige Herrschaft der Sultane abzuzeichnen begann. Kurz darauf folgte Venedig. Weil Handel, Krieg und Politik ihren eigenen Wegen folgten, fiel auch kein Reif auf die Wirtschaftsblüte Europas; sie steigerte sich sogar durch das ganze 15. Jahrhundert, obgleich das Königreich Jerusalem zusammenbrach und Ägypten wiederholtes Angriffsziel christlicher Heere wurde. Das größte Handelszentrum der damaligen Welt, die »Königin des Mittelmeeres«, Alexandria, war im Zweifelsfall wegen der in der Stadt gestapelten atemberaubenden Reichtümer schon ein ausreichendes Kriegsziel, das man nur ein wenig religiös-politisch verbrämen mußte.

Außer dem ungeheuren Anstieg des Handelsvolumens gehörten die einschneidende Veränderung der Geldwirtschaft und ihre sprunghafte Entfaltung zu den Folgen der Kreuzzüge. Die ersten Ritterstaaten waren mit Fertigwaren aus der Heimat nur beliefert worden, wenn eine korrekte Bezahlung verbürgt worden war. Die Namen der reichen Ritter hatten eine Garantie für Solvenz gegeben, weil

Ein orientalischer Gewürzhändler beim Verkauf seiner Ware
Miniatur in dem Pariser ›Mystère de la Passion‹ des Arnoul de Greban, um 1520
Paris, Bibliothèque de l'Arsenal

ihnen meist staatlicher Grundbesitz gehörte und sie zudem noch Einnahmen aus dem Warenumschlag in den syrischen Häfen, aus Wegezöllen und verschiedenartigsten Abgaben bezogen. Das Problem hatte in den langen Zahlungsfristen und, bedingt dadurch, in den Verzögerungen einer Lieferung bestanden. Diese Schwierigkeit behob man dann durch die Verpfändung künftiger Einnahmen. Führend bei diesen Vorfinanzierungen – und allgemein bei der ganzen Neuorientierung des Geldwesens – sind die Templer gewesen, die eine großartige Bankorganisation in ganz Europa aufgebaut hatten. Kreditierung, Einlagekonten, Papiergeld, Schecks, ja sogar Reiseschecks in modernem Sinn sind von ihnen eingeführt worden. Ihr hauseigener Reichtum hatte vor allem auf Hypotheken und Anleihen beruht – das Vorbild für Tausende späterer Bankiers und ein legales Mittel, um das christliche Wucherverbot zu unterlaufen.

Die rapide Vergrößerung des Geldvolumens und die zunehmende Schnelligkeit seiner Zirkulation ließen die mittelalterliche Statik des Reichtums zusammenbrechen. Dadurch, daß die Barzahlung immer häufiger durch Einzahlungszertifikate ersetzt wurde, löste sich das Geldgeschäft vom Warengeschäft, und diejenigen, die sich hauptberuflich damit befaßten, wuchsen neben den Kaufleuten zu einem eigenen Stand empor: zu Finanziers samt ih-

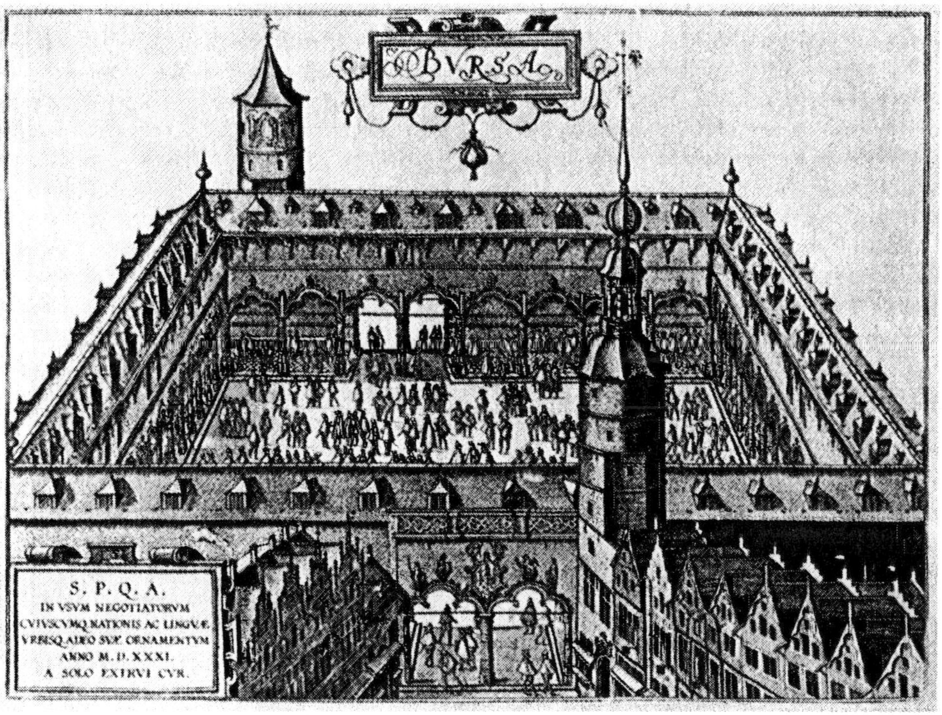

Die Eröffnung der Börse von Antwerpen im Jahr 1531
Kupferstich von Petrus van der Borcht
Antwerpen, Stedelijk Prentenkabinet

ren Bankimperien. Diese Glücksritter und Pioniere eines neuen Gewerbes, das genausoviel mit Kunst wie mit rüder Praxis zu tun hatte, bildeten einen Typus für sich. Sie mußten über Eigenschaften verfügen, die sich gegenseitig ausschlossen: Sie mußten Hasardeure von Geblüt sein, aber kalte Rechner, allergisch gegen jeden Hasard; sie mußten Abenteurer und Mathematiker, Haudegen und Diplomaten sein, sensibel und brutal; sie waren dazu gezwungen, Glück zu haben, durften sich aber nicht auf das Glück verlassen; sie mußten feinstes Gespür für Imponderabilien besitzen, jedoch abgebrüht sein wie die Henker. Ihr Wort mußte unverbrüchlich gelten, doch die Grenzen ihrer Ehrlichkeit richteten sich nach dem Sittenkodex der Bilanz. Der Handel mit der Ware »Geld« bedeutete ein ständiges Voltigieren am Rand der Existenz.

Der Aderlaß der ersten Bankiers-Generationen war erschreckend gewesen. Die Templer, denen niemals ein Vergehen hatte nachgewiesen werden können, hatte der französische König verhaften, foltern, hinrichten lassen – aus Geldgier und Neid. Die Florentiner Bankhäuser der Acciaiuoli, Peruzzi und Bardi – gerühmt in Europa als die »Säulen der Christenheit« – hatten dem englischen König ungeheure Beträge für seinen Krieg gegen Schottland und die Rüstungen gegen Frankreich vor dem Hundertjährigen Krieg vorgeschossen. Als der Fälligkeitstermin herangerückt war, hatte Eduard III. die Rückerstattung verweigert, einerseits wegen Zahlungsunfähigkeit, andererseits aus Zahlungsunwilligkeit. Deswegen waren 1343 in Florenz die Peruzzi und andere Geldinstitute zusammengebrochen, hatte drei Jahre später auch der Finanzgigant Bardi Bankrott erklären müssen. In diese Katastrophe war ganz Florenz hineingerissen worden. Politische Unruhen und schwere Wirtschaftskrisen waren gefolgt. Obwohl damals noch keine kontinentalen Zusammenhänge erkannt worden waren, weigerten sich die italienischen Kaufleute, in England Wolle zu kaufen. Interessenten aus dem Süden meldeten sich erst wieder auf der Insel, als die Verkehrswege und die Zuverlässigkeit der Partner garantiert schienen. Englische Wolle wurde allerdings nur zu extrem niedrigen Preisen und auf Kredit bezogen. Die Grundherren und Klöster gaben den Transporten trotzdem ihren Segen mit auf den Weg; anders konnten sie ihre Überschüsse nicht vermindern. Den Gewinn hatte Florenz. Das war eine besonders empfindliche Rache; denn ihre Größe ließ sich in harten Zahlen nachrechnen.

Der erste Finanzier des Krieges

Die Höhe des Risikos bestimmte die Dimension des Profits; moderne Toleranzen sind dabei nicht angebracht. Der Bau einer Galeere, ihre Bemannung mit höchst kostspieligen Sklaven, der Einkauf von Waren auf eigene Gefahr, die Seeräuber und Wegelagerer, die einen Geleitschutz über Meer oder auf den Landstraßen unerläßlich machten – das alles verschlang Riesensummen. Daran ist zu denken, wenn man erfährt, daß eine Galeere Venedigs, die mit Holz und Eisen nach Alexandria fuhr und eine Ladung Gewürze, Seide und Pfeffer zurückbrachte, dem Eigner und Handelsmann zu einem Gewinn bis zu tausend Prozent verhalf. Insgesamt rentierten sich die Gefahren, und so wurden Expansion des Handels und des Geldvolumens bestimmende Prioritäten der Veränderung. Die mittelalterlichen Städte verwandelten sich in Wirtschaftszentren des Kontinents. Auf Grund des anschwellenden Wohlstands und der allgemeinen Lebensprosperität in den Gemeinden, die sich als Folge der quantitativen Steigerung der Gesamtproduktion einstellten, ließe sich berechtigt im 15. und 16. Jahrhundert die Vorform einer ersten industriellen Revolution konstatieren; die wichtigsten Merkmale der späteren europäischen Zivilisation entwickelten sich während dieses Prozesses. Ausschlaggebend dafür waren nicht so sehr neue Techniken oder Verfahren – wenngleich etwa der Ersatz von Holz und Holzkohle durch die Steinkohle einen markanten Einschnitt bedeutete –, sondern das rauschhafte Tempo des Gewerbeaufschwungs durch die Gewinnspannen der Handelsstädte und großen Kaufmanns- und

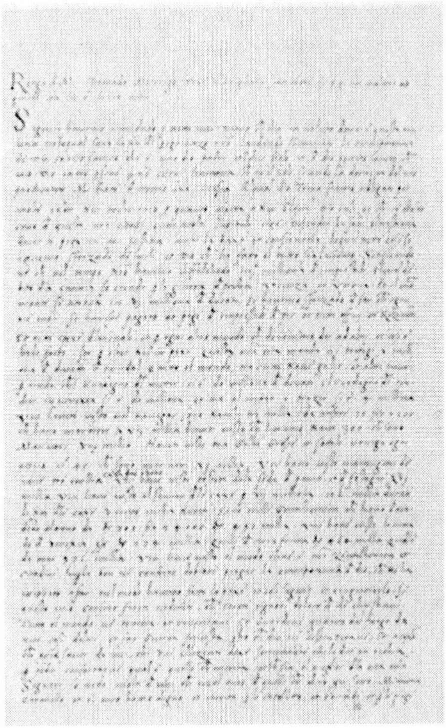

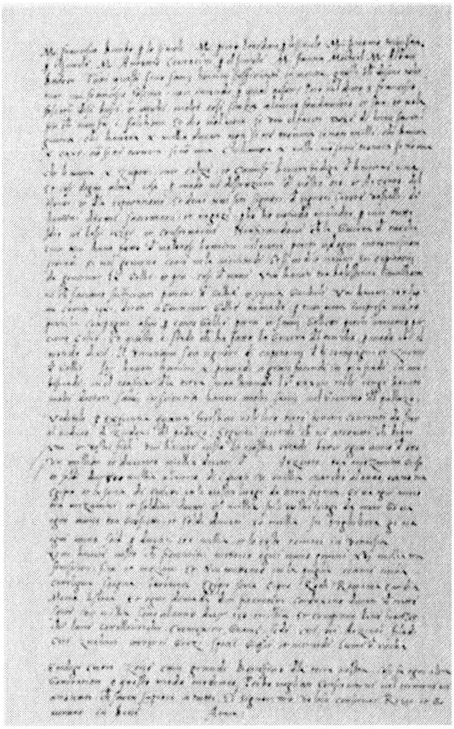

Der Haushalt Venedigs in den Jahren 1422/23
Bericht über die Finanzsituation in einer Rede des Dogen Tomaso Mocenigo
vor den Senatoren im Palazzo Ducale im Frühjahr 1423
Zeitgenössische Aufzeichnung
Venedig, Biblioteca Nazionale Marciana

Bankiersfamilien. Der Doge von Venedig, Tomaso Mocenigo, gab kurz vor seinem Tod in einer Rede vor den Senatoren im Palazzo Ducale bekannt, daß im Berichtsjahr 1422/23 ein Nettogewinn von vier Millionen Golddukaten erzielt werden konnte. Dabei waren die Einwohnerzahlen der Metropolen recht bescheiden. Um 1500 zählten nur Venedig, Florenz, Palermo, London und Paris mehr als hunderttausend Einwohner.

Die großen Bankhäuser in den Handelszentren des Kontinents entwickelten sich erst gegen Ende des 14. Jahrhunderts allgemein zu Kreditinstituten. Der hartnäckigste Widerstand dagegen kam aus dem Bankgewerbe selbst, denn bis dahin hatte als unverbrüchlich gegolten, daß geliehene Beträge durch das Guthaben gedeckt sein mußten, wenn Zuverlässigkeit und Sicherheit des Finanzgeschäfts garantiert sein sollten. Der Überziehungskredit brachte dem Handel allerdings bedeutende Vorteile, er wurde dadurch beweglicher und elastischer. Um aber die stetig wachsenden Kapitalbeträge gegen alle möglichen Risiken abzuschirmen, gründeten die Kaufleute Versicherungsgesellschaften, die das Risiko einigermaßen gleichmäßig verteilten. Der Aufwand dafür wurde dem Preis der Waren zugeschlagen. Auch an diesem Beispiel läßt sich ablesen, daß zur Entwicklung des Frühkapitalismus als Hintergrund die gewaltige Auseinandersetzung gehört: zwischen der berechenbaren Zuverlässigkeit, die sich in Zahlen und Geldsummen ausdrückt, und den Unsicherheitskomponenten des allgemeinen Daseins wie Krankheit, Seuchen, Krieg, Gewalttaten. Das mathematisch Disponierte stand gegen den Zufall, das Schicksal, die Fügung. Hier bestimmte eine dynamische Rationalität, die vorgreifend orientiert war, die das Unberechenbare kalkulierte, ähnlich dem naturwissenschaftlich-mathematischen Weltverhalten; nur handelte es sich um eine Monetalitio mundi. Gerade durch diesen Kampf richtete sich der Kurs immer schärfer auf Steigerung der Abstraktion, der realen wie der imaginativen. Wer eine Geldverpflichtung übernahm, war sich bewußt, daß er alle Wechselfälle des Lebens auszuklammern hatte. Er konnte sich nicht auf Gottes unerforschlichen Ratschluß berufen, wenn er am Stichtag zahlungsunfähig war. Die Geldschuld ist der Wirklichkeit hier und jetzt entzogen, sie besteht als etwas in sich selbst Gegründetes, hat sich vom Leben des Schuldners abgelöst; Humanindifferenz gehört zu ihr. Dieses Prinzip findet seine höchste Steigerung in der Abstraktion des Wechels; in ihm ist die Verpflichtung absolut getrennt von dem wirtschaftlichen Schuldgrund. Diese Abstraktion macht den Wechsel überhaupt erst umlauffähig; sie ist seine Voraussetzung.

Das eben bedingt auch die Härte des modernen Finanzwesens, dessen Grundsätze sich im Verlauf des 15. Jahrhunderts endgültig ausformten. Seine inkriminierte »Unmenschlichkeit« gehört freilich zum Kern des Prinzips, auf individuelle Situationen von einem bestimmten Punkt ab keine Rücksicht nehmen zu können. Eine Geldschuld verlor den Bezug zu den Geschäften, die mit der betreffenden Summe betrieben wurden. Sie konnte an andere

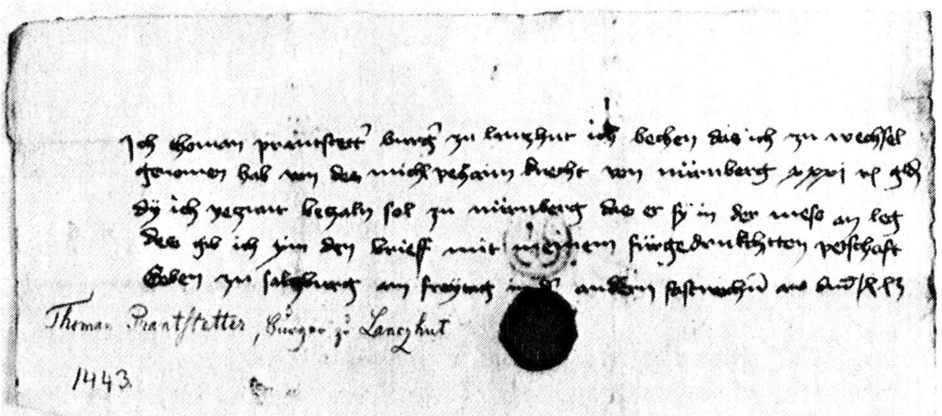
1443

Wechselbrief des Landshuter Thomas Prantstetter vom 22. März 1443 über einen in Salzburg vom Diener des Nürnberger Michael Behaim erhaltenen Betrag in Höhe von 31 Rheinische Gulden zur Auszahlung dieser Summe anläßlich der Heiltumsmesse zu Nürnberg
Nürnberg, Germanisches Nationalmuseum

weitergegeben und auch gehandelt werden, aber – und das wurde eine der folgenschwersten Modifikationen des alten Wuchers – sie veränderte sich auch durch die abgelaufene Zeit. Der Anfang wurde durch den Rentenkauf gemacht: Um das Zinsverbot zu umgehen, zahlte ein Schuldner dem Kapitalgeber für den geliehenen Betrag eine Jahresrente. Im 16. Jahrhundert verlor sich die Scheu vor dem Zins. Für terminüberschreitende Zahlungsunfähigkeit wurden genauso Zusatzzinsen erhoben wie für jedes aus kaufmännischen Gründen erbetene Moratorium. Das bloße Datum also, die verflossene und verfließende Zeit, vermehrte die Höhe eines Geldbetrages. Dieser Grundsatz des Frühkapitalismus hielt sich bis heute unerschütterlich, weil er sich bewährte. In unserem Jahrhundert wurde er sogar ein Politikum besonderer Art; denn »zinsgünstige Kredite« sind fast schon ein klassisch gewordenes Zauberwort politisch-wirtschaftlicher Prosperität. Auf welche Weise sich der Finanzimperativ des Lebens, der Gesellschaft oder der Politik mit anderen Grundwerten verträgt, die plakativ-gefälliger sind – wie etwa »Gerechtigkeit« oder »Menschlichkeit« –, das wird immer diskutabel bleiben; die Attitüde der moralischen Absprechung gegenüber der Sphäre der Finanz trägt allerdings zum Thema nichts bei.

Im 15. Jahrhundert war es für einen Bankier nicht mehr unbedingt notwendig, selbst ein großes Konto zu besitzen. Nötig dagegen waren sichere Informationen über die Solidität und Bonität des Schuldners. Die Unterschrift mußte dem vorgeschossenen Betrag ebenbürtig sein. Königliche Betrüger vom Schlage Eduards III. wurden selten. Trotzdem blieb es noch bis tief ins 16. Jahrhundert eine Regel, daß die großen Finanziers auch zu den namhaftesten Kaufherren gehörten. Besonders charakteristisch wurde die enge Verbindung zwischen Kapital und hoher Politik.

Im Jahr 1436 rief der französische König den Kaufherrn und Bankier Jacques Coeur nach Paris. Karl VII. hatte sich entschlossen, diesem ungewöhnlich erfolgreichen Finanzmann Frankreichs die königliche Münze anzuvertrauen. Zwei Jahre darauf wurde Jacques Coeur die gesamte königliche Finanzverwaltung übertragen: Karl VII. ernannte ihn zu seinem Schatzmeister; sämtliche Ausgaben des Hofes gingen durch seine Hand. Jacques Coeur, dreiundvierzig Jahre alt, galt als der reichste Mann Frankreichs. Schon zu seinen Lebzeiten wurde er eine legendäre Figur. Sein Aufstieg trug nicht die Laufbahnsignaturen eines Emporkömmlings, obgleich er sein riesiges Vermögen nur den eigenen Gaben und Befähigungen zu verdanken hatte. Er reüssierte im Orienthandel, wobei seine Erfolge nicht auf den gewöhnlichen Geschäften oder einem besonderen Glück, sondern auf dem Scharfblick basierten, die italienischen Handelsmetropolen als Zwischenstationen zu umgehen, um auf diese Weise zu einem Direktimport und -export zwischen Frankreich und der Levante zu kommen. Außerdem bemerkte er die erheblichen Handelswert-Unterschiede bei den Edelmetallen zwischen Abendland und Orient, und so belud er seine Galeeren mit Silber, tauschte es in der Levante gegen Gold, das hier um die Hälfte billiger war, fuhr zurück und wechselte das Gold wiederum in Silber; sein Gewinn war enorm. Nach und nach gelang es ihm, in allen namhaften Städten des östlichen Mittelmeers Faktoreien einzurichten. Karl VII. erhob Jacques Coeur in den Adelsstand und ernannte ihn um das Jahr 1443 zum Mitglied des Kronrates. Seine amtliche Stellung kam der eines Finanzministers gleich; später erfüllte er auch die Aufgaben eines Wirtschaftsministers. Zu diesem Avancement hatten seine guten Verbindungen zu Agnes Sorel viel beigetragen, mit der er sich hervorragend verstand und die ihn gegen seine Widersacher bedingungslos stützte. Seine diplomatischen Fähigkeiten und die Reputation, die er im Levanteraum besaß, waren so groß, daß er den Frieden von 1445 zwischen dem Sultan von Ägypten und den Rittern des Johanniterordens auf Rhodos zustande brachte.

Die innere Sanierung Frankreichs führte Jacques Coeur zusammen mit dem Ratsvorsitzenden Pierre de Brézé nach einem recht einfachen Prinzip durch:

Der Staat war nur dann zu höheren Ausgaben imstande, wenn er vorher die Einnahmen steigerte. Die früheren Verfahren der Herrscher wie Münzverschlechterung und andere betrügerische Manipulationen lehnte er jetzt ab, obwohl er zu Zeiten Jeanne d'Arcs selbst daran beteiligt gewesen war. Er initiierte eine durchdachte, höchst erfolgreiche Wirtschaftspolitik, baute den französischen Seehandel im Mittelmeer wieder auf, der während des Hundertjährigen Krieges verfallen war, und ließ gleichzeitig die Steuern erhöhen. Er ging dabei so geschickt, behutsam und individuell vor, daß die Staatskassen sich füllten und Frankreich, stark und stabil wie seit Jahrzehnten nicht mehr, daran denken konnte, in die Endphase des Kampfes mit den Engländern zu treten. Der feierlich verkündete Entschluß des Königs, die Fremden endlich aus ganz Frankreich zu vertreiben, wurde von den Generalständen begeistert aufgenommen, und deshalb erklärten sie sich auch mit dem neuen Steuersystem einverstanden. Die Abgaben – die sogenannten Tailles – wurden von den Bauern künftig nicht mehr an die Grundherren entrichtet, sondern direkt an die Krone; steuerpflichtig waren nur Roturiers, das heißt: alle Staatsbürger, die nicht dem Adel oder Klerus angehörten. Die berühmt gewordenen Ordonnanzen von 1444 bis 1447 befreiten die Monarchie vom Steuerbewilligungsrecht der Generalstände, brachen die feudale Macht, stabilisierten den Staat und verstärkten die Züge zum Absolutismus. Andererseits sperrten sie die Entwicklung des Mittelstandes vom engeren politischen Raum des Staates ab. Die Möglichkeit des Monarchen, die Steuer willkürlich festzusetzen, war reichliche dreihundert Jahre später eine der Hauptursachen der Französischen Revolution.

Jacques Coeur wäre nicht der erfolgreichste Großkaufherr und Bankier Frankreichs geworden, wenn er nicht neben dem königlichen Dienst seine eigenen Geschäfte unablässig ausgeweitet und vorangetrieben hätte. Politik, Krieg und Handel gehörten zusammen, doch deshalb mußten sie sich nicht unbedingt stören. Kaum war der Waffenstillstand von 1444 mit England unterzeichnet, liefen die Schiffe Coeurs wieder englische Häfen an. Dieser weitsichtige Politiker verkörperte einen stilreinen Feldhauptmann des Handels und Geldwesens. Da ihm Sklaven zu teuer waren, bemannte er die Schiffe seiner Privatflotte mit »Müßiggängern, Landstreichern und anderen Kaimanen«, die er auf den Landstraßen aufgreifen ließ – ein übles, aber äußerst praktisches Privileg, das sich dreihundert Jahre als behördliches System hielt. Jacques Coeur besaß in fast fünfzig Dörfern Frankreichs Grund- und Hausbesitz, war Herr von dreißig Burgvogteien, hatte in den wichtigsten Städten des Landes Wohnungen, Häuser, ganze Anwesen. In seiner Heimatstadt Bourges im mittelfranzösischen Département Cher baute er sich einen Palast von herrschaftlichen Dimensionen. Diese Residenz steht in nichts den großen Adelsschlössern des Landes nach, sie ist ein besonders eigenwilliges und imposantes Bauwerk der Spätgotik Frankreichs, des Flamboyant-Stils. Mit dem Hochmeister der Johanniter, den Mamlukenherrschern in Ägypten und dem Sultan der Osmanen schloß er eigene Handelsverträge, und diese Abkommen mit den »Ungläubigen« wurden vom Papst ausdrücklich genehmigt. Anstatt Waren und Güter nur zu kaufen und weiterzuhandeln, erwarb er ganze Gewerbeunternehmen, die Güter produzierten: Webereien, Seidenmanufakturen, Färbereien, Salinen, Bergwerke. Also auch hier dasselbe Verfahren wie bei seinen Direktgeschäften mit dem Orient: Der Profit ergab sich durch die Ausschaltung des Zwischenhandels. Am gewinnbringendsten waren die Kupfer-, Blei- und Silberbergwerke; teils besaß er sie selbst, teils unterstützte er sie finanziell gegen Gewinnbeteiligung.

Aus seiner unermüdlichen Aktivität und der Spannweite seiner Unternehmungen ergab sich eine besondere Geschäftspraxis. Wie bei jedem modernen Unternehmer bestand sein Reichtum nicht im Besitz großer Beträge flüssigen Geldes, sondern in Investitionen – ein echt kapitalistischer Zug; denn Geld, das nicht arbeitete und umlief, war steriles, totes Geld. Sein Gesamtvermögen war für die da-

Sitzung der französischen Rechnungskammer unter Vorsitz Karls VII. in Nancy am 10. Februar 1454
Miniatur in einem Pariser Registerkopiar, drittes Viertel des 15. Jahrhunderts
Paris, Archives Nationales

Jacques Coeur
Steinrelief eines Unbekannten
am Palast des königlichen Kaufmanns in Bourges,
erste Hälfte des 15. Jahrhunderts

malige Zeit ungeheuerlich, es wurde auf über sechshunderttausend bis zu einer Million Gold-Ecu geschätzt, das entsprach mehr als der Hälfte des französischen Jahresetats. Im Volksmund nahm sich seine Position so aus: »Der König tut, was er vermag, Jacques Coeur, was er will.« Am berühmtesten und politisch bedeutungsvollsten wurde die materielle Vorbereitung zur endgültigen Befreiung Frankreichs von den Engländern: seine Finanzierung des siegreichen normannischen Feldzuges von 1449/50. Nach vorsichtigen Schätzungen beliefen sich seine Darlehen auf etwa zweihunderttausend Ecu – nahezu eine ganze Tonne Goldes. Allein vierzigtausend Ecu schoß er dem König binnen wenigen Tagen für die Übergabe Cherbourgs vor. Jeder fand es angemessen, daß dieser unvergleichliche Finanzier und Politiker bei dem pompösen Einzug Karls VII. in Rouen gemeinsam mit dem Feldherrn Jean Dunois und Pierre de Brézé direkt hinter dem König ritt.

Allerdings schuf sich Jacques Coeur mit seinen Erfolgen nicht nur Freunde und Bewunderer; ihre Zahl wurde von Neidern, ja Todfeinden weit übertroffen. Am 31. Juli 1451 wurde Jacques Coeur verhaftet, völlig unerwartet. Die Länge der Anklageschrift mit der Aufzählung seiner angeblichen Vergehen entsprach der Ungerechtigkeit der Beschuldigungen. Ein direkter Anlaß seines Sturzes war der Tod Agnes Sorels im Februar 1450. Dem König war eingeflüstert worden, Coeur habe seine Geliebte vergiftet. Karl VII., in seiner hilflosen Verzweiflung, hatte auf alles, was Agnes Sorel betraf, allergisch reagiert. Der Vorwurf war freilich völlig absurd; denn alle Welt wußte, wie hoch der gegenseitige Respekt gewesen war. Agnes Sorel hatte in ihrer letzten Verfügung Jacques Coeur sogar als einen ihrer drei Testamentsvollstrecker bestimmt. Ein Motiv für diesen »Mord« – Agnes Sorel starb im Kindbett – war nicht einmal zu erträumen. Die Verleumdung wurde auch bald ad acta gelegt. Unter den übrigen Anklagepunkten ragten besonders hervor: Falschmünzerei, Unterschlagung, Majestätsbeleidigung, Betrug und Waffenlieferungen an die Osmanen. Das wirkliche Vergehen des Kaufherrn hatte aber eher darin bestanden, dem König weit mehr geliehen zu haben, als dieser bereit war zurückzuerstatten. Den bequemsten Weg, sich solchen Verbindlichkeiten zu entziehen, hatte Karl darin gesehen, den Beschuldigungen von Coeurs Gegnern Glauben zu schenken, ihn vor Gericht zu laden und sein Vermögen zu konfiszieren. Beim Prozeß führte der König persönlich den Vorsitz; das Verfahren dauerte eineinhalb Jahre. Das Gericht setzte sich aus königlichen Räten zusammen, somit aus Kollegen des Angeklagten, die zur Hälfte seine geschworenen Feinde waren; die anderen waren neutral, wenn man ihr Bemühen, sich keinesfalls den Unmut des Königs zuzuziehen, als neutral bezeichnen will. Als man Jacques Coeur zur Folterkammer brachte, versprach er, alles auszusagen, was man von ihm erwarte, aber wahr sei lediglich das, was er vor der Folterung behauptet und angegeben habe.

Der König sprach ihn schließlich schuldig, verurteilte ihn zum Tode, ließ das Urteil aber mit

Rücksicht auf den Papst, der sich unermüdlich für Coeur eingesetzt hatte, nicht vollstrecken. Der Verurteilte mußte mehr als vierhunderttausend Ecu zahlen; sein Vermögen wurde beschlagnahmt. Er hatte so lange im Gefängnis zu bleiben, bis sein gesamter Besitz veräußert und in den Händen des Königs war. Danach sollte er auf ewig verbannt bleiben. Am 5. Juni 1453 wurde er vom König zu einem öffentlichen Bußbekenntnis in der Kathedrale von Poitiers genötigt. Er mußte »Uns, in der Person Unseres Prokurators, Abbitte leisten, und zwar baren Hauptes, ohne Kappe noch Gürtel, kniend und mit einer zehn Pfund schweren, brennenden Kerze in der Hand«. Die französische Armee, ausgerüstet und bezahlt mit Coeurs Geld, beendete einen Monat nach dem Schuldspruch den Hundertjährigen Krieg mit dem Sieg in der Schlacht bei Castillon, in der auch der englische Feldherr John Talbot sein Leben verlor, der seit 1419 ein lebendes Symbol der englischen Machtstellung in Frankreich gewesen war. Für diese Befreiung Frankreichs, so wurde einmal präzisiert, hatte sich der König von Jeanne d'Arc den Degen geliehen und von Jacques Coeur das Geld.

Ein Neffe Coeurs organisierte 1455 die Flucht aus dem Gefängnis. Der Geächtete schlug sich nach

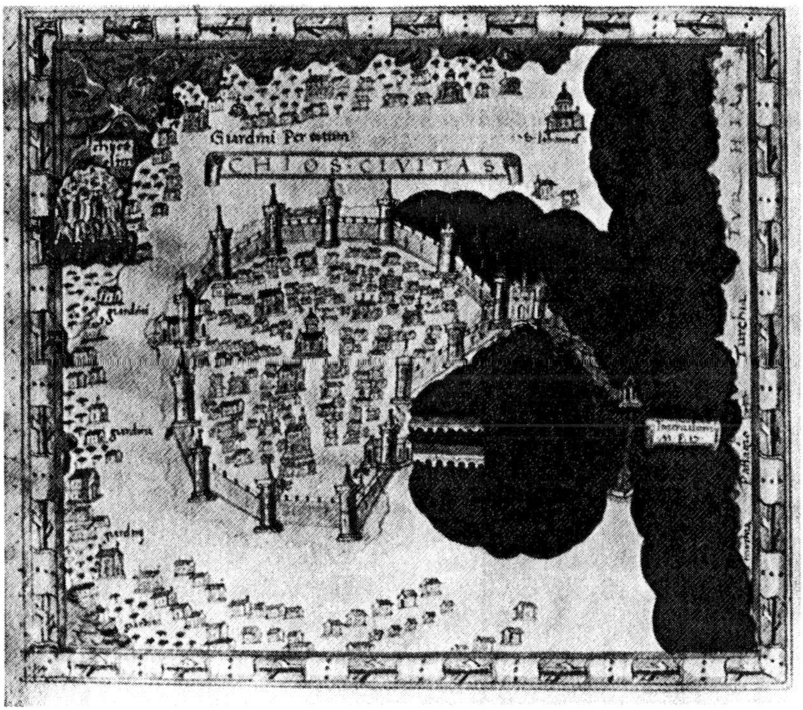

Die Stadt Chios auf der gleichnamigen Insel vor der Westküste Kleinasiens
Plan eines italienischen Künstlers in einem Werk
über die mediterrane Inselwelt des Henricus Martellus Germanus, um 1490
London, British Museum

Rom durch, wo Nikolaus V. ihn sofort aufnahm und vor dem Konsistorium feierlich eine Erklärung über die Unschuld Coeurs abgab: Die Anklagen seien unbegründet, die schweren Verfolgungen und Leiden völlig ungerecht gewesen. Der Papst erinnerte auch an Coeurs »unermüdlichen Eifer, den er für das Wohl, die Einheit und die Größe Unseres Sitzes und Unserer Selbst bewiesen, und wobei er niemals Mühe oder Ausgaben gescheut hat«. Jacques Coeur stand jetzt unter dem Schutz der Kirche. Spät genug zahlte sich aus, daß er niemals einen Kreditwunsch des stets kreditbedürftigen Papstes zurückgewiesen hatte. Sein Nachfolger, der erste Borgia-Papst Calixtus III., beschloß schon im ersten Jahr seines Pontifikats einen kleinen Kreuzzug gegen die Türken. Dazu rüstete er auf eigene Kosten sechzehn Galeeren aus; sie sollten die griechischen Inseln von den Türken befreien. Jacques Coeur wurde zum Befehlshaber der Flotte ernannt. Nach einer Reihe siegreicher Gefechte starb Coeur Ende 1456 auf der Insel Chios vor Smyrna, ob an den Folgen einer Verwundung oder einer Krankheit ist ungewiß. In seinem letzten Brief, den er auf dem Totenbett an Karl VII. schrieb, beschwor er nochmals seine Unschuld, verzieh seinen Feinden und Denunzianten und bat den König, sich seiner Kinder anzunehmen. Karl VII. gab ihnen tatsächlich einige der beschlagnahmten Güter und den Palast in Bourges zurück. Er verzieh auch Coeurs Neffen, der die Flucht inszeniert hatte, und ernannte ihn zum Generalkapitän der französischen Flotte.

Leben und Ende Jacques Coeurs lassen sich nicht nur unter dem Gesichtspunkt persönlicher Imposanz und Tragik betrachten, so sehr dieser Mann Anspruch auf Singularität haben mag. Seinen Sturz sollte man nicht nur als reinen Willkürakt deuten, obschon ihn persönliche Intrigen veranlaßten. Vielmehr: Der Zeitpunkt enthielt einige Momente objektiver Art. Als Frankreich den längsten Krieg seiner Geschichte siegreich beendete, mußten die Dienste Jacques Coeurs nicht mehr als unersetzlich betrachtet werden. Die Monarchie konnte sich an ihre alte Tradition der Unabhängigkeit von mächtigen Geldgebern erinnern, zumal nach den umfassenden Sanierungs- und Ordnungsleistungen Jacques Coeurs, deren sich die folgenden Herrscher noch lange erfreuen durften. Natürlich ist es ein blanker Zufall, daß am Tag des Urteils über Jacques Coeur – 29. Mai 1453 – die Truppen Mehmets II. Konstantinopel erstürmten. Mit guten Gründen ließ man immer wieder durch dieses Ereignis das Ende des Mittelalters unwiderruflich besiegeln. Ähnlich könnte man die Verurteilung dieses überragenden Kaufherrn und politischen Finanziers als ein »letztes Wort des Mittelalters über die Mißbräuche des entstehenden Kapitalismus« betrachten, seien sie nun wirklich gewesen oder fingiert.

»Bargeld ist Macht«

Grundsätzlicher noch als bei Jacques Coeur läßt sich die Verknotung von Hochfinanz und Politik durch die Familie der Fugger personalisieren. Ihrer außerordentlichen Rolle im europäischen Entscheidungsfeld entspricht es, daß unter kapital-politischen Gesichtspunkten wiederholt berechtigt von einem »Zeitalter der Fugger« gesprochen wurde. Die ersten Fugger, Webermeister in Augsburg, tauchen namentlich in der Mitte des 14. Jahrhunderts auf. Jakob (I.) Fugger, Stammvater der Familie »Fugger von der Lilie«, die noch heute existiert, hatte hundert Jahre später das Tuchgeschäft und Handelshaus bereits so erfolgreich ausgebaut, daß in seinem Todesjahr, 1469, die Fugger in der Augsburger Steuerliste bereits an der siebenten Stelle rangierten. Das müßte nichts besagen, wenn es sich nicht um Augsburg handelte. Der zuverlässigste Deutschland-Korrespondent jenes Jahrhunderts, Enea Silvio Piccolomini, schrieb damals: »Wir sagen es frei heraus, Deutschland ist niemals reicher, niemals glänzender gewesen als heutzutage. Wo gibt es in ganz Europa eine prachtvollere Stadt als Köln mit seinen herrlichen Kirchen, Rathäusern, Türmen und bleigedeckten Gebäuden, seinen reichen Einwohnern, seinem schönen Strom und seinen fruchtbaren Gefilden ringsum? Augsburg (aber)

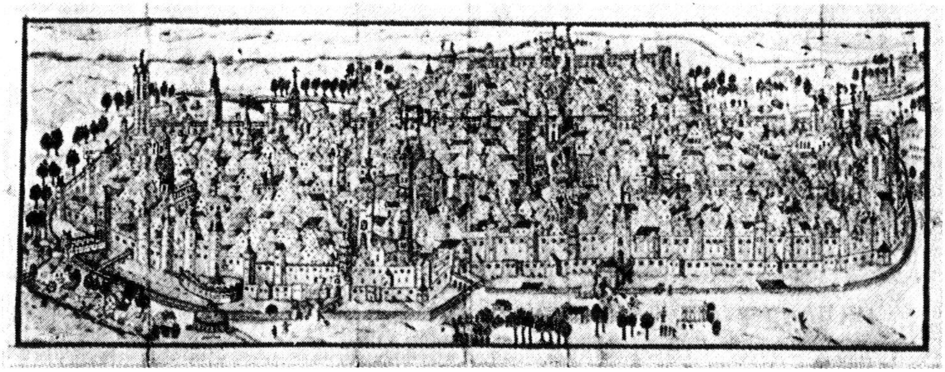

Augsburg zu Anfang des 16. Jahrhunderts
Schaubild von Jörg Seld, um 1518
Augsburg, Städtische Kunstsammlungen

übertrifft an Reichtum alle Städte der Welt.« Das war gewiß übertrieben, jedoch mit Grund übertrieben. Keine Stadt lag günstiger im Geschäfts- und Handelsgewerbe zwischen Süden und Norden. Zu Beginn des 16. Jahrhunderts führte Augsburg tatsächlich mit Abstand die vermögendsten Städte des Reiches an, und dabei zählte es nur etwa zwanzigtausend Einwohner.

Die Söhne Jakob (I.) Fuggers – Ulrich, Georg und Jakob (II.), später auch ›der Reiche‹ genannt – waren einer wie der andere ausgestattet mit einer Hyperästhesie für die Beziehungen zwischen Wirtschaft, Geld und Geldwirtschaft. Dieses Brüdergespann verhalf dem Fuggerschen Handelshaus zu Ruhm und mythischem Prestige in der ganzen Welt, die damals von Europa aus zu erreichen war. Während eines Jahrhunderts geschah im Reich kaum Wesentliches, bei dem die Fugger nicht finanziell beteiligt gewesen wären. Zusammen mit den Bank- und Handelshäusern der Augsburger Welser und Hochstetter konnten die Fugger ihre Heimatstadt in die unangefochtene Finanzmetropole der gesamten Christenheit verwandeln. Sie waren sowohl die Bankiers der Päpste als auch die Finanziers der Kaiser: eines Friedrich III., Maximilian I. und Karl V.

Wie die Begabungen der Fugger im einzelnen zu charakterisieren wären, spielt beinahe eine zweitrangige Rolle gegenüber der Tatsache, daß sie sich stets in ähnlicher Weise praktisch auswirkten, vor allem aber immer mit demselben Effekt. Daß die Fugger am Ende des 15. Jahrhunderts zur reichsten Familie Europas aufgerückt waren, verdankten sie, ohne Umschweife gesagt, ihrem unerschütterlichen Spekulationsmasochismus, der sie dazu trieb, deutschen Fürsten, österreichischen Erzherzögen, ungarischen Königen, Päpsten und Bischöfen Darlehen auf Darlehen zu gewähren. Den Größenordnungen der Transaktionen entsprachen die Gegenleistungen: langfristige Abgaben ganzer Städte und Bezirke, Pfandverschreibungen, die Nutzungsrechte der Montanunternehmen von Fürstentümern, dem damals wichtigsten Produktionszweig, in dem Deutschland führend war und dessen jährliche Gewinne Karl V. auf zwei Millionen Goldgulden bezifferte. Vor allem aber ging das Haus Fugger mit dem Haus Habsburg eine finanzpolitische Liaison ein, deren Appeal einer gemeinsamen Begierde entsprang: dem ständigen Bedarf der Habsburger an Geld und dem gleichen Bedürfnis nach noch mehr Geld bei den Fuggern. Als Jakob (II.) Fugger geraten wurde, rechtzeitig aus dem unsicheren Kupfergeschäft in Ungarn auszusteigen, gab er die Antwort: Er wolle gewinnen, dieweil er könne.

Dieser Fugger war der eigentlich geniale Kopf der Familie. Von den Stichen und Gemälden blickt uns ein Gesicht entgegen, dessen Züge bestimmt sind von Entschlossenheit, Brutalität, Kälte, Willensstärke und physischer Kraft, aber kaum ein Porträt reflektiert auch die Intelligenz, die großdimensionale Kühnheit und abenteuerliche Härte, die Jakob Fugger erst zu »dem Reichen« machten, als den ihn die Geschichte kennt. Zwei Lehrjahre in Italien ließen ihn schon zum Meister werden. Nach seiner Rückkehr brachte er, kaum über zwanzig Jahre alt, eine Flut neuer Ideen in das Familienunternehmen; er konzentrierte sich vor allem auf die Allianz zwischen Montanunternehmen und Kreditgeschäften – im Wortlaut der Fugger-Chronik: »Jakob Fugger begab sich nun in mehrere und gewinnliche Handlungen, nämlich auf Bergwerk und Wechsel.« Damit verwandelte sich der Aufstieg der Fugger zur Kometenbahn. Jakob Fugger war dem Geldwesen fanatisch einseitig verfallen, er bildete in diesem Metier den absoluten Gegenpol zu einem Staatsmann und Humanisten wie Cosimo de' Medici. Buchstäblich Tag und Nacht atmete er in seinen Geschäften; Pausen schienen ihm nur Leerstellen im gleichmäßigen Katarakt der Projekte zu sein. Kein Detail seiner vielen Unternehmungen, Niederlassungen, Absprachen, das ihm nicht bekannt gewesen wäre; von allem war er informiert: von Marktlagen, Bedürfnissen, Engpässen, Kreditnöten, den Wechselspielen der politischen Konstellationen und Interessen. Sämtliche Neuerungen griff er auf und prüfte sie, vom Gewürzvertrieb bis zur Verbesserung der Erzaufbereitung. Geldgeschäfte behandelte er so sachbezogen wie der Pflug den Acker. In den sechsundsechzig Jahren seines Lebens gab es mit Sicherheit nichts, das er ohne Berechnung durchgeführt hätte, und selbst der Vorschlag, Gott verhungern zu lassen, wäre von ihm bei all seiner festen Katholizität zunächst auf seinen mutmaßlichen Profit hin kalkuliert worden.

Das gilt sogar für seine weltberühmte Fuggerei in Augsburg, eine Siedlung von einhundertfünf Wohnungen für »fleißige, doch arme Mitbürger« mit einer Festmiete von einer Mark und zwölf Pfennigen pro Jahr. Dieses Institut hatte nicht allzuviel mit Mildtätigkeit zu tun, auch wenn es »voller Dankbarkeit für die vom Herrgott empfangenen Güter« gestiftet wurde. Jakob Fuggers Spekulationspiraterie vertrug sich ohne Not mit seinem unerschütterlich katholischen Glauben. Es spielt keine Rolle, ob man die Fuggerei als nüchtern ge-

Jakob Fugger im Angesicht von Macht und Reichtum
Holzrelief des Monogrammisten SLB, um 1520
Berlin, Staatliche Museen
Preußischer Kulturbesitz, Skulpturenabteilung

planten Versuch bezeichnet, einer eventuell drohenden ausgleichenden Gerechtigkeit das Geschäft nicht zu erleichtern, oder ob man sie schlichtweg in die Rubrik privatkapitalistischer Ablaßbedürfnisse einstuft, in der auch der anrüchige, um nicht zu sagen: schwefliche Ablaßhandel von 1517 seinen Platz hat. Fuggers Bankhaus führte schließlich nahezu den gesamten Transfer der Ablaßgelder aus dem Europa nördlich der Alpen nach Rom durch. Aber dem Geld haftete schon seit bald zweitausend Jahren kein Geruch an, und die Treffsicherheit dieser Feststellung wird derjenige, der Geld besitzt, zu allen Zeiten bestätigen, weil er überzeugt ist, daß das einzige, was Moral und Kapital miteinander zu tun haben, in ihrer gegenseitigen Beziehungslosigkeit liegt. Innerhalb des modernen Kapitalismus wurde seit den Fuggern noch kein vernünftiges Argument dagegen entwickelt.

Jakob Fugger war nicht bloß der erste moderne Kapitalist, er war auch Repräsentant des monopolkapitalistischen Prinzips – eine Differenz, die in praxi auf Null zusammenschrumpft. Das unbeschränkte Verfügungsrecht über den Privatbesitz löst notwendig die Art des Profits aus dem Bedürfniskontext der Allgemeinheit heraus, so daß eine Monopolisierung von Waren samt willkürlichem Preisdiktat kein Ausdruck einer Strauchdiebmoral ist, sondern Konsequenz der neuen Handelsstruktur und der veränderten Bedingungen des Geldgeschäfts. Der Erfolg eines Kapitalisten muß an seinem Erfolg gemessen werden, an keinen anderen Grundsätzen. Jakob Fugger gelang es, für sein Haus das Kupfermonopol von ganz Europa zu erwerben, später noch das Monopol für Quecksilber, das für die Silberaufbereitung unersetzlich war. Im Montangeschäft landete er seine ersten Coups bereits 1488, als er die Innsbrucker Niederlassung führte. Erzherzog Sigmund von Tirol überließ ihm gegen ein Darlehen von einhundertfünfzigtausend Gulden die Ausbeutung der Schwazer Silberminen in Tirol bis zur Tilgung der Schuld. Jakob Fugger wurde damit zur wichtigsten Figur des Landes, da er über die Zügel der Wirtschaft die Richtung der Politik bestimmen konnte. Sigmund beabsichtigte entgegen den Wünschen des Kaisers, der Stände und Maximilians, nach seinem Tod die österreichischen Vorlande und Tirol an Bayern zu übergeben. 1490 stellte Jakob Fugger unvermittelt alle weiteren Zahlungen an Sigmund ein. Auf diesem trockenen Boden konnte der Erzherzog aber nicht leben; gegen eine stattliche Jahresrente überschrieb er Maximilian I. die Herrschaft von Tirol. Der Augsburger Geldherr hatte sich damit selbst die Probe aufs Exempel großen Stils geliefert. Seit dieser Zeit bedurften sämtliche politischen Pläne und diplomatischen Projekte Maximilians der finanziellen »Einsegnung« Jakob Fuggers, und dieses Plazet war nicht leicht zu erlangen. Jakob Fugger vergaß nie, daß sein Vetter Lukas von der Geschwisterlinie »Fugger vom Reh« wegen eines Darlehens an Maximilian, das nicht eingelöst werden konnte, in Konkurs gegangen war.

Den aufsehenerregendsten Kredit brachte Jakob Fugger 1519 zusammen: Damit bestimmte er die politischen Konstellationen Europas bis zur Mitte des Jahrhunderts. König Franz I. von Frankreich bewarb sich seit 1517 um die deutsche Kaiserkrone, unterstützt vom Papst, dem die Vorstellung, daß der Enkel Kaiser Maximilians, der junge König Karl von Spanien, an der Spitze des Heiligen Römischen Reiches den Kirchenstaat von Süden und Norden umspannt halten würde, genausoviel Bedenken verschaffte, wie den französischen König die Vision einer ähnlichen Umklammerung durch die Habsburger Universalmonarchie mit Sorge, Befürchtungen und Neid erfüllte. Die Aussichten Franz' I. standen zwar nicht übermäßig günstig, da der Papst sein Wohlwollen dem Kurfürsten von Sachsen, Friedrich dem Weisen, zuwandte, der eine Verpflichtung abgelehnt hatte, nach dem Tod Maximilians der Wahl des Kaiserenkels Karl zuzustimmen. Die Konkurrenzen und Wahlvorbereitungen verwandelten sich bald in ein gnadenloses Bestechungsgeschäft, zum größten Polit-Poker der europäischen Geschichte. Der französische König warf scheffelweise Subsidien in die Tröge der Kur-

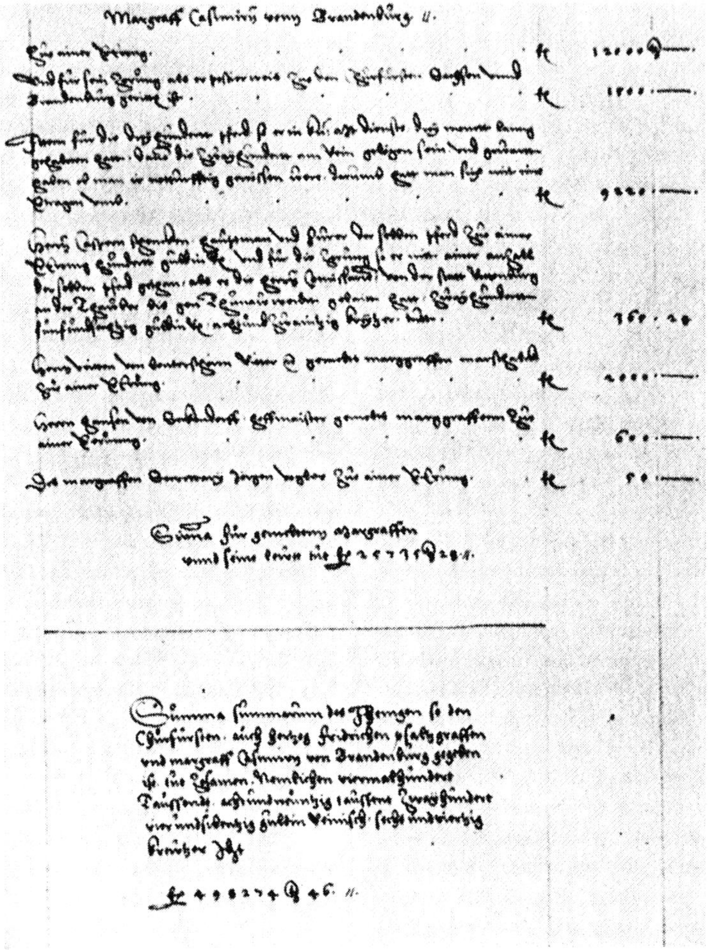

»Summa summarum 498 274 guldin reinisch, 46 Kreutzer«
Abrechnung der Häuser Fugger und Welser über die für die Kaiserwahl Karls V. vorgeschossenen Gelder
Augsburg, Staats- und Stadtbibliothek

fürsten. Der neunzehnjährige Souverän von Spanien mußte mitziehen. Schließlich wurde für den Stimmenkauf die Phantasiesumme von über achthundertfünfzigtausend Goldgulden benötigt. Jakob Fugger erlegte davon allein fünfhundertdreiundvierzigtausend. Nach der Wahl Karls V. brannten in Augsburg Freudenfeuer. Diese Hypothek, Ergebnis eines Trotz-, Macht- und Willensaktes, bestimmte das Dreiecksverhältnis Rom–Paris–Madrid auf Westeuropas politischer Szene in den nächsten dreißig Jahren, bis zum Tod des französischen Königs. Jakob Fugger, der einen Wechsel aus Paris über dreihunderttausend Ecu abgewiesen hatte, wußte sehr wohl, daß sein Hasard unvergleichlich größer gewesen war als jenes, das seinem Vetter Lukas den Bankrott gebracht hatte. Welche Sicherheiten stützten denn 1519 das Risiko ab? Darauf spielte der oft zitierte Mahnbrief des Bankiers an den Kaiser aus dem Jahr 1523 an: »Es ist auch wissentlich und ligt am tag, daß Ew.kays. Mt. die Römisch Cron ausser mein nicht hette erlangen mögen, wie ich dann solches mit Ew.kays.Mt. Commissarien handschriften anzaigen kann. So hab ich auch hierin mein aigen nutz nit angesehen; dann wo ich von dem hauss Oesterreich absteen und Frankreich fürdern hette wollen, wolt ich gross guott und gelt, wie mir dan angeboten worden, erlangt haben. Was aber Ew.kays.Mt. und dem hauss Oesterreich nachtail daraus entstanden were, das haben Ew.kays.Mt. aus hohem Verstandt wol zu erwegen.« Das Markten um die Krone war ein zynisches, ein bitteres Geschäft. Doch jede Entrüstung über den Kommerz-Aspekt ist fehl am Platz, da die Höhe des Einsatzes nur der Größe des Gewinns entsprach. Durch den Kampf der Herrscher um das Kaisertum erhielt die Idee des Reiches, des Imperiums, erneute Ausstrahlungskraft, und in diese Linie der frisch aufblühenden Reputation in Europa ordnete sich die gesamte politische Tätigkeit Karls V. ein.

Als die Fugger 1511 geadelt wurden, hatte ihr Vermögen aus rund zweihunderttausend Gulden bestanden. 1525, als Jakob Fugger starb, war es fast das Zehnfache, und Anton Fugger, der Neffe und Nachfolger »des Reichen«, brachte es bis 1546 auf rund sieben Millionen Gulden. Einfluß und Macht der Fugger endeten im 16. Jahrhundert. Ohne sie hätte Habsburg nicht seinen triumphalen Aufstieg genommen, hätte es mit der Kirche und Kurie in der vorreformatorischen und reformatorischen Zeit noch weit bedenklicher ausgesehen. Wer durch die Kredite eines Jakob Fugger Erfolg hatte, der bewunderte den Bankier. Wer von dem Zinsfuß stärker belastet als durch die Größe des Darlehens gefördert wurde, der verfluchte ihn als Wucherer, während der Bankherr als guter Christ sich für seinen Gewinn als einer »Gnade von Gott« beim Himmel bedankte. Ein Chronist notierte: »Kaiser, Könige, Fürsten und Herren haben zu ihm ihre Botschaft geschickt. Der Papst hat ihn als seinen lieben Sohn begrüßt und empfangen, die Kardinäle sind vor ihm aufgestanden. Alle Kaufleute der Welt haben ihn einen erleuchteten Mann genannt, und die Heiden sind ob ihm verwundert. Er ist eine Zierde des ganzen deutschen Landes.« In weiten Kreisen des Adels haßte man ihn nicht so sehr seiner Praktiken wegen, sondern weil er sich in einer unantastbaren Stellung befand. Anders als Jacques Coeur übernahm Jakob (II.) Fugger nie ein öffentliches Amt; er blieb Privatmann wie Anton Fugger. Die Fugger entwickelten ihre Unabhängigkeit zu einer eigenen Institution und demonstrierten durch die unerhörten Initialkräfte ihrer Kredite, daß neben die überkommenen königlichen, feudalen und kurialen Mächte die neue Macht der Hochfinanz die politische Arena betreten hatte. Anton Fugger finanzierte die Türkenkriege Ferdinands I., den Krieg um Württemberg 1534 und für Karl V. den Schmalkaldischen Krieg.

Seit den Fuggern datiert die kapitalistische Organisation der Gewerbe, hauptsächlich der Textil- und Montanindustrie, aber auch des Buchdrucks und der holz- und metallverarbeitenden Unternehmen: Der Besitzer des Betriebskapitals bestimmte und dirigierte das Geschäft. Das begann beim Verkauf und Vertrieb und griff dann schnell auf den gesamten Produktionsprozeß über. Die Exklusivität des Besitzes wurde von einer fundamentalen Veränderung des Rechtsdenkens – im Zuge der damaligen Rezeption des römischen Rechts – begleitet, das sich besonders nachdrücklich und empfindlich im Bereich des Privatrechts ausdrückte. Selbst zu Beginn des 16. Jahrhunderts herrschte noch immer in Europa ein lebendiges Empfinden für den qualitativen Unterschied der spätmittelalterlichen Begriffe ›Dominium‹ und ›Proprietas‹. In der gesellschaftlichen Rangordnung besaß der Höhergestellte das Dominium über denjenigen, der ihm zu irgendwelchen Leistungen verpflichtet war. Verging er sich dabei, dann machte er nur seine Proprietas geltend und mißbrauchte sein Dominium. Proprietas war Versündigung, Dominium dagegen ein auf Gott zurückführendes Verhältnis der Vollmacht. Der heikle Punkt dabei war allerdings, wie es denn möglich sein sollte, mit unmißverständlicher Eindeutigkeit festzustellen, wann sich das gottgefällige Dominium in sündige Proprietas verwandelte. Hier lag das Problem, und die Aussagen dazu veränderten sich nicht durch Willkür oder Gewohnheits-Unrecht, sondern durch eine Wandlung im Verständnis des Eigentumsbegriffes, dessen schärfste Ausprägung während des Rezeptionsprozesses des römischen Rechts stattfand. Das wurde durch Luther nicht aufgehalten, dessen Kritik überwiegend von wirtschaftsethischen Vorstellungen des Mittelalters bestimmt war. Prinzipiell erkannte er die Berechtigung des Privateigentums an, wie es im römischen Recht vertreten wurde, das keine wesentliche Differenz mehr zwischen Dominium und Proprietas bestehen ließ. Und mit den neuen Rechtsvorstellungen veränderten sich die Sitten, also auch das, was künftig als »sittenwidrig« angesehen wurde und was nicht.

In dieser Wechselphase siedelte der Frühkapitalismus mit seinen vielen quantifizierenden Impulsen, die alles Sinnen auf die Grenzstellen richteten, an denen Profit einzuströmen vermochte. Männer wie die Fugger, Welser und Hochstetter, die Tucher und Imhof ließen sich mit Genugtuung als »königliche Kaufleute« titulieren, ohne sich auf ihrem rücksichtslosen Weg vom Oligopol zum Monopol unköniglich vorzukommen. Die gängigen Begriffe wie Betrug, unrechtes Gut oder Wucher dürften damals nicht mehr am Platz gewesen sein. Es fällt schwer, die Frühkapitalisten auf ihrem Gebiet nicht als Avantgarde und positiv Zukunftsorientierte einzuschätzen. Trotzdem dürfte die wachsende Empörung dagegen nicht nur der Ausdruck eines spätmittelalterlichen Rechtsempfindens und einer abgestandenen Wirtschaftsethik gewesen sein. Die Inflation zu Beginn des 16. Jahrhunderts erreichte bis zur Reformation Ausmaße, die an jüngste Erfahrungen gemahnen. Luther glaubte dies der allgemeinen Habgier und dem Wucher anlasten zu müssen. Ulrich von Hutten stellte von den vier Sorten Räubern – Kaufleute, Juristen, Priester, Ritter – die Kaufleute mit ihrer »Trugfinantz« an die Spitze. Der Reichstagsabschied von Trier-Köln im Jahr 1512 lehnte alle »Monopolia« rigoros ab: »Und nach dem etwa große Gesellschafft in Kauffmanschafften bey kurzten Jahren im Reich auffgestanden, auch etliche sondere Personen sind, die allerley Wahr und Kauffmansgüter als Specerey, Ertz, Wollentuch und dergleichen in ihre Händ und Gewalt allein zu bringen understehn, Fürkauff damit zu treiben, setzen und machen ihnen zum Vortheil solcher Güter den Werth selbst ihres Gefallens und fügen damit dem heiligen Reich und allen Ständen desselbigen marcklichen Schaden zu, wider das gemein beschriebene Kayserliche Recht und alle Ehrbarkeit: Haben wir für Fürderung gemeines Nutz und der Notturfft nach angeordnet und gesetzt und thun das hiermit ernstlich und wöllen, daß solche schädliche Handthierung hinfüro verbotten und abseye und sie niemandts treiben oder üben sol.«

Ein Dekret des Kummers, ein Dokument angstvollen Unbehagens. Jakob Fugger mußte nicht lange nach dem Hauptadressaten suchen. Geändert wurde die Entwicklung zu modernen Formen der Wirtschaft und Produktion durch solche Verdikte nicht, so oft die Reichstage sich noch wiederholen sollten, so sehr die Bevölkerung, die Stände, der Reichsfiskal gegen die Monopolisierung Sturm liefen und so viel des Zorns darüber sich in der Reformation entlud. Dem energischen Versuch des Reichsfiskals, an Hand des Ratschlags, den ein Ausschuß des Reichsregiments 1522/23 ausgearbeitet und vorgelegt hatte, gegen die Handelsgesellschaften vorzugehen, fiel Karl V. in den Arm. Der Humanist Konrad Peutinger, mit Bartholomäus Welsers Schwester Margaretha verheiratet, sprang seinem Freund Fugger zur Seite; seine Autorität befand: »Ein Monopol auf Bergwerkserzeugnisse bleibt nicht gemeinschädlich, weil es für das Ge-

Der Ständebaum:
der Bauer als Träger der Hauptlast des Reiches, darüber Kaufleute, Handwerker und Gelehrte als Mittelstand, weiter oben die geistlichen und weltlichen Fürsten und schließlich Könige, der Papst und der Kaiser
Holzschnitt eines Unbekannten von 1520
in dem 1551 in Frankfurt erschienenen ›Trostspiegel in Glück und Unglück‹
Wien, Österreichische Nationalbibliothek

Die Gewinnsucht der Kaufleute
Satirisches Flugblatt nach Motiven von Pieter Bruegel, um 1530
Nürnberg, Germanisches Nationalmuseum

meinwohl nur gut ist, durch hohe Preise der Metalle die einzige und große Gottesgabe instand zu halten. Es beschleunigt den Absatz und begrenzt den Preis nach oben.« Aber der Kaiser brauchte das Geld der Finanziers, gleichgültig, wie sie es erwarben. 1525 entzog er mit dem Madrider Edikt allen Antimonopolverfügungen den Boden, und wenig später gestattete ein eigener Erlaß ausdrücklich die Monopolbildung bei Erzen und Metallen.

Der goldene Stuhl Petri

Die großen Bankiers und Handelshäuser konnten der politischen Gravitation nicht entgehen, selbst wenn sie es gewollt hätten. Diese Tatsache ergab sich keineswegs nur aus der Verflechtung von Wirtschaft, Wohlfahrt und politischer Stärke; denn der Geldbedarf der Fürsten, des Klerus, der Könige und Päpste konnte schon wegen des Charakters der Gegenleistungen keine Transaktion bloß innerhalb eines exklusiv abgesteckten Finanzrahmens sein, sondern enthielt zwangsläufig politische Konsequenzen. Die Finanziers gaben sich darüber keinen Täuschungen hin. Sie informierten sich bei allen größeren Anleihen, wofür der Kredit benötigt wurde. Bei hochpolitischen Obligationen fällten sie selbst mit ihrem Kredit eine politische Entscheidung mit sämtlichen Weiterungen.

Wer sich zur Vergabe eines Darlehens entschloß, erwartete nicht, daß er den Betrag nach einer bestimmten Frist wohlverzinst zurückerhalten würde. Seit jeher bestanden für das »Finanzieren« der Fürsten und Könige andere Regeln. So hatte schon Ludwig IV., der Bayer, einem Nürnberger Handelsherrn für ein umfangreicheres Darlehen die Einkünfte aus der Münze, dem Zoll und dem Amt des Schultheißen in Nürnberg überlassen. Dieses Beispiel gilt selbst dort noch, wo seine Natur kaum noch zu erkennen ist. König Ludwig XI. von Frankreich, der Nachfolger Karls VII., lehnte es ab, die Krone direkt mit einzelnen hervorragenden Bankiers zu liieren, obgleich er als Dauphin ein Bewunderer Jacques Coeurs gewesen war. Geld benötigte er freilich wie alle Fürsten, aber Bargeld fand sich an erster Stelle beim wirtschaftenden und handeltreibenden Bürgertum; denn der Adel war während der vielen Jahrzehnte des Krieges verarmt. Diese Konstellation betrachtete Ludwig XI. mit Recht als günstig für die Stärkung der Krone. So stattete er das Bürgertum mit Vorrechten und Begünstigungen reichlich aus, förderte die Gewerbe und den Handel und rechnete damit, daß ihm die Kaufleute und Finanzherren jederzeit mit Darlehen versorgten, die er für seine Verwaltung oder Kriege brauchte. Alle fuhren gut bei dieser Zusatzbesteuerung unter den Decknamen: Wirtschaft, Bürgertum, Monarchie, das Land. Trotzdem blieben dem König größere Anleihen bei Bankhäusern nicht erspart, aber er streute diese Bedürfnisse; am häufigsten wandte er sich an die Niederlassungen florentinischer Bankhäuser in Frankreich.

Das politische Kreditgeschäft in Europa erreichte seine Höhepunkte am Ende des 15. und in der ersten Hälfte des 16. Jahrhunderts. Je häufiger das »Finanzieren« wurde, um so reicher, teils legendär reicher wurden einzelne Bankiers, um so öfter brachen auch die Häuser kleinerer Geldgeber zusammen, um so regelmäßiger verwandelten sich die finanziell Erfolgreichsten in politisch schwergewichtige Potenzen. Ökonomischer Erfolg, ausgewiesen durch Kapitalbesitz und Kreditierungsmöglichkeiten, ging wie von selbst in politische Macht über. Ohne diese Geldvirtuosen und Spieler des Kalküls wären die ungeheuren Staatsanleihen Frankreichs oder Spaniens in jener Zeit nicht möglich gewesen. Keine Königs- oder Kaiserwahl, die nicht durch gewaltige Summen in Gang gebracht oder entschieden worden wäre, kein Pontifex, der nicht gewußt hätte, daß die besten Leitern zum Ersteigen des Petristuhls aus Gold waren, kein Krieg, der nicht mit gigantischen Beträgen hätte vorbereitet werden müssen. Das berühmteste Treffen des 16. Jahrhunderts, dessen Ausgang das Verhältnis Italiens zu Europa grundlegend revidierte und Kaiser Karl V. den entscheidenden Sieg über seinen stärksten und gefährlichsten Gegner, über Franz I., brachte – die Schlacht von Pavia (1525) –, wurde aus purer Geldnot gewonnen. Die kaiserlichen Landsknechte hatten kein Geld, die Offiziere waren aus Verzweiflung schon so weit gegangen, ihre Goldketten, den Schmuck, ihre Orden einschmelzen zu lassen, die Truppen ließen sich kaum noch vertrösten. Hunger machte sich breit. Die Auflösung des Heeres schien nur noch eine Frage von Stunden zu sein. Für den kaiserlichen Feldherrn Fernando Pescara gab es nur die Alternative Sieg oder Untergang. Die Losung war nicht so sehr Fahne oder Ehre, sondern die riesenhafte Beute im französischen Lager. Die Erwartungen erfüllten sich: Der Sieg bereinigte mit einem Schlag alle Geldnot. Sogar die italienischen Städte erinnerten sich plötzlich, daß sie sich mit den Hilfsgeldern über Gebühr im Rückstand befanden.

So abstrakt die Geldgeschäfte geworden waren, so unverändert blieb die Grundlage aller Transaktionen, das Geld selbst, die harte Währung, nachgewiesen in der Deckung durch Edelmetall, dessen Wert man nach einem festen, obschon rein imaginären Goldstandard errechnete. Das ganze Ausmaß dieser Fiktion bekam Europa auf katastrophale Art zu spüren. Seit der Mitte des 15. Jahrhunderts war der Goldmangel chronisch geworden und hatte sich fast in eine Zwangsvorstellung verwandelt. Er beflügelte neben den Alchimisten nicht nur die Hochstapler, sondern gab auch den maritimen Entdekkungsprojekten enormen Auftrieb. Tatsächlich begann aus Südamerika und Mexiko allmählich ein stetig wachsender Goldstrom nach Europa zu fließen, der zwar den akuten Geldmangel behob, aber gleichzeitig das ganze Währungsgefüge in Rotation versetzte und um die Mitte des 16. Jahrhunderts zu den ungeheuren Staatsbankrotten in Spanien und Frankreich führte. Das Gold hatte einmal mehr die Binsenweisheit von der materiellen Natur aller irdischen Dinge erhärtet. Und sofern dem Krieg ihre Vaterschaft angelastet werden konnte, war zweifellos das Kapital zur Mutterrolle verpflichtet. Kein Wunder, daß der Goldmangel starke Aktivitäten und Phantasien in den Gewerben und in der Alchimie initiierte. Die königlichen und fürstlichen Münzstätten waren auf Silber und Gold angewiesen; deshalb hing die Intensivierung direkt mit den zeitgenössischen Kämpfen und Kriegen zusammen, deren machtpolitische oder religiöse Motivation lange Zeit überpointiert worden war. Ähnliches gilt für die Rolle der Alchimie, die im damaligen System der Wissenschaften einen genauso respektablen Platz innehatte wie in unserem Jahrhundert die Chemie.

Aus dem peinigenden Goldmangel des 15. Jahrhunderts darf allerdings nicht geschlossen werden, daß keine Edelmetalle vorhanden gewesen wären. Es gab Gold und Silber, aber es gab trotz der vorhandenen Unmengen bei weitem nicht genug davon, jedenfalls nicht genug, um die Wünsche danach zu stillen. Massivsilbernes Tafelgeschirr war nicht nur beim Adel und Klerus die Regel, sondern häufig auch bei den mittleren Ständen; ähnlich verhielt es sich mit silbernen Tischen und Stühlen, schweren Goldketten und -reifen, Spangen und Kämmen, Beschlägen, Degenkörben und golddurchwirkten Brokaten. Der prunkende Reichtum der Burgunderfürsten überragte zwar den aller Fürsten Europas, aber er war nicht Indiz für die Armut oder gar »Ausbeutung« der Landbevölkerung. Selbst relativ bescheidene Kirchen quollen nur so über von Monstranzen, Reliquienschreinen, Leuchtern, Kelchen, Statuen, Bilderrahmen und Kruzifixen aus Gold. Enea Silvio Piccolomini notierte 1458, daß die Wirte in deutschen Gaststuben Bier und Wein in Silberpokalen kredenzten, und erkundigte sich: »Wo gibt es bei euch (in Deutschland) eine Frau – ich will nicht sagen Edel-, sondern Bürgersfrau –, die nicht von Golde strahlt? Was soll ich von den Halsketten der Ritter, den Gebissen ihrer Pferde sagen, die von reinstem Golde sind, oder von den vielen Sporen und Degenscheiden, die mit Edelsteinen besetzt sind, und von den Ringen, Gürteln, Harnischen und Helmen, die alle von Gold blitzen?« Wenn alle Welt nach Gold hungerte, dann vor allem, weil so viele, die Gold besaßen, noch mehr davon besitzen wollten, weil die Minen bald erschöpft waren und über die Levante nicht genügend zufloß. Offensichtlich herrschte auch das Bedürfnis vor, Edelmetall in Form von Schmuck-, Zier- oder Gebrauchsgegenständen zu besitzen anstatt in Münzen ausgeprägt. Diese insatiable Lust ist nicht extravagant für eine Zeit, die Kapitalbesitz kaum jemals als Selbstzweck schätzte, sondern nur als Mittel zur Befriedigung von Neigungen, Wünschen, Kunstbedürfnissen.

Weniger das Ausmaß als vielmehr das Faktum des Kapitalbesitzes selbst gehört zu den heikelsten Kapiteln der Kirchengeschichte. Der Geldbedarf des Kirchenstaates war zu allen Zeiten groß gewesen, nicht kleiner jedenfalls als derjenige anderer weltlicher Staaten, und die benötigten Summen hingen keinesfalls von dem tatsächlich vorhandenen und verfügbaren Besitz- und Kapitalbestand ab. Der Fiskalismus aus den Zeiten Avignons hatte sich als Fundament einer ordnungsgemäßen Kirchenverwaltung bewährt. Ob die Kirchensteuern, die Servitien und Annaten, die Dispensgebühren, Spolien und käuflichen Ämter (Officia vacabilia), die Besteuerung der vakanten Benefizien zu hoch angesetzt waren, ob insgesamt das kirchliche Inkasso aufwendig, ungerechtfertigt, übertrieben war, diese Fragen lassen sich nicht durch die kritischen Klagen der damaligen Zeit oder durch die Bedenken einer späteren beantworten; es müßte dazu verbindlich

Silberbergbau im Erzgebirge
Gemälde von Hans Hesse am Altar der Bergknappschaft, um 1520
Annaberg-Buchholz, St. Annenkirche

herausgefunden werden, was denn für den Kirchenstaat oder die Kurie jeweils »normal«, »angemessen«, »gerechtfertigt« heißen soll. Maßgebend in solchen Fragen war für die Kirche der Renaissance, daß sie sich in keiner Epoche ihrer Geschichte so sehr als Machtkirche unter Machtstaaten in dieser Welt verstand wie damals, mit allen Notwendigkeiten der Staatsgewalt, des Aplombs, der Repräsentation. In diesem Europa wäre eine Kirche ohne Kapital ein klägliches Versehen gewesen. Seit der Mitte des 15. Jahrhunderts nahm das Einkommen der Kirche stetig zu; die dadurch bewirkte Festigung war mit Händen zu greifen. Die Kurie entwickelte sich zu einem der stärksten Treibsätze des Frühkapitalismus. Ihr Geldbedarf war gewaltig, noch gewaltiger waren die Summen, die sie in ihren Geldgeschäften umsetzte. Der Lebensstil eines Kardinals mußte sich am Habitus eines Herzogs messen lassen; sein Einkommen durfte nicht unter vier- bis sechstausend Goldgulden liegen. Bis zum Pontifikat des sonnigsten aller Päpste, Leos X., waren die

Zahlung von Brückengeld an die Geistlichkeit
Aus einem Fenster in der Kathedrale von Tournai, 15. Jahrhundert

käuflichen Ämter auf rund zweitausend angewachsen; ihr Kapitalwert betrug an die zweieinhalb Millionen Goldgulden, die Verzinsung konnte auf dreihunderttausend angesetzt werden. Keine Zahlen, nicht einmal geschätzte, gibt es über die Geheimfonds des Laterans, die niemals versiegten und aus denen außerordentliche Beträge entnommen wurden, weil vor allem aus dieser Quelle die Kosten für Manuskripte, Künstlerhonorare und Bauten, für Reisen und Missionen, aber auch für aufwendige Kriegszüge bestritten wurden. All das setzte ein durchdachtes System der fiskalischen Zuflüsse voraus. Die höchsten Summen mußten zunehmend aus den deutschen Gebieten geholt werden, weil sich die anderen Hauptkirchen Europas wie in Frankreich oder England unter der Botmäßigkeit ihrer Herrscher befanden und es im Reich diese Blockaden nicht gab. Eingangs des 16. Jahrhunderts hatten fünfzig Bischöfe und vierzig Äbte auch weltliche Herrschaften inne; ein Drittel des gesamten Reiches entfiel auf Bistümer und Abteien. Allein die Besetzung etwa von Bischofs- oder Kardinalsstellen warf für Rom nahezu eine Dauerrendite ab. Schon die Zeitgenossen beklagten diese Exploitation als eine der bedrückendsten Nebenwirkungen der deutschen Landesfürstenherrlichkeit. Mit dem vielberedeten Arrangement zwischen Leo X., Albrecht, einem Sohn des Kurfürsten von Brandenburg, und den Fuggern über den Modus der Kostenerstattung für das Pallium und die Komposition des Fürsten wurde das Sturmsignal für die Reformation gegeben.

Simonie, Bestechung, Käuflichkeit, Gewinnsucht waren in kanonischem Sinn seit jeher dem Wucher ebenbürtige Sünden, und die Kirche hatte gegen diese Vergehen in ihrem eigenen Haus nicht minder strenge Bestimmungen wie gegen den Wucher. Aber so, wie es darüber keine Zweifel geben sollte, daß alle großen Kunstepochen der Geschichte auch Epochen der Kapitalanhäufung nach Schwerpunkten und der sozialen Ungleichgewichtigkeit waren – mithin: sozialer Ungerechtigkeit in einem modernen Verständnis –, so kann man heute leiden-

Der teuflische Ablaß
Satirischer Holzschnitt eines Unbekannten,
vermutlich bald nach 1500
Berlin, Staatliche Museen
Preußischer Kulturbesitz, Kupferstichkabinett

schaftslos feststellen, daß alle Sünden von der Simonie bis zum alerten Ablaßhandel unersetzliche Konstitutiva der Renaissance-Päpste waren, die das Schwert meist ebensogut zu führen wußten wie die Seelen der Gläubigen und die Schriften der Klassiker nicht schlechter zu lesen verstanden als die Abrechnungen ihrer Bankhäuser. Schmuck-, Luxurierungs-, Repräsentations-, auch Bildungs- und Kunstbedürfnisse besaßen damals mäzenatische Konsequenzen, denen die Päpste leidenschaftlich und mit einer Hingabe gehorchten, der gegenüber die Frage nach dem Modus des papalen Kapitalerwerbs einigermaßen harmlos wirkt. Und welche Kriterien sollten für die Ausgaben des Etats gelten? Der Bau der Sixtina und die endlosen Honorare für ihre Fresken müßten unter heutigen Gesichtspunkten als eine unerhörte Verschleuderung von Kirchengeldern bezeichnet werden. Die Beschäftigung Bramantes und Raffaels, die Bezahlung Michelangelos durch Julius II., ihr Verhältnis des Hasses, der Hörigkeit, des künstlerischen Wahns gesellen die Finanzierungsmethoden anderen Gradmessern zu als denjenigen, die für illegale Wechselstuben gelten, ohne daß sich deshalb das Sündhafte daran unter theologischen Aspekten um einen Deut verändert.

Die Kirche selbst führte einen aufreibenden Kampf gegen ihre Mißstände, die sowohl erbitternd als unersetzlich für zahllose Hochleistungen des künstlerischen Ingeniums waren, die uns einerseits mit Abscheu erfüllen, andererseits mit reuevoller Dankbarkeit für die mäzenatischen Investitionen solchen »Sündengeldes«. Der Ablaßhandel der Kirche war ein Krebsschaden ohnegleichen, dennoch besteht seine historische Valenz nicht nur darin, den reformatorischen Willen erfrischt und aufgerichtet, sondern auch gewichtige kulturelle Funktion hervorgerufen zu haben. Der pekuniäre Ersatz der Bußleistungen entwickelte sich im 15./16. Jahrhundert vor allem deshalb so inflationär, weil seit dem Entschluß Nikolaus' V., das mittelalterliche Rom modernen Ansprüchen gemäß umzubauen, Päpste und Kurie für die Erfüllung dieses Vermächtnisses niemals genügend Kapital zusammentragen konnten. Auch zu diesem Zweck entschied Innozenz VIII., in Rom ein Bankinstitut zu gründen, das ausschließlich dem Verkauf von Ablässen diente.

An der Spitze der zeitlich ehrwürdigsten Vergehen rangierte die Simonie. Bei den Reformanträgen der Konzilien tauchte es beharrlich immer wieder auf: De extirpatione simoniae. Kein Konklave seit der Wahl Calixtus' III. (1455), bei dem nicht Geld im Spiel gewesen, kein Papst der Hochrenaissance, für dessen Wahl der Boden nicht durch simonistische Aktivitäten vorbereitet worden wäre. Die angebliche Bemerkung Sixtus' IV., ein Papst benötige nur eine Schreibfeder, um jeden beliebigen Geldbetrag zu erhalten, ist weder übertrieben noch besonders skrupellos, wenn man an die Kredit- und Zinspolitik der modernen Staaten denkt. Dasselbe gilt für die Unbekümmertheit, mit der Leo X. die Pfandhäuser kurzerhand in staatliche Institutionen verwandelte. Das Finanzgebaren dieses Einmaligen unter den Renaissance-Päpsten war ohnedies von einer entwaffnend kindlichen Unschuld; er hatte die Begnadung, einen unerschöpflich scheinenden Geldstrom in die Kassen der Kurie leiten zu können und

Leo X.
Zeichnung von Giulio Romano
Chatsworth, Devonshire Collection

noch weit mehr zu verschwenden, als ihm diese Unerschöpflichkeit gestattete. Gerade deshalb verbindet sich mit seinem maßlosen Pontifikat der Ruhmestitel des »Goldenen Zeitalters«. Sein Tod stürzte Rom in eine Finanzkatastrophe, und obwohl das bissige Wort nicht zutrifft, daß Leo bei einem längeren Leben ganz Rom, Christus und auch noch sich selbst verkauft hätte, so steckt doch in einem anderen Ondit einige Richtigkeit: Drei Pontifikate wurden von Leo X. aufgezehrt: die ungeheuren Schätze, die ihm Julius II. hinterlassen hatte, die Einkünfte während seiner eigenen Regierungszeit und schließlich sogar diejenigen seines Nachfolgers.

Die Republik Christi

Nicht allein die Zubringer für Pamphlete und Pasquinaden ergötzten sich an der Lebenslust der Prälaten und Würdenträger, auf deren Kosten sie oft genug selbst ihr Dasein bestritten. Das kirchliche Wurzeln im demonstrativ Irdischen trieb die entschiedensten Frondeure im eigenen Raum auf die Bühne. An der Grundhaltung, wie sie seit Franziskus und Marsilius von Padua, seit Katharina von Siena und Wiclif/Hus bekannt war, änderte sich auch nichts in der Hochrenaissance. Nur Nachdruck und Aggressivität steigerten sich. Das meiste des landläufigen Unmuts, der Bedenken, der Klagen brachte im Florenz Lorenzo il Magnificos der Dominikaner Girolamo Savonarola auf einen Nenner von apokalyptischen Dimensionen. Seine rollenden Predigten im Dom, die visionäre Unerbittlichkeit seiner Ermahnungen, das nachtdunkle Pathos der Drohungen, Prophezeiungen und Beschwörungen des Jüngsten Gerichts hatten eine narkotische Wirkung auf die Lauschenden, selbst wenn man dabei einen periodischen Trieb, sich faszinieren zu lassen, und sei es nur durch Schaudern, in Rechnung stellt. Zwei der Empfindsamsten dieser Zeit, Pico della Mirandola und Botticelli, waren von Savonarola hingerissen, und noch 1513 legte Albrecht Dürer mit seinem »Ritter, Tod und Teufel« ein chiffriertes Bekenntnis zu Savonarola ab, wie in jüngster Zeit wahrscheinlich gemacht wurde. Dieser Mönch attackierte die Päpste genauso wie die weltlichen Herrscher; schonungslos nannte er die Sünde beim Namen, unabhängig von Rang, Stand, Institution. Lorenzo il Magnifico wurde von ihm in rüdestem Ton als Sittenverderber und Despot geschmäht, ohne daß sich der überlegene Medici deshalb davon abhalten ließ, den Frater an sein Sterbelager zu bitten. Die Brandreden des Dominikaners kursierten in Italien, begeisterten Hunderttausende, verletzten und empörten sie. Man verspürte das alttestamentlich Drohende, den Schrecken, der zu jeder Besessenheit gehört, die hier durch die Berufung auf Gott selbst noch christlich legitimiert erschien. Nietzsche fand für dieses bestrickend schlechte Gewissen der Renaissance die Formel: »Feuer im Leibe, Schnee auf dem Haupte und den Mund voll schwarzer Dämpfe wie der Ätna.«

Das erste Werk, das Girolamo Savonarola als junger Mann nach einem abgebrochenen Studium zu Papier brachte, war ein Sündenkatalog Italiens in Form eines langen Gedichts; das Papsttum stand an der Spitze. Savonarola gelobte darin, die ganze Kirche und das gesamte Land nach seinem Bild von Christus zu reformieren. Seine Frömmigkeit bestand damals vornehmlich aus praktischer Kasteiung: stundenlange Gebete, Fasten bis zu halluzinatorischer Beflügelung und physiologisch bedrohlichem Untergewicht, Selbsterniedrigungen und Geißelungen, wenn ihm die Sexualität das Konzept seiner Christlichkeit zu verderben drohte. Aus dem Dominikanerkloster, in das er als Dreiundzwanzigjähriger geflüchtet war, schrieb er seinem Vater: »Auch ich bin Fleisch wie Ihr, und die Sinnlichkeit empört sich gegen die Vernunft. Mit aller Gewalt muß ich dagegen ankämpfen, damit mir der Teufel nicht auf die Schulter springt.« Mit derselben Gewalt der Verdrängung, der Kraft seiner frenetischen Enthaltsamkeit bekämpfte der Frater die Sünden der Zeit, der Kirche, des Christentums, die Vergehen der irdischen Obrigkeit. In einer öffentlichen Predigt hatte er gegen Lorenzo de' Medici geeifert: »Der Tyrann ist hochmütig, wollüstig und habgierig. Seine ganzen Sinne sind verdorben: die Augen durch die Schmeicheleien seiner Höflinge und durch die Verleumdungen anderer. Er besticht die Beamten, beraubt die Witwen und Waisen, knechtet das Volk und begünstigt diejenigen, die ihn dazu ermuntern, den Staat zu plündern.« Savonarola schreckte ebensowenig vor dem Prädikantensturm auf die Kirche zurück. Die Glut seiner Predigten wurde von berechtigter Sozialkritik geschürt, nicht von dem Übermaß, das man später hineindeutete, aber sie enthielt viel von den Qualen seiner linken Verwundbarkeit: »Die gottlosesten Menschen auf Erden sind heutzutage die Christen; es gibt nichts Habsüchtigeres, nichts Hochmütigeres, nichts Liederlicheres. Die habsüchtigsten, hochmütigsten und liederlichsten unter den Christen aber sind die Geistlichen, und unter den Geistlichen wiederum sind die verworfensten die Prälaten. Teufel sind sie, nicht Menschen. Sie verprassen das Kirchengut, das den Armen gehört, sie mästen sich im Schweiße ihrer Untertanen, die sie dem Hungertod überlassen, und berauben sie ihrer Habe, werden aber gleichwohl nicht bestraft; denn die kleinen Diebe hängt man, die großen läßt man laufen.«

Das war nicht etwa nur ein Rückgriff auf die Klagen Katharinas von Siena über das Unkraut der Prälaten. Aus Savonarola sprach bereits die vernichtende Unduldsamkeit Calvins, die nicht-christliche Unfähigkeit zu lächeln, der finstere Purismus, die Weltverachtung, die sich hier in Florenz wie vierzig Jahre später in Genf in einem Orkan gegen den »Götzendienst« des Ausschmückens, der Reliquien, der Bildverehrung entlud. 1493 höhnte Savonarola den Florentinern entgegen: »In diesem unserem Gotteshaus gibt es nur eine Sache, die uns viel Freude macht, daß es nämlich völlig ausgemalt und mit Flitter bedeckt ist. So hat unsere Kirche nach außen bei der festlichen Begehung ihrer Feiern viele schöne Zeremonien mit wunderbaren Gewändern, mit zahlreichen Behängen, mit Leuchtern aus Gold und Silber und so vielen schönen Kelchen, daß es eine wahre Pracht ist. Du siehst da jene großen Prälaten mit den herrlichen, gold- und edelsteingeschmückten Mitren auf dem Haupt und mit silbernen Hirtenstäben, du siehst sie mit jenen wunderbaren Meßgewändern und ihren Pluvialen aus Brokat am Altar mit so viel schönen Zeremonien, so viel Orgeln und Sängern, daß dir der Atem stockt . . . So ist die heutige Kirche beschaffen. Die Menschen weiden sich an diesem Unsinn, freuen sich über diese Zeremonien und sagen, die Kirche Christi habe noch nie derart in Blüte gestanden.« Schwer zu sagen, ob es sich um echte Ergriffenheit bei den Florentinern handelte, oder ob sie sich davon fesseln ließen, das Gegenteil ihrer verwöhnten Existenz mit so einmalig oratorischer Wucht demonstriert zu erhalten, als ob sie ahnten, daß zum Bilderkult, zum Kult der Kunst, auch das Phänomen des Bildersturms gehört, und zwar nicht nur dialektisch.

Nach dem Tod Lorenzo il Magnificos verhärteten sich die Attacken des Bußpredigers; er steigerte sie zu einem Antiklerikalismus, an dem die häretischen Elemente waldensischer Abkunft nicht zu übersehen waren. Die Invasion Karls VIII. in Italien führte zum Sturz Piero de' Medicis. In Florenz übernahm ein Rat von zwanzig Männern die Regierung. Als sich nach wenigen Monaten der Zusammenbruch der öffentlichen Ordnung, der Gewerbe, der Wirtschaft abzeichnete, wurde Savonarola an die Spitze berufen. Er ließ eine neue Verfassung ausarbeiten; sie trat im Juni 1495 in Kraft und mit ihr Savonarolas »Regiment der Sittenzucht«. Gegen die Handels- und Finanzherren hatte er früher gewettert: »Ihr habt eine Menge von Künsten erfunden, um aus Geld Gewinn zu ziehen, und viele Arten von Geldgeschäften, die ihr reell nennt und die dennoch unrechtmäßig sind. Niemand vermag euch zu überzeugen, daß es eine Sünde ist, Wucher oder unrechtmäßige Geldgeschäfte zu treiben; ihr verteidigt euch dagegen nur zur Verdammnis eurer Seelen.« Diesem Verdikt blieb er treu: In Florenz wurden die Steuern abgeschafft, bis auf zehn Prozent des Einkommens aus dem Grundbesitz – ein echter Kaufmannsentschluß; denn alles wurde dem Adel und bodenbewirtschaftenden Landmann aufgeladen, was Savonarola weder beabsichtigt noch begriffen hatte. Das Kreditgeschäft erhielt der Staat übertragen; die Zinsen blieben an einer unteren Grenze. Damit seine strengen Moralgesetze beachtet wurden, organisierte Savonarola eine Truppe aus den jüngsten Mönchen seines Klosters, die ununterbrochen durch die Stadt patrouillierte, umherspähte, aushorchte, lauerte – eine wahre Sitten-Gang, deren schnüffelnde Beflissenheit eine Schleppe von Gerichtsurteilen, Foltern und Verstümmelungen hinter sich herzog.

Florenz schien zunächst tatsächlich die neuen Reize der Luxusentsagung zu genießen, die exemplarische Lebensführung an der harten Hand eines

Girolamo Savonarola bei einer Rede-Attacke
Holzschnitt eines italienischen Künstlers, vor 1500

Fanatikers der absoluten Glaubenseinfalt: »Alles weltliche Wohl muß dem moralischen und religiösen dienen, von dem es abhängig ist. Wenn ihr aber gehört habt, ›daß sich die Staaten nicht durch Vaterunser regieren lassen‹, so müßt ihr bedenken, daß dies eine Behauptung der Tyrannen ist, um die Stadt zu unterjochen und nicht, um ihr zu helfen und sie zu befreien. Wollt ihr dagegen eine gute Verfassung, so müßt ihr sie auf Gott zurückführen.« Das mochte so sein, wenn nur die Stadt nicht binnen Jahresfrist ruiniert gewesen wäre: politisch isoliert, wirtschaftlich an einem Nullpunkt, das Staatsbudget erschöpft, der Steuerfluß versandet, auf der anderen Seite wegen Savonarolas Sittenpolizei vermehrte Bestechung, Korruption, viel Betrug und schließlich eine Hungersnot, deren Ausmaß den Florentinern explizierte, wie gedeihlich unter der starken mediceischen Sonne sich ihr Dasein entfaltet hatte.

Florenz spaltete sich pro und kontra Savonarola, den Rest besorgte Alexander VI. Borgia. Kritik hatte ihn nie sonderlich irritiert, auch nicht die Säure der Bußpredigten von San Marco. Unangenehm aber war ihm die Beharrlichkeit, mit der Florenz an den Beziehungen zu Frankreich festhielt, dem Land, in dem sein schlimmster Feind, Kardinal Giuliano della Rovere, Papst Julius II. in spe, gegen ihn arbeitete. Und Savonarola ließ sich trotz wiederholter Botschaften aus dem Lateran nicht davon abbringen, Karl VIII. zu bitten, ein allgemeines Konzil zu berufen, um den amtierenden Pontifex als Ketzer und Ungläubigen abzusetzen. Alexander VI. lud ihn nach Rom, Savonarola schützte eine Krankheit vor. Der Papst verbot ihm die Predigt, der Mönch gehorchte. 1496 brach der Zwist mit der Kirche erneut aus. Savonarola erhitzte sich zu schrankenlosen Anwürfen gegen den Papst persönlich, gegen die »verruchte Kirche, die schlimmer ist als ein Vieh, ein abscheuliches Ungeheuer! Du hast, feile Kirche, deine Schande vor der ganzen Welt enthüllt, und dein Pesthauch ist zum Himmel aufgestiegen«.

Schon 1493 hatte Savonarola prophezeit, daß ihm ein gewaltsamer Tod sicher sei. Jetzt verlangte er öffentlich danach, in psychopathischer Leidensgier; er erflehte den Bann des Papstes: »Tragt sie her auf einer Lanze, diese Exkommunikation, und öffnet die Tore vor ihr. O Herr, ich sehne mich nur nach Deinem Kreuz; gib, daß sie mich verfolgen! Ich bitte Dich nur um die Gnade, daß Du mich nicht im Bett sterben läßt, sondern daß ich mein Blut für Dich vergießen darf, wie Du es für mich vergossen hast.« Savonarola mußte bis zum Mai 1498 darauf warten. Die Signoria von Florenz war des latenten Bürgerkrieges überdrüssig geworden; solange der Dominikaner predigte, gab es keinen Frieden, weder innerhalb der Stadt noch mit dem gefährlichen Nachbarn, dem Kirchenstaat. Der Rat ließ nach einer blutigen Auseinandersetzung zwischen den verfeindeten Gruppen Savonarola verhaften, ihn einem Inquisitionsverfahren unterwerfen, foltern und nach dem Geständnis zum Tode verurteilen. Am 23. Mai starb Savonarola am Galgen, unter dem Beifall von Tausenden, die noch kurz zuvor bei seinen Predigten in »solchen Schrecken, solches Weinen und Schluchzen gerieten, daß jeder wie halbtot und sprachlos in der Stadt umherging«.

Am Tremendum seines Weges und Verhängnisses ist das Bedeutungsvolle Savonarolas nicht abzulesen. Er verkörperte Exemplarisches sowohl von den inneren Widersprüchlichkeiten des Christentums als auch von der europäischen Schizothymie im Spannungsfeld zwischen Idealismus und Realismus. Der Wille, den rechten Glauben und die wahre Kirche zu realisieren, ließ sich keineswegs allein durch die Verneinung der säkularen Kirche und eines Glaubens verwirklichen, dessen Kern in der Absage an diese Welt bestand. So mittelalterlich einerseits Savonarola, Luther, Calvin zu sein scheinen, so sehr ordnet sich ihr Aufbegehren zu dem gewaltigen Chor der Kritiker, in deren Stimmen die Zweifel an den selbstherrlichen Entwürfen widerhallen, durch die sich der Formungsprozeß der Moderne seinen Ausdruck schafft. Die Wendung, daß »die Zeit über solche Anachronismen hinwegschreitet«, verwischt die Tatsache, daß bei epochalen Neugestaltungen die Eigentümlichkeit nicht durch die Aussonderung von Widersprüchlichkei-

Die Verbrennung Savonarolas
nach seiner Hinrichtung auf der Piazza della Signoria in Florenz am 23. Mai 1498
Gemälde eines florentinischen Künstlers, nach 1500
Florenz, Museo di S. Marco dell'Angelico

ten entsteht, sondern durch ihre Integration. Die Opposition gegen Weltlichkeit und neue Welterfahrung, die Kritik an der säkularisierten Kirche, an der Selbstrechtfertigung des irdischen Handelns und seiner Erfolge mit Hilfe der Kirche oder ohne ihre Hilfe, veränderte sich seit dem fünfzehnten Jahrhundert ununterbrochen; an ihrer thematischen Konstanz änderte sich nichts. Deshalb sind zwei so verschiedenartige Persönlichkeiten wie Lorenzo de' Medici und Savonarola auch keine Antipoden im Sinne einer grundsätzlichen Unverträglichkeit. Das Gemeinschaftliche ihres Zeitbezuges ist wesentlicher als der unterschiedliche Aspekt. Lorenzo de' Medici steht für einen Höhepunkt der europäischen Entwicklung, Savonarola verwirft diese Manifestation als einen Schandfleck seiner Epoche. Erasmus von Rotterdam war entzückt vom Daseins- und Kunstgenuß Roms in der Hochrenaissance, Luther wurde vor Entsetzen über dieselbe Stadt fast vom Schlag gerührt.

Zu den Merkmalen des durchgängigen Welterfassungsprozesses, der im 15. Jahrhundert voll in Gang kam, gehört es, daß er in allen seinen Phasen begleitet wurde von einem ständigen Infragestellen sämtlicher neuer Erkenntnisse, Theoreme, Postulate, Gesellschaftsveränderungen, Herrschaftsformen, Handelsmodalitäten, Institutionen. So verwerflich also die Luxurierungsexzesse des Klerus und die Verschwendungen des papalen Stiftertums sein mochten, so eindeutig bildeten sie nur die eine Seite des gewaltigen Mühens der Kirche, im politischen Raum dem Autarkiebestreben der Staaten nicht zu unterliegen. In ähnlicher Form mußten sich zur gleichen Zeit die Staaten mit der mächtigen Rolle des Kapitals arrangieren – eine Zumutung für ihren Souveränitätswillen. Akkommodieren aber mußte sich auch das Kapital, obgleich es gerade ein entscheidendes Merkmal der Neuerung war, daß sich das Geldwesen den Eingriffen der Herrscher, des Staates, entzog. Im Bereich der Kurie gelang es sogar verhältnismäßig leicht; denn hier sah man sich einer Kirche gegenüber, die – weit moderner als erwartet – um ihres Jenseitsauftrages willen ein Reich von dieser Welt genauso dringlich benötigte wie ihren Reichtum und bei der die dingliche Sicherung erheblich solider war als bei so vielen Fürsten.

Handelswege, Entdeckungen, Expansion

Europas Überlandstraßen und Seerouten des Fernverkehrs bildeten zu Beginn des 15. Jahrhunderts ein relativ stabiles und seit langem eingespieltes System des Warenaustausches. Hauptschlagader des gesamten europäischen Handels war seit alters das Mittelmeer gewesen. Nach der Eroberung der Seeherrschaft durch die islamischen Araber hatten sie auch den Handel in ihre Hand bekommen, vom 8. bis zum 11. Jahrhundert. Danach waren die Seefahrtsmonopole und Handelsprivilegien auf Grund ihrer Flottenstärke auf die italienischen Seestädte übergegangen, vor allem auf Pisa, Genua und Venedig, diese mythische Tochter des Meeres und »seltsamste Schöpfung der Wirtschaftsgeschichte aller Zeiten«. In derselben Ost-West-Orientierung waren die Fernverkehrsstränge des hansischen Handels im Norden verlaufen. Beide Wirtschaftsachsen waren durch die großen Wasser- und Kontinentalstraßen quer durch Europa miteinander verbunden worden. Bis zum Ende des 15. Jahrhunderts blieb der europäische Binnenhandel um diese beiden Achsen gruppiert. Die maritim-territoriale Ausrichtung des europäischen Warenumschlags wurde erst durch die Entdeckung Amerikas (1492) und des direkten Seeweges nach Ostindien äußerlich sichtbar verändert. Die Ansätze dazu hatten sich jedoch schon seit Jahrzehnten entwickelt; denn im Zuge der osmanischen Großreichsbildung waren im Vorderen Orient und in der Levante von Grund auf neue Verhältnisse geschaffen worden.

Das zusammenhängende und eingespielte Handelssystem Europas durfte sich bis in die zweite Häfte des 15. Jahrhunderts als Welthandelssystem betrachten, zumindest – durch seine Verbindung mit den asiatischen und indischen Märkten – als der große Weltwirtschaftsraum im Westen, demgegenüber sich der großasiatische Raum befand; dazwischen spannte sich das Handelsnetz der damals bekannten Erde. Die Karawanenstraßen nach China waren den Kaufleuten seit vielen Jahrhunderten vertraut, nicht so sehr durch eigene Kenntnis und praktische Reiseerfahrung, wohl aber nach ihrem Rang und ihrer Bedeutung. Am berühmtesten war die uralte Seiden- und Kaiserstraße, die klassische Ost-West-Verbindung, eine der mythischen Straßen unserer Welt. Sie erstreckte sich von Hang-chou durch Zentralasien bis zum Tarim-Becken, verzweigte sich hier in eine Nord- und eine Südroute, die in Kashgar am Westrand der Wüste wieder zusammenliefen. Von der Südroute bog vor Jarkend eine Straße zwischen Hindukush und Karakorum nach Indien ab. In westlicher Richtung wurde nach Kashgar die gewaltige Pamir-Kette, das »Dach der Welt«, überquert, dann ging es hinab nach Baktra (Balch) am Nordrand des Hindukush, im heutigen Afghanistan. Hier war die Hauptstation des Zwischenhandels. Westwärts wurde in Merv das Gebiet

Europa und die Nordküste Afrikas (Oben: Süden)
Aquarellierte Kartenzeichnung von John Rotz, Anfang des 16. Jahrhunderts. London, British Museum

der Parther erreicht, die Straße durchquerte die Zone zwischen dem Kaspischen Meer und dem Persischen Golf, führte über Täbris im Nordwesten des Iran und Bagdad nach Syrien und endete in Damaskus, Tyrus und Antiochia am Mittelmeer.

Obgleich der Großhandel mit dem Fernen Osten eine eigene und lange Geschichte besaß, lagen Asien, Indien, ja selbst Arabien bestenfalls als vage Schatten im Blickfeld des Spätmittelalters; sie waren keine Bewußtseins-Tatsache. Alles aus diesen Räumen, was hätte faktisch sein können, rangierte in der europäischen Vorstellungswelt nur als legendäre

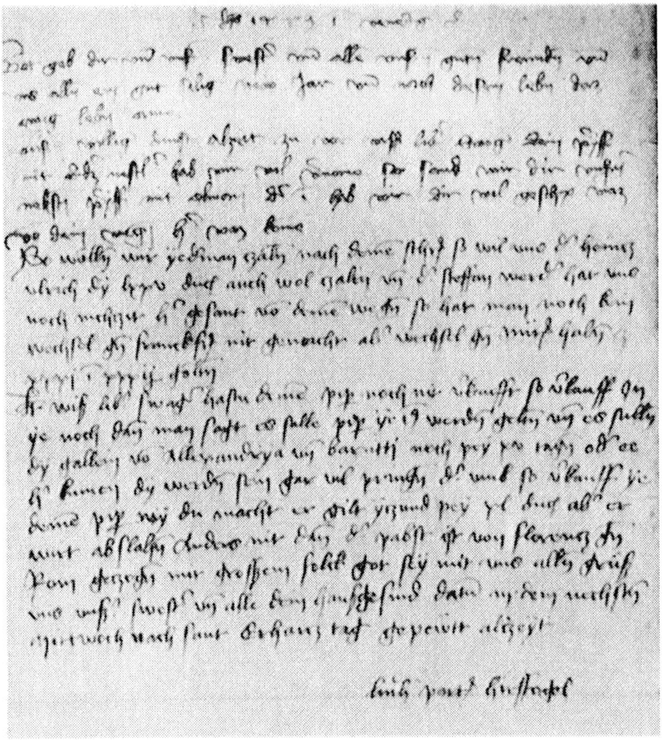

Ankündigung von Schiffen mit Gewürzladungen aus Alexandria und Beirut
Handelsbrief des Lienhard Hirschvogel aus Venedig an Michael Behaim in Nürnberg, 1443
Nürnberg, Germanisches Nationalmuseum

Erzählung aus früheren Zeiten oder als Teil der schillernden Berichte, die aus orientalischen Basaren stammten, von einem Kaufmannsmund zum anderen kolportiert. Trotz der unbestreitbaren Existenz der Seidenstraße führte kein Weg nach China. Seit alters hatten die Parther auf der breiten Landbrücke des Iran Zoll- und Beförderungsprofite aus dem Handelsverkehr gezogen. Wenn die Karawanen von den Eispässen des Pamir herabgekommen waren, wurden die Lasten umgeladen und auf parthischen Kamelen zum Tigris gebracht. Die Grenzen Chinas waren ohnedies für jeden Fremden hermetisch verschlossen. Die Passierbarkeit des Landweges nach Asien und Indien hing alles in allem von den politischen Verhältnissen der Staaten und Reiche ab, durch die er führte, und diese Verhältnisse waren im 15. Jahrhundert so, daß Europas Fernhandel und damit ein Großteil seiner Wirtschaft eine Funktion der Verträge, Absprachen, Konzessionen und Privilegien bildete, denen die Chalifen, Sultane und Großchane zugestimmt hatten.

Der Güteraustausch über Land war dem Wohlwollen Dritter unterworfen, die Transporte blieben zeitraubend, gefährlich, unsicher, extrem kostspielig. Den Warenumschlag über See zwischen Arabien und Indien hatten seit Jahrhunderten arabische

Kapitäne und Kaufleute in der Hand. Was dies für die Wohlfahrt der profitierenden Staaten bedeutete, wurde den christlichen Händlern auf den Märkten der strotzend reichen Weltstädte wie Bagdad, Kairo oder Alexandria vor Augen geführt. Europa exportierte seine Erzeugnisse und Fertigprodukte über den islamischen Zwischenhandel, erhielt auf demselben Weg aus dem Osten seine Gewürze wie Pfeffer, Zimt, Kardamon, Ingwer, Muskat oder Safran, bezog Edelhölzer, Duftstoffe, Balsamine, Teppiche und Galeerensklaven. Aber obschon die großen Handels- und Umschlagstädte des Kontinents reich wurden und der Wohlstand der Länder sich ebenfalls mehrte, ahnten die Kaufherren und Handelsgesellschaften sehr wohl, daß sie von dem wirklichen Reichtum des Orients nur chimärische, nebulose Vorstellungen hatten.

Seit den Schilderungen Marco Polos, dessen Reisebericht die faszinierendste Dokumentation über fremde Völker und Länder bildet, die wir besitzen, wurden trotz aller zeitgenössischen Bedenken sämtliche Handelsherren und Seefahrer Europas von einem bösen Stachel gequält: Sie wollten selbst an die Quellen dieses Reichtums kommen, an dem sie bisher nur sehr mittelbar teilhatten. Da aber alle Landverbindungen mit den nördlichen Tatarenwegen oder der Seidenstraße begannen und endeten, blieben einzig die Wasserwege als reale Möglichkeit übrig.

So ausgewogen der europäische Handelsraum auch scheinen mochte, so wenig korrespondierten damit die Bedürfnisse, den herrschenden Zustand zu ändern. Denn daß die Wirtschaftsverhältnisse Europas nicht auf Dauer angelegt waren, wurde seit Beginn des 15. Jahrhunderts durch die osmanischen Unternehmungen von Jahr zu Jahr deutlicher. Die Verlockungen der Reichtümer des Orients und die steigende Bedrängnis durch die Osmanen sind als Motive allein freilich zu vordergründig, als daß man nicht noch andere suchen müßte. Viele andere entpuppen sich bei genauerer Untersuchung als so hintergründig, so daß sie kaum überzeugend und mit notwendiger Evidenz darzustellen sind. Vordergründig war der Drang nach wirtschaftlichem Wachstum, nach Ausweitung des Handels, nach Steigerung des Umsatzes, nach Profitvergrößerung. Dazu gesellte sich der nahezu verzweifelte Bedarf an Gold. Weniger vordergründig dagegen erscheint das auffallende Ungenügen an einem sich trotz aller inneren Bewegungen umgrenzt-geschlossen präsentierenden Status quo, mit dem sich auch in diesem Bereich ein grundsätzlicher Bewußtseinswechsel ankündigt: von der Orientierung an der Beständigkeit zur Faszination durch die Veränderung. Und das bedeutete in dieser Epoche immer auch einen Zuwachs an Welt, mental genausogut wie territorial.

Die Sehnsucht nach dem Paradies

Am 4. März 1394 wurde dem portugiesischen König Johann I. ein vierter Sohn geboren: Prinz Heinrich. Portugal befand sich noch in den ersten Etappen seiner staatlichen Souveränität. Während der Befreiung von der maurischen Herrschaft war der größte Teil des Landes unter kastilische Oberhoheit gekommen. Die Versuche, sich gegenüber den Ansprüchen Kastiliens durchzusetzen, hatten zwei Jahrhunderte gedauert – bis zu der siegreichen Schlacht bei Aljubarrota am 14. August 1385. Dieser Triumph hatte die portugiesische Unabhängigkeit unwiderruflich gemacht; bis heute feiert man ihn als Nationalfeiertag Portugals. König Johann, auch Johann der Große genannt, war ein vorzüglicher Herrscher. Größtes Gewicht legte er auf die Festigung der portugiesischen Selbständigkeit, mithin auf eine klare Abgrenzung und Stärkung gegenüber Kastilien. Wesentlich für den Erfolg dieser Politik war die Pflege der traditionell guten und festen Beziehungen zu England. 1386, als England mit Frankreich den längsten Waffenstillstand während des Hundertjährigen Krieges geschlossen hatte – drei Jahre vor der epochalen Schlacht auf dem Amselfeld –, war zwischen Portugal und England ein Bündnis unterzeichnet worden: der Windsor-Vertrag. König Johann I. hatte eine Dame des engli-

Stammbaum der portugiesischen Herrscher bis zu Maximilian I. und Maria von Burgund
Miniatur flämischer Künstler für den Infanten Don Fernando,
den dritten Sohn Emanuels I. und Bruder Johanns III. von Portugal, Anfang des 16. Jahrhunderts
London, British Museum

Der Papstpalast in Avignon
Passionsretabel mit der Darstellung ›Christus vor Herodes‹ von Antoine Ronzen, 1520
St-Maximin, Var, Basilique Ste-Madeleine

Der Schlachtenbaum: die Wirren des Hundertjährigen Krieges
Miniatur eines Unbekannten zum Text über den Schlachtenbaum von Honoré Bouvet, erste Hälfte des 15. Jahrhunderts
Chantilly, Musée Condé

Die Krönung Friedrichs III. zum Kaiser durch Nikolaus V. am 19. März 1452: die letzte Kaiserkrönung in Rom
(Links Eleonore von Portugal, die Gemahlin des Kaisers, rechts Ladislaus V. Posthumus)
Aus der Vorderwand eines Cassone mit Malerei in der Art des Benozzo Gozzoli, nach 1452
Worcester, Mass., Art Museum

Angehörige und Freunde des Hauses Este mit Gefolge
Aus einem Gemälde von Bonifacio Bembo, vor 1477
Bergamo, Galleria dell'Accademia Carrara

Alexander VI. Borgia
Lünettengemälde von Bernardino Pinturicchio im Borgia-Saal des Vatikanischen Palastes, um 1494

Lorenzo I. de' Medici zwischen Antonio Pucci und Francesco Sassetti mit seinem Sohn
Aus dem Wandgemälde ›Bestätigung des Franziskanerordens‹ von Domenico Ghirlandaio in S. Trinità in Florenz, 1483

Der Berg Helikon mit Apollo, Pallas Athene, den Musen und Pegasus
Miniatur eines Unbekannten in den von Philippe de Vitry übertragenen
und allegorisierten ›Metamorphosen‹ des Ovid, 1400–1415
Paris, Bibliothèque Nationale

Die Ka'ba in Mekka: das religiöse Wahrzeichen des Islam im Geburtsort Muhammads
Miniatur von Kamal ad-Din Bihzad in einer persischen Handschrift, Ende des 15. Jahrhunderts
London, British Museum

Iwan IV., der Schreckliche
Porträtikone eines Malers der Moskauer (?) Schule, 16. Jahrhundert
Kopenhagen, Nationalmuseet

Bankgeschäfte

Miniatur eines Künstlers aus der Schule Jean Fouquets in einem Werk vermischter theologischer Schriften, um 1470/80

Paris, Bibliothèque Nationale

Mathematische und physikalische Instrumente:
eine vielflächige Blocksonnenuhr mit Kompaß, ein senkrechtes hölzernes, wohl von Nikolaus Kratzer erfundenes Gerät zur Bestimmung der Sonnenhöhe, ein Türkengerät, ein einfacher senkrechter Schattenstab, eine Säulchensonnenuhr und ein Quadrant zur Ermittlung von Sternhöhen
Aus dem Gemälde ›Die französischen Botschafter in London‹ von Hans Holbein d. J., 1533. London, National Gallery

Die katholischen Majestäten Ferdinand II. und Isabella im Gebet vor der Mutter Gottes
Gemälde eines Unbekannten, um 1490
Madrid, Museo del Prado

Die Herrscher Europas in Anbetung vor dem hl. Georg: Kaiser Friedrich III., Maximilian als römischer König, Ferdinand II. als König von Spanien, Heinrich VII. als König von England, Philipp der Schöne als Vertreter Burgunds und (abseits) Karl VIII. als König von Frankreich
Miniatur eines Unbekannten in einem Gebetbuch, um 1493
London, British Museum

Das Hochzeitspaar Maximilian I. und Maria, die Erbtochter Karls des Kühnen von Burgund, im Jahr 1477
Miniatur aus der Werkstatt Jörg Kölderers für die Publikation ›Triumphzug Maximilians‹
Wien, Graphische Sammlung Albertina

Luther und seine Glaubensfreunde Spalatin, Kurfürst Johann Friedrich von Sachsen, Brück und Melanchthon
Gemälde von Lucas Cranach d. Ä., um 1530
Toledo, Ohio, Museum of Art, Gift of Edward Drumond Libbey 1926

Kaiser Karl V. bei der Musterung seines Heeres für den Kriegszug gegen Tunis im Jahr 1535
Aus einem Karton von Jan Cornelisz. Vermeyen
für die Teppichserie ›Kampf gegen die Mauren und endlicher Sieg Karls V.‹
Wien, Kunsthistorisches Museum

schen Hochadels geheiratet, Philippa von Lancaster, eine Tochter John von Gaunts, dem reichsten Grundherren Englands, Bruder des Schwarzen Prinzen und Vater des ersten Lancaster-Königs Heinrich IV.

Portugal war ein kleines Land, aber es verstand, aus seiner Lage am Atlantik größten Gewinn zu ziehen: Lissabon war eine unumgängliche Station des Seeverkehrs zwischen Nord und Süd. Portugals Seehandel mußte mit allem Nachdruck gefördert, der Schiffsbau systematisch vorangetrieben werden, ohne Rücksicht darauf, daß an eine Konkurrenz mit den dominierenden Seestädten des Mittelmeeres nicht zu denken war. König Johann I. erkannte das weit deutlicher noch als seine Vorgänger. Die Wirtschaftslage Portugals brachte es mit sich, daß dem kaufmännischen Bürgertum, zumal dem der Küstenstädte, schon bald eine erheblich politische Rolle zufiel. Johann I. bediente sich seiner Unterstützung gegen die adligen Großgrundbesitzer. Die Stabilisierung der Krone durch den wirtschaftenden Bürger unter Hintansetzung der Feudalherren gliederte Portugal bereits in einer Frühphase der europäischen Richtung auf nationalisierte Staatlichkeit und absolutistische Struktur ein.

Als vierter Sohn besaß der Infant Heinrich keinerlei Aussichten auf eine Thronfolge. Er wurde aber bald in die Außenpolitik Portugals aktiv verwickelt. Gegenüber Gibraltar, auf nordafrikanischem Boden, lag die Festung Ceuta. Sie gehörte zum marokkanischen Herrschaftsgebiet der Berber-Dynastie der Meriniden. Ceuta war ein besonders wichtiger Flottenstützpunkt und frequentierter Hafen Marokkos; es hatte seine besondere Rolle nicht nur als Handelszentrum, sondern auch als vorzüglicher Unterschlupf für die islamischen Piraten, die von hier aus direkt den Daumen auf eine Schlagader des europäischen Schiffsverkehrs drückten. Portugal wurde davon am stärksten betroffen, und der Entschluß König Johanns I., diese Festung zu erobern, war zunächst von keinerlei imperialen Absichten getragen. Das Vorhaben gelang jedoch erst 1415. Bei der Erstürmung zeichnete Prinz Heinrich sich durch besondere Tapferkeit und Umsicht aus. Mit Ceuta hatte Portugal den Schlüssel zur Meerenge in die Hand bekommen. Diese Eroberung wog doppelt und dreifach; denn Gibraltar auf der europäischen Festlandseite befand sich noch immer in maurischer Hand. Prinz Heinrich wurde zum Ritter geschlagen, erhielt den Titel eines Herzogs von Viseu und wurde zum Statthalter Ceutas ernannt. Damit übernahm er eine der unruhigsten Aufgaben; denn die Marokkaner versuchten durch Jahrzehnte, den Stützpunkt wiederzugewinnen. Die Eroberung Ceutas – eine der berühmten Säulen des Herkules – wurde einmal als »Beginn des Zeitalters der Entdeckungen« charakterisiert, aber sie bedeutete auch den Beginn des imperialen Ausgreifens und der europäischen Kolonisation; denn die Invasion Ceutas war selbst ein Teil davon. Die Tatsache, daß diese wenigen Quadratkilometer Küste im Umkreis der Festung und des Hafens das einzige Gebiet außerhalb Europas waren, das sich

Heinrich der Seefahrer
Aus dem ›Vinzenz-Altar‹ von Nuño Gonçalves, vor 1481
Lissabon, Museu Nacional de Arte Antiga

Lissabon zur Zeit Vasco da Gamas
Schaubild eines unbekannten Stechers, erste Hälfte des 16. Jahrhunderts
Nürnberg, Germanisches Nationalmuseum

im 15. Jahrhundert in europäischem Besitz befand, darf allerdings weder symbolisch überfrachtet noch in ihrer Symbolstärke unterschätzt werden. Hier, jenseits Europas, auf einem hauchdünnen Randstreifen des afrikanischen Kontinents, entwickelte sich der junge portugiesische Prinz zu demjenigen Mann, der für Europa eine vollständige Sichtveränderung bewirkte, der dem Welthandel eine neue Orientierung gab, und durch den das Zeitalter Europas eine seiner unverwechselbaren Konturen erhielt. Von der respektvollen Nachwelt wurde Heinrich im 19. Jahrhundert mit dem Beinamen ›der Seefahrer‹ geehrt – eine posthume Anerkennung dafür, daß seiner Initiative Portugals Seemachtstellung und Europas Möglichkeiten einer maritimen Expansion samt der damit zusammenhängenden völlig neuen Bewußtseinsstellung zu verdanken waren.

Katholisch-portugiesische Berichte hoben die überkorrekte Lebensführung des jungen Mannes hervor; durch die Federn der Chronisten verwandelten sich seine Träumereien in männlich-gereifte, erhabene Vorsätze. Sein Mund soll niemals mit den beiden Inkarnationen der Lasterhaftigkeit in Berührung gekommen sein: weder mit Wein noch mit den Lippen von Frauen. Ob nun tatsächlich etwas Mönchisches sich in dem Infanten äußerte, oder ob die Chronistenpflicht seiner welthistorischen Rolle einen Charakter zuweisen zu müssen glaubte, der aus dem Holz christlich-iberischer Öffentlichkeitsmoral geschnitzt war – so wie das königliche Venedig einmal im Jahr die prunkvolle »Verlobung mit dem Meer« feierte, so offenkundig fühlte sich der portugiesische Königssohn einzig mit der See liiert: eine ozeanische Existenz in einem weit radikaleren Sinne, als es die Serenissima jemals war.

Kaum in Ceuta, begann der Infant alles zu sammeln, was er an Nachrichten, Erzählungen, Berichten, fabelhaften Abenteuern aus dem Süden, dem Inneren des unbekannten und unerforschten Riesenlandes erfahren konnte, ließ er sich von Karawanenführern, Kaufleuten, gefangenen Piraten berichten, von Berbern, Sklaven, Arabern, Händlern, Abenteurern. Heinrich registrierte alles und ordnete es ein: Daten, Entfernungen, klimatische Mitteilungen, topographische Angaben, und alle diese Details schlossen sich ihm – teils projektiv, teils sachlich registrierend – auf einem unausgespro-

Der legendäre Priesterkönig Johannes
Zeichnung am rechten Rand der ›Katalanischen Weltkarte‹ des Abraham Cresques, 1375
Paris, Bibliothèque Nationale

chenen Traumgrund zusammen. Hält man sich an Äußeres, so wollte Heinrich Antwort auf einige handfeste Fragen: Woher stammten die Reichtümer, der Schmuck, das Gold, die Negersklaven, die von den Arabern Nordafrikas gehandelt wurden und die auch einen Teil der gewaltigen Beute in Ceuta ausgemacht hatten? Zu den ökonomischen Motiven kamen die geographisch-politischen Fragen: Wo verlief die Südgrenze des maurischen Herrschaftsgebietes? Was hatte es mit Senegal auf sich, auf das arabische Gewährsmänner immer wieder zu sprechen kamen? Grenzte dieses Land etwa im Osten an das Reich des legendären Priesterkönigs Johannes, den man in Asien nicht hatte finden können und von dem man nun glaubte, er und das biblische Paradies würden sich irgendwo in den Endlosigkeiten Afrikas finden lassen? Expeditionen über Land hatten damals nicht mehr die geringste Chance; als einzige Möglichkeit blieb der Zugang über See, an Afrikas Westküste entlang. Der Infant vermutete, unabhängig von aller Hoffnung auf das Reich des Priesterkönigs Johannes, daß die Gebiete Senegals im Osten bis zu den Nil-Quellen des christlichen Abessinien reichen könnten. Geographisch traf dies tatsächlich zu; es handelte sich um die Linie, die von der Mündung des Senegal durch das heutige Mali über Tchad und Sudan nach Abessinien führt. Nachrichten über diese Gebiete gab es mehr als genug, und wenngleich sie vage und vielfach äußerst fabulös waren und einander widersprachen, so herrschte in ihrer Substanz doch genügend Dichte, um mehr als ein Sujet des Weltenfahrerlateins abzugeben.

Zweihundertfünfzig Seemeilen von Ceuta entfernt, schräg gegenüber auf dem Heiligen Vorgebirge an der Südwestspitze der Pyrenäenhalbinsel, auf Kap San Vicente, errichtete Heinrich einen Stützpunkt: Er ließ die Villa do Infante erbauen, vermutlich an der Stelle des heutigen Hafens von Sagres; dort richtete er auch eine Sternwarte ein. Ferner soll der Infant dort die erste Seefahrtsschule der Geschichte, die erste nautische Akademie der Welt, gegründet haben, mit einem Instruktorenstamm aus katalanischen und italienischen Fachleuten – eine wirklich hervorragende Gründung, und es schmälert den Rang Heinrichs des Seefahrers nicht im geringsten, daß diese legendäre Überlieferung noch immer von der Geschichtsschreibung mitgeschleppt wird, paßt sie doch vorzüglich zu dem Bild dieses Fanatikers der unbegrenzten Horizonte. Heinrich gründete keine Nautica universitas, wohl aber rief er Astronomen, Geographen, Mathematiker, Kartographen, Karawanenführer, weitgereiste Händler, routinierte Kapitäne, die wenigstens mittelbar von der hochentwickelten nautischen Kunst der Araber profitiert hatten, sowie die besten Schiffsbauer an seinen Hof, sprach mit ihnen seine Projekte durch und traf sie zu regelmäßigen Sitzungen. Das alles verdichtete sich nicht institutionell, doch die Atmosphäre, in der hier gearbeitet und geplant wurde, war weit fruchtbarer als jede etatisierte Akademie.

Heinrich hatte schon einige Jahre in seinem Hauptquartier der ozeanischen Inspiration residiert, als er 1419 zum Gouverneur der südlichsten Provinz Portugals ernannt wurde, dem Königreich Algarve; später wurde der portugiesische Landstreifen, der sich westlich Ceutas über Tanger hinaus erstreckte, als »ultramarines Algarve« dem Distrikt eingegliedert. Heinrich hatte für seine Unternehmungen keine ungute Finanzbasis. Als gewählter Großmeister und Administrator des Christus-Ordens verfügte er über etliche Einkünfte, die er für seine Pläne verwenden konnte; der Christus-Orden war hundert Jahre zuvor, nach Auflösung der Templer, gegründet worden und hatte deren Güter übernommen. In der portugiesischen Kolonisation spielte er eine zentrale Rolle. An den Expeditionen, die Heinrich organisierte und vorbereitete, beteiligte er sich niemals selbst. Das vertrug sich nicht mit den herrschenden Konventionen. Das erste Schiff in seinem Auftrag war schon 1416 in See gestochen und ein wenig nach Süden gefahren, jedoch ohne irgendeinen Erfolg. 1418 trieben ungünstige Winde einen anderen Segler vom ursprünglichen Kurs ab, zur Insel Porto Santo im Nordosten Madeiras. Das war

Eine Karavelle im weiterentwickelten Typ von Magalhães' Schiffen
Zeichnung von Hans Holbein d. J., um 1530
London, Science Museum

ein glückliches Mißgeschick; denn mit diesen Inseln – Madeira wurde im Jahr darauf in Besitz genommen – hatte Heinrich eine wichtige Seebasis für seine künftigen Projekte gewonnen.

Das Hauptproblem der ozeanischen Entdekkungsfahrten war die Hochseetüchtigkeit der Schiffe. Die Erfahrungen des Mittelmeeres waren für die gänzlich anderen Verhältnisse im Atlantik und seine elementaren Gewalten unzureichend. An die mediterrane Schiffbau-Tradition konnte man deshalb nicht anknüpfen; die großen Galeeren kamen für lange Fahrten nicht in Frage. Die besten Kenntnisse über die Verwendung und den Bau leichter, schneller Segler besaßen die Araber; denn sie befuhren schon seit Jahrhunderten die gewaltigen Routen zwischen Arabien und Malabar, ebenso die Linien zwischen Indien und Ostafrika, von Melinde bis Sofala gegenüber Madagaskar. Heinrich veranlaßte deshalb die Entwicklung eines neuen Schiffstyps: der Karavelle. Es handelte sich um ein nicht allzu großes, aber überaus seetüchtiges, schlankes Schiff mit einem Boden, der den Segler nicht nur schwimmen, sondern das Wasser durchschneiden ließ, mit meistens nur einem Deck, einem niedrigen Freibord in der Mitte, freiem Bug und verhältnismäßig hohen Heckaufbauten. Die ersten Karavellen des Prinzen dürften nur zwei Masten gehabt haben; später waren drei die Regel. Die Karavellen galten damals als die zuverlässigsten und wendigsten Hochseefahrzeuge.

Einen wirklich großen Erfolg brachte erst das Jahr 1432, als Heinrichs Schiffe die Inselgruppe der Azoren entdeckten, fünfzehnhundert Kilometer westlich von Portugal im Atlantik. Genauere Details über die portugiesische Entdeckung fehlen, aber das ganze Unternehmen ist erstaunlich, weil Heinrich sich hier ausdrücklich von der bisherigen Route entlang der Küste Afrikas gelöst hat, indem er eine Flottille mit der Order ausfahren ließ, in westlicher Richtung nach Land zu suchen. Trotzdem blieben die Azoren eine Zwischenstation; sie änderten nichts an dem hartnäckig gesteckten Ziel des Infanten, nach Süden vorzudringen. Die größten Hindernisse bereitete dabei das Kap Bojador südlich der Kanarischen Inseln. Um diesen Küstenvorsprung rankte sich – wie schon um das nördlicher gelegene Kap Nun – eine Flut legendärer Erzählungen. Die Berichte versicherten ohne Ausnahme, daß eine Umschiffung wegen der sich endlos ins Meer erstreckenden Riffe und Sandbänke unmöglich sei; Strömung und Brandung würden an Gewalt alles Bekannte überbieten, die Hitze sei so stark, daß sie jeden Menschen schwarz werden lasse, Meerungeheuer versuchten, die Schiffe hinabzuziehen, vielfach trete überraschender Nebel auf, jenseits des Kaps werde das Meer gallertartig, so daß die Schiffe steckenblieben. Hier nämlich, bei Kap Bojador, beginne die sagenhafte Region der Ungewißheit, das »Meer der Finsternis«, von dem die Araber erzählten, der Pot-au-noir, das absolute Nonplusultra an den Grenzen der Welt. Zwölf Jahre lang hatte der Infant ein Schiff nach dem anderen in den Süden geschickt mit dem Auftrag, das Kap zu umsegeln, aber alle waren ohne Erfolg, die alten Legenden wiederholend, zurückgekehrt, auch 1432 Gil Eannes. Der Infant, der solchen Wundern nicht glaubte, wurde diesmal ungewöhnlich scharf und gab 1434 seinem Kapitän den kategorischen Befehl, erneut in See zu stechen. Nach Azuraras Chronik von 1435 soll Heinrich gesagt haben: »Ihr könnt keine so große Gefahr antreffen, daß die Hoffnung auf Rückkehr größer sein darf. Fahrt also zu und kümmert Euch nicht um das Gerede, sondern steuert darauf los, soweit Ihr könnt, und Ihr könnt mit Gottes Gnade von dieser Fahrt Ruhm und Vorteil erwerben!« Tatsächlich gelang es Gil Eannes, das Kap zu umsegeln; er hatte nicht einmal besondere Schwierigkeiten dabei und stieß noch rund einhundertfünfzig Seemeilen an der Küste entlang nach Süden. Der Infant war überglücklich, schlug Gil Eannes zum Ritter und erhob ihn in den Adelsstand. Er behielt diesen Brauch bei vielen seiner Entdecker bei.

Mit diesem Erfolg war eine nautisch-psychologische Blockade gesprengt. 1441 erreichte Nuño Tristão, ein anderer Kapitän des Infanten, bereits Kap Blanco. Er brachte von dieser Reise einige Neger mit, die er an Land gefangen hatte, und eröffnete damit eines der bedenklichsten Kapitel der europäischen und christlichen Geschichte. Die Neger wurden in Portugal, wo sie wegen der völlig schwarzen Hautfarbe eine Sensation hervorriefen, getauft und zur Arbeit auf den Gütern des Christus-Ordens verwendet. Man erreichte damit zweierlei: Erstens rettete man durch die Taufe Menschen für das Paradies, wenn man es schon nicht entdecken konnte, und zweitens gewann man billige Arbeitskräfte. Der Infant selbst zeichnete für diese Entwicklung nicht verantwortlich; wiederholt gab er Order, junge Neger nach Portugal zu bringen, sie in der christlichen Lehre zu unterweisen und dann wieder in ihre Heimat mitzunehmen, damit sie dort Eigenmission betrieben. Jedenfalls kam seitdem kaum eine Karavelle des Prinzen von ihren Entdeckungsfahrten ohne Neger zurück. Mission und »Schwarzes Gold« wurden zu neuen Impulsen der ozeanischen Vorstöße.

In den folgenden Jahren reihten sich die Expeditionen fast wie nach einem festliegenden Programm aneinander. Schritt für Schritt folgten die Entdeckungen des Senegal und des Kaps Verde. Auch dieses »Grüne Vorgebirge« bedeutete eine ungeheure Überraschung; denn entgegen allen antiken Überlieferungen endeten hier die trostlosen Wüsten- und Steppenzonen, so daß die Portugiesen auf eine verblüffende Vegetation in subtropischem Klima stießen. Voller Stolz notierte einer der Kapitäne Heinrichs, Diego Gomez: »Dies alles schreibe ich nur mit Verlaub Seiner Gnaden des Ptolemäus, der recht gute Dinge über die Einteilung der Welt verlauten ließ, aber in einem Punkte sehr fehlerhaft dachte. Er zerlegte die ihm bekannte Welt in drei Teile, nämlich in den bewohnten mittleren, in den arktischen, der wegen seiner großen Kälte, und den tropischen, der wegen seiner Gluthitze unbewohnbar sei. Nun aber hat sich das Gegenteil bestätigt. Zahllos wohnen schwarze Völkerschaften am Äquator, und die Bäume erheben sich dort zu unglaublichem Wuchs; denn gerade im Süden steigert sich die Kraft und Fülle der Pflanzen, mögen auch die Formen fremdartig gestaltet sein.«

Heinrich der Seefahrer starb 1460. Die letzte Expedition, die er noch ausrüsten konnte, führte bis zur Sierra Leone und zur Pfefferküste. In Portugal war man nicht durchweg erfreut gewesen über die unerschöpfliche Unternehmungslust und kostspielige Hartnäckigkeit, mit der Heinrich Jahr für Jahr Schiffe bauen und ausrüsten ließ und die Kapitäne halb überredend, halb mit Gewalt hinaussandte auf den Ozean. Wegen dieser Expeditionen, die immer auch mit Landnahmen verbunden waren, kam es zu

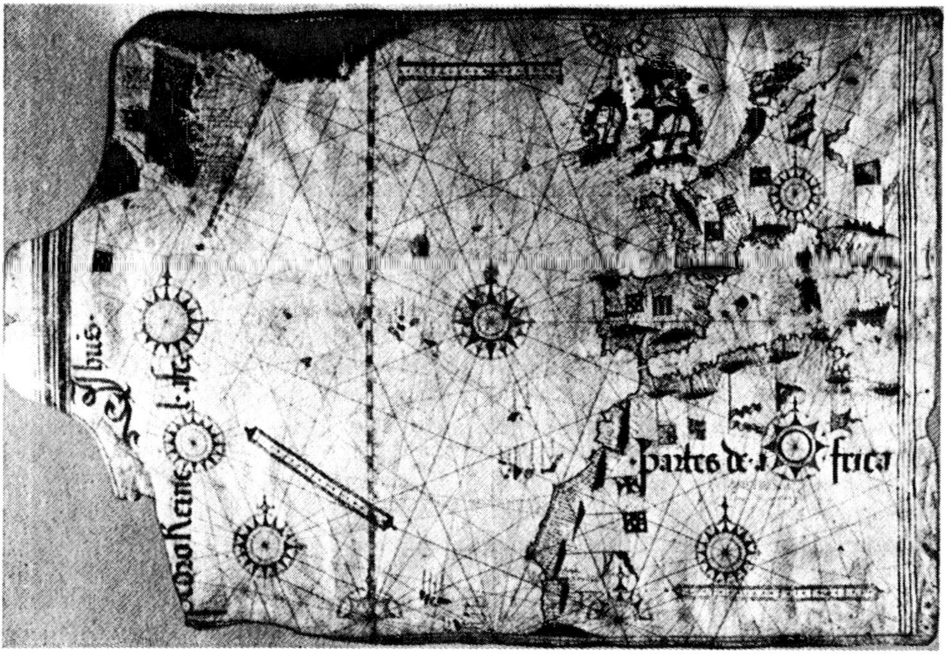

Die astronomisch-nautische Karte Pedro Reinels
Aquarellierte Kartenzeichnung des Portugiesen, um 1504
München, Bayerische Staatsbibliothek, Kartensammlung

Auseinandersetzungen mit Kastilien. Papst Nikolaus V. entschied jedoch 1452 durch die Bulle ›Dum diversas‹, daß die afrikanischen Entdeckungen südlich und östlich von Bojador »usque ad Indos« nur Portugal und dem Christus-Orden zuständen, und ermächtigte die portugiesische Krone, »die Länder der Ungläubigen zu erobern, diese zu unterwerfen und zu versklaven«. Die ökonomischen Gewinne der Entdeckungen in der ersten Jahrhunderthälfte waren bisher kaum der Rede wert, sieht man vom Zucker Madeiras und von den sogenannten Mohren-Missionen ab.

Trotzdem hatte Heinrichs Energie bewirkt, daß der ozeanische Elan auch ohne ihn weitertrug. Eine Karavellen-Flottille überquerte 1471 den Äquator und sah zum ersten Mal das »Kreuz des Südens«, ein Jahrzehnt später erreichte Diego Cão weit jenseits der Kongo-Mündung Kap Santa Maria, etwa vierzehn Grad südlicher Breite. Diese Fahrten wurden jetzt von König Johann II. geplant und ausgerüstet. Wenige Jahre später kam Diego Cão auf einer neuen Reise bis zur Walfischbai und Kap Cross und war damit, ohne es zu wissen, nicht viel weiter von der Südspitze Afrikas entfernt als Kap Bojador von San Vicente.

Mit dieser Fahrt begann ein neuer Abschnitt der portugiesischen Entdeckungen; denn Kapitän Diego Cão hatte vom König den klaren Auftrag erhalten, die afrikanische Südspitze zu umsegeln. Martin Behaim, der als nautischer Spezialist an der Expedition teilnahm, notierte auf seinem Erdglobus von 1492: »Als man zählte nach Christi unseres Herrn Geburt 1484 Jahre, ließ zurüsten der durchlauchtige König Johann II. in Portugal zwei Schiffe, Karavellen genannt, bemannt, victualiert und gewaffnet, versehen auf drei Jahre. Dem Volke und den Schiffen war in Königs Namen Befehl gegeben, auszufahren über die Säulen, die Hercules in Afrika gesetzt hat, immer gegen Mittag und gegen den Aufgang der Sonne, sofern es ihnen möglich sei.« Cão hatte keinen Erfolg, es blieb auch unbekannt, warum er die Reise schon nach eineinhalb Jahren beendete; denn die Schiffe waren für die doppelte Zeit ausgerüstet. In Lissabon wollte man nun aber endgültig Klarheit haben. Der König entsandte im Mai 1487 eine kleine Gruppe von Rittern, die auf arabischen Handelsrouten versuchen sollte, ins Reich des Priesterkönigs Johannes zu kommen, und im August wurden nochmals drei Schiffe unter dem Befehl Bartolomeu Dias nach Süden geschickt. Pêro da Covilhã, der die Landgruppe führte, kam durch das Rote Meer bis Malabar in Südindien. Auf dem Rückweg erreichte er an der ostafrikanischen Küste den arabischen Handelshafen Sofala und später über Land Äthiopien. Den Priesterkönig Johannes fand er nicht, aber seine Berichte bewiesen, daß der Indische Ozean kein Binnengewässer war, wie die europäischen Kosmographen des Spätmittelalters geglaubt hatten, daß es also tatsächlich einen Seeweg nach Indien geben mußte. Diese Verbindung zwischen Atlantik und Indischem Ozean war schon auf dem Portulan des Fra Mauro aus den Jahren 1457 bis 1459 durch die annähernd richtige Skizzierung Afrikas verzeichnet.

Den anderen Schlußstein lieferte Bartolomeu Dias, indem er einen Strich unter das endemische Stadium der Entdeckungsfahrten entlang der Küste zog. Im Januar 1488 hatte ein Sturm seine drei Karavellen über die Küste Afrikas hinaus weit nach Süden getrieben, so daß Dias bei einsetzendem stetigen Westwind dem Rudergänger Ostkurs befehlen mußte. Anfang Februar hatte er Klarheit gewonnen: Der Seeweg um Afrika war entdeckt. Dias dürfte etwa die Gegend des Großen Fischflusses nordöstlich des heutigen Port Elizabeth erreicht haben. Hier mußte er die Expedition abbrechen, weil die Besatzung die Weiterfahrt ablehnte. Die Mannschaft war ermüdet, gereizt und krank, der Proviant zum großen Teil verfault. Ob Dias bei seiner Ausrüstung überhaupt Chancen gehabt hätte, Indien zu erreichen, muß zweifelhaft bleiben. Das gilt auch für die Mitteilung, er habe dem Südkap den Namen ›Kap des Sturmes‹, ›Cabo Tormentoso‹, gegeben, aber König Johann II. habe von diesem Namen nichts wissen wollen und die Südspitze in Kap der Guten Hoffnung umgetauft. Portugal hatte

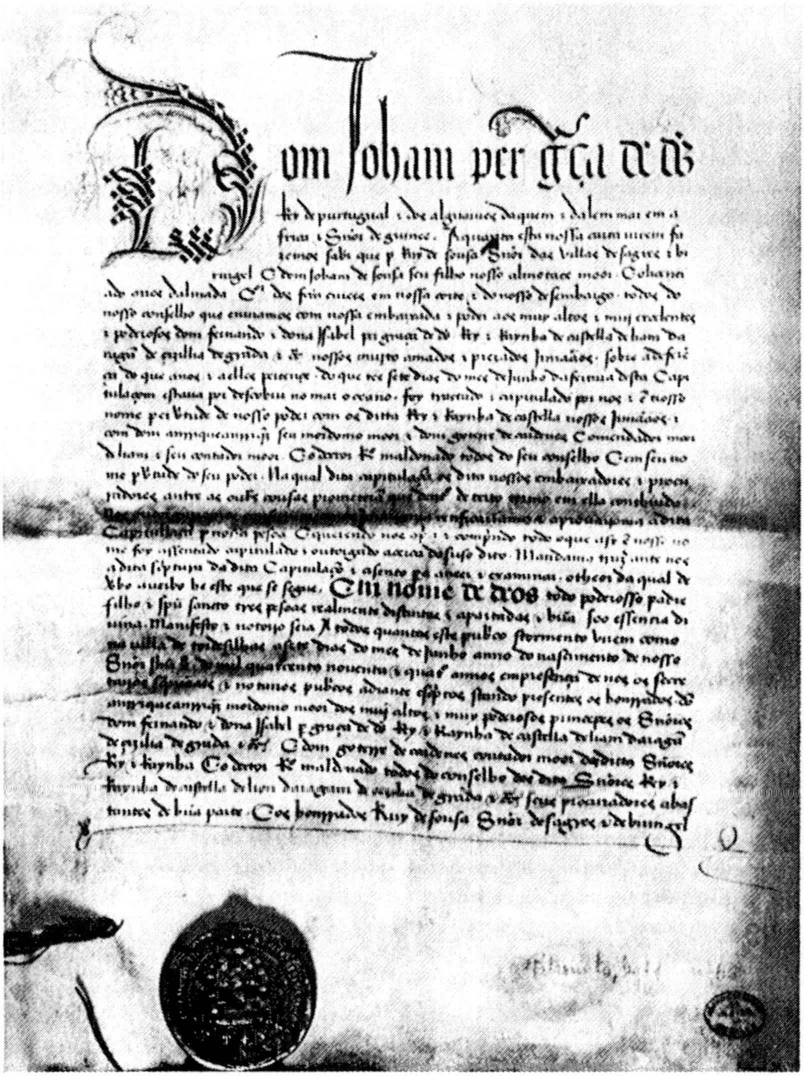

Die Teilung der überseeischen Gebiete zwischen Portugal und Spanien
durch den Schiedsspruch Alexanders VI. vom 7. Juni 1494
Die erste Seite des Vertrages von Tordesillas in der portugiesischen Fassung
Sevilla, Archivo General de Indias

sich seit jenem Erfolg auf die afrikanische Route festgelegt.

Seit 1478 lebte Kolumbus in Lissabon. Er hatte 1482 oder 1483 in portugiesischem Dienst an einer Reise nach Guinea teilgenommen. Wenig später dürfte sich in ihm der Gedanke an eine Westroute nach Indien festgesetzt haben; denn 1484 legte er König Johann II. einen Plan vor, ihm das Kommando über drei Schiffe zu geben, sie für ein Jahr auszurüsten und ihn zum »Admiral des Weltmeeres« zu ernennen mit dem Recht, als Gouverneur sämtliche Gebiete, die er entdecken würde, zu verwalten und den zehnten Teil aller gefundenen Edelmetalle zu behalten. Der König ließ den Vorschlag von Gelehrten prüfen; das Exposé wurde verworfen, weil ihrer Ansicht nach die Entfernungen, die Kolumbus genannt hatte, sehr viel größer waren. Vier Jahre später reichte Kolumbus das Projekt nochmals ein. Obwohl Johann II. ihn seiner Freundschaft und Hochachtung versicherte, fand er mit seinem Plan, »den Osten im Westen zu suchen«, noch weniger Gehör, weil kurz darauf die Ohren aller maritim Faszinierten von dem Jubel über Dias' geglückte Afrika-Umsegelung widerhallten. Die Gründe, warum die Westroute Johann II. nicht interessierte, waren einleuchtend. Mochten Männer wie Luther die Behauptung, die Erde sei eine Kugel, als lächerlich und kindische Phantasterei abtun, so wußten es die Fachleute besser. Keiner bestritt, daß man auch westwärts nach Asien und Indien gelangen würde. Aber durch die Entdeckung des Südkaps hatte Portugal einen enormen Vorsprung; kein anderes Schiff konnte ohne portugiesischen Willen die Westküste des afrikanischen Kontinents anlaufen. Daß Schiffe anderer Nationen nach Westen aufbrachen, war nicht zu verhindern, doch auf der kürzeren Route um Afrika übte Portugal die Seeherrschaft aus, und damit mußten sich im Zweifelsfall die Spanier, Italiener, Engländer, Franzosen oder Holländer erst auseinandersetzen.

Im Jahr 1493 erfuhr der König, daß ihm mit Kolumbus, der auf seiner Rückkehr den Hafen Lissabon angelaufen hatte, einiges entgangen war. Johann II. rief ihn zu sich auf sein Schloß in Valparaiso, ließ sich berichten und erklärte dann, daß alles Land, das im Westen entdeckt werde, Eigentum Portugals sei. Johann war kein Mann bloßer Worte: Wenn man sich weigere, werde er seine gesamte Flotte in den Westen schicken. Spanien wollte weder nachgeben noch das Risiko eines Waffenganges auf sich nehmen. Der Papst, Alexander VI. Borgia, vermittelte, nicht etwa weil er selbst aus Aragonien kam, sondern weil die Kirche die einzige Instanz war, die für Länder, in denen noch keine christliche Rechtsordnung herrschte, Recht setzen konnte; und wenn sie dieses Recht delegierte, war es zunächst ein Recht auf Landnahme. Die Verhandlungen zogen sich lange hin. Der Papst erließ einige Bullen; die wichtigste – ›Inter caetera divinae‹ – wurde auf Ersuchen beider Länder auf den 4. Mai 1493 vordatiert und lieferte die Grundlage für den am 7. Juni 1494 geschlossenen luso-spanischen Staatsvertrag von Tordesillas, der 1495 ergänzt wurde. Westlich einer Demarkationslinie, die über beide Pole lief und ziemlich genau zwischen den Kapverdischen Inseln und den Antillen hindurchführte, wurde alles Gebiet Spanien überlassen, was sich östlich davon befand, gehörte Portugal; damit war, wie sich kurz darauf herausstellte, Brasilien portugiesischer Besitz geworden.

Noch einmal rüstete König Johann II. drei Karavellen aus. Lange bevor die Schiffe den Anker lichten konnten, starb er jedoch, Ende Oktober 1495. Die Flottille – unter dem achtundzwanzigjährigen Vasco da Gama – verließ Lissabon erst Anfang Juli 1497. Sie umsegelte ohne besondere Schwierigkeiten das Südkap, lief Moçambique an und dann in den Hafen von Melinde ein. Dort wurde Vasco da Gama vom König einer der besten und erfahrensten arabischen Steuermänner vermittelt. Die drei Karavellen segelten quer über den Indischen Ozean und erreichten nach kaum vier Wochen den Hafen des großen Handelszentrums Calicut an der Malabar-Küste.

Auf die Wirtschaft, die Politik, die Denkschemata Europas wirkte sich die Initiative Heinrichs des Seefahrers, die schließlich zu der geglückten Expedition Vasco da Gamas geführt hatte, während eines ganzen Jahrhunderts weit folgenschwerer aus als die Entdeckung Amerikas. Die Mittelmeer-Routen, Monopole der italienischen Seestädte seit Jahrhunderten, die nur mit hohen Risiken und übermäßigem Aufwand durch die osmanisch-arabischen Sperriegel bis Indien und China verlängert werden konnten, waren mit einem Schlag uninteressant geworden. Mit Vasco da Gama begann ein eruptiver, wirtschaftsrevolutionierender Handel mit Indien. Sowohl quantitativ als auch am Spektrum des Angebots gemessen lassen sich die Zeiten vor und nach 1498 kaum miteinander vergleichen. Die Portugiesen waren von Heinrich dem Seefahrer zu ozeanischer Existenz gezwungen, ja getrieben worden und hatten sich binnen wenigen Generationen zu der eigentlichen Seefahrernation Europas entwickelt. Daß auch nur eine einzige ihrer Entdeckungsreisen jemals bloßen, sogenannten reinen Forschungstrieben gedient haben könnte, ist eine irrige, verzerrt moderne Vorstellung, die sich von der Fiktion eines keimfrei für sich existierenden Wissenstriebes nährt, demgegenüber alle anderen Beweggründe als »unrein« deklassiert sind. Dasselbe gilt für das spätere Bemühen, die Motive des Infanten auf einem Goldgrund zweckfreien Forschungsinteresses leuchten zu lassen. So legte man die Bemerkung eines seiner Kapitäne, Diego Gomez', dahingehend aus, daß Heinrich 1416 das erste Schiff vor allem deshalb auf die Reise geschickt habe, »weil er die Ursache eines so starken Meeresandrangs kennenzulernen wünschte«, der an den südlichen Küsten festzustellen war. Die Frage, ob es überhaupt so etwas wie Wissensdurst um seiner selbst willen gibt, stellt sich erst nach langen Phasen einer Wissenschaftsentwicklung. Hätte man auf zweckfreie Antriebe warten wollen, dann wäre der Seeweg nach Indien wohl noch immer nicht entdeckt. Wenn überhaupt bei Heinrich ein seine vielen Beweggründe zusammenfassendes Motiv genannt

Vasco da Gama
Gemälde von A. M. Fonella
nach einem in Lissabon verschollenen Bildnis
Greenwich, National Maritime Museum

werden könnte, dann müßte man es – vage genug – als eine Art Innovationsbedürfnis bezeichnen.

Portugal hatte mit der Eroberung Ceutas den Berberriegel gesprengt, der das Mittelmeer vom Atlantik trennte. Heinrich der Seefahrer war es aber auch, der das Mittelmeer für einen langen Zeitraum in einem bedrohlich endgültigen Sinn zu einem Binnensee werden ließ. Seitdem verlagerten sich die Aktivitäten nach Westen, zunächst nach Portugal und Spanien, dann auch in den Norden. Holland und England übernahmen später ihren eigenen Part. Der Wirtschaftsraum Europas gewann ozeanische Perspektiven. Von Portugal war unter vielen Nöten gezeigt worden, daß Wasser nur diejenigen Balken hatte, denen man sich anvertraute; jetzt, nach Vasco da Gamas Triumph, war es entschlossen, das Errungene mit sämtlichen Mitteln zu sichern und auszubauen. Die Konkurrenz Venedigs und Genuas, Marseilles oder Barcelonas hatte man auf kaltem Wege ausgeschaltet. Die arabischen Handelsrechte und Machtmonopole wollte man notfalls mit Gewalt brechen. So lautete die Empfehlung, die Vasco da Gama dem neuen portugiesischen König, Emanuel I., unterbreitete und an die sich der Herrscher auch hielt. Die nächste Flotte umfaßte dreizehn Schiffe mit zwölfhundert Mann. Sie verließ im März des Jahres 1500 Lissabon. Ihr Führer Pedro Alvares Cabral hielt sich westlich der Route, die Dias gesegelt war. Dabei stießen die Schiffe in der zweiten Hälfte des April auf die Küste Brasiliens. Von diesem Tag an wurde der Hafen Porto Seguro zum festen Stützpunkt für die Route nach Ostindien. Cabral traf im September mit sechs Schiffen in Calicut ein. Es kam zu Kämpfen mit den Arabern; Cabral ließ Calicut beschießen. Der Indienhandel verwandelte sich nun in eine zusammenhängende Kette offizieller Raub- und Eroberungsexpeditionen. Vasco da Gamas Flotte, die 1503 vor Calicut aufkreuzte, war bereits eine schwerbewaffnete Armada, und ihr Führer dachte nicht daran, friedlich um Handelskonzessionen zu ersuchen. Das erste große Kauffahrtsschiff der Araber, das den Weg der Portugiesen vor Indien kreuzte, wurde geentert, vollständig ausgeraubt und dann mit der ganzen Besatzung, zweihundert Menschen, unter ihnen Frauen und Kinder, auf offener See verbrannt.

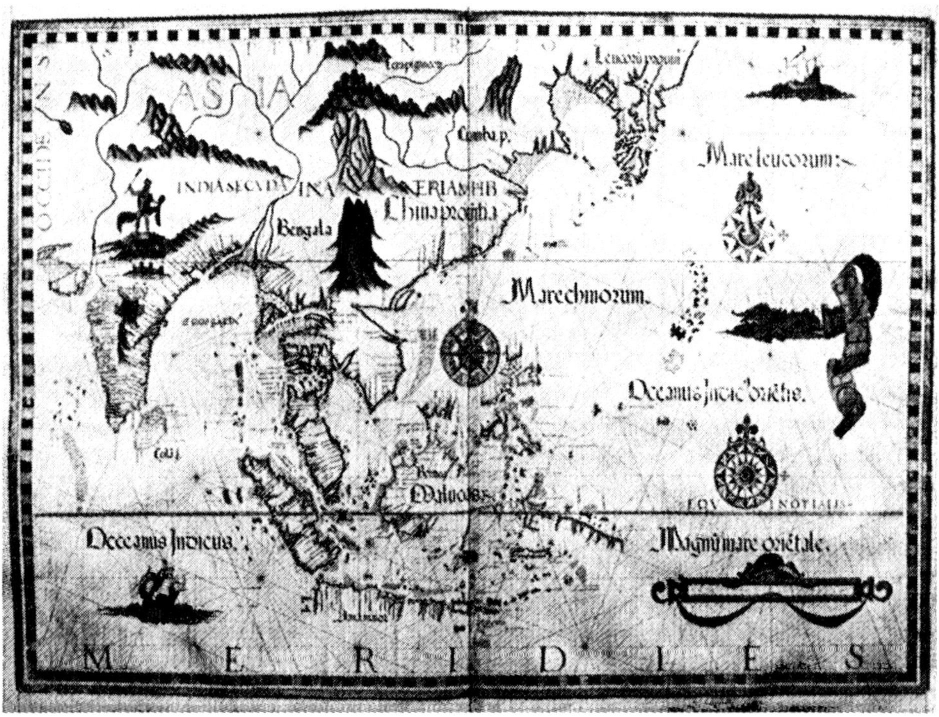

Indien, Hinterindien und der indische Archipel
Aquarellierte Kartenzeichnung in einem Portolan von Diego Homem, 1558
London, British Museum

Das bedeutete eine Zäsur in der Geschichte des Indienhandels und des Subkontinents, ein neues Datum auch in der Geschichte der Entdeckungen. Die Araber hatten bei ihren Handelsgründungen niemals zur Gewalt gegriffen, Kriegsschiffe als Realisatoren kaufmännischer Wünsche waren im Indischen Ozean unbekannt. Portugal verwandelte den Seeweg um Afrika in eine Staatsroute, legte auf allen wichtigen Stützpunkten Forts an und eroberte sämtliche bedeutenden Küstenstriche mit Gewalt. Vasco da Gama und Francisco d'Almeida wurden zu brutalen Räubern, verblaßten allerdings vor der Unmenschlichkeit Alfonso d'Albuquerques, des zweiten und berüchtigtsten aller Vizekönige in Ostindien. Albuquerque eroberte während seiner fünf Herrschaftsjahre Goa, stieß bis zur Malaiischen Halbinsel vor, stürmte Malakka und besaß damit die Herrschaft über die Seestraße zwischen Sumatra und Malakka, des wichtigsten Handelsweges im Südosten. Seit der Eroberung von Ormuz in Südarabien durch Albuquerque kontrollierte Portugal auch den Persischen Golf. 1516 segelten portugiesische Schiffe ins Chinesische Meer und liefen Canton an. Kaufleute vom Tajo machten 1520 dem Kaiser von China in Peking ihre Aufwartung.

Obwohl seit dem Eintreffen Vasco da Gamas in Calicut nur wenige Jahre vergangen waren, hatte Portugal die Seeherrschaft auf der halben Erdkugel an sich gerissen und sich dadurch in den Besitz der reichsten Handelsverbindungen der Welt gebracht. Die Geschäfte, die dabei getrieben wurden, waren zumeist ebenso Warentausch wie systematischer Raubmord en gros. Albuquerque soll von Malakka eine Beute von mehr als einer Million Golddukaten an den Tajo geschickt haben. Die vernichtenden Überfälle portugiesischer Kriegsschiffe, das immergleiche Foltern, Plündern, Niederbrennen wurde nur deshalb in die Rubrik von Feldzügen eingeordnet, weil es unter der Flagge Portugals geschah. Engländer, Holländer und Spanier verhielten sich Jahrzehnte später nicht anders. Es gehörte zu den Brandzeichen der europäischen Weltexpansion und läßt sich nicht nur in Indien oder Südamerika registrieren, sondern gleichfalls bei den gnadenlosen Kämpfen etwa zwischen Engländern und Spaniern in ihrem Ringen um die Seeherrschaft und um Kolonien. So lang sich die Handelswege über See nach Indien erstreckten, so konsequent man nach den Reichen der Inka und Azteken griff, so breit war die Blutspur der ungezählten toten Moslems, Hindus, Neger und Indianer, von der die europäischen Entdecker- und Kolonisationsjahrhunderte genauso gefärbt wurden wie vom Wagemut, von der Abenteuerlust, dem Heroismus oder dem lupenreinen Missionisierungsglauben der portugiesischen Kapitäne, spanischen Eroberer, englischen Admirale oder holländischen Kolonisatoren und all den Priestern in ihrem Gefolge.

Tierra, Tierra!

Daß sich weder die italienischen Seestädte noch Frankreich in diese Expansionsbewegung eingliederten, scheint kaum unnatürlich zu sein, wenn man in Rechnung stellt, wie heftig der Levantehandel umkämpft gewesen war und welche Kräfte die Auseinandersetzungen mit den Osmanen zu Lande und auf See banden. Das soll freilich nicht besagen, daß Portugal auf Grund irgendeiner besonderen Situation politischer Distanz frei und gewissermaßen plötzlich zu einer thalassischen Lebensform genötigt gewesen wäre. Ein Mann wie Heinrich der Seefahrer bildet in seiner Art eine ebenso zufällige wie einmalige und notwendige Erscheinung. In Spanien, das heißt Kastilien und Aragonien, sah es anders aus. Mit den inneren Verhältnissen stand es dort ungleich komplizierter als in Portugal, und dies bedeutete, wenn man ein hypothetisches Richtmaß der ozeanischen Möglichkeiten einführt, trotz der größeren Macht Spaniens und seiner Wirtschaftskraft zunächst ein Handikap gegenüber seinem schwächeren Nachbarn im Westen. Spaniens mediterraner Handel ließ nichts an Intensität und Ertrag zu wünschen übrig, wie die damalige Blüte Barcelonas bezeugt, aber ein eigenes Debet war die dichte Verflechtung von Kirche und Staat. Der mühsame Prozeß der Reconquista, die Todfeindschaft gegen die Juden, das ökonomisch-finanzielle Übergewicht der Kirche gegenüber der Krone, schließlich der Endkampf um Granada in den achtziger Jahren des 15. Jahrhunderts und die ersten Etappen des bizarren Kapitels der Inquisition – das alles garantierte eine politische Introversion, gegen die ein Mann wie Christoph Kolumbus von vornherein auf verlorenem Posten zu stehen schien.

Daß die Erde keine Scheibe war, wie man in der Antike angenommen hatte, sondern eine Kugel, galt bei den Fachleuten des Jahrhunderts schon längere Zeit als sicher. König Alfons V., der Afrikaner, hatte 1474 den berühmten Arzt und Kosmographen Toscanelli in Florenz fragen lassen, ob man auch durch eine Fahrt nach Westen an die Küsten Indiens gelangen könne, und Toscanelli hatte mit einem entschiedenen Ja geantwortet: Man würde, wenn man eine gar nicht so lange Strecke über den Atlantik gesegelt sei, an die Küste Ostasiens gelangen; denn die Erde habe die Gestalt einer Kugel. Bei dem Problem, wie es sich tatsächlich mit einer Umsegelung dieser Erdkugel verhielt, stand nicht an erster Stelle die Frage, ob das möglich sei, sondern warum man es tun sollte. Ausschlaggebend im damaligen Stadium der Entdeckungen war nicht die Neugierde, sondern die Länge des Weges bis zum Ziel. Später wurde über die Gelehrten, die 1484 das Projekt Kolumbus' verwarfen, oft gelächelt. Aber sie hatten recht, und recht behielt auch König Johann II., der sich für den Weg um Afrika entschieden hatte. Denn noch keiner wußte etwas von der Existenz eines Kontinents zwischen Europa und Asien; zudem ist nun einmal der Weg von der Iberischen Halbinsel nach Indien um das Südkap herum erheblich kürzer als auf der Westroute durch den Atlantik und Pazifik. Nur den falschen Berechnungen und Schätzungen war es zu verdanken, daß die Vorbereitungen zur Umseglung der Erde nicht völlig steckengeblieben sind. Nicht nur die Erkundung der Erde, auch die Forschung selbst ist oft durch dasjenige enorm vorangebracht worden, was man zu wissen glaubte, ohne es wirklich zu wissen.

Christoph Kolumbus
Medaillon von Guido Mazzoni
Neckarsteinach, Sammlung Dr. R. Gaettens

Kolumbus war 1451 in Genua als Sohn eines Wollwebers und Kleinhändlers geboren worden. Seine erste Bekanntschaft mit dem Wasser dürfte er auf einem der zahlreichen kleinen Handelsboote Liguriens gemacht haben. Ein sicheres Datum ist erst mit 1476 gegeben: Kolumbus fuhr in jenem Jahr als Matrose in einer Genueser Handelsflotte nach Flandern, erlebte an der portugiesischen Südküste einen Angriff französischer Kriegsschiffe, wurde dabei verwundet, schwamm mühsam an Land, konnte sich retten, blieb zur Ausheilung in Lagos und ging dann nach Lissabon. Von dort unternahm er eine Fahrt nach England, auf der er wahrscheinlich auch Irland und – weniger wahrscheinlich – Island kennenlernte; anschließend kehrte er an den Tajo zurück. Sein Bruder Bartolomeo, ein ausgezeichneter Kartograph, zog ebenfalls nach Lissabon. Die beiden lebten vom Kartenzeichnen. Christoph pflegte allerdings auch seine Beziehungen zum Handel weiter und erhielt 1478 von seiner alten Genueser Firma den Auftrag, in Madeira Zucker einzukaufen. 1479 heiratete er in eine verarmte portugiesische Adelsfamilie ein; sein Schwiegervater – er war schon lange tot – hatte zum engeren Kreis Heinrichs des Seefahrers gehört und als Gouverneur des Infanten die Madeira-Insel Porto Santo verwaltet.

Kolumbus hatte zu Anfang der achtziger Jahre schon recht gute Beziehungen zu einflußreichen Kreisen. Von Toscanelli ließ er sich erneut bestätigen, was dieser Florentiner Gelehrte dem portugiesischen Hof bereits 1474 versichert hatte: Der Weg nach Indien über China sei erheblich kürzer als um Afrika, von dem man noch nicht einmal sicher wußte, ob er wirklich nach Asien führte. Indem Kolumbus die arabische Meile mit der italienischen verwechselte, die beträchtlich kürzer war, schätzte er die Entfernung zwischen den Kanarischen Inseln und Japan auf zweitausendvierhundert Seemeilen. Er sammelte alle einschlägigen Notizen und alten Schriften. Marco Polos großen Bericht kannte er fast auswendig, und früheren Erdbeschreibungen vertraute er je mehr, desto dichter sie die Ostgrenze Asiens an den Westen Europas gerückt hatten. Ausgerüstet mit solchen Grundlagen unterbreitete er König Johann II. im Jahr 1484 sein Westrouten-Projekt, das genauso abgelehnt wurde wie die Reprise vier Jahre darauf. Kolumbus verließ Portugal nach dem ersten Mißerfolg und versuchte, seinen Plan in Kastilien durchzusetzen. Er gewann rasch Freunde und Gönner. Königin Isabella von Kastilien erfuhr von den Plänen und beorderte den Genuesen 1486 zu sich; denn das Projekt interessierte sie außerordentlich. Sie sicherte zunächst den Lebensunterhalt Kolumbus', machte jedoch ihren Entschluß von der Konsultation eines Gelehrtengremiums abhängig. Die Entscheidung wurde vertagt, weil Isabella und Ferdinand damit beschäftigt waren, in den nächsten Jahren Malaga und Granada zurückzuerobern. Nach der zweiten Ablehnung durch Portugal sandte Kolumbus seinen Bruder nach London, um das Unternehmen bei Heinrich VII. durchzusetzen. Der Hof lehnte ab. Auch Kolumbus' Versuch in Paris scheiterte. Bis Mitte 1491 stand Kolumbus gleichsam ein Fegefeuer an enttäuschten Hoffnungen, Absagen, Vertröstungen, Einsamkeiten durch. Als er schließlich Spanien verlassen wollte, rief ihn die Königin nochmals an den Hof. Nach etlichen Zusagen, Widerrufen, Forderungen, zähen Verhandlungen und unerwarteter

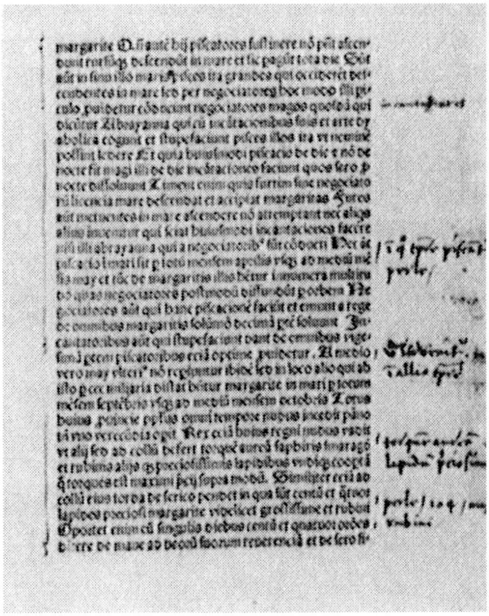

Marco Polos Reisebericht
in einer 1485 in Antwerpen erschienenen
lateinischen Ausgabe mit Randbemerkungen
von Christoph Kolumbus
Sevilla, Biblioteca Capitular Colombina

Hilfe wurde am 17. April 1492 von König Ferdinand die Kapitulation von Santa Fé unterschrieben und gesiegelt. Kolumbus erhielt im wesentlichen all die Forderungen zugebilligt, die er schon in Portugal gestellt hatte. Er wurde zum Admiral des Ozeans, zum Gouverneur und Vizekönig aller entdeckten Inseln und Festlande ernannt, erhielt ein Zehntel der Landesprodukte, wurde an den Handelsgewinnen beteiligt und besaß ein Vorschlagsrecht für sämtliche notwendigen Ämter. Offizielle Einführungsschreiben an die Herrscher Asiens waren für die ersten diplomatischen Kontakte gedacht.

Am 3. August 1492 wurden im Hafen Palos am Rio Tinto auf drei Schiffen die Segel gehißt, auf den Karavellen Niña und Pinta und der größeren Santa Maria, dem Flaggschiff Kolumbus'; eine getreue Nachbildung der Santa Maria liegt noch heute in

Barcelona vor Anker. Nach einigen Verzögerungen auf den Kanarischen Inseln begann die Expedition endgültig am 6. September. Nach vier Wochen gab es Ansätze zu Meutereien, ansonsten hatte Kolumbus keine Schwierigkeiten zu überwinden. Er täuschte die Mannschaft mit falsch eingetragenen Distanzen, deutete alle Vögel, die sie sahen, jeden neuartigen Fisch, jedes beliebige aus dem Rahmen fallende Ereignis auf bevorstehendes Land, glaubte wohl selbst daran, weil er daran glauben wollte. Am 7. Oktober änderte er den Kurs und folgte den riesigen Vogelscharen, die vom Festlandsnorden zu den Bermudas ziehen – eine seiner glücklichsten Fehlentscheidungen; denn die drei Schiffe wären sonst mit größter Wahrscheinlichkeit vom Golfstrom nach Florida getrieben worden und dort gestrandet. Am 12. Oktober, zwei Uhr morgens bei Vollmond, sichtete man Land. Die Insel erhielt den Namen ›San Salvador‹; es ist die heutige Watlings-Insel. Bis zum Dezember wurden außer etlichen Inseln der Bahamas Kuba und Haiti erforscht. Kolumbus war unerschütterlich davon überzeugt, daß er den asiatischen Kontinent erreicht habe, und daran glaubte er bis an sein Lebensende. Gold fanden die Entdecker nur in mäßigen Mengen – die bitterste Enttäuschung; doch die Versicherungen der freundlichen Eingeborenen, daß es davon sehr viel mehr gäbe, halfen etwas darüber hinweg. Kolumbus rechnete ebenso fest damit, wie er mit der Entdeckung Chinas gerechnet hatte. In einem Brief an die katholischen Majestäten schrieb er einmal: »Gold ist etwas Hervorragendes. Mit Gold macht man alles, was man auf dieser Welt wünscht. Man bringt damit sogar die Seelen ins Paradies.« Am

Das Flaggschiff Santa Maria auf einer Reise in die Neue Welt
Holzschnitt von Johann Theodor de Bry
Greenwich, National Maritime Museum

15. März 1493 lief Kolumbus nach einem Zwischenaufenthalt in Lissabon wieder den Heimathafen Palos an. Jetzt erst begriffen Isabella und Ferdinand die ganze Tragweite des Unternehmens und seines glücklichen Ausgangs. Die Herrscher empfingen ihn in Barcelona mit all dem Prunk, der einem Souverän gebührt. Kolumbus, der Admiral des Ozeans und Vizekönig von Indien, stand im Zenit.

Die folgenden dreizehn Jahre bis zu seinem Tod waren noch weit abenteuerlicher als seine erste Reise. Erfolge und Triumphe wurden völlig überwuchert von Enttäuschungen, Intrigen, Katastrophen. Ein Großteil war Kolumbus' eigener Unsicherheit und seinen absurden Kolonisierungsmethoden zuzuschreiben. So unvergleichlich souverän er sich auf See zurechtfand – sein untrügliches Gespür für Entfernungen, Winde, Strömungen und Stürme hat ihn zu einem der hervorragendsten Seefahrer aller Zeiten gemacht –, so hilflos benahm er sich an Land und im Zusammenleben mit anderen. Kaum einer der Entdecker besaß stärkeren Willen, mehr Zähigkeit und Widerstandskraft als er. Daß er bei seinen Expeditionen fast durchweg nur von geographischen Irrtümern ausging, aus falschen Vorstellungen noch fehlerhafte Schlüsse zog und doch Erfolg hatte, spielt keine Rolle. Auf der ersten Fahrt hatte er aus dem Auftauchen der Tropikvögel gefolgert, daß Land in der Nähe sein müsse – ein Irrtum. Aus den Seetangfeldern, die seine Schiffe durchquerten, hatte er ebenfalls auf bevorstehendes Festland geschlossen – in Wirklichkeit segelten sie erst in der Mitte des Atlantik. Und derselbe Trugschluß im Beerentang des Sargasso-Meeres. Solche Irrtümer hatten ihn bis zur Landung auf San Salvador ständig

Ankunft der ersten überseeischen Zuckerladung im Hafen von Antwerpen im Jahr 1508
Gemälde von Piet Verhaert
Antwerpen, Rathaus

beflügelt. Ähnliches bei der Rückkehr: Er hatte einen Kurs Nordnordost eingeschlagen, weil er Palos direkt anlaufen wollte, sich damit aber aus der Passatzone entfernt, die jede Rückkehr unmöglich gemacht hätte. Kolumbus' Spürsinn war genial, und noch weit genialer deutete er alle Vorzeichen so, daß sie seine Zuversicht, seine Kühnheit und seinen Willen stärkten, nicht aufzugeben – keine schlechte Zurüstung für sämtliche Projekte, bei denen man nicht weiß, wohin die Reise geht.

Kolumbus, dieser größte Mystiker, der je zur See gefahren ist, besetzte das Ziel mit einer fixen Idee. Er hatte den Osten Chinas entdeckt, dabei blieb es. Als sich auf der zweiten Reise herausstellte, daß auch Kuba nicht das ersehnte asiatische Festland war, sondern eine Insel, zwang er seine ganze Mannschaft unter schweren Drohungen zu einer eidesstattlichen Versicherung, daß es sich um keine Insel handele, sondern um das Vorgebirge Asiens. Und so suchte er auch den Groß-Chan, glaubte einmal, den Priesterkönig Johannes an Land gesichtet zu haben, beabsichtigte, von den Antillen aus den Indischen Ozean und das Rote Meer zu durchqueren, die Osmanen vom Rücken her anzugreifen und Jerusalem zu befreien. Als er die Küste Venezuelas entdeckte, übermannte ihn der gleiche Traum, der Heinrich dem Seefahrer zugesetzt hatte. Kolumbus notierte in seinem Tagebuch, er habe das irdische Paradies entdeckt, »denn man sagt allgemein, daß dieses sich am äußersten Ende des Orients befindet«. Er starb am 20. Mai 1506 in Valladolid, völlig erschöpft, grenzenlos verbittert. Seine Enttäuschung über den Undank der Welt im allgemeinen und denjenigen der spanischen Krone im speziellen verhielt sich reziprok zu seiner Leistung. Es ist nicht maßgebend, wie diese Leistung sich im einzelnen bewerten läßt; maßgebend für ihn und seinen Namen ist allein, daß kein Mensch der Geschichte die Weltkarte gründlicher und umstürzender verändert hat als er – ohne es zu wissen, ohne es auch nur entfernt zu ahnen.

Die Sprengung der Grenzen

Portugal und Spanien konnten mit den Entdekkungen und als deren wichtigste Folge eine enorme Lebenssteigerung aller Bereiche, der Wirtschaft wie des Handels, der Kunst wie der Literatur, verzeichnen. In beiden Staaten begann mit der Wende zum 16. Jahrhundert das Goldene Zeitalter. Nautisch wurden durch ihre Unternehmungen alle bisherigen Leistungen der Hanse, Venedigs und Genuas auf Erfolge bloßer Binnenschiffahrt herabgesetzt. Die ozeanische Expansion verwandelte innerhalb von Jahrzehnten Spanien und Portugal in die ersten imperialistischen Großmächte und Handelsreiche der Moderne. Venedigs Rang schrumpfte unaufhaltsam. Die Handels-Achsen Europas wechselten zwar nicht so abrupt ihre Orientierung, wie man noch kürzlich geglaubt hat, aber die Grundausrichtung zum Atlantik war in der Mitte des 16. Jahrhunderts eine entschiedene Sache. Neben Lissabon, Cádiz und Sevilla entwickelten sich Antwerpen und London zu Weltzentren des Handels und einer Politik, die andere Perspektiven benötigte als die seit langem fixierten europäisch-kontinentalen. Für Italien bedeutete diese Wandlung innerhalb einiger Dezennien das Ende der Renaissance, ein Finale, dem von Norden her durch Luthers Auftreten die authentische Kadenz geliefert wurde.

Die ozeanische Ausweitung bis hin zur ersten Weltumsegelung durch Fernão de Magalhães (1519 bis 1521) – sie wurde nach seinem Tod auf den Philippinen durch den Basken Sebastián del Cano vollendet –, die Eroberung der Riesenreiche in Mexiko und Südamerika, die anhebende Invasion des Erdballs durch Europa lösten fundamentale Veränderungen der gesamten Vorstellungswelt aus. Die einzige Entsprechung dazu gibt die Ablösung des ptolemäischen Weltbildes durch das heliozentrische des Kopernikus. Auch wenn diese beiden Umschwünge äußerlich kaum etwas miteinander zu tun haben und schon gar nicht zeitlich korrespondieren, lassen sich doch ihre Affinitäten nicht übersehen. Das kopernikanische Konzept wurde

Ein Kosmograph in seinem Arbeitszimmer
Stich von Johannes Stradanus, Anfang des 16. Jahrhunderts
Greenwich, National Maritime Museum

frühestens seit der Mitte des 16. Jahrhunderts ernsthafter diskutiert, und Männer wie Giordano Bruno oder Galilei mußten für Einsichten büßen, die sich bei weitem nicht so derb bestätigen ließen wie die sphärische Form der Erde. Das heliozentrische System besaß für Mathematiker und Astronomen, Physiker und Philosophen, vor allem aber für die Gottesgelehrten unvergleichlich mehr Belang als der praktische Beweis, daß sich die Erde umrunden ließ. Die neuen See-, Schiffs- und Weltkarten, die Erd- und Himmelsgloben kollidierten nicht mit Kirchendogmen. Für die Bewußtseinsstruktur der Menschen jedoch, für ihre Intentionalität und Vigilanz hatten diese bisher unbekannten und in überstürzender Schnelligkeit beigebrachten Fakten weit größere Konsequenzen als das umgestürzte Planetensystem, dessen Schlüssigkeit sich jedermann bis heute immer noch zuerst theoretisch-abstrakt und ausdrücklich gegen die sinnfällige Anschauung beweisen muß. Die Wirtschaftsrevolution, die durch die Entdeckungen eingeleitet wurde, bildete nur ein besonders ersichtliches, gesellschaftlich einschneidendes Element dieses Perspektivenwechsels; durch sie entstanden die Vorbedingungen der industriellen Revolution des letzten Jahrhunderts.

Die Folgerichtigkeit, mit der sich das Zeitalter der Renaissance in die Epoche der Reconnaissance ver-

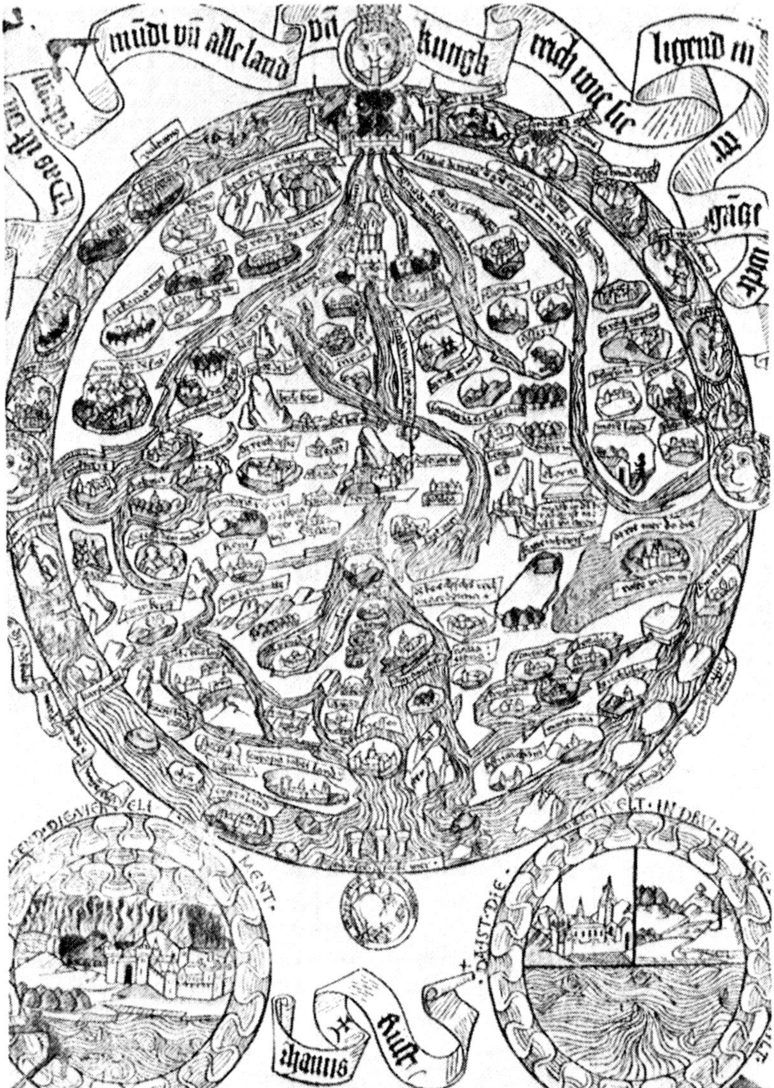

Das ptolemäische Weltbild auf einer Karte von Hans Rüst:
das noch mittelalterliche geographische Schema
einer symmetrisch dreigeteilten scheibenförmigen Erdoberfläche
Holzschnitt des Augsburger Kartographen, um 1480
New York, Pierpont Morgan Library

flüssigte, ist ebenso selbstverständlich wie verblüffend. In dem Jahrhundert zwischen Heinrich dem Seefahrer und Magalhães endete die mehr als zweitausendjährige Geschichte Europas als eine Geschichte des mediterranen Zuschnitts und der darauf bezogenen politischen Dispositionen, wurde das konventionelle Territorialbewußtsein durchsiebt. Der maritime Aufbruch bedeutete nicht etwa nur die Ergänzung alles Bisherigen durch ozeanisch-planetarische Kategorien, sondern viel mehr: Das Besondere des europäischen Weltzeitalters lag in seiner einzigartigen »Raumrevolution«. Die Weltmeere wurden unvermittelt genauso als europäische Meere erfaßt, wie bis dahin der mediterrane Raum, die Nord- und Ostsee als europäische Binnenmeere begriffen worden sind. Das läßt sich an den rechtlichen Argumentationen verfolgen. Gegen alle früheren »Aufteilungen« der Welt – diejenige von 1452/55 oder die Alexander-Linie des Jahres 1494 – sowie gegen den späteren Vertrag von Saragossa 1529, bei dem die Longitudinale des Papstes über die Pole in den ostasiatischen Raum gezogen wurde, gegen jede »Divisio mundi«, wehrten sich Staaten wie Frankreich oder England ganz entschlossen. Nicht mehr um eine Teilung der Erde ging es jetzt bei der europäischen Anwartschaft, sondern um eine Verteilung der Erde. 1532 wurde erstmals der Grundsatz von der Freiheit der Meere ins Spiel gebracht, lange also vor seiner völkerrechtlichen Formulierung. Das geschah allerdings nicht um der Freiheit willen, sondern um den portugiesischen und spanischen Vorsprung aufzuholen. Ferner wurde der Unterschied zwischen Possessiones und Quasi-Possessiones ersetzt durch das, was wirklich in Besitz genommen worden war, und das, was man nur entdeckt hatte. Franz I. sträubte sich gegen die Zumutung Kaiser Karls V., auf alle französischen Gelüste im indischen Raum zu verzichten, mit dem klassischen Satz: »Die Sonne leuchtet für mich genauso wie für jeden anderen. Ich würde gerne die Klausel in dem Testament Adams sehen, nach der ich von der Teilung der Welt ausgeschlossen bin.« Ein volles Jahrhundert galt das Völker-

Nikolaus Kopernikus mit Attributen
seines heliozentrischen Weltbildes
Gemälde nach Tobias Stimmer
an der astronomischen Uhr
des Münsters in Straßburg

rechtsprinzip, daß europäische Friedensverträge in Übersee nicht bindend waren; in der englischen Version: »No peace beyond the line.« Erst als sich im 17. Jahrhundert die kolonialen Interessensphären in etwa eingependelt hatten, als die Würfel oder sachgerechter: die Anker gefallen waren und die Welt europäisiert war, wurde auch dem Völkerrecht Europas transeuropäische Verbindlichkeit eingeräumt.

Die maritime Ausweitung – die Seenahme im Unterschied zur Landnahme, die Verwandlung der Erde in den Erdball und dann schließlich in den Planeten – bedeutete für das konkret bezogene Bewußtsein eine Sprengung der traditionellen Grenzbegriffe. Nicht nur die Grenzen einer relativ überschaubaren Welt wurden Makulatur, sondern auch die konventionellen Vorstellungen vom Charakter der Begrenztheit schlechthin. Der Mensch öffnete sich dem Erdkreis, er lieferte zum ersten Mal in der Geschichte seinen Horizont dem ozeanisch Unbegrenzten aus, er bestätigte sich durch direkte Erfahrung, unerschöpflich variantenreich die selbstverständliche Blickrichtung von der Küste in Richtung des Meeres, die jedem am Strand geläufig ist, selbst wenn er die hohe See noch nie befahren haben sollte. Der Wagemut der Entdecker erschloß eine der großen Lebensdimensionen dieses anhebenden Zeitalters Europas. Ihr Tatendrang wurde keineswegs nur durch die Täuschungen über die Größe der Gefahren gesteigert. Die Überwindung von Kap Bojador hatte zwar einen entscheidenden Durchbruch gebracht, jedoch der Zuwachs an Selbstvertrauen beschränkte sich auf die bessere Kenntnis der ozeanischen Wirklichkeit, nicht aber auf eine Überlegenheit ihr gegenüber. Die Verlustquoten lagen außerordentlich hoch; sie betrugen in den ersten Jahrzehnten über fünfzig Prozent. Noch nicht einmal jedes zweite Schiff, günstig gerechnet, kehrte zurück. Der Entschluß zu derart gefährlichen Unternehmungen setzte die Bereitschaft zu einer besonderen Form der Welt-Begegnung voraus. In den Expeditionen wurde das augenfällig als Bereitschaft zu einer Mobilität, die auf stützende Grenzen verzichtete, weil ihr der Aspekt der Unendlichkeit ebenbürtig war dem Aspekt des Überschaubaren. Hier wiederholte sich die Erfahrung bei der Entdeckung des Perspektiv-Problems in der Kunst: Die optische Bemächtigung der Dimension des Unbegrenzten erhielt in der ozeanischen Erfahrung eine konkret erlebbare Bestätigung. Nur deshalb konnte das Meer in seiner Unermeßlichkeit zu einem Grundelement sowohl persönlicher als auch gemein-politischer Existenzform werden.

Die von den Interessenbindungen gelöste »Freiheit der Meere« wurde bald als Bekräftigung der eigenen, schrankenlos scheinenden Möglichkeiten empfunden, als Freiheit des Menschen überhaupt, von Menschen – nicht verkürzt durch Bindung an Ort und Herkunft –, diesen »Königen auf dem Meer«. So wurde die farbenüberschwemmte Palette des ganzen Orbis terrarum plötzlich wundergleich sichtbar. Das enthusiastisch gesteigerte Gefühl, in einer Welt zu leben, die so ungeahnt viel größer war als alles, worauf sich Raumempfindung, terrestrisches Bewußtsein und maritime Vorstellungskraft bisher bezogen hatten, ließ sich von der unbedingten Überzeugung treiben, diese Welt sei dazu geschaffen, um von ihren Entdeckern mit Beschlag belegt zu werden für sämtliche Interessen, die sich in Europa entwickelt hatten und im Verlauf der Renaissance noch entwickeln würden. Heute kann man dieses ganze Phänomen sachlich analysieren; man benötigt dazu weder Mißbilligung noch Attraktion. Für die kolonisierten Völker, Länder und Kontinente wurde dieses europäische Weltzeitalter ohne Zweifel zur Epoche einer unsäglichen Historia dolorosa, doch dieser Gegenaspekt ändert nichts am Tatbestand selbst.

Der weltliche und verweltlichte Staat

Die ozeanische Expansion wurde auf dem europäischen Festland von einer Korrespondenzbewegung begleitet, die sich in einer grundlegenden Veränderung der Struktur des Staates, der staatlichen Macht und ihrer Verankerung äußerte. Behelfsmäßig ließe sich zunächst von einer Expansion der politischen Potentialität, ja des Politischen überhaupt sprechen. Die Finalität dieses Prozesses ist nicht zu verkennen. Doch dieser Prozeß wäre ungenügend beschrieben und erfaßt, wenn man ihn vorwiegend als eine Art Sättigungsgeschehen innerhalb der bestehenden staatlichen Gebilde oder auch bereits Großgebilde skizzieren wollte, als Ergebnis eines plötzlichen Hypertrophie-Bedürfnisses oder gar einer Arrondierungslust im Inneren, die nur eine Spielart des altbekannten und -degoutanten territorialen Besitzstrebens darstellt, lediglich übersetzt in die Forderung nach Autonomie des Staatlichen. Der Parallelität der beiden Appetenz-Entwicklungen, ihrer imperialen Verwandtschaft, den eigentümlichen Bedingungsverhältnissen und der Erweiterung der Machtsphären muß nicht in sämtlichen Einzelheiten gefolgt werden; es genügt die Feststellung, daß gegen Ende des 15. Jahrhunderts die Ausbildung der neuzeitlichen Staatsidee voll eingesetzt hat, was nicht heißt, daß sie sich auch schon in jedem konkreten Staat Europas hypostasiert hätte. Allerdings verdient es Aufmerksamkeit, daß sie sich gerade bei denjenigen Staaten am härtesten profiliert, die das Instrumentarium der maritimen Welterschließung am frühesten entwickelt und im Dienst überseeischer Herrschaftsordnungen verwendet haben.

Dieser Trend setzte sich unabhängig vom Status einzelner Herrschaftsbereiche in ganz Europa durch; er besaß eine Reihe von Merkmalen, die sich regelmäßig wiederholten. Die schematisierende Verkürzung bringt den Wechsel der Akzente besonders deutlich ins Bild: Die Entwicklung setzte mit einer allmählichen Entmachtung der Feudalherren ein, entweder durch eine Reduzierung der Privilegien auf den Sozialstatus oder durch immer straffere Bindung an die Krone, was in der Praxis ebenfalls auf politische Depotenzierung hinauslief. Von der Herrschaftsspitze aus bedeutete das die Entdeckung des Potentials der politischen Konzentration. Sie äußerte sich zunächst darin, daß die Staatsdirektive entschlossener umgesetzt, daß sie mit ungleich festerer Hand als bisher vorgezeichnet wurde. Damit war die Richtung gegeben auf die Zentralisierung aller Regierungsfunktionen, ihre Zusammenfassung in einer Person, in der sich mehr und mehr die Gesamtheit der staatlichen Autoritäten versammelte – so weit, bis sich endlich das Staatliche selbst souverän setzte; die Endform bestand in der Abstraktion der persönlichkeits-ungebundenen Staatlichkeit. Der Prozeß dieser staatlichen Umgliederung war keineswegs nur vom Widerstreit zwischen den Feudalherrschaften und

Die territorialen Mächte des Heiligen Römischen Reiches
Holzschnitt von Hans Burgkmair, 1510
Nürnberg, Staatsarchiv

der übergreifenden Monarchengewalt geprägt. Der Feudalismus konnte sich unter der Tarnkappe der Willfährigkeit auf weiten Strecken hin erhalten. In den deutschen Gebieten des Reiches entwickelte sich die eigentümliche Situation, daß es den Kaisern nicht gelang, die zentrovertierte Monarchengewalt durchzusetzen, daß aber die Fürsten in ihren Herrschaftsgebieten gleichfalls die administrativ-rationale Staatlichkeit mit ihrer Richtung auf isolierte Autonomie verwirklichten. Was sich im deutschen Reich anfangs um seiner selbst willen und in Abwehr der Zentralisierungsbestrebungen gegenläufig zur europäischen Orientierung herauszubilden schien, verwandelte sich dann unter dem sanften Beistand der hilfreichen List der Vernunft in ein tragendes Moment des neuzeitlichen Staates im Rahmen des Reiches, stellte also innerhalb Europas keine Sonderspielart dar und schon gar kein sklerotisches Überbleibsel früherer Epochen.

Die verdrießlichen Phänomene der einzelherrschaftlichen Willkür müssen dabei als zweitrangige Begleiterscheinungen gewertet werden. Gerade weil sie so zahlreich und aufdringlich sichtbar sind, überdecken sie leicht die historische Unvermeidlichkeit des Gesamtvorganges. Auch dort, wo Despotismus und brutale Zufälligkeiten offensichtlich wucherten – Rußland liefert dafür genauso gute Beispiele wie Italien oder Frankreich –, sollte nicht übersehen werden, wie sinnvoll sich selbst diese Trostlosigkeiten den großen Linien eingliedern. Alles, was sich bis weit über die Reformation hinaus in den Staaten Europas abspielte, auch in den mörderischsten Kämpfen, in völligen Zusammenbrüchen, in den schandbarsten Friedensschröpfungen, gilt es, als vielfarbige Variation der Grundszene zu begreifen. Die Straffung und nicht verkennbare Zweckdienlichkeit der internen Vereinheitlichung gehörte zu den notwendigen Rückwirkungen des Umstandes, daß die zwischenstaatlichen Abhängigkeiten und Interessenbeziehungen zunehmend verwirrender und undurchsichtiger wurden. Staatliche Entschiedenheit und rational-funktionsgerechte Administration bedeuteten deshalb innere Standfestigkeit; ohne diese Voraussetzung konnte sich unter den neuen Gegebenheiten politische Stärke nur als Intervall-Aktion äußern. Faßliche Ordnung als Anagramm des Willens zu eigenstaatlicher Souveränität war schon allein wegen der wirtschaftlichen Umbildungen notwendig; selbst ohne die beispiellosen neuen Dimensionen des Welthandels wären die ökonomischen Probleme in Europa spätestens seit der Wende vom 15. zum 16. Jahrhundert immer seltener nur noch regional zu meistern gewesen. Die staatlich-nationale Hilfestellung ließ sich gar nicht umgehen. Sie reichte von Privilegierung und Förderung über Protektionismus und dirigistsche Bevormundung bis zu krasser Steuerung.

Die spanische Idee

Besonders aussagestark treten die wichtigsten dieser Charakteristika an der spanischen Monarchie hervor, teilweise so ausgeprägt, als handele es sich um Musterstücke moderner Staatselemente aus der iberischen Retorte. In schroffem Unterschied zu allen anderen Kollegialgebilden Europas lebte Spanien seit dem Mittelalter in nahezu gottgefügter Symbiose mit der Kirche, und trotzdem entwickelten sich hier gerade diejenigen Züge besonders scharf geschnitten, die zu den Unverwechselbarkeiten des neuzeitlichen Staates gehören. Einerseits läßt sich erkennen, mit welcher Stärke dieses Staatsprinzip sich Geltung verschaffte, andererseits wird klar, daß es gerade mit Hilfe der Kirche gelang, den modernen Staatsanspruch einer uniformen Ausrichtung des inneren Gefüges besonders konsequent zu verwirklichen. Unter der Führung Spaniens sind seit dem 16. Jahrhundert die Zweifel daran im Rückzug, daß es zu den Monopolen des Staates gehört, die Form seiner Ordnung zu bestimmen, und er deshalb die Kompetenz besitzt, sich derjenigen Prärogativen zu bedienen, die notwendig sind oder die er für notwendig erachtet, um Ordnung nicht nur zu postulieren, sondern auch zu realisieren. In Spanien nahm dieser Ordnungsauftrag die Gestalt der Ordnungsmission an. Dazu bedurfte es – wie in allen Staaten – materieller Macht. Sobald das erkannt war, lagen die Voraussetzungen für die lapidare Gleichung vor: Staat ist Macht – eine Gleichung, die für das gesellschaftliche Zusammenleben durch die Jahrhunderte unverändert gültig blieb und die ständig aufreizte, zumal dort, wo man den Unterschied nicht sah oder nicht mehr sehen wollte zwischen der Handhabung der Macht und der gesellschaftlichen Zustimmung zur Machtausübung, mit der die staatliche Autorität fällt und steht.

Am 19. Oktober 1469 vermählten sich Isabella von Kastilien, die achtzehnjährige Stiefschwester des regierenden Königs Heinrich IV., und Ferdinand (II.) von Aragon, der siebzehnjährige Vetter Isabellas, Thronfolger und bereits König von Sizilien. Europa wurde Zeuge einer Heirat, durch die eine völlig neue Phase der spanischen Geschichte begann und der Grundstein für ein spanisches Großreich gelegt wurde, das sich durch nationale Geschlossenheit auszeichnen sollte. Im Gegensatz zu den meisten anderen Fürstenheiraten der Zeit hatten Isabella und Ferdinand zwar die Ehe geschlossen, aber deshalb nicht gleich ihre beiden Reiche zusammengetan. Die Ansprüche auf Kastilien, die beide besaßen, verschmolzen nicht, als 1474 Heinrich IV. starb; denn Isabella weigerte sich, ihren kastilischen Thron dem Gatten als Mitgift zu überlassen. Ferdinands bedingte Mitsprache wurde in der Vereinbarung von Segovia (1475) präzis geregelt. Seit 1479, dem Jahr, in dem Ferdinand König von Aragonien wurde, bestand zwischen beiden Staaten eine Personalunion; sie wurden gemeinsam regiert, aber unter peinlicher Beachtung aller Rechte Isabellas. Diese Anomalie hielt sich bis ins 16. Jahrhundert; Kastilien und Aragonien blieben getrennt vereint, die staatsrechtlichen Sonderungen fielen nicht, die Zollschranken bestanden fort, auch die außenpolitische Selbständigkeit wurde dem Buchstaben nach gewahrt. Freilich verstärkten sich in derselben Zeit die Gemeinsamkeiten der beiden Königreiche. Vereinheitlichend wirkten die Kirche, die Inquisition, die militärischen Anstrengungen gegen Granada – ein spanischer Kampf, kein aragonesisch-kastilischer.

Isabella und Ferdinand übernahmen ein wenig verlockendes Erbe. Während der außergewöhnlich langen Regierungszeit König Johanns II. von Kastilien – den Daten nach von 1407 bis 1454, mündig wurde der König erst 1419 – hatte sich zwar die Geschichte Kastiliens durch Literatur und Musik verschönt, aber da der König den Staat sich selbst und dem Herrgott überlassen hatte, waren Verwaltung, Wirtschaft und Justiz stagniert, die Feudalherren ungestört ihren Privatfehden und Verschwörungen hingegeben, die leibeigenen Bauern ihrer schweigenden Gottergebenheit und die Vertreter der Kirche der Wahrung ihrer Privilegien. Und für die zwanzig Regierungsjahre von Johanns Nachfolger, Heinrich IV., mag ein zeitgenössischer Chronist zu Wort kommen: »In diesem Reiche herrschten so verdorbene und abscheuliche Sitten, daß jeder nach seinem freien Willen lebte, ohne daß es jemanden gab, der ihn tadeln oder bestrafen wollte . . . Wo kein Recht gewahrt wurde, waren die Ortschaften zerstört, die Besitzungen der Krone entäußert, die königlichen Einnahmen auf einen so geringen Wert herabgesunken, daß ich mich schäme, es zu sagen. Nicht nur auf dem Lande wurden die Menschen beraubt, sondern auch in den Städten konnten sie nicht sicher leben. Mönche und Geistliche wurden ohne Ehrerbietung behandelt, die Kirche entweiht, die Frauen geschändet, und alle hatten die unbeschränkte Freiheit, zu sündigen.« Heinrich IV. hatte aus politischen und persönlichen Gründen schon zu Lebzeiten den Beinahmen ›Enrique el Impotente‹ erhalten. Als er 1468 seine angebliche Tochter Johanna zur Thronerbin hatte bestimmen wollen, war er auf den Einspruch der kastilischen Granden gestoßen; sie hatten ihn gezwungen, seine Schwester Isabella vorzusehen, deren Format schon bald bekannt geworden war. Der König hatte sich beugen müssen, dann aber sein altes Vorhaben erneuert, zugunsten Johanna Beltránejas, wie sie im Volksmund, nach ihrem mutmaßlichen Vater Dom Beltrá de la Cueva hieß.

Damit war die Frage der Thronfolge wiederum zu einem innenpolitischen Streitpunkt erster Ordnung geworden. Schon die Heirat Isabellas und Ferdinands fünf Jahre zuvor hatte heftigen Widerspruch aller nicht-aragonesisch gesinnten Adligen hervorgerufen. Unter den Bewerbern um die Hand Isabellas war auch König Alfons V. von Portugal gewesen. Seine Bemühungen um den kastilischen Thron erhielten 1474 neuen Auftrieb, als Isabella sich selbst zur Königin ausrief und ihre Adelsgegner wegen der liebgewordenen Rivalität gegenüber Aragonien zu den Waffen griffen. Alfons V. von Portugal verlobte sich mit Johanna Beltráneja ohne Rücksicht darauf, daß diese Königstochter von einem zeugungsunfähigen Vater in die Welt gesetzt worden war, und schickte Truppen nach Kastilien, um die rebellierenden Adligen zu unterstützen. Ferdinands Heer errang 1476 einen eindrucksvollen Sieg bei Toro und nochmals 1479 bei Albuera. Der Friedensvertrag von Alcáçovas, im selben Jahr als »ewiger Friede« vereinbart, regelte unwiderruflich das portugiesisch-kastilische Verhältnis. Isabellas Thronansprüche wurden von außen nicht mehr angetastet, und die widersätzlichen Adelsgruppen im Lande bildeten nunmehr kein ernsthaftes Problem.

Das wirkliche Problem Spaniens wurde in dem endgültigen Abschluß der Reconquista gesehen, dem erneuten Krieg gegen die Mauren in Andalusien, der Eroberung des Königreiches Granada. Gerade weil die innere Konsolidierung obersten Vorrang besaß, war die Erneuerung des Krieges eine wohlbedachte Maßnahme; sie einigte die Bevölkerung schneller als jede Wirtschafts-, Verwaltungs- oder Justizreform. Isabella und Ferdinand warfen 1481 den Fehdehandschuh: Sie verlangten von Granada, es solle seine Tribute wieder entrichten, die das Königreich seit fünfzehn Jahren eingestellt hatte. Der maurische Emir ließ antworten, daß diejenigen Herrscher Granadas, die Tribut gezahlt hätten, schon lange verstorben seien. Unmittelbar darauf brachen in Granada Thronkämpfe aus. Trotzdem wurde der Krieg für die Spanier keine militärische Promenade. Die Kämpfe schleppten sich durch ein ganzes Jahrzehnt; erst Ende 1491 ergab sich die jahrelang eingeschlossene Hauptstadt, der »Stolz Andalusiens«, dem spanischen Gegner. Der Islam hatte sein letztes Gebiet auf der Pyrenäen-Halbinsel verloren, auf der er im Laufe von acht Jahrhunderten eine Hochkultur entwickelt hatte, die bei aller Kreuzzugsbegeisterung der Spanier stets neidvoll respektiert und respektvoll bewundert worden war.

Für Isabellas und Ferdinands Regierung setzte mit dem Jahr 1492 ein neues Stadium ein. Ausschlaggebend dafür war neben dem Abschluß der Reconquista der Eintritt Spaniens in die Diversionen-Wirrnis der europäischen Politik. Er konnte nur deshalb so glanzvoll und so verblüffend ausfallen, weil die beiden Könige das Jahrzehnt des Kampfes gegen Granada nicht von den militärischen Notwendigkeiten hatten überwuchern lassen. Die Gemeinschaftlichkeit ihrer Regierung bezog sich im übrigen nur auf Isabellas Königreich Kastilien; in den anderen Gebieten des Gesamtreiches – in Aragonien, auf den Balearen, auf Sardinien und Sizilien – hatte Ferdinand allein das Wort. Mehr und mehr zeigte sich jedoch, daß es nicht auf die Abgrenzungen und Kompetenzen ankam, sondern auf das Miteinander. Bezeichnend dafür ist die Devise ihrer Gemeinschaftsregierung: »Tanto monta, monta tanto Isabel como Fernando.« Die Geschichte verfügt über nicht allzu viele Beispiele solcher Partnerregierungen, und für die ausgeglichene Ebenbürtigkeit der beiden katholischen Könige – der Ehrenname ›Reyes católicos‹ wurde ihnen von Papst Alexander VI. offiziell verliehen – fehlt überhaupt jeder Vergleich.

Beide Monarchen besaßen Kontur. Bei Isabella spielte in allen wichtigen Entscheidungen die unerschöpfliche Wegzehrung ihrer erbarmungslosen orthodoxen Erziehung eine Rolle. In ihrer aufdringlich selbstverständlichen Frömmigkeit gewannen zunehmend asketische Neigungen die Oberhand, ergänzt durch eine mörderische Kompromißlosigkeit im Dienst der reinen Glaubenslehre, die unter heutigen Vorstellungen nur mit Hilfe tiefenpsychologischer Einsichten faßlich erscheint. Die Königin zählte jedoch keineswegs zu den Neurotikern, sie war lediglich besonders fromm – eine Feststellung, die nur unter den Bedingungen spanischer Katholizität beiläufig ist. Als Beichtväter konnten sich bei ihr allein rigorose Dusterer behaupten; niemals verschloß sie sich einem geistlichen Rat, sofern er von Glaubenshärte leuchtete. Sie wurde von ihrem Volk aufrichtig geliebt, und doch konnten ihr die Mittel, mit denen Irrlehren und Ketzereien ausgemerzt werden sollten, nicht grausam genug sein. Zweifellos spielte dabei die Verinnerlichung der Kreuzzugsmentalität ihre gemessene Rolle bei der Inquisition so gut wie bei der Conquista des ibero-amerikanischen Raums. Die religiöse Unerbittlichkeit war nichts, das die Königin vom Volk trennte; sie vertrug sich ebensogut mit ihren Eigenschaften hoher Menschlichkeit: ihrer Güte, Hilfsbereitschaft, Aufrichtigkeit, Geduld, Demut.

Ferdinands Charakter war anders konditioniert; doch die Unterschiede verblassen vor der gemeinschaftlichen Politik. Daß der Aragonese in Toledo weniger beliebt war als in Barcelona, darf man mit Rücksicht auf die früheren Kämpfe zwischen Aragonien und Kastilien beiseitelassen, gleichfalls die persönliche Spielart seiner Sittlichkeit, seines Glaubens, seiner Attitüden. Alle seine Einzelzüge werden unwesentlich gegenüber der epochalen Folgerichtigkeit, mit der er seine leitende Idee »Einheitsstaat und Großmacht Spanien« in die politische Wirklichkeit übersetzte. Er machte sich im Innern zum Fürsprecher und Initiator einer Religionspolitik des Reinheitsfanatismus, die ihresgleichen an rigoroser Buchstabentreue in der europäischen Geschichte sucht, und ließ in der Außenpolitik und Diplomatie, im Taktieren und Paktieren, im Abwägen, Übervorteilen, Düpieren, Intrigieren nahezu alles hinter sich, was die italienische Renaissance hervorgebracht hatte, bis hin zu Lodovico il Moro und Julius II. Wen wundert es, daß Machiavelli hingerissen war von diesem aragonesischen Meister des letzten Wortes, des politischen Atouts, des kalkulierten Vergehens im Dienste eines Staatsprinzips, für dessen Durchführung alles zuträglich und selbst das niedrigste Mittel nicht zu niedrig war. Macht und Methoden, Intoleranz und Infamie unter dem Banner einer einzigen politischen Obsession – und am Ende seiner Regierung, 1516, hatte König Ferdinand das Fragmentenkonglomerat Spanien in einen Einheitsstaat verwandelt, in ein Gebilde verpuppt, aus dem unter Ferdinands Nachfolger, Karl V., die erste Großmacht Europas schlüpfte. Was 1479 mit der ersten staatlich-nationalen Union Europas begann, wurde mit der endgültigen Einigung 1517 beendet, dem Jahr, in dem der bedeutendste spanische Staatsmann der ferdinandeischen Politik, Kardinal Francisco Ximénez de Cisneros, unbesorgt die Augen schließen konnte. Daß Königin Isabella zu ihren Lebzeiten an dieser Politik der weiten Perspektiven ihren hohen Anteil hatte, änderte nichts an der tatsächlichen Überlegenheit Ferdinands. Andererseits muß die völlige Übereinstimmung des Königspaares in der Frage des Einsatzes herausgestrichen werden, in der Frage des zweckmäßigsten Mittels, um ihre Länder auf dem Weg zum Gesamtstaat voranzutreiben. Ob es sich um den Krieg gegen die Mauren, die Inquisition oder Spaniens europäische Politik handelte – alles wurde als einträchtiges Tandem-Unternehmen der katholischen Könige betrieben.

Die Vorstellung von der Einheit Spaniens war weniger ein Vorgriff auf neuzeitlich-nationale Gedankengänge als vielmehr eine genuin spanische Idee, die in der Wiege des mittelalterlichen Kaisertums Spaniens gelegen hatte. Für die Verwirklichung ihrer Intentionen bedienten sich die katholischen Majestäten des Leitgedankens der Einheit und Reinheit des Glaubens. Die drei Jahrzehnte standen völlig unter dem Kurzmotto »Durch Reinheit zur Einheit«; der Glaube entfaltet seine größte Wirksamkeit in der Disziplinierung einer festen Form. Die Überhöhung des jahrhundertelangen Kampfes gegen die religiöse Überfremdung springt dabei ins Auge, auch die Betonung der spanischen Eigenart dürfte eine nicht unerhebliche Rolle gespielt haben, um so mehr, als die hispano-arabischen Elemente inzwischen zu den Wesensmerkmalen Spaniens gehörten. Gegner waren die Mauren genauso wie die Juden, die einen aus religiös-politischen, die anderen aus religiös-ökonomischen Gründen. Führend in der Fremdenphobie war die städtische Bevölkerung. In Medizin, in allen Wissenschaften herrschte eine klare Überlegenheit der Araber, in Handel und Geldwesen dominierten die Juden. Die besten Finanzberater der katholischen Majestäten waren jüdischen Glaubens: Abraham Senior, Don Isaac Abrabanel, Juan Cabrero bildeten die monetären Säulen im Krieg gegen Granada; sie zeichneten verantwortlich für die Steuereinkünfte der Krone. Auf die Kenntnisse und Urteile dieser Experten waren die Herrscher sehr angewiesen. Ferdinands Leibarzt Ribas Altas oder sein Sekretär und Schatzkanzler Luis Santángel, der ausschlaggebende Befürworter der Pläne von Kolumbus, waren getaufte Juden, zählten also zu den besonders verhaßten Conversos oder Maranen, gegen die sich die Inquisition in erster Linie richtete.

Die Position der Könige in diesem Feldzug der Reinheit war eindeutig, aber nicht einschichtig. Priorität besaß bei Isabella die Glaubensfrage, dagegen verband Ferdinand die Einführung einer buchstabensauberen Religion völlig mit dem sozio-politischen Unitarisierungseffekt. Die Position des Adels in dem triangulären Spannungsfeld konnte kaum ungünstiger sein. Er stand den pogromen Treibelementen gleichgültig, wenn nicht indigniert gegenüber. Seine Versippung mit jüdischen Familien war beträchtlich, und die ritterlichen Ehrbegriffe vor allem des Hochadels, der Proceres, bewirkten weit eher eine Gleichstimmung mit den maurischen Fürsten auf ihrem besonderen Niveau als eine Sympathie mit den schlichten Gläubigen, welche beflissen ihre Hölzchen auf die Scheiterhaufen legten, die für die Ketzer errichtet wurden. Zu lange hatte sich die Wechsel-Gemeinsamkeit durch die Jahrhunderte erstreckt, zu intensiv waren iberische Adlige und maurische Edelleute in den überdimensionalen Zweikampf der Reconquista verflochten gewesen und dadurch einander innerlich verwandt, als daß das Maurische sich in den Augen der Adligen zu einem Krebsgeschwür hätte verwandeln können.

Isabella und Ferdinand betrachteten solche Abgrenzungen zwischen Adel und Bürgertum nicht ohne Sympathien, weil sie ihren Absichten entgegenkamen, mit Unterstützung der Bürger die Adelsvorrechte zu reduzieren. Das Bürgertum empfand sich als ein freier Partner der Krone, die Krone wiederum schritt aus diesen Überlegungen auch gegen extreme Formen des weitgehend emotional durchsetzten Kampfes gegen Mauren, Juden und Conversos nicht ein. Daß die Inquisition für die Regierung einen finanziell recht ansprechenden Aspekt besaß – Geldstrafen, Vermögenskonfiskationen, Abfindungssummen, Bestechungsgelder, Verfahren gegen verstorbene reiche Adlige, um deren Vermögen »legal« zu beschlagnahmen –, ist nur am Rand zu erwähnen. Weit wesentlicher für die Initiatoren war die Möglichkeit, mit Hilfe der Inquisition königliche Rechte in das angestammte Gebiet der Kirche vorzuschieben; das wirkte sich ebenfalls fördernd auf die staatliche Vereinheitlichung aus. Die Inquisition bewies keineswegs die

Judenpogrom zur Zeit Ferdinands II. und Isabellas
Holzschnitt in der lateinischen Weltchronik
des Hartmann Schedel, 1493

Inquisitionsgericht aus Anlaß der Bekehrung des Ketzers Raimund
Gemälde von Pedro Berruguete, um 1500
Madrid, Museo del Prado

außerordentliche Harmonie von Krone und Kirche in Spanien. Bestenfalls handelte es sich um eine vor allem äußerlich zu registrierende Deckungsgleichheit, nicht jedoch um eine Identität von Ausrichtung und Gehalt. Darin unterschied sich der spanische Staat in nichts von den anderen europäischen Staaten, die zielgewiß und unbeirrbar unter dem breitgespannten Schirm der Kirche, ohne auf ihn angewiesen zu sein, ihren weltlichen Weg weiterverfolgten. Spanien war so wenig jenseitsorientiert wie nur je ein Staat im 15. und 16. Jahrhundert, es blieb trotzdem genauso religiös fundiert wie die anderen Staaten, in denen christliche Herrscher und Obrigkeiten eine weltliche, eine christlich-indifferente Politik betrieben. Der christliche Glaube war kein Element politischer Zielrichtung, sondern ein Element der staatsinternen Homogenisierung, ein Element der Bindung zwischen Herrschern und Untertanen.

Die spanische Inquisition hatte nicht viel gemein mit der Inquisition, wie sie seit dem 13. Jahrhundert in Europa bekannt war. Bereits 1478 wurden Isabella und Ferdinand bei Sixtus IV. vorstellig, er möge ihnen die Errichtung eines Inquisitionstribunals und die Berufung von sechs gelehrten Priestern als Inquisitoren gestatten. Der Papst gewährte ihnen dieses Recht durch ein Breve. Isabella und Ferdinand waren damit zu den einzigen Herrschern Europas geworden, die selbst ihre Inquisitoren auswählen und einsetzen durften; in einer der wichtigsten Fragen wurde die Kirche dem Staat unterstellt. Die Könige hatten ein Gnadenrecht, außerdem stand ihnen die Beaufsichtigung des Inquisitionstribunals zu; später rückte eine Staatsbehörde an diese Stelle: die Suprema. Sie machte offenkundig, daß es sich bei der Inquisition in Spanien um eine Staatseinrichtung handelte. 1480 lief die inquisitoriale Maschinerie an. Das erste Tribunal wurde in Sevilla eingesetzt. Während der Anfangsjahre hielt sich die Zahl der Urteile in Grenzen – eine Feststellung, die sich an den späteren Quoten orientiert und daran, daß bis heute keine präzisen Unterlagen über die Todesurteile und Kerkerstrafen vorhanden, das heißt: wohl nur in den verschlossenen Archiven des Vatikans vorhanden sind. Es bleibt bei Schätzungen, wogegen nichts einzuwenden wäre, wenn die Ergebnisse nicht von den Motiven der Rechtfertigungen oder der Anklagen gefärbt würden.

Die Regelmäßigkeit der Inquisitionsverfahren von 1481 in Sevilla kündigte nichts Gutes an; nach der Statistik wurde hier nahezu täglich ein »Ketzer« verbrannt. Die Gesamtzahl der Opfer, aus der sich nur mit gespannter Empfindlichkeit etwas von der Schreckensatmosphäre dieser Jahrzehnte ahnen läßt, belief sich auf viele Tausende. Einen kirchlichen Trost für die Verurteilten, auch für die fälschlich Angeklagten, hatte bereits ein Geistlicher des 14. Jahrhunderts formuliert: »Niemand sage, daß er auf diese Weise ungerecht verurteilt werde, noch beklage er sich über die Inquisition. Und sollte er etwa durch falsche Zeugen überführt worden sein, so trage er das mit Gleichmut und freue sich, für die Wahrheit den Tod erdulden zu dürfen.« Und mehr als zweihundert Jahre später erklärte Robert Bellarmin, der große Mann der Gegenreformation, 1930 heiliggesprochen und in den Rang eines Kirchenlehrers erhoben: »Nach allgemeinem Urteil verdienen Fälscher den Tod; die Häretiker sind nun aber Verfälscher des Gotteswortes. Es ist also für hartnäckige Häretiker eine Wohltat, wenn sie aus diesem Leben entfernt werden.«

König Ferdinand hatte bald die außerordentliche sozio-politische Funktion des Machtinstruments der Inquisition erkannt. 1483 übertrug Sixtus IV. nach Vorschlag der Könige dem Dominikaner Tomás de Torquemada diese »apostolische Mission« und ernannte ihn zum selbständigen Leiter der gesamten spanischen Inquisition. Ferdinand hatte in diesem von Blutruhm umdüsterten Großinquisitor für eineinhalb Jahrzehnte einen unermüdlichen Vollstrecker seiner egalisierenden Innenpolitik gefunden. Die Einsprüche des Papstes, die sich zwar nur auf die Rücksichtslosigkeit des Vorgehens bezogen, aber deutlich genug auf die politischen Zwecke gemünzt waren, zu denen die Inquisition benutzt wurde, wiesen die Majestäten zurück oder ignorierten sie. Damit war ihrer Meinung nach keine Neuerung verbunden; die Könige stützten sich nur auf das althergebrachte Patronatsrecht der Krone, nach dem es in ihrer Zuständigkeit stand, die Inhaber für die Besetzung aller Kirchenämter und Pfründe selbst vorzuschlagen und zu ernennen. Als der Papst 1482 einen Neffen zum Bischof der Provinzhauptstadt Cuenca – zwischen Toledo und Valencia – ernannte, verwiesen sie energisch auf das Präsentationsrecht ihrer Vorgänger, das von allen Päpsten respektiert worden war; denn »sie bedachten, daß die Könige, ihre Vorfahren, mit vieler Mühe und vielem Blutvergießen als christliche Fürsten das Land den Mauren, den Feinden unseres katholischen Glaubens, abgewonnen, darin den Namen unseres Erlösers Jesu Christi erhöht und den Namen Muhammads ausgetilgt haben, was ihnen das Patronatsrecht in allen Kirchen ihrer Reiche und Herrschaften gab, damit auf ihre Bitte hin die Kirchenämter mit einheimischen, ihnen genehmen und ergebenen und nicht mit irgendwelchen anderen Personen besetzt werden in Anbetracht, daß die Ausländer wenig Kenntnis von den Angelegenheiten ihrer Reiche haben«.

Sixtus IV. blieb hart, die Könige reagierten noch härter. Ein innerkirchlicher Eklat peinlichen Ausmaßes zeichnete sich ab. Isabella und Ferdinand winkten sogar mit dem Drohprojekt eines Konzils. Daraufhin zog der Papst die Ernennung seines Neffen zurück und beugte sich den spanischen Forderungen. Auch später gaben die Könige kein Jota ihrer »Rechte« auf: Rom war ausschließlich für Angelegenheiten der kirchlichen Jurisdiktion zuständig. 1508 erteilte Ferdinand dem Vizekönig von Neapel, seinem Neffen, eine ätzende Rüge; denn er schien die »königlichen Vorrechte und oberste Herrschergewalt« in einer Affäre, in der Rom den Kirchenbann ausgesprochen hatte, nicht genügend gewahrt zu haben: »Wir sind entschlossen, wenn Seine Heiligkeit nicht sogleich die durch ihn erlassenen Anordnungen zurücknimmt, ihm den Gehorsam aller Reiche der Krone Kastiliens und Aragoniens zu entziehen und andere Verfügungen zu erlassen, die einem so ernsten und bedeutsamen Fall angemessen sind.« Durch König Ferdinand erhielt zum ersten Mal in einem Staat Europas das Konzept einer nationalen Kirche Umrisse, die ausgeprägt und von wohlüberlegter Schärfe waren.

Am 30. März 1491 hatten Isabella und Ferdinand ein Ausweisungsdekret unterzeichnet, das allen Juden befahl, bis zum 31. Juli Spanien zu verlassen, sofern sie sich nicht taufen ließen. Fünfzigtausend entschlossen sich für die Annahme des Christentums, rund doppelt so viele wanderten aus. Isabella sicherte wenig später, nach der Einnahme Granadas, den Muhammedanern Glaubensfreiheit zu. Nach dem Tod des Großinquisitors Torquemada wurde Francisco Ximénez de Cisneros die zentrale Figur der Kirche und Politik Spaniens, ein Franziskaner,

Francisco Ximénez de Cisneros
Gemälde eines Unbekannten, 16. Jahrhundert
Toledo, Museo Santa Cruz

der Erzbischof von Toledo und Primas Spaniens, der Großkanzler von Kastilien, also erste Minister der Königin, der schließlich auch als ihr Beichtvater fungierte. Er bewies der Herrscherin durch kirchliche Bestimmungen, daß eine Zusage, die Ungläubigen gegeben wurde, nicht bindend sei. Daraufhin verfügte die Königin 1499, daß die Mauren Granadas entweder auswandern oder sich taufen lassen mußten. Drei Jahre später wurde das Edikt auf alle Muhammedaner Kastiliens und Leóns ausgedehnt. Ein Großteil entschloß sich zur Taufe. Diese Moriscos hatten allerdings erst die Gefahren der Inquisition durchzustehen, bevor sie unbehelligt in Spanien weiterleben konnten.

Richelieu zählte später dieses Edikt von 1502 zu den barbarischsten Dokumenten der Weltgeschichte. Glaubensfanatiker dagegen priesen es als Schlußstein der religiösen Vereinheitlichung und Glaubensreinigung Spaniens. Heute gibt es nichts mehr darüber zu rechten, daß die spanische Inquisition und die schonungslose Vertreibung der Juden und Muhammedaner zu den erschreckendsten Beispielen religiöser Verstiegenheit gehört und den Auftakt zu dem ibero-amerikanischen Genocid im Zeichen des Kreuzes bildete. Ebensowenig gibt es über die staatskonsolidierenden Folgen der Inquisition zu rechten. Über dem Fundament der Kircheneinheit konnte der einheitliche Staat errichtet werden, unter den Auspizien einer Krone, die sowohl mit Hilfe der Kirche als auch auf Kosten der Kirche gestärkt worden war. Freilich bedeutete das Vice versa alles andere als eine Schwächung der Kirche. Die Inquisition löste die kräftigsten Anregungen zu einer umfassenden Kirchenreform aus. Höchste Verdienste dabei erwarb sich Ximénez de Cisneros. Er reformierte in Spanien nicht nur seinen eigenen Orden, die Franziskaner, sondern sorgte auch für eine scharfe Disziplinierung und Läuterung der übrigen Kongregationen sowie schließlich des Weltklerus, und das mochte einiges heißen jenseits der Pyrenäen, wo die klerikale Lebensbejahung im Europa der Renaissance niemals Resonanz gefunden hatte.

Die einzige Reform der Kirche vor der Reformation fand in demjenigen Land statt, in dem sie am wenigstens nötig gewesen wäre. Sie entwickelte sich ohne Zutun der Päpste, entgegen allen zeitgenössischen Intentionen des Papsttums mit dem Effekt, daß sich hier lange vor der Reformation und Gegenreformation ein katholischer Fundus bildete, der unberührt von allen Krisen und Erschütterungen blieb, denen die Kirche in den ersten Dezennien des 16. Jahrhunderts ausgesetzt war. Die spanische Kirche erwies sich dann als Erneuerungsgarant der katholischen Kirche Europas. Ihr waren die entscheidenden Anstöße zur Besinnung, die Richtung, Organisation und Strategie der gegenreformatorischen Aktivität zu verdanken. Ignatius von Loyola und die Gründung des Jesuitenordens waren keine Symptome europäisch-katholischer Selbstbesinnung, sondern Phänomene hispanischer Daseinsaskese und ekstatischer Glaubensmilitanz.

Nicht minder entschlossen nahmen die spanischen Könige sich der öffentlichen Sicherheit und Rechtsverhältnisse in ihren Ländern an. Da sie selbst anfangs über keine exekutiven Hilfen verfügten, griffen sie auf die alte Einrichtung der Städtebündnisse (Hermandades) zurück, die im 13. Jahrhundert geschlossen worden waren, um die öffentliche Sicherheit und die städtischen Eigeninteressen zu garantieren; sie hatten sich gegen die Granden genauso gerichtet wie gegen die Ansprüche und Übergriffe der Krone, hatten also auch steigernd auf die Zentrifugalbestrebungen im Lande gewirkt. Schon 1476 rief Isabella ein neues Bündnis aller kastilischen Städte ins Leben, die Santa Hermandad (Heilige Bruderschaft), die sie mit einer Fülle von Privilegien ausstattete und der es binnen kurzem gelang, den Landfrieden aus einem bloßen Wort in einen faktischen Zustand zu verwandeln. Die Santa Hermandad erhielt ihre Gesetze direkt von der Krone, die Rechtsprechung jedoch stand ihr in vollem Umfang ebenso zu wie die Exekutive bei allen Vergehen, die ihrer Jurisdiktion unterlagen. Beachtenswert bei dieser Regelung ist die Minderung der

Feudalgerichtsbarkeit. Adligen blieb das Richteramt in der Santa Hermandad verschlossen. Die Könige setzten sich über alle Proteste der Grundherren hinweg und weiteten die Hermandad im Jahr 1488 auch auf Aragonien aus. Dieses Institut, das hervorragend funktionierte, wuchs zu einer der mächtigsten Stützen der königlichen Position heran.

Im Verlauf jenes inneren Stabilisierungsprozesses kam es zu erstaunlichen Vorstufen einer Rechtsgleichheit, die sich einerseits nicht nur als Konsequenzen des hochentwickelten Gerechtigkeitsempfindens der Könige, andererseits nicht bloß als Randeffekte des Privilegienabbaus der Feudalherren ausdeuten lassen. Die sprichwörtliche Unbestechlichkeit, zumal Isabellas, entsprach zwar den Antrieben, die zur Justizreform geführt hatten, aber die Härte, mit der die Königin darauf achtete, daß die

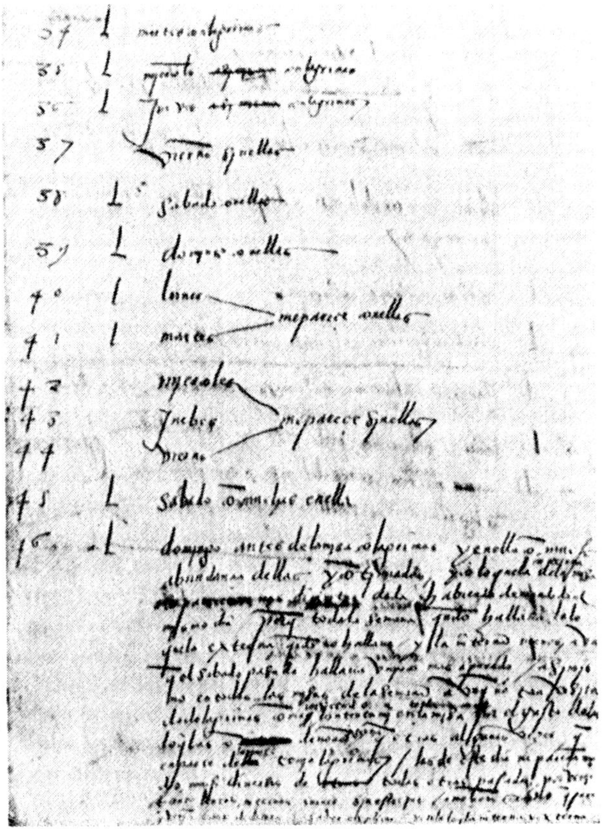

Ignatius von Loyolas Reflexionen
über zu wählende Richtlinien für die Arbeit der Compaña de Jesus
Eine Seite in seinem ›Geistlichen Tagebuch‹ vom 29. April bis 11. Mai 1544
Rom, Generalarchiv der Gesellschaft Jesu

Gesetze von den Granden befolgt wurden, erinnert an Prinzipien, auf deren Verwirklichung Europa noch Jahrhunderte warten mußte. Historischer Bedacht wird die Absicht der Könige in den Vordergrund rücken, ihren Gesetzen Geltung zu verschaffen, nicht einfach den Gesetzen als Normen eines Gerechtigkeitspostulats, das sich an einer naturrechtlich begründeten Gleichheit aller vor dem Gesetz orientierte. Die Gesellschaft Spaniens sollte im Sinne des bündigen Satzes »Justitia fundamentum regnorum« geordnet werden. Aber die Tatsache zum Beispiel, daß Unbemittelten kostenlose Rechtsberatung und notfalls sogar ein Advokat zustand, läßt eine andere Atmosphäre spüren als die gängige der damaligen Zeit.

Es bleibt unbenommen, auch in solchen Details nur besonders extreme Fälle der Begünstigung des Bürgertums zu Lasten der Adelsgruppierungen zu sehen, und dieser Aspekt könnte noch verstärkt werden durch eine breite Skizzierung der trostlosen Armut der bäuerlichen Bevölkerung, die alles in allem als unabänderlich hingenommen wurde. Immerhin blieben die Eigentumsrechte der Grundherren unangetastet; ihre Entmachtung war ein politisches Problem, kein gesellschaftliches oder ökonomisches. Und ein Problem schlechthin bildeten durch die Jahrhunderte – gleichmäßig beharrlich und konstant bedrohlich – die spanische Wirtschaftsschwäche, die tiefverwurzelte Armut und der Umstand, daß es dem spanischen Bürgertum nicht gelang, in diejenigen Positionen einzurücken, die durch die Vertreibung der Juden und Mauren freigeworden waren. Im Handel setzte sich die Überlegenheit der Genuesen durch; die Schlüsselstellungen befanden sich bald in ihren routinierten Händen. Ähnlich sah es in der Gewerbetätigkeit aus; hier dominierte das Können der Franzosen. Die Versuche Isabellas und Ferdinands, mit einer planmäßigen Wirtschafts- und Handelspolitik dieselben Erfolge zu erzielen wie in den anderen Bereichen, schrumpften bald auf eine straffe Regelung der spanischen Armut zusammen. Schafwolle bildete einen so wichtigen Exportartikel, daß die Krone darin die Substanz der Landeswohlfahrt sah. Sie förderte deshalb die Viehzucht mit allen Mitteln, selbst mit absurden, wodurch die Bodenbewirtschaftung hoffnungslos zurückgedrängt wurde. Die Besitzer der großen Herden, die das kastilische Land das ganze Jahr durchzogen, und die Eigentümer von Standherden – sie alle waren seit dem 13. Jahrhundert in der Mesta organisiert, einem genossenschaftlichen Zusammenschluß sämtlicher Viehbesitzer – befreite man von namhaften Abgaben. Wirklich katastrophal jedoch wirkte sich auf die Landwirtschaft ein Dekret des Jahres 1501 aus, in dem bestimmt wurde, daß jedes Stück Boden, das von den Wanderherden einmal als Weide benutzt worden war, auch Weide zu bleiben hatte. Der Unterstützung der Viehzucht entsprach im Blickwinkel der Könige das geringe Vertrauen zu den Fähigkeiten der Bauern, die als Leibeigene oder Pächter die Güter bestellten. Wie wenig die bäuerliche Bevölkerung von der Krone zu erwarten hatte, spiegelt sich in einer Bemerkung Isabellas; sie soll gesagt haben: Damit Spanien reichlich versorgt wäre, würde es nötig sein, daß man es den Benediktinermönchen als großen Landwirten gäbe. An der Kargheit des Bodens oder am Klima lag es nicht.

Wirtschaftspolitik als Regelung der Armut – das hatte in Spanien Konsequenzen spezifischer Art und welthistorische Folgen. Der kluge Vorbedacht, mit dem der Wollexport nach Kräften gefördert wurde, entpuppte sich als Blindheit hohen Grades. Ihrer Qualität wegen war die spanische Wolle in allen europäischen Städten mit Textilerzeugung geschätzt und begehrt. Kein spanischer König oder Wirtschaftsberater dachte jedoch daran, diese Wolle wenigstens in einem Mindestmaß im Land verarbeiten zu lassen und auf diese Weise den Grundstock zu einer industriellen Weberei aufzubauen. Verarbeitet wurde von der Wolle im wesentlichen nur das, was für den Eigenbedarf nötig war. Im übrigen führte man teure Wolle aus und erhielt dafür gutes Geld, gut genug, um die noch teureren Tuche aus spanischer Wolle, die man importieren mußte, zu bezahlen.

Woll-Verarbeitung in einer Webstube
Miniatur in dem Pariser ›Decamerone‹
Giovanni Boccaccios, Anfang des 15. Jahrhunderts
Paris, Bibliothèque Nationale

Die Lebens-, Arbeits- und Leistungsbedingungen der bäuerlichen Bevölkerung begünstigten nicht die Agrarproduktion, sondern die Landflucht; denn im Kampf gegen die privilegierten Schafhalter waren die Dorfgemeinschaften weit unterlegen. Wenn es damals eine spezifische Existenz des durchschnittlichen Spaniers gab, dann war es diejenige des Wanderhirten. Seine Zähigkeit, Härte, Bedürfnislosigkeit, seine entschlossene Tapferkeit, die er beim Schutz der Herden täglich beweisen mußte, solidarisierten ihn von den allgemeinen Voraussetzungen her mit dem Soldaten, ja mehr noch: In Spanien bildete sich die soldatische Lebensform auf Grund der historischen und ethnisch-anthropologischen Voraussetzungen sowohl als eine Varietät des Wanderhirten-Daseins als auch der mönchischen Lebensform aus. Das wurde noch durch die Armut des Landes aktiviert, in der nicht bloß ein Ergebnis sozialer Mißverhältnisse zu sehen ist, sondern ein Grundelement der inneren Geschichte des Landes. Das Thema des Hungers ist eine der großen Konstanten der spanischen Literatur, der »kaiserliche Hunger«, wie er einmal genannt wurde. Ein kaum noch paradox zu nennender Schluß drängt sich auf: Die defiziente Wirtschaftssituation, die Armut des Landes und der Hunger trugen am stärksten dazu bei, daß Spanien im 16. Jahrhundert sich mit abnormer Kraft der Weltgeschichte bemächtigte, politisch-expansiv in seinen Eroberern und seinen Armeen, religiös-intensiv in den Glaubensmilizen seiner Mönchsorden. Auf die »Versklavung« durch den kargen Boden reagierte der Wanderhirt mit einer Verachtung, die auf dem alten Gegensatz von Jäger und Siedler, Nomadentum und Seßhaftigkeit beruhte und in der sich starke Fluchterregungen verbargen. Das steigerte die eingewurzelten Neigungen des Spaniers zu seinen klassischen Eigenschaften wie Stolz, Würde, Ehrgefühl; es gibt das spanische Wort, daß »man die Erde nur beim Sterben berühren soll«. Noch im 19. Jahrhundert kennzeichnete der große Diplomat und Geschichtsphilosoph Donoso Cortés die selbstbewußte Eigenwilligkeit seiner Landsleute mit der bündigen Behauptung, es handele sich bei den Spaniern um »ein Volk von fünfzehn Millionen Königen«.

Im 16. Jahrhundert trafen in einem einzigen Volk objektive Möglichkeiten der Geschichte von ungewöhnlichem Ausmaß zusammen mit einer denkwürdigen Kombination von vitaler Unruhe und Sendungsbewußtsein, Mobilität und Mystizismus, Entdeckerwahn und Besitzgier, Aszetismus und Missionstrieb. Man mag an den Ergebnissen und Großtaten die pervertierte Selbstüberhebung oder das grausig Inhumane der Kolonisation hervorheben – die Leistung bleibt, und zwar nicht nur abgeschätzt unter dem Aspekt ihrer eigenen Voraussetzungen. Hier brach sich ein Trieb seine Bahn, der von der Gewißheit einer konkreten Transzendierungskraft begleitet wurde. Vor allem das unmöglich Scheinende reizte zum Versuch; denn es

Elio Antonio de Nebrija auf dem Katheder der Universität in Alcalá de Henares
Miniatur eines Madrider Künstlers in den ›Introductiones latinae‹ des spanischen Humanisten, um 1481
Madrid, Biblioteca Nacional

nötigte zum Überschreiten der bekannten Grenzen. Das lief gemäß den Regeln einer Traumlogik ab: Was möglich ist, ist unwirklich, weil nicht die Welt, sondern das Jenseits »wirklich« ist; der Priester bestätigte das. Allein im Jenseits lag und fand sich alles, was Wert besaß. Das konnte mit einer kleinen Wendung auch »jenseits« des Meeres bedeuten und Hernando Cortez verleiten, seine Schiffe zu verbrennen. Das konnte »jenseits« der Staatsgrenzen bedeuten als Vision des Reiches Karls V., in dem die Sonne nicht unterging. Es konnte das neugefaßte und erfaßte »Jenseits« des christlichen Glaubens sein, wie es dem verzückten Ritter Ignatius von Loyola erschien. In jeder spanischen Attitüde steckte ebensoviel fanatischer Wirklichkeitssinn wie notorische Überantwortung an Sehnsucht und Traum.

»Das italienische Abenteuer«

Das außenpolitische Interesse König Ferdinands des Katholischen blieb an die traditionelle Mediterran-Orientierung Aragoniens gebunden, zumal die Grenzsituation im Norden, im Gebiet der Pyrenäen, für ihn nicht ohne Stachel war. 1420 hatte Ferdinands Vater, Johann II. von Aragon, die navarresische Königin Blanche geheiratet und war dadurch König des kleinen Bergreiches geworden. Als er jedoch 1458 seinem Bruder Alfons V. in den außeritalienischen Besitzungen auf dem Thron folgte, scheiterte der Versuch, Navarra völlig der aragonesischen Krone einzugliedern, am Widerstand Frankreichs. Mit dem Tod Johanns II. im Jahr 1479 fiel Navarra an ein französisches Lehnshaus, da Jo-

Verhandlungen zwischen Johann II. von Navarra und Ludwig XI. von Frankreich in Bordeaux
Miniatur in der ›Chronique d'Angleterre‹ des Jean de Wavrin für Eduard IV. von England, spätes 15. Jahrhundert
London, British Museum

hanns Tochter Leonore den Grafen von Foix geheiratet hatte. Noch größer war die Schlappe von 1462/63 gewesen, als Johann II. sich die Hilfe Ludwigs XI. gegen die aufständischen Katalanen dadurch erkaufen mußte, daß er ihm Pfandrechte in den Grafschaften Roussillon, Cerdagne und Conflans einräumte. Der Krieg, den Johann wegen dieser Territorien Jahre darauf gegen Frankreich begann, blieb ohne Erfolg. Wäre Ludwig XI. nicht durch Burgund absorbiert gewesen, hätte er kaum die Krone ausgeschlagen, die ihm von den Katalanen in jenen Jahren angeboten worden war. Die Rückgewinnung dieser Gebiete war für Ferdinand mehr als ein bloßer Point d'honneur. Sie war ihm wichtig genug, um die traditionelle Konstellation der spanisch-französischen Partnerschaft gegenüber der eingeschliffenen portugiesisch-englischen zu durchbrechen und sich 1489 mit Heinrich VII. gegen Frankreich zu verbünden, das sich in Bedrängnis befand durch das Burgunder-Problem, welches erneut in Bewegung geraten war. Ferdinand hatte richtig kalkuliert: Karl VIII. trat Anfang 1493 in den Friedensvereinbarungen von Barcelona die Grafschaften wieder an Aragonien ab.

Frankreich wollte sich noch aus anderen Gründen von diesem Zankapfel befreien. Es brauchte Spanien, England und Maximilian I. gegenüber Ruhe; denn Karls VIII. Augen hatten sich inzwischen auf ein weit lohnenderes Objekt der Politik gerichtet, auf Italien, speziell Neapel, und das mit der weitergehenden Spekulation, daß die neapolitanische Krone die sizilische in sich enthielt und diese wiederum die Krone des Königreichs Jerusalem. Nicht, daß es damals tatsächlich um einen Kreuzzug gegangen wäre, aber das Motiv des Glaubenskrieges besaß noch immer genügend Symbolkraft, um denjenigen Fürsten, der in der Kreuzzugs-Initiative die Führung übernahm, als den mächtigsten Herrscher Europas auszuweisen. Deshalb die Kreuzzugs-Ambitionen von Fürsten und Königen wie Philipp dem Guten von Burgund, Ferdinand II. von Aragon, Maximilian I. und Franz I., ja sogar der portugiesischen Könige und nicht zuletzt noch Karls V. Die Losung lautete Jerusalem, gemeint war ein ganz anderes politisches Ziel oder nur die eigene Reputation.

Die Herrschaft der Anjou im Süden Italiens war nach eineinhalb Jahrhunderten ohne Glanz beendet worden. Die »traurige Königin«, Johanna II., hatte 1421, selbst kinderlos, Alfons V. von Aragon, den Großmütigen oder Weisen, adoptiert und zum Erben Neapels bestimmt. Sie überwarf sich jedoch mit ihm und setzte an seine Stelle René von Anjou. Nach ihrem Tod 1435 begann der Kampf um die Nachfolge. Er endete 1442 mit der Eroberung Neapels durch Alfons. Im Jahr darauf belehnte Eugen IV. den Sieger in aller Form mit dem neapolitanischen Königreich; die Herrschaft der Anjou war zu Ende. Nicht zu Ende war deshalb das Interesse Frankreichs an Italien. Alfons V. besaß keine ehelichen Kinder. Den Thron von Neapel hatte er aus dem sizilischen Königreich gelöst und als Herrscher seinen natürlichen Sohn Ferrante I. eingesetzt. Daß in Neapel eine aragonesische Nebenlinie regierte, sogar in selbständiger Form, bedeutete jedoch keine Interessendistanz der spanischen Linie.

Lodovico il Moro wurde mit Recht besonders schwer angelastet, daß er es gewesen war, der aus mehr als durchsichtigen Gründen den französischen König ermuntert hatte, die Alpen in Richtung Neapel zu überqueren. Neu war diese Einladung allerdings nicht gewesen. Schon das wendigste Chamäleon unter allen Päpsten, Sixtus IV., hatte wegen seines großen Zwistes mit Neapel den französischen König, Ludwig XI., freimütig eingeladen, nach Italien zu marschieren, sich Neapel zu holen und damit den Kirchenstaat aus seinen Bedrängnissen zu befreien; denn Neapel gehöre rechtens den Franzosen. Ähnlich munterte Venedig den König auf, als es in zwei Fronten gegen Neapel und Mailand kämpfte: Die Serenissima hätte es in dieser Lage sehr begrüßt, wenn Ludwig XI. in mailändisches Gebiet eingefallen und die französischen Ansprüche auf Neapel mit den Waffen bekräftigt hätte. Doch der König hielt dieses Spiel nicht für aussichtsreich; keinem italienischen Staat gelang es, ihn

Der Einzug Alfons' V. von Aragon als neapolitanischer König in Neapel am 26. Februar 1443
Steinrelief von Francesco Laurana am Arco d'Aragona des Castel Nuovo in Neapel

aus der Reserve zu locken. Die nächste Offerte kam wiederum von Seiner Heiligkeit, von Innozenz VIII. Im Jahr 1485 hatte Ferrante I. in Neapel mit Aufständen zu tun, und der Kirchenstaat machte Front gegen Neapel. Die dringende Bitte des Papstes an die französische Adresse, man möge ihm gegen Ferrante helfen, blieb jedoch erneut ohne Reaktion. Vermutlich hätte es anders ausgesehen, wenn Ferdinand II. seinem bedrängten Schwager und Vetter in Neapel nicht mit der aragonesischen Flotte zu Hilfe gekommen wäre und damit unmißverständlich gemacht hätte, daß Neapel spanisches Interessengebiet war. Der Papst mußte sich 1486 mit üblen Friedensbedingungen abfinden.

Der neue Krieg 1489 zwang ihn zu einem neuen Angebot an Frankreich. Damals hielt noch Anne de Beaujeu, die Lieblingstochter Ludwigs XI. und Herzogin von Bourbon, die Regierung Frankreichs für ihren Bruder Karl VIII. in Händen. Der Papst lud den Herzog von Lothringen, René II., einen Enkel Renés I. von Anjou, ein, sich mit Hilfe der neapolitanischen Ferrante-Opponenten sein italienisches Königreich zu holen. Vorerst reagierte Frankreich nicht. Anne de Beaujeu und ihre Räte hielten sich an die Linie Ludwigs XI. Bei Karl VIII., dem Juristen die Rechtmäßigkeit der französischen Ansprüche bewiesen hatten, war das Projekt jedoch schon mit konkreten Vorstellungen angereichert. Innozenz' Nachfolger, Alexander VI. Borgia, drohte ihm 1493 zwar die Exkommunikation an, falls er seine Absichten zu verwirklichen suchte, aber als Ausgleich dazu agitierte Giuliano della Rovere in Lyon beim König und drängte ihn geradezu auf den Weg nach Italien – derselbe Mann, der dann als Julius II. mit Hilfe der Heiligen Liga von 1511 alles daransetzte, um die Franzosen endlich wieder aus Italien zu entfernen.

Soweit die Vorgeschichte, in der die Gründe dafür zu finden sind, weshalb Karl VIII. nicht nur am 19. Januar 1493 in Barcelona mit Ferdinand II. Frieden schloß, sondern wenig später, im Mai, auch mit Maximilian I. den Vertrag von Senlis, wobei seine Bereitschaft dazu durch die Schlacht gestärkt wurde, die Maximilians Truppen gegen die Franzosen bei Salins-Dournon gewonnen hatten. Die neapolitanische Lockung war für Karl VIII. so außergewöhnlich groß, daß sein Glaube, nur er hätte an Neapel größtes Interesse, und die Überlegungen anderer, etwa Ferdinands II., wären durch die Pyrenäen-Grafschaften neutralisiert, gegen sein staatsmännisches Format spricht. Lodovico il Moro hatte deshalb mit seinen Einladungen, die sich seit Mai 1492 wiederholten, keinerlei Verständigungsschwierigkeiten. Später wurde das Projekt gewöhnlich bloß nach dem ersten Kriegszug und den Ergebnissen der Jahre 1494/95 bewertet, doch es steht fest, daß der Plan nicht nur dem eigenwilligen Kopf des jungen, wenig begabten Karl VIII. entsprungen war, selbst wenn der Zeitgenosse und diplomatische Italien-Begleiter Philippe de Commynes nachher behauptete, das »ganze Unternehmen sei allen klugen und erfahrenen Leuten sehr unvernünftig erschienen, nur der König allein fand es gut«.

Karl VIII. verkannte sehr wohl das eminente Interesse der anderen Staaten an Italien, aber keinesfalls ebenso gründlich die Situation Frankreichs. Das Land hatte sich unter Ludwig XI. zwar von den Folgen des Hundertjährigen Krieges völlig erholt, doch seine Stellung im europäischen Koalitionsgeflecht hätte erheblich besser sein können. Burgund war trotz des Triumphes von Ludwig XI. über Karl den Kühnen erneut zu einer Gefahr erster Ordnung geworden. Seit der Ehe Maximilians I. mit Maria von Burgund bestand immer die Möglichkeit, Burgund plötzlich als Schwertspitze des Reiches an die Brust Frankreichs zu setzen. Daß dies mehr als überängstlich war, läßt sich aus den Kontakten schließen, die sich zwischen Maximilian und Spanien entwickelten. Ludwig XI. hatte Maximilian I. nach dem Tod Marias von Burgund dazu nötigen können, 1482 nicht nur abzudanken, sondern auch seine dreijährige Tochter Margarete mit dem Dauphin zu verheiraten. Ein Jahr darauf wurde sie durch die Nachfolge Karls VIII. tatsächlich Königin von Frankreich. Die Ehe wurde jedoch Ende 1491 annulliert; Karl VIII. heiratete Anna von der Bretagne. Für Maximilian I. war diese Zeit stark belastend. Anna war nun einmal seine Gemahlin, zwar nur per procurationem, aber seit dem Heiratsvertrag vom 16. Dezember 1490 galt sie als »römische Königin«, drei Tage später war ja die Ehe vom Bischof in der Kathedrale von Rennes eingesegnet worden. Die Hochzeit des französischen Königs im Dezember 1491 mit Anna von der Bretagne bot sich folglich nicht nur in den Augen spöttischer Gegner als Kunststück Karls VIII. dar: Er hatte die Tochter des römischen Königs verstoßen, um seine Frau zu heiraten.

In dasselbe Jahr fielen die ersten Überlegungen der katholischen Könige, Kastilien-Aragonien mit Habsburg-Burgund dynastisch zu verbinden. Frankreich protestierte jedoch sofort gegen alle eventuellen Heiratsprojekte zwischen Spanien und Habsburg. Der Vertrag von Barcelona (1491) nötigte Isabella und Ferdinand II. zu einer Vertagung des Projekts. Aber die Möglichkeit selbst war damit für Karl VIII. nicht aus der Welt geschafft. Die Einklammerung durch Spanien-Habsburg zeichnete sich schon vor dem Hintergrund der spanisch-englischen Allianz seit 1489 nicht nur als Umriß eines Schreckgespenstes ab. Deshalb war unter dem Aspekt von Frankreichs Verhältnis zu Habsburg wie auch unter demjenigen zu Spanien der Griff nach Neapel ganz offensichtlich ein Versuch, dem Druck Habsburgs auszuweichen und gleichzeitig das aragonesische Übergewicht im Mittelmeerraum aufzuheben. Von Aragonien über die Inselbrücke Balearen - Sardinien - Sizilien erstreckte sich der spanische Einfluß bis Neapel in einem Herrschaftsbogen, den Frankreich auch ohne besondere Allergien als abschnürende Klammer empfinden mußte. Wenn Neapel, das italienische Brückenwiderlager, aus der spanischen Einflußsphäre herausgebrochen und der französischen Krone einverleibt wurde, mußte Spaniens mediterrane Oberhoheit schlagartig zusammenfallen.

Frankreich rückte also mit seinen begründet entstandenen italienischen Interessen bereitwillig in die Ansprüche der Anjou ein, und zwar gleich so energisch, daß deren oberstes Ziel seit 1442 – die Wiederaufrichtung des süditalienischen Königreiches – zu dem seinen wurde. Von der Konfrontation Frankreichs mit Spanien im Mittelmeer um Süditalien wurden das gesamte europäische Staatensystem und die Konstellation der Mächte in der ersten Hälfte des 16. Jahrhunderts geprägt. Der Zusammenstoß der Widersacher löste einen Konflikt aus, der volle drei Jahrhunderte das politische Beziehungsfeld zwischen Frankreich und Habsburg bestimmte. Karls VIII. großer Trugschluß bestand nur darin, daß er sich nicht klar darüber werden konnte oder wollte, welche Bedeutung Ferdinand II. der süditalienischen Interessensphäre zumaß; der Einsatz des Königs für Ferrante I. im Jahr 1485 hätte ihn eines Besseren belehren können. So wurde, ganz unbeabsichtigt, der erste Italien-Feldzug der Franzosen zum entscheidenden Akt der Geburtshilfe bei der Entstehung Spaniens als einer europäischen Großmacht.

König Ferrante I. war mit einundsiebzig Jahren

Depeschenübergabe an Gefolgsmänner Karls VIII. von Frankreich
Miniatur in der ›Histoire romaine‹ des Pierre Bersuire, letztes Viertel des 15. Jahrhunderts
Paris, Bibliothèque Nationale

am 25. Januar 1494 verstorben. Nachfolger wurde sein sechsundvierzigjähriger Sohn Alfons (II.). Er regierte nicht einmal ein ganzes Jahr; denn als es ihm nicht gelungen war, dem Vormarsch der französischen Truppen erfolgreich entgegenzutreten, dankte er ab und überließ den stürzenden Thron Neapels seinem Sohn Ferrante II. Der Erbe konnte allerdings auch nichts Besseres tun, als nach Ischia auszuweichen. Karl VIII. zog am 22. Februar 1495 in Neapel ein, und im März war jeder Widerstand im unteritalienischen Königreich erloschen. Der französische König hatte jedoch nur einige Wochen Zeit, um seinen Erfolg und die Stadt zu genießen. Schon am 31. März wurde in Venedig eine Heilige Liga gegen Frankreich geschlossen, bei der Ferdinand von Aragon die treibende Kraft war. Sowohl der Papst als auch Maximilian I. waren an einer Niederlage Frankreichs interessiert. Um der spanisch-habsburgischen Gemeinsamkeit ein noch größeres Gewicht zu geben, als es ihren Italien-Interessen entsprach, wurden jetzt – frei von allen Rücksichten auf Frankreichs Sorgen – die Heiratspläne von 1491 wiederaufgenommen, indem man einen dynastischen Doppelknoten knüpfte – Maximilian I., eingedenk der effektvollen Heiratspolitik seines Vaters, Ferdinand II., ebenfalls in der richtigen Erkenntnis, daß sich Politik unter günstigen Umständen mit bestem Erfolg auch der Familienpolitik bedienen konnte. Der älteste Sohn der katholischen Könige, Johann, Prinz von Asturien, heiratete die Erzherzogin Margarete von Österreich, und Philipp der Schöne von Burgund, der ältere Bruder Margaretes, heiratete die siebzehnjährige Johanna, ein übersensibles Mädchen, das seinen Gemahl von der ersten Sekunde an tatsächlich bis zum Wahnsinn liebte; als Mutter Karls V. und Ferdinands I. wurde Juana la Loca, die Wahnsinnige, historisch unsterblich. Heiratspläne hatten im übrigen bei Isabella und Ferdinand II. immer eine Rolle gespielt. Schon zehn Jahre zuvor sollte ihre Tochter Katharina mit dem Sohn Heinrichs VII., Prinz Arthur, verheiratet werden. Das Projekt kam erst 1501 zustande. Nimmt man die Ehebündnisse mit Habsburg dazu, dann lassen sich diese Unternehmungen – ohne Rücksicht auf das spätere Großreich Spanien-Habsburg, das die bedeutendste Folge solcher Kontrakte war – politisch als Elemente einer bewußten Einkreisungspolitik gegenüber Frankreich bewerten.

Für das Hauptziel der Liga, die Wiedereroberung Neapels, waren vor allem die Truppen Ferdinands II. verantwortlich. Sie sorgten dafür, daß Karls VIII. neapolitanischer Traum ebenso schnell verflog, wie er sich erfüllt hatte. Am 12. Mai 1495 ließ er sich in Neapel zum König krönen, dann aber hatte er endlich die Größe der Gefahr begriffen; eine Woche später verließ er Neapel und zog mit etwa der Hälfte des Heeres eilends nach Frankreich zurück. Neapel vertraute er seinem Vetter, dem Grafen von Montpensier an; der Rest der Soldaten verteilte sich auf Stützpunkte im Land. Spanische Truppen setzten von Sizilien aus nach Unteritalien über. Geführt wurden sie von Gonzalo Hernández de Córdoba, dem berühmten Gran Capitán aus dem Feldzug gegen die Mauren; er war der Reformator des königlichen Heeres und vor allem der Schöpfer der spanischen Infanterie, deren Disziplin, Tapferkeit und Schlagkraft dem einsamen Ruhm der Schweizer Söldner in Europa rasch den Rang ablief. Zusammen mit venezianischen Truppen zwangen die Spanier sämtliche französischen Besatzungen in Italien der Reihe nach zur Kapitulation; die letzten ergaben sich immerhin erst 1497.

König Ferrante II. von Neapel war bereits 1496 gestorben. Sein Nachfolger wurde unter dem Schutz der spanischen Truppen der jüngste und letzte noch lebende Sohn Ferrantes I., Fürst Federico von Altamura. 1497 krönte ihn der päpstliche Kardinallegat Cesare Borgia zum König. Mit diesem letzten Herrscher Neapels aus der aragonesischen Seitenlinie, Federico I., schloß der französische König einen Waffenstillstand, in dem die militärisch-politische Lage akzeptiert und somit der Rückzug Frankreichs und sein Verzicht auf Neapel bestätigt wurde. Obwohl spanisch-venezianische Truppenkontingente in Unteritalien stationiert

Die Kinder Maximilians I.: Philipp der Schöne und Margarete
Gemälde eines niederländischen Künstlers, 1494/95
London, National Gallery

blieben, war es ein offenes Geheimnis, daß der Feldzug Karls VIII. nach Italien kein gravierenderes Ergebnis gehabt hatte als die Übernahme der neapolitanischen Herrschaft durch Spanien. Daran konnten sogar die heftigen Anstrengungen des Papstes nichts ändern. Es fällt nicht ganz leicht, deshalb Karl VIII. schlankweg als Verlierer zu bezeichnen, selbst wenn er von dieser Promenade – nach dem Urteil des Papstes: »Mit hölzernen Sporen und der Kreide in der Hand, um die Quartiere anzuschreiben« – nichts zurückgebracht und gewonnen hatte außer »Ruhm und Rauch«, wie er offen eingestand.

Im Jahr 1497 begann er einen neuen Feldzug vorzubereiten, starb aber am 8. April 1498 an den Folgen eines Unfalls. Da er keine Erben hinterließ, folgte ihm sein Vetter auf den Thron, Ludwig XII. Er meldete umgehend, wie schon als Herzog von Orléans während des ersten Italien-Zuges, seine Rechte an: Er ließ sich krönen mit den Titeln eines Herzogs von Mailand und Königs von Neapel und Jerusalem. Sein Feldzug begann im August 1499. Am 6. Oktober zog er in Mailand ein. Nach einigen Gegenschlägen kapitulierte Lodovico il Moro im April 1500 und kam als Gefangener des Königs nach Frankreich. Im gleichen Jahr rüstete Ludwig XII. zu einer Reprise des neapolitanischen Unternehmens. Am wichtigsten schien ihm ein Akkord

Der Ehevertrag zwischen Philipp dem Schönen von Burgund und der Infantin Johanna
Übereinkunft Maximilians mit dem Bevollmächtigten der spanischen Majestäten am 20. Januar 1495 in Antwerpen
Wien, Haus-, Hof- und Staatsarchiv

mit Spanien. Ferdinand II. empfand das seinen eigenen Wünschen angepaßt. In Anbetracht der ohnmächtigen Lage Neapels entschloß er sich endgültig, auf dem Weg über Verhandlungen reinen Tisch zu machen. Der König vereinbarte am 11. November 1500 in Granada mit einem Gesandten Ludwigs XII. ein Geheimabkommen über die Eroberung und Aufteilung Süditaliens. Mit diesem Auftakt entfalteten sich die diplomatisch-militärischen und verschlagen-politischen Künste Ferdinands. Das Abkommen wurde offiziell in dem Aufteilungsvertrag vom 29. Juni 1501, den Alexander VI. Borgia, Ferdinand II. und Ludwig XII. unterzeichneten. Seine Grundzüge hielten sich an das Geheimabkommen: Frankreich erhielt Neapel samt der Krone, dazu Kampanien samt den Abruzzen, Spanien dagegen Kalabrien und Apulien. Für Federico I. blieb jetzt nichts mehr zu tun; er tobte nur über den »Verrat« Ludwigs XII., seines Freundes aus Jugendzeiten, die er in Burgund am Hof Ludwigs XI. verbracht hatte, bat wiederholt die Osmanen, erneut an der Adriaküste Italiens zu landen, und war so blind, daß er glaubte, die Schiffs- und Truppenkonzentrationen Gonzalo de Córdobas auf Sizilien würden seinem Schutz vor den Franzosen dienen. Der Papst erklärte ihn als einen »Feind der Christenheit« nunmehr für abgesetzt. Wenn Federico I. für Ferdinand den Katholischen

Gonzalo de Córdoba
Medaillonbildnis im Titelholzschnitt
der 1554 erschienenen Vita des »Gran Capitán«
Madrid, Biblioteca Nacional

jetzt überhaupt noch eine Bedeutung hatte, dann als bloßer Steigbügelhalter. Im Juli rückten die Spanier von Süden vor, die Franzosen marschierten aus dem Norden an. Federico kapitulierte rasch, wurde in ehrenvolle Gefangenschaft nach Frankreich gebracht und trat seine neapolitanischen Rechte an Ludwig XII. ab, Rechte freilich, die weder er noch der französische König wahren konnte, wie ihnen Ferdinand II. bald bewies.

Kaum waren Franzosen und Spanier im Grenzgebiet zwischen den Abruzzen und Apulien aufeinandergestoßen, kam es zu Streitigkeiten über den Verlauf der Demarkationslinie. Die Auseinandersetzungen steigerten sich im Juli 1502: In einem jähen Ansturm überrannten die Franzosen halb Apulien – schienen es wenigstens zu überrennen; denn Gonzalo de Córdoba wich in kühler Einschätzung der Lage zurück und lockte die Franzosen hinter sich her bis zu der großen Hafenfestung Barletta nördlich von Bari. Dort schloß er sich ein und überließ den Franzosen die Beschwerden einer Belagerung. Vor Barletta kam es im Februar 1503 zu der berühmt gewordenen Disfida, der Duellforderung von dreizehn italienischen Kavalieren. Ein französischer Offizier hatte die soldatischen Tugenden der Italiener angezweifelt und sie verhöhnt, so daß der Kommandeur einer italienischen Einheit die Franzosen forderte. Jedes der dreizehn Duelle zwischen den Fronten wurde von den Italienern gewonnen, Gonzalo de Córdoba tat ein übriges für den spanischen Ruf, indem er persönlich das Lösegeld für die Gefangenen aufbrachte und sie dem Gegner zurückschickte.

Im Frühjahr landeten die erwarteten Verstärkungen. Der Feldherr durchstieß ohne Mühe den Belagerungsring, schlug die Franzosen bei Cerignola vernichtend und zog quer durch die Halbinsel in Eilmärschen nach Neapel. Mitte Mai 1503 befand sich die Stadt in seiner Hand. Ein weiterer triumphaler Sieg im Norden Neapels am Garigliano bestätigte den Ruhm Córdobas als »Unbesiegbaren«; bestenfalls Cesare Borgias Feldherrnkunst behauptete sich neben ihm. Ein französisches Ersatzheer wurde im Dezember 1503 und nochmals Anfang 1504 von den Spaniern geschlagen. Erst jetzt entschloß sich Ludwig XII., einen Strich unter sein süditalienisches Abenteuer zu ziehen. Dem rasch geschlossenen Waffenstillstand folgten schleppende Verhandlungen. Gonzalo de Córdoba residierte inzwischen als erster Vizekönig Spaniens in Neapel.

Bevor ein Arrangement mit den Franzosen spruchreif wurde, verstarb Königin Isabella am 26. November 1504. Für König Ferdinand II. begannen schwierige Monate. Mehr als die im wesentlichen pflichtgemäße Trauer setzten ihm die rechtlich ungeklärte Situation Neapels zu, die vielen Nachrichten über die Eigenmächtigkeiten des Gran Capitán, der die Usurpation des neapolitanischen Throns ins Auge gefaßt zu haben schien, und die Gefahr, daß sich Kastilien und Aragonien nach dem

Tod Isabellas wieder trennen und zwei selbständige Reiche bilden könnten. Der kastilische Adel, der dem König trotz aller Erfolge zumeist nicht gewogen war, lehnte es entschlossen ab, ihm die Regentschaft zu übertragen. Johanna die Wahnsinnige und Philipp der Schöne wurden ersucht, von Brüssel nach Kastilien zu kommen, die Regierung anzutreten und den Treueid samt Huldigung der Stände entgegenzunehmen.

Diese Not brachte Ferdinand II. und Ludwig XII. an einen Tisch. Die Regierung Kastiliens in der Hand eines Habsburgers mußte für Frankreichs König eine erschreckende Steigerung der Hausmacht Habsburgs bedeuten, die sich so mysteriös unabhängig von den Gaben der Herrscher entwikkelte. Ludwig XII. überschrieb seine sämtlichen neapolitanischen Rechte auf Germaine de Foix, seine siebzehnjährige Lieblingsnichte. Im Oktober 1504 wurde sie mit König Ferdinand verheiratet. Im gleichen Monat bereinigten Frankreich und Spanien das Problem Neapel durch den Vertrag von Blois. Die Ehe mit Germaine de Foix eröffnete wegen der erhofften Nachkommenschaft nicht nur hervorragende Aussichten auf eine Thronfolge, die Habsburgs Erwartungen enttäuschen mußten, sondern beide Könige kamen mit ihrer Hilfe auf eine zufriedenstellende Formel für das Schicksal Navarras. Ludwig XII. wollte sich endlich an der in Navarra herrschenden und ihm gründlich verhaßten Sippe der d'Albret rächen, zumal auch an Cesare Borgia, den er als Landesverräter betrachtete, weil er Frankreich im Kampf um Neapel nicht ausreichend unterstützt hatte. Cesare Borgia, noch immer mit Charlotte d'Albret verheiratet, war der Schwager

Das brennende Reggio di Calabria an der Straße von Messina
Aquarellierte Zeichnung von Pieter Bruegel d. Ä.
Rotterdam, Museum Boymans-van Beuningen

des regierenden Königs. Vereinbart wurde, daß Ferdinand II. den Herrscher Jean d'Albret mit seiner ganzen Familie aus Navarra vertreiben und dort bis zu seinem Tod als König herrschen sollte. Der Thron würde danach nicht an seinen mutmaßlichen spanischen Erben fallen, sondern an den Bruder von Ferdinands Frau Germaine, an seinen Schwager Gaston de Foix, den jungen, großartigen Feldherrn Ludwigs XII.

Im April 1506 trafen Johanna die Wahnsinnige und Philipp der Schöne in Kastilien ein. Sie wurden jubelnd begrüßt und von den Cortes im Juli zu Erben der kastilischen Krone erklärt. Im September segelten Ferdinand II. und seine Gemahlin Germaine nach Italien, um in Neapel die Dinge zu ordnen. Drei Wochen später hatte sich die hoffnungslos scheinende Situation in Kastilien völlig zu Ferdinands Gunsten verändert. Philipp der Schöne, erst achtundzwanzig, starb urplötzlich; bis heute gibt es keine einleuchtende Erklärung für den Tod des kerngesunden Monarchen. Noch bevor Ferdinand

Johanna die Wahnsinnige
Gemälde von Juan de Flandes
Castagnola, Sammlung Schloß Rohoncz

neapolitanischen Boden betrat, hatte Gonzalo de Córdoba sein Amt niedergelegt. Der Feldherr kehrte nach Spanien zurück, als Ferdinand II. und die Königin in Neapel einzogen. Aus Kastilien erhielt der König die Nachricht, daß Johanna bis zu seiner Rückkehr für ihn die Regentschaft führen und ihm dann die Königsgewalt überlassen werde.

Die Freundschaft aus Not zwischen dem französischen und dem spanischen König hielt einige Jahre, so lange, wie es Ferdinand für sich und Spanien angemessen fand. Beide Fürsten beteiligten sich auch an der Liga von Cambrai vom 10. Dezember 1508 gegen Venedig. Die Liga war eine direkte Folge der Niederlage, mit der Maximilians I. Angriff auf die Serenissima im Frühling 1508 geendet hatte. Als erste Partner fanden sich Ludwig XII. und Maximilian zusammen; wenige Monate später waren alle Mächte beigetreten, die Venedigs territoriale Ausdehnung in Italien beendet sehen wollten. 1509, am 14. Mai, kam es zu dem historischen Treffen bei Agnadello, dem »Schwarzen Tag« in der Geschichte Venedigs. Eine Fernwirkung dieser Katastrophe war der plötzliche Umschwung der gesamten Koalition, die Julius II. auslöste und zu der König Ferdinand II. mit allen Kräften beitrug. Jetzt endlich konnte er mit der Bereitschaft des Papstes rechnen, ihm die Investitur mit Neapel – noch immer das größte Lehen des Heiligen Stuhls – zu übertragen; denn Julius II. war auf Könige wie Ferdinand angewiesen, wenn er Italien wirklich von den »Barbaren« befreien wollte. Er schloß mit Spanien und Venedig am 5. Oktober 1511 die »Heiligste Liga« zum »Schutz der Kirche« gegen Frankreich. Auch die Eidgenossen stellten sich für den Kampf wider die »Christus-Feinde« zur Verfügung.

Ferdinand II. konnte dabei einen weiteren Erfolg seiner außenpolitischen Unermüdlichkeit verbuchen. Schon die Ehe Katharinas von Aragon mit dem englischen Thronfolger Arthur Tudor hatte für Ferdinand den Gewinn einer neuen Trumpfkarte im Spiel gegen Frankreich bedeutet. Noch wichtiger war diese Ehe für Heinrich VII. gewesen; denn sein

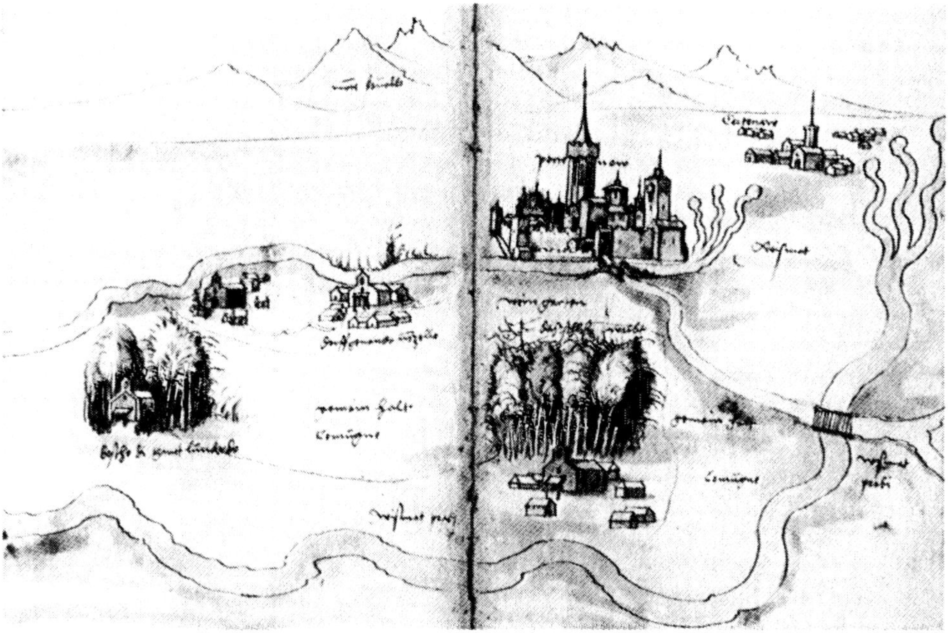

Habsburgische Stellungen bei Pordenone und Cordenons im Feldzug Maximilians I. gegen Venedig
Aquarellierte Zeichnung eines Unbekannten in einem Skizzenbuch mit Befestigungs-Motiven aus Südtirol und Friaul zur Zeit des Krieges gegen Venedig, 1508
Wien, Österreichische Nationalbibliothek

Haus wurde dadurch endlich dynastisch anerkannt: England war – in der Person Heinrichs VII. – wieder in den Kreis der gleichberechtigten Mächte Europas eingerückt. Die stützende Freundschaft mit Spanien ermöglichte es England, sich fast umgehend von der Notwendigkeit einer Stützung freizumachen. Die selbständige Politik zwischen Spanien und Frankreich hatte schon 1492 begonnen, als Heinrich VII. sich den Rückzug seiner Armee von Frankreich teuer abkaufen ließ.

Katharina von Aragon und Prinz Arthur heirateten am 14. November 1501. Ein paar Monate später, am 2. April 1502, starb der Thronfolger. Katharinas Bedeutung als Kitt der spanisch-englischen Allianz blieb jedoch erhalten; Katharina sollte die Frau von Arthurs Bruder Heinrich werden. Der päpstliche Dispens wurde erteilt. Die Verlobung fand 1503 statt, die Hochzeit erst sechs Jahre später, als Heinrich VIII. am 22. April 1509 seinem Vater auf den Thron gefolgt war. Als sich die italienischen Verhältnisse gegen Frankreich kehrten, wurden der Papst und König Ferdinand II. in London unverzüglich aktiv. Heinrich VIII. wechselte in die traditionellen Geleise der Händel mit Frankreich, dieser Feindschaft mit alter Vergangenheit und neuer Zukunft. Die unnatürliche Liga von Cambrai ließ damit ihren Geist endgültig entschlafen. Erneut begannen die Kämpfe in Italien. Am 11. April 1512 errangen die französischen Truppen unter Gaston de Foix vor Ravenna einen Pyrrhus-Sieg. Der Feldherr Ludwigs XII. verlor sein Leben. Jetzt entdeckten auch Maximilian I. und Venedig ihre gemeinsamen Interessen in Oberitalien. Der Kaiser zog die deutschen Landsknechte aus dem französischen Heer ab, und Schweizer Truppen gewannen auf mailändischem Gebiet die Oberhand. Die Lage in Italien wurde für Ludwig XII. hoffnungslos, als Florenz der Koalition unterlag und Spanien für eine Restitution der Medici sorgte. In Mailand wurde von Maximilian und den Eidgenossen der Sohn Lodovico il Moros, Massimiliano Sforza, als Herzog eingesetzt.

In dieser Phase überwarfen sich Maximilian I. und Ferdinand II.; denn der Kaiser hielt hartnäckig an seinen Rechten in Verona und Vicenza fest. Ferdinand befürchtete mit Grund einen neuen Ausbruch des Gegensatzes zwischen der Republik und dem Kaiser. Daß die Lagunenstadt am 23. März 1513 tatsächlich einen Offensivvertrag mit Frankreich vereinbarte, ging nicht allein auf Maximilians Unbelehrbarkeit zurück, wie König Ferdinand gern zu glauben bereit war, sondern auch auf den dringenden Wunsch Venedigs, der eidgenössischen Expansion in Norditalien einen Riegel vorzuschieben. Die Liga fiel durch den Stellungswechsel Venedigs keineswegs auseinander, obschon das nach dem Tod Julius II. am 21. Februar 1513 nicht überraschend gewesen wäre. Das Ziel, Mailand nicht der Franzosenherrschaft zu überlassen, blieb bestehen. Das versicherten sich am 5. April 1513 Leo X., der Kaiser, Ferdinand II. und Heinrich VIII. im Vertrag von Mecheln. Noch einmal überquerten Frankreichs

Die Schlacht bei Novara am 6. Juni 1513:
Kampf der siegreichen Schweizer gegen ein französisch-venezianisches Koalitionsheer
Holzschnitt für die Publikation des ›Weißkunig‹
Wien, Österreichische Nationalbibliothek

Truppen die Alpen, und noch einmal erzwangen die Schweizer einen Triumph, indem sie eine französisch-venezianische Koalitionsarmee Anfang Juni 1513 bei Novara schlugen. Jetzt gab Ludwig XII. auch seine oberitalienischen Ambitionen auf. Beschleunigt wurde die Bereitschaft dazu durch die Kriegsverdrossenheit, die Friedensbereitschaft König Ferdinands. Spanien und Frankreich besiegelten ihr Einverständnis durch weitreichende Zusagen hinsichtlich Neapels und des künftigen Status von Mailand. Lange dauerte dieses Einvernehmen nicht, da Ludwig XII. am Neujahrstag 1515 starb.

Ferdinand II. überlebte seinen Gegner, nicht nur persönlich: 1512 war es ihm mit Unterstützung seines Schwiegersohnes, Heinrichs VIII., gelungen, Navarra bis zur Pyrenäen-Grenze zu erobern. Immerhin hatte sich Ferdinand zu einer Begründung der Invasion verstanden: Die Navarresen seien mit Frankreich verbündet und deshalb Feinde der Liga und des Papstes. König Jean d'Albret floh im Juli 1512 nach Frankreich, und Julius II. zögerte nicht, seinem verläßlichsten Parteigänger Ferdinand Anfang 1513 die Krone Navarras zu übertragen, was um so leichter war, als sich Ferdinand auch im Namen seiner Frau Germaine zum Thronerben erheben konnte. Damit war das Stammland Spanien territorial saturiert. Daß Mailand tatsächlich einmal durch eine spanisch-französische Heirat an Spanien fallen könnte, wie es zwischen Ludwig XII. und Ferdinand II. projektiert worden war, betrachtete der katholische König bestenfalls als ein verbales Pfand des guten Willens. Deshalb berührte es ihn auch nicht mehr, daß Ludwigs Nachfolger, Franz I., durch die Schlacht bei Marignano Mitte September 1515 den französischen Status quo in Oberitalien erneuerte, daß Leo X. im Vertrag von Viterbo große Zugeständnisse machen mußte und bei einem Treffen mit dem König in Bologna von den Medici-Ansprüchen auf Parma und Piacenza zurücktrat. Vermutlich interpretierte Leo X. dem französischen König auch die neapolitanische Situation als nicht so völlig abgeschlossen, wie sie in Spanien betrachtet wurde, aber das irritierte Ferdinand den Katholischen nicht. Wie sicher Spanien über das »Regnum utriusque Siciliae« regierte, wurde später in wiederholten Verträgen erhärtet.

Ferdinand II. verstarb am 23. Januar 1516, ein Spanien hinterlassend, das nicht nur dem französischen Gegengewicht im mediterranen Süden die Waage hielt, sondern dessen machtpolitische Solidität genügend Härte besaß, um zum Felsen des letzten europäischen Großreiches zu werden. Die Einheit des spanischen Staates war von Isabella genauso entschlossen angestrebt worden wie von Ferdinand. Mitunter hatte es ausgesehen, als stünden die Interessen der ferdinandeischen Hausmacht über den Einheitsbestrebungen, doch erwies es sich schließlich, daß dies weder eine Alternative noch einen Gegensatz bedeutete. Der Erbe übernahm ein innerlich gefestigtes, weitgehend vereinheitlichtes und politisch stabilisiertes Reich, das von Ferdinand zum Kernstück eines durchdachten Bündnisgeflechts ausgebaut worden war. Nur deshalb konnte sich die spanische Dominanz in Europa durch eineinhalb Jahrhunderte halten, bis zum Ende des Dreißigjährigen Krieges.

Politik als Kunst des Unmöglichen: Machiavelli und Maximilian I.

Der Macht- und Einheitsstaat Spanien war das Ergebnis der politischen Virtualität und Virtuosität zweier Herrscher. Ein Extrakt ihrer persönlichen Eigenschaften, soweit sie für die politische Bühne Bedeutung erlangten, rückt ihre individuelle Unvergleichlichkeit in den Hintergrund zugunsten einer Skala politischer Fähigkeiten, denen auf der objektiven Seite der Verselbständigungsprozeß der staatlichen Sphäre entspricht. Unter diesem Aspekt sind die kongenialen Herrscher dieser Epoche – wie Ludwig XI., Francesco I. Sforza, Lorenzo I. de' Medici, Lodovico il Moro, Ferdinand der Katholische, Mehmet II., Alfonso I. d'Este, Ferrante I., Cesare Borgia, Julius II., Iwan III. und Heinrich VIII. – zwar völlig verschieden in ihren Temperamenten und den politischen Leistungen, jedoch unschwer auf einen Nenner zu bringen nach ihren Zielen und dem Modus ihrer Verwirklichung, in der kalten Einschätzung dessen, was für die Macht des Staates notwendig war, und das heißt für diese Schülerjahre der Interessenpolitik: was für die persönliche Macht des Monarchen notwendig war. Ludwig XI. ließ sich bei seinen territorialen Begleichungen von parallelen Überlegungen leiten wie die Herrscher anderer Staaten. Bei diesen politischen Flurbereinigungen begann man etwas von sogenannten natürlichen geographischen Grenzen zu ahnen, auf die ein Staat angewiesen sein sollte, um die politische Einheit zu erreichen, wobei schon damals auffiel, daß der Drang zu solchen Grenzen immer mit Gebietsvergrößerungen verbunden war, niemals mit dem Gegenteil. Was die Einverleibung der Bretagne und der Kampf um Burgund für Frankreich bedeuteten, waren für Spanien die Eroberung Granadas, die Rückgewinnung des Roussillon, die Besetzung Navarras und später der letzte Versuch, Hand auf Portugal zu legen. Für die Selbsterklärung spielten hier die Mauren und die Juden eine ähnliche Rolle wie bei der Entstehung Großrußlands die Tataren.

Der Dichter Jean Molinet brachte in seiner ›Ballade vom kriechenden Löwen‹ zur Kennzeichnung Ludwigs XI. das Wort von der »unermüdlichen Spinne« auf. Und Maximilian I., der selbst empfindlich darunter litt, daß er der listigen Verschlagenheit in politicis allzusehr ermangelte, empörte sich über diesen Meister der sublimen Gemeinheiten: »Es gibt keinen größeren Schurken auf der Welt als den Franzosenkönig.« In solchen Ausbrüchen schwang immer der geheime Unterton von »bedauerndem Neid« mit; vor allem außerhalb Italiens war der Zorn über skrupelloses Intrigenspiel eine der zeitgenössischen Formen seiner Anerkennung. Alle diese Herrscher gehören zu den Schrittmachern des Frühabsolutismus, und die politischen Analytiker applaudierten ihrer Fallenstellerei ganz ohne Zwang. In fröstelnder Bewunderung notierte Guicciardini von Ferdinand dem Katholischen: »Welche Kluft bestand zwischen den Worten und den

Handlungen dieses Fürsten, wie heimlich und tief legte er seine Netze aus!« Und die Treue zum gegebenen Wort, zu den Verträgen, die feierlich ratifiziert, beschworen und durch Priester abgesegnet wurden? Auch Maximilian I. sah Vertragstreue nur als eine Funktion der politischen Situation an und handelte, wenn es darauf ankam, ganz nach dem Wort Ludwigs XI., daß man sich vor dem Betrogenwerden nur schützen könne, »indem man selbst betrügt« – eine Variante seiner wiederholt beteuerten Überzeugung: »Qui nescit simulare, nescit regnare.« Als Ferdinand II. hörte, Ludwig XII. habe sich darüber beklagt, daß er ihn zweimal betrogen hätte, mokierte sich der Spanier: »Der Trunkenbold lügt! Ich habe ihn zehnmal und noch öfter hereingelegt.«

Cesare Borgia, Ludwig XI., Lorenzo I. de' Medici und Ferdinand der Katholische rangierten in der Wertschätzung Machiavellis an der Spitze, in der Hochachtung eines Mannes also, der sich wie kein anderer Gedanken gemacht hat über die notwendigen Eigenschaften des Fürsten als eines Einzelherrschers, von dessen Verhalten und Handlungen das Schicksal, oder weniger dekorativ: das Wohlergehen eines Staates abhing. Machiavelli entwickelte seine Staatstheorie nahezu ausschließlich aus einer Analyse des politischen Lebens seiner Zeit, des 15. Jahrhunderts, der Hochrenaissance, und aus einer kritischen Bestandsaufnahme der geschichtlichen Vergangenheit. Er selbst wollte niemals etwas anderes als Politiker sein, ob am Schreibtisch oder in der politischen Praxis. Persönlich war ihm dabei wenig Glück beschieden, aber kein Politiker der europäischen Geschichte – ob drittklassig oder erstrangig – hatte so großen Erfolg als Schriftsteller wie er.

Niccolò Machiavelli
Tonbüste eines italienischen Künstlers, 16. Jahrhundert
Florenz, Palazzo Vecchio

Machiavellis Hauptwerk, das weltberühmte Buch ›Il Principe‹, präsentiert sich dem Äußeren nach als eine Unterweisung für Herrscher, eine Inventur und Zergliederung der Eigenschaften, über die ein Fürst im politischen Feld verfügen mußte. Das Buch, niedergeschrieben in der zweiten Hälfte des Jahres 1513, liefert also in einem sehr weiten Sinn den Aufriß einer politischen Psychologie, die als Basis der neuen politischen Wissenschaft gedacht war. Machiavelli gewann seine Einsichten dazu aus vergleichenden Studien des politischen Verhaltens der Menschen und Herrscher aller Zeiten. Die Geschichte war für ihn ein hervorragendes Beobachtungsfeld; historische Erkenntnis also fundiert hier die politische Wissenschaft. Machiavelli ergänzte seine systematischen Arbeiten immer durch historische Studien oder ließ sie daraus entstehen, ja er sah in der Tätigkeit des Geschichtsschreibers keine grundsätzlichen Unterschiede zum politischen und staatstheoretischen Denken. Das große Parallel-Unternehmen zum ›Fürsten‹ sind die ›Discorsi sopra la prima deca di Tito Livio‹, seine Gedanken zu den ersten zehn Büchern des Livius aus den Zeiten der frühen römischen Republik.

Das Programm steht im fünften Kapitel des ›Principe‹: »Da es meine Absicht ist, zum Nutzen derer zu schreiben, die mich verstehen, schien es mir richtiger, mich an die tatsächliche Gestalt der Dinge als an ein Phantasiebild zu halten. Viele haben sich

Republiken und Fürstentümer ausgemalt, von deren Existenz man nie etwas gesehen noch vernommen hat. Denn zwischen dem Leben, wie es ist, und dem Leben, wie es sein sollte, ist ein so gewaltiger Unterschied, daß wer das, was man tut, aufgibt für das, was man tun sollte, eher seinen Untergang als seine Erhaltung bewirkt. Ich lasse also die Phantasien über den Fürsten beiseite und rede vom Tatsächlichen.« Das gibt sich einfach, war aber doch neu genug, um Francis Bacon feststellen zu lassen: »Wir verdanken Machiavelli sehr viel; denn er hat uns gezeigt, was die Menschen tun, nachdem uns vorher immer nur gesagt worden war, was sie tun sollten.« Machiavelli verzichtete bewußt auf alle relativistischen Aspekte. Ihn interessierte das Faktische, nicht die religiöse Direktive oder sittliche Spekulation. Freilich ist der Gesichtspunkt des Überlebens, notfalls des Überlebens um jeden Preis samt allen damit verbundenen Interessen des einzelnen oder des Staates durchaus nichts Wertfreies, nichts Außermoralisches. Deshalb konnte ein britischer Historiker bemerken, die ganze neuere Geschichte sei ein »Commentarius perpetuus zu Machiavelli«, und deshalb der permanente Versuch, Machiavelli zu »widerlegen«, obgleich es so aussichtslos ist, ihn widerlegen zu wollen.

Machiavelli nahm die Geschichte buchstäblich ernst, allerdings interessierte ihn an der Geschichte lediglich das, was sich als erfolgreich herausgestellt hat, und darauf legte er besonderen Nachdruck. Die historische Wirklichkeit bot sich ihm als eine Welt dar, in der zahlreiche Energien aufeinander eingewirkt haben und zusammengeprallt sind, in anthropomorphisierender Terminologie: sich gegenseitig bekämpft haben. Der Begriff des Kampfes trifft deshalb nicht ganz zu, weil der Konflikt der Energien nach Gesetzen verlaufen ist, die genausogut Gesetze der Physik oder Mechanik hätten sein können; das löscht den Gesichtspunkt der aufdringlichen Moralität: »Da die Natur den Dingen dieser Welt keinen Stillstand gestattet, müssen sie notwendig abwärts steigen, sobald sie einmal den Gipfel der Vollendung erreicht haben, über den hinaus sie sich naturgemäß nicht weiter zu entwickeln vermögen. Sind sie nun herabgesunken und haben durch Zerrüttung den Tiefstand erreicht, so müssen sie, da ein weiterer Abstieg unmöglich ist, notwendig wieder aufwärtssteigen. So geht es in stetem Wechsel abwärts zum Bösen und aufwärts zum Guten.« An diesem »Natur«-Gesetz, an dessen Zwangsläufigkeit nichts zu ändern ist, weil es einen Ausdruck der immanenten Necessità des Weltgeschehens darstellt, hat der Mensch teil. Allerdings bieten sich ihm von einem hohen Standpunkt aus das Gute und Böse auch des Lebens nur als geschichtliches Oben und Unten.

Nirgends sagt Machiavelli, daß dieser Zustand wünschenswert sei oder man ihn frohsinnig begrüßen müsse; er sagt immer nur, daß man zu keinem anderen Ergebnis kommen könne, sofern man das Verhalten der Menschen unbefangen, ohne Emotion betrachte und sich nicht scheue, die Dinge bei ihrem Namen zu nennen. Machiavelli entdeckte in der Geschichte nur zwei Hauptgruppen von Menschen: einmal die Masse (Vulgo), zum anderen den Einzel- und Ausnahmemenschen (Virtuoso). Grob gesprochen ist die Masse das formbare Material des historischen Prozesses, das Vorgegebene, dessen sich der Virtuoso zu bedienen hat; er allein kann ihr Form geben, ihr den Stempel aufdrücken. Neben diesen Gruppen gibt es als wesentlichste Potenzen der Geschichte die beiden Kräfte der Virtù und der Fortuna. Alle geschichtlichen Ereignisse, die Fortbewegung des historischen Gesamtprozesses, gehen auf das Wirken dieser Kräfte zurück. Könnte man von unserem Begriff der Tugend alles abziehen, was nach aufgesetzter Moralität klingt, dann hätte man in etwa die Bedeutung der Virtù. Sie ist bei Machiavelli ein impetuoses Prinzip der Geschichte, eine durchaus überpersönliche Kraft, die sich wie ein Energiefeld einmal an bestimmten Stellen konzentriert, dann wieder verflüchtigt, sich weiterbewegt und unvermittelt an anderer Stelle erneut verdichtet. Wo sich Virtù sammelt, entfalten sich Staaten, entwickeln sich große Herrschaften und Reiche, wo sie sich auflöst, brechen die Ge-

Das Rad der Fortuna:
Karl V. als Graf von Flandern
beim Anwerfen des Rades
Aus einer Miniatur von Remy du Pays
in einer dem Herrscher gewidmeten
Sammelhandschrift, 1515
Wien, Österreichische Nationalbibliothek

meinwesen zusammen. Daß die Virtù dennoch zumindest vom Anflug eines positiv-sittlichen Moments ausgezeichnet ist, sieht man an der Corruzione, ihrem Gegenbegriff, bei dem der Nebenton des Verwerflichen stärker hervortritt – ein Effekt, den Machiavelli beabsichtigt hat. Das wiegt um so mehr, als Machiavelli gewöhnlich sehr nachlässig in der Terminologie verfahren ist.

Die Virtù ist keine selbständige Kraft; sie kann nicht wirken ohne Verbund mit der Fortuna. Fortuna ist vereinfacht gesagt ein Richtungsprinzip, eine irrationale Macht, gegen die nichts zu unternehmen ist, die aber demjenigen zu geschichtlicher Höhe verhilft, dem es gelingt, die Richtung ihres Weges aufzuspüren und ihm zu folgen: »Die Geschichte beweist, daß die Menschen Fortuna unterstützen, nicht aber, daß sie sich ihr zu widersetzen vermögen. Sie können die Fäden zusammenweben, aber sie können sie nicht zerreißen. Trotzdem dürfen sie sich selbst nie verlassen. Da sie die Schritte der Göttin nicht kennen und Fortuna auf krummen und ungebahnten Pfaden wandelt, so sollen die Menschen immer hoffen und hoffend in keiner Lage, in keiner Not noch Mühsal sich selbst verlieren.« Machiavelli sagt es nicht an dieser Stelle, aber auch in diesem gelassenen Durchstehen, dem abwartenden Überwinden von Bedrängnis, ist Virtù enthalten.

Geheimbibel der Staatskunst

Der Staat Machiavellis ist fast das absolute Gegenstück eines christlichen Staates. In ihm nimmt der Fürst, der Virtuoso, eine erklärte Sonderstellung ein. Da sich Machiavelli ohne Zierat zur Autonomie und Allmacht des Staates bekannte und die entsprechenden Interessen Vorrang hatten, ordnete er die politischen Mittel diesen Interessen unter und empfahl dem Fürsten den Gebrauch aller irdischen Möglichkeiten, um zum Erfolg zu kommen. Jeder Staat ist seinem Wesen nach Machtstaat. Diese Tatsache annullierte für Machiavelli die Zuständigkeit privatpersönlicher Normen. In seinen Augen war ein Gefälligkeitsstaat kein Staat, sondern ein warmes Nest, das der Bürger bekümmert verließ, wenn es zerfetzt wurde, für dessen Erhalt aber niemand einen Finger rührte. Ein Machtstaat dagegen schloß den entschiedenen Erhaltungstrieb eo ipso ein. Reichen deshalb für den Erfolg die normalen, traditionellen Mittel nicht aus, dann muß der Fürst bei Machiavelli List, Verlogenheit, Betrug, Meineid, konsequente Gewalt einsetzen. Genaugenommen wird die Reihenfolge der angewandten Mittel von den Notwendigkeiten der politischen Praxis bestimmt. Wer durch Intrige sicherer ans Ziel kommt, ist kein guter Fürst, wenn er sich zu Ehrlichkeit und Offenheit entschließt und dadurch mehr Risiken auf sich nimmt.

Die Perplexionswirkung solcher Empfehlungen, ihr einleuchtender Verdutzungseffekt, hat später Hunderte von nachdenklichen Politikern und Denkern veranlaßt, an diesem Punkt einzuhaken. Zweifelsohne lieferte Machiavelli ein besonders dankbares Studiensujet für das Verhältnis, in dem sich das zeitgebundene, an einen historischen Ort fixierte Werk zu seiner späteren Wirkung und Interpretation befindet. Die Vorwürfe gegen Machiavellis politische Theorien sind auch auf seine Person ausgeweitet worden. Immer wieder begegnet man ihm in den folgenden Jahrzehnten und Jahrhunderten als dem Versucher schlechthin, als dem leibhaft bösen Prinzip, als demjenigen, der Machtgier und politische Skrupellosigkeit geradezu erst erfunden hat, als dem Originalgenie des Giftmords und des Meineids. In dieser Perspektive sieht es so aus, als hätte es vor Machiavelli überhaupt keinen rücksichtslosen und rücksichtslos perfiden Herrscher gegeben, sondern nur rechtschaffene Hirten, die es mit noch rechtschaffeneren Schafen zu tun gehabt hatten. Eine Vielzahl von Staatstheoretikern und Historikern hat den ›Principe‹, seit er 1532 zum ersten Mal gedruckt erschienen war, als das Lehrbuch aller größeren Missetaten angesehen und jeden politischen Frevel mit diesem Werk in Zusammenhang gebracht. Moritz von Sachsen etwa hätte seine hinterhältige Politik gegenüber Kaiser Karl V. erst aus dem ›Principe‹ gelernt, oder die Initiatoren der Bartholomäus-Nacht, allen voran Katharina von Medici, hätten am Abend des 23. August 1572 zwecks methodischer Aufrüstung noch einmal schnell bei Machiavelli nachgeblättert.

Nicht genug, daß sein Familienname zu einem schurkischen Epitheton korrumpiert worden ist, auch sein Vorname hat sich im Englischen zum Synonym für den Teufel verwandelt: Old Nick. Doch man sollte nicht darüber hinweggehen, daß zwar seine Werke kurze Zeit nach seinem Tod auf dem Konzil von Trient von der Kirche verdammt und auf den Index gesetzt wurden, daß aber Papst Clemens VII. die Veröffentlichung der Schriften Machiavellis vorbehaltlos unterstützte, und daß vor allem zu Lebzeiten des Florentiners niemand an seinen allgemein bekannten Gedanken oder an seinen Schriften den geringsten Anstoß genommen hätte. Von den Republikanern wurde ihm lediglich verübelt, daß er den ›Principe‹ einem Medici – Lorenzo, dem Herzog von Urbino – gewidmet hatte; an den Lehren, die mit dem Buch ausgebreitet wurden, fanden sie nichts auszusetzen. Die Quelle der Entrüstung darüber begann auch nicht in Italien zu sprudeln, sondern in England, durch Kardinal Pole. Der erste Anti-Machiavelli wurde von dem Hugenotten Gentillet geschrieben. In Deutschland folgte man wenig später. Die Wirkungsgeschichte Machiavellis ist im theoretischen Bereich die Kampfgeschichte unterschiedlicher Moralitäten, kompliziert durch den Umstand, daß Machiavelli zeitlebens unter der Schockwirkung des anarchischen Zustands seines Landes gelitten hat.

Berücksichtigt man die Lage Italiens und die Grundbedingungen der damals gängigen politischen Moral, dann wirken entscheidende Quintessenzen des ›Principe‹ geradezu harmlos; so: »Wer sich bemüht, in jeder Hinsicht gut zu sein, geht bei der großen Zahl derer, die nicht gut sind, seinem Untergang entgegen. Darum ist es für einen Fürsten, sofern er an der Macht bleiben will, erforderlich zu lernen, nicht gut zu sein und, je nach Bedarf, von dieser Fähigkeit Gebrauch zu machen. Des weiteren sollte er keine Bedenken tragen, sich der Schande solcher Laster auszusetzen, ohne die ihm die Erhaltung seines Staates schwerfallen würde. Denn wenn man die Sache richtig betrachtet, dann wird man sehen, daß die Annahme mancher Gewohnheiten, die als Tugenden gelten, zum Untergang führt, die Annahme anderer dagegen, welche für Laster gehalten werden, die Sicherheit und das

Wohl eines Fürsten zur Folge hat.« Wenn Machiavelli schließlich rundheraus erklärt, der Fürst müsse die »Rolle eines Menschen und einer Bestie zu spielen verstehen«, dann beweist es, daß er sich nur eines zynisch scheinenden Kunstgriffs bediente, um die brutale Endgültigkeit klarzustellen, mit der Politik und Ethik auseinanderklafften. Mit demselben Kunstgriff verdeutlichte er die konstitutive Widersprüchlichkeit des Daseins, die nirgends greller als im politischen Leben sichtbar wurde. Diese Welt aber – ob sie nun zu begreifen, ob sie zu ertragen war – mußte durch Handlungen geformt werden: Politik als Kunst des Unmöglichen.

Zündet Machiavelli deshalb dem Amoralisten Freudenfeuer an? Hat er ihm ein zeitenthobenes Denkmal errichtet? Man sollte über der Diskussion des Machiavelli-Problems nicht vergessen, daß nichts so nachhaltig die Bewußtseinsbildung im Bereich der Staatskunst und Politik vorangetrieben hat und noch immer treibt wie die Gedanken dieses Florentiners. Die Attacken gegen Machiavelli leben vorwiegend davon, daß ihm etwas aufgebürdet wird, das nicht viel mit ihm und der Renaissance-Moral zu tun hat, dafür um so mehr mit den Problemen jeder Epoche, jedes einzelnen, jeder Gesellschaft, nämlich: selbst ein Verhältnis zur politischen Praxis und zu den Erfordernissen der Staatsräson zu entwickeln. Daß allgemeine Maximen und konkrete Praxis auseinanderfallen, ist nicht Machiavellis Schuld. Keiner aber hat die Kluft so schonungslos gezeigt wie dieser listige Sokrates in der Maske des Trojanischen Pferdes. Allein wegen dieses Effektes scheint er beständig zu der Schlußfolgerung verführen zu wollen, es sei ausgemacht, daß der Charakter die Politik verdirbt. Allgemeine Maximen, die von der menschlichen und politischen Wirklichkeit abstrahieren, hinterlassen ihren schönsten Eindruck in Poesiealben; das gilt von Platons Meditationen über den Philosophenkönig bis zum ›Kategorischen Imperativ‹ Kants, dessen

Der politische Amoralist:
Kaiser Maximilian I. als Hercules Germanicus
Holzschnitt eines Unbekannten aus einem satirischen Flugblatt, erste Hälfte des 16. Jahrhunderts
Berlin, Staatliche Museen Preußischer Kulturbesitz, Kupferstichkabinett

größter Vorzug darin besteht, daß er sich nicht befolgen läßt. Bis heute hat sich nicht viel daran geändert, daß die Unerbittlichkeit der normativen Forderungen eisern Schritt hält mit der Rücksichtslosigkeit der Interessen- und Machtpolitik.

Machiavellis Analytik war in der europäisch-christlichen Tradition ohne Vorgang. Sie löste eine Revolutionierung des politischen Denkens aus; denn sie vermittelte völlig neue Einblicke in die Mechanismen der politischen Unternehmungen und Aktivitäten. Sämtliche Fürstenspiegel, die bis zu Machiavelli geschrieben worden waren, gingen von einem bestimmten Abstraktionsentwurf des Menschen aus; der Raum der praktisch-politischen Entscheidung blieb dabei fast gänzlich ausgespart. Machiavelli stellte das auf den Kopf. Er dachte ausschließlich situativ, reflektierte auf Entscheidung hin; eine Norm vom Einzelmenschen – sofern sie überhaupt existierte – interessierte ihn nicht. Auch das blieb eine der vielen Herausforderungen, die er den Späteren hinterließ. Im Feld der Staatstheorie und politischen Praxis gibt es in Europa noch immer kein attraktiveres Skandalon als Machiavelli – ein Ärgernis freilich, das als Mirum wirkt; denn eins ist richtig: Ein Skandal wird genommen, keiner wird gegeben.

So wenig wie man Machiavelli und seine Empfehlungen vorschnell auf ein allgemeines System der Politik projizieren und dann mit anderen Entwürfen vergleichen sollte, so wenig läßt sich der Modus der Staatenbildung im 15. und 16. Jahrhundert an anderen Zuständen messen oder gar in eine Kausalverkettung mit den Formationen des entfalteten Absolutismus im 17. Jahrhundert bringen. Den Risiken einer teleologischen Geschichtsbetrachtung sollte man beflissentlich ausweichen. Für die Renaissance-Epoche läßt sich Absolutistisches nur tendenziell aufweisen, allerdings ausgeprägt. Das Staatliche hatte sich noch nicht völlig verselbständigt, aber es souveränisierte sich unaufhaltsam. Ebenso spürt man eine zunehmende Neigung sowohl zur Systematisierung der Beziehungen als auch zur Entwicklung größerer Systeme, wobei die Homogenisierung gleichfalls ein Indiz ist. Sie umfaßt die Hochschätzung der eigenen politischen Valenz und die besondere staatliche Lage im Beziehungssystem der politischen Kräfte. Dabei wird es nebensächlich, die Stärke in der direkten militärischen Konfrontation zu messen. Das politische Gewicht verteilte sich damals nicht nach strategischen Momenten. Außenpolitische Gesichtspunkte waren oft genug unerheblich für die Bedeutung der Kämpfe, mit deren Hilfe die individuelle Staatlichkeit ihre Ordnungsform gewann. Die Überspitzung macht es deutlicher: England wurde groß, weil es den Hundertjährigen Krieg verlor und sich vom Kontinent zurückziehen mußte. Frankreich profilierte sich besonders schnell zum modernen Staat, weil es sich gegen Karl V. nicht durchsetzen konnte. Rußland gewann staatliche Potenz in erster Linie durch die Lösung des Tataren-Problems, erst dann in den Kämpfen mit Litauen, Polen, dem Orden und Schweden. Das osmanisch-europäische Reich setzte seine staatsbildenden Energien teils in der landgebundenen Expansion, teils in der Eroberung des mediterranen Aktionsraumes im Osten frei; der Bereich der diplomatischen Kombinationen dagegen blieb weitgehend unbestellt, er absorbierte keine Kräfte.

Bezeichnend ist es und kein Zufall, daß die Regierungsform des osmanischen Großreiches in Rußland als vorbildlich angesehen wurde, und ebenso bemerkenswert ist der Theoretiker, der sie propagiert hat. Iwan Semjonowitsch Pereswetow hatte sich mit einer im Rußland der Voraufklärungszeit einmaligen Schärfe aus dem Raum der Kirche emanzipiert und von den religiösen Implikationen befreit. Seine Theorie des absoluten Monarchentums begründete er völlig frei vom Bezug auf Kirchen- und Glaubensautoritäten. Er offerierte Moskau das Herrschaftssystem des Serail deshalb als vorbildlich, weil dort das Eigenrecht der staatlichen Sphäre mit einer Entschiedenheit ausgestaltet wurde, die in den westeuropäischen Staaten ihresgleichen suchte. Seine politischen Empfehlungen

Der Kaiser und die Kurfürsten auf einem Reichstag
Holzschnitt von Hans Sebald Beham, zweites Viertel des 16. Jahrhunderts
Nürnberg, Germanisches Nationalmuseum

ließen ihn zum engsten Nachbarn Machiavellis werden. Unermüdlich ermahnte er den Zaren, seine persönliche Herrschaft um der Macht des Staates willen zu stärken und deshalb gegen die Bojaren einen Kampf bis aufs Messer zu führen. Obgleich es bei Iwan IV. kaum nötig erschien, erklärte Pereswetow: »Ein Zar kann sein Reich nicht ohne Strenge und Härte regieren. Herrscht ein Zar milde und sanft, so verarmt sein Reich, und sein Ruhm wird geschmalert. Regiert der Zar dagegen streng und weise, so vergrößert er sein Reich, und sein Name wird über alle Länder berühmt. Wie ein Roß ohne Zügel ist ein Staat ohne Strenge.« Niemals sollte er den Feudalherren vertrauen. Um ihre Macht zu brechen, empfahl Pereswetow die Bildung einer starken Armee, die dem Zaren unbedingt ergeben zu sein hatte und es ihm ermöglichen sollte, sie als Garantin seiner Selbstherrschaft einzusetzen.

Last und Lust der Reichspolitik

Unter dem Gesichtspunkt der außenpolitischen Konstellationen wurde die französische Invasion Italiens, zumal mit der Anmeldung von Rechten auf Mailand durch Ludwig XII., als epochal für den Beginn der Neuzeit betrachtet. Erstmals hätte ein französischer König den Kaiser in seinem eigenen Herrschaftsraum aufgesucht, wäre ihm in seiner angestammten Domäne entgegengetreten. Weit schwerwiegender und folgenreicher als die außenpolitischen Gewichtsverlagerungen wurde freilich die Tatsache, daß das Recht des Staates auf Souveränität gerade in demjenigen alten Teil des Reiches formuliert wurde, in dem die souveräne Staatlichkeit sich bis zur Formlosigkeit destruierte: in Italien. Im Norden dagegen nahm die Ausbildung des Staatsanspruchs zur souveränen Staatsordnung ihren Weg über die Konsolidierung der Teilherrschaften, einen Weg, der hier allerdings weitgehend vom Beharrungsvermögen der Feudalstrukturen vorgezeichnet war. Jedes Fürstentum formte sich als Mikrokosmos eines Großstaates: Schaffen wir zwei, drei, vier Versailles! Desgleichen stellte sich deutsches Reichsbewußtsein nicht in der Bereitschaft dar, sich zum Objekt einer auf Omnipotenz gerichteten Reichsherrschaft verkümmern zu lassen, sondern in der Belebung der gegen das Reich gerichteten partikularen Kräfte, unter unbeirrbarem Festhalten an diesem Reich. Das wurde vielfach von der selbständigen Politik der Kleinstaaten überdeckt. Teilweise trieb auch die Reichsverfassung den Landesherrn geradezu in habituelle Notwehr, so daß ihm häufig genug das fürstliche Hemd näherstehen mußte als der Reichsrock. Trotzdem wurde Obstruktion meist nie so weit getrieben, daß es zur völligen Abspaltung kam; die Eidgenossenschaft blieb ein Sonderfall. Die Geschichte des Reiches ist aus triftigen Gründen sowohl ein Leidensweg der scheiternden Reichsreformen als auch ein faszinierendes Schauspiel über Jahrhunderte hinweg, die Fülle der Reichsmacht nicht nur als verdämmernde Gloriole der staufischen Zeiten zu erhalten, sondern Kaisertum und Auctoritas mit, durch und gegen die landesfürstliche Vielfalt in der neuen Welt der realen Staatsinteressen und Interessenpolitik durchzusetzen, und zwar mehr als nur dem Namen nach. Nichts wurde deshalb seit dem 15. Jahrhundert für die Reichsgeschichte wichtiger als die Person des Kaisers. Denn das Reich wurde in der individuellen Herrscherbezogenheit sichtbar, es nahm nur unter dem dynastischen Mantel Gestalt an.

Mit dieser Bestimmung hatten die drei großen Kaiser der Zeit gleichermaßen zu tun: Friedrich III., Maximilian I. und Karl V. Das Dilemma zwischen modernem Staat und Reichsbesonderheit wurde in ausgeprägter Form für Maximilian I. aktuell. Seine späteren Überlegungen, daß er sich so gern in seinen politischen Entschlüssen »zwischen zwei Stühle auf die Erd« gesetzt habe, entsprangen nicht nur eigenen Mißgriffen, sondern ergaben sich auch aus dem Problem der beiden Stühle. Maximilian I. hatte ebenfalls mit der Schwierigkeit fertig zu werden, der Politik als einer Kunst des Unmöglichen zu obliegen. Machiavelli, der in seiner diplomatischen Tätigkeit als Gesandter der Republik Florenz den Kaiser sehr gut kennengelernt hatte, schätzte ihn nicht bloß als einen ausgezeichneten Feldherrn, sondern glaubte an ihm »zahlreiche andere Eigenschaften der besten Fürsten« feststellen zu können. Genügten sie, um diesen Herrscher, dem die Zuneigung seiner Zeitgenossen und aller späteren Generationen entgegenschlug wie keinem anderen Kaiser des Reiches, zu einem Staatsmann werden zu lassen sowohl im Sinne Machiavellis als auch in einem allgemeinen? In jüngster Zeit hat sich dieser Kaiser nicht eben viel Hochschätzung der historischen Schöffen zugezogen. Man hat auf seine Sprunghaftigkeit und Unrast, seinen Wankelmut und Eigensinn verwiesen; er habe keinen Blick für Proportionen besessen, sei unfähig gewesen, Realisierbares abzuschätzen, habe in der Reichspolitik nur dilettiert, und das mit Absicht, habe in Italien gegenüber Ludwig XII. ganz und gar versagt, sei bar jeder diplomatischen Fähigkeiten, hingegen mit zuviel Phantasie ausgestattet gewesen, und es habe ihm der Sinn fürs Geld gefehlt. Das einzige, das unverändert anerkannt wird, sind die Erfolge der maximilianeischen Heiratspolitik; der Beifall wird augenzwinkernd gespendet und um so leichter, als sich die gewaltige Vergrößerung seiner Hausmacht zugunsten der Fiktion seiner reichspolitischen Gleichgültigkeit mühelos entwerten läßt.

Erst kommt die Hausmacht, dann das Naturell – nach diesem frischen, weitsichtigen Grundsatz der Habsburger Kaiser hatte Maximilians Vater, Friedrich III., überzeugend gelebt. Der direkten Passivität des alten Kaisers dem Reich gegenüber läßt sich nicht ins Feld führen, daß die Dringlichkeit der Reichsreform schließlich zwangsläufig in die Obhut der Reichsstände verwiesen wurde, als könnte sie gar nicht besser aufgehoben sein. Andererseits soll nicht gefolgert werden, das Reich habe erst dann bemerkt, was es an Friedrich III. hatte, als es ihn nicht mehr hatte. Noch zu seinen Lebzeiten vermochte er Maximilians Wahl zum römischen König durchzusetzen. 1486 wählten die Kurfürsten den Siebenundzwanzigjährigen ohne Kontroversen. Sebastian Brants Kommentar: »Mit einem solchen Prinzen muß das Goldene Zeitalter wiederkehren.« Der alte Kaiser bedachte andere Realitäten. Die Sicherung der Thronfolge schlug erst in zweiter Linie als ein Erfolg habsburgischer Hauspolitik zu Buch. Sie war vor allem ein Triumph der kaiserlichen Reichspolitik; denn durch die Erblichkeit der Krone, die hier angestrebt und eingeleitet wurde, setzte sich ein sehr wichtiges Moment der Kontinuität und Festigkeit gegenüber der Wechselwillkür der kurfürstlichen Königswahl durch. Das Reich ruhte künftig nicht mehr vorrangig auf den acht Säulen der Kurfürsten samt ihrem Kaiser, sondern: Um den Reichsherrn, den tragenden Mittelpfeiler, ordneten sich die Kurfürsten als Pilaster.

Maximilian I., der neue Herr, durfte sich sechs Jahre später, nach dem Tod Friedrichs III., endlich als Herr seiner Erblande und als Herrscher des Reiches betrachten. Den Kaisertitel nahm er erst im Jahr 1508 in Trient an, mit Zustimmung des Papstes, ohne Krönung; die Zeremonie verlief wie eine Nottaufe.

Den bekannten Beinamen hatte ihm seine vornehme Ritterlichkeit schon damals eingetragen, ohne daß dabei unterschieden worden wäre zwischen seiner Lust am Ritterspiel, dem Vergnügen an der Jagd und der Formendelikatesse, die er in Burgund nach seiner Heirat mit Maria enthusiastisch in sich aufsog. Wenn Maximilian nicht nach Ritterlichkeit zumute war, bediente er sich gekonnt aller Schattierungen, die sich zwischen dem Ungeschlachten und der Rüpelhaftigkeit fanden. Seine zweite Frau, Bianca Maria Sforza, die er aus reinen Vernunfterwägungen und wegen der hohen Mitgift geheiratet hatte, lernte ihn wohl kaum als »letzten Ritter« kennen, viel eher als das »Letzte an Ritterlichkeit«. Trotzdem ist und bleibt um diesen Kaiser ein schwer erklärbarer Nimbus. Als junger Mann besaß Maximilian alles, was ihn heute zu einem Sunnyboy stempeln würde: Er war immer voll ahnungsloser Anmut, vergnügt, unbeschwert, lachend, frei von dunklen Stimmungen, nicht nachtragend, geschickt und elegant auf Turnieren, tapfer und beherrscht. Dazu kamen seine gründliche Bildung, sein Gerechtigkeitssinn, sein Mäzenatentum

Das Zeughaus Maximilians I. in Innsbruck
Miniatur von Jörg Kölderer in den Zeugbüchern, 1504-1508
Wien, Österreichische Nationalbibliothek

und die intensive Förderung des Humanismus und aller Künste. Unter seiner Ägide waren die besten Aussichten gegeben, daß sich auch in Deutschland wenigstens Ansätze zu einer Renaissance-Gesellschaft entwickeln würden.

Ein Experte hohen Ranges war Maximilian im Geschützbau; diesseits der Alpen wurde er darin von niemandem übertroffen. Wie es zeitgenössischer Gepflogenheit entsprach, erhielt jedes seiner einhundertneunundfünfzig Geschütze einen Namen. Neben Tierbezeichnungen waren Frauennamen am häufigsten; eine seiner besten Kanonen zeichnete er in beziehungsvoller Liebenswürdigkeit mit dem Namen seiner Mätresse Thays aus. Trotz des entschiedenen Urteils Machiavellis hatte Maximilians Feldherrnkunst auffällige Grenzen. Das hing allerdings meist mit dem Zustand der Söldnertruppen zusammen; denn der König konnte fast niemals ein Heer nach finanziell freiem Gutdünken aufstellen. Wie oft gab es übelste Zänkereien mit kampfunwilligen Söldnern, die jeden Dienst ablehnten, solange sie nicht bezahlt wurden. Schon im ersten Krieg gegen Ludwig XI. konnte sein Gegner ganze Kompanien aus Geldgründen zur Fahnenflucht veranlassen. Oft zogen die Söldner einfach haufenweise ab und nach Hause. Zudem war Maximilian derjenige deutsche Kaiser, der seinen anhaltenden Geldmangel und das Unvermögen, mit dem Gegebenen hauszuhalten, so weit trieb, daß seine Unfähigkeit nahezu hoheitliche Würde erhielt. Im Kapitalbezirk hatte er nie eine glückliche Hand – trotz der Fugger und obgleich dieses Bankhaus nicht zuletzt dem kaiserlichen Finanzhaushalt der Danaiden-Fässer seinen ungeheuren Aufstieg verdankte. Auf beide trifft die Bemerkung Machiavellis im ›Principe‹ zu, daß Glück nichts anderes sei, als »die Dinge zu sehen, wie sie sind, und sie entsprechend zu nützen«.

Doch Maximilian hatte andere Vorstellungen von den Notwendigkeiten der Politik, und sie dürften kaum weniger »realistisch« gewesen sein als jene des florentinischen Theoretikers. Das Tatsächliche im politischen Feld konnte sowohl etwas zu Respektierendes als auch etwas sein, das es zu verändern galt. Maximilian konzentrierte sich vor allem auf diesen zweiten Gesichtspunkt; seine dabei entwickelte Aktivität läßt sich aber nicht nach dem äußeren Erfolg oder Mißerfolg einstufen und abschätzen. Maximilians Regierungszeit war ein Sammelsurium von Enttäuschungen, Katastrophen, Abenteuern, Triumphen, Beschämungen und späten Genugtuungen; es gab jedoch nie eine Phase, in der er nicht versucht hätte, die Mühsal der Begrenzungen seines Sujets zu brüskieren. Ruhm und Nachruhm dieses Kaisers der unerfüllten Hoffnungen beruhen einerseits auf einer Überschätzung seiner Fähigkeiten, andererseits auf der noblen Blindheit gegenüber seinen Unfähigkeiten, die sich bei ihm auch als herzhafte Bereitschaft charakterisieren läßt, seine Einsicht um das Bewußtsein der Unzulänglichkeit zu betrügen. Der König vermochte sein Wesen genügend sicher abzuschätzen; er kannte seine Neigungen zum Übertreiben, zu enthusiastischen Imponiergebärden und gab empfindsame Fingerzeige auf die wechselnden Melancholien. Seine ausgeprägte Individualität war kein Merkmal einer kompressen Persönlichkeitsstruktur, so wenig wie die Vielfalt seiner Interessen, der Fächer seines Einfallsreichtums und seine Phantasie darauf schließen lassen. In den reiferen Lebensjahren wurde deutlich, wie stark er von der geheimen Gefahr einer irreparablen Zermürbung seiner Substanz bedroht gewesen war.

Welche Probleme ihm das Reich bescheren würde, ahnte Maximilian spätestens nach seiner Wahl zum römischen König. Der Kaiser hatte der Fürstenversammlung bei dieser Gelegenheit nochmals eindringlich ans Herz gelegt, wie bitter nötig eine Reichshilfe gegen Ungarn sei. Auf wechselseitige Verbindlichkeiten konnte man sich jedoch nur dann berufen, wenn der Reichsverband eine andere Aufgabe erhielt, als die gegenseitige Gleichgültigkeit der Reichsstände zu verdecken. Die Ablehnung des kaiserlichen Antrags war nicht verwunderlich, wenn man in Rechnung stellt, daß auch die Reichs-

Karl der Kühne von Burgund als Souverän der Versammlung des Ordens vom Goldenen Vlies
Miniatur im ›Buch des Ordens‹ von Guillaume Filastre, um 1450
Wien, Haus-, Hof- und Staatsarchiv, Depot des Ordens vom Goldenen Vlies

stände alleine blieben, sobald sie in Konflikt mit fremden Gegnern gerieten; denn die Reichsverfassung enthielt keinerlei Bestimmungen, nach denen die übrigen Stände verpflichtet gewesen wären, Beistand zu leisten. Eine stärkere gegenseitige Verantwortlichkeit gehörte zu den Hauptpunkten der Reichsreform. Gegen den Kaiser und Maximilian beharrten die Fürsten darauf, zunächst den Landfrieden durchzusetzen, ein Kammergericht zu bestellen und die Steuerfrage zu lösen. Dann erst sei eine Erörterung der Reichshilfe gegen Ungarn sinnvoll. Als Maximilian den Vorschlag unterbreitete, den Landfrieden durch eine Vollstreckungsordnung zu sichern, widersprach die Mehrzahl der Reichsstände energisch, weil nach dem Konzept des jungen Königs die Friedenswahrung vor allem eine Angelegenheit der großen Fürsten geworden wäre. Der soeben gewählte König des Reiches holte sich vom Reich die erste Abfuhr: Er besitze keine ausreichende Kenntnis der Interna der Landessituation. Der Antrag mußte zurückgezogen werden. Maximilian hatte prompt am eigenen Leib erfahren, daß Reichsreform die Reform einer Sache war, die sich zur Reform kaum eignete. Akzeptiert wurde lediglich die Landfriedensordnung, wie sie von den Ständen eingebracht worden war; sie sollte ein Jahrzehnt gültig bleiben – so wurde vereinbart. Allerdings wäre es nicht nötig gewesen, sie überhaupt zu behandeln; denn die Kurfürsten dachten nicht daran, nur auf ein einziges ihrer Rechte zu verzichten. Maximilian hätte sich einige Tage später bei Rense, auf der Fahrt zur Krönung in Aachen, vom Mainzer Erzbischof gar nicht mahnen lassen müssen, »die Fürsten des Reiches bei ihren alten Rechten zu erhalten«. Er hatte in Frankfurt erlebt, wie machtvoll die Fürsten selbst dafür zu sorgen vermochten.

Maximilian war davon besonders stark beeindruckt, weil ihn als Prinz burgundische Tradition und burgundischer Geist durch und durch geprägt hatten. Man sollte geradezu von einer burgundischen Stigmatisierung sprechen und weit kräftiger als bisher Maximilians Herrschaft unter burgundischen Aspekten betrachten – nicht anders als bei seinem Enkel, Karl V., der ebenfalls immer zuerst als burgundischer Prinz, dann erst als spanischer König oder Kaiser des Heiligen Römischen Reiches gesehen werden müßte. Maximilian hatte im September 1473 in Trier erstmals etwas von dem selbstverständlichen Hochmut und Glanz, der eigentümlichen Magnificentia Burgunds, kennengelernt: bei der Begegnung des Kaisers mit Karl dem Kühnen. Der Herzog hatte dem Vierzehnjährigen, der schon damals durch die Makellosigkeit seiner Erscheinung auffiel, eine prachtvolle burgundische Feldordnung überreicht. Die Gabe war kein beliebiges Fürstengeschenk. Mit der Kriegsordnung war dem vorgesehenen Erben Burgunds das künftige Schicksal des Herzogtums, die »Idee und Wirklichkeit des burgundischen Staates«, anvertraut und weitergereicht worden; denn in Burgund hatte fast jede offizielle Handlung Symbolcharakter. Ob dieser Staat bereits in Trier oder erst vier Jahre später, als der achtzehnjährige Erzherzog Maria von Burgund heiratete, seine Bestimmung wurde, dürfte unerheblich sein. Maximilian verfiel unwiderruflich der Berauschung durch den »burgundischen Ideo-Realismus« – so Paul Claudel. Dieses besondere Weltverhalten sollte nicht mit einer phantasiereichen Überhöhung des Wirklichkeitsfundaments verwechselt werden. Der burgundische Hang zu zeremonieller Repräsentation hätte niemals so ausgeprägte Formen angenommen, wenn in Burgund das Sinnbild nicht genausoviel Realitätsgehalt besessen hätte wie umgekehrt alles Habituelle seine Sinnfälligkeit. Der burgundischen Initiation verdankte Maximilian sein charakteristisches Bewußtsein vom Auftrag des Reiches, sein eigentümlich prägnant entwickeltes Reichsempfinden, sein Gespür für Reichssubstanz und das überhöhte Verantwortungsbewußtsein dafür. Dieses Reich stellte für ihn weit mehr dar als ein Konstrukt von Ständeherrschaften. Er weigerte sich bis zum Ende seines Lebens, Idee und Vision des Reiches von Organisations- und Rechtsgezänk überwuchern zu lassen, und seine Sorge darum sollte auch dort nicht unterschlagen werden, wo er es von sich gewiesen hat, Reichspolitik zu Reichshändeln degradieren zu lassen. Immerhin galt seine Achtung dem handfesten Realen. Burgund wurde sehr wahrscheinlich auch Maximilians Vorbild für die zentrale Organisation der Behörden in den Ländern Habsburgs.

Wie schwer sich Idee und Realität in der Geschichte trennen lassen, macht gerade die Regierung Maximilians einleuchtend, die im Kern ein jahrzehntelanger hartnäckiger Versuch war, die burgundisch verwurzelte Idee von der Notwendigkeit einer monarchischen Ordnung des Reiches angemessen zur Wirklichkeit zu bringen. Maximilian fühlte sich dabei nicht darauf angewiesen, seine Vorstellungen durch zweifelhafte Anleihen bei objektiven Tatbeständen vor sich selbst zu erhärten, ja nicht einmal darauf, seine Idee vom Reich unbedingt immer gleich in die politische Form des Reichsverbandes zu investieren. Burgund, ob hochfahrend selbstherrlich oder seinem Anspruch nach schon zeitlich überholt, diktierte ihm die Entscheidungen. Bereits als Neunzehnjähriger, im Sommer 1478, ließ er sich in Brügge zum Großmeister des Ordens vom Goldenen Vlies erheben, und ab sofort wurden nur noch Habsburger Träger dieser Würde, Souveräne dieses politisch einflußreichen Ordens. Noch viele Jahre später bezeichnete Maximilian im ›Weißkunig‹ die Herzöge von Burgund als seine Vorfahren – als wäre er selbst burgundischen Blutes.

Der Kampf Maximilians um Burgund dauerte fast eineinhalb Jahrzehnte. Dabei wurde seine Energie durch die damalige Selbständigkeit Burgunds verstärkt, das auch Kaiser Friedrich III. nicht enger mit Habsburg verbunden sehen wollte als durch den Status einer österreichischen Sekundogenitur. Frankreich dagegen war an einer völligen Zerschlagung und Einverleibung Burgunds interessiert. Obwohl Ludwig XI. in seinem letzten Regierungsjahr nach mehreren Schlaganfällen vom Ende gezeichnet war, sprang er vom Krankenbett auf und ließ zu den Waffen greifen, als er die Nachricht vom Tode Marias von Burgund im März 1482 erfuhr. Den demütigenden Vertrag von Arras im gleichen Jahr mußte der Kaiser genauso hinnehmen wie Maximilian; er wurde entgegen den freien Entscheidungsmöglichkeiten Habsburgs geschlossen. Gerade dieses Abkommen sollte nicht als Beweis für die weitsichtige Politik des Kaisers zitiert werden; denn er hatte dabei seine Hand kaum im Spiel. Wenngleich in diesem Dokument festgelegt wurde, daß Maximilian persönlich nur in Stellvertretung seines Sohnes Philipp als Herr von Burgund regier-

Die Übergabe von Brügge an Maximilian I. Ende Juni 1485
als Abschluß seiner Kämpfe um die Hoheitsrechte in Flandern
Federzeichnung von Jörg Breu d. Ä. für eine Glasscheibe des Augsburger Hofmalers Hans Knoder für Lernvoo
München, Staatliche Graphische Sammlung

te, billigte Maximilian dem ganzen Abkommen nicht mehr als den Charakter eines erpreßten Waffenstillstandes zu und war gewillt, ihn bei der ersten Gelegenheit zu brechen. Ja er sah den »Friedens«-Vertrag, der ihn zur Auslieferung seiner Tochter Margarete an Frankreich zwang, nicht einmal als eine Unterbrechung seines Kampfes um Burgund an. Er führte diesen Kampf als eine Verteidigung von Besitzungen, auf die er Rechte besaß, und als einen Kampf, bei dem er sich geradezu als Stellvertreter Karls des Kühnen fühlte. Innerhalb der burgundischen Voraussetzungen war die Politik des Habsburgers Maximilian im Westen, gegen Frankreich, eine Fortführung alter burgundischer Politik.

Deshalb verbuchte Maximilian die Jahre 1492/93 als einen besonderen Triumph. In den Niederlanden war der Widerstand der inneren Feinde gebrochen. Der Friede von Senlis (1493) verschaffte ihm weitgehend die Sicherung des neu gefestigten Staates Burgund und ein Minimum der persönlichen Genugtuungen, auf die er sowohl wegen seiner Person als auch wegen seiner Position als römischer König angewiesen war. Ein verhältnismäßig großer Erfolg war Maximilian im Südosten gelungen. Er hatte nach dem Tod von Matthias I. Corvinus im April 1490 binnen wenigen Monaten die Ungarn aus den Erblanden vertreiben können und war wieder in Wien eingezogen. Daß er die ungarische Krone trotz des erfolgreichen Feldzuges im Herbst 1490 nicht errungen hatte, war weder Maximilians Verschulden noch unbedingt dem Format des Jagiellonenkönigs Wladislaw II. von Böhmen zuzuschreiben. Der Fehlschlag in Ungarn entsprang der Situation im Westen des Reiches: dem bretonischen »Brautraub« mit dem anschließenden Krieg. Wiederholt haben später die Historiker dem römischen König bescheinigt, er hätte sich nicht in Frankreich engagieren dürfen, als durch den Tod des Corvinen alle seine Kräfte in Ungarn benötigt wurden; sein voller Einsatz wäre hier wichtiger gewesen als der Kampf um die Ehe mit Anna von der Bretagne, der teils aus verletztem Stolz geführt, teils von dem chimärischen Wahn genährt worden sei, Frankreich in seinem eigenen Land in die Zange zu nehmen. Solche Vorhaltungen unterstellen, Frankreich hätte das offene Problem seiner Nordgrenzen als Herzstück seiner Außenpolitik betrachtet und Maximilians Versuch, die Bretagne an sich zu bringen, als tödliche Einschnürung empfinden müssen. Aber selbst das Recht des französischen Aspekts bedingt nicht das Unrecht der maximilianeischen Pläne. Ihr Prinzip wurde in den folgenden Jahrhunderten zur Richtschnur der gesamten Politik Habsburgs gegenüber Frankreich. Vereinfacht lautete der Grundsatz, daß eine Bereinigung der Gegensätze zwischen Habsburg und Frankreich Voraussetzung für die Handlungsfreiheit Habsburgs im Osten und Südosten sei. Der Vertrag von Senlis konnte unter derartigen Rücksichten als eine beachtliche Station gewertet werden. Hätte sich Maximilian »realistisch« an die Abmachungen des Vertrages von Arras gehalten, dann wäre der Zerfall Burgunds so gut wie besiegelt gewesen, ohne eine Garantie dafür, daß deshalb Frankreichs Grenzprobleme gegenüber dem Reich tatsächlich für alle Zeit bereinigt waren.

Das Jahr 1493 bildete eine wichtige Zäsur in Maximilians Leben und Herrschaft. Der Vierunddreißigjährige wurde nach dem Tod Friedrichs III. im August 1493 Nachfolger und Erbe des Kaisers. Da die politischen Vorstellungen beider Herrscher in mehr als einem Punkt hart voneinander abgewichen waren, konnte Maximilian erst jetzt versuchen, diejenigen Probleme, die ihm dringlich erschienen, nach eigenen Vorstellungen zu lösen. Im Gefüge der staatsmännischen Qualitäten des alten Kaisers hatte sich Aktivität um den Mittelpunkt wachsamer Geduld kristallisiert. Maximilian dagegen verstand unter Politik zunächst das offene Darlegen und Anstreben dessen, was der Herrscher um des Staates willen für notwendig hielt – eine Variante seiner Devise, daß er als König, Kaiser und Mensch »nicht weislich, sondern ehrlich handeln« wolle.

Ein abnormer Akt der Ehrlichkeit war 1493 seine Heirat mit Bianca Maria Sforza. Fürstenehen wurden damals nur nach politischen Gesichtspunkten

Belehnung Lodovico Sforzas mit Mailand im Jahr 1494:
Verleihung des Wappens der Visconti mit dem Biscione an den Herzog durch Maximilian I.
in Gegenwart der sieben Kurfürsten
Holzschnitt von Peter Flötner für die Publikation der ›Ehrenpforte Kaiser Maximilians I.‹
Wien, Graphische Sammlung Albertina

geschlossen, das war eine feste Regel. Doch die Verbindung mit der Nichte Lodovico il Moros wurde von Maximilian mit einer Kaltherzigkeit behandelt, die selbst nach solcher festen Regel ungewöhnlich war. Er rechnete damit, daß der Herr von Mailand seine Franzosen-Freundschaft um dieser Ehe willen zügeln und dem Herrscher des Reiches den Weg nach Rom zur Kaiserkrönung sichern würde. Außerdem spekulierte er auf eine grandiose Mitgift, da Bianca Maria schon wegen ihres Geldes eine der begehrtesten Bräute Europas war. Herzöge und Könige hatten sich um sie beworben. Lodovico il Moro wiederum hatte schon seit 1490 unermüdlich versucht, sich Maximilian einzustimmen, weil er für seine Herrschaft über Mailand nichts dringlicher als die kaiserliche Investitur benötigte. Im November 1493 fand die Heirat per procuram im Dom zu Mailand statt. Maximilian ließ die neue Königin in Innsbruck mehr als zehn Wochen auf sein Erscheinen warten; die Hunderttausende von Dukaten hatte er schneller in Empfang genommen. Seine Entschuldigung, daß er so kurz nach Beendigung des Türkenfeldzuges von Niederösterreich und Wien nicht abkömmlich sei, traf zu – eine Ausrede blieb sie trotzdem. Da Bianca Maria unfruchtbar war, behandelte Maximilian sie sehr bald als lästiges Requisit, in dessen Besitz er während eines Schwächezustands gekommen war und das nun seine Welt verunzierte. Daß es diese Königin überhaupt gab, bemerkte man nur dann, wenn ihr Gemahl sie gelegentlich in den Städten des Reiches als Pfand zurückließ, weil er angefallene Aufenthaltsrechnungen nicht bezahlen konnte. Diese Gleichgültigkeit läßt sich kaum damit erklären, daß Maximilian Maria von Burgund nie vergessen konnte, seine »Königin vom Feuereisen«. Bianca Maria war weder an Geist noch an Körper eine Prinzessin, geschweige denn eine Königin. So tröstete sich der Kaiser mit Edeldamen von Geblüt, die ihm neun Kinder schenkten. Bianca Maria starb 1511. Maximilian hielten wie üblich dringende Geschäfte davon ab, am Begräbnis teilzunehmen. Erst sehr viel später zahlte sich diese Verbindung für Habsburg aus: als Legitimation der durchgefochtenen Ansprüche Österreichs auf Mailand.

Die Heirat mit einer Sforza hatte nicht verhindert, daß Karl VIII. seinen Italien-Zug unternahm. Der König von Frankreich hoffte anfangs, Maximilian werde ihm freie Hand in Neapel lassen, aber Maximilian gab kein Quentchen der kaiserlichen Rechte in Italien preis. Die französischen Gesandten konnten ihrem Herrn nur berichten, daß Maximilian einen französischen Einmarsch in Italien mit einem Angriff auf ihn selbst gleichsetzen würde. Auch das Angebot Frankreichs, gegen Rückerstattung des gesamten Herzogtums Burgund und gegen Erwerb des festländischen Besitzes Venedigs, der Terra ferma, Parteigänger Karls VIII. zu werden, wies Maximilian zurück. Obschon er den Einmarsch der Franzosen zunächst genausowenig behinderte wie ihn die anderen Herrscher Europas erschwerten, schloß er sich vehement der Koalition an, die Ferdinand II. ins Leben rief, und genoß mit Genugtuung den hastigen Rückzug der Franzosen. Wegen der inneren Schwierigkeiten im Reich und seiner Verhandlungen mit den Ständen war es ihm nicht möglich, die italienische Chance zu nutzen und sich in Rom zum Kaiser krönen zu lassen. Im übrigen lehnten die deutschen Fürsten sämtliche Bitten Maximilians um Hilfsmittel zur Truppenwerbung ebenso ab wie knapp zehn Jahre zuvor das Ersuchen Kaiser Friedrichs um Hilfe gegen die Türken: erst Reichsreform, dann Reichsgelder. Ein rücksichtsloser Verfechter dieses innenpolitischen Primats war der Kurfürst und Erzbischof von Mainz, Berthold von Henneberg – zugleich Erzkanzler des Reiches –, der entschiedenste Gegner der Neuerungspläne Maximilians.

Auf dem Wormser Reichstag von 1495 gelang eine Einigung über erste Reformbeschlüsse, die eine prinzipielle Umbildung intendierten: Das Reichsgrundgesetz über den ›Ewigen Landfrieden‹ wurde verabschiedet und damit das Reich als eine verbindliche Rechtsgemeinschaft konstituiert. Das Fehderecht, das sich als Folge der Rechtsunsicherheit im Reich stark in den Vordergrund geschoben hatte, war zwar bereits 1471 auf dem Reichstag zu Regensburg verboten worden, aber erst seit 1495 wurde ihm durch den Verweis auf die Ordnung des Kammergerichts endgültig das Wasser abgegraben. Ausschlaggebend war die umfassende Geltung des Landfriedens. Auch die Reichsstände sahen sich seitdem an den vorgeschriebenen Rechtsweg gebunden. Schon der erste Artikel des Gesetzes untersagte die Fehde ausnahmslos jedem, »von was Würden, Stand und Wesen er sei«. Der ›Ewige Landfriede‹ wurde ergänzt und in der Praxis realisiert durch das Reichskammergericht, dessen Gründung man ebenfalls 1495 in Worms beschlossen hatte. Die Steuerreform dagegen und der Versuch, ein Reichsregiment einzurichten, kamen über Ansätze nicht hinaus. Das Kammergericht, die erste selbständige Reichsbehörde, entwickelte sich zu einer besonders bedeutungsvollen Institution. Allerdings gab es auch den Anstoß zu der endgültigen Separierung der Eidgenossenschaft, die sich weigerte, die Zuständigkeit des Reichsgerichts zu akzeptieren, und dies durch den sogenannten Schwabenkrieg und den Frieden von Basel (1499) besiegelte.

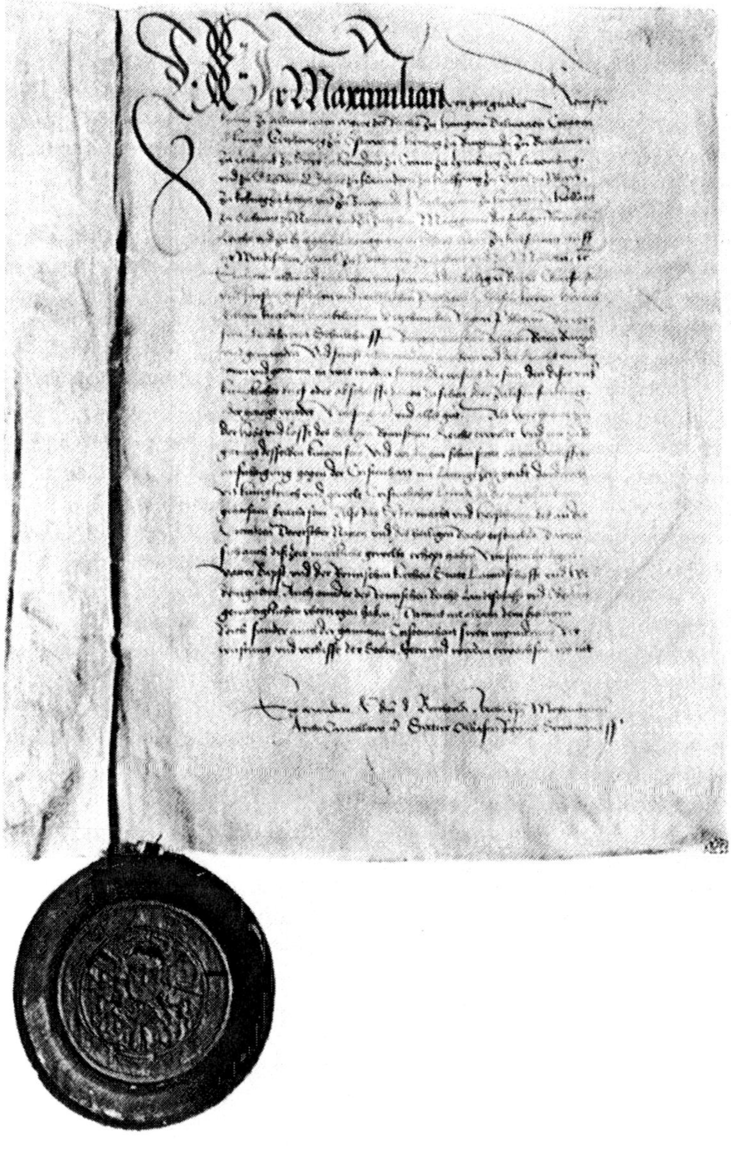

Der ›Ewige Landfriede‹
Die erste Seite des Libells zum Wormser Reichsgrundgesetz vom 7. August 1495
Wien, Haus-, Hof- und Staatsarchiv

Der Reichstag zu Worms mochte die Reputation Maximilians trotz der ihm abgerungenen Zugeständnisse insgesamt noch stärken, das Jahr 1496 dagegen wirkte sich auf sein internationales Ansehen wegen seiner militärischen Fehlunternehmungen in Italien höchst ungünstig aus. Finanziert von Mailand und Venedig, sollte er mit seinen Truppen Florenz bekriegen und Livorno, den Hafen am Ligurischen Meer, erobern, doch die Belagerung mußte Ende des Jahres unter beschämenden Umständen abgebrochen werden. Maximilian zog nach Österreich zurück. Nicht viel besser erging es ihm 1498 in einem Feldzug gegen Frankreich, bei dem er versuchen wollte, noch einmal sämtliche Gebiete des alten Herzogtums Burgund zu gewinnen, aber zusehen mußte, daß sich sein Sohn Philipp mit Ludwig XII. arrangierte. Der provozierte und gescheiterte Krieg hatte wiederum nur Geld gekostet, das Maximilian nicht besaß, und etliches von seinem Ansehen, das er trotz allem noch immer besaß. Kurz darauf mußten er und das Reich sich anläßlich des Einmarsches von Ludwig XII. in Mailand mit bloßen Protesten begnügen.

Einen Tiefpunkt erreichte Maximilians Stellung auch im Reich durch den Versuch der Stände, auf dem Reichstag zu Augsburg im Jahr 1500 mit Hilfe eines Reichsregiments die innere Ordnung selbst in die Hand zu nehmen, ohne königliche Vollzugsgewalt. Schon 1495 zu Worms hatte Maximilian sich in dieser Frage »an Händen und Füßen gebunden und an den Nagel gehängt« gefühlt – wie im ›Nibelungenlied‹ König Gunther; das war nun in Augsburg in verstärktem Maße so. Die treibende Kraft war wiederum Berthold von Henneberg. Das Reichsregiment sollte in Nürnberg tagen. Der König besaß den Vorsitz, sofern er anwesend war; fehlte er, dann präsidierte ein Kurfürst; die Beschlüsse des Reichsregiments waren jedoch auch in einem solchen Fall – und er war die Regel – bindend. Seine Zuständigkeit in den inneren Angelegenheiten des Reiches war praktisch unbegrenzt. Maximilian selbst hatte den Vorschlag eingebracht, einen solchen ständigen »Ausschuß des Reiches« einzusetzen; er hoffte auf Unterstützung der Stände in der Auseinandersetzung mit Frankreich. Rückwirkend müßte das als ein unbewußter Geniestreich des Königs bezeichnet werden; denn das Nürnberger Regiment, das Berthold von Henneberg fast als Krönung seiner ständischen Reichspolitik erscheinen konnte, wirkte auf die Fürsten bald wie ein Messer, das sie sich selbst an den Hals gesetzt hatten. Sie dachten nicht daran, den Forderungen ihres eigenen Regiments nachzukommen, sie respektierten es noch weit weniger als jemals das königliche. Das Nürnberger Regiment lieferte die Probe aufs Exempel, daß es den Ständen wichtiger erschien, die Reichsführung nach den Vorstellungen Maximilians zu verhindern, als ihre eigenen Vorstellungen zu verwirklichen. Keine zwei Jahre, und diese Zentralbehörde hatte sich als so ohnmächtig entlarvt, wie es Maximilian selbst nach seinen unglückseligsten Unternehmungen niemals gewesen ist. Keine Stimme des Widerspruchs wurde laut, als der König das Institut auflöste. Er selbst hatte in dieser Zeit nichts getan, als das Süppchen sachte köcheln zu lassen, das sich die Fürsten und Städte des Reiches gegenseitig einrührten. Außerdem betrieb er eine durchdachte Personalpolitik in den geistlichen Fürstentümern und eine hofierende Werbepolitik in den weltlichen.

Hoffnungen, Katastrophen, Triumphe

Maximilians geschicktes und energisches Taktieren im Landshuter Erbfolgekrieg von 1503 bis 1505 zugunsten der bayerischen Wittelsbacher gegen die Pfälzer Linie, der in die kurzfristige Phase des Ausgleichs mit Frankreich fiel, ließ ihn mit einem Schlag auch auf der europäischen Bühne wieder zum bewunderten, kühnen und klugen Herrscher werden. Im Vertrag von Blois (1504) wurde dem Enkel Maximilians, dem nachmaligen Karl V., Claudia, die Tochter des französischen Königs, angetraut. Ludwig XII. wurde mit Mailand belehnt, die »ewige Freundschaft« der Häuser Valois und Habsburg durch feierliche Schwüre bekräftigt.

Ludwig selbst versicherte in dem Lehnseid, »dem römischen König treu, gehorsam und dienstwillig zu sein und für ihn alles zu tun, was die Pflicht eines guten Vasallen ist«. Einen Augenblick lang schien es, als hätte Maximilian mit diesem Diplomaten-Lehrstück der »Mariage de Claudia« ohne einen Söldner seine Vision von der kaiserlichen Dominanz in Italien verwirklicht, aber er blieb nüchtern genug, um sich nicht auf Dauer etwas vorzumachen. Als das Hagenauer Schutz- und Trutzbündnis zwischen dem römischen König, Ludwig XII. und Philipp dem Schönen als Herzog von Burgund un-

Ludwig XII. von Frankreich mit Heeresaufgebot beim Ausrücken zu einem Feldzug gegen Italien
Miniatur in dem ›Livre di voyage de Gênes‹ des Jean Marot, 1507
Paris, Bibliothèque Nationale

terschrieben war, zuckte Maximilian die Achseln: »Das Traktat wird nicht länger währen, als bis die Tinte der Unterschrift trocken ist.« Womit er annähernd recht behielt. Seine größten Auswirkungen zeigte diese kurze Annäherung an Frankreich im Reich, und allein dafür hätte sich der Aufwand schon gelohnt. 1496 hatten die Venezianer sich über Maximilian mit einem Reichsadler und der Unterschrift belustigen können: »Ich strebe ins Hohe, fange jedoch niemals eine Fliege«; nun aber, 1506, berichtete der venezianische Gesandte Quirini in die Lagunenstadt: »Während der König vor drei Jahren im Reiche nichts durchsetzen konnte, ist er jetzt durch seine kluge Taktik allmächtig geworden.«

Maximilian war inzwischen zu erfahren, als daß er nicht gerade diesen Moment für richtig gehalten hätte, um endlich die Kaiserkrönung durchzusetzen. Nach wie vor bedeutete diese Krone mehr als eine bloße Würde; sie war eine unbedingt nötige Sicherung der monarchischen Stellung. Der Rom-Zug, dem diesmal sogar die Stände mit einer stattlichen Reichshilfe Beifall spendeten, forderte zwangsläufig den geschlossenen Widerstand Frankreichs und Venedigs heraus. Maximilian stand an der Spitze

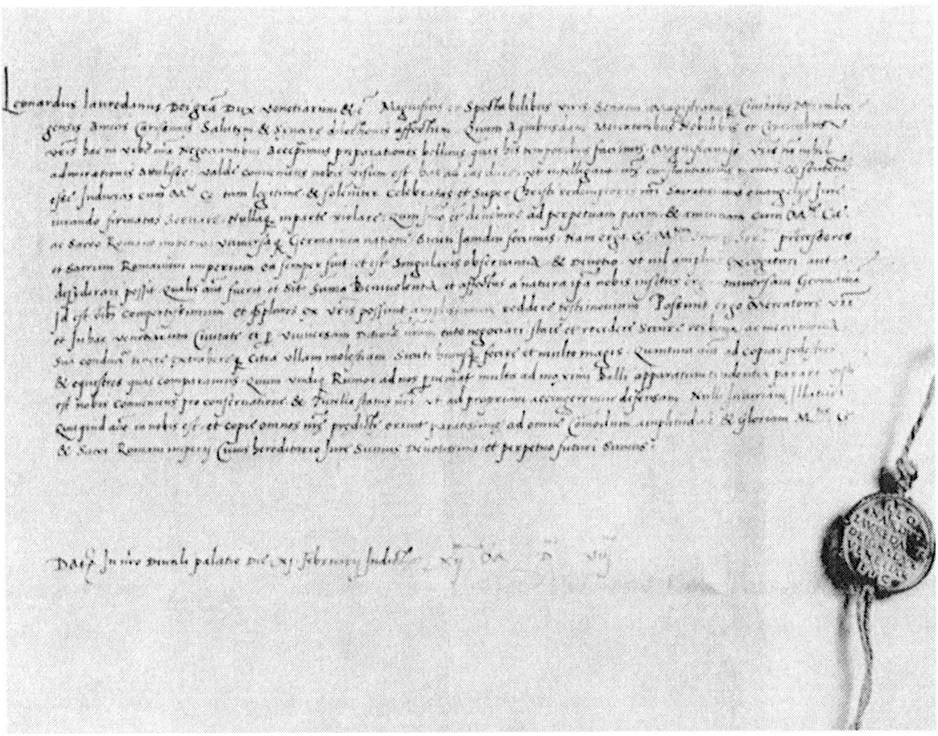

Nachricht über den Krieg Venedigs mit Kaiser Maximilian I.
und Zusage für freies Geleit und ungehinderten Handel der Nürnberger Kaufleute im Kriegsgebiet
Schreiben des Dogen Leonardo Loredano an die Stadt Nürnberg vom 11. Februar 1509
Nürnberg, Staatsarchiv

eines Heeres von zwölftausend Mann. Die Signoria genehmigte zwar den Durchzug, aber ohne großes Gefolge. Ludwig XII., der einen kaschierten Feldzug mutmaßte, ließ die Alpenpässe von seinen Truppen blockieren und Venedig ebenfalls zu Sperren überreden. Auch Julius II., weit distanzierter gegenüber Maximilian als Alexander VI. Borgia, winkte ab. Da er jedoch nichts gegen den Anspruch Maximilians selbst einzuwenden hatte, ließ er ausrichten, er würde die Kaiserkrönung anerkennen, »wo immer sie geschähe, als hätte er dem römischen König die Krone mit eigener Hand aufgesetzt«. Maximilian verstand: Am 4. Februar 1508, nach einer einfachen Zeremonie ohne Salbung und Krönung, ließ er im Dom zu Trient bekanntgeben, daß er von nun an »Erwählter römischer Kaiser« sei und man die Krönung durch den Papst lediglich aufgeschoben habe. Den Rechtstitel hatte er gewahrt und gesichert, wenngleich seine Vorstellungen von der Kaiserkrönung von anderem Zuschnitt gewesen waren. Sein Gespür für den Traditionsbruch steigerte die Enttäuschung, und das allein war ihm der folgende, mit Unterbrechungen acht Jahre dauernde Krieg gegen Venedig wert – kein nutz-, sinn- oder zweckloser Krieg, da Maximilian in dieser Zeit zu einem präziseren, den veränderten Staatsnotwendigkeiten Rechnung tragenden Konzept seines Kaisertums gelangte.

Der Anfang brachte Erfolge, kleine, dürftige, aber der Kaiser konnte sie nicht halten. Venedig warf mit aller Schnelligkeit starke Truppen dem Reichsheer entgegen und trieb die Kaiserlichen nach Norden zurück. Maximilians Kassen waren wie immer rasch erschöpft. Die Schweizer Söldner liefen zu Ludwig XII. über, die Reichsstände versagten sich jeder weiteren Hilfe, auch Jakob Fugger hielt die Taschen zu. Ohnmächtig und enttäuscht mußte Maximilian sich schon Anfang Juni 1508 zu einem Waffenstillstand verstehen. Venedig behielt alle seine Eroberungen in Friaul. Lange konnte die Signoria allerdings nicht in der Verdüsterung des kaiserlichen Glanzes schwelgen. Den europäischen Mächten fiel weniger die Schlappe Maximilians, wohl aber das Schreckgespenst eines übermächtigen Venedig ins Auge. Besonders verärgert war Frankreich, weil sich die Lagunenstadt höchst selbstbewußt, ohne Konsultation König Ludwigs, mit dem Kaiser arrangiert hatte. In dieser Atmosphäre reifte die Liga von Cambrai. Die assoziierten Mächte schossen Maximilian Beträge vor, doch sie konnten nicht alle Lücken decken. Und so wenig, wie die Reichsstände den Kaiser gegen Venedig unterstützt hatten, vermochten sie jetzt einsehen, warum sie plötzlich Geld gewähren sollten, das nahezu direkt dem französischen Einfluß in der Lombardei zugute kommen würde – auch dies eine signifikante Überlegung: Es gab niemals eine politische Konstellation, aus der sich den Ständen des Reiches die zwingende Folgerung aufgedrängt hätte, daß die kaiserliche Außenpolitik mit Hilfsgeldern hätte unterstützt werden müssen.

Maximilians militärische Aktionen in Italien waren schlecht organisiert, ohne Kraft. Belagerungen schlugen fehl. Er, der geschworene Feind der Osmanen, nahm sogar Geheimkontakte zu den »Ungläubigen« auf, um den Serail gegen Venedig zu mobilisieren und endlich »die Fische ins Meer zurückzuwerfen«, wie der Papst die Liga motiviert hatte. Für Julius II. war dieser Fall schon eingetreten, als der Kirchenstaat seine Gebiete in der Romagna zurückgewonnen hatte und der Papst zu befürchten begann, daß jede weitere Schwächung Venedigs mit einer Stärkung Frankreichs in Oberitalien bezahlt werden mußte. Die neue Allianz Roms mit der Serenissima empfand Maximilian nahezu als persönliche Schmach. Nicht, daß ihn die Privatmeinung Julius' II. sonderlich berührt hätte – als der Papst die Liga von Cambrai verließ und die neuen Gegner taxierte, meinte er vom Kaiser, er sei »unschädlich wie ein nacktes Kind« –, aber so schnelle Schwenkungen waren ihm ungewohnt, ebenso wie Ludwig XII., mit dem er sich jetzt zu einer neuen Bundesgenossenschaft zusammenfand. Der Haß des französischen Königs auf Rom war kaum zu überbieten. Mit dem Kaiser wurde 1511 ein Reformkonzil, in Pisa beginnend, einberufen, gegen den Papst, der sich – so hieß es in der Zitation – gegen ein solches Konzil ständig gesträubt habe und weiter sträuben werde; deshalb hätten jetzt die Kardinäle Pflicht und Vollmacht dazu.

Es war ein politisches Konzil, aus diesem Grund ohne Erfolg. Ähnlich verhielt es sich mit dem Plan, den Maximilian im gleichen Jahr entwickelte: sich selbst zum Papst wählen zu lassen. Der Gedanke war nicht spontan entstanden, aber er bekam gewaltigen Auftrieb durch die schwere Erkrankung Julius' II. im August 1511. Auch König Ferdinand dem Katholischen erschien der Plan weit weniger phantastisch als späteren Betrachtern; er empfahl lediglich, daß Maximilian sich mit der Tiara begnügen und Karl die Kaiserkrone erhalten solle. Seiner Tochter Margarete, Generalstatthalterin der Niederlande, schrieb Maximilian: »Wir erachten durchaus nicht für gut, uns zu einer Ehe zu entschließen, sondern haben erwogen und sind des Willens, nie mehr ein nacktes Weib zu berühren. Wir schicken morgen den Bischof Gurk nach Rom zum Papste, um einen Weg zu einem Übereinkommen mit ihm zu finden, damit er uns zum Koadjutor ernennt, zum Priester weiht und nach und nach heiligspricht, damit Ihr mir dann die Ehre der Devotion erweisen müßt, worauf ich mir nicht wenig einbilden werde.«

Ist es nur retrospektiver Ironie wert, was Margaretens »guter Vater Maximilian, künftiger Papst«, damals anstrebte? Bestanden zwischen Papsttum und Kaisertum in Gesamtorientierung und Verankerung nicht weit stärkere Affinitäten als mit jenen Staaten, die sich national-territorial zu gliedern begannen? War ihre mühselige Weiterbildung unter den veränderten Vorzeichen des Jahrhunderts nicht deshalb so gleichgeartet, weil die Gemeinsamkeiten noch immer stärker als die trennenden Fundamentalien waren? Lassen sich nicht hier wie dort Konstanten herausheben, an denen gerade im Gegensatz zur Staatsformung außerhalb des Christlichen das Übereinstimmende frappant deutlich wird? Das Ringen der Kaiser mit den Päpsten hatte seine Unerbittlichkeit durch das gemeinsame Ziel erhalten, um das es ging. Das klingt noch bei Maximilians oft wiederholter Versicherung durch, daß ihm allein das Dominium temporale gebühre und er dazu ausersehen sei, es wieder an sich zu bringen. Der Plan des Kaisers bildete eine wirkungsvolle Komposition, die ausreichend ideell-politische Harmonie besaß; auch das Kunstgefühl des großen Mäzens und schönheitsbesessenen Kaisers muß berücksichtigt werden. Das sogenannte Spielen Maximilians mit der Tiara läßt sich ernsthaft nach den realen Gegebenheiten abschätzen; es gehörte nicht zu seinen phantasievollen Subjektivitäten, die Spaniens König zu der Bemerkung veranlaßten, daß der Kaiser, wenn er sich eine Sache ausdenke, auch glaube, sie damit bereits ausgeführt zu haben. Die fleißig repetierten Hinweise auf die »Phantastik« des »romantischen« Kaisers Maximilian sollten gelegentlich mit den Feststellungen Gattinaras, des Großkanzlers von Karl V., einem sehr bedeutenden Staatsmann seiner Zeit, paralysiert werden: Maximilian sei ein Meister des diplomatischen Verwirrens. Nur diejenigen, die des Kaisers Ziele nicht begreifen könnten, würden sich über ihn belustigen und seine Pläne für bodenlos halten. Maximilian seien diese Trugschlüsse nur recht, weil er desto ungestörter seine Geschäfte führen könne – große Geschäfte; denn der Kaiser »besitzt einen gewaltigen Verstand«.

Das römische Projekt verdient wegen seiner Sachgründe mehr als nur Staunen und Befremden. Schließlich waren damals die Situationen sowohl im »weltlichen« Italien mit seinen wüsten Kämpfen und dauernd wechselnden Koalitionen als auch im Papsttum sowie der religiös-kirchliche Zustand Europas erstaunlich und befremdlich. Verstanden die Päpste nicht seit vielen Jahrzehnten ihr Amt als eminent politisch, und politisierten sie nicht die fiskalischen Möglichkeiten wie noch nie? Das alles sah Maximilian sehr klar und nüchtern. Geld mußte bei allen Wahlen im Spiel sein, ob im Konklave oder bei den Kurfürsten. Daß ihn, der ständig unter dem Unvermögen litt, mit den finanziellen Nöten fertig zu werden, die Vorstellung erfreute, im Lateran mit den Schlüsseln Petri auch diejenigen zu den vollen Kirchenkassen in den Händen zu halten, ist gar nicht überraschend. Zusammengefaßt aber wurde dieses Bündel an Motiven von dem Wunsch, der für das Christentum notwendigen Einheit von Kaiser und Papst eine politische Form zu geben, die das Römische Reich deutscher Nation zu einem noch nie erreichten Grad der Vollkommenheit bringen mußte.

Aber Julius II. starb nicht, und Maximilian blieb »nur« Kaiser. Zwei Jahre darauf – nicht zuletzt ausgelöst durch die neu entfachten Gegensätze zwischen Rom und Venedig – fanden sich Papst und Kaiser wieder zusammen. Nach der Vertreibung Ludwigs XII. aus Mailand setzte Maximilian in den Niederlanden den Krieg gegen Frankreich fort. Im August 1513 schlug er die Franzosen bei Guinegate – ein schöner Sieg, kein allzu schwerer, da in der Schlacht »mehr Reit- als Fechtkünste gezeigt wurden und die französischen Ritter ihre Pferde nur angespornt hatten, um sich zu retten«: die überall belachte »Sporenschlacht«, der letzte militärische Triumph des Kaisers. Kurz darauf zerfiel die Koalition gegen Frankreich.

Im Jahr 1515 glückte es Maximilian, auf dem Wiener Kongreß die ungarische und böhmische Erbfolge Habsburgs zu sichern. Es heißt, er habe die Lösung dieses lästigen alten Problems damit erkauft, daß er

»Die Ehe- und Verwandtschaftsbühne« auf dem Wiener Fürstenkongreß von 1515
Holzschnitt von Albrecht Dürer für die Publikation der ›Ehrenpforte Kaiser Maximilians I.‹
Wien, Graphische Sammlung Albertina

den Deutschen Orden im Stich ließ; aber das trifft nicht zu. Es war längst nur noch eine Frage der Zeit, wann Polen den Hochmeister zum Lehnseid nötigte, zumal die deutschen Fürsten die Nöte des Ordens dem Orden überlassen hatten. Der eigentliche Status der Deutschen im Ordensland Preußen blieb durch die Wiener Beschlüsse unberührt. Ungarns und Böhmens Sicherung – nicht nur für die Hausmacht der Habsburger, sondern ebenso für das Reich! – geschah durch ein ausgeklügeltes Diplomatenstück auf der Ehe- und Verwandtschaftsbühne. Ludwig, der Sohn König Wladislaws II. von Böhmen und Ungarn, heiratete Maria, die Enkelin des Kaisers. Und Maximilian, inzwischen sechsundfünfzig, heiratete Wladislaws zwölfjährige Tochter Anna – lediglich per procuram, in Vertretung seiner Enkel Karl oder Ferdinand. Zusätzlich wurde Ludwig vom Kaiser adoptiert, zum »Generalvikar des deutschen Reiches« ernannt und damit als der von den Kurfürsten zu wählende Nachfolgekaiser bestimmt, falls Maximilian sterben sollte – eine Erhebung höchst fiktiver Natur, deren Sinn einfach in der Bekräftigung der Wiener Beschlüsse lag. Im Jahr darauf fand die Hochzeit zwischen Ferdinand und Anna statt, und als König Ludwig II. 1526 in der Schlacht bei Mohács sein Leben verlor, fielen Ungarn und Böhmen an Ferdinand und blieben fortan Gebiete Habsburgs; Böhmen wurde

Die Schlacht bei Marignano am 14. September 1515:
Kampf der siegreichen Franzosen unter Franz I. gegen die Schweizer Söldner Kaiser Maximilians I.
Aquarellierte Zeichnung vom Maître de la Ratière, erstes Viertel des 16. Jahrhunderts
Chantilly, Musée Condé

wieder Bestandteil des Reiches. Maximilian beendete durch die Verträge von 1515 die Identifikation der Reichsinteressen mit den dynastischen Interessen Habsburgs.

Seine Unternehmungen in den letzten Lebensjahren brachten dem Herrscher keine Erfolge, auch keine Freude. Sein Enkel Karl, seit 1516 König in Spanien, entwickelte sich mit seinen sechzehn Jahren politisch noch eigenwilliger, als sich des jungen Maximilians Verhältnis zu Kaiser Friedrich III. gestaltet hatte. Spaniens wegen konnte Karl nichts an einer Fortsetzung der Feindschaft gegen Frankreich gelegen sein, die seinem Großvater so natürlich war. Im Gegenteil, Frankreichs Wohlwollen und die höfliche Neutralität der Niederlande waren eine Voraussetzung für seinen Regierungsantritt in Spanien. Während die Verhandlungen mit Franz I. vorbereitet wurden, machte sich Maximilian ein letztes Mal nach Italien auf. Er zog mit Schweizer Söldnern vor Mailand, diese Schicksalsstadt seiner italienischen Pläne. Auch diesmal gab es gute Anfangserfolge, doch die Belagerung lief kaum richtig an; es war, als wollte Maximilian sich endgültig der Resignation überlassen. Vielleicht mißtraute er auch den Söldnern? Über Nacht verließ er plötzlich mit einer kleinen Reiterschar das Feldlager und ritt zurück. Im Tal der Etsch drohten ihm seine Soldaten mit Fäusten und brüllten ihm ein höhnisches »Strohkönig« zu. Die Lombarden und Venezianer kommentierten es anders: Sie setzten den Kaiser auf einen Krebs und schrieben darunter »Tendimus in Latium«. So sah das schale Ende des venezianischen Krieges aus, des Kampfes um Reichs-Italien. Karl hatte inzwischen mit Franz I. den Vertrag von Noyon ausgehandelt: Er sollte Louise, die Tochter des französischen Königs, heiraten; Frankreich bekräftigte gegen eine Entschädigung erneut seinen Verzicht auf Neapel; ferner wurden allgemeine Friedensinitiativen und Vorbereitungen für einen gemeinsamen Türkenfeldzug vereinbart.

Gedruckte Antwort
des Innsbrucker Generallandtages
vom 24. Mai 1518
auf den Vorschlag Leos X.
zu einem Kreuzzug gegen die Türken
und alle Christen-Feinde
Titelseite der Innsbrucker Flugschrift
München, Bayerische Staatsbibliothek

Maximilian, wieder in die Niederlande ziehend – als wollte er bis zum Schluß seinem Beinamen ›Kaiser mit den geflügelten Sohlen‹ Ehre machen –, trat dem Vertrag von Noyon bei und schloß den Frieden von Brüssel, durch den der Krieg mit Venedig ad acta gelegt wurde. Gewonnen waren einige Quadratkilometer um Torbole, Rovereto, Riva, Ala und Cortina d'Ampezzo; die günstige Korrektur der Isonzo-Grenze wurde durch den Verlust der Herrschaft Pordenone in Friaul wettgemacht. Das Fazit ist kurz: Seine Ziele hatte Maximilian in Italien nicht erreicht, andere Mächte waren erfolgreicher gewesen, aber der Kaiser hatte durch den langen

Kampf um seine Rechte und diejenigen des Reiches diese Rechte selbst erhalten, Rechte, deren Geltung eine Voraussetzung für die europäische Politik Karls V. lieferte.

Maximilian hatte es fertiggebracht, den Rang seiner Reichsidee trotz dauernder Verstöße gegen die faktischen Gegebenheiten zu erhöhen. Äußerlich gesehen überwogen die Mißerfolge, aber es kam viel mehr auf das Beharrungsvermögen, auf die Unerschütterlichkeit des Kaisers an, deren Auswirkungen sich nicht nach Siegen oder Diktatverträgen bemessen lassen. Daran ändert sich auch nichts durch die Ablehnung seines letzten Feldzugsplanes gegen die Türken auf dem Reichstag zu Augsburg von 1518, ebensowenig durch die Schmach, daß seine Lieblingsstadt Innsbruck, als er todkrank an die Tore klopfte, früherer Schulden wegen dem kaiserlichen Gefolge Quartier verweigerte. Wenig später starb er, am 12. Januar 1519 in Wels, nach einem Leben voll monumentaler Fehlschläge und gewaltiger Erfolge, die oft nur seinen Niederlagen zu verdanken waren. Solche Unverträglichkeiten durchfärbten seine ganze Epoche. Im Oktober 1518 hatte Ulrich von Hutten seinen Jubelruf ausgestoßen: »O Jahrhundert! O Wissenschaften! Es ist eine Lust zu leben.« Kaiser Maximilian I. dagegen etwa zur selben Zeit: »Mir ist auf der Welt keine Freude mehr. – Armes deutsches Land!«

Der große Protest

Die Kirche hatte in den ersten beiden Jahrzehnten des 16. Jahrhunderts mit Pressionen zu tun, die aus allen Richtungen kamen, auch aus den innersten Räumen der Kirche selbst, gehäuft, radikalisiert, von ketzerischer Verve. Alle Mittel des Ausdrucks wurden dabei mobilisiert: Religiöse Klagen traten in der Rüstung politischer Forderungen auf, politischer Unmut bediente sich christlicher Mahnungen, Neigungen zur Verinnerlichung drückten sich in lauten Wünschen nach Veränderung der Formen aus. Die sich steigernde Unruhe im religiösen Bereich signalisierte nur den Stand des gesamten Veranderungsprozesses, der alle Bezirke des Daseins, der Gesellschaft, der Politik, der Kultur erfaßt hatte. Das erbitterte Insistieren auf religiösen Reformen, das Aufbegehren gegen die vielberufenen Verfallserscheinungen präsentierte sich teilweise schon damals als etwas recht Relatives. Personalisiert wurde es in dem großen Gegensatz Luther – Erasmus, und dadurch erregte es besonderes Aufsehen.

Keine Wertungen ohne Wertmaßstäbe. Die »Korruption« der Hochrenaissance war ein Relationsbegriff auf die als stilisiert empfundene und bewunderte Harmonie des Zeitalters eines Thomas von Aquin oder – wenn nach den Wurzeln gesucht wurde – auf das ebenfalls stilisierte Urchristentum. Ex negativo ließ sich dann leicht feststellen, daß sich die Scholastiker schließlich nur noch in Wortklaubereien statt im Denken gefallen hätten, daß sich die Mönchsorden landauf, landab in Gemeinschaften sybaritischer Genießer verwandelten und das Priesteramt den Weg zu all den sündigen Vergnügungen öffnete, von denen die Frommen im Beichtstuhl losgesprochen werden wollten. – Das sittliche Verhalten der Menschen oder gar der Zustand ganzer Institutionen lassen sich jedoch nicht an den Vorwürfen empörter Kritiker ablesen. In den Jahrzehnten vor Luthers erstem Auftreten hatten die Klagen sich rapide gesteigert, war der Tonfall schrill geworden, hatten die auf Reform Eingeschworenen sämtliche Reserven der Indignation mobilisiert. Andererseits hatte sich das Kirchenbeben seit vielen Jahrzehnten diskret angekündigt, im Grunde schon viel zu lange: Man wartete spätestens seit den Tagen Brigittas von Schweden darauf, mehr als anderthalb Jahrhunderte. Warum sollte man also noch glauben, daß es wirklich eines Tages eintreten würde? Der faktische Zustand der Kirche läßt sich weder an ihrem eigenen Status noch an der Dynamik der Kritik ablesen. Mehr sagen schon die Reaktionen der Kirche auf ihre Kritiker aus. Daß Johannes Hus verbrannt werden konnte, zeigt einiges von der institutionellen Kraft. Daß sie auf Luther ganz anders reagierte, offenbart einiges von der religiösen Verfallenheit. Die Person des Papstes allein bestimmte nicht über das Problemgewicht dieser Fragen; man sollte also mit dem Hang Leos X. zu argloser Katholizität nicht allzu scharf ins Gericht gehen.

Klostergarten mit Mönchen und Nonnen
Miniatur im sogenannten Jenaer Codex ›Antithesis Christi et Antichristi‹, zwischen 1490 und 1510
Prag, Knihovna Národního Muzea

Reformbedürftigkeit und Reformwünsche dekken sich niemals zufriedenstellend. Es wird sich nicht entscheiden lassen, ob die Kirche als Ganzes im Jahr 1415 besser oder schlechter war als hundert Jahre später, da Luther sich über den Ablaß-Mißbrauch erregte. Ein wirklicher Höllenpfuhl der Verworfenheit, der Sexualorgien, der Rinnsteinmoral war die römische Kirche nur in der Polemik der protestantischen Aufrührer. Doch es gibt keinen Zweifel, daß eine solche Kirche eine Reform an Haupt und Gliedern beziehungsweise mit Stumpf und Stiel sehr nötig hatte. Die Käuflichkeit der Priester, der Glaube so vieler Bischöfe und Kardinäle, daß der Sinn der Libido nicht darin bestehe, sie zu spiritualisieren – da stimmten schließlich auch der große Reformator und Frau Katharina Luther zu – sowie das kuriale Vergnügen am Kulinarischen waren sicherlich stark verbreitet; weit wichtiger jedoch wären Auskünfte über das christliche Leben aller übrigen Mönche und Geistlichen.

Denn es ging darum, was ein christliches Leben sei. Diese Frage entzündete sich nur äußerlich an sichtbaren Mißhelligkeiten, sie stand nicht quer zur Gesamttendenz der Zeitenveränderung, die in den verschiedenen Bereichen der Realität jeweils anders erfahren und dementsprechend bezeichnet wurde. Zur Charakterisierung dieses Ablaufs hat sich der verfälschende und trotzdem hartnäckig beibehaltene Terminus der Säkularisierung eingebürgert. Man hat mit ihm die Substanz der neuen Treibkräfte

Predigt des französischen Theologen und Mystikers Jean Gerson in St-Bernard in Paris
Miniatur in den ›Sermons sur la Passion et traités‹ Jean Gersons, um 1425
Valenciennes, Bibliothèque Municipale

auf ein abstrakt-kritisches Schema abgezogen. Wie der Begriff der Säkularisierung nur als ständig zu korrigierender Hilfsbegriff verwendet werden sollte, so deckt auch seine Variante der Kritik an der sogenannten Verweltlichung der kirchlichen Institutionen und Repräsentanten nicht einmal das Zentrum des Veränderungsprozesses. Hierzu sind einige Überlegungen in Form des irrealen Konditionals am Platz: Hätten sich die Gesamtimpulse der Renaissance ihrer Hauptrichtung nach auch in der Kirche durchgesetzt, wären sie in ähnlicher Form aufgenommen und assimiliert worden wie entscheidende Elemente der griechischen, römischen und germanischen Religiosität. Dann würde man heute die Traditionsstränge von den Katharern und Waldensern über die Minderbrüder, Brigitta von Schweden, Katharina von Siena, Wiclif und Hus bei Savonarola enden lassen und von versandenden Ausläufern des mittelalterlichen Christentums sprechen. Daß es anders kam, veredelt alle präreformatorischen Vorläufer auf Modernität hin und wertet die Kirche vor Luther zu einer sklerotischen Institution ab. Woher sie die Energie und Befähigung zur gegenreformatorischen Anpassung bezog, ließe sich dann allenfalls mit Hilfe göttlicher Wunder erklären, was um so leichter wäre, als die Verwaltung dieser Allmachtsdemonstrationen Gottes der römisch-katholischen Kirche durch Gewohnheitsrecht zustand. Es sei denn, daß man die historischen Bezugslinien Luthers und diejenigen der Gegenreformation, in die alle an Rom orientierten Reformbewegungen mündeten und die sich nicht im Konziliarismus erschöpften, als zwei Wege zu einem Ziel bezeichnet, zu dem man bis heute unterwegs ist und so lange sein wird, bis sich herausstellt, ob ökumenische Bewegung und Ökumenismus asymptotisch verlaufen.

Selbst die kircheninterne Reformbewegung im 15. und 16. Jahrhundert wurde von denselben Richtungsimpulsen bestimmt, die der ganzen Epoche ihre Akzente gaben: das frische Empfinden des Aufbruchs, den Enthusiasmus der sicheren Erkenntnis. Ob es sich um philosophische, naturwissenschaftliche oder religiöse Erkenntnis handelte, darauf kommt es nicht an. In religiös-abstrakte Kategorien gefaßt handelte es sich um die sukzessive Ausgestaltung eines Universaltheismus, bei dem göttliches Wirken und persönliche Gläubigkeit die Zuständigkeit des kirchlichen Institutionalismus auf ein verlassenes Bauwerk begrenzte. Das persönliche Verhältnis zu Gott stand nunmehr zur Generaldebatte. Alle vermittelnden Funktionsträger verwandelten sich deshalb in Störfaktoren und blokkierten den Zugang zu Gott; denn die Möglichkeit, seinen Willen und seine Gnade auszukundschaften, war jedem Gläubigen gegeben, nicht nur einem erwählten Kreis. An die Superiorität des Christentums wurde nicht gerührt, so stark auch alles bereits auf Rationalität hin angelegt war: Beweisführung, Gläubigkeit und Prüfung. Überlegen blieb das Christentum allen anderen Religionen durch die einmalige Form der göttlichen Offenbarung: Gott hatte in den beiden Testamenten die ungeschmälerte Wahrheit ausgebreitet. Sie stand damit jedem offen. Wer das erkannt hatte, mußte nur noch zweierlei tun: Erstens die Wahrheit von den Schatten derjenigen befreien, die sich als alleinhörigmachende Interpreten vor sie stellten, und zweitens die Dokumente, in denen die Wahrheit niedergelegt war, von allem verfälschenden Beiwerk säubern. Das 15. Jahrhundert hatte dank der Humanisten Mittel und Methoden der kritischen Reinigung geschaffen, nämlich die philologischen Wissenschaften. Erst nach Abschluß des philologischen Reinigungsprozesses konnte ein Verständnis des zentralen Gehalts der Offenbarungsworte entwickelt werden. Für den undifferenzierten Verstand mochte die bildliche Redeweise ihren stützend hilfreichen Sinn haben, aber auch das mußte nicht als endgültig betrachtet werden. Bei allem Respekt läßt sich das Problem so formulieren: Jesus hatte zwar den Armen im Geiste das Himmelreich versprochen, aber um den Reichen im Geiste dasselbe zu bescheren, bedurfte es der Philologie.

Soweit befanden sich die Humanisten und die Reformatoren, Erasmus und Luther, auf gleichem

Weg. Trotz ihrer späteren Trennung waren die gemeinsamen Voraussetzungen nicht aufgehoben. Die Bemühungen um eine völlige Entmythologisierung der biblischen Texte, die in unserem Jahrhundert so viele Kontroversen ausgelöst haben, sind in ihrer exegetischen Tradition sowohl auf Luther als auch auf Erasmus zurückführbar. Es geht immer nur um den wahren Sinn der Heiligen Schrift. Auch sollte die eminente Bedeutung gerade des deutschen Humanismus für die vorreformatorische Atmosphäre nicht unterschätzt werden. Ohne ihn hätte sich niemals das religiös-geistige Explosivgemisch entwickelt, das Luthers Brandfackel entzündete. Nirgends in Europa wurzelten Empörung, Angriffslust, religiöse Militanz tiefer als hier. Das Bekenntnis zum Diesseits lief Hand in Hand mit dem Aufbegehren gegen die Unvollkommenheit dieses Diesseits. Da waren der rabiate Kampf gegen die »Dunkelmänner«, die ätzende Kritik an den unerträglich gewordenen Herrschaftsformen der Kirche, der Hohn über die Perversion des Mönchswesens, die Niedertracht des Ablaß-Geschäfts. Die Gestalten dieses deutschen Humanismus besaßen jeder für sich eine eigene Art, doch sie stellten in ihrer Gesamtheit eine Sonderkomponente des europäischen Humanismus der Zeit dar. Namen wie Ulrich von Hutten, Johannes Reuchlin, Willibald Pirkheimer, Mutianus Rufus, Crotus Rubianus, Jakob Wimpheling oder Melanchthon, auch Albrecht Dürer und Hans Sachs, versinnbildlichen die kompakte Einheit von Humanismus und Vorreformation und die Kraft der Mitstreiter, deren sich Luther anfangs sicher sein durfte. Ihnen ist die Ausbreitung eines von Ultramontanismen entlasteten, selbständigen Geistes zu danken, eines Geistes der freien Prüfung und der selbstbewußten Aufsässigkeit.

Der große Unterschied zum Humanismus Italiens bestand vor allem darin, daß der deutsche Humanismus die römische Kirche theologisch und als

Philipp Melanchthon
Aus einem Holzschnitt von Albrecht Dürer, 1526
Nürnberg, Germanisches Nationalmuseum

Willibald Pirkheimer
Zeichnung von Albrecht Dürer. Berlin, Staatl. Museen
Preußischer Kulturbesitz, Kupferstichkabinett

Institution attackierte, den Angriff jedoch abbrach, sobald die Distanzierung ihn in Gefahr brachte, außerhalb der orthodoxen Sichtweite zu geraten. Das allein erklärt, warum sich die transalpine Renaissance vornehmlich um das Urchristentum und nicht um Athen bemühte, und warum der deutsche Humanismus, vor die Wahl gestellt, sich zwischen Luther und Rom zu entscheiden, die Alternative nicht verwarf und nicht für sich selbst optierte, sondern es vorzog, entweder als Brandzusatz das Feuer der Reformation stärker anzufachen oder in den mitleidlos gewordenen Armen der römischen Kirche zu entschlafen. Es ist richtig, daß der deutsche Humanismus von der Reformation überrollt wurde, aber möglich war dies nur, weil er selbst ein Stück Reformationsgeschichte darstellt.

»Sohn des Satans« – »Wittenbergisch Nachtigall«

Martin Luther war weit mehr als nur die Quintessenz und Summe der oppositionellen Gedanken seiner Zeit, die er mit der Brutalität seiner Frömmigkeit, der Grobheit seines Gefühls und der Urwüchsigkeit seiner Sprache zu dem deutschen Phänomen ›Reformation‹ verknetet hat. Umwälzend war bei ihm das ganz starke Bedürfnis nach der Sicherheit, der Gewißheit des Glaubens. Seine Entschlossenheit, dieses Glaubens teilhaftig zu werden, wäre ohne den Pakt mit seinen Zweifeln nicht möglich gewesen. Mehr als ein Jahrtausend hindurch hatte sich die Kirche auf das Imperium hin entwikkelt, Institution und Dogmensystem, Anstalt und Kultur zu sein. Dahinter verschwand bis hart an die Grenze der Sichtbarkeit der einfache Glaube des Menschen, der sich ausschließlich in der Hand Gottes fühlen wollte, der Glaube, von dem die ersten Christen so erfüllt waren, daß sie friedlich lächelnd und singend das Martyrium auf sich genommen haben, der Glaube, der in der täglichen Andacht den Frommen in der Kirche niederknien und beten ließ. Das allein brach aus Luther in erregender Leidenschaftlichkeit hervor und riß so gewaltig mit.

Deshalb kommt es für die Reformation in den ersten Jahren weniger auf Luthers Lehrmeinung an und noch weniger auf die theologischen Differenzen gegenüber der offiziellen Glaubensversion. Wer nur die einschlägigen Disputationen zwischen Luther und Johann Eck durchsucht, erhält bestenfalls einen theoretischen Absud, verspürt jedoch nichts von dem tiefen Feuer, das sich mit Luthers Namen verband, mit dem Mönch und Junker Jörg der Jahre 1517 bis 1522. Und dies alles trotz der persönlichen Unzulänglichkeiten des Augustiner-Eremiten Martinus, die vital genug waren, um auch über pöbelhafte Miserabilität hinwegzutragen. Luther trat als stürmischer Anwalt, als verzweifelte Stimme der einsamen Seele auf, die sich an die Sünde verloren fühlte und nach der Erlösung vom Leid und der Gnade Gottes zitterte. Das war nicht die Stimme eines Reformpredigers oder Kanzelredners, es war eine lebende Form dieser verlassenen Seele selbst. Dadurch wurde ein letztes Mal die Freiheit des Christenmenschen und der elementar einleuchtende Widersinn sichtbar, daß auf diesem grenzenlosen Feld der Freiheit nichts anderes herrschte als Gottes Wille und Entscheidung, der Ratschluß des Allmächtigen, dem sich der Gläubige beugen mußte, ob er ihn nun als Weisheit oder Willkür ansah. Nicht dem Menschen kam das Liberum arbitrium zu, sondern Gott allein; darin bestand die Essenz christlichen Erdendaseins. In Luthers Optik.

Rational läßt sich das nicht fassen; denn es ist Glaube. Luthers Frömmigkeit war bedingungsloses Vertrauen zu Gott – Glaube ist Wagnis –, eine objektive Garantie würde seinen Sinn aufheben. In diesem Wagnis konkretisiert sich die Freiheit des Menschen. Neben Luthers ›Propositiones‹ zum Ablaß, seinen berühmten Fünfundneunzig Thesen, gibt es kaum etwas Charakteristischeres für die Reformation als seine Schrift ›Von der Freiheit eines Christenmenschen‹, die er Papst Leo X. übersandte. Luther ging es darin in einem höchst präzisen und streng umrissenen Sinn um Freiheit: Der Christ war zwar nicht frei von der Sünde, litt aber – im Gegensatz zum Nichtchristen – unter ihr und konnte demzufolge auf Vergebung der Sünde hoffen; er ist

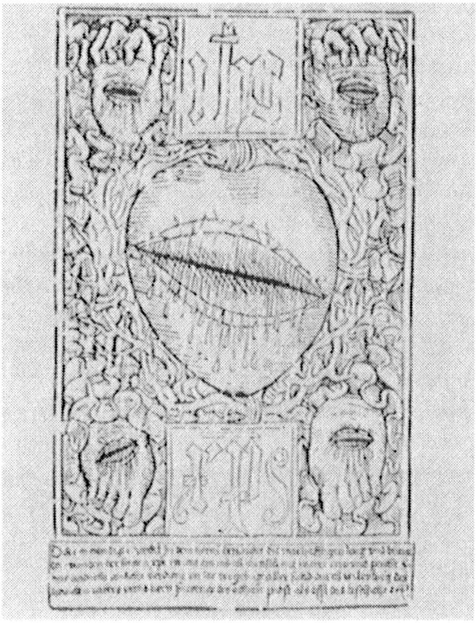

Ablaßbrief Innozenz' VIII. von 1485
mit dem Holzschnitt
›Die fünf Wunden Christi‹
von einem römischen Künstler

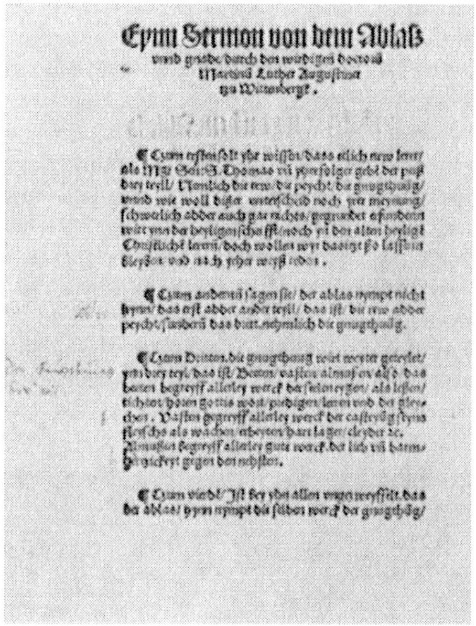

Eynn Sermon von dem Ablaß
vnnd gnade durch den wirdigen doctorñ
Martinũ Luther Augustiner
tzu Wittenbergk.

Luthers Schrift gegen den Ablaß
Die erste Seite der 1518 in Wittenberg
erschienenen Publikation
Berlin, Staatsbibliothek Preußischer Kulturbesitz

»simul peccator et iustus«. Deshalb lebt der Christ nur so lange in »königlicher Freiheit«, solange er vom Willen Gottes erfüllt ist, wie Luther in ›De servo arbitrio‹ schrieb. Ist das nicht mehr der Fall, beginnt das Böse in ihm zu herrschen, so verliert er seine Freiheit; das göttliche Gesetz wird dann für ihn zu einem äußerlichen Zwang.

Luther ging es also beileibe nicht um Freiheit in jener politischen Bedeutung, von der vor allem die Historiker und national gestimmten Luther-Verehrer des 19. Jahrhunderts häufig gesprochen haben, sondern um die entschlossen geltend gemachten Ansprüche der religiösen Gewissensfreiheit gegenüber allen weltlichen Forderungen. Daß dies bald in radikale Intoleranz gegenüber sektiererischen Neigungen umschlug, daß während weniger Jahre auch die politische Botmäßigkeit von Luther gefördert und gefordert wurde, gehört ebenfalls zur deutschen Reformation. Das vermag jedoch nicht darüber hinwegzutäuschen, daß Luther Freiheitsbestrebungen auslöste, deren Folgen historisch nicht hoch genug veranschlagt werden können. Sicherlich waren die Anhänger Luthers, nicht einmal die ersten und die engsten, vom gleichen Geist beseelt wie der Reformator persönlich. Aber die Hochstimmung, die sie jahrelang erfüllte, ging im wesentlichen auf das gleiche Gefühl der Befreiung zurück, das Luther beflügelte und das, obschon in einer ganz anderen Form, sowohl für die Renaissance als auch für den Humanismus ein dominierendes Merkmal ist.

Luthers Empörung über die Umstände des Ablaßhandels durch Johann Tetzel, seine Fünfundneunzig Thesen vom 31. Oktober 1517, machten ihn binnen wenigen Wochen in ganz Deutschland bekannt. Hunderte von Abschriften wurden verbreitet und hatten »in vier Wochen schier die ganze Christenheit durchlaufen, als wären die Engel selbst Botenläufer und trügen's vor aller Menschen Augen. Es glaubt kein Mensch, welches Gerede davon wurde« – so der Franziskaner Friedrich Myconius, einer der vertrautesten Gefährten Luthers. Verblüffend an den Ereignissen seit der Thesen-Publikation war nicht die energische Weigerung Luthers, sich beruhigen zu lassen, sondern das unermeßliche Echo auf seine Thesen in der Bevölkerung. Luther schürte die Stimmung noch mit seiner bündig zusammenfassenden Schrift ›Sermon von dem Ablaß und Gnade‹, die er 1518 deutsch veröffentlichte. Damit waren die Würfel gefallen, der Stein rollte unaufhaltsam. Die Empörung über den Ablaßhandel, wie ihn Tetzel betrieb – und die meisten ahnten etwas von der Triangel-Vereinbarung zwischen Rom, Erzbischof Albrecht und den Fuggern –, war im übrigen bei Tausenden von Priestern genauso heftig wie bei der Bevölkerung; denn diese Praktiken bildeten einen der krassesten Verstöße gegen die geistlichen Fundamente der Kirche. Dabei stand nicht der Ablaß selbst im Kreuzfeuer, er ist noch heute – trotz Luther und der Reformation – ein besonders herausragender Ausdruck der papalen Macht. Genaugenommen protestierte Luther gar

Luthers Kampf
gegen die Autoritäten der römischen Kirche
Holzschnitt von Hans Holbein d. J.
für ein Flugblatt, um 1520
Zürich, Zentralbibliothek

Päpstliche Banndrohung
gegen Luther und seine Anhänger
vom 15. Juni 1520
Titelseite des Vatikan-Druckes
Nürnberg, Staatsarchiv

nicht gegen die verzerrende Fiskalisierung, sondern gegen die Wechselseitigkeit von weltlicher Leistung und jenseitigem Lohn, gegen eine Verbindung, die im Ablaßverfahren zu einer besonders aufreizenden Praxis geworden war.

Luther zerschlug mit seinem Protest das kirchliche Recht auf Binde- und Lösegewalt und stellte damit die gesamte katholische Interpretation des christlichen Parallelogramms von Mensch und Welt, Kirche und Gott in Frage. Von diesem ersten Schritt gab es kein Zurück. Als Luther 1518 auf dem Reichstag zu Augsburg von dem päpstlichen Legaten Jakob Cajetanus noch sehr liebenswürdig verhört wurde, ging es theologisch um nicht viel mehr als um ein deutlicheres Fixieren der Standpunkte, wenngleich Luther schon damals in päpstlichen Briefen als »Sohn des Satans« tituliert wurde. Wie unüberbrückbar die wirklichen Gegensätze waren, zeigte sich auf der Pleißenburg in Leipzig 1519, als Luther mit Eck wochenlang öffentlich diskutierte. Die Kontrahenten waren sich persönlich nicht wohlgesonnen, obgleich damals noch sehr wenig von der späteren unflätigen Polemik zu spüren war. Luther schalt nach Beendigung des Leipziger Disputs Eck als »hinterlistigen, tückischen Menschen«, als »Schlange« und »ebenso unverschämten wie tollkühnen Sophisten«. Sein Ergebnis: »Ich habe manchmal Neid und Haß erfahren, aber unwahrhaftiger und unverschämter niemals.« Es ändert nichts an dem sachlichen Ergebnis, daß Eck ihn klar genötigt hatte, seine Ablehnung der gesamten Verfassung der Kirche, ihres organisatorischen Baus zuzugestehen, und daß Luther so weit getrieben wurde, den päpstlichen Primat zu bestreiten, also den Bruch mit Rom bereits anzukündigen. Daraus entwickelte sich in unerbittlicher Konsequenz, angeheizt durch Luthers Jähzorn – lieber zwei Schritte zu weit als einen Millimeter zurückgehen –, der Riesenkampf um die Autorität des Statthalters Christi überhaupt, um die Sakramente, den Status der Priester und die gesamte geistliche Gewalt.

Die Antwort aus Rom kam nicht überraschend. 1520 wurden mehr als vierzig Lehrmeinungen Luthers verdammt. Leo X. drohte ihm in der Bulle ›Exsurge Domine‹ den Bann an, sollte er nicht innerhalb zweier Monate widerrufen. Ebensowenig überraschte, daß Luther nicht widerrief. Wie er zum Papst stand, hatte er im selben Jahr schon in einem Sendschreiben äußerst deutlich gesagt: »Das ist aber wahr, ich habe frisch angetastet den römischen Stuhl, den man nennet römischen Hof, von dem auch du selbst bekennen mußt und niemand anders auf Erden bekennen kann, als daß er ärger und schändlicher, als jemals Sodom, Gomorrha und Babylon gewesen ist. Und, soviel ich merke, so ist seiner Bosheit weder zu raten noch zu helfen. Es ist alles überaus verzweifelt und grundlos da geworden. Darum hat mich's verdrossen, daß man unter deinem Namen und der römischen Kirche Schein das arme Volk in aller Welt betrog und schädigte; dawider habe ich mich gelegt und will mich auch noch legen, solange in mir mein christlicher Geist lebet.« Also forderte er auch jetzt Rom, den Papst, die gesamte offizielle Christenheit heraus: Am 10. Dezember 1520, in recht protestantischer Adventsstimmung, verbrannte er die Bulle samt päpstlichen Dekretalien und einer Reihe scholastischer Bücher in Wittenberg vor dem Elstertor, unter Assistenz einer riesigen Menge. Der Bruch war irreparabel. Im Januar 1521 wurde über Luther der Kirchenbann verhängt.

Was sollte seine Überlegung: »Hätte ich gewußt, da ich anfing zu schreiben, was ich jetzt erfahren und gesehen habe, nämlich daß die Leute Gottes Wort so feind wären und sich so heftig dawider setzten, so hätte ich fürwahr stille geschwiegen; denn ich wäre nimmermehr so kühn gewesen, daß ich den Papst und schier alle Menschen hätte angegriffen und sie erzürnt. Ich meinte, sie sündigten nur aus Unwissenheit und menschlichen Gebrechen und unterständen sich nicht, Gottes Wort vorsätzlich zu unterdrücken. Aber Gott hat mich hinan geführt wie einen Gaul, dem die Augen geblendet sind, daß er die nicht sehe, so (auf) ihn zurennen.« Dieses »auf ihn zurennen« wurde zur größten Glaubensschlacht seit Bestehen der Kirche, und die Auswirkungen samt den weiterreichenden Folgen ließen kaum etwas in Europa unberührt, so daß der Altolympier Goethe recht hatte, wenn ihn diese Konsequenzen und nur sie allein noch interessierten, sonst nichts von dem ganzen »verworrenen Quark« der Reformationsgeschichte. Daß diese Reformation ganz und gar nichts Vergangenes ist, sondern immer noch ein vitales Ärgernis, vor allem für die Protestanten selbst, das schüttelt noch immer diejenigen, die etwas von dem fühlen, was Luther ergriffen hatte.

Luthers reformatorische Hauptschrift
Titelseite der im August 1520 in Wittenberg erschienenen Erstausgabe
Wittenberg, Reformationsgeschichtliches Museum

Der päpstliche Bann trieb Luther in die öffentliche Szene des Reiches. Noch immer wurde mit dem Kirchenbann eine Entscheidung über Leben und Tod gefällt. Sollten für Luther überhaupt Aussichten bestehen, gegen die Macht der römischen Kirche nicht zu unterliegen, dann mußte er die Macht der weltlichen Herrschaft für sich gewinnen. Die Chancen seines Kampfes standen um so besser, je heftiger er ihn führte, je stärker er die Öffentlichkeit mobilisierte, je grundsätzlicher seine Angriffe wurden, je mehr von anderen, außerreligiösen, politischen Gesichtspunkten er aufgriff. Diese Richtung wurde bereits 1520 in Luthers Appell ›An den christlichen Adel deutscher Nation von des christlichen Standes Besserung‹ eingeschlagen. Luther knüpfte an die alten Beschwerden des deutschen Klerus gegen Rom an, die 1518 auf dem Augsburger Reichstag in den ›Gravamina der deutschen Nation‹ einen Höhepunkt erreicht hatten. Die Schrift Luthers ging über alle früheren Forderungen der Konzilsbewegung weit hinaus. Seine Reformvorschläge hielten sich nicht an die rein theologische Basis, sie zielten auf eine radikale Neuordnung der Kirchenverfassung als des Kernstücks auch einer politischen Reform, die von der weltlichen Obrigkeit mit Hilfe eines Nationalkonzils verwirklicht werden sollte. Mit dieser Schrift setzte Luther das Signal zum Sturm.

Der Beifallsorkan, den die Anklagen und Forderungen entfachten, bewies deutlich, daß Luthers Sache inzwischen von seinem Kopf auf die Füße der deutschen Nation gestellt worden war. Das war für Luther, den Doktor Martinus, wichtig, weil ein Bannspruch des Papstes die kaiserliche Achterklärung nach sich zog. Karl V. zitierte ihn 1521 vor den Reichstag zu Worms. Über die Haltung des Kaisers machte sich Luther Illusionen, doch keinen Illusionen gab er sich darüber hin, was die päpstlichen Gesandten von ihm erwarteten. Er wußte, daß ihn nur ein Widerruf vor der aufgeschobenen Reichsacht retten konnte; dennoch spielte er keinen Augenblick mit dem Gedanken, ihn zu leisten, obwohl er auf dem Reichstag den Kaiser um Bedenkzeit bat.

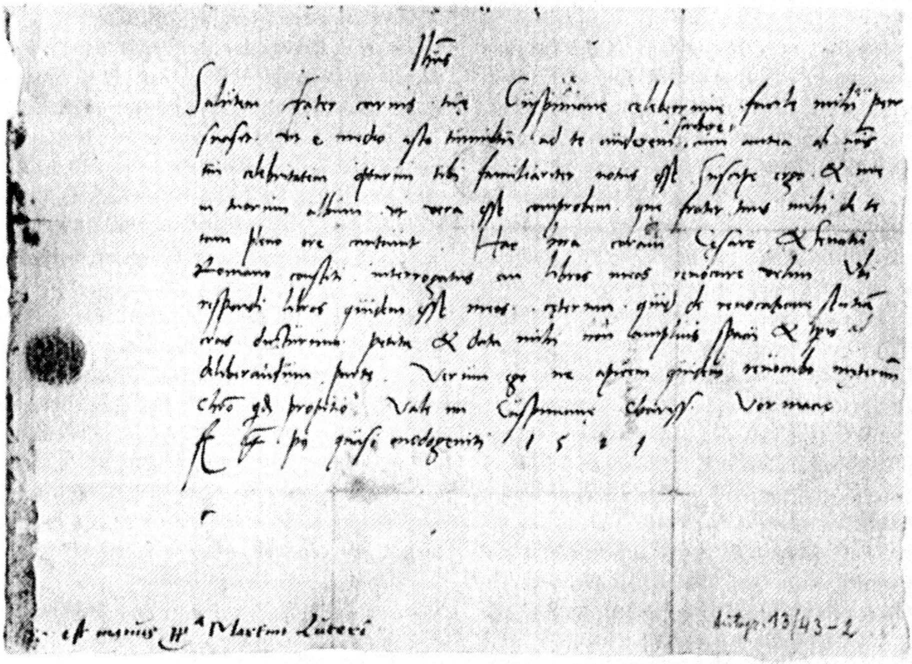

Luthers Bericht über die kaiserliche Aufforderung zur Widerrufung seiner religiösen Schriften
auf dem Reichstag zu Worms im Jahr 1521
Eigenhändiger Brief Luthers vom 8. April 1521 an den Wiener Humanisten Johannes Cuspinianus
Wien, Österreichische Nationalbibliothek

So kam es zu dem Bekenntnis in Worms: »Widerrufen kann und will ich nichts, da gegen das Gewissen zu handeln weder ungefährlich noch ehrenhaft ist. Gott helf mir. Amen.« Die Antwort des Kaisers folgte im »Wormser Edikt«: Über Luther wurde »als von Gottes Kirche abgesondertes Glied und einen verstockten Zertrenner und offenbaren Ketzer« die Reichsacht verhängt. Kurfürst Friedrich III., der Weise, von Sachsen, dem sowohl Luther als auch die ganze Reformation ihr Leben verdankten, ließ den Aufrührer heimlich auf die Wartburg bringen. Der Entschluß war richtig, obschon kein Zweifel daran bestand, daß die Reichsacht nicht durchzuführen war, weil mit Friedrich dem Weisen die Mehrzahl der deutschen Fürsten das Edikt ablehnten und auch der Erzkanzler ihm das Reichssiegel verweigert hatte. Luther stellte mit säkularer Gelassenheit fest: »Ist die Sache aus den Menschen, so wird sie untergehen, ist sie aber aus Gott, so werdet Ihr sie nicht dämpfen können«, hielt es jedoch nicht für notwendig, einem Gegenbeweis leichtfertig Vorschub zu leisten.

Wenn man 1517 als das Geburtsjahr der Reformation bezeichnet, dann ist 1521 das Jahr, in dem sich die Glaubensrevolte objektivierte, also mehr als die

Affäre eines einzelnen Augustinermönches wurde. Weitere vier Jahre später, im Entscheidungsjahr des Bauernkrieges 1525, verwandelte sie sich aus einer Bewegung des Glaubens und der inneren Erschütterung der Frommen, aus einer politischen und nationalen Angelegenheit, in ein Ordnungs- und Organisationsproblem, für dessen Lösung das Arrangement mit den weltlichen Gewalten benötigt wurde. Von 1517 bis 1521 erstreckte sich die Phase des Anbruchs, dann folgte diejenige der Revolution, und seit 1525 datiert die reformatorische Restriktion. – Luther hatte das persönliche Gewissen als etwas Absolutes entdeckt; hier lag das protestantische Dynamit. Er verwarf von Grund auf die Lehrautorität der Kirche und setzte an ihre Stelle den persönlichen Einblick, den Glauben des einzelnen an das Wort Gottes, wie es in der Heiligen Schrift offenbart ist und das jeder verstehen konnte – ohne Hilfe durch autorisierte Priester, die in die römisch-katholische Formenwelt unverrückbar eingebunden waren. Sein Affront dagegen, seine ungezügelte Empörung darüber stellten einen gewaltigen Akt der Befreiung dar: die transalpine Form der Nobilitierung zur Mündigkeit.

Der Bruder Martinus des Erfurter Eremitenklosters hatte sich nicht ausschließlich seiner persönlichen Seligkeit wegen gegen die von einem Jahrtausend geheiligte Autorität des Papstes und die römische Kirchenpraxis aufgelehnt. Als der Kampf alles zersprengte, was die persönliche Not eines Gläubigen ausmachen konnte, der nicht wußte, wie er glauben sollte, appellierte Luther an die ganze deutsche Nation. Das verzweifelte Ringen um sein Seelenheil weitete sich zum leidenschaftlichen Protest Abertausender aus, denen es um ein ganz anderes Heil ging als um das ihrer verängstigten kleinen Seele. Und an dieser Flamme, die jetzt als »evangelisch« bezeichnet wurde – Luthers neue Formel für seine Lehre, entdeckt auf dem Weg nach Worms –, entfachte sich eine nationale Revolte, deren Gewalt selbst das über den Haufen zu werfen versuchte, was seit Jahrhunderten unerschütterlich gegründet zu sein schien. Aus der Glaubensqual eines einzelnen Einsamen wurden die Feldzeichen der ersten deutschen Einheitsbewegung aufgerichtet. Über diese Situation zu Beginn des Jahres 1521 berichtete der päpstliche Nuntius Hieronymus Aleander nach Rom: »Jetzt aber ist ganz Deutschland in hellem Aufruhr; neun Zehntel erheben das Feldgeschrei ›Luther!‹, und für das übrige Zehntel, falls ihm Luther gleichgültig ist, lautet die Losung wenigstens ›Tod dem römischen Hofe!‹, und jedermann verlangt und schreit nach einem Konzil auf deutschem Boden.«

Das Jahr auf der Wartburg enthüllte Luther, wie endgültig es mit der Ruhe der Klosterzelle vorbei war; denn er konnte aus der unfreiwilligen Abgeschiedenheit mit ansehen, wie hurtig sich seine Sache von ihm getrennt hatte, wie unumwunden die Kämpfe um seine Seele zu dinghaft irdischen Kämpfen geworden waren – mit allen Konsequenzen, die zu irdischen Kämpfen gehören. Die Anklagen des eifernden Mönchs hätten wohl auch kaum ihren Jahrhundertstil erhalten, wenn sie nicht mitten in die Sphäre der Politik und der nationalen Leidenschaften gesprungen wären. Was sich an den einzelnen richtete, enthielt ebenso den Zuruf an die Herrscher und Fürsten: »Ich beschwöre dich, wenn du recht vom Evangelium denkst, glaube nur nicht, seine Sache könne ohne Lärmen, ohne Ärgernis und Aufruhr betrieben werden. Du wirst aus dem Schwert keine Feder, aus dem Krieg keinen Frieden machen. Das Wort Gottes ist Schwert, ist Krieg, ist Zerstörung, ist Ärgernis, ist Verderben.« Die deutschen Flugschriften, die Luther seit 1520 in die Lande schleuderte, waren Brandfackeln des Aufstands, gellende Mahnungen, die Eigenrechte zu entdecken und mit Klauen und Zähnen festzuhalten. Der wahre christliche Glaube konnte nur in einem Reich Wurzeln schlagen, das sich von Rom befreit hatte. Der neue Glaube mußte deshalb zunächst ein christlich-deutscher Glaube sein. So mutierte das Theologumenon eines verstörten Priesters mit reißender Folgerichtigkeit zu einem Politikum höchsten Ranges. Ulrich von Hutten spürte das früher als die meisten anderen, so daß er in der Lage war, der lutherischen Bewegung weit mehr abzugewinnen, als sich aus den ursprünglichen Intentionen rechtfertigen ließ. Noch im Jahr 1518 hatte er Luthers Dispute als »Mönchsgezänk« charakterisiert, dann aber sah er nur noch seinen und Luthers Kampf gegen Rom, und der war zu wichtig, als daß es darauf angekommen wäre, ob er religiös oder politisch motiviert war:

»Latein ich vor geschrieben hab,
Das war eim Jeden nit bekannt,
Jetzt schrei ich an das Vaterland,
Deutsch Nation in ihrer Sprach
Zu bringen diesen Dingen Rach.«

Trotzdem bestand keine Gemeinschaft zwischen ihnen; gemeinsam war in erster Linie nur der römische Gegner. Von den religiösen Nöten verstand Hutten kaum etwas, das gab er zu: »Ein Luthericus bin ich nicht, aber dem gottlosen Rom bin ich noch feindlicher gesinnt als Luther.« Je unwiderruflicher die reformatorische Bewegung ins Überpersönliche wuchs, desto mächtiger strömten politische, nationale, nichtreligiöse Elemente ein und formten sie zu einer deutschen Bewegung, die das Volk bereitwillig ergriff. Darauf hatte es Luther keineswegs angelegt gehabt. Aber da waren seine Mitstreiter, seine Kampfgefährten, seine Gönner und Beschützer, alles Gestalten von sehr unterschiedlicher Couleur. Die aktivsten, die stärksten unter ihnen dachten nicht religiös, auch nicht mittelalterlich-universal. Sie dachten an das Reich, das deutsche Reich. Luther wurde für sie zum Pfand, zur Verheißung einer deutschen Kirche, zu ihrem Schöpfer und Garanten. Das Schwert der Häresie sollte ein für allemal die Stränge, die Deutschland an Rom und das Papsttum fesselten, zerhauen. Die religiöse Revolte war gut genug, um den deutschen Aufstand gegen den ausländischen Papismus zu entfachen.

Luther begriff recht schnell, doch er wehrte kaum ab, als sich Hutten und Franz von Sickingen mit ihren eigenen reichspolitischen Beweggründen vor den Wagen der Reformation spannten und seiner Fahrt unerwartete Kraft und Dynamik gaben. Er sträubte sich nicht, er ließ es zu. Gott hatte ihm – so war jetzt seine Überzeugung – eine Aufgabe übertragen, die sich in der Lösung seines privaten Sünden- und Glaubensproblems nicht erschöpfte. Für die Erfüllung dieses überpersönlichen Auftrages sah er sein Land, Deutschland, als natürliches und gottgegebenes Territorium an. Damit nicht genug: In Luther meldete sich das genuin nationale Bewußtsein. Die Länder der Fürsten bedeuteten ihm bei Licht betrachtet nicht viel; er lebte und dachte weit mehr mit solchen Begriffen wie Volk, Deutsche, Heimat, Vaterland; er bejahte jedenfalls – streicht man alles Kontroverse – auch die politischen Kräfte, die er freigesetzt hatte. Deutschland stellte für ihn ein Ganzes und Übergeordnetes dar. Noch kurz vor seinem Tod versicherte er, daß Germanien zu allen Zeiten das beste Land gewesen sei, die Nation schlechthin. In seinem Haß auf Rom schwelte der Haß eines Menschen, der sein Vaterland geknechtet sah, »bis aufs Mark ausgesaugt«, wie er sagte. – Sehr viel später wurde Luther ohne viel Mühen und Behutsamkeit zu einem deutschen Nationalheiligen stilisiert. Allzu stark mußte man sein Bild dafür nicht verzerren; denn er selbst hatte im Raum des Glaubens, der sich schließlich mitten in der Welt befand, nichts Inadäquates angestrebt: »Ich suche hie nicht das meine, sondern euer, der Deutschen, Heil und Seligkeit.« So wurde der mörderische Kampf zwischen Evangelischen und Katholischen kurz über lang zur nationalen Schlacht gegen das Nackenjoch der Fremdherrschaft.

War denn im Schlüsseljahr 1520 noch ein Unterschied zwischen der Freiheit eines Christenmenschen und der Freiheit der deutschen Nation zu entdecken? Die Differenzen zwischen Kaiser und Fürsten mochten zu feinfädig sein, als daß sie sich mit heller Eindeutigkeit auf ihren Ursprung zurückführen ließen, aber das Bekenntnis des jungen Kaisers bei der Reichstagseröffnung im Januar 1521 zum deutschen Auftrag des Reiches war laut und deutlich genug, zumindest so unmißverständlich wie seine Ärgernisse mit Rom und dem Papst. Und obgleich er Luther als notorischen Ketzer betrachtete, hörte Karl V. sehr aufmerksam dem Vorschlag

Ulrich von Huttens populäre Dialog-Schrift
Titelseite der 1521 in Straßburg erschienenen Ausgabe mit Holzschnitten von Hans Baldung Grien
Augsburg, Staats- und Stadtbibliothek

seines Botschafters Don Juan Manuel zu, sich der Sache des Wittenberger Rebellen gegen den Papst – um dieser Gegnerschaft willen! – anzunehmen und den Gedanken einer deutschen Nationalkirche ernstlich abzuwägen. Noch gewichtiger der Zuspruch von Johann Glapion, seinem Beichtvater, der das Verlangen Luthers nach einer radikalen Kirchenreform in den Grundzügen als identisch ansah mit des Kaisers eigenen Wünschen. Habe er, Glapion, seinem Herrscher nicht stets vorgehalten, daß ihn Gott züchtigen werde, wenn er es unterlasse, die Reformation der Kirche ins Werk zu setzen? Hinter den ›Gravamina‹ des Wormser Reichstages stand auch Karl V. uneingeschränkt. Des jungen Kaisers erstes Wort, als er in Worms Luther vor sich sah und sein Format abzuschätzen versuchte – »daß dieser da ihn nicht zum Ketzer machen werde« –, ist aus der Unterschiedlichkeit ihrer Welten zu verstehen; es enthält kein bedingungsloses Ja zu Rom. Am festen Willen Karls V., die Kirche zu reformieren, mit oder gegen den Papst, war nicht zu zweifeln; er schloß sich von dem Protest der geistlichen und weltlichen Fürsten des deutschen Reiches gegen Rom nicht aus. Luther fuhr auch keineswegs als eindeutig Angeklagter vor Kaiser und Reich nach Worms. Erst als sich alle Hoffnungen auf Vermittlung zerschlagen hatten, sonderten sich die Lager, baute sich hinter Luther der Schatten des Reiches auf, aber noch nicht eindeutig der des gesamten Reiches. Immerhin: In der Gestalt des ketzerischen Doktor Martinus erhielt der unheilvolle und bald unheilbar hochgespielte Gegensatz zwischen dem katholischen Kaiser, dem spanischen Habsburger, und dem deutschen Reichsregiment – dem es weit mehr um das Regiment als um das Reich ging – eine glühende Kontur.

Nur ein Bruchteil von dem, was sich in Worms abgezeichnet hatte, wurde konkret, jedoch keineswegs so, wie es beabsichtigt war. Das Reichsregiment pervertierte wie zu Beginn des Jahrhunderts binnen kurzem zur Bedeutungslosigkeit; der Partikularismus der Landesfürsten schwemmte wiederum an die Oberfläche. Die Bewegung Luthers, bis 1524 wohlbehütet vom Reichsregiment, hielt sich seitdem in eigenen Bahnen, aber die Richtung stand ihr nicht mehr frei, da sie von den deutschen Fürsten bestimmt wurde. Luther wußte, daß die meisten von ihnen seine Reformation nur unterstützten, weil sich die Stärkung des Protestantismus für sie als politischer Machtzuwachs auswirkte, als höchst persönlicher Machtzuwachs. Der Bauernkrieg der Jahre 1524 und 1525 brachte es an den Tag, mit Billigung und Beistimmung Luthers.

Das Aufbegehren der Bauern war der Schlußakt in einer langen Tradition des Zwistes mit der Landesherrschaft. Ihr Pochen auf Gerechtigkeit und Freiheit ging bis auf die Appelle Wiclifs und der Hussiten zurück. Die Aufrührer bedienten sich der Bewegung Luthers vor allem wegen ihrer kritischen Dynamik. Ihr Programm, die ›Zwölf Artikel der Bauernschaft in Schwaben‹, wurde geschickt auf eine ausschließlich biblische Basis gestellt und somit der evangelischen Sache eingeordnet. Andererseits hatte Luther mit seiner Lehre dazu beigetragen, daß die Bauern ihre Rechte als wahre Gottesstreiter gegenüber den Reichen und Großen reklamierten. Jetzt distanzierte er sich davon. Seine erste, vermittelnde Schrift vom 19. April 1525 ›Ermahnung zum Frieden auf die Zwölf Artikel der Bauern‹ galt dem rechten Verständnis seiner Lehre genauso wie dem Beweis, daß sich die Bauern mit ihren Wünschen eben nicht auf das Evangelium beziehen könnten. Die realen Nöte der Bauern interessierten ihn kaum. Der Spielraum für Diskussionen war schon in dieser Schrift mehr als dürftig; denn Luther hielt den Bauern vor: »Ein Leibeigener kann wohl Christ sein und christliche Freiheit haben, gleichwie ein Gefangener oder Kranker Christ ist und doch nicht frei ist.« Wenn sich die Bauern darauf beriefen, daß gemäß der Heiligen Schrift alle Menschen gleich seien und deshalb auch die Bauern frei zu sein hätten, dann müßte ihnen – so Luther – gesagt werden: »Es will dieser Artikel alle Menschen gleich machen und aus dem geistlichen Reich Christi ein weltlich, äußerlich Reich machen, welchs unmöglich ist. Denn weltlich Reich kann nicht bestehen, wo nicht Ungleichheit

Die Zwölf Artikel der Bauernschaft
Titelseite einer Flugschrift
der aufständischen Bauern
vermutlich aus Franken, 1525

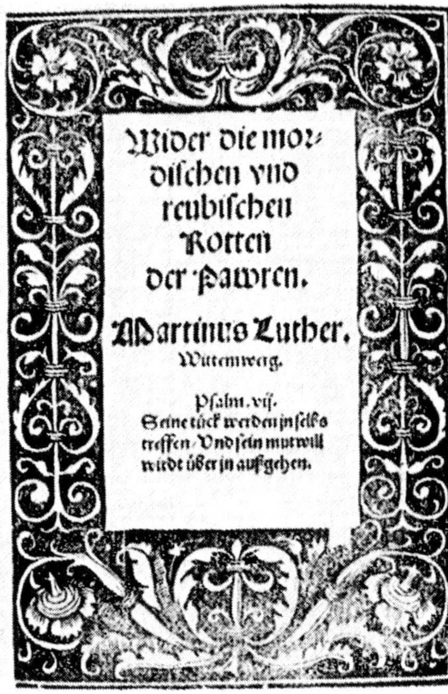

Luthers Kampfschrift gegen die Bauern
Titelseite des 1525 in Wittenberg
erschienenen Pamphlets
Wittenberg, Reformationsgeschichtliches Museum

ist in Personen, daß etliche frei sind, etliche gefangen, etliche Herren, etliche Untertanen.« Und über das Mittel, zu dem die Bauern griffen, den Aufruhr, gäbe es schon gar nichts zu reden; denn wer sich des Schwertes bediene, werde durch das Schwert umkommen. So stehe es in der Bibel, jedermann könne es nachlesen. Nur der Obrigkeit komme die Gewalt zu, und ein Christ habe, wie Paulus lehrt, dieser Obrigkeit untertan zu sein.

Hans Sachs hatte Luther im Jahr 1523 als »Wittenbergisch Nachtigall« begrüßt:

»Wach auff, es nahent gen dem tag!
ich hör singen im grünen hag
ein wunigkliche nachtigall,
ir stim durchklinget berg und thal.«

Der »tolle, verfluchte« Schuster aus Nürnberg, wie ihn die Katholiken seitdem nannten, ahnte damals noch nicht, wie weit sich die Tonleiter dieser Nachtigall spannte und wie viele Stimmlagen sie umfaßte. Am 5. Mai 1525 ließ Luther eine Fortsetzung der Bauernschrift erscheinen, eines der unglückseligsten Pamphlete der europäischen Geschichte: ›Wider die mordischen und reubischen Rotten der Bawren‹. Kein Adliger, kein Grundherr hätte erbarmungsloser gegen die Aufständischen schreiben können, die da »rauben und toben und tun wie die rasenden Hunde«. Noch wenige Jahre zuvor hatte Luther selbst nach Gewalt verlangt und gefragt, warum »wir (den Papst und die Päpstlichen) nicht mit allen Waffen angreifen und unsere Hände in ihrem Blut waschen«. Jetzt aber konzedierte dieser Rebell gegen die kirchliche Obrigkeit den Fürsten alle Mittel der Gegengewalt; denn die weltliche Obrigkeit »hat das gut Recht, sintemal die Bauern nun nicht mehr um das Evangelium fechten, sondern sind öffentlich worden treulose, meineidige, ungehorsame, aufrührerische Mörder, Räuber, Gotteslästerer, welche auch heidnische Obrigkeit zu strafen Recht und Macht hat, ja dazu schuldig ist«. Die Streitschrift und Luthers Folgerungen sind an Brutalität nicht zu überbieten: »Drum soll hie zuschmeißen, würgen und stechen heimlich oder öffentlich, wer da kann, und gedenken, daß nichts giftiger, schädlicher, teuflischer sein kann, denn ein aufrührerischer Mensch, gleich als wenn man einen tollen Hund totschlagen muß; schlägst du nicht, so schlägt er dich und ein ganzes Land mit dir ... Drum, liebe Herren, loset hie, rettet hie, helfet hie, erbarmet euch der armen Leute, steche, schlage, würge hie, wer kann. Bleibst du drüber tot, wohl dir, seligeren Tod kannst du nimmermehr überkommen. Denn du stirbst im Gehorsam göttlichen Worts und Befehls (Röm. 13,4) und im Dienst der Liebe.«

Entlang dieser Direktive stachen, schlugen und würgten die Herren, starben die Bauern. Wie mühsam, gerade diese Schrift mit Luthers Jähzorn angesichts der Radikalität Thomas Müntzers entschuldigen zu wollen. Nicht einmal Luther selbst berief sich darauf. Er hatte den Himmel auf seiner Seite:

Kriegerische Aktionen schwäbischer Bauern im Jahr 1525
Aquarellierte Zeichnung in der Chronik der Bauernunruhen des Jakob Murer, 1525
Schloß Zeil, Fürstlich Waldburg-Zeilsches Gesamtarchiv

»Prediger sind die größten Totschläger . . . Ich, M. Luther, hab im Aufruhr alle Bauern erschlagen, denn ich hab sie heißen totschlagen; all ihr Blut ist auf meinem Hals. Aber ich weise es auf unsern Herrn Gott, der hat mir das zu reden befohlen.« Konnte Luther geltend machen, daß er nur ein Glaubensreformator und kein Politiker sei? War es kein ausnehmend politischer Akt, die weltliche Organisation der römischen Kirche von der Basis des Evangeliums her anzugreifen und ihre Vernichtung zu fordern? Das Jahr 1525 bildet den Rubikon der Reformation: Luther riß den ganzen Abgrund zwischen Glaubensfreiheit und weltlicher Autorität auf. Das Drama des Bauernkrieges, dieses gewaltigsten Versuches der europäischen Geschichte, Glaubensreform und Sozialrevolution miteinander zu verketten, ist mit seinem fürchterlichen Ende eine trostlose Paraphrase der ganzen Reformation. Alles, was an politischer Dynamik im Ansatz oder schon ausgeprägt im einzelnen vorhanden war, erhielt hier seinen Bruch. Die Energien bogen sich ins innere Leben zurück, in denselben internen Glaubensbezirk, aus dem sie ein knappes Jahrzehnt zuvor ausgebrochen waren. Fürstenmacht und Kirchenzucht wurden seitdem schweigend akzeptiert. Wer wollte schon die Todesruhe von mehr als einhunderttausend Bauern teilen? Glaube und Innerlichkeit stärkten sich auf Kosten der politischen Aktionsbereitschaft und aggressiven Außenorientierung.

Die deutsche Hypothek

Hatte Luther, der von 1517 bis 1521 so erregend von der Einsamkeit des Menschen vor Gott predigte, der brandmarkte, beschwor, rebellierte, wirklich so erschreckend wenig mit dem Mann zu tun, der seit dem Bauernkrieg nur noch seine eigene Verneinung zu sein schien, der obrigkeitlich gesonnen, gegenrevolutionär und landesfürstlich systemimmanent geworden war, mit dem Mann, der Vermittlungen und Zwischenlösungen, Kompromisse und Fürstenhörigkeit anstrebte? Von der Persönlichkeitsgeschichte allein läßt sich das Wesentliche daran nicht verständlich machen. Es gibt nur den großen Bruch in der Entwicklung der Reformation, aber es gibt keinen Bruch in der Persönlichkeit Luthers. Im Jahr 1522 hatte er versichert: »Wer meine Lehre nicht annimmt, der möge nicht selig werden.« So konnte er nur sprechen, weil es für ihn keinerlei Zweifel mehr daran gab, daß er von Gott persönlich berufen worden sei. Doch in demselben Jahr hatte er seine Haltung gegenüber den rebellierenden Bauern bereits präjudiziert: in den Fastenpredigten, die er am 9. März 1522 begann. Alles, was nach Radikalismus schmeckte, spie er hier von sich. Derlei wollte er nicht inauguriert haben. Die Durchführung der Reformation stehe lediglich der fürstlichen oder städtischen Obrigkeit zu, sonst niemandem. Dem »Volk«, wie es sich in den aufbegehrenden Bauern äußerte, stand hier gar nichts zu. Luthers entschlossene Haltung im Jahr 1525 wurde durch seinen konsternierenden Entschluß, inmitten der Metzeleien der Bauernkriege zu heiraten, energisch unterstrichen. Sogar der sanftsohlige Melanchthon war empört. Es bleibt zu beachten, daß zwischen den beiden Bauernschriften Luthers nur reichliche zwei Wochen lagen, daß er in diesen wenigen Tagen seine Meinung gründlich wechselte, sich endgültig festlegte und daß er in derselben Zeit das Wittenberger Augustinerkloster zum Geschenk erhielt, nicht von den Bauern. Mangels erläuternder Dokumente kann man darin nur einen der vielen erstaunlichen Wechselfälle oder Zufälle des irdischen Lebens sehen. Sollte man sich jedoch nicht mit der inneren Einheitlichkeit von Luthers Persönlichkeit abfinden können, dann darf seinem Kopf bestenfalls ein Doppelgesicht angelastet werden. Konsequent war er in seiner Lehre, unbeschadet der Frage, ob nicht gerade solche Konsequenz gegen den Kern seiner Lehre verstieß. In Worms hatte er versichert, daß er den Widerruf ablehnen müsse, weil er nicht gegen sein Gewissen handeln könne. Hielt er sich auch an sein Gewissen, als er in der Revolution von 1525 auf die Bauern den Bibelspruch münzte: »Dem Esel gehört sein Futter, Last und Geißel«? Führte ihn sein Gewissen, als er 1540 dem Landgrafen Philipp von Hessen die Bigamie gestattete?

Im Jahr 1525 wurde entschieden, daß sich statt einer evangelisch-deutschen Reichskirche die Landeskirchen etablierten. Die Territorialfürsten wurden Oberherren der evangelischen Kirche. Bei der Säkularisierung des katholischen Kirchengutes spielten weltliche und sehr menschliche Motive eine hervorstechende Rolle; denn es fiel zum größten Teil den Landesfürsten zu. Nicht noch einmal gab es eine so günstige Gelegenheit für die Fürsten, ihre Gebiete zu vergrößern, niemals mehr eine so glän-

Die hingerichteten Münsterer Täufer Johann von Leiden und seine beiden Helfer in Käfigen
am Turm der Lamberti-Kirche in Münster
Titelseite einer 1536 in Münster erschienenen Schrift
zum Gedächtnis an das fünfzehnmonatige Tyrannenregiment der Täufer
Münster, Staatsarchiv

Christus als Überwinder von Papst, Heiden und Türken (dreiköpfige Schlange)
Detail vom Schaft eines Lüneburger Deckelpokals
mit Bezug auf die Aufhebung des Interimsgesetzes von 1548 (zur Rekatholisierung Deutschlands)
durch den Passauer Vertrag von 1552
Lüneburger Goldschmiedearbeit, 1553
Berlin, Staatliche Museen Preußischer Kulturbesitz, Kunstgewerbemuseum

zende Möglichkeit für den Adel, seinen Grundbesitz zu erweitern. Für die Landesherren bedeutete die Lossagung von Rom ferner, daß die Kirchenabgaben von nun an nicht mehr über die Alpen strömten, sondern im Lande blieben. Ähnlich wie Julius II. mit dem Blick auf Venedig gesagt hatte: Hätte es die Reformation nicht gegeben, man hätte sie aus Gründen des Staatsetats für die Territorialherren erfinden müssen. Einheitlich an den neuen Kirchenordnungen war nur die Lehre, die Kirchen selbst unterschieden sich sowohl nach dem Regiment als in ihren Verfassungen. So zementierten die Landeskirchen besonders nachdrücklich die Reichszerrissenheit. Statt des einen Papstes im Süden durfte man nunmehr viele Päpste im Norden zählen.

Zur konfessionellen Festlegung gehörte schließlich auch als protestantische Besonderheit die ununterbrochene Separierung. Hussiten, Böhmische Brüder, Karlstadt, Müntzer, Zwingli, Calvin, Jakob Hutter, Melchior Hofmann, Menno Simons – reihenweise müßte man fortfahren, um alles zu erfassen, das sich im Protestantismus sammelte und das aus ihm geboren wurde, kaum zu zählen die Köpfe der frommen Hydra. Johann der Beständige, der Kurfürst von Sachsen, erster »Notbischof« einer evangelischen Landeskirche und Führer der Protestanten, lieferte 1530 erstmals Ketzer der lutherischen Lehre dem Henker aus, obwohl Luther ein paar Jahre zuvor gegenüber Andersgläubigen nur den Rat gegeben hatte, daß man ruhig »die Geister aufeinander platzen und treffen« lassen solle. Zwischen 1525 und 1530 entstand im Protestantismus das Mißtrauen gegen die »Hure Vernunft« ganz in der altgläubigen Richtung Roms, daß Dissidenten bloß die Antwort des Feuers oder Schwertes begriffen. Die Kirchenverfassung Johanns des Beständigen wurde zum Muster aller anderen Landeskirchen. Nach seinem Tod im Jahr 1532 attestierte ihm Luther, daß mit diesem Kurfürsten von Sachsen die Redlichkeit gestorben sei. Der reformatorische Impuls verwandelte sich mit der Ausbildung der Landeskirchen zu einer Angelegenheit der Einzelterritorien des Reiches und seiner Herrscher, die Reformation selbst wurde zu einem landeskirchlich eingefaßten Prozeß, das heißt: sie verlor alle wesentlichen Charakteristika eines Prozesses. Beides aber wurde von Luther persönlich initiiert und vertreten: die reformatorische Bewegung genauso wie die territoriale Einfrierung der Bewegung in der landeskirchlichen Fixierung. In Luthers Verdammung der Bauernrevolution und in der landeskirchlichen Unterwerfung findet sich der Passivsaldo. Religiöse Verinnerlichung rechtfertigte seitdem politische Apathie. Die evangelische Teilnahmslosigkeit gegenüber dem Obrigkeitswillen bedeutete in der politischen Praxis eine Sanktionierung aller Zustände. Schweigen wirkte sich als Zustimmung aus, als Staatstreue, ohne daß sich eine Meinung über den Staat und die Treue zu ihm bilden konnte. Von seiner Lehre, daß dem Gläubigen die Obrigkeit gottverordnet sei, wich Luther niemals ab; ein Widerstandsrecht billigte er später nur den Ständen gegen den Kaiser zu. Der Untertan jedoch blieb zu leidendem Gehorsam verpflichtet, einem Gehorsam jenseits von Recht und Unrecht, und der Staat konnte einen Anspruch auf diesen Gehorsam erheben. Luthers Lehre von den Zwei Reichen, dem Reich der Welt, das vom Gesetz bestimmt wird, und dem Reich Christi, das sich am Evangelium ausrichtet, enthielt die klare Konsequenz, daß es auch gegen eine weltliche Obrigkeit, die Unrecht begeht, kein Recht zum Widerstand, zur Empörung gibt.

Die Objektivierung der Reformation im Reich wurde durch die Augsburgische Konfession des Reichstages von 1530 vollzogen. Der Kaiser, in Atem gehalten von den Osmanen und dem französischen König, mußte diese De-facto-Spaltung des Reiches zunächst akzeptieren. Er konnte auch gegen den Verteidigungspakt der protestantischen Stände, den Schmalkaldischen Bund von 1531, vorerst nichts unternehmen. Der Nürnberger Religionsfriede im Jahr darauf, mit dem sich der Kaiser buchstäblich die Unterstützung der protestantischen Stände gegen die Osmanen in Ungarn erkaufte, vertagte die endgültige Lösung der Religionsfragen genauso wie der Frankfurter Anstand des Jahres 1539, der unter ähnlichen Bedingungen abgeschlossen wurde. Karl V. vermochte die Entscheidung erst nach seinem vierten Krieg gegen Frankreich und dem 1544 geschlossenen Frieden von Crépy zu suchen. Luther war 1546 gestorben, und im Sommer desselben Jahres begann der Kaiser seinen Waffengang gegen die Protestanten. Albas glanzvoller Sieg bei Mühlberg am 24. April 1547 setzte dem Schmalkaldischen Krieg ein unerwartet eindrucksvolles Ende. Die Reformation schien kurz vor ihrem Fangschuß zu stehen; denn die stärksten Gegner des Kaisers in Europa, Heinrich VIII. und Franz I., waren in den ersten Monaten dieses Jahres gestorben. Mit den Waffen allein war allerdings gegen die Reformation nichts mehr zu erreichen. Deshalb leitete das Augsburger Interim von 1548 auch keinen Religionsvergleich ein, sondern verschob das Problem bis zu seiner Lösung durch das Trienter Konzil, das heißt: versuchte es zu verschieben, da sich im Reich alle oppositionellen Strömungen, mit den unterschiedlichsten Vorzeichen, längst zusammengeschlossen hatten. Ob der Nenner eine frühnational-deutsche oder eine religiös-reformatorische Basis besaß, ließ sich schwer entscheiden; jedenfalls richteten sich alle Bündnisse und Zusammenschlüsse gegen den Kaiser. Für den Erfolg dieser »Sammel-Koalition« schien jedes Mittel recht zu sein, auch die Allianz mit Frankreich.

Kurfürst Moritz von Sachsen wurde zum Exponenten der Reichsgeschichte dieser Jahre. In ihm verkörperte sich der ganze Widerstand gegen die »viehische spanische Servitut« Karls V., der von den Schmalkaldenern meist nur als »Karl von Gent, der sich Kaiser nennt« bezeichnet wurde. Moritz von Sachsen, der seine Stellung nur dem Kaiser verdankte, glaubte schließlich die »deutsche Libertät« auch dadurch schützen zu müssen, daß er gegen französische Subsidien auf Cambrai verzichtete, die Reichsstädte Metz, Toul und Verdun preisgab und Heinrich II. von Frankreich damit die Portale des Reiches entriegelte. Kurfürst Moritz inszenierte die berüchtigte Fürstenverschwörung. Er rief zur Reichsrebellion und stellte sich an die Spitze der kaiserfeindlichen deutschen Herren. Ihre Truppen stießen – völlig überraschend für Karl V. – über Augsburg nach Tirol vor und zwangen den Kaiser zur Flucht aus Innsbruck. In der Reformationsgeschichte rangiert das Ergebnis dieses Coups, der Passauer Vertrag vom August 1552 und seine reichsrechtliche Vollendung im Augsburger Religionsfrieden von 1555, als endgültiger Sieg der evangelischen Sache. Zustande gekommen aber war er nur auf den verschlungenen Wegen des Kampfes der deutschen Territorialfürsten um ihre Macht gegen den Kaiser. Für ihren Erfolg war kein Mittel zu schwach und ein Mittel wie die Impulse, die Luther freigesetzt hatte, gerade stark genug. Ist es wirklich nur eine Hypothese der Vormodellierung, daß es bei der Zerschlagung der Bauernrevolution den Fürsten um dieselben Ziele gegangen sei wie bei ihrem Aufstand gegen den Kaiser des Reiches? Nichts bereite ihm tiefere Qual als die ketzerische Sekte Luthers, hatte Karl V. einmal geklagt. Dasselbe bewegte ihn, als er sich nochmals aufraffte und in seinem letzten Krieg gegen Frankreich die Reichsstädte zurückzugewinnen versuchte, die Moritz von Sachsen verkauft hatte; es bewegte ihn, als er und sein Feldherr Alba seit Oktober 1552 Metz vergeblich belagerten, und es bewegte ihn noch immer, als er sich von der Reichsregierung zurückzog und die Regelung der deutschen Angelegenheiten seinem Bruder, König Ferdinand I., übertrug.

Als im Jahr 1555 der Augsburger Religionsfriede geschlossen wurde, bekannten sich Dreiviertel der Gläubigen zur protestantischen Sache. Ein politisches Äquivalent dazu gab es nicht, es sei denn, man betrachtet die ungemeine Kräftigung der deutschen Territorialmächte auf Kosten der kaiserlichen Autorität und Einheitlichkeit des Reiches als politschen Revers des religiösen Avers. In seinen ersten und wichtigsten Etappen ist das Luthertum eine deutsche Bewegung gewesen, mit klarer Richtung auf nationale Einigung. Das entscheidende Indiz dafür war nicht in den politischen Veränderungen zu finden, nicht in den versuchten, gescheiterten, geglückten. Umwälzend wirkte sich etwas anderes aus: Luthers Bibelübersetzung. Sie hatte sowohl mächtige Folgen für die Ausformung der deutschen Sprache als auch gewaltige Konsequenzen für die Entstehung und Ausbildung des deutschen Nationalbewußtseins und der inneren Vereinheitlichung der Nation. Die erste deutsche Grammatik aus dem Ende des 16. Jahrhunderts stützte sich ausschließlich auf die deutschen Schriften Luthers. Der große Reformator brachte mit der Volkssprache den Deut-

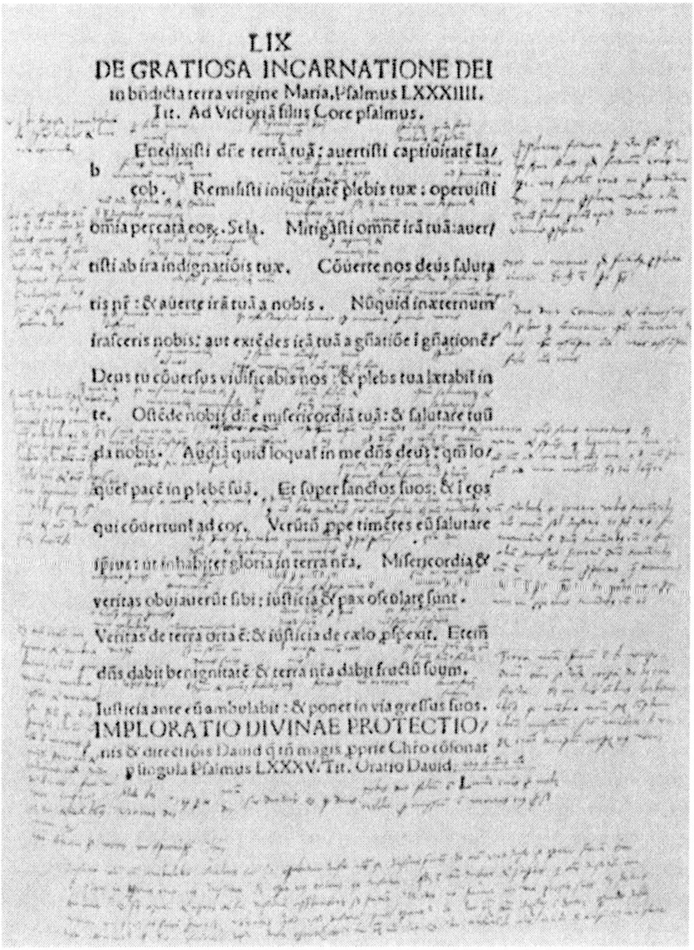
LIX
DE GRATIOSA INCARNATIONE DEI
in bñdicta terra virgine Maria. Psalmus LXXXIIII.
Tit. Ad Victoriã filiis Core psalmus.
Benedixisti dñe terrã tuã: auertisti captiuitatẽ Ia/
b cob. Remisisti iniquitatẽ plebis tuæ: operuisti
oĩa peccata eo℞. Sela. Mitigasti omnẽ irã tuã: auer/
tisti ab ira indignatiõis tuæ. Cõuerte nos deus saluta
ris nr̃: & auerte irã tuã a nobis. Nũquid in æternum
irasceris nobis: aut extẽdes irã tuã a gñatiõe i gñationẽ?
Deus tu cõuersus viuificabis nos: & plebs tua lætabit in
te. Ostẽde nobis dñe misericordiã tuã: & salutare tuũ
da nobis. Audiã quid loquat in me dñs deus: q̃m lo/
quet pacẽ in plebẽ suã. Et super sanctos suos: & i eos
qui cõuertunt ad cor. Verũtñ ppe timẽtes eũ salutare
ipsius: ut inhabitet gloria in terra nr̃a. Misericordia &
veritas obuiauerũt sibi: iustitia & pax osculatę sunt.
Veritas de terra orta ẽ: & iustitia de cælo pspexit. Etenĩ
dñs dabit benignitatẽ: & terra nr̃a dabit fructũ suum.
Iustitia ante eũ ambulabit: & ponet in via gressus suos.
IMPLORATIO DIVINAE PROTECTIO/
nis & directiõis David q̃ tñ magis pprie Chro cõsonat
p singula Psalmus LXXXV. Tit. Oratio David.

Luthers handschriftlicher Kommentar in einer lateinischen Psalmenausgabe
zum Zweck einer Übertragung der Psalmen ins Deutsche
Wolfenbüttel, Herzog-August-Bibliothek

schen das Denken und Gehen bei. Nicht nur den Deutschen, da sein Vorbild in ganz Europa, bei fast allen Völkern Schule machte. Luthers erste Übersetzungen von Psalmen und Teilen des Evangeliums ins Deutsche waren ausdrücklich für die »Ungebildeten«, für das Volk, gedacht.

Das war seine weltgeschichtliche Tat. Sie löste mehr aus als die Französische Revolution und deren Ringen um Menschenrechte. Denn Luther erklärte den Menschen schlechthin und weit grundsätzlicher für mündig, als es jemals ein Sozialist nach ihm unternommen hat. Sein Kampf für die Fähigkeit jedes einzelnen, die Schrift in seiner Sprache und in eigener Verantwortung zu verstehen, war für die persönliche Bewußtwerdung von solchem Gewicht, daß dafür mit der inneren Verhärtung des politischen Raumes vielleicht nicht zu teuer, aber wohl teuer genug bezahlt wurde. Später hat man irrtümlich geglaubt, daß Bildung frei mache – eines der zahllosen Mißverständnisse in der glitzernden Nachgeschichte der Reformation. Luther verkündete etwas weit Wesentlicheres: Bildung macht nicht frei, aber Bildung macht den Kopf frei, öffnet die Augen, erschließt die Welt, die jenseitige so gut wie die irdisch-politische. Luther meint damit nicht die Exklusiv-Bildung der nördlichen Humanisten mit ihrer grammatischen Souveränität und dem latinisierten Namens-Adel. Er meinte die Bildung des Menschen, desselben Menschen, um dessen Konfiguration das Renaissance-Italien von Alberti bis Lorenzo il Magnifico bemüht gewesen war und um den allein es immer gehen wird, wenn das Wort ›Bildung‹ fällt, dieser Schlüsselbegriff der Moderne, der Bewahrung des Notwendigen, des Schutzes vor gesellschaftlicher Sklerose. Daß diese Erkenntnis einem Theologen und keinem Staatsmann vom Range eines Karl V. zuteil wurde, gehört zu den Unergründlichkeiten der Geschichte, mit denen es fertig zu werden, nicht aber zu hadern gilt.

Luthers Beispiel führte eine neue Epoche in Europa herauf. Nach Schätzungen lag im Jahr 1534 sein deutsch übersetztes Neues Testament in der achtzigsten Auflage vor. Auf seiner Grundlage erschienen Übersetzungen im flämischen Sprachgebiet, in Schweden, Dänemark, Island und England; es wirkte nachhaltig auf die französische Übersetzung des Faber Stapulensis. Der Luther-Schüler Michael Agricola wurde nicht nur zum Reformator Finnlands, sondern ähnlich wie sein Lehrer zum Schöpfer der finnischen Schriftsprache und Literatur. Einhundert Jahre später hatte sich Luthers Hochdeutsch als Sprache Deutschlands durchgesetzt, war es die anerkannte deutsche Schriftsprache. Ein Gegenstück dazu lieferte Englands ›King James Bible‹ von 1611, deren Wirkung nach dem Urteil eines der namhaftesten Historiker »auf den Charakter, die Einbildungskraft und die Intelligenz der Nation während nahezu dreihundert Jahren größer war als die irgendeiner literarischen Bewegung in unseren Annalen oder irgendeiner religiösen Bewegung seit der Ankunft des Heiligen Augustinus«. Die Bibelübersetzungen wurden für die Völker Europas zum Fundament ihres Selbstbewußtseins. Anlaß und Zweck waren religiös, die Folgen dagegen politisch und national.

Luther hob das deutsche Nationalbewußtsein aus der Taufe, nicht den Nationalwillen. Im Text der Choräle und frommen Lieder, die in den bildlosen Räumen der evangelischen Kirchen erklangen, kam das Wort ›Freiheit‹, ›politische Freiheit‹, nicht vor. Freiheit bei Luther hatte ihren scharf umrissenen Sinn. Wenn der Reformator in seiner Schrift ›De servo arbitrio‹ von der »königlichen Freiheit« spricht, in der ein Christ lebt, solange er vom Willen Gottes erfüllt ist, dann handelte es sich nicht einmal andeutungsweise um reale, um politische Freiheit. Vielmehr ging es – mit einer tiefen Verbeugung vor der Macht, die als Kühnheit der Seele ausgelegt wurde – um die Ansprüche der religiösen Gewissensfreiheit gegenüber allen weltlichen Forderungen. Diese Ansprüche allerdings wurden verteidigt. Trotzdem sollte nichts über die stürmische Geschwindigkeit hinwegtäuschen, mit der das in radikale Intoleranz gegenüber sektiererischen Neigungen umschlug, und mit welchem Nachdruck

Der Kampf zwischen dem neuen und dem alten Glauben
Holzschnitt von Erhard Schön
Berlin, Staatliche Museen Preußischer Kulturbesitz, Kupferstichkabinett

Luther politische Botmäßigkeit forderte und förderte. Hier liegt ein Eckstein des deutschen Nationalbewußtseins: Gehorsam statt Freiheit wie in den westlichen Nachbarnationen. Natürlich wußten auch die Deutschen, was Freiheit sein sollte, aber sie war zunächst immer das, was Luther darunter verstanden hatte: geistig-religiöse Freiheit. Sie stand im Rang weit höher als die Freiheit, die in die Tageswelt gehörte, die eine praktische Verhaltensweise darstellte, ein Behaviour, dessen Existenz darauf angewiesen war, ununterbrochen neu realisiert zu werden, als eine Freiheit, die mit all den Unzuträglichkeiten versetzt war, die zur irdischen Aktion gehörten, als die Freiheit also, die politisch betätigt werden mußte.

Was die Französische Revolution 1789 für die Bürger Europas bedeutet hat, das stellte im 16. Jahrhundert dieser eine Mann Luther für Deutschland und die umliegenden Völker dar. Zunächst war er christlich, urchristlich. Doch er sah kaum eine Differenz darin, ebenso deutsch zu sein. Und so weckte er mit Hilfe des selbständigen Glaubens die Selbstachtung des deutschen Volkes genauso, wie er die der anderen Völker förderte. Rom mußte mit ansehen, wie sie alle von diesem zentrifugalen Protestantismus mitgerissen wurden: fast sämtliche Anrainer, von den Niederlanden über die nordischen Staaten nach Livland, dazu England, Schottland, Island. Das deutsche Ketzertum grassierte in Irland, verseuchte Frankreich, fraß sich in die Schweiz, infizierte Polen, Slowaken und Kroaten, drang bis tief nach Ungarn und Siebenbürgen, fand sich an der Düna, dem Njemen und am Dnjestr. Trotz ihres europäischen Echos muß der deutsche Charakter dieser Religion hart unterstrichen werden. Das Luthertum wäre eine Episode geblieben ohne den Schutz der fürstlichen Landesherren. Es wurde keine Kirche des deutschen Reiches geschaffen, aber die Landeskirchen waren schließlich Kirchen der Obrigkeit, des Staates. Die Fürsten konnten und mußten es als Programm in den Herrschaftsfibeln verbuchen: Wer die Kirche schützt, hat ein Anrecht auf die Kirche und einen Anspruch auf den Glauben der Untertanen. Bestand die evangelische Gewissensfreiheit diese Probe aufs Exempel? Luthers Lehre von den Zwei Reichen las sich recht seelenvoll in der Stube, aber im politischen Raum stand sie nicht auf dem Boden, sondern auf dem Papier. Der Konformismus-Grundsatz des »cuius regio, eius religio« hatte seine solide Tradition seit der byzantinischen Zeit. Im Ius reformandi des Augsburger Religionsfriedens wurde er jedoch für die deutschen Lande mit geradezu mörderischer Rücksichtslosigkeit verbindlich. Das belastete die deutsche Geschichte mit einer schweren Hypothek; denn das Hoheitsrecht der Territorialfürsten zerbrach die Gewissensfreiheit des einzelnen spielerisch leicht, als handle es sich um ein Hölzchen.

Über die Grenzen dieser Fürstentümer hinweg wurde die Religion Luthers allerdings zur deutschen Religion in einem Grad, den die katholische Religion niemals erreicht, aber auch niemals angestrebt hat. Die Gegenreformation drängte den Protestantismus beharrlich bis zur Main-Linie zurück, und die katholische Lehre – gedeckt durch Frankreich – behauptete sich auch am Rhein, zumal an seinem linken Ufer. Dieser Wendekreis des Glaubens an Main und Rhein verwandelte sich viele Jahre später in diejenige Grenze, hinter der aus dem protestantischen Kokon der irdische dreifarbige Schuppenflügler »Deutsche Nation« schlüpfte – spät genug, oben etwas stämmig und kurz, auf den Beinen, trotz der preußischen Muskulatur, nicht allzu verläßlich und insgesamt durch ein empfindsames Kompensationsbedürfnis belastet. Seit Luther datiert die verhängnisvolle Zertrennung des deutschen Reiches, ohne daß deshalb dem internen Separatismus die Luft knapp geworden wäre. Die Reformation weckte das Nationalgefühl und korrumpierte das Einheitsbewußtsein. Mit Luther setzte die Zweigleisigkeit der deutschen Geschichte ein: zweierlei Glaube, zweierlei Territorien, zweierlei Kultur. Fast eineinhalb Jahrhunderte lang stürmten Katholiken und Protestanten gegeneinander, mit Vorliebe auf den Schlachtfeldern. Sie sprachen deutsch und sie bedienten sich dennoch einer Sprache, die der andere nicht verstand. Der katholische Bürger fühlte sich gelegentlich dem Spanier weit näher als seinem Landsmann in Mittelfranken, und die Schweden konnten sich später in der Garantenrolle der »deutschen Libertäten« gegenüber einem Habsburger Kaiser gefallen, dessen Sprache sie nicht beherrschten, dessen Religion sie nicht begriffen. Eine Ahnung von dieser seltsamen Zukunft hatte Luther noch selbst verspürt. Kurz vor seinem Tod klagte er in einem seiner Verzweiflungsanfälle: »Laßt alles treiben und fallen. Germanien ist gewesen und wird nie wieder sein, was es gewesen ist.«

Das Reich der Ewigen Sonne

Luther hatte einige Hoffnungen auf den Erben Maximilians I. gesetzt. Der Wahl des spanischen Königs zum Kaiser des Reiches hat er in seiner Schrift an den Adel der deutschen Nation erwartungsvoll zugestimmt: »Gott hat uns ein junges, edles Blut zum Haupt gegeben und damit viel Herzen zu großer, guter Hoffnung erweckt.« Hier kam ein gönnerhaftes Wohlwollen des Reformators zu Wort, der sich als Werkzeug des Herrn empfand und von der Fassung seiner sechsunddreißig Jahre herabblickte auf den zwanzigjährigen Herrscher, von dem niemand in den deutschen Ländern etwas Rechtes wußte. Teils gab Luther auch nur die allgemeine Erwartung im Reich wieder, die Sympathien, auf die Karl V. als Enkel des persönlich so umgänglichen, volkstümlichen »Kaisers Maxi« rechnen durfte:

»Ich hoff, die Sach soll werden gut,
so Carolus, das edel Plut,
die Sach tut für sich nehmen.«

Viel Gelegenheit, sich der Sachen anzunehmen, hatte Karl noch nicht gehabt. Er zählte nicht zu den Frühreifen, den Schnellen, die nie erfahren, daß die Kunst des Wartens erheblich mehr Kräfte erfordert als das jähe Handeln. Zu seiner Sinnesart gehörten der Ernst, das Grüblerische; Mißtrauen lag ihm näher als die dröhnende Offenheit Maximilians, die ihn so oft irritiert hatte.

Karl war nicht in seiner Geburtsstadt Gent aufgewachsen, sondern in Mecheln, am Hof seiner Tante Margarete, der Regentin Maximilians in den Niederlanden. Zwei Männer hatten seine Erziehung bestimmt: Wilhelm von Croy, Herr von Chièvres, und Adrian Floriszoon, ein Priester, berühmter Gelehrter und Humanist, dessen tadelsfreie, entschlossene Frömmigkeit dem Glauben des späteren Kaisers seinen Rahmen gegeben hatte. Adrian von Utrecht war 1507 von der Universität zu Löwen als Prinzenerzieher an den Hof der Erzherzogin gekommen. 1522 wählte man ihn als Hadrian VI. zum Papst. Hadrian VI., nur zwanzig Monate lang Pontifex, war das erste Oberhaupt der Christenheit aus dem deutschen Reich seit dreihundert Jahren, der letzte Papst der Geschichte, der nicht aus Italien stammte. – Der Atmosphäre am Hof seiner Tante hatte Karl viel zu verdanken, obgleich Margarete niemals ein vertrautes, offenes Verhältnis zu dem Thronerben gewinnen konnte. Den stärksten Einfluß hatte Wilhelm von Croy entwickelt. Er entstammte dem Adel Hochburgunds, war Ritter des Goldenen Vlieses und seit 1506, während Philipps Abwesenheit in Spanien, Generalleutnant der Staaten. In jenem Jahr war dem Achtundvierzigjährigen auch die Erziehung des Prinzen Karl übertragen worden, für den er bis zu seinem Tod (1521) der einzige wirkliche Freund geblieben ist. Karl V. vertraute seinem Erzieher, Großkämmerer, Gouverneur und politischen Ratgeber nahezu blindlings; er

Der burgundische Hof mit Philipp dem Schönen
Gobelin einer flämischen Werkstatt, um 1500
Amsterdam, Rijksmuseum

faßte ohne dessen Rat keinerlei Entschlüsse. Das spanische, burgundische, habsburgische Erbe Karls läßt sich von den Erziehungseinflüssen Adrians von Utrecht und Wilhelms von Croy nicht absondern.

Ihre Geduld mit dem körperlich zarten, seelisch komplizierten Prinzen muß unerschöpflich gewesen sein. Dasselbe gilt von ihrem Eifer; denn sie hatten niemals vergessen, daß dieser Knabe einmal das größte Erbe Europas übernehmen würde und deshalb gar nicht genug lernen konnte – so daß Karl einmal ausbrach: »Großvater will doch nicht etwa einen Schulmeister aus mir machen?« Chièvres' Einwirkungen reichten noch weit tiefer als diejenigen des gelehrten und frommen Adrian. Der Zauber seiner Persönlichkeit spielte hier genauso mit wie das gelebte Beispiel burgundischer Adligkeit, von

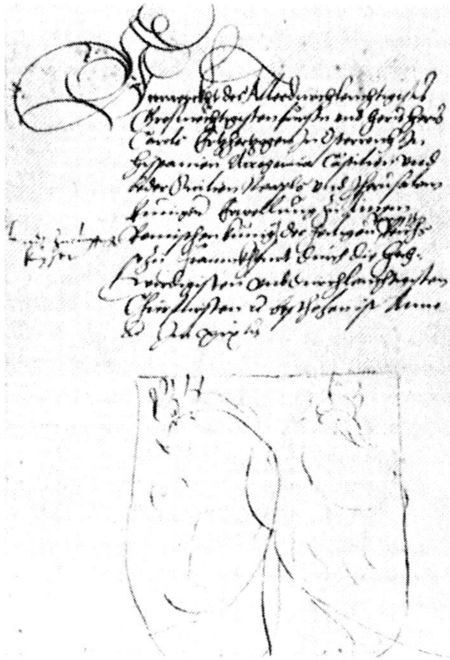

Die Wahl Karls V. zum Kaiser
Handschriftlicher Bericht
eines deutschen Augenzeugen
bei der Wahl in Frankfurt am 28. Juni 1519
Wien, Österreichische Nationalbibliothek

dem Karl vollständig in Bann geschlagen wurde. Chièvres wurde für Karl zur Verkörperung sämtlicher Ansprüche und Vorrechte, die durch Philipp den Guten und Karl den Kühnen jemals sichtbar geworden waren, er repräsentierte die Essenz der zeitenthobenen Ausnahmestellung Burgunds sowohl in der persönlichen Ritterlichkeit als auch in der politischen Staatlichkeit. Karl der Kühne, einst Vorbild für den jungen Maximilian, war es nun für den Erbprinzen geworden; denn dieser fühlte sich gleichfalls durch und durch als ein Burgunderfürst. In seinem ersten Testament von 1522 bestimmte Karl V., man möge ihn an der Seite seiner Vorfahren Philipp und Karl in Dijon, der alten Hauptstadt des Herzogtums, begraben. Wie weit aber konnte diese Tradition das Innere eines Menschen formen, für den es feststand, daß er einmal ganz andere politische Aufgaben zu übernehmen hatte als solche, bei denen er nur als Vollstrecker eines burgundischen Erbauftrages handeln mußte? Am 18. Juli 1507 war Karl zum Herzog von Burgund und Grafen von Flandern gekrönt worden. Am Tag darauf hatte seine Proklamation zum König von Kastilien stattgefunden. Der Burgunder Chièvres hatte keinen Zweifel daran gelassen, daß Karl einmal über eine riesenhafte Hausmacht verfügen und als Kaiser an die Spitze eines Reiches kommen würde, das wie kein anderes vor ihm an die großen Zeiten der Hohenstaufen erinnerte. Dennoch versuchte später dieser Herrscher in seinem lebenslangen Kampf mit Frankreich kein Territorium so zäh, so starrsinnig zu behaupten wie die Gebiete Altburgunds.

Im Januar 1516 war Ferdinand II. von Aragon gestorben. Karl wurde Mitte März, sechzehn Jahre alt, als Karl I. zum König von Spanien proklamiert, der Form halber zusammen mit seiner umnachteten Mutter Johanna. Schon dieser erste Schritt auf der politischen Bühne brachte ihn zwischen hart rivalisierende Gegner. In Spanien führte Kardinal Ximénes de Cisneros die Regentschaft. Er drang darauf, daß Karl so rasch wie möglich die Reise antreten und in sein Königreich kommen solle. Chièvres dagegen hielt nichts von Überstürzung. Für ihn war Karl niemals in erster Linie König von Spanien, sondern immer zunächst Exponent einer Staatenpolitik, die von Burgund, dem Herzen Europas, ihren Ausgang nahm und ganz andere Perspektiven zu berücksichtigen hatte, als es von Spanien aus möglich war – oder dem Burgunder von Spanien aus möglich erschien. Eineinhalb Jahre zögerte Chièvres die Abreise hinaus, eineinhalb Jahre lang wuchs die Unruhe auf der Iberischen Halbinsel. Nach der Ankunft des Königs und seiner Reise durch die Länder seiner Krone besänftigten sich die Wogen für einige Zeit. Der Adel, die Cortes und die Santa Hermandad hofften, daß sich ihr Herrscher in Spanien von dem burgundischen Einfluß lösen und de facto zu einem spanischen König werden würde. Der junge Herrscher vermied allerdings in dieser Zeit jede allzu nachdrückliche Geste; er blieb reserviert – ob in bewußter Absicht, aus natürlicher Zurückhaltung oder aus Gründen seiner ungewöhnlich stark verzögerten Persönlichkeitsentwicklung ist ohne Bedeutung.

Nach zwei Jahren verließ König Karl das Land. Die Wahl zum Herrscher des Reiches zwang ihn dazu. Er hatte sich in Spanien nicht nur Freunde gemacht; denn in der Stellenbesetzung und der inneren Politik hatte Chièvres keine glückliche Hand besessen. Seine Bemühungen, zwischen Adel und Bürgern zu lavieren und ihre Interessen gegeneinander auszuspielen, trugen ihm schließlich nur die Feindschaft sämtlicher Gruppen ein. Karl ließ einen Staat zurück, der sich kurz vor der Revolte befand; zumal in Kastilien staute sich die Unzufriedenheit. Als einziges Plus dieser Jahre läßt sich nur die Ernennung Mercurino Gattinaras zum Großkanzler verzeichnen – eine Wahl, die für das folgende Jahrzehnt von größtem Gewicht werden sollte. Von Spanien segelte Karl nach Dover, wo er sich mit seinem Onkel, Heinrich VIII., und Kardinal Thomas Wolsey, dem ebenso hervorragenden wie intriganten Berater des Königs, traf. Ein Beistandspakt wurde geschlossen, recht allgemein formuliert: Man garantierte sich gegenseitige Verteidigung, mehr nicht. Mit dem Gedanken, daß Karl in Kürze zur Krönung nach Italien ziehen könnte, wollte Heinrich VIII. sich vorerst nicht befreunden. An Dover schloß sich ein Treffen zwischen dem französischen König und Heinrich in Calais, doch Karl nahm daran nicht teil. Er reiste nach Flandern. Der Gegenbesuch des englischen Königs fand kurz darauf bei Gravelingen statt.

Einen aufweisbaren Erfolg glaubte sich von diesen Monarchenvisiten nur England ausrechnen zu können. Kardinal Wolsey legte alles darauf an, um die Spannungen zwischen Franz I. und Karl als Gegenspieler um die Kaiserkrone zu vermehren. Nach dem Mißerfolg bei der Königswahl der Kurfürsten gehörte nicht viel dazu. Diese Tendenz lief allen Absichten Chièvres' zuwider, sie sollte letzten Endes auch nur dem Konzept Wolseys dienen, die Rolle Englands als eines Friedensstifters, der über den Gegnern schwebte, auszubauen. Auch der Papst war an Verstimmungen zwischen Franz I. und Karl interessiert; er hatte in Italien sowohl mit dem Kaiser als auch mit den Franzosen zu rechnen. Leo X. erhoffte sich aus dem Schaukelspiel der Koalitionsmöglichkeiten den so lang ersehnten Gewinn Ferraras. Ob ihm Karl oder Frankreichs König dazu verhalf, drückte ihn nicht.

Der Kaiser war mit hohen Erwartungen zu seinem ersten Reichstag nach Worms gekommen. Er wurde schwer enttäuscht. Immerhin gelang es ihm, das Reichsregiment einigermaßen in seinem kaiserlich-autoritären Sinn zu festigen. Die Fürsten erklärten sich auch bereit, eine begrenzte Truppenzahl für den Italien-Zug des Kaisers zu finanzieren. Daß dies erheblich mehr bedeutete, als es sich damals ausnahm, zeigte sich erst später, aber Karl behielt Worms nur als ein Schauspiel der hoffnungslosen Eifersüchteleien und Egoismen der Reichsvertreter im Gedächtnis. Zu allem Verdruß häuften sich die Hiobsbotschaften aus Spanien: Das ganze Land schien sich empört zu haben. Adrian von Utrecht hatte sich dabei als ein persönlich völlig integrer, jedoch politisch gänzlich unfähiger Regent erwiesen. Jetzt rächte sich Chièvres' Politik, für seinen Herrscher immer nur unter Weltaspekten zu entscheiden, statt auch die momentan notwendigen zu berücksichtigen. Zumindest hätten für die ersten Jahre in Spanien spanische Interessen vorrangig sein sollen. Andererseits hatten schon Ferdinand und Isabella zeitlebens mit den widerstrebenden Fürsten und Ständen zu tun gehabt. Und jeder Thronwechsel reizte zu einer Fortsetzung der alten Obstruktionspolitik mit neuen Mitteln.

Der Aufenthalt Karls V. im Reich war viel weniger ungünstig verlaufen, als er vermutet hatte; man sah es an der steigenden Nervosität Frankreichs. Wenn Franz I. Kriegsabsichten besaß – welche Macht in Europa zweifelte daran? –, dann hatte er den günstigsten Zeitpunkt für den Beginn leichtfertig verstreichen lassen, und jeder weitere Tag, an dem Frankreichs Bündnisgespräche mit dem Papst stockten, stärkte die Chancen Karls, dem französischen König in Europa den Rang abzulaufen und auch die Macht. Während Karl V. die Zeit für sich arbeiten ließ – eine Begabung, der er sich mit den Jahren immer perfekter zu bedienen wußte –, arbeitete Leo X. mit meisterhafter Diplomatie für die Interessen des Kirchenstaates. Ein gutes Jahr hielt er Frankreich mit den Verhandlungen gegen den Kaiser hin, während er ebenso herzlich, jovial und durchtrieben mit des Kaisers Gesandten über einen Pakt gegen Franz I. konferierte. Der Herrscher des Reiches hatte an diesem Papst mehr auszusetzen, als seinem strengen Glauben lieb war, aber er war selbst während seiner Anfangsjahre nie dem Trugschluß verfallen, daß die Politik eines Kaisers deshalb den päpstlichen Absichten parallel zu laufen hätte, weil

Kaiser Karl V.
Schieferrelief von Hans Daucher, um 1520
Privatbesitz

beide sich als Gläubige und Streiter Christi verstanden; diese Zeiten waren schon lange vorbei. Und Karl V. wußte auch deutlicher als ihm lieb war, daß Leo X. sich mit weit größerem Enthusiasmus für ein Bündnis mit Franz I. entscheiden würde als für die Allianz mit Karl V., um die zu werben der Kaiser sich gerade jetzt mehr und mehr genötigt sah. Karl V., der eben erst den Gravamina der deutschen Nation zugestimmt hatte, wurde durch die Zwänge der Situation zu einem Parteigänger der Politik dieses genußsüchtigen und falschen, klugen und staatsmännisch hervorragenden Papstes. Mit Heinrich VIII. war nicht mehr zu rechnen, da Gattinara das Schleierspiel Wolseys durchschaut hatte: England würde sich mit einem Offensivbündnis einverstanden erklären; die Verlobung des Kaisers mit Mary, der kleinen Tochter Heinrichs VIII., kam wieder als Angebot auf den Tisch. Freilich sollte das alles erst spruchreif werden, sobald Karl V. den Bruch mit Franz I. de facto vollzogen hatte. Gattinaras frostige Antwort: »Euer König möchte auf zwei Pferden zur gleichen Zeit reiten.«

Der Weg nach Pavia

Ende Mai 1521 starb Chièvres in Worms als Opfer einer schweren Grippe-Epidemie. Es schien, als würde damit auch das Ende seiner jahrzehntelangen Friedenspolitik gegenüber Frankreich angemessen besiegelt; denn Karl erhielt in jenen Tagen die Nachricht, daß Franz I. in Navarra eingefallen war und das Königreich erobert hatte. Der Kaiser verließ Worms, fuhr stromabwärts, gejagt von immer neuen Unglücksmeldungen. In Neapel meuterten unbezahlte Truppen, Geldern wurde von Aufständen zerrissen, aus Spanien erreichten ihn überhaupt keine Informationen mehr, und für den Krieg gegen Frankreich hatten ihm die Reichsfürsten nicht einen Landsknecht bewilligt. Der Augustinermönch Luther trieb die Verwirrung in Deutschland auf die Spitze – als wäre nicht schon genug Verwirrung in diesem deutschen Territorien-Puzzle, das sich an seiner eigenen Anarchie zu delektieren schien. In Mainz jedoch erreichte den Kaiser die erste gute Nachricht seit Wochen: Am 23. April sei es zu einer Schlacht gegen die aufständischen Comuneros in Spanien gekommen, bei Villalar; die Regierungstruppen hätten glänzend gesiegt; überall im Lande würden die Rebellen zurückgedrängt und entmachtet. Kurz darauf ein anderer Bote: Navarra sei zurückerobert, die Franzosen seien vertrieben. In Brüssel endlich erfuhr der Kaiser, daß sein Gesandter Don Manuel mit Leo X. nun doch ein Bündnis zustande gebracht hatte; alles sei für den Krieg gegen Frankreich geregelt, für alles sei gesorgt, zumal für die Besoldung der Truppen.

Die ersten Operationen der Kaiserlichen in der Lombardei waren erfolgreich. Insgesamt entwikkelten sich die europäischen Konstellationen bald derart günstig, daß es England in Gestalt Kardinal Wolseys plötzlich als höchst dringlich betrachtete, in die den Parteien übergeordnete Vermittlerrolle zu schlüpfen. Hätte der Kaiser, der in seiner Arglosigkeit noch zuwenig enttäuscht und demzufolge politisch noch zuwenig standfest war, Gattinara nicht an der Seite gehabt, dann wäre die Friedensmission Wolseys sicherlich aussichtsreicher gewesen. Der Großkanzler riet entschieden davon ab, den Krieg gegen Frankreich in diesem Stadium schon zu beenden; er hatte es nicht schwer, den Kaiser zu überreden. Mit Wolsey wurde lediglich das Heiratsprojekt nochmals konkret durchgesprochen, die Verlobung mit der Tochter Heinrichs VIII. vertraglich fixiert. Inzwischen aber wendete sich das Blatt erneut: Die Rebellen in Spanien gewannen abermals an Boden; in Navarra kamen die Franzosen wieder voran; in Italien zogen die Gelder Franz' I. immer mehr Söldner von den Kaiserlichen ab; und die Nachricht, daß Ende August die Osmanen Belgrad erobert hatten, wirkte gleichfalls nicht eben stimulierend auf Karls Beurteilung der Situation. Aber gerade deshalb wich der Kaiser gegenüber Frankreich keine Haaresbreite von seinen Forderungen ab. Wolsey erhielt ein erstes Beispiel von der Unnachgiebigkeit des jungen Herrschers. Diese Beharrlichkeit wurde ein Grundzug der kaiserlichen Politik. Je aussichts-

Kämpfende Landsknechte
Zeichnung von Hans Holbein d. J., um 1531
Basel, Öffentliche Kunstsammlung, Kupferstichkabinett

loser später eine Lage erschien, desto unerschütterlicher stand Karl V. zu seinen Entschlüssen, selbst wenn noch so viele Freunde und Berater in ihn drangen, Festigkeit nicht in Starrsinn entarten zu lassen.

Die verdrießliche Geldfrage löste der Kaiser diesmal mit Anleihen auf die enorme Hinterlassenschaft Chièvres' und mit Hilfe der Fugger. Im Spätherbst drangen seine Truppen bis an die Außenbezirke Mailands vor. Fernando Pescara, der die spanischen Fußtruppen kommandierte, gab am Abend des 19. November, fast in einer Laune, die spontane Parole aus, es sei wohl besser, wegen der unerfreulichen Witterung nicht im Feld zu kampieren, sondern sich in geheizten Stuben zu erholen: Mailand war nach zwei knappen Stunden erobert. Die Bevölkerung jubelte. Kurz darauf wurden auch die wichtigsten Städte der Lombardei kaiserlich: Pavia, Lodi, Piacenza und Parma. Ein glänzender Sieg, leicht und gänzlich unerwartet errungen, aber auch ebenso schnell und kaum weniger überraschend gefährdet. Denn Leo X. starb am 1. Dezember 1521, kurz vor seinem sechsundvierzigsten Geburtstag. Sein Tod hätte auf kein ungünstigeres Datum fallen können; mit ihm entschlief der so mühsam ausgehandelte Pakt ins Nichts. Zu Beginn des Jahres 1522 stiegen französische Truppen erneut von den Pässen herab. Als einen Ausgleich dafür glaubte der Kaiser die überraschende Wahl seines Lehrers Adrian von Utrecht zum Papst verbuchen zu dürfen; selbst Don Manuel, der Adrians Namen in die Kardinalsdebatten geworfen hatte, war verblüfft darüber. Dieser Pontifex als Nachfolger des Medici mußte doch für den Kaiser Abertausende von Schweizer Söldnern aufwiegen. Aber Frankreichs König knüpfte an die Wahl ebenfalls Hoffnungen. Gerade weil Hadrian VI. so weltfremd, so völlig unpolitisch war, konnte man damit rechnen, daß er seine Entscheidungen nicht nach Interessen fällte und Bündnisse nicht gegen sein Gewissen und seinen Gerechtigkeitssinn schloß.

Franz I. kalkulierte richtig. Kaum auf dem Stuhl Petri, war des Kaisers treu ergebener alter Lehrer völlig verändert. Kein Wort der Unterstützung für Karl V., im Gegenteil: Der Krieg zwischen christlichen Herrschern müsse schleunigst beendet werden! Wichtiger als jede Feldschlacht sei eine Säuberung der Kirche bis zum letzten Winkel, dafür werde er sorgen, und alle Maßnahmen, die dazu nötig seien, müßten auch für die weltlichen Herrscher zur vornehmsten Maxime werden. Wenn überhaupt ein Krieg gerechtfertigt sei, dann nur der gegen die Ungläubigen. Vor allem aber möge man nicht vergessen, daß er, Hadrian VI., nur Gott verpflichtet sei, in dessen Auftrag er Christi Statthal-

Hadrian VI.
Gemälde vermutlich von Barend van Orley, 1523
Hannover,
Niedersächsische Landesgalerie

terschaft auf Erden wahrnehme. Das alles verlautbarte aus dem Mund des neuen Pontifex, während er sich noch in Spanien befand. Dazu die Überlegungen des französischen Königs, ob es nicht ratsam sei, die Christenheit wieder von Avignon aus zu regieren. Doch Hadrian VI. war mit den Schlüsseln Petri sein eigener Souverän geworden, er betrachtete sich weder als Vasall seines kaiserlichen Schülers noch als Appendix der »Allerchristlichsten Majestät auf Frankreichs Erden«.

Monatelang sah der Papst keine Möglichkeit, Spanien zu verlassen und in die Ewige Stadt zu reisen, wo jetzt sein Platz war. Der Kaiser hatte sich inzwischen eingeschifft und segelte in Richtung Süden. Er hoffte inständig, daß es ihm möglich sein werde, dem Papst persönlich die Wurzeln und Zusammenhänge des Kampfes mit Frankreich zu erklären, so zu erklären, daß sich der Heilige Vater mit des Kaisers Sache identifiziere. Doch als Karl V. spanischen Boden betrat, geriet Hadrian in strudelnde Zweifel: War denn ein Papst auch dazu verpflichtet, die persönliche Liebe zu seinem Schüler zu verleugnen, dessen Erziehung für ihn nicht nur Wissensvermittlung bedeutet hatte, sondern in gleicher Weise ein Unternehmen des Herzens gewesen war? Aber dann wich er aus, verfaßte lediglich einen Abschiedsbrief, schon an Bord im Hafen von Tarragona, und segelte Anfang August 1522 nach Italien.

Das Land, das er im Spätsommer erreichte, war zum Schauplatz kaiserlicher Siege geworden. Ende April hatte eine gewaltige Schlacht stattgefunden, bei Bicocca in der Nähe von Monza. Die Spanier unter Pescara hatten zusammen mit den deutschen Landsknechten Frundsbergs und italienischen Kontingenten einen Angriff der Schweizer blutig und vernichtend abgeschlagen und dann den französischen Truppen den Rest gegeben. Das Treffen rangiert in der Kriegsgeschichte als erste große Stellungsschlacht der Moderne. Vollendet wurde der kaiserliche Triumph in Norditalien durch die Eroberung Genuas, doch dies bedeutete die Krönung mit einem

Dornenreif: Die Stadt wurde von den Truppen Karls V. fürchterlich geplündert, die Söldner marschierten schwer beladen davon, in alle Himmelsrichtungen, jeder in seine Heimat. Wiederum drohte der militärische Sieg sich in puren Ruhm aufzulösen. Der Kaiser hatte ein Treffen nach dem anderen für sich entschieden, den Kampf jedoch noch lange nicht gewonnen. Während seine Truppen auseinanderliefen, rührte Franz I. abermals die Trommeln zur Werbung; denn Heinrich VIII. hatte ihm endlich den Krieg erklärt.

Die italienischen Erfolge waren allerdings eindrucksvoll genug, um Karl V. die Möglichkeit zu geben, in Spanien stabile Verhältnisse herzustellen. Was sich im Reich wohl niemals durchführen ließ, das hatten seine Großeltern, Isabella und Ferdinand, schon Jahrzehnte vorher in ihren Ländern eingeleitet, und diesen Ordnungsprozeß würde er nunmehr vollenden. Spanien als fester Kern, als starkes Rückgrat seiner Macht war dazu geeignet, ein eindrucksvolles Pendant zum geschlossenen Staatsblock des französischen Widersachers zu bilden und ein konsolidierendes Zentrum des kaiserlichen Imperiums zu werden. Karl V. gab sich in seinem angestammten Königreich nicht schwach, nicht sentimental. Die Gründe der Rebellionen interessierten ihn erst in zweiter Linie, wichtiger war es für ihn, alles zu tun, um in Zukunft neue Aufstände unmöglich zu machen. Er setzte sich bei der Bestrafung der Rebellen über alle Standesdifferenzen hinweg. Ob Hochadel oder verarmtes Bürgertum, die Gerichte urteilten gleichmäßig hart; ohne Rangunterschiede wurden auch die Vermögen der Rebellen konfisziert.

In Italien fanden in jenen Monaten die Kämpfe nicht im Feld statt. Nachdem die Osmanen im Dezember 1522 Rhodos erobert hatten, stieg des Papstes Empörung über die verfeindeten christlichen Herrscher auf einen Siedepunkt. Der Kaiser konnte die Blindheit Hadrians VI. nicht verstehen: Nicht er, sondern Franz I. habe den Krieg begonnen, nicht er, sondern dieser König schüre ständig und stifte Unruhe; er begünstige die Protestanten, er intrigiere in Schottland, er streue Haß aus in Polen durch seinen neuen Gesandten, den verräterischen Spanier Antonio Rincón, er pflege sogar enge Kontakte zum Hof des Osmanensultans. Als dem Papst eindeutige Beweise für ein Komplott des französischen Königs in Neapel vorgelegt wurden und an der Beteiligung des Kardinals Soderini keine Zweifel bestanden, gab sich Hadrian VI. endlich geschlagen; nunmehr war er wie Karl V. davon überzeugt, daß die Christenheit erst dann gegen die Osmanen geeint werden könne, wenn dem Störenfried Franz I. das Handwerk gelegt worden sei.

Hadrian VI. ließ Kardinal Soderini verhaften und in der Engelsburg festsetzen. Franz I. reagierte mit einem Wutausbruch; er schrieb dem Papst einen fast tobsüchtigen Brief, verhöhnte die Friedensermahnungen des Pontifex und war so unbeherrscht, den empfindlichsten Punkt für alle Päpste seit mehr als zweihundert Jahren zu berühren: Er rief Hadrian VI. die Demütigung seines Vorgängers Bonifatius VIII. zu Anagni ins Gedächtnis und empfahl ihm, Nutz-

Clemens VII.
Radierung von Daniel Hopfer, um 1530
Berlin, Staatliche Museen
Preußischer Kulturbesitz, Kupferstichkabinett

anwendungen daraus zu ziehen. Gleichzeitig sperrte der König alle Gelder für Rom, ganz so, wie es sein Vorfahre Philipp IV., der Schöne, getan hatte. Damit aber zwang er den Papst gewaltsam in die Koalition seiner Gegner. Im August 1523 wurde eine Liga gegen Frankreich gebildet zwischen Karl V., Erzherzog Ferdinand, Hadrian VI., dem englischen König, Venedig und den Staaten Mailand, Florenz, Ferrara, Siena und Lucca; beteiligt war auch der letzte selbständige Vasall Franz' I., le grand Connétable Charles, Graf von Montpensier, bekannt als Karl von Bourbon. Diese stolze Liga schien allerdings ähnlich zu enden wie das Bündnis mit Leo X. Denn am 14. September 1523 starb Hadrian VI., und damit wurde die Allianz Kaiser – Papst erneut zu einer Frage der Person. Favorit war dieses Mal Kardinal Giulio de' Medici, bisher ein treuer Parteigänger und Freund des Kaisers. Doch es gelang den Franzosen, den Medici davon zu überzeugen, daß Karl V. den Gegenkandidaten, Kardinal Farnese, bevorzugt und unterstützt habe. Kein Wort davon traf zu, aber es hatte Giulio de' Medici derart empört, daß der Kaiser ihn als Papst Clemens VII. zu seinen Gegnern rechnen mußte. Dieser Wechsel wurde nicht umgehend sichtbar; erst Ende 1524 schloß der Pontifex mit Frankreich und Venedig einen Vertrag. Daß es »ungern und gezwungen« geschah, wie der Papst dem Kaiser kläglich versicherte, mochte Karl V. glauben oder nicht – die Lage blieb deshalb dieselbe.

Clemens VII. schloß die Allianz in einem Augenblick, da Franz I. stärker schien als je zuvor. Während des Frühlings und des Sommers hatten die Kaiserlichen in souveräner Manier ganz Norditalien

Die Schlacht bei Pavia am 24. Februar 1525:
Vernichtung der französischen Armee unter Franz I.
durch die von Pescara und Frundsberg angeführten Truppen Kaiser Karls V.
Gobelin einer flämischen Werkstatt nach einem Karton von Barend van Orley, 16. Jahrhundert
Neapel, Museo di Capodimonte

von den Franzosen befreit. Karl von Bourbon konnte den Krieg über italienischen Boden hinaus weit in die Provence tragen, Marseille einschließen und belagern. Aber gerade dies entflammte die Franzosen zu einer nationalen Wallung. Ihrem König flossen plötzlich gewaltige Summen für neue Truppen zu, und schon im Herbst zog das regenerierte französische Heer wieder über die Pässe nach Italien. Die Kaiserlichen mußten in aller Hast entlang der Küste zurück, um nicht abgeschnitten zu werden. Franz I. selbst führte die Truppen. Binnen Wochen hatten die Franzosen wieder die ganze Lombardei in ihrer Hand, die Kaiserlichen hielten im wesentlichen nur die Festungen und wichtigsten Städte. Karl von Bourbon warb im deutschen Reich eiligst neue Truppen, und Pescara erhielt von Neapel Unterstützung. Im Januar 1525 zog Frundsberg mit seinen Kontingenten heran. Der französische König belagerte mit seiner Armee Pavia. Nicht Überlegenheit, sondern Hunger und Geldnot der Kaiserlichen erzwangen den Sturm auf die französischen Schanzen am 24. Februar 1525. Alle großen Heerführer Karls V. hatten sich bei dieser Schlacht zusammengefunden: Frundsberg, Pescara, Salm, Lannoy, der Connétable Bourbon, auch Caspar Frundsberg, der Sohn des »Vaters der Landsknechte«, war bei der Besatzung Pavias, an deren Spitze Antonio de Leyva stand. In dieser Schlacht wurde der legendäre Ruhm der Schweizer endgültig zuschanden. Die deutschen Landsknechte samt Lannoys fliegender spanischer Truppe mit ihren Hakenbüchsen triumphierten über altritterliche Tapferkeit und Panzerreiter; das glanzvollste Heer, das Franz I. jemals besessen hatte, fiel der Disziplin und Berechnung, dem Überblick und Draufgängertum der Kaiserlichen zum Opfer. Der König selbst, leicht verwundet, wurde von Lannoy gefangengenommen, wie viele seiner Adelsherren. Er hatte an die zehntausend Tote zu beklagen.

Vor Pavia brach die erste Phase der europäischen Politik Frankreichs, die ein Jahrzehnt zuvor mit der Thronbesteigung Franz' I. begonnen hatte, katastrophal zusammen. Während des Bestechungskampfes um die Krone des Reiches im Jahr 1519 hatte die französisch-habsburgische Konkurrenz ihre europäischen Dimensionen zur Schau gestellt. Bei Pavia offenbarte sie ihre mörderische Unerbittlichkeit. – Die Nachricht von der Schlacht erreichte Karl V. in Madrid mit den üblichen Verzögerungen mehr als zwei Wochen später: »Nie war ein Sieg vollständiger!« Und der König von Frankreich befand sich in seiner Gewalt. Bedurfte das Ausmaß des Sieges noch einer solch zusätzlichen Steigerung? Der Kaiser hörte den atemlosen Kurier regungslos an. Am Tag von Pavia hatte er seinen fünfundzwanzigsten Geburtstag begangen. Nichts rührte sich in seinem Gesicht, als wären ihm persönliche Aufwallungen bereits fremd geworden. Er zog sich in seine Zimmer zurück, zu einem langen Gebet. Selbst Gattinara, der immer Beherrschte, Überlegene und Reflektierte, hatte lange damit zu tun, zu seiner konventionellen Gelassenheit zurückzufinden.

Das Weltimperium

Franz I. wurde behandelt, wie es ein Monarch erwarten durfte; niemals hätte Karl V. etwas anderes zugelassen. Der König vermißte nichts außer seiner Freiheit, und darunter verstand er phrasenlos nichts anderes, als seiner Lebenslust ihren Lauf zu lassen. Der König war sechs Jahre älter als sein kaiserlicher Rivale. Gemeinsam war diesen gegensätzlichen Herrschern nur das adelsstolze Selbstbewußtsein; aber selbst darin unterschieden sie sich erheblich. Franz I. war hochfahrend aus Naivität, Unbekümmertheit, kindlichem Auserlesenheitsbewußtsein; der König von Frankreich, der Rex christianissimus eines so mächtigen Staates, war unumgänglich etwas Besonderes, von Gott über die anderen erhoben. Dieser Distinktion durfte er sich wohl nach allen Regeln feinster Lebenskunst erfreuen, zumal ihm sein Land sämtliche Möglichkeiten dazu beinahe aufdrängte. Von den europäischen Staaten war Frankreich im Inneren am stärksten vereinheitlicht. Seine Wirtschaft florierte, der Reichtum wuchs. 1516 war zwischen dem Papst und Frank-

Franz I. von Frankreich mit seinen Söhnen und seinem Hofstaat bei einer Vorlesung
Miniatur in einem von Antoine Macault übersetzten Werk des Diodorus Siculus, um 1532
Chantilly, Musée Condé

reich ein Konkordat geschlossen worden, in dem zwar der Form nach die Pragmatische Sanktion von 1438 aufgehoben, dem König aber das Recht und die Freiheit zugestanden wurde, seine Bischöfe und Äbte selbst zu ernennen und die gallikanische Kirche praktisch von Rom zu trennen. Klerus und Adel fügten sich der gesteigerten Königsmacht ein; damit förderten sie die Verwurzelung der Monarchie und deren Konservierung. Daß auf diesem Weg über den Kampf um die Ämter das konservierte Fortleben sich allmählich in ein korrumpiertes Dasein verwandelte, durfte den König noch unberührt lassen. Sein Land lieferte ihm alle Gelegenheiten zur Entfaltung seiner Anlagen, dieser Mixtur aus Frohsinn und Pfiffigkeit, Prunkliebe und Pomp, Egoismus und Flatterhaftigkeit. Nicht zu vergessen seine Lust an Ästhetischem: an schönen Pferden, schönen Frauen, Gewändern, Gesten, Reden und Symbolen, an Fata Morganen. Dazu seine uferlose Eitelkeit, die dem stattlichen Katalog seiner Lebens- und Herrschaftsbegriffe einen unverwechselbaren Schmelz verlieh. Bei Pavia zerbrach sein Selbstgefühl – für einige Tage. In dieser Bedrückung schrieb er an seine Mutter, Louise von Savoyen, daß ihm nach der verlorenen Schlacht nichts als seine Ehre und sein Leben geblieben sei.

Undenkbar, daß Karl V. sich in ähnlicher Lage genauso über die Situation hinwegstilisiert hätte. Undenkbar dasselbe bei Heinrich VIII., der dritten großen Gestalt dieser Epoche des christlichen Europa. Der englische König, neun Jahre älter als der Kaiser, hatte schon als Jüngling sehr genau gewußt, was er wollte, und dazu fügte es sich, daß er in seinem Lordkanzler, Kardinal Wolsey, für mehr als ein Jahrzehnt sein politisches Alter ego fand. Heinrich war ein Phänomen an robuster Vitalität, vergnüglich konsternierender Kraft und sich gargantualisch gebärdender Sinnlichkeit, ein kerngesunder Mensch, und doch nicht einschichtig genug, als daß er nicht auch unter Phantasie und Intuition gelitten hätte. Sein Blaubart-Image verdeckt allzu leicht seine starke Religiosität. Ihr vor allem ist es zuzuschreiben, daß die spätere Gewaltherrschaft des Königs samt der blutigen Lösung seiner Eheprobleme durch sein alteriertes Gewissen noch Reste menschlichen Niveaus behielt. Im Jahr 1521 hatten ihn sein Zorn über Luthers Schrift ›De captivitate Babylonica‹ und die sanften Zureden Wolseys zu der nicht gerade zimperlichen Kampfschrift ›Assertio septem sacramentorum‹ inspiriert. Leo X., be-

Heinrich VIII. von England vor Heinrich VII.
Karton von Hans Holbein d. J., 1537
London, National Portrait Gallery

glückt über dieses Zeugnis eines christlich-monarchischen Humanismus, verlieh Heinrich VIII. den Titel ›Verteidiger des Glaubens‹. Der König war so stolz darauf, daß er die Auszeichnung 1544 – lange nach seinem Bruch mit Rom – durch das Parlament für erblich erklären ließ; so führen dieses ›Defensor Fidei‹ die englischen Herrscher bis heute in ihrer Titulatur. Luther ärgerte sich über Heinrichs Streitschrift, weniger weil sie theologisch von Gewicht gewesen wäre, sondern weil sie von einem König stammte. Das war ihm so viel wert, daß er die Gelegenheit zu einer Antwort wahrnahm, deren vulgärer Ton alles übertraf, was er bis dahin geschrieben hatte.

Ob der König in Luthers Antwort die kernige Verwandtschaft empfand und sich gerade deshalb über sie besonders erregte, steht dahin. Beiden war so viel gemeinsam, daß sie in der »Verteidigung des Glaubens« vor allem eine »Verteidigung ihres eigenen Glaubens« verstanden. Bei Heinrich VIII. wurde dies gleichbedeutend mit einer rücksichtslosen Unterordnung der Dinge unter die Notwendigkeiten der königlichen Machtstellung. Hier lag auch der Schlüssel zu dem Problem seiner Scheidung von Katharina von Aragon – eine Affäre, die jahrelang Vorrang in der Politik des Königs hatte und mit der Trennung der englischen Kirche von Rom endete. Den wichtigsten Aspekt dabei bildete Heinrichs VIII. Sorge um die dynastische Sicherung seines Hauses; sie war so groß, daß sich der König dazu gedrängt fühlte, sie mit Hilfe von sechs Ehefrauen zu bekämpfen. In seinen Bemühungen liegt unstreitig ein starkes Moment politischer Weisheit, in dem Ende seiner Ehen dagegen ein Moment der Tragik, in den Hinrichtungen Anna Boleyns und Catherine Howards sogar ein Moment der Bestialität und in allem schließlich ein Moment der Komik; denn nach mehr als drei Jahrzehnten einschlägiger Rührigkeit und einem halben Dutzend Gattinen besaß Heinrich VIII. nur einen legitimen Sohn, Eduard VI., noch minderjährig als der König starb, schwindsüchtig, ein rechtes Kind des Todes.

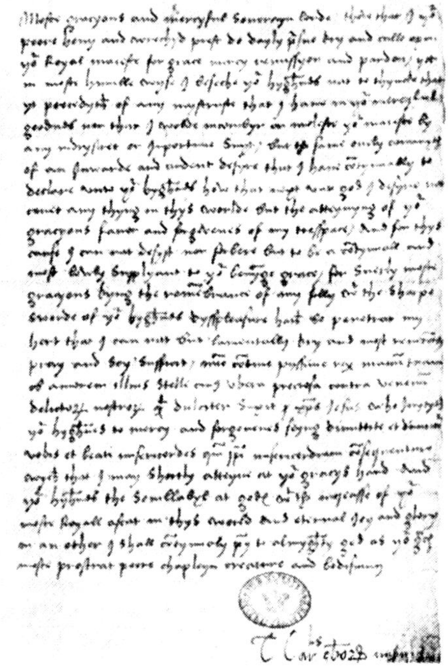

Thomas Wolsey an Heinrich VIII. von England: Bitte um Vergebung des abgesetzten, verbannten und des Hochverrats angeklagten Kardinals Schreiben Wolseys vom 9./10. Oktober 1529 London, Public Record Office

Heinrichs VIII. europäische Politik war mit der Politik Wolseys identisch bis zum Sturz des Kardinals. Sie war listenreich, intrigant und intelligent, im Endergebnis freilich alles andere als klug und politisch bedeutungsvoll. So wichtig Englands Beistand sich für Karl V. in seinem Ringen mit Frankreich erwies, so chimärisch waren bereits im Ansatz Heinrichs Versuche, sich wieder auf dem Festland festzusetzen und die Konsequenzen des Hundertjährigen Krieges zu ignorieren. Heinrich VIII. war politisch groß, ein Staatsmann ungewöhnlichen Formats, was die Stärkung der monarchischen Stellung und die Ausrichtung seines Reiches auf die

Krone betraf; in der europäischen Politik dagegen reichte es nur zu einem Taktieren. Nicht zum Schaden Englands; denn dadurch mußte sich der König auf das ihm angemessene Terrain begrenzen. Die Persönlichkeit Karls V. bildete in den entscheidenden Zügen einen Gegenpol zu Heinrich VIII. So besaß der »Wirklichkeitsmensch« Heinrich nur einen durchschnittlich ausgeprägten Sinn für die politischen Realitäten, soweit sie sich nicht in kurzfristig Aktuellem erschöpften. Der »Träumer« Karl hingegen war ein politischer Realist von unerbittlicher Illusionslosigkeit. Seine früheste Devise ›Plus oultre‹ war von seinem Leibarzt Luigi Marliani nicht schlecht ausgedacht. Karl V. investierte darin vor allem das Kalkül der aleatorischen Momente, derentwegen Politik und Staatsführung ein ununterbrochenes Wagnis bleiben. Deshalb, nicht bloß seiner persönlichen Anlage wegen, verweigerte der Kaiser sich allen vorschnellen Entschlüssen, versagte er sich mehr und mehr die natürlichen Gefühlsäußerungen. Daraus entsprang die Meinung, Karl V. sei völlig undurchdringlich. Kaum jemals ließ er sich zu überstürzten Handlungen hinreißen; er durchdachte die Situationen, ließ sich Zeit, aber nicht, um das Pro und Kontra gemäß der intellektuellen Erbsünde des Alternierens ins Unendliche und sich selbst um die Füße zu spinnen. Er richtete sich immer aufs Ganze, Bedingungslose, auch Absolute – und das ist etwas ganz anderes als das Extreme. Daraus gewann er die Rechtfertigung, seine Pläne auch auf usurpatorische Dimensionen hin zu entwickeln.

Seit seiner Wahl zum römischen König und deutschen Kaiser handelte Karl V. nur noch in völliger Kongruenz mit seinem Amt. Als Kaiser war er keine »Persönlichkeit«, und so nahm er auf nichts Rücksicht, was ihn hätte beengen, einschränken oder mit den Erfordernissen seines Herrschertums in Konflikt bringen können. Ihn berührte auch nicht das mögliche Mißverständnis, daß ein Fürst, in dessen Titeln sich eine einmalige Machtfülle kundgab, halb Despot und halb Gott sein mußte, weil dergleichen alles sprengte, was einem einzelnen Menschen zustand: »Römischer König, künftiger Kaiser, immer Augustus, König von Spanien, Sizilien, Jerusalem, der Balearen, der kanarischen und indianischen Inseln sowie des Festlandes jenseits des Ozeans, Erzherzog von Österreich, Herzog von Burgund, Brabant, Steier, Kärnten, Krain, Luxemburg, Limburg, Athen und Neopatria, Graf von Habsburg, Flandern, Tirol, Pfalzgraf von Burgund, Hennegau, Pfirt, Roussillon, Landgraf im Elsaß, Fürst in Schwaben, Herr in Asien und Afrika.« Herrschte der Kaiser allein, unumschränkt, wie ein Diktator? War er nicht weit unfreier in seinen Entschlüssen als ein Zunftmeister oder Ackermann? Wenn er den Neigungen seiner Persönlichkeit Raum ließ, verstieß er gegen die Unabweislichkeiten seines Herrschertums. Der Schwerpunkt seiner Entscheidungen lag nicht in seinem Inneren, sondern in dem, was nicht zum Persönlich-Menschlichen gehörte; das eben wurde für die Epoche dieses letzten Burgunderherrschers und größten Habsburgers charakteristisch. Karl V. gestattete sich, nur soweit »Persönlichkeit« zu besitzen, als sie eine Daseinsform für sein Herrschertum bildete.

Tizian mußte den Kaiser weit besser gekannt haben als so viele Vertraute seiner Umgebung. Aus seinen Gemälden spricht das Königliche genauso zwingend wie das Menschliche. Vor allem aus den Augen dieses zurückhaltenden Mannes auf dem Thron eines Weltreiches: Sie sind hellwach und gleichzeitig sehr sanft, verhangen, melancholisch, trotzdem mit einem Anflug von Ironie, von einer unnachsichtigen Intelligenz. Ein Zeitgenosse notierte, daß die Augen des jungen Königs den Eindruck hervorriefen, »als ob sie nicht zu ihm gehörten und nur eingesetzt« seien, als wäre seine Individualität von seinem Rang aufgesogen. Deshalb der hohe Verbindlichkeitsgrad, den der Kaiser dem Zeremoniell, der Ordnung und Form zusprach. Bei der Messe, im Gebet, bei den täglichen Entschlüssen des Herrschers handelte es sich um Akte, die in ausschließlicher Weise sowohl Persönlichkeitsverwirklichung als auch Entpersönlichung darstellten. Aus diesem Grund wurden auch Erfolge und Mißerfolge nicht nach Zielen bemessen, die sich mit dem System der doppelten Buchführung erfassen ließen. Wenn es ihn nicht schon Chièvres gelehrt hatte, mußte das dem Kaiser zu Bewußtsein gekommen sein, als er die ersten Sätze der Denkschrift las, die Gattinara 1519 nach seiner einstimmigen Wahl in Frankfurt für ihn verfaßt hatte: »Sire, da Euch Gott diese ungeheure Gnade verliehen hat, Euch über alle Könige und Fürsten der Christenheit zu erhöhen zu einer Macht, die bisher nur Euer Vorgänger Karl der Große besessen hat, so seid Ihr auf dem Weg zur Weltmonarchie, zur Sammlung der Christenheit unter einem Hirten.«

Bei diesem Weg handelte es sich weder um einen Alexander-Zug noch um eine Kreuzfahrt in der alten Bedeutung der Pilgerreise unter dem Schutz des

Die dynastische Teilung in eine spanische und eine österreichische Linie
und die Wiederherstellung der durch das Wormser Abkommen gefährdeten Einheit der hausösterreichischen Länder
Geheimvertrag Kaiser Karls V. mit seinem Bruder, Erzherzog Ferdinand, vom 7. Februar 1522
Wien, Haus-, Hof- und Staatsarchiv

Schwertes und mit dessen Hilfe. Konnte man im Ernst von einer Sammlung der Christenheit sprechen, wenn des Kaisers eigensinnigster Gegner, Franz I., den Titel einer Allerchristlichsten Majestät trug? Hatte das Ringen mit Frankreich auch nur den Schatten einer Berechtigung unter den zwingenden Aspekten der Weltmonarchie? In keiner Phase dieses Kampfes war es dem Kaiser darum gegangen, für seine Dynastie oder für sich selbst eine europäische Suprematie anzustreben. Frankreich mochte wiederholt geltend machen, daß es lediglich gegen die Umklammerung und Erdrückung durch Habsburg ankämpfe. Was aber hatten mit einem solchen Kampf Frankreichs italienische Gelüste zu tun?

Nun war dem Kaiser mit dem Sieg von Pavia dieser König in die Hand gefallen. War damit nicht der Augenblick der großen Wende gekommen? Begann jetzt tatsächlich der Weg zur Weltmonarchie? Seit Europa erfahren hatte, daß sich Franz I. in der Gefangenschaft des Kaisers befand, fingen die Gesandten der Mächte an, den Hof in Madrid zu umschwärmen. Der Papst zog sich von der Allianz mit Frankreich zurück, als wäre sie ein heißes Eisen. Er und Heinrich VIII. schlossen einen Vertrag mit dem Kaiser. Das Verhältnis zu England kühlte sich allerdings rasch ab, als Karl mitteilen ließ, daß er Lady Mary nicht heiraten werde, sondern seine Cousine Isabella von Portugal. Wolsey und die Verärgerung des englischen Königs führten Frankreich wieder einmal einen Bundesgenossen zu: Heinrich VIII. unterzeichnete einen Sonderfrieden. Weit mehr als diese Sinnesänderung setzte dem Kaiser aber die Hartnäckigkeit zu, mit der Gattinara sich gegen die Friedensbedingungen stellte, die sein Herrscher aus dem Triumph von Pavia ableitete. Einigkeit bestand nur darüber, daß der gefangene König alles in allem ein heikles Faustpfand war. Sollte es Franz I. zu verdenken sein, wenn er sich über kurz oder lang dazu entschloß, alles zu unterschreiben, was man von ihm verlangte, damit er endlich seine Freiheit erhielt? Wer wollte es bezweifeln, wenn er später behauptete, er habe unter dem Druck der Situation gehandelt? Aber auch die Erwägung des Kaisers, daß ein Königseid nicht von Zwangslagen und äußeren Nöten abhängig sei und deshalb höchste Sicherheit biete, hatte ihre guten Gründe.

Gattinara bedrängte den Kaiser, entweder mit aller Energie den Krieg gegen Frankreich bis zu einem Punkt fortzusetzen, an dem es nicht mehr auf die Zustimmung oder Weigerung seines Gegners ankam, oder einen echten Versöhnungsfrieden abzuschließen und dafür in Kauf zu nehmen, daß Frankreich praktisch nicht zur Kasse gebeten wurde. Karl lehnte ab. Die Mutter Franz' I. bot in ihrer Eigenschaft als Regentin Frankreichs für den Frieden und die Entlassung des Königs schließlich drei Millionen Goldtaler; Frankreich würde sich aus Italien zurückziehen und sämtliche Ansprüche auf Flandern und den Artois fallenlassen. Gattinara riet dringend, die Offerte anzunehmen. Karl V. lehnte auch das entschieden ab. So unermüdlich in diesen Monaten die Angebote und Projekte variiert, ergänzt und ausgefeilt wurden, so beharrlich sich die Lage in Italien und in Europa zuungunsten des Kaisers veränderte – er blieb ohne Schwanken, ohne Diskussion, ohne weitschweifige Erklärungen bei seiner Meinung: Er wolle von Frankreich nichts weiter, als was ihm Rechtens zustehe, nämlich das Territorium des alten Herzogtums Burgund, wie es im Besitz seines Urgroßvaters, Karls des Kühnen, gewesen sei. Darauf beharre er. Und wenn er ferner von Frankreich eine bindende Zusage wünsche, sich an einem Feldzug gegen die Osmanen zu beteiligen, so sei dies eine Verpflichtung, die für Frankreich schon vor der Schlacht von Pavia bestanden habe. Gattinara brachte Einwände auf Einwände vor, monatelang. Der Papst tendierte wieder zu einer Koalition der kaiserlichen Widersacher. Venedig ordnete neue Rüstungen an. Die Schreckensmeldungen von der deutschen Bauernrevolution erreichten den spanischen Hof. Aus Ungarn wußte Erzherzog Ferdinand nur Schlimmes zu berichten. Das kaiserliche Heer in Italien, schon seit Monaten ohne Sold, plünderte unnachsichtig und drohte

Albrecht von Brandenburg als Vasall vor Sigismund von Polen nach dem Krakauer Vertrag vom 8. April 1525
Miniatur in der Celler Chronik eines vermutlich aus Danzig stammenden Schreibers, zwischen 1553 und 1556
Celle, Bibliothek des Oberlandesgerichts

dadurch alle italienischen Fürsten in das Lager der Kaiserfeinde zu treiben. Die bestürzende Nachricht von der »Versuchung des Pescara« durch Mailands Kanzler Girolamo Morone traf ein; er hatte Pescara gegen die Krone Neapels zum Abfall vom Kaiser bewegen wollen. Aus der Schweiz zogen neue Truppen nach Italien. Venedig erklärte sich offen gegen den Kaiser, auch Mailand stand plötzlich wieder im Lager Frankreichs. Unversehens war ganz Italien der Hand des Kaisers entglitten. Die Zeit schien nur Rebellionen auszubrüten; von Tag zu Tag verschlechterte sich die Situation: Alles umsonst! Der Kaiser wollte von Frankreich die Anerkennung seines Geburtsrechtes; er forderte das zurück, was ihm Gott verliehen hatte: die Bourgogne, sein Herzogtum Burgund.

Franz I. weigerte sich. Louise von Savoyen lehnte ab. Doch der Kaiser blieb unbeirrt. Schließlich setzte er sich durch. Im Dezember 1525 wurde ein Abkommen ausgearbeitet; der Kaiser erhielt Burgund, die Kinder des französischen Königs sollten bis zur vollzogenen Übergabe als Geiseln in Spanien bleiben. Mitte Januar 1526 wurde im Zimmer des Königs ein Altar aufgebaut, eine Messe zelebriert, und Franz I. leistete einen feierlichen Schwur auf das Evangelium, daß er die fünfzig Artikel des Madrider Vertrages halten werde; er beschwor, des Kaisers Schwester Eleonore, die Königinwitwe von Portugal, zu heiraten. Sollte er den Vertrag nicht erfüllen, würde er freiwillig in die Gefangenschaft des Kaisers zurückkehren. Der König ergriff die Hand Lannoys: »Ich, der ich Franze heiße, König von

Landsknechte beim Raufhandel und Katzbalgen
Holzschnitt von Erhard Schön zu einem Gedicht von Hans Sachs, um 1520
Veste Coburg, Kunstsammlungen

Frankreich und Edelmann, verpfände vor Euch, vor Karl von Lannoy, dem Kaiser Karl, Katholischem König und Edelmann, meine Ritterehre.« Gattinara hielt alles für eine Farce. Er ging so weit, selbst die Siegelung des Vertrages abzulehnen; eher würde er seinen Rücktritt einreichen. Schon während der Verhandlungen hatte er sich darüber belustigt, daß man dem Wort des französischen Königs vertraue. Aus welchem Grund? Gattinara erwiderte: Aus der historischen Erfahrung und der aufmerksamen Betrachtung der Gegenwart ergäben sich die künftigen Ereignisse von selbst. Bevor der König nach Frankreich zurückkehrte, war er eine Woche lang Gast des Kaisers. Die Herrscher jagten zusammen, führten lange Gespräche. Noch einmal bekräftigte Franz I., daß er seinen Schwur halten werde.

Nichts wurde gehalten. Der König berief sich darauf, am 13. Januar 1526 vor Zeugen geschworen zu haben, keinen Punkt des Vertrages zu halten, den er am nächsten Tag unterschreibe; er gedenke, alle Eide, die er darauf ablege, zu brechen. Eid und Gegeneid eines Fürsten, das Wort eines Edelmannes. Franz I. hatte bis Pavia nicht oft und stolz genug betonen können, daß ihm, dem Gentilhomme, seine Ehre sowohl Würde als auch Leben bedeutete. In der Madrider Gefangenschaft befanden sich Ehre und Leben plötzlich in Kollision. Immer hatte der Adel sein Privileg betont, anderen Maßstäben zu unterliegen als jenen, mit denen Nichtadlige gemessen wurden. Jeder hätte sich darauf berufen dürfen, daß er einem Zwang ausgesetzt war. Nur der König durfte es nicht. Er hätte demissionieren können, ja sich selbst eher entleiben, als in der Manier eines Taschendiebs sich aus der Situation zu winden. Franz I. desavouierte sich, nicht um der Souveränität oder den Interessen seines Staates zu dienen, sondern um seine Haut zu retten, die etwas schäbige Haut eines Mannes, vor dem das Knie gebeugt und dessen Hand geküßt wurde, weil er zum König gesalbt worden war. Rex christianissimus – fraudulentissimus. Da er der Gefangenschaft überdrüssig war, schickte er seine beiden Söhne, Heinrich und Franz, sieben und acht Jahre alt, als Garanten seines falschen Schwurs in die Haft.

Hatte sich der Kaiser nur deshalb noch einmal so eindringlich danach erkundigt, ob Franz zu dem Vertrag stehen werde, weil er bereits ahnte oder wußte, daß der König ihn belog? Behielt deshalb der skeptische Gattinara recht, weil er sich an die unzähligen Vereinbarungen erinnert hatte, die in der Geschichte schon gebrochen worden waren? Der Vertrag, zu dem der Großkanzler den Kaiser hatte überreden wollen, wäre freilich genauso illusionär gewesen wie das Abkommen von Madrid. Frankreich besaß die drei Millionen Taler nicht in bar; der Kaiser hätte sich ebenfalls mit einem Versprechen Franz' I. als Garantie begnügen müssen. Nicht anders stand es mit dem Gelöbnis, sich von Italien fernzuhalten. Unter dem Gesichtspunkt der politischen Unentbehrlichkeiten und Dimensionen verhielt Karl V. sich weit bedächtiger als Gattinara. Er hatte lediglich gefordert, worauf er ein Recht besaß. Niemand konnte ihm unverbrüchlich garantieren, daß ihm dieses Recht auch tatsächlich wurde. Der Eid eines Königs, der zugleich als Politiker der eigenen Sache handelte, stellte keine bessere und keine schlechtere Bürgschaft dar als ein Vertrag, der in normaler Form ausgehandelt und ratifiziert worden war.

Nach dem Abschied von Franz I. ritt Karl V. nach Sevilla, um die dreiundzwanzigjährige Isabella von Portugal zu heiraten. Sie wurden am 10. März 1526 in der riesigen, fünfschiffigen Kathedrale getraut. Siebenmal war der Kaiser verlobt gewesen, immer hatte es sich um Verlobungen rein politischer Natur gehandelt. Auch diese achte, die zur Heirat führte, war eine Verbindung unter politischen Gesichtspunkten, von allen maßgebenden und unmaßgeblichen Spaniern erwünscht. Die Ehe zwischen Karl und Isabella hätte schwerlich einträchtiger sein können, wenn der Kaiser von Rücksichten auf Staatsklugheit frei gewesen wäre. Siebenmal lag Isabella im Wochenbett, fünf Kinder brachte sie lebend zur Welt, zwei davon starben früh. Der Kaiser hatte mehrere illegitime Kinder; am bekanntesten wurde der Sohn, den er 1546 mit der Regensburger Bürgerstochter Barbara Blomberg zeugte: Don Juan d'Austria. In seinem Testament bestimmte der Kaiser, ihn als seinen Sohn anzuerkennen und am Hof zu erziehen. König Philipp II. legitimierte Don Juan als seinen Halbbruder, später wurde er Admiral, errang den epochemachenden Sieg bei Lepanto und avancierte zum Generalstatthalter der Niederlande.

Das Jahr 1526 verlief trotz der glücklichen Heirat weder geruhsam noch friedlich. Seit Pavia und der Rückkehr Franz' I. nach Frankreich war Karl V. um deprimierende Erfahrungen reicher geworden. Am 22. Mai 1526 schlossen der französische König, der Papst, Venedig, Florenz und Mailand die Liga von Cognac. Heinrich VIII. assistierte diesem antikaiserlichen Bündnis in neutro-aktiver Sympathie. Wiederum sah der Kaiser das Schreckgespenst der Grandes misères de la guerre heraufziehen, ein Menetekel, das ihn genauso bedrückte wie Gattinara. Seine Erbitterung brach in einer der seltenen Spontanäußerungen durch, als er sich Mitte August 1526 vor einer französischen Abordnung erregte: »Wenn Euer König sein Versprechen gehalten hätte, könnten wir uns diese Verhandlungen sparen. Ich will von ihm kein Geld, auch nicht für seine Kinder. Er hat mich betrogen, er hat nicht ritterlich, nicht wie ein Edelmann gehandelt, sondern niederträchtig. Ich fordere, daß der Allerchristlichste König sein Wort hält und wieder mein Gefangener wird, wenn er seinen Vertrag nicht erfüllen kann. Besser wäre, diesen Streit zwischen uns persönlich auszufechten, als so viel Christenblut zu vergießen.« Der Kaiser spielte damit indirekt auf die bedrohlichen Verhältnisse in Ungarn an.

Keine zwei Wochen später, am 29. August, vernichtete Süleyman II. das Heer König Ludwigs II. von Ungarn und Böhmen in der Schlacht von Mohács. Der ungarische Staat zerfiel. Pest wurde von den Osmanen erobert. Der Weg nach Wien schien für sie frei zu sein. Wie wenig man im Reich die Tragweite dieser Entwicklung begriff, zeigten die Fürsten durch ihre Gleichgültigkeit. Luther hatte mit seiner Empfehlung, dem Marsch Süleymans auf Mohács keinen Widerstand zu leisten, nur offene Türen eingerannt. Ähnlich die Herrscher Europas: Für Franz I. gab es keine anderen Dringlichkeiten als die Fortsetzung seines Kampfes um Mailand; der Papst hatte keine anderen Sorgen, als den alten Hunger des Kirchenstaates nach Ferrara zu stillen – Clemens VII. und Franz I. waren 1526 insgeheim mit dem osmanischen Großherrn verbündet; Heinrich VIII. schließlich begann seine außenpolitischen Verbindungen den ganz persönlich-dynastischen Kümmernissen seiner Liebe zu Anna Boleyn unterzuordnen, was nichts anderes hieß, als sich auf irgendeine Weise von Katharina von Aragon, der Tante Karls V., scheiden zu lassen. Dazu aber war die Einwilligung des Papstes nötig, und nach diesem Gesichtspunkt richtete Heinrich VIII. seine europäischen Allianzen aus.

Wenn der Kaiser jemals Aussichten haben sollte, alle Kräfte gegen die Osmanen zu sammeln, mußte das italienische Problem unwiderruflich gelöst sein.

Die Schlacht bei Mohács am 29. August 1526
Rückseite der Erinnerungsmedaille auf den Sieg Süleymans II. über Ludwig II. von Ungarn und Böhmen
Budapest, Magyar Nemzeti Muzeum

Dafür war eine der wesentlichsten Voraussetzungen die Befriedung der religiösen Unruhen im Reich, damit Ferdinand von Norden her Rückendeckung geben konnte. Dieses Kunststück gelang auf dem Reichstag zu Speyer Ende August 1526, da die Lösung der strittigen Fragen bis zur Einberufung eines Konzils oder einer Nationalversammlung aufgeschoben wurde. Als Nachfolger des Jagiellonen Ludwig II., der bei Mohács gefallen war, wurde Ferdinand am 23. Oktober einstimmig zum König von Böhmen gewählt und im Dezember von den habsburgfreundlichen Aristokraten auch zum König von Ungarn erhoben; allerdings hatte sich ein Teil des Adels schon etliche Wochen früher für den Palatin von Siebenbürgen, Johann Zápolya, als König entschieden. Ferdinand sah sich vor der Aufgabe, die Habsburger Rechte sowohl gegen die Osmanen als auch gegen eine starke Partei der Ungarn selbst zu erkämpfen. Die Doppelwahl bedeutete den Auftakt zu einem Bürgerkrieg – das Unglückseligste, das dem Land mit Rücksicht auf die Invasion der Osmanen geschehen konnte. In der Tat lieferte der ungarische Zwist Süleyman dem Prächtigen wiederholt einen Vorwand, um gegen Habsburg militärisch aktiv zu werden. 1541 zog er in Ofen ein, wo für eineinhalb Jahrhunderte ein osmanischer Pascha seine Residenz aufschlug. Ferdinand mußte es dulden, daß Ungarn in drei Interessensphären geteilt wurde. Erst 1547 konnte er mit Süleyman einen Frieden schließen, mußte ihm jedoch einen Jahrestribut aus dem österreichischen Teil Ungarns zugestehen.

Zu Beginn des Jahres 1527 gab es für den Kaiser und für Ferdinand jedoch kein dringlicheres Problem als die bedrohliche Lage in Italien. Die kaiserlichen Truppen waren seit Pavia ohne Sold. Warum sich die Kontingente nicht längst aufgelöst hatten, bleibt eines der vielen Rätsel, mit denen die Geschichte dafür sorgt, daß die Räume der Spekulation nicht durch Rationalität vergittert werden. Ferdinand gelang es, namhafte Geldbeträge aufzutreiben, die er Frundsberg nach Meran sandte. Die Staatsschrift des Kaisers gegen den Papst vom September 1526 zirkulierte durch die Lande. Sie enthielt nahezu jede allgemeine Kritik an der Kurie und entfachte bis zu den Landsknechten hin Begeisterung: Man wolle ohne Sold dienen, Mailand befreien und nach Rom ziehen, gegen den Papst, der nicht die Rolle »des Vaters, sondern des Feindes, nicht des Hirten, sondern des Wolfes« spiele, wie der Kaiser geschrieben hatte. Die Landsknechte suchten sich Pfade jenseits der verschneiten Pässe, die von den Schweizern und von den venezianischen Söldnern gesperrt waren. Sie kamen in die Lombardei mit dem, was sie hatten tragen können, ohne Geschütze und Pferde. Der Herzog von Ferrara, eben erst durch ein neues Bündnis fest auf der Seite des Kaisers, stellte sofort seine überlegene Artillerie zur Verfügung, brachte Pferde, Verpflegung, Ausrüstung. Lawinengleich wälzte sich das Landsknechtsheer nach Süden. Plötzlich flammte die Parole auf: »Geld! Geld!« Die Söldner weigerten sich weiterzuziehen, bevor sie bezahlt seien. Frundsberg versuchte es mit seinen alten Appellen, erinnerte an die großen Siege, die Schwüre und Gelöbnisse: Wenn das Heer stehen bleibe, verkomme es, in Rom dagegen sei alles zu finden. Sie schrien ihn nieder, Spieße wurden gegen ihn gefällt. Rasender Zorn ballte sich in Frundsberg zusammen; er brach zusammen, vom Schlag gerührt, und wurde gelähmt nach Ferrara gebracht. Jetzt zog das Heer weiter, jedoch anders, als es Frundsberg gewollt hatte: In Rom werde man sich selbst bedienen.

Am 6. Mai 1527 wurde die Ewige Stadt gestürmt. Der Papst flüchtete in die Engelsburg. Er bot einhundertfünfzigtausend Dukaten. Die Landsknechte forderten das Doppelte, sonst würden sie über den Tiber setzen und mit der Plünderung Roms beginnen. Clemens VII. konnte sich nicht entschließen, er hoffte auf das Heer der Liga. Die Landsknechte warteten bis zum Ablauf ihres Ultimatums. Nach Mitternacht, in den ersten Stunden des 7. Mai, begann die Plünderung, der fürchterliche Sacco di Roma. Eine Vernichtungsorgie beendete die glänzendste Epoche Europas. Mit dem Sacco di Roma kam es zum Bruch des Papsttums der Hochrenais-

Feldlager vor Rom
Federzeichnung von Melchior Feselen
Erlangen, Universitätsbibliothek

sance. In einem venezianischen Bericht aus der Stadt unter dem Datum vom 10. Mai 1527 steht der Satz: »Die Hölle ist nichts im Vergleich zu dem Anblick, den gegenwärtig Rom darbietet.« Der Widerhall in Europa läßt sich genauso schwer resümieren wie das tatsächliche Ausmaß der Katastrophe. Erschüttert schrieb Erasmus an seinen Freund, den großen Kardinal und Humanisten Jacopo Sadoleto: »Rom war nicht allein die Burg der christlichen Religion, die Ernährerin der edlen Geister und das ruhigste Asyl der Musen, sondern auch die Mutter aller Völker. Ja, wie vielen war Rom nicht teurer, süßer, segensreicher als ihr eigenes Vaterland? In Wahrheit, dies war der Untergang, nicht der Stadt, sondern der Welt.«

Erst nach Monaten verließ das kaiserliche Heer die Mauern und zog nach Süden; das Heer der Liga folgte. Ein Versuch, Rom zu entsetzen, war nicht unternommen worden. Die Kaiserlichen sammelten sich in Neapel, wo sie von ihren Gegnern eingeschlossen wurden. Den Sperring vollendete die Seeblockade des Admirals der Franzosen, des genuesischen Condottiere Andrea Doria; seine Schiffe legten den Hafen völlig still. In Neapel schien dem Rest des Landsknechtsheeres und den Spaniern eine Sühne größten Ausmaßes sicher zu sein. Tatsächlich stand die Sache des Kaisers in Italien äußerst schlimm, doch wider Erwarten nicht sehr lange. Franz I. hatte sich nicht im geringsten um seine Verbündeten gekümmert, hatte sie im Stich gelassen, nicht versorgt, die Mannschaften nicht aufgefrischt. Leyva gelang es, von Mailand aus Pavia zu erobern. Ferdinand schickte bereits neue Truppen über die Alpen. In diesem Augenblick entschloß sich plötzlich auch Andrea Doria, der von der herablassend gleichgültigen Behandlung durch Franz I. genug hatte, die Flagge zu wechseln. Er unterzeichnete ein Bündnis mit dem Kaiser und gehörte seit diesem Tag zu den zuverlässigsten Freunden Karls V. Die Truppen in Neapel erhielten Verpflegung, erholten sich rasch und zersprengten wenig später in der Schlacht von Aversa das französische Heer. Kurz darauf stand ganz Süditalien wiederum auf der Seite Karls V. Die Entscheidung fiel allerdings erst in der Mitte des folgenden Jahres. Im Juni 1529 schlug Leyva nochmals ein Heer Franz' I., dessen Hauptmacht aus zehntausend angeworbenen deutschen Landsknechten bestand, bei Landriano vernichtend. Bis zu Napoleon blieb Italien frei von französischen Truppen. Am 29. Juni 1529 wurde in Barcelona ein Sonderfrieden zwischen Kaiser und Papst ratifiziert. Am 3. August schlossen Margarete, die Regentin der Niederlande, und Louise von Savoyen – Freundinnen seit den Kinderjahren Margaretes in Frankreich – für Karl V. und Franz I. den »Damenfrieden« von Cambrai. Frankreich unterzeichnete hier einen Vertrag, dessen Artikel zum Teil noch die Madrider Vereinbarungen übertrafen. Franz I. heiratete nun Karls Schwester Eleonore, wie in Spanien beschworen und dann nicht gehalten. Auf das, was den Kaiser mehr interessierte als jeder sonstige Gewinn – die Bourgogne –, mußte er auch diesmal verzichten.

Hatte er sich besonnen? Waren die Osmanen wichtiger, die deutschen Fragen dringlicher, mußte er nicht alles daransetzen, um endlich persönlich in

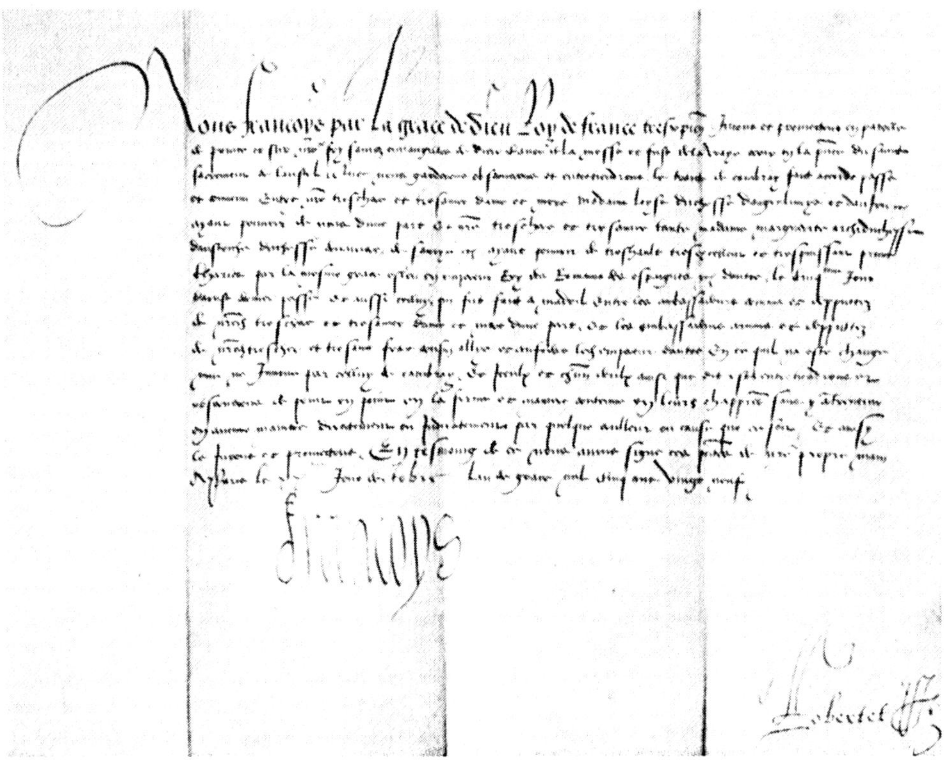

Der Damenfriede von Cambrai
Ratifikationsurkunde vom 20. Oktober 1529 mit der Unterschrift Franz' I. von Frankreich
Wien, Haus-, Hof- und Staatsarchiv

Clemens VII. und Kaiser Karl V. während der Bologneser Gespräche im Januar/Februar 1530
Zeichnung von Sebastiano del Piombo, 1530
London, British Museum

Italien zu erscheinen? Schon im August landete Karl in Genua, nichts anderes im Sinn, als »Frieden und Ordnung zu stiften«, schnell zu stiften; denn im September zogen die Osmanen vor Wien, belagerten es, wurden zwar abgeschlagen, aber die Gefahr blieb bestehen. Im Dezember trafen sich Kaiser und Papst in Bologna; sie blieben vier Monate zusammen, hofierten sich, konferierten miteinander, mißverstanden sich, versuchten, die Mißverständnisse auszuräumen. Am 22. Februar 1530 wurde Karl V. von Clemens VII. mit der eisernen Krone der Lombardei gekrönt, zwei Tage darauf, ein Lustrum nach Pavia und wiederum an seinem Geburtstag, dem dreißigsten, in der Kirche San Petronio mit der Krone des Heiligen Römischen Reiches. Wegen der Lage in Deutschland wurde darauf verzichtet, die Zeremonie in Rom durchzuführen. Es war das letzte Mal in der Geschichte, daß der Papst persönlich einen Kaiser gekrönt hatte.

Innerhalb der imperialen Pläne und der europäischen Stellung des Kaisers bildet das Jahr 1530 ein Achsenjahr. Karl V. befand sich nunmehr an der Spitze eines Weltimperiums, er hatte die Macht des Reiches restituiert, die Verhältnisse in Italien geordnet. Wenn jemals, dann war die Apenninenhalbinsel im Jahr 1530 geeint, anders als es Machiavelli ersehnt hatte, dennoch befriedet und von einem Fürsten zusammengehalten, den nur eine verquere Phantasie als Fremdherrscher hätte bezeichnen können. Im April 1530 zog der Kaiser über die Alpen, zum Augsburger Reichstag, der am 20. Juni eröffnet wurde. Hauptpunkt war die Glaubensfrage. Der Kaiser hoffte, daß er auch die Einheit der Kirche wiederherstellen könne. In dem kaiserlichen Ausschreiben vom Januar 1530 hatte es zuversichtlich geheißen: »Wir wollen versuchen, alle Meinungen zu einer christlichen Wahrheit zu vergleichen und alles abzutun, was auf beiden Seiten unrichtig ausgelegt oder getan worden ist, auf daß wir die Zwietracht und vergangene Irrtümer überwinden, eines jeglichen Meinung in Liebe und Gütigkeit hören, verstehen und erwägen und also alle in einer Gemeinschaft, Kirche und Einigkeit leben.« Der Kaiser war festen Willens, sich in einem weitgehenden Kompromiß mit den Protestanten zu einigen. Daß er der Repräsentant katholischer Altgläubigkeit und Dogmenstarrheit sein würde, war von dem weltlichen Herrn der gesamten Christenheit nicht zu erwarten; zudem hielt er unverändert an seinem Entschluß fest, mit Hilfe eines allgemeinen Konzils eine grundlegende Kirchenreform durchzuführen. Das Projekt eines solchen Universal-Konzils war allerdings bei den Renaissance-Päpsten seit dem einhundert Jahre zurückliegenden Basler Konzil nie mehr auf Gegenliebe gestoßen. Die Päpste befürchteten von einem solchen Konzil nicht so sehr die Wiederbelebung oder Erneuerung des Konziliarismus, wohl aber hatten sie Sorge, die Konzession eines Konzils mit der Reduzierung ihrer übermächtigen Stellung bezahlen, also die Basis ihrer eindrucksvollen Stärke aufgeben zu müssen.

Im Jahr 1530 wurde nicht einmal von den radikalen Lutheranern die unverbrüchliche Einheit des christlichen Glaubens und seiner Kirche bezweifelt. Ihre Erwartungen auf dem Reichstag richteten sich auf die achtundzwanzig Artikel der ›Confessio Augustana‹, die von den evangelischen Reichsständen als offizielles Bekenntnis vorgelegt wurden. Die katholische Kommission arbeitete eine Antwort darauf aus: die ›Confutatio‹, die vom Kaiser zwar anerkannt und unterschrieben wurde, jedoch nicht sein letztes Wort darstellte, vielmehr sein erstes, mit dem die Verhandlungen begannen. Daß der Ausgleich zwischen den beiden Denkschriften mißlang, war nicht die Schuld Karls V., sondern des Kardinals Lorenzo Campeggio. Die Kommissionen hatten sich bereits über alle strittigen Fragen geeinigt, nur vier Punkte standen noch offen, derenthalben der Kaiser den päpstlichen Nuntius dringend bitten ließ, den Protestanten darin so lange ihre Freiheit zu lassen, bis ein Allgemeines Konzil darüber befinde. Aber Campeggio lehnte ab. Dadurch wurde die Kluft zwischen den Religionsparteien tiefer als zuvor aufgerissen. Der Reichstagsabschied vom 19. November war in seiner Härte das Gegenteil dessen, was der Kaiser angestrebt hatte. Er sah sich gezwungen, seine Hoffnungen aufzustecken, die deutschen Glaubenswirren friedlich zu lösen und damit die Gefahr einer Exekution, das hieß praktisch: eines Bürgerkrieges, im Ansatz zu ersticken. Trotzdem gab er noch nicht völlig auf. Wie schon beim Wormser Edikt von 1521 und beim Reichstagsabschied in Speyer von 1529 wurde vorerst nichts unternommen, um die Beschlüsse durchzuführen. Die Glaubensfrage blieb – zwangsläufig, notgedrungen, absichtlich – in suspenso, bis sie 1555 durch den Augsburger Religionsfrieden als akzeptierte Glaubensspaltung festgeschrieben wurde.

Auch in persönlicher Hinsicht wurde 1530 für den Kaiser ein Jahr des Abschieds. Gattinara starb Anfang Juni in Innsbruck. Der Verlust war schwer, obwohl Karl V. schon seit 1525 während der Auseinandersetzungen vor Abschluß des Madrider Vertrages von seinem meisterlichen Berater zunehmend Abstand genommen hatte. Wichtigste Mitarbeiter wurden jetzt Francisco de los Cobos und Nicolas Perrenot de Granvelle. Der Kaiser verhielt sich jedoch seit 1530 so, wie es ihm sein Beichtvater Don Garcia Loaysa empfohlen hatte, was nicht heißt, daß eine solche Empfehlung nötig gewesen wäre: »Mein Votum also wäre, daß Eure Majestät Ihr eigener Großkanzler sei, aber alle Geschäfte mit diesen beiden behandelte.« Ende November des gleichen Jahres verstarb Margarete von Österreich, die Regentin der Niederlande. An ihre Stelle rückte des Kaisers Schwester Maria, die Witwe des gefallenen Königs Ludwig II. von Ungarn.

Das Provisorium der religiösen Atempause im Reich wurde vor allem durch die Vorstöße des Osmanensultans aufrechterhalten. 1532 war Süleyman II. mit einem Riesenaufgebot im Südosten herangerückt. Reichshilfe wurde erbeten und auch gewährt. Im September zog sich das Osmanenheer wieder zurück. Daß die Konfrontation mit dem Serail zu einem europäischen Problem erster Ordnung geworden war, bewies ein neuer Kriegszug Hayrettin Barbarossas, des osmanischen Admirals in Algier, der mit seiner Flotte vor Neapel aufkreuzte, die Stadt plünderte, nach Sardinien segelte, die Insel überfiel, mit der Beute südwärts abdrehte, um in einem blitzschnellen Coup Tunis für seinen Sultan zu erobern. Der Kaiser erhielt damit ein Signal, das auch auf die europäischen Mächte vorübergehend pazifizierend wirkte, sogar auf Frankreich. Diesmal führte Karl V. persönlich seine Flotte und das Heer. Mitte 1535 landeten die Truppen in Nordafrika. Tunis wurde gestürmt, ein Großteil der Schiffe Barbarossas erobert. Die osmanische Vorherrschaft im westlichen Mittelmeer war zunächst gebrochen.

Frankreich reagierte auf diesen neuerlichen Erfolg des Kaisers besonders empfindlich. Seit bald zwei Jahrzehnten waren für den König die Kreuzzugsparole das eine und der frei blühende Handel mit der Levante das andere. Der Kaiser in Tunis – das bedeutete die bisher schwerste Bedrohung der französischen Privilegien bei den Osmanen. Franz I. zögerte nicht lange, seine gewohnheitsmäßige Verantwortungslosigkeit ließ ihn im Stich. Zunächst griff er zu dem wirkungsvollsten Mittel, um dem Kaiser Schwierigkeiten zu bereiten: Obgleich tadelsfrei katholisch, begünstigte er wieder kräftig die Sache Luthers. Nun starb im November 1535 Francesco II. Sforza, der Herzog von Mailand, dem der Kaiser 1529 das Reichslehen förmlich verliehen hatte. Wenn der französische König seine italienische Politik überdachte, mußte er feststellen, daß er ein Fiasko ans andere gereiht hatte. Im Damenfrieden von Cambrai hatte man ihn sogar zum öffentlichen Eingeständnis dieser Unglückspolitik genötigt. War aber deshalb Mailand wirklich verloren? Franz I. wollte davon nichts wissen; er besaß Mailand, solange er lebte, die Rechte darauf existierten unveränderlich als fixe Idee in seinem Kopf. So erneuerte er im November 1535 seine Ansprüche, entgegen allen Vereinbarungen.

Karl V. erhoffte sich in dem neuen Zwist die Unterstützung Pauls III., des früheren Alessandro Farnese, der in der Zeit der Borgia als Cardinale della Gonella die Römer vergnügt hatte; er war 1534 zum Papst gewählt worden. Paul III. besaß zwar ein härteres Profil als Clemens VII., hatte aber auch viel Sinn dafür, daß seine große Verwandtschaft auf fette Pfründe oder zumindest auf mehrfache Titulatur erpicht war. Der Kaiser suchte den Pontifex in Rom auf, doch der Papst beharrte auf strikter Neutralität, und das wirkte sich nach Lage der Dinge unweigerlich als eine Parteinahme für Frankreich aus. Inzwischen war Franz I. ins Herzogtum Savoyen eingefallen; die französischen Truppen rückten im April 1536 bis nach Piemont vor und standen vor Turin. Karl V. versuchte hart zu kontern, indem er den Krieg nach Frankreich tragen ließ – ein Fehlschlag; denn die Franzosen hatten die Provence bei ihrem Rückzug systematisch verwüstet. Die Kaiserlichen besetzten ein totes Land und mußten schon nach sechs Wochen den Feldzug abbrechen. Die Neutralität des Papstes, die sich für Franz I. so gedeihlich entwickelte, stärkte die Absichten Frankreichs, sich endlich offen mit den Osmanen zu alliieren. Schon im Frühjahr 1535 hatte der König eine Botschaft seines Landes an der Hohen Pforte eingerichtet und im Februar 1536 mit dem Sultan das erste offizielle Bündnis einer europäisch-christlichen Macht geschlossen. Die Osmanen erklärten sich bereit, den französischen Seehandel zu schützen, dafür öffnete Frankreich seine Häfen den Kriegsschiffen der Hohen Pforte. Dies war der härteste Schlag, der bisher gegen alle Pläne des Kaisers für einen allgemeinen Krieg gegen den Sultan geführt wurde. Franz I. sagte sich ferner von den Artikeln des Damenfriedens los, erhob neue Lehnsansprüche auf Flandern sowie den Artois und ließ seine Truppen in die Niederlande vorstoßen.

Schließlich zwang Paul III. die Rivalen an den Verhandlungstisch; denn die Konsequenzen, die sich abzuzeichnen begannen, überstiegen seinen Willen zur Neutralität. Im Juni 1538 wurde in Nizza ein Waffenstillstand geschlossen; der Kontrakt sollte immerhin volle zehn Jahre gelten. Eine persönliche Zusammenkunft mit Franz I. in Aigues-Mortes erfüllte den Kaiser noch einmal mit nahezu emphatischen Hoffnungen auf einen langen Frieden mit Frankreich. Er gab sich seiner Zuversicht nicht zuletzt aus Gründen eines Trostbedürfnisses hin, das in ihm entstanden war, weil er Isabella am 1. Mai 1539 verloren hatte; sie war im Wochenbett verstorben. Seine politischen Erwartungen wurden rasch enttäuscht. Seit 1540 rechnete er nicht mehr damit, daß Europa eine dauerhafte Entspannung beschert werde. Er betrachtete von diesem Augenblick an den Kampf gegen Frankreich als einen Dauerzustand, für den es zwei Formen gab: entweder Krieg oder Vorbereitung auf den Krieg. Bevor der nächste Waffengang fällig war, wollte er Algier erobern. Er ignorierte die Warnungen erfahrener Kapitäne vor den Herbststürmen; die Flotte stach in See und kreuzte Ende Oktober 1541 vor der nordafrikanischen Küste. Ehe jedoch die Landung in ihrer ersten Phase beendet war, setzte ein Sturm ein, der viele Tage anhielt, so daß die Flotte zersprengt wurde. Die Expedition endete mit einem völligen Mißerfolg. Der Kaiser durfte sich glücklich schätzen, daß er Spanien wieder erreichte.

San Yuste – Zäsur des Jahrhunderts

Im darauffolgenden Frühjahr begann Franz I. seinen letzten Krieg gegen Karl V. Er fiel in die Niederlande ein. Der Kaiser mußte erneut Spanien verlassen; er nahm den Weg über Italien, konnte aber auch diesmal den Papst nicht für sich gewinnen. Dann überquerte er die Alpen, erreichte auf dem Reichstag zu Speyer, daß die Stände ihm Hilfe sowohl gegen Frankreich als auch gegen die Osmanen bewilligten, und zog danach mit einem mächtigen Heer in Richtung Paris. Jetzt endlich brach Franz I. mit seiner Politik gegenüber dem Kaiser, die er ein Vierteljahrhundert lang selbstgefällig, unerschütterlich und leichtfertig betrieben hatte. Im Frieden von Crépy-en-Laonnais, geschlossen am 18. September 1544, verzichtete der König auf seine Eroberungen in Savoyen und Piemont, gab seinen Pakt mit den Osmanen preis und verpflichtete sich zur Hilfe gegen sie, sagte sich von jeder Unterstützung der Protestanten los, versicherte den Kaiser bei dem Kampf gegen sie seiner Assistenz, ebenso seines Beistands während des geplanten Kirchenkonzils, und er garantierte dem Kaiser auch militärische Dienste gegen England, falls er sie benötige und erbitte. In Crépy setzte Karl V. den Schlußpunkt unter das Kriegskapitel der französisch-habsburgischen Politik seiner Zeit. Franz I. überlebte den Vertrag nur um zweieinhalb Jahre: Am 31. März 1547 starb dieser königlichste Schelm, den sich Frankreich bis dahin geleistet hatte, zwei Monate nach dem Tod Heinrichs VIII. Seinen Prinzipien war Franz I. bis zum Ende treu geblieben; denn schon im Herbst 1545 hatte er abermals seine Ansprüche auf Mailand angemeldet, alle Zusagen von Crépy widerrufen und den protestantischen Rebellen im Reich Kriegshilfe zugesichert.

Wer in Deutschland noch immer die Herrschaft innehatte, das zeigte ihm der Kaiser rasch genug. Im Juni 1546 arrangierte er sich mit dem Papst. Die Schmalkalden-Liga hatte verkündet, daß sie sich mit den Waffen gegen alle Konzilsbeschlüsse wehren würde. Der Kaiser erklärte die Acht gegen den Landgrafen von Hessen und den Kurfürsten von Sachsen und entschloß sich zum Krieg gegen sie »als Störer des gemeinen Friedens und der Gerechtigkeit, als die Verächter der Autorität des heiligen Reiches«. In diesem Kampf ging es zwar um die Religion, doch Karl V. wußte gut genug, daß hinter dem Schild des Glaubens die deutschen Fürsten und Feudalherren gegen ihn und die Reichseinheit kämpften. Sein Entschluß fiel in Regensburg, wohin er im Frühjahr 1546 die Protestanten zu einem Religionsgespräch geladen hatte. Der Kaiser war unbewaffnet gekommen; er wartete mit dem Ge-

Das kaiserliche Heerlager vor Lauingen im Donau-Ried während des Schmalkaldischen Krieges
Gemälde von Mathis Gerung, nach 1546
Lauingen a. d. Donau, Museum der Stadt

folge ohne Nervosität seine heranziehenden Truppen ab. Er feierte sogar die Hochzeit zweier Nichten. Seine bedächtige Ruhe wirkte auf die Protestanten verwirrend. Ein Beobachter schrieb: »Der Kaiser und seine Pfaffen sind fröhlich, sie bankettieren und tanzen, als ob keine Not vorhanden sei.« Das war der Augenschein, das »Als ob« der immer überlegenen, formvollendeten Kontenance des Kaisers. Denn in Regensburg hatte Karl V. sich zu einer der schwersten Einsichten seines Lebens durchgerungen: Es sei ihm nicht vergönnt, die »liebliche Eintracht der Kirche« in Deutschland friedlich herzustellen. Das war eine entscheidende Veränderung seiner politischen Grundannahmen. Er mußte damit allein fertig werden, und er bewältigte es, indem er sich zusätzlich der Hilfen bediente, die einem Menschen gegeben waren, »der sehr zu sinnlichem Genusse neigte«, wie die Ärzte ihn charakterisierten. Er ließ sich monatelang von der neunzehnjährigen Barbara Blomberg berücken, deren Temperament ihn nicht minder festigte als der Trost des Gebets. Am 24. Februar 1547 wurde Don Juan d'Austria in Regensburg geboren, das letzte Kind des Kaisers. Im darauffolgenden April entschied Karl V. mit dem glänzenden Sieg bei Mühlberg den ersten Religionskrieg im Reich zu seinen Gunsten. Den Religionsfrieden konnte er dadurch allerdings nicht herbeiführen.

Dieser Friede lag nicht mehr in seiner Hand. Jahrzehntelang hatte er die Einberufung eines Reformkonzils gefordert. Doch Paul III. schrieb es bewußt zu einer Zeit aus, in der es alle Verständigungsbemühungen zwischen den Religionsparteien im Reich zunichte machen mußte. Seiner Anfangstendenz blieb das gesamte Tridentinum verpflichtet, so positiv es sich auch auf die inneren Verhältnisse und den Gesamtzustand der römischen Kirche auswirkte. Führend bei der Erneuerung des katholischen Christentums wurde die Societas Jesu, die der spanische Edelmann und Offizier Ignatius von

Loyola ins Leben gerufen hatte und die 1540 von Paul III. durch die Bulle ›Regimini militantis ecclesiae‹ als Orden genehmigt worden war. Die Vereinigung ist ursprünglich nicht eigens gegen den Protestantismus gerichtet gewesen, aber es ergab sich zwangsläufig aus ihrem Wesen, daß sie sich zum erfolgreichsten Kampfverband Roms entwikkelte. Das neue Gelübde des unbedingten Gehorsams gegen den Papst (sine ulla tergiversatione aut excusatione) prädestinierte sie zu dem hervorragendsten Werkzeug der katholischen Renovatio, zumal in der Auseinandersetzung mit dem lutherischen Ketzertum. Dieser Kampf wurde von den Jesuiten mit einer geharnischten Unerbittlichkeit geführt, die ihre tiefen Spuren nicht nur in der Geschichte der katholischen Kirche hinterlassen hat.

Der Kaiser hatte wiederholt mit dem Gedanken gespielt, frühzeitig Teile seiner Macht in andere Hände zu legen; das erste Mal bereits im Jahr 1542. Nach dem Verrat des Kurfürsten Moritz von Sachsen und der abgebrochenen Belagerung von Metz verließ er das Reich. Im Herbst 1555 beauftragte er seinen Bruder Ferdinand mit der Führung der Reichsangelegenheiten. Dann trat er von der Großmeisterwürde des Ordens vom Goldenen Vlies zurück, übertrug seinem Sohn Philipp die Niederlande und verzichtete in einem letzten zeremoniellen Akt der Abdankung Mitte Januar 1556 zu Brüssel auch auf seine spanischen Reiche, auf Sizilien und die »Neuen Indien«, Spaniens amerikanische Besitzungen. Sein Verzicht auf die Reichsführung wurde von den Kurfürsten erst im Februar 1557 entgegengenommen. Im September 1556 brach die kaiserliche Flotte nach Spanien auf, Ende des Monats erreichte sie die Nordküste des Landes. Karl V. reiste ohne Verzögerung weiter ins Gebiet von Estremadura, Spaniens Mittelwesten. Dicht bei Jarandilla, im Gebirge nördlich des Tietar, oberhalb des Tajo, lag das Kloster San Jeronimo de Yuste. Es gehörte dem reichen, vornehmen Orden der Hieronymiten, einer Kongregation der Augustinerregel. Hier ließ Karl V. eine Villa errichten, angelehnt an die Klostermauern. Ihre Gliederung hielt sich an die Struktur des Prinsenhofes in Gent, seiner Geburtsstätte. Im Februar 1557 bezog er die Räume dieses Palacio del Emperador. Sein kleiner Hof, immerhin rund fünfzig Personen, wurde teils im Kloster, teils im nahe gelegenen Dorf Quacos einquartiert. Eineinhalb Jahre lebte der Kaiser in dieser selbstgewählten Abgeschiedenheit, für sich allein, und doch engstens einer Gemeinschaft benachbart, die ihr Leben Gott gewidmet hatte. Von seinen Zimmern hatte der Monarch einen direkten Zugang in die Klosterkirche, und ein Fenster in der Innenmauer ermöglichte es ihm, von seinem Bett aus den Altar zu sehen, somit indirekt an der Messe teilzunehmen. In diesem Raum sollte er am 21. September 1558 sterben.

Von Estremadura aus, dieser ärmsten Landschaft Spaniens, vermochte er gelassen die beherrschenden, die tumultuösen Wirklichkeiten der Welt zu überblicken, diesen chaotischen Wirbel der Koalitionen und Interessen, Kontrakte und Meineide, Landgier und Friedensziele. Er konnte dem politischen Spektakulum, das ständig betäubte und dennoch faszinierte, ganz anders als früher zusehen. Hier umkreiste ihn kein Schwarm von Absichten, Gelüsten, Vorurteilen, Lügen, Süchten in der Gestalt von Menschen. Er widmete sich den Ereignissen des Welttheaters in einem Zustand archaischer Abstraktheit – wie er es als Herrschender gehalten hatte, wenn er die Fülle der Einzelheiten mißachtete, über sie nicht entschied, sie beiseite ließ, um sich die großen Linien der Politik nicht verdecken zu lassen. Kaiserliche Politik hieß für ihn die Anarchie als Ordnung erkennen. An der Jahreswende 1555/56 hatte er abgedankt; er hatte nicht resigniert. Denn Resignation war nie seine Sache gewesen, oder nicht mehr und nicht weniger als in seinen ersten Jahren, da er »als Jüngling, kaum mir selbst bewußt« die entschlossene Anstrengung auf sich genommen hatte, sein Imperium aufzurichten und in diesem Reich die Ordnungsbegriffe der christlichen Kirche und ihren Glauben zu verankern. Sein Staat sollte christlich sein, doch um seine Grundlage zu erhalten, mußte man politisch handeln, was mit Christentum nichts zu tun hatte. Karl V. schätzte seinen Machiavelli. Die Gliederung und Architektur seines Reiches konstituierte sich nach der Staatsidee, der konkrete Aufbau und seine Sicherung dagegen bildeten eine politische Frage. Und politische Fragen hatte der Kaiser niemals im Interesse von Gefühlen entschieden, auch nicht nach religiös-ethischen Gefühlen, sondern im Interesse seines Staates. Daß bei Karl V. eine Kongruenz von politischem Anspruch und überkommener Stellung herrschte, war nicht Glück oder Zufall, sondern ein Aktivum der staatsmännischen Bilanz, das wesentlich dazu beitrug, seinen Plänen und Entscheidungen einen scharfen Zug des Endgültigen zu geben. Spanisch daran war die unbedingte Entschlossenheit, die dem Leiden genausowenig auswich wie der Askese und der Grausamkeit. Burgundisch war die Kraft des Kaisers zur Gestaltung, der Wille zum Gefügten, zu bündiger Gliederung. Auf diese Formungsenergie war die imperiale Ordnung angewiesen.

Das entsprechende Vermögen des Kaisers speiste sich aus seiner politischen Leistungsfähigkeit, nicht aus irgendeiner Vergangenheitsorientierung oder restaurativ-mittelalterlichen Verwurzelung – ein Irrtum, der zu vordergründig ist, als daß er nicht in tibetanischer Beharrlichkeit bis heute wiederholt worden wäre. Weder seine Ideen vom Kaisertum noch sein vielberufener Universalismus waren mittelalterlich. Vom »Universalen« hatte der Kaiser oft genug gesprochen. In einer Denkschrift des Jahres 1523 versicherte Gattinara: »Eure Angelegenheiten sind die der ganzen Christenheit und gewissermaßen der ganzen Welt.« In der Tat, für diese Angelegenheiten fühlte sich der Kaiser zuständig und war es auch de facto, aber sie wurden von ihm höchst sachlich als das eingeschätzt und behandelt, was sie in seinem Jahrhundert – nicht zuletzt durch ihn selbst – geworden waren: internationale Angelegenheiten. Wenn der Begriff des Mittelalterlichen bei Karl V. überhaupt einen Sinn haben sollte, dann nur im Bereich der Religion. Allerdings bleiben die daraus abgeleiteten Konsequenzen für die gelebte Frömmigkeit fragwürdig; denn das Christentum eines römisch-katholischen Gläubigen unserer Gegenwart, der vor dem Kruzifix kniet, ist so »mittelalterlich« wie jenes Karls V. Des Kaisers Bestreben, die abendländisch-christliche Einheit auch politisch zu erhalten, siedelte jenseits von diskussionswürdigen Epochenbegriffen, da diese Einheit zu seiner Zeit eine handfeste Realität war. Die Epoche selbst war christlich durch und durch, noch immer. Andernfalls hätte die Reformation keine derartige Fülle religiöser Eruptionen ausgelöst; wäre die Rom-Orientierung der herrschenden Fürsten längst korrumpiert gewesen, hätte es nicht bei der Ausbildung moderner Staatlichkeit derart gewaltiger Anstrengungen bedurft, um sich von der christlichen Oberhoheit zu distanzieren, ohne die Bindungen an Rom zu durchtrennen.

Einheit, auch unter dem Zeichen des Kreuzes, betrachtete der Kaiser nicht als Einebnung des Glaubens. Er selbst war fromm, aber ebenso rational und großzügig. Seine Schwester, Maria von Ungarn, hatte mit den Protestanten stark sympathisiert und sich deshalb 1530 auf dem Reichstag zu Augsburg besorgt erkundigt, wie Karl mit den Lutheranern verfahren werde. Der Kaiser konnte sie beruhigen: »Der Bischof von Sevilla hat mir den Rat gegeben, ich sollte ja nicht Tyrannei üben, sondern fleißig erkunden, ob die Lehre streitig wäre mit den Artikeln unseres christlichen Glaubens. So befinde ich, daß die Leute (Luthers) nicht so teuflisch sind, wie vorgebracht ist, es betrifft auch nicht die zwölf Artikel (des apostolischen Glaubensbekenntnisses), sondern äußerlich Ding, darum hab ich's auch den Gelehrten (zur Beratung) übergeben.« Theologisch war damit nichts Gewichtiges gesagt, doch der Kaiser war auch kein Theologe und deshalb kein Gladiator in der Arena des Religionskrieges. Er war ein demütiger Christ, undifferenziert, geduldig, nicht minder seinem Gott unterworfen, als sich Luther vor Gott empfunden hatte. So hat Tizian den Christen Karl auf der ›Gloria‹ gemalt, seinem gewaltigen Tafelbild vom Jüngsten Gericht, gedacht für die Klosterkirche von San Yuste, heute im Pra-

Karl V. als gläubiger Christ mit Familienangehörigen:
seiner verstorbenen Gemahlin Isabella, seiner Schwester Maria (von Ungarn),
seinem Sohn Philipp (II.) und seiner Tochter Juana
Aus dem für San Yuste bestimmten Altarbild ›Gloria‹ von Tizian, 1554
Madrid, Museo del Prado

do: In einer weißen Kutte, kniend, die gefalteten Hände dem Herrn entgegengestreckt, neben sich die abgelegte Kaiserkrone.

Bestand denn tatsächlich ein fundamentaler Gegensatz zwischen dem Kaiser und dem Reformator? Glaubensintensitäten entziehen sich Bemessungen. Luthers oft beschworenes Sündenbewußtsein war extrem ausgebildet, sein Ringen um Gott voll verzweifelnder Kraft. Immerhin enthielt diese protestantische Gläubigkeit auch zentrale Elemente einer religiösen Selbstauflösung, die dreihundert Jahre später durch Sören Kierkegaard zu welthistorischem Format weitergetrieben wurde. Die reflektierte Frömmigkeit begriffswendiger Nachfahren Hiobs, die ganz im Bann ihrer eigenen Heillosigkeit standen, war dem Kaiser fremd. Seine Demut vor Gott hatte mit dem sich selbst vernichtenden »Sack und Asche«-Glauben des Reformators nichts zu tun. Karl V. mußte weder um seinen Glauben noch um seinen Gott ringen, da sein Glauben zu seinem Leben gehörte wie ein physiologisches Substrat und er sich schrankenlos in Gott geborgen fühlte. Wegen dieses ungebrochenen Glaubens stand Karl V. bedingungslos zur Papstkirche. Als eines der hervorstechenden Merkmale an der römischen Katholizität empfand er die Energie des Formalen. Sie hatte während ihrer jahrhundertelangen Geschichte eine bemerkenswerte Fähigkeit entwickelt, dem Menschen Gliederungen zu liefern, die ihn davor bewahrten, sich seinen ikarischen Begabungen selbst zum Opfer zu bringen. Auch als Staatsmann mußte Karl V. bei der Kirchenreform dem Institutionellen einen hohen Rang zusprechen. Luther stellte das Kirchenproblem beiseite, um dem Glauben unbegrenzten Platz zu schaffen. Dadurch begann das leidensvolle Laborieren der Protestanten am Kirchenbegriff. Der Kaiser vermochte die Gegensätze nicht zu versöhnen, aber gerade deshalb muß hervorgehoben werden, daß ohne seine Kämpfe gegen ein Papsttum, das nicht mehr die Hirtenfunktion sah, sondern die Pontifices dazu verführte, halb Krieger und halb Krämer zu sein, niemals das Konzil von Trient zustande gekommen wäre.

Wenn Karl V. von San Yuste aus die Welt betrachtete, geriet in sein Blickfeld kaum etwas, das nicht mit seinem Wahrzeichen in Berührung gekommen wäre – dem kaiserlichen Doppeladler: das königlich geeinte Spanien, im Begriff, seine Jahrhundertrolle anzutreten, und die Casa d'Austria, das mächtigste Herrscherhaus Europas. Das Reich war zwar nicht so, wie es seinen Reformplänen entsprochen hätte, trotzdem durfte er sich sagen, daß es ihm gelungen war, die zentrifugalen Kräfte der Reichsstände aufzufangen und das Zerbrechen des Reiches zu verhindern. Obschon er unter der Destruktionsgefahr des Religionsfriedens litt – die Kirchenreform war nicht geglückt –, konnte er zufrieden feststellen, daß der Erdkreis »habsburgisch« war. Karl V. hatte nicht vergeblich um eine überholte Idee des Kaisertums und um die christlich geprägte Einheit des Abendlandes gekämpft; er hatte sie – ohne daß ihm dies bewußt gewesen wäre – zur modernen Form des europäischen Imperialismus umgestaltet, der auch die transozeanischen Eroberungen einschloß. Die Ausrichtung, die Karl V. Europa gegeben hatte, hielt in den tragenden Zügen mehr als drei Jahrhunderte lang.

Erfolg ist die Lieblingskategorie eines politischen Denkens in kurzen Fristen, Erfolge und Mißerfolge sind die selbstverständlichen Begleitphänomene staatsmännischen Handelns. Hatte König Franz I. Erfolg gehabt? Ein Leichtfuß der Sonderklasse, der Schlachten gewann und Kriege verlor, dem die Hirschjagd wichtiger als die Koalitionstreue erschien, der keinen Frieden unterzeichnet hatte, bei dem Frankreich Grund gehabt hätte, sich erhobenen Hauptes der Ratifizierung zu erinnern, der in der inneren Politik alles von seinen privaten Wünschen und von exorbitanten Geldbedürfnissen abhängig machte. Trotzdem und gerade deshalb hielt er Frankreich strikt auf seinem Weg zum modernen, zentralisierten, rationalisierten Staat. Erfolge des Königs? Was Frankreich gewann, verdankte es den Mißerfolgen Franz' I. Dieselben Folgerungen durfte England aus der Politik Heinrichs VIII. ziehen.

Mit den Börsenbegriffen des Erfolges und Miß-

Das neunzehnte allgemeine Konzil von Trient: eine Tagung im Dom der Stadt
Gemälde von Tizian
Paris, Musée du Louvre

erfolges lassen sich keine historischen Entwicklungen und Phänomene erfassen. An den Hauptachsen der politischen Gestaltung Europas durch Karl V. konnte nicht einmal die Auflösung des Reiches im Jahr 1806 viel ändern; denn kaum war Napoleon wiederum vom Schauplatz abgetreten, schoben sich erneut die Konturen des Habsburger Imperiums nach vorn. So steht die Gestalt Kaiser Karls V. nicht am Ende einer abgelaufenen Epoche, sondern am Beginn einer Ära Europas, in der sich die selbständig miteinander ringenden Mächte sowohl um die Grundsätze der politischen Dominanz als auch um die Prinzipien des staatlichen Ausgleichs und der zwischenstaatlichen Balance schlagen. Zum Bedeutendsten in der Politik der Konsolidierung gehörte die Erhaltung und Absicherung des burgundischen Staatsverbandes von der Nordsee bis Luxemburg-Lothringen. Dieser Staatsverband spielte eine ausschlaggebende Rolle in dem Antagonismus zwischen Frankreich und Deutschland. Deswegen hatte 1552/53 der schwerkranke Herrscher versucht, die von den Protestanten an Frankreich willkürlich und kurzsichtig abgetretenen Reichsstädte zurückzugewinnen. Dasselbe gilt für die Politik Karls V. in den österreichischen Erblanden: auch hier die lockere Zuordnung vieler Staatsverbände an ihr Gravitationszentrum Wien. Der politische und territoriale Gesamtkomplex Habsburgs und des Reiches gaben dem Europa der Mitte des 16. Jahrhunderts einen Zusammenhang, der zwar nicht verhindern konnte, daß ständig neue Differenzen aufbrachen, der aber hinreichend dauerhaft war, um es Europa zu ermöglichen, sich auch politisch-staatlich seiner selbst zu vergewissern.

Dokumentation

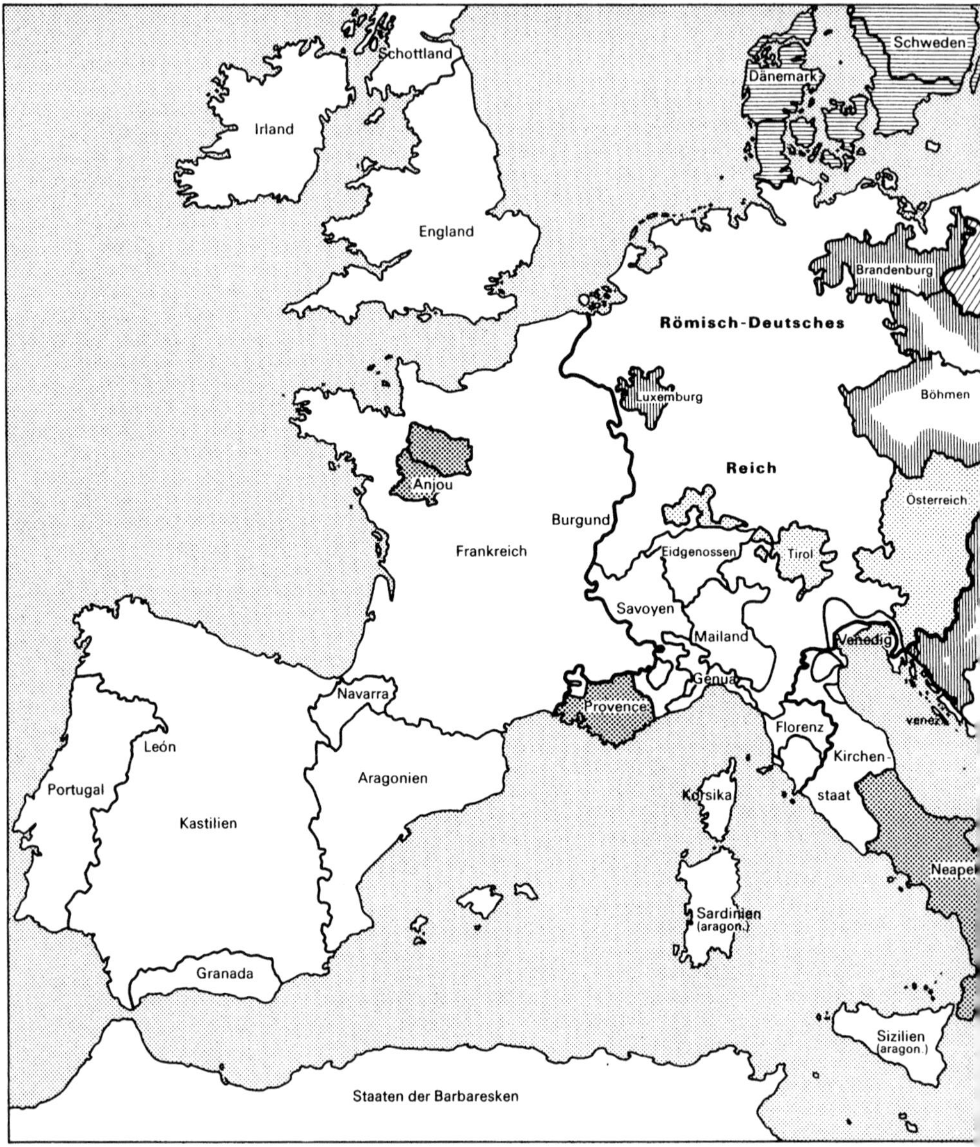

Römisch-Deutsches Reich | Territorien der Luxemburger | Territorien der Habsburger

Territorien der Anjou — Union von Krewo 1386 — Union von Kalmar 1397

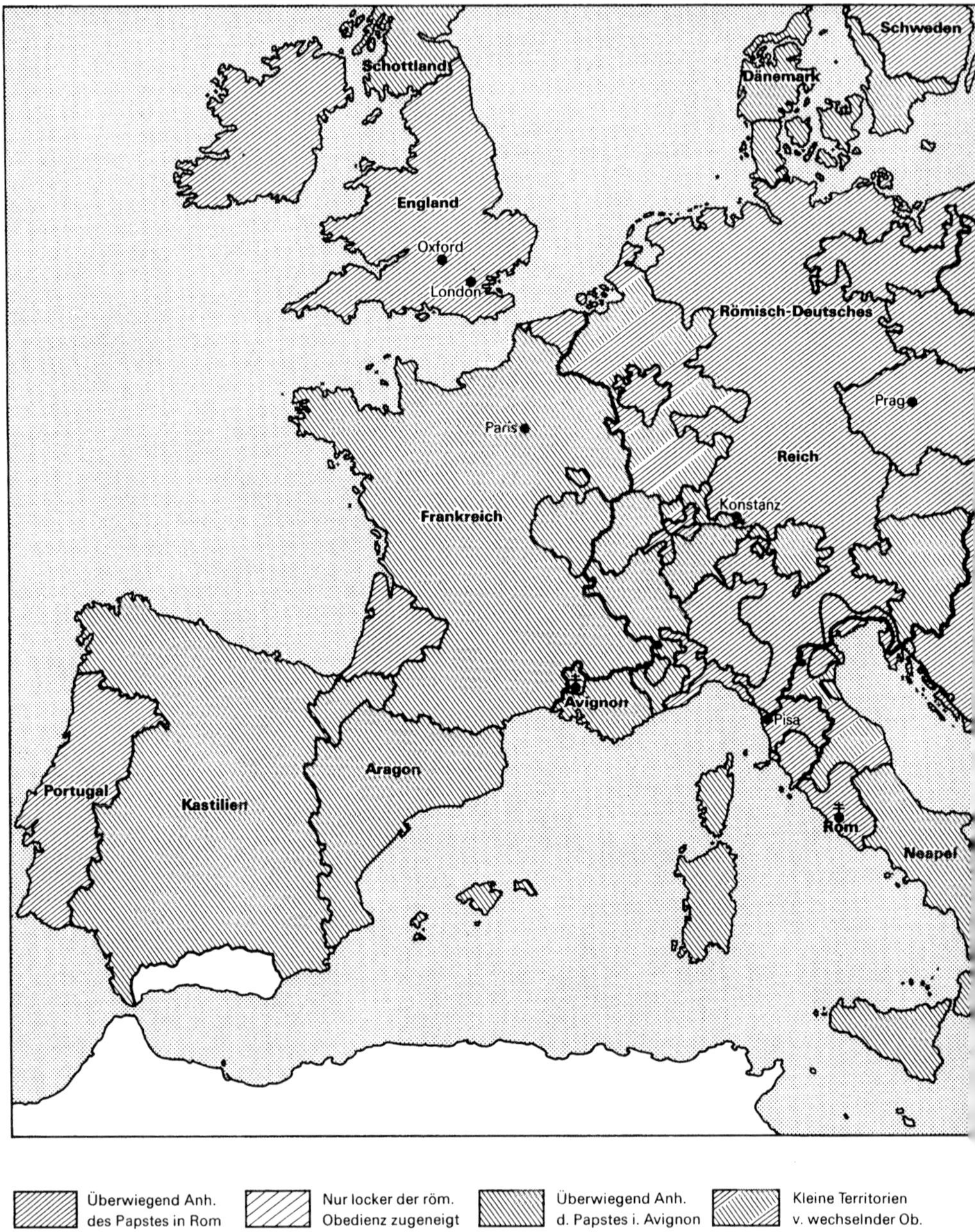
Schottland
Schweden
Dänemark
England
Oxford
London
Römisch-Deutsches
Reich
Prag
Paris
Frankreich
Konstanz
Avignon
Pisa
Aragon
Portugal
Kastilien
Rom
Neapel
Überwiegend Anh. des Papstes in Rom
Nur locker der röm. Obedienz zugeneigt
Überwiegend Anh. d. Papstes i. Avignon
Kleine Territorien v. wechselnder Ob.

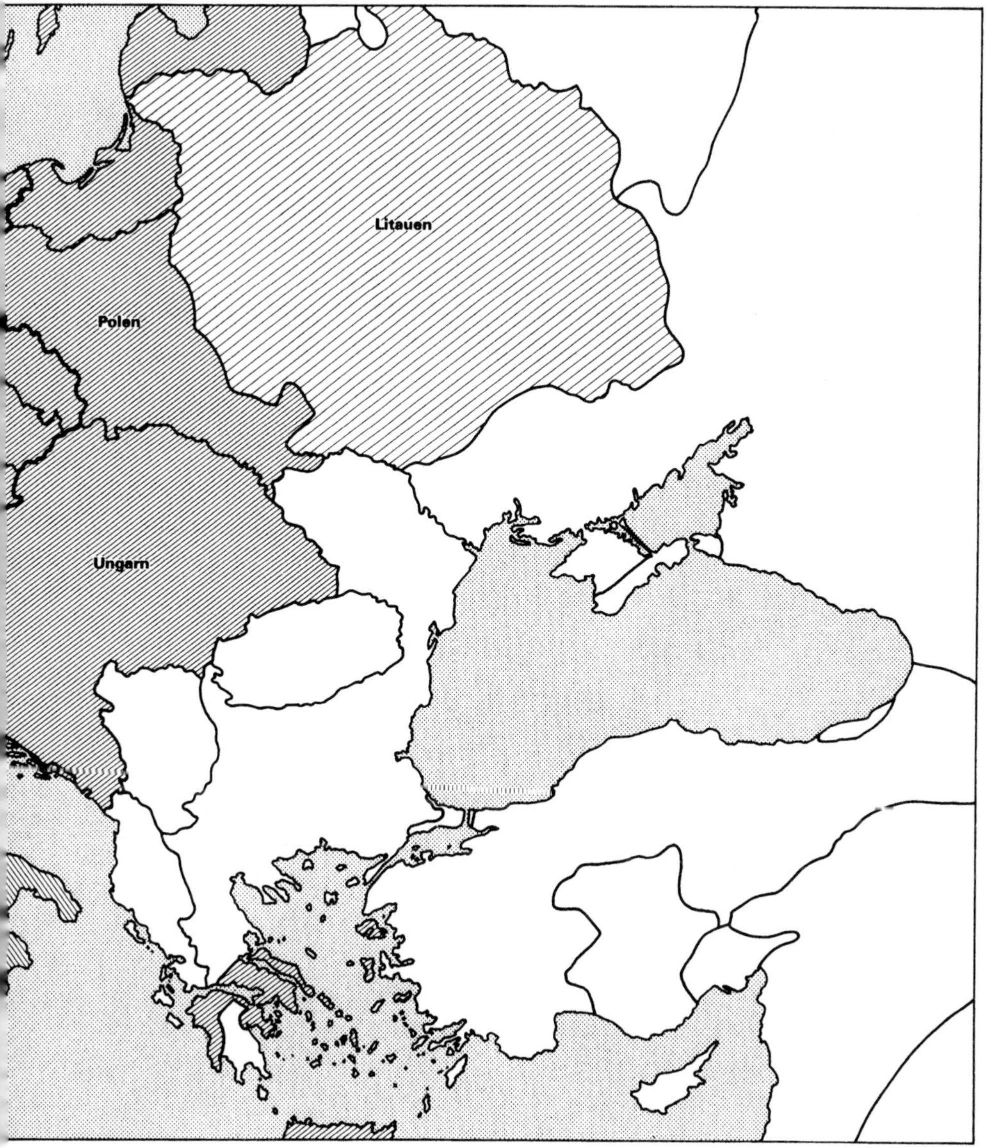

● Nationalsynoden zur Beilegung des Schismas, ◉ Konzil 1414-18. Die Zugehörigkeit zu einer der beiden Obedienzen bestimmte der Landesherr weitgehend nach politischen Grundsätzen; einzelne Vasallen und Bischofsstädte entschieden sich oft gegen ihn.

Sommer 1350
Edinburgh Dez. 1349
Dublin Juli 1349
1350
Cardigan 1350
Norwich
Bristol Aug. 1348
London Nov. 1348
Calais Aug. 1348
Amiens
Rennes Dez. 1348
Paris Juni 1348
Reims
Aarhus Dez. 1348/ Jan. 1349
Schleswig 1350
Rostock
Lübeck 1349
1350
Stettin
Frankfurt
an der Oder 135
Magdeburg April 1350
Anf. 1350
Köln Dez. 1349
Erfurt 1349
Frankfurt am Main Sept. 1349
Prag 1350
Anf. 1350
Nürnberg
Jan. 1349
Straßburg Juli 1349
Ulm 1349
Mühldorf am Inn Juni 1348
Wien April 134
Basel April 1349
Luzern 1349
Graz Herbst 1348
Villach 1349
Trient Juni 1348
Triest Aug. 134
Venedig Jan. 1348
Parma
Genua 1347/48
Avignon 1347 / Jan. 1348
Toulouse April 1348
Narbonne März 1348
Marseille Okt. 1347
Pisa 1347/48
Florenz März 1348
Saragossa Sept. 1348
Barcelona Frühj. 1348
Rom Juli 1348
Neapel Dez. 1347/ Jan. 1348
Valencia Mai 1348
Cadiz
Almeria Frühj. 1348
Messina 1347
Syrakus

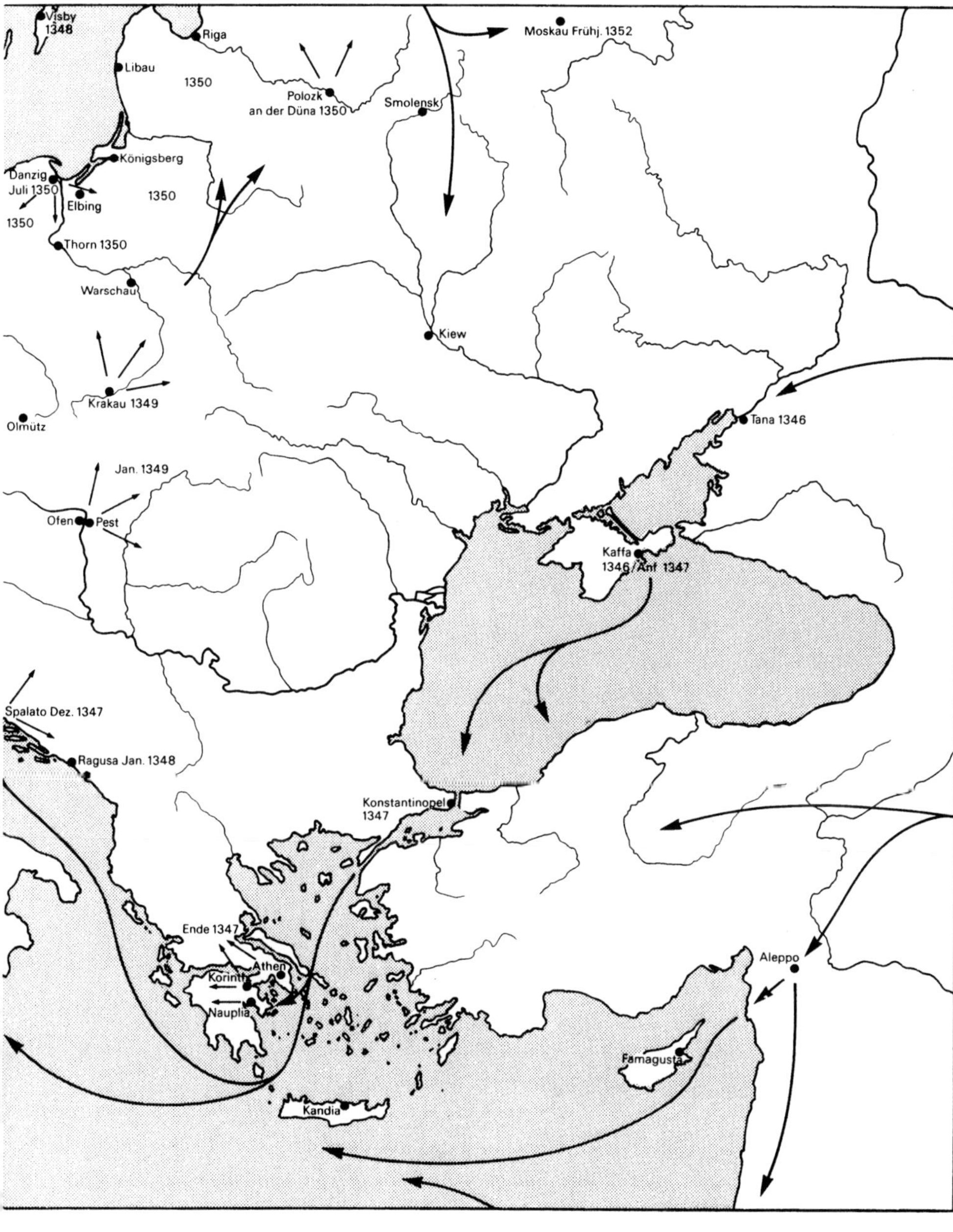
Visby
1348
Riga
Moskau Frühj. 1352
Libau
1350
Polozk
an der Düna 1350
Smolensk
Königsberg
Danzig
Juli 1350
Elbing
1350
1350
Thorn 1350
Warschau
Kiew
Krakau 1349
Olmütz
Tana 1346
Jan. 1349
Ofen
Pest
Kaffa
1346/Anf 1347
Spalato Dez. 1347
Ragusa Jan. 1348
Konstantinopel
1347
Ende 1347
Athen
Korinth
Nauplia
Aleppo
Famagusta
Kandia

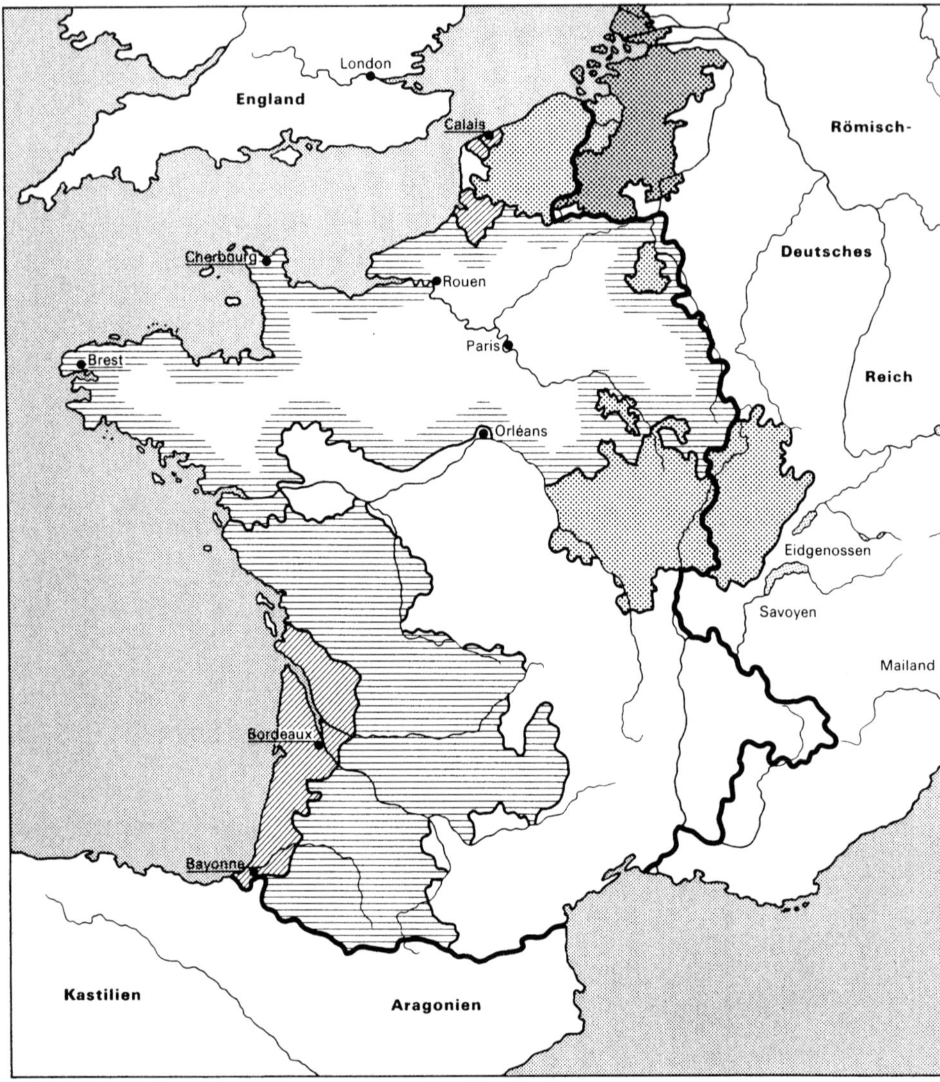

Englische Besitzungen als Lehen der Krone Frankreichs 1339/40

Englische Eroberungen bis 1360: Erwerb der Souveränität über Südwest-Frankreich

Verlust dieser Gebiete zwischen 1369 und 1378 bis auf Bayonne, Bordeaux, Brest, Cherbourg und Calais

Größte Ausdehnung der engl. Eroberungen seit 1415; Wende des Krieges seit 1429, Verlust von Paris 1436

Herzogtum Burgund um 1390 und um 1430

Bis 1453 Verlust aller englischen Besitzungen in Frankreich bis auf Calais

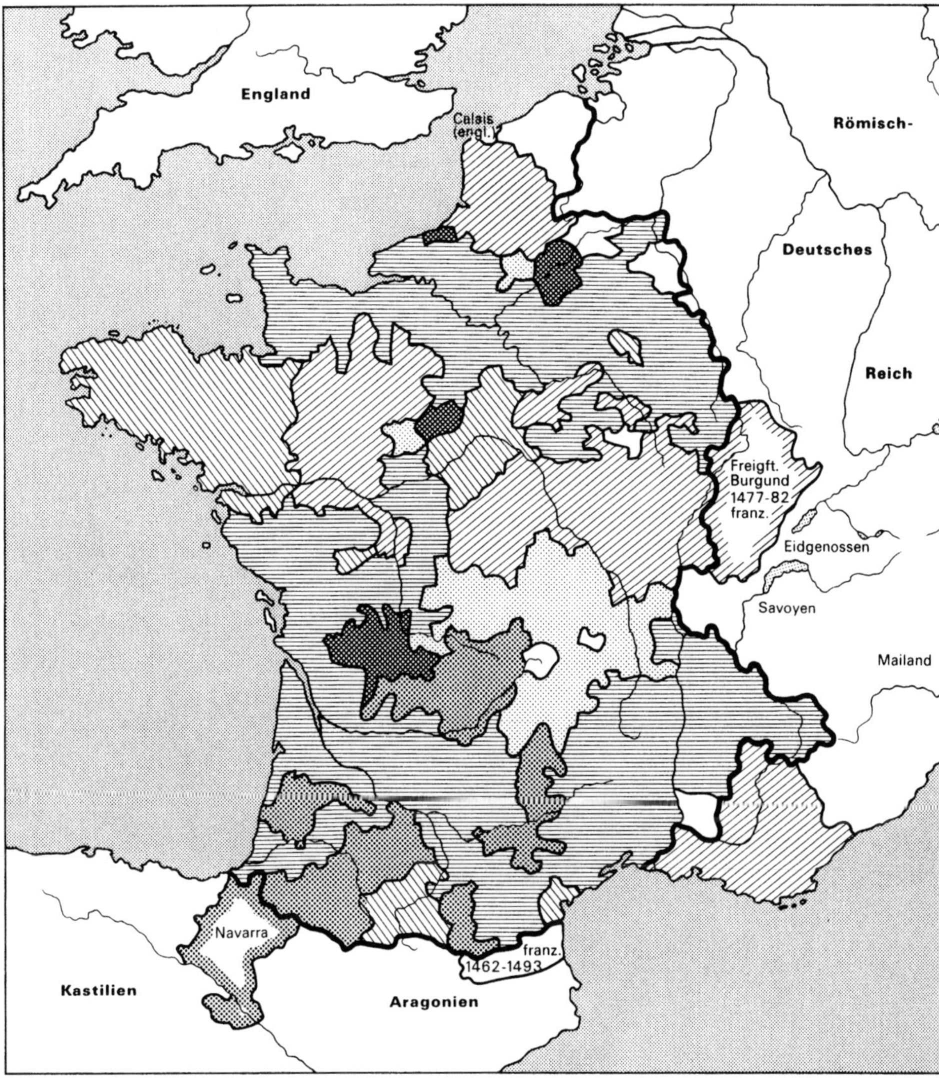

Unmittelbare Gebiete der Krone Frankreichs unter Karl VII., 1461

Einzug von Lehen der Krone unter Ludwig XI. 1461-1483

Einzug von Lehen der Krone unter Karl VIII. und Ludwig XII. 1483-1515

Vasallen der Krone um 1500: Besitzungen der Häuser Albret, Armagnac und Foix

Besitzungen des Hauses Bourbon um 1500

Besitzungen des Hauses Orléans um 1500

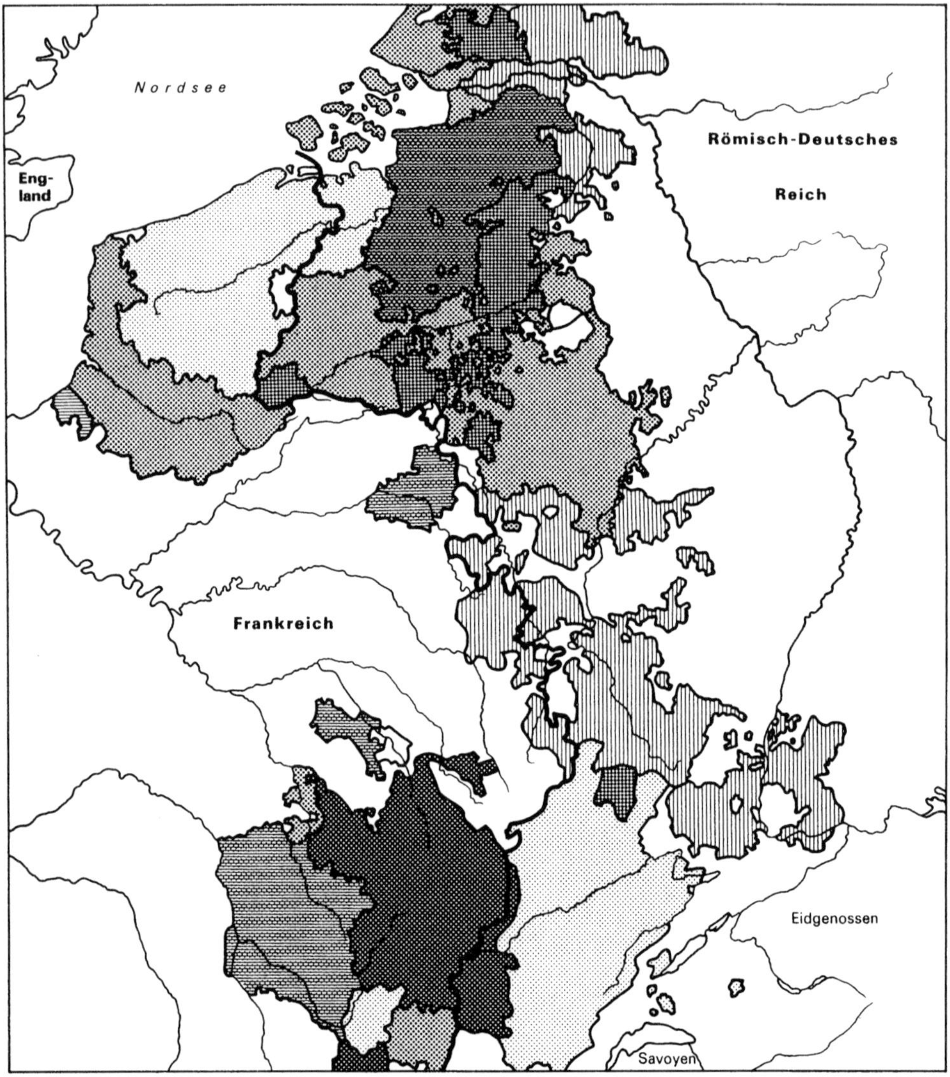

Philipp der Kühne: Hzgt. Burgund (1363)

Reichsgrenze

Flandern, Artois, Freigft. Burgund, Nevers, Rethel, Iles (1384); Charolais (1390)

Burg. Nebenlinien: Nevers, Rethel, Iles (1404) mit Eu (1472); Brabant mit Limburg (1405-1430)

Namur (1421); Holld., Seeld., Hennegau (1428); Brabant (1430); Mâcon, Auxerre, Picardie (1435); Luxembg. (1441)

Oberelsaß, Breisgau (1469); Geldern (1473); Lothringen, Bar (1476)

Geistl. Territorien (burg. Einfluß): Luxeuil (1435); Cambrai (1439); Utrecht (1456); Lüttich (1467)

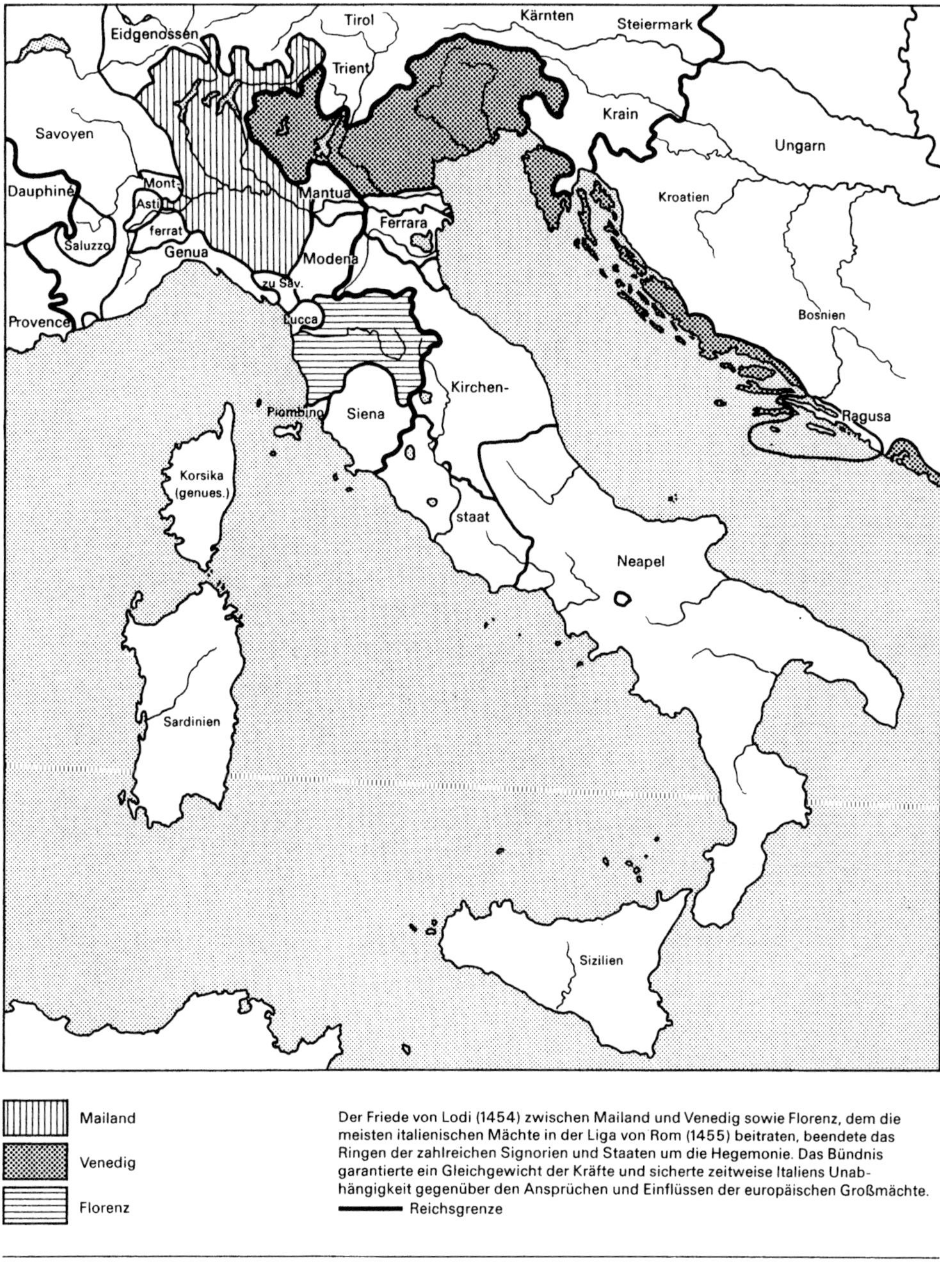

Der Friede von Lodi (1454) zwischen Mailand und Venedig sowie Florenz, dem die meisten italienischen Mächte in der Liga von Rom (1455) beitraten, beendete das Ringen der zahlreichen Signorien und Staaten um die Hegemonie. Das Bündnis garantierte ein Gleichgewicht der Kräfte und sicherte zeitweise Italiens Unabhängigkeit gegenüber den Ansprüchen und Einflüssen der europäischen Großmächte.

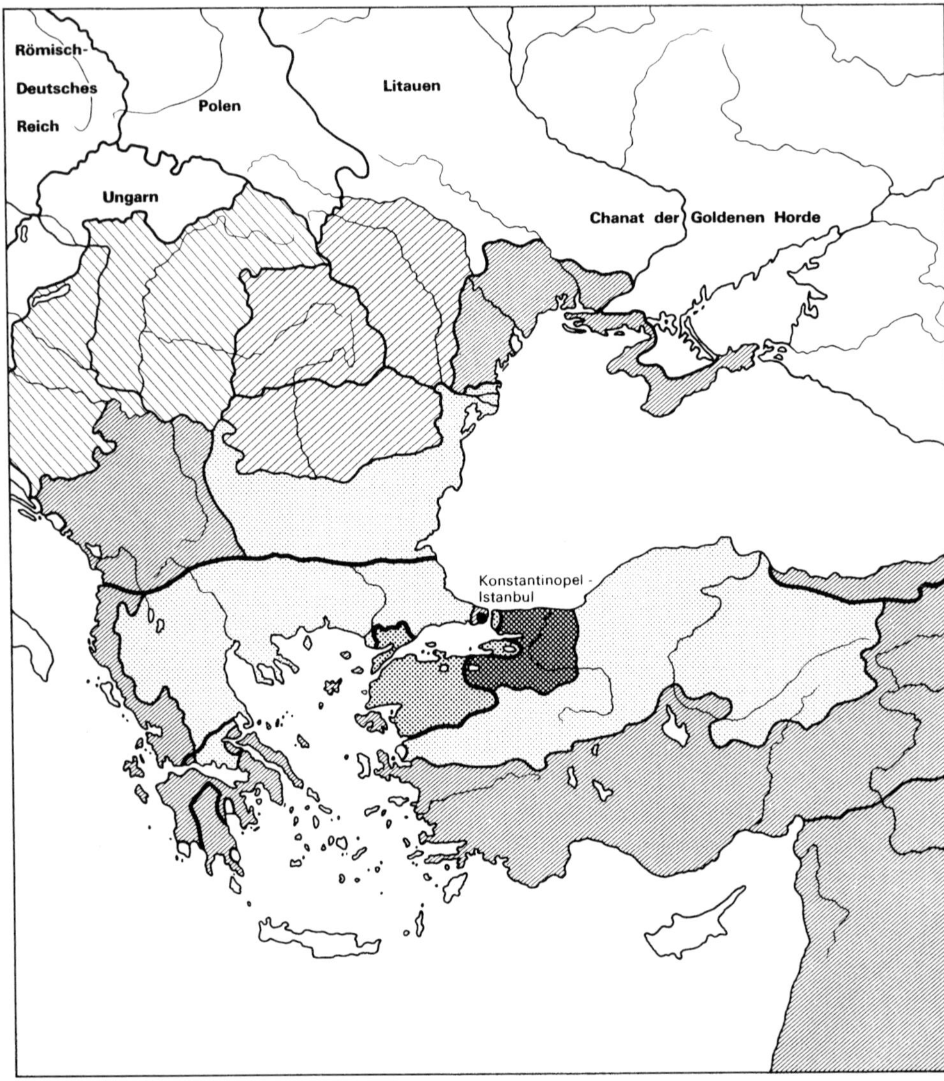

Das Osmanische Reich während der ersten Regierungsjahre Sultan Orhans, 1324-26

Erwerbungen Orhans bis 1360

Erwerbungen unter Murat I., Beyazit I., Mehmet I. und Murat II., bis 1451

Erwerbungen unter Mehmet II. (Ende von Byzanz: 1453), Beyazit II. und Selim I. bis 1520; tributpflichtige Gebiete

Erwerbungen unter Süleyman I. bis 1566; Kämpfe um Ungarn und Siebenbürgen

Das Byzantinische Reich und das Kaiserreich Trapezunt um 1340

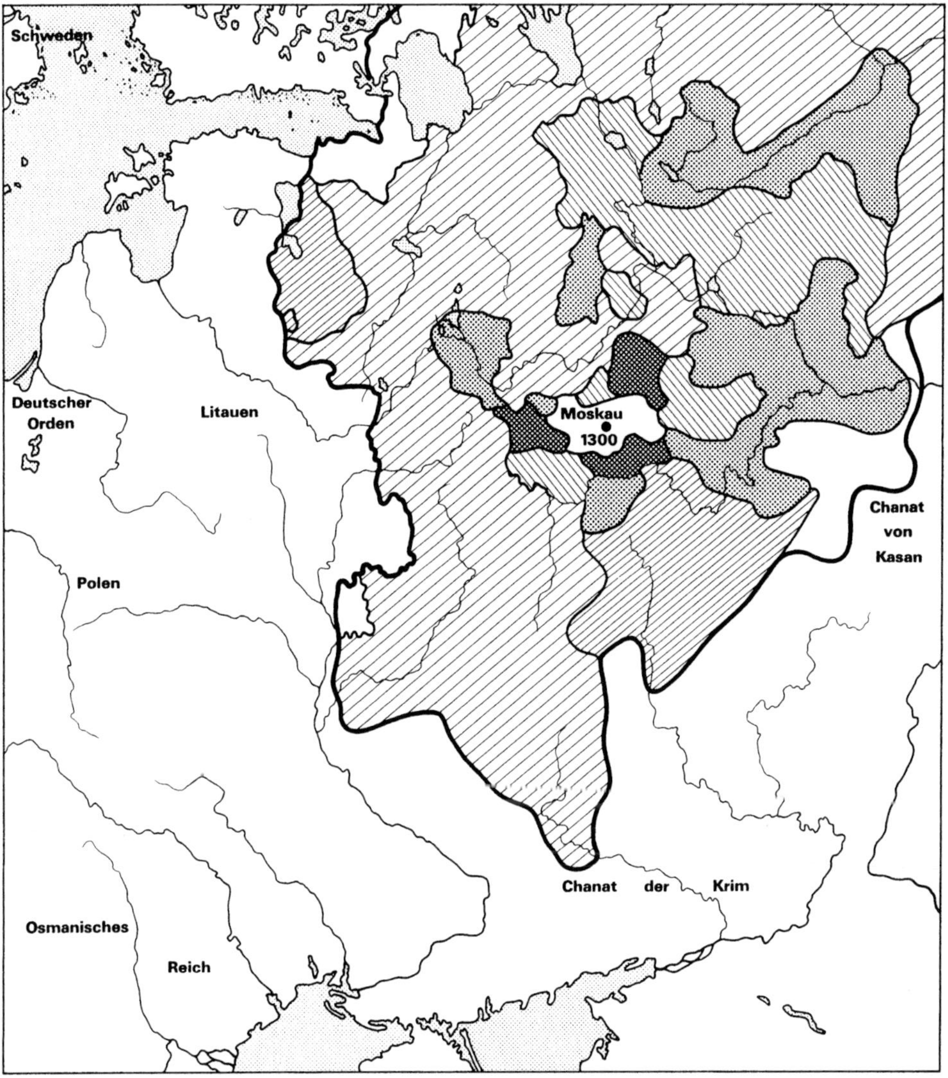

Erwerbungen des Fürsten Andrej II. (1294-1304) von Moskau seit 1300

Erwerbungen unter den Großfürsten Iwan II. und Dimitrij Donskoj 1353-1389

Erwerbungen unter den Großfürsten Wassilij I. und Wassilij II. 1389-1462

Erwerbungen unter Iwan III. 1462-1505

Erwerbungen unter Wassilij III. 1505-1534

Grenze Rußlands unter Zar Iwan IV., dem Schrecklichen, 1551

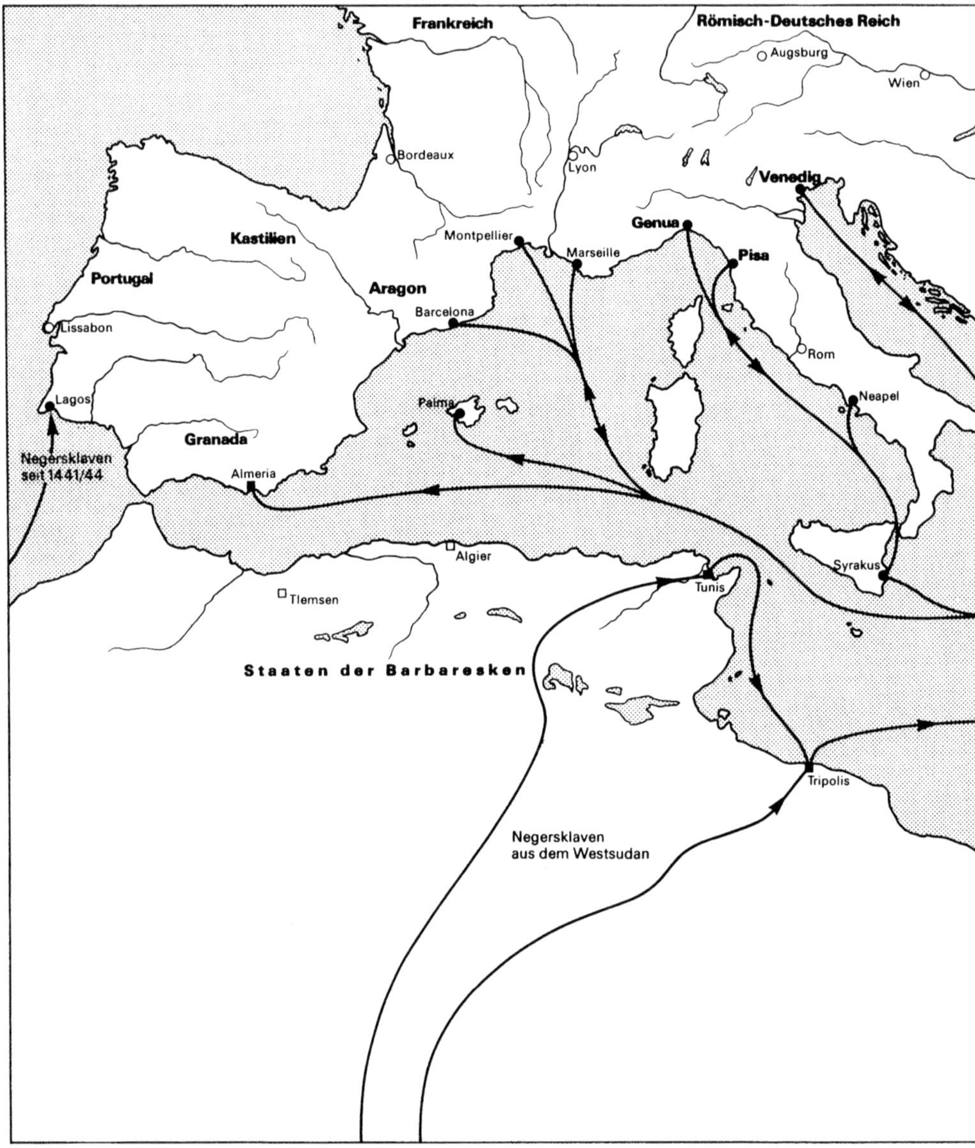

● christliche Orte des Sklavenhandels, ○ europ. Handelsplätze
■ islamische Orte des Sklavenhandels, □ isl. Handelsplätze

Seit der Antike hat es im Mittelmeerraum während mehrerer Epochen einen Großhandel mit Sklaven gegeben. Der Sklaven-

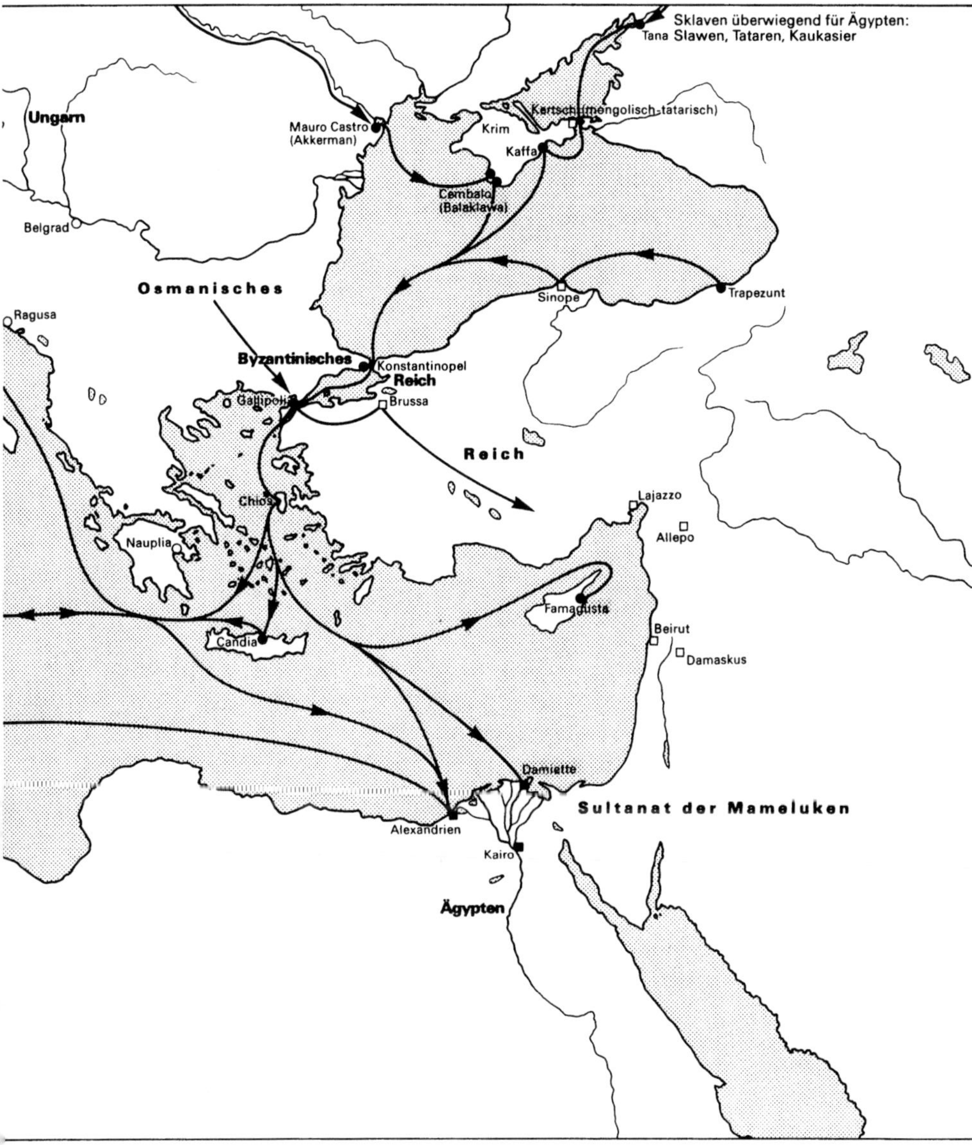

strom im 14. und 15. Jahrhundert wurde nicht nur von den Bedürfnissen der islamischen Welt bestimmt, sondern auch von denen der europäischen Landwirtschaftssklaverei, deren Zentren auf den Balearen und in Südfrankreich lagen.

Ausschnitt des umfangreichen Fernhandels in Europa u. mit dem Orient:

Die wichtigsten Hansestädte (H) und ausländischen Kontore (HK) im 15. Jh.:

Bank- und Handelshaus der Fugger (zentralisierte Gesellschaft), Anfang 16. Jh.:

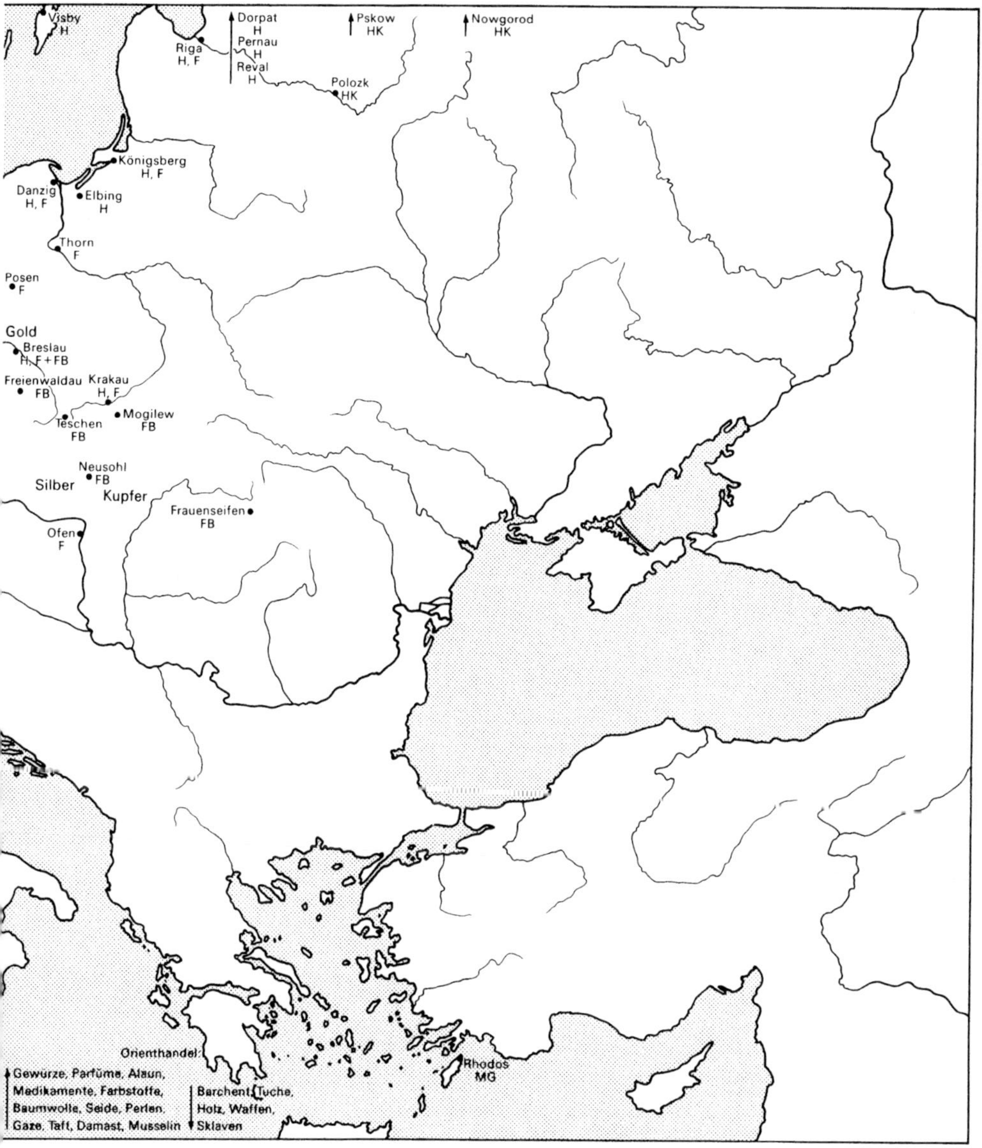

Faktoreien (F), Berg- und Hüttenwerk (FB) als Pacht oder Besitz

Bank- und Handelshaus der Medici (dezentralisierte Gesellschaft), Mitte 15. Jh.:

Bank (M), Manufaktur (MM), Bergwerk (MB), Geschäfte (MG)

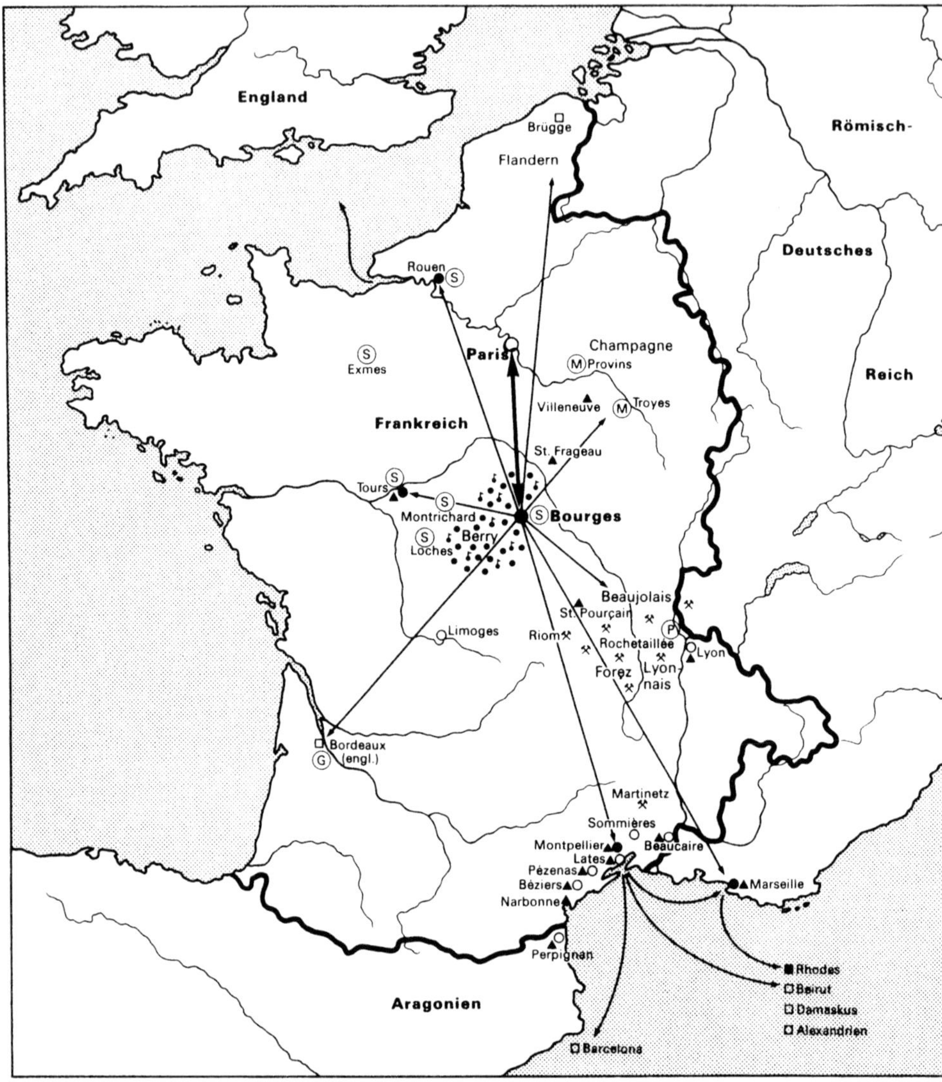

Orte mit den wichtigsten Besitzungen, Handelsbeziehungen und Niederlassungen Cœurs': Zentrum Bourges
○ Kontore, ● große Kontore,
□ Kontore im Ausland,
■ Station für den Levantehandel,
Ⓖ Getreide-, Ⓢ Salzhandel, Ⓜ Messeorte, ⚒ Silber-, Kupfer-, Bleigruben, Ⓟ Papiermühle, ⁝ Landgüter, Dörfer, ▲ Gebäude-, Grundbesitz.
Cœurs wichtigste Ämter bei Hof in Paris: u. a. Schatz- und Münzmeister, Mitglied im kgl. Rat, Oberaufseher der kgl. Bergwerke, Kommissar der Stände in Auvergne, Languedoc und Toulouse, Kapitän in zahlreichen Städten und Burgen

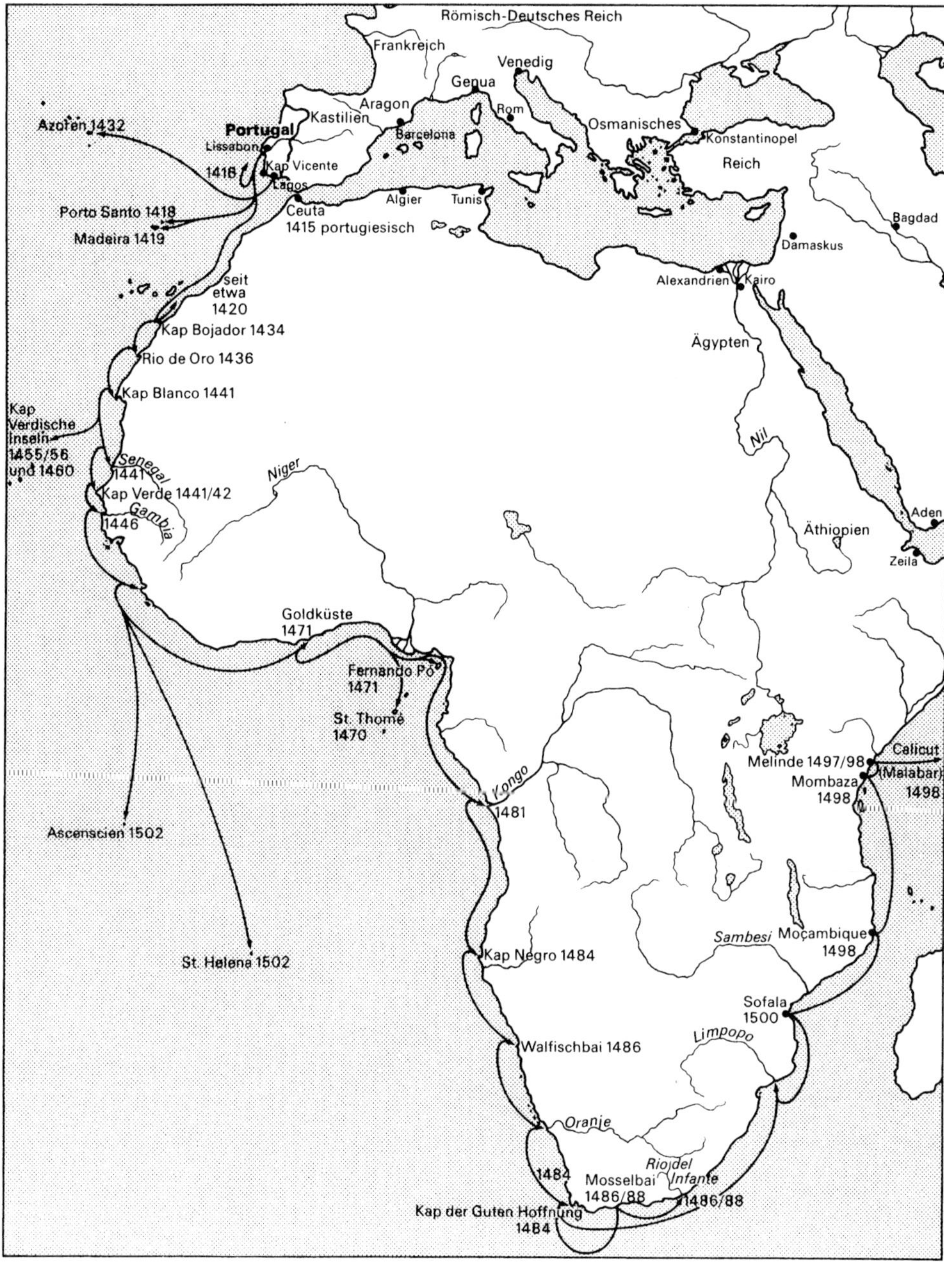
Römisch-Deutsches Reich
Frankreich
Venedig
Genua
Aragon
Kastilien
Rom
Barcelona
Portugal
Lissabon
Osmanisches
Konstantinopel
Reich
Azoren 1432
1416
Kap Vicente
Lagos
Porto Santo 1418
Madeira 1419
Ceuta
1415 portugiesisch
Algier
Tunis
Bagdad
Damaskus
Alexandrien
Kairo
seit
etwa
1420
Kap Bojador 1434
Rio de Oro 1436
Ägypten
Kap Blanco 1441
Kap
Verdische
Inseln
1455/56
und 1460
Senegal
1441
Nil
Niger
Kap Verde 1441/42
Gambia
1446
Aden
Äthiopien
Zeila
Goldküste
1471
Fernando Po
1471
St. Thomé
1470
Melinde 1497/98
Calicut
(Malabar)
1498
Mombaza
1498
Kongo
1481
Ascension 1502
St. Helena 1502
Sambesi
Moçambique
1498
Kap Negro 1484
Sofala
1500
Limpopo
Walfischbai 1486
Oranje
Rio del
Infante
1484
Mosselbai
1486/88
1486/88
Kap der Guten Hoffnung
1484

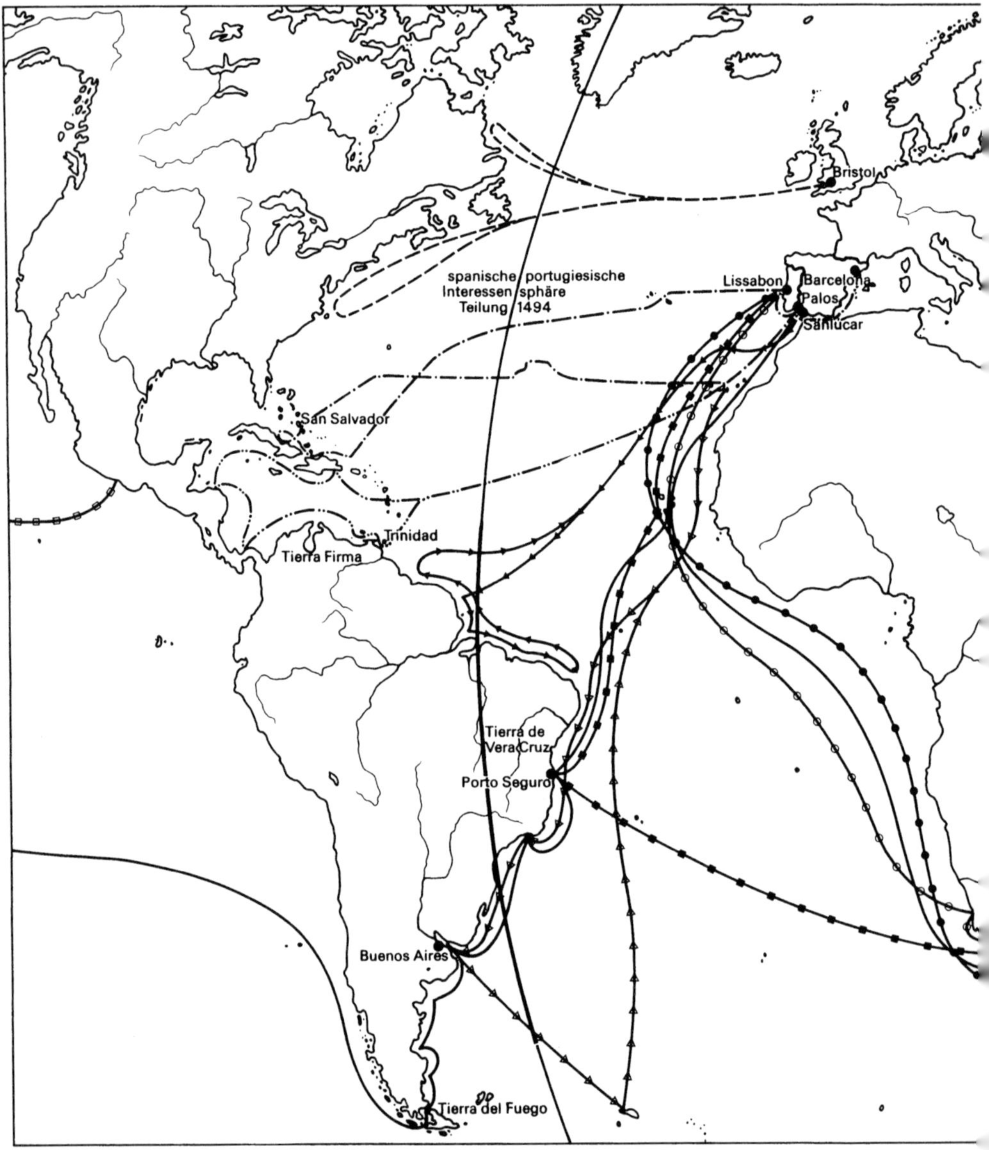

Kolumbus: 1492/93
Kolumbus: 1502/04
Cabot: 1497/98
Da Gama: 1497/98
Cabral: über Südamerika nach Indien (1500/01)

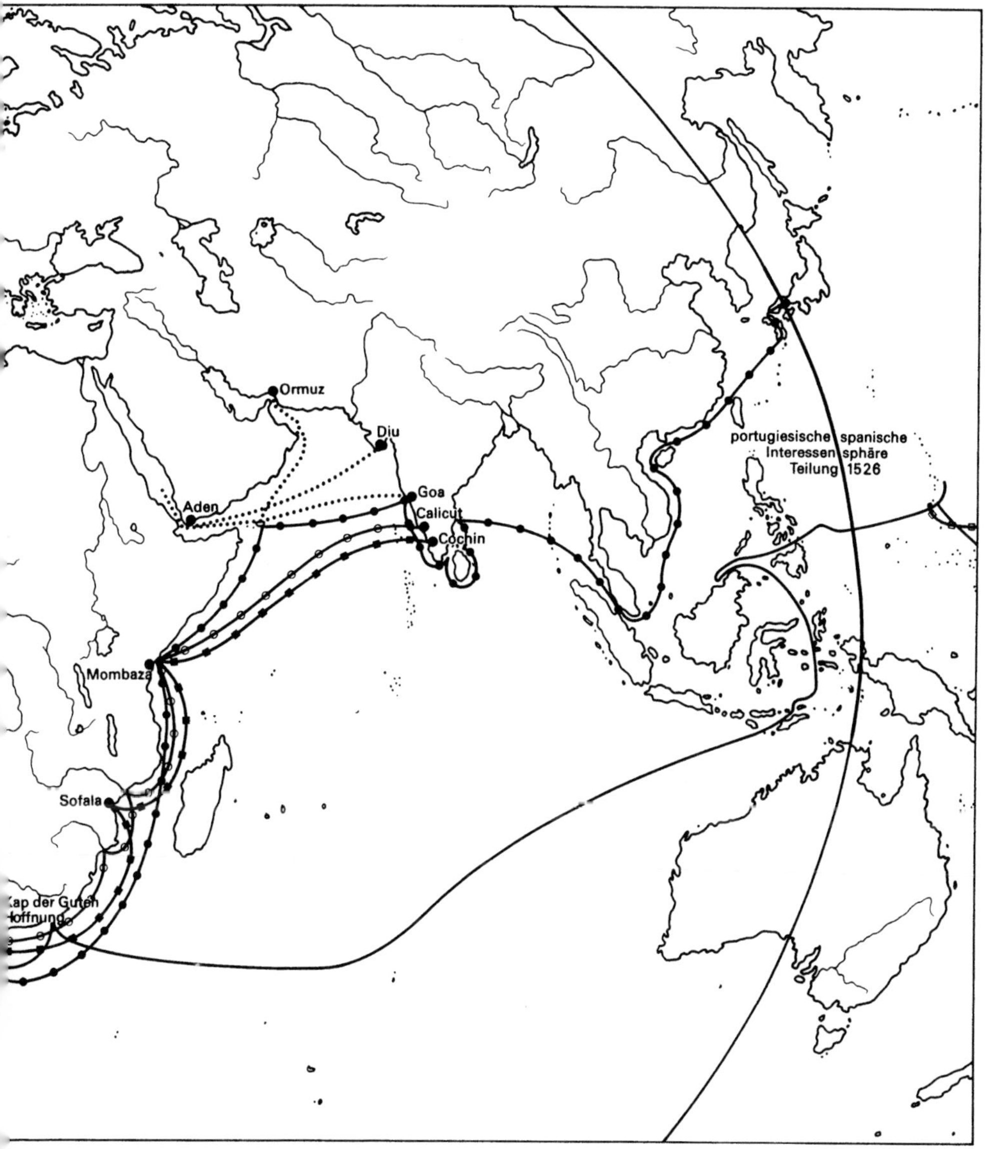

Vespucci: nach Südamerika
(2 Reisen: 1499 und 1501/2)

Albuquerque: 1507-13

Magalhães u. Elcanco: 1519-22

Saavedra: 1527/28

Xaver: 1541-52

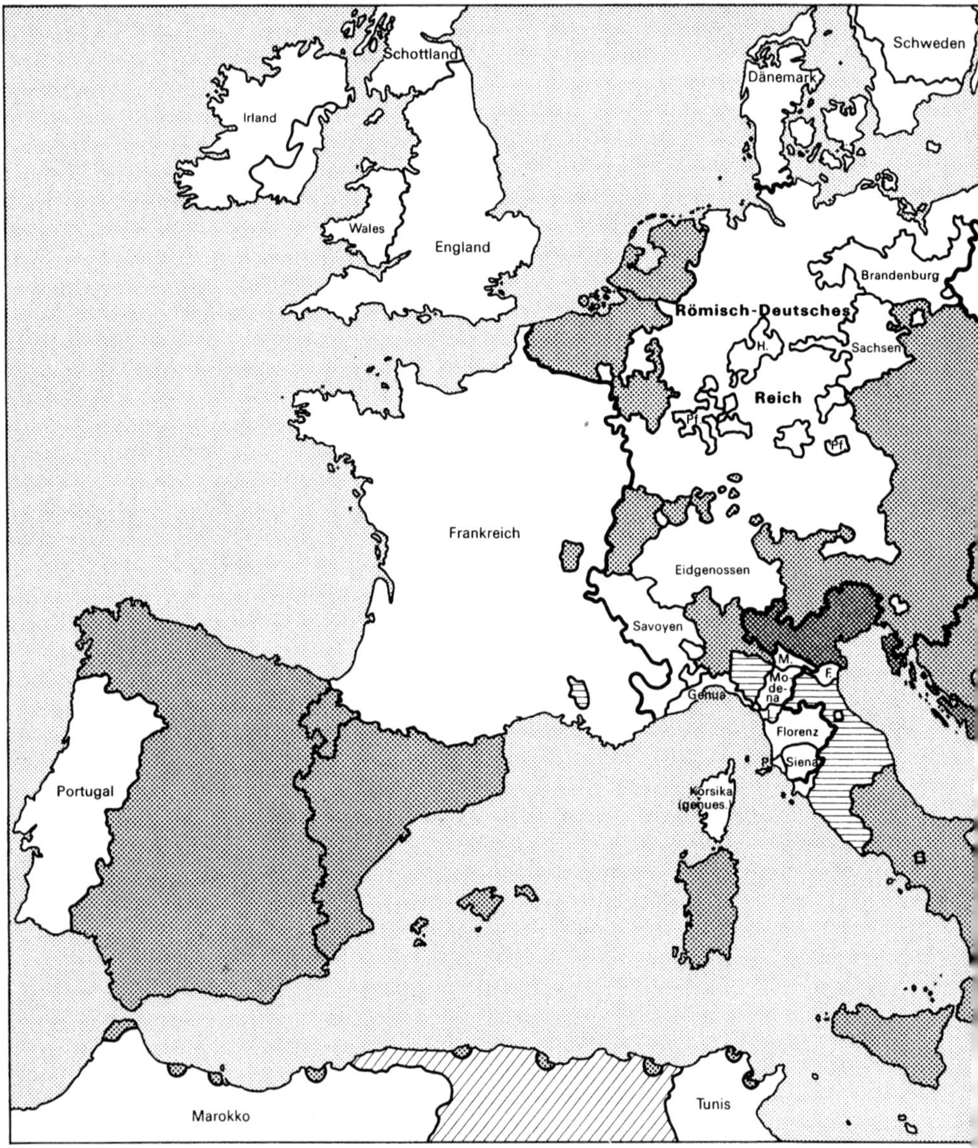

Grenze des Römisch-Deutschen Reiches unter Kaiser Karl V.

Erblande der Habsburger unter Karl V. und Ferdinand I.

Osmanisches Reich und Vasallen unter Süleyman II.

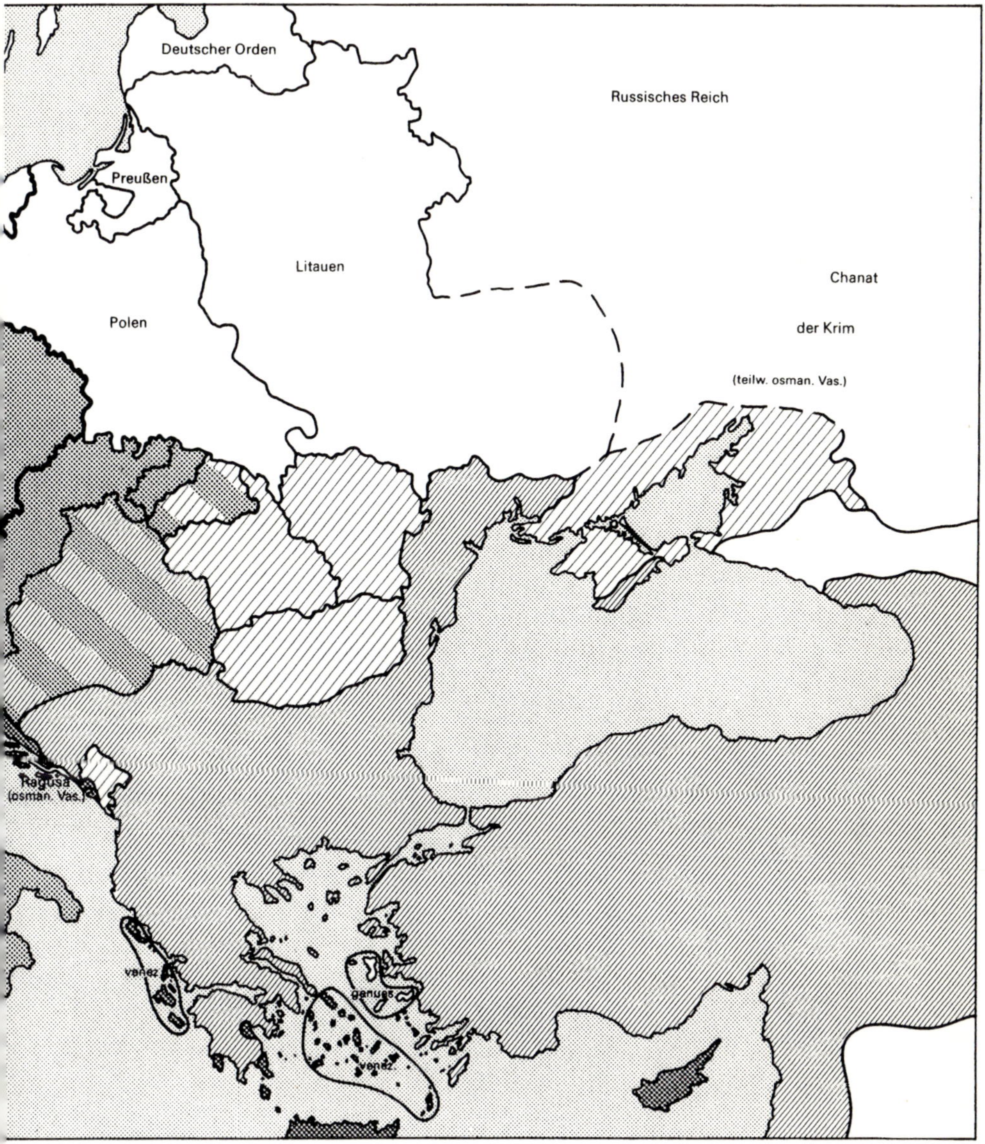

Republik Venedig

Kirchenstaat

F.: Ferrara; H.: Hessen; L.: Lucca;
M.: Mantua; P.: Piombino; Pf.: Pfalz

Einfuhr nach Lübeck aus **Ausfuhr aus Lübeck nach**

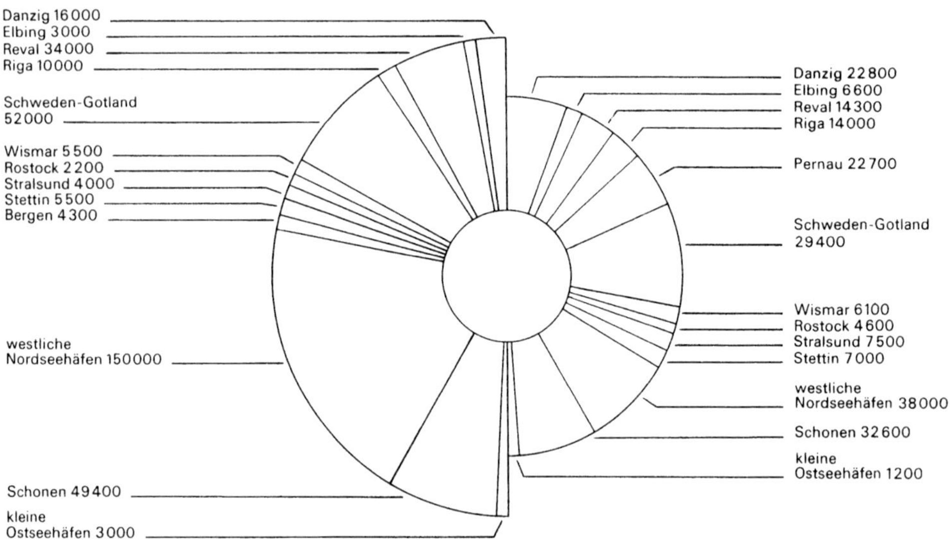

Einfuhr nach Lübeck **Ausfuhr aus Lübeck**

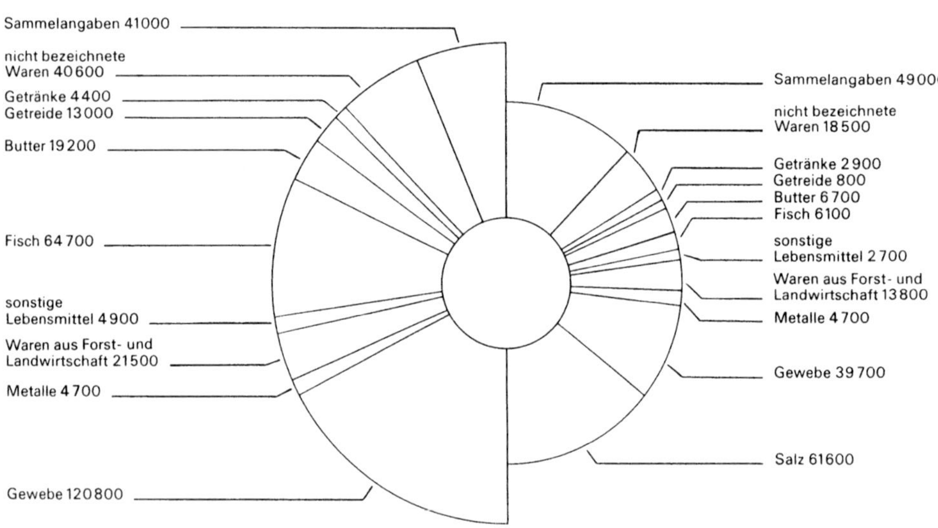

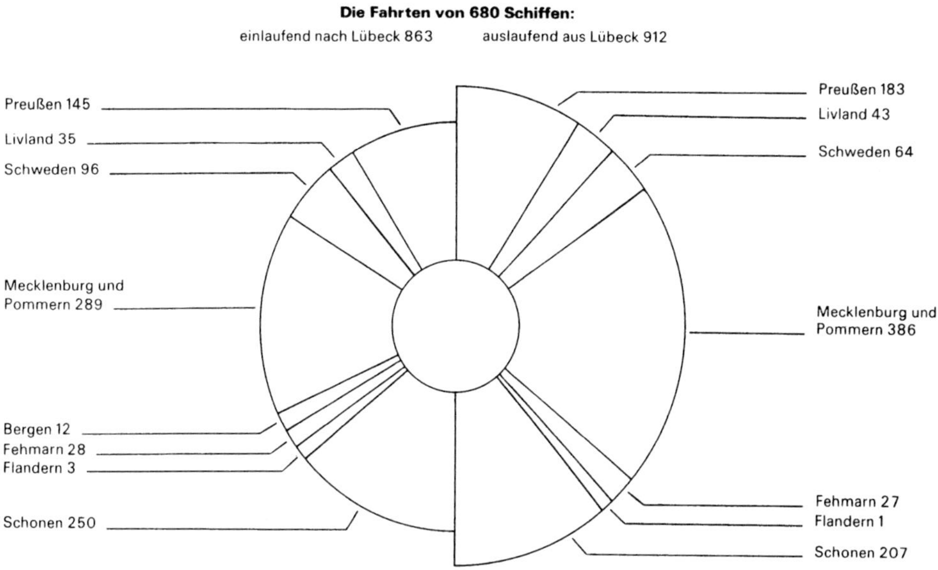

Aus den Lübischen Pfundzollisten des Jahres 1368:
1. Ein- und Ausfuhr geordnet nach Art der Waren, Wertangaben in Lübischen Mark.
2. Ein- und Ausfuhr regional aufgeschlüsselt, Wertangaben in Lübischen Mark.
3. Regionale Einordnung von insgesamt 1775 Seereisen der 680 in den Listen verzeichneten Schiffe;
nicht eingetragen: 1 Seereise nach Flensburg und je 1 Seereise von Flensburg, Hamburg, Kampen und Kopenhagen.

Die Expansionspolitik Dänemarks in der Ostsee führte 1361 zum Krieg gegen die Hanse, der bis 1370 dauerte. Nach Anfangserfolgen der Dänen führten die Beschlüsse des unter Führung Lübecks stehenden Hansetages in Köln im Jahr 1367 die Wende des Krieges herbei. Unter anderem wurde die Erhebung eines Wertzolles auf den Warenverkehr, der Pfundzoll, eingeführt, der die Kriegskosten decken sollte. Im Frieden von Stralsund, 1370, sicherte sich die siegreiche Hanse die Seeherrschaft in der Ostsee.
Die Warenwerte sind aus den Lübischen Pfundzollisten des Jahres 1368 nach der Höhe des entrichteten Zolles errechnet und in Lübischen Mark, einer Münz-Recheneinheit von etwa 243 g Silber, angegeben. Der Pfundzoll wurde nach bestimmten Prozentsätzen auf alle Waren erhoben, die seewärts einkamen oder seewärts die Stadt verließen. Außerdem wurde jedes einzelne Schiff mit einem Wertzoll belegt. Zollfrei blieben nur die Waren, die für die Kriegführung bestimmt waren.
Fast ein jedes der registrierten 680 Schiffe muß im Laufe des Jahres drei Fahrten unternommen haben, was eine erstaunliche Intensität des Schiffsverkehrs bezeugt. Der Krieg mit Dänemark scheint die wirtschaftliche Leistungsfähigkeit der Hanse kaum beeinträchtigt zu haben.
Die Unterlagen geben nur bedingt einen Einblick in Lübecks Außenhandel im Jahr 1368. Nach Art des Zolles ist nur der seewärtige Verkehr erfaßt, und die Ziffern des Warenverkehrs stellen nur Mindestzahlen dar. Angaben zum Warenaustausch mit dem Binnenland fehlen, denn er unterlag nicht dem Pfundzoll. Ferner ist der Transithandel ohne Besitzerwechsel nicht in Lübeck registriert worden, weil der Pfundzoll erst im Bestimmungshafen entrichtet wurde. Unsicherheitsfaktoren bilden mangelnde Eintragungen, falsche Wertangaben. Auch sind Lücken in der Überlieferung der Pfundzollquittungen nachgewiesen.

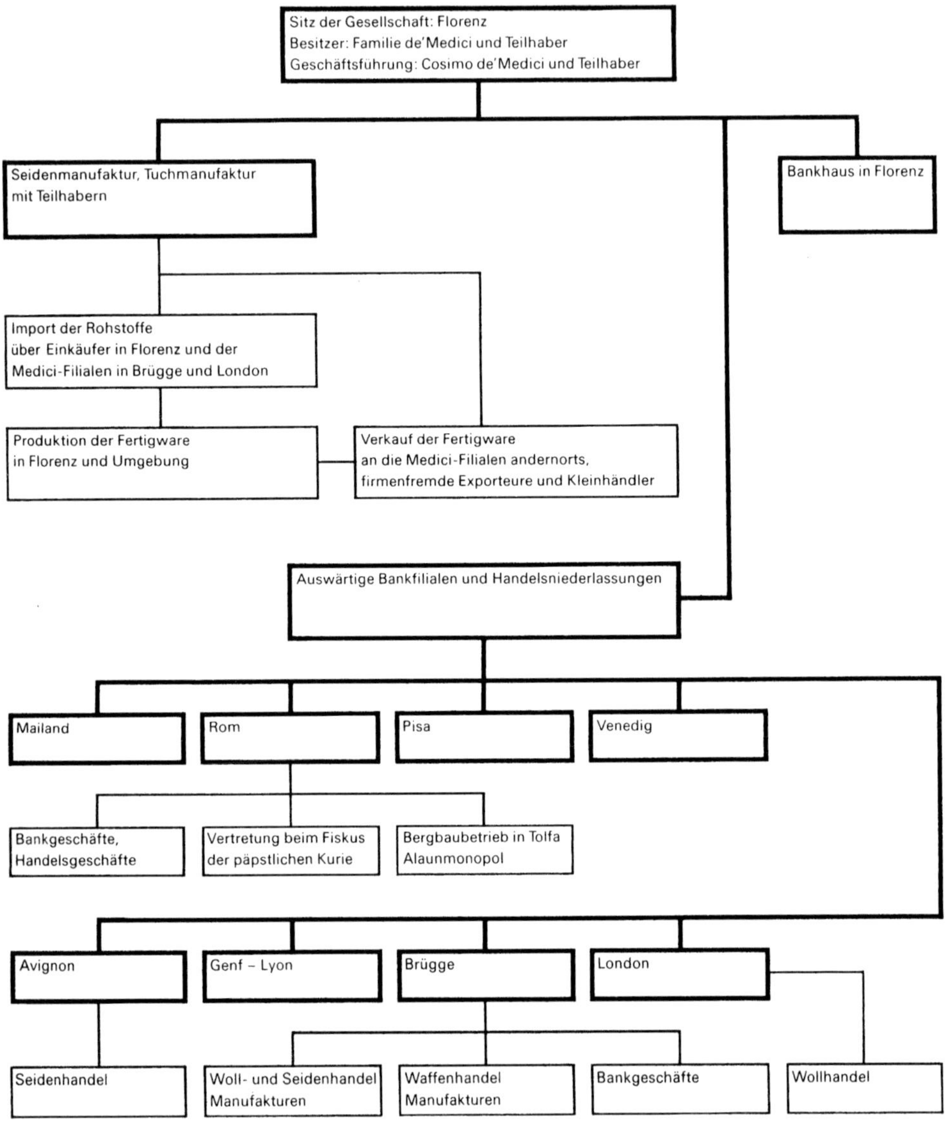

Die Firma der Medici verdankte ihre bedeutende Stellung im europäischen Handelsverbund der engen Verbindung zwischen Geldinstitut und Handelshaus sowie der beherrschenden Stellung, die die Familie im politischen Leben der Republik Florenz einnahm.

Die Schwerpunkte des Geschäfts bildeten das Textilgewerbe, der Alaunhandel, der Levantehandel und die Finanzierungsgeschäfte im politischen Bereich.

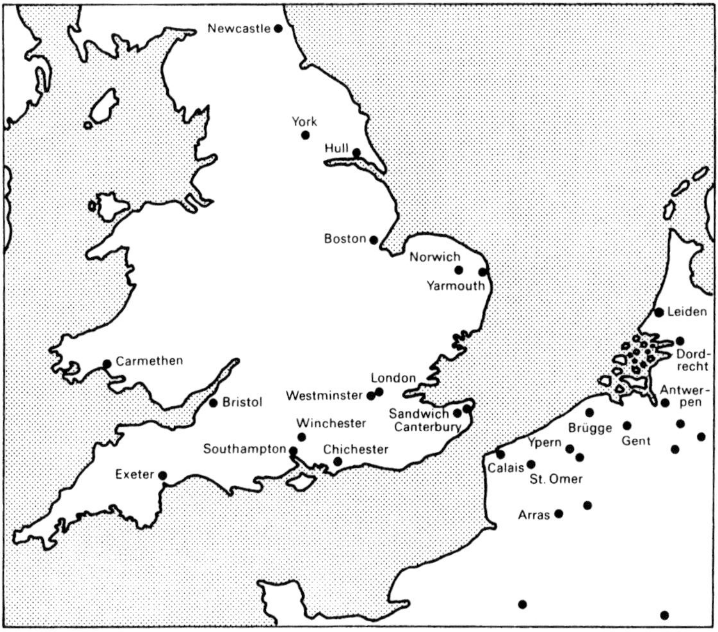

Karte: Übersicht der wichtigsten Tuchmacher- und Handelsstädte

Graphik: Kurve der exportierten Menge in tausend Sack bzw. Ballen während des 15. Jh.

Seit der Mitte des 14. Jh. förderte England die Ansiedlung flandrischer Tuchweber im Land, um von der durch Kriege und soziale Unruhen bedrohten flandrischen Industrie unabhängig zu sein. Die englische Produktion von Wolle und Tuchen entwickelte sich so positiv, daß beides zum führenden Exportartikel wurde. Der Anstieg des Tuchexports in der Mitte des 15. Jh. – bei gleichzeitigem Rückgang des Wollexports – erklärt sich durch den Bedarf Burgunds und am Ende des 15. Jh. durch den steigenden Handel mit Antwerpen, dem kommerziellen Zentrum des Habsburgerreiches.

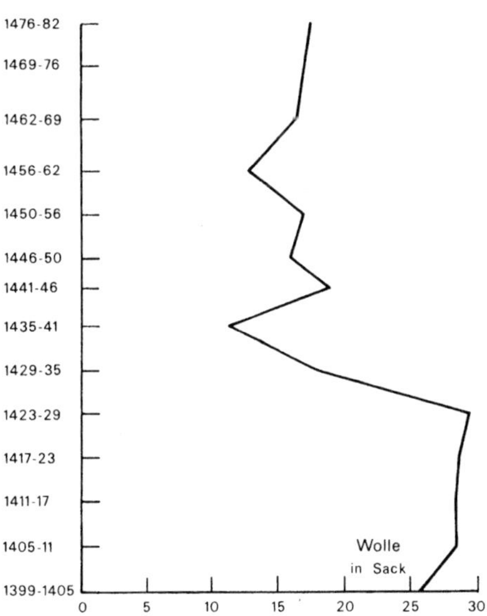

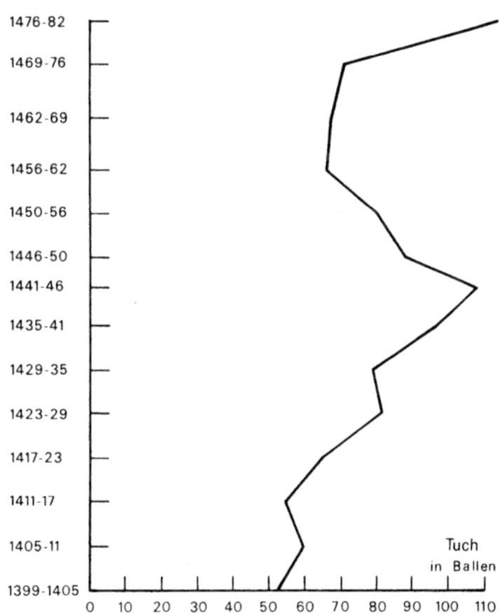

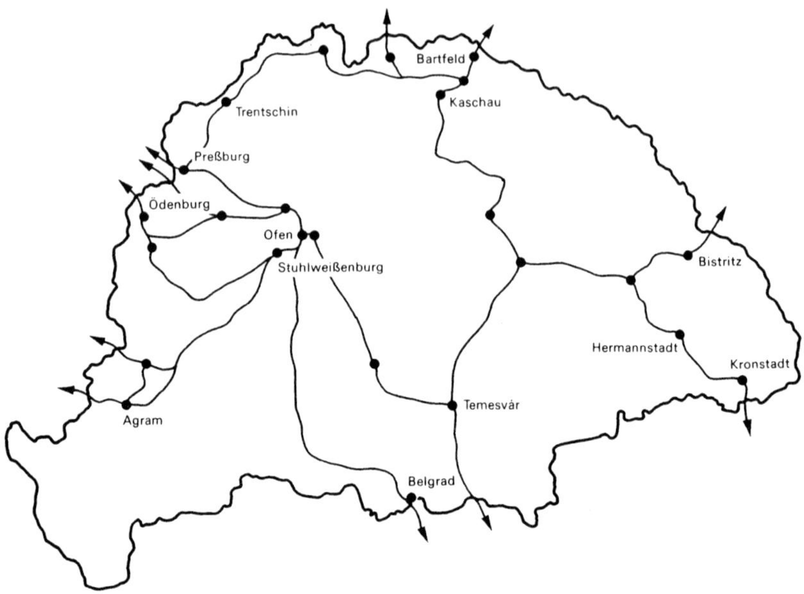
Bartfeld
Kaschau
Trentschin
Preßburg
Ödenburg
Ofen
Stuhlweißenburg
Bistritz
Hermannstadt
Kronstadt
Agram
Temesvár
Belgrad

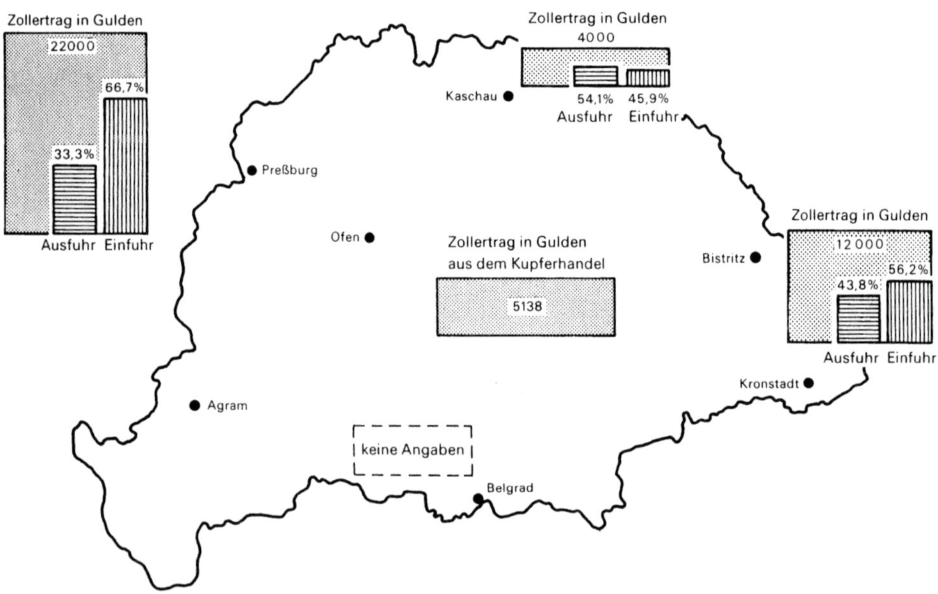
Zollertrag in Gulden
22000
66,7%
33,3%
Ausfuhr Einfuhr
Zollertrag in Gulden
4000
54,1% 45,9%
Ausfuhr Einfuhr
Kaschau
Preßburg
Ofen
Zollertrag in Gulden
aus dem Kupferhandel
5138
Bistritz
Zollertrag in Gulden
12000
56,2%
43,8%
Ausfuhr Einfuhr
Kronstadt
Agram
keine Angaben
Belgrad

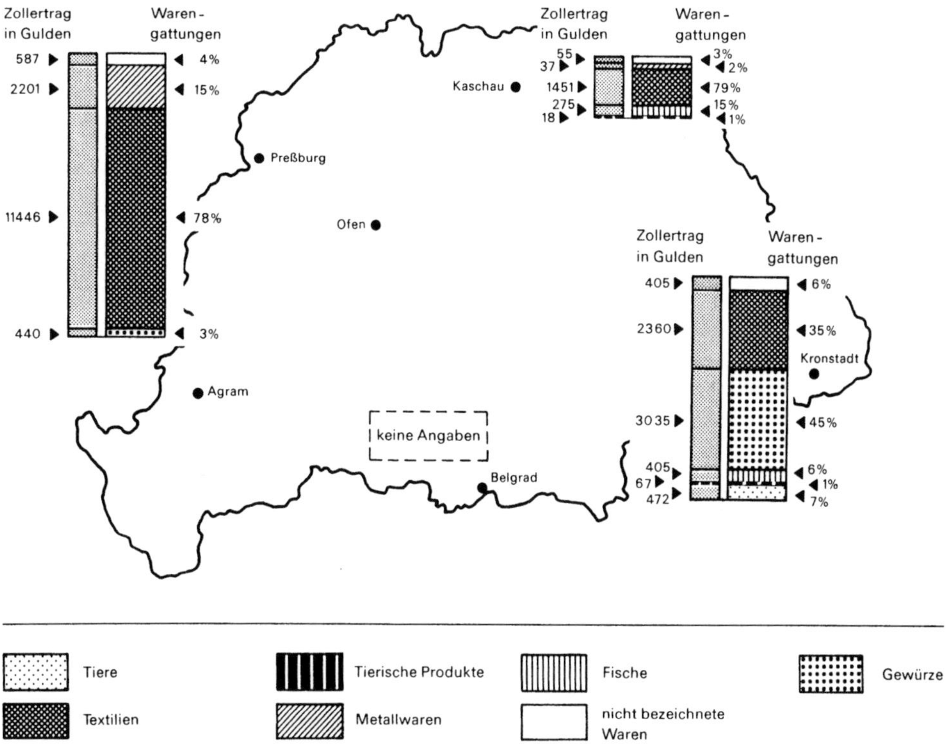

Angaben zum ungarischen Außenhandel nach den Erträgen der Außenhandelszölle (Jahreswerte zwischen 1500 und 1521):
1. Städte mit Zollämtern; wichtigste Handelsstraßen.
2. Verteilung des Zollertrags in Gulden regional zusammengefaßt; prozentualer Anteil von Ein- und Ausfuhr, dazu die Erträge aus dem Kupferexport.
3. Struktur des Imports von Waren nach den Zollerträgen in Gulden regional zusammengefaßt; prozentuale Anteile der Warengattungen.

Die prozentuale Aufgliederung von Import und Export beweist die Passivität der ungarischen Außenhandelsbilanz. Der Ausgleich erfolgte weitgehend durch Bezahlung in Münzen, die aus einheimischem Gold geschlagen wurden (1 Gulden = 3,5 g Gold). Die Struktur des Imports vermittelt den Eindruck, daß Ungarn überwiegend Handwerksprodukte sowie Gewürze benötigte und daß Agrarprodukte nur in geringen Mengen eingeführt wurden. Ungarn konnte seine Bevölkerung selbst ernähren; die Großen des Landes bis hin zum König deckten ihren Bedarf an Luxuswaren mittels der Rohstoffe des Landes.
Ohne das für den Süden vollständige Angaben existieren, darf angenommen werden, daß mit der Türkei ein reger Handelsaustausch bestand, der durch die fortwährenden Kriege kaum behelligt wurde. Berechnungen aus den Pachtsummen der Zollämter ergeben, daß der Außenhandel mit dem Osmanischen Reich am Anfang des 16. Jh. etwa 20% des ungarischen Gesamtwarenverkehrs betragen hat.

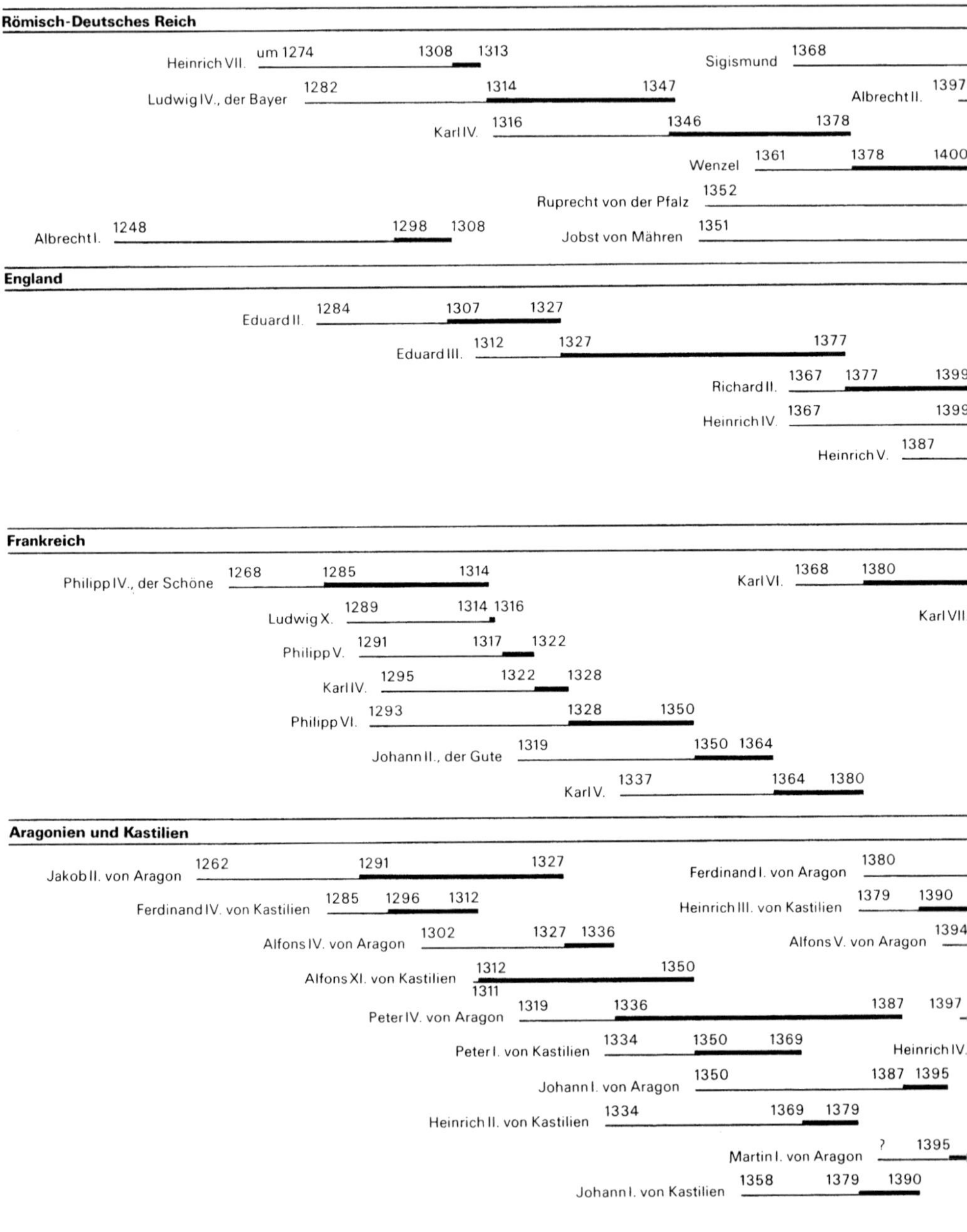
Römisch-Deutsches Reich
Heinrich VII. um 1274 1308 1313
Ludwig IV., der Bayer 1282 1314 1347
Karl IV. 1316 1346 1378
Wenzel 1361 1378 1400
Ruprecht von der Pfalz 1352
Albrecht I. 1248 1298 1308
Jobst von Mähren 1351
Sigismund 1368
Albrecht II. 1397
England
Eduard II. 1284 1307 1327
Eduard III. 1312 1327 1377
Richard II. 1367 1377 1399
Heinrich IV. 1367 1399
Heinrich V. 1387
Frankreich
Philipp IV., der Schöne 1268 1285 1314
Ludwig X. 1289 1314 1316
Philipp V. 1291 1317 1322
Karl IV. 1295 1322 1328
Philipp VI. 1293 1328 1350
Johann II., der Gute 1319 1350 1364
Karl V. 1337 1364 1380
Karl VI. 1368 1380
Karl VII.
Aragonien und Kastilien
Jakob II. von Aragon 1262 1291 1327
Ferdinand IV. von Kastilien 1285 1296 1312
Alfons IV. von Aragon 1302 1327 1336
Alfons XI. von Kastilien 1312 1350 1311
Peter IV. von Aragon 1319 1336 1387
Peter I. von Kastilien 1334 1350 1369
Johann I. von Aragon 1350 1387 1395
Heinrich II. von Kastilien 1334 1369 1379
Martin I. von Aragon ? 1395
Johann I. von Kastilien 1358 1379 1390
Ferdinand I. von Aragon 1380
Heinrich III. von Kastilien 1379 1390
Alfons V. von Aragon 1394
1397
Heinrich IV.

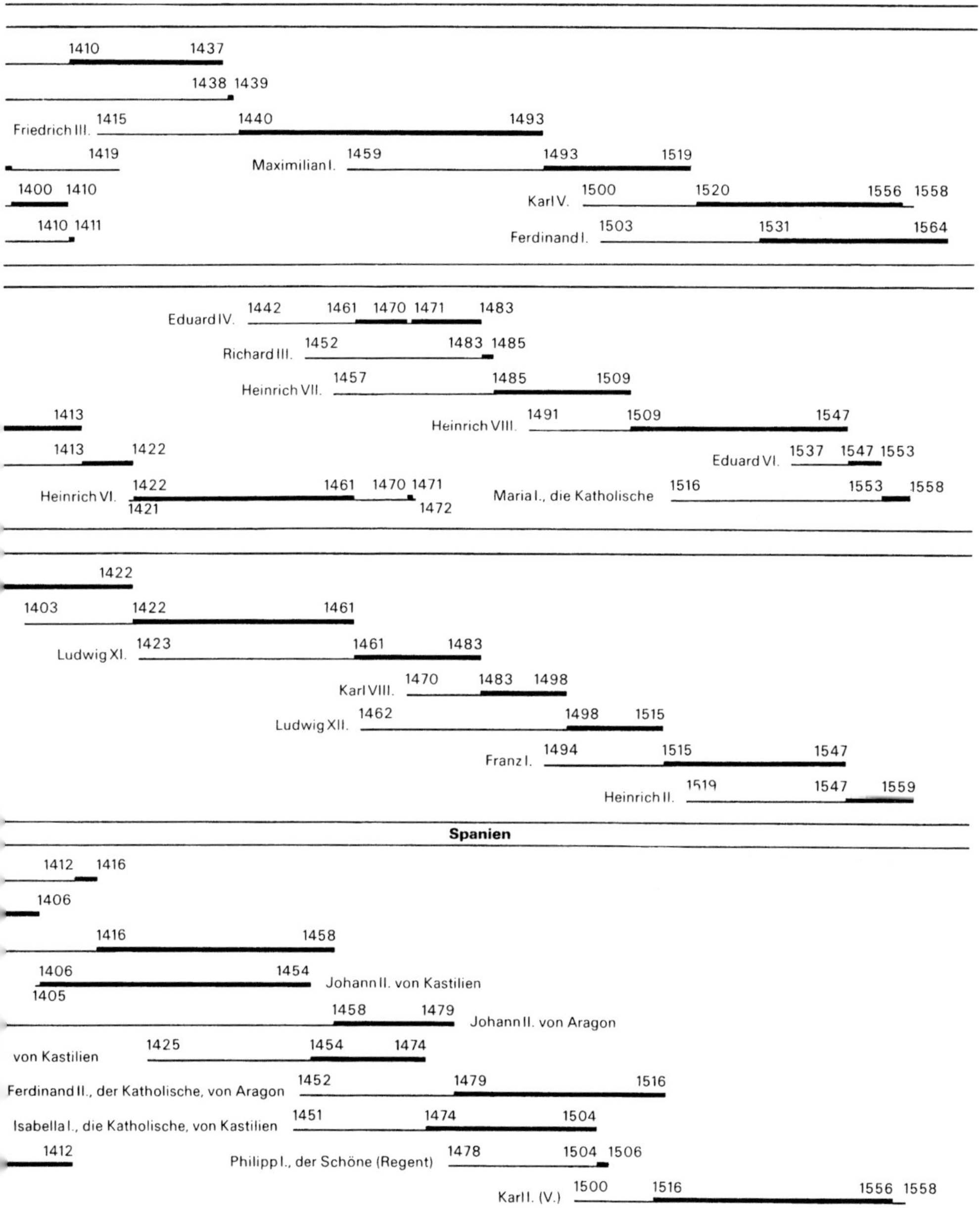

1410 1437
1438 1439
Friedrich III. 1415 1440 1493
1419
Maximilian I. 1459 1493 1519
1400 1410
Karl V. 1500 1520 1556 1558
1410 1411
Ferdinand I. 1503 1531 1564
Eduard IV. 1442 1461 1470 1471 1483
Richard III. 1452 1483 1485
Heinrich VII. 1457 1485 1509
1413
Heinrich VIII. 1491 1509 1547
1413 1422
Eduard VI. 1537 1547 1553
Heinrich VI. 1422 1461 1470 1471 1421 1472
Maria I., die Katholische 1516 1553 1558
1422
1403 1422 1461
Ludwig XI. 1423 1461 1483
Karl VIII. 1470 1483 1498
Ludwig XII. 1462 1498 1515
Franz I. 1494 1515 1547
Heinrich II. 1519 1547 1559
Spanien
1412 1416
1406
1416 1458
1406 1454 1405
Johann II. von Kastilien
1458 1479
Johann II. von Aragon
von Kastilien 1425 1454 1474
Ferdinand II., der Katholische, von Aragon 1452 1479 1516
Isabella I., die Katholische, von Kastilien 1451 1474 1504
1412
Philipp I., der Schöne (Regent) 1478 1504 1506
Karl I. (V.) 1500 1516 1556 1558

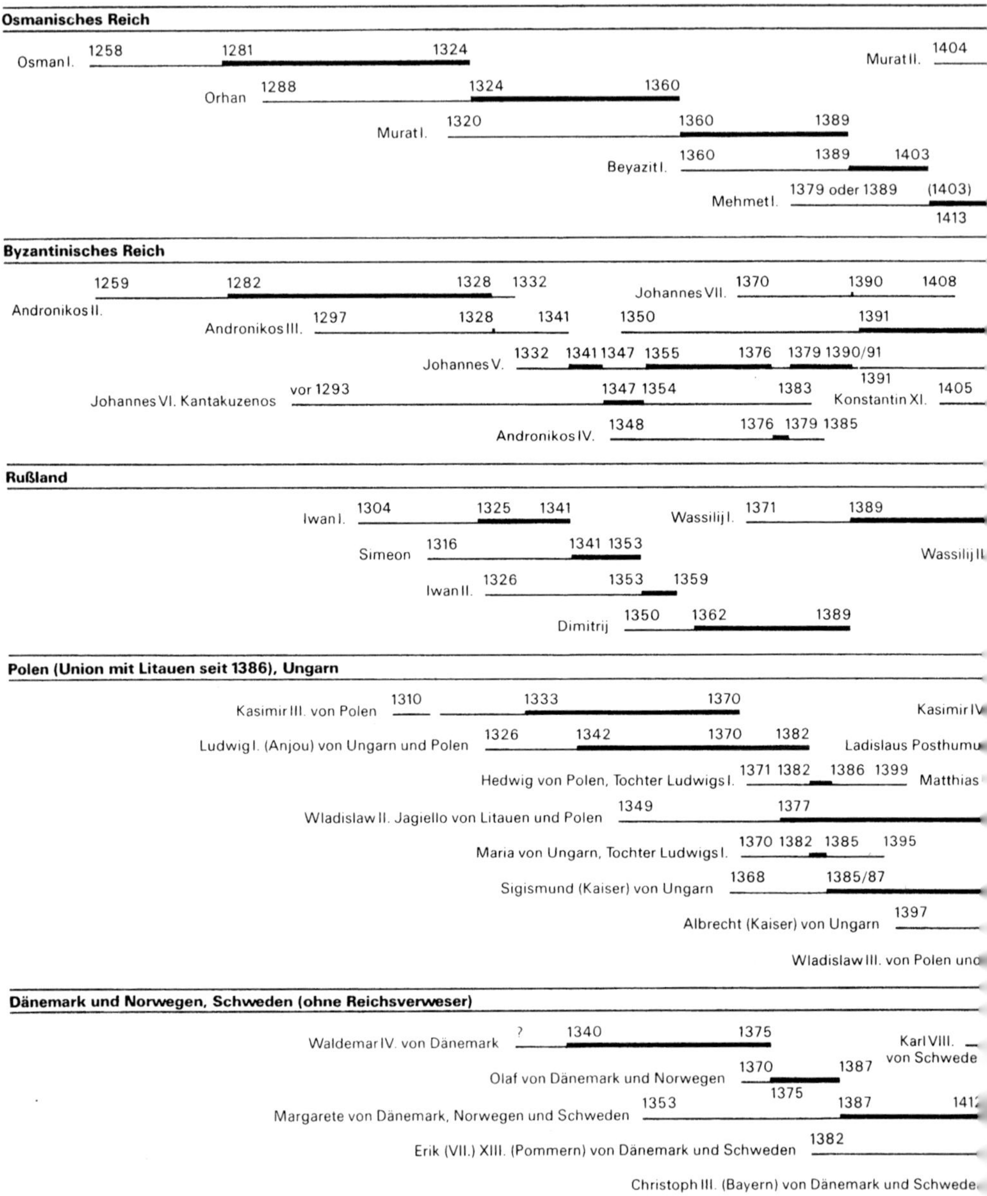
Osmanisches Reich
Osman I. 1258 1281 1324
Murat II. 1404
Orhan 1288 1324 1360
Murat I. 1320 1360 1389
Beyazit I. 1360 1389 1403
Mehmet I. 1379 oder 1389 (1403) 1413
Byzantinisches Reich
Andronikos II. 1259 1282 1328 1332
Johannes VII. 1370 1390 1408
Andronikos III. 1297 1328 1341
1350 1391
Johannes V. 1332 1341 1347 1355 1376 1379 1390/91
Johannes VI. Kantakuzenos vor 1293 1347 1354 1383
1391
Konstantin XI. 1405
Andronikos IV. 1348 1376 1379 1385
Rußland
Iwan I. 1304 1325 1341
Wassilij I. 1371 1389
Simeon 1316 1341 1353
Wassilij II.
Iwan II. 1326 1353 1359
Dimitrij 1350 1362 1389
Polen (Union mit Litauen seit 1386), Ungarn
Kasimir III. von Polen 1310 1333 1370
Kasimir IV.
Ludwig I. (Anjou) von Ungarn und Polen 1326 1342 1370 1382
Ladislaus Posthumus
Hedwig von Polen, Tochter Ludwigs I. 1371 1382 1386 1399
Matthias
Wladislaw II. Jagiello von Litauen und Polen 1349 1377
Maria von Ungarn, Tochter Ludwigs I. 1370 1382 1385 1395
Sigismund (Kaiser) von Ungarn 1368 1385/87
Albrecht (Kaiser) von Ungarn 1397
Wladislaw III. von Polen und
Dänemark und Norwegen, Schweden (ohne Reichsverweser)
Waldemar IV. von Dänemark ? 1340 1375
Karl VIII. von Schwede
Olaf von Dänemark und Norwegen 1370 1375 1387
Margarete von Dänemark, Norwegen und Schweden 1353 1387 1412
Erik (VII.) XIII. (Pommern) von Dänemark und Schweden 1382
Christoph III. (Bayern) von Dänemark und Schwede

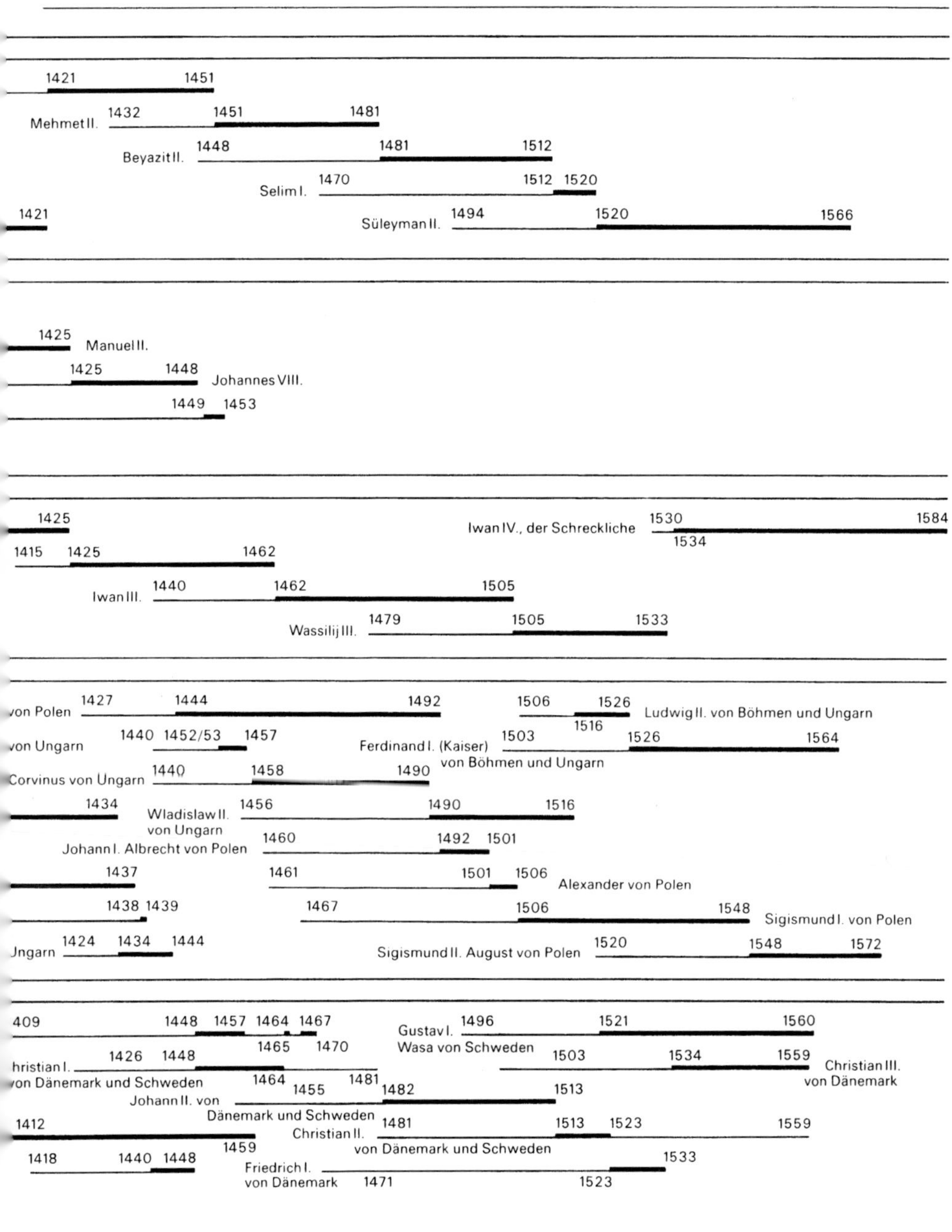
1421 1451
Mehmet II. 1432 1451 1481
Beyazit II. 1448 1481 1512
Selim I. 1470 1512 1520
1421
Süleyman II. 1494 1520 1566
1425 Manuel II.
1425 1448 Johannes VIII.
1449 1453
1425
Iwan IV., der Schreckliche 1530 1534 1584
1415 1425 1462
Iwan III. 1440 1462 1505
Wassilij III. 1479 1505 1533
von Polen 1427 1444 1492
1506 1516 1526 Ludwig II. von Böhmen und Ungarn
von Ungarn 1440 1452/53 1457
Ferdinand I. (Kaiser) von Böhmen und Ungarn 1503 1526 1564
Corvinus von Ungarn 1440 1458 1490
1434
Wladislaw II. von Ungarn 1456 1490 1516
Johann I. Albrecht von Polen 1460 1492 1501
1437
1461 1501 1506 Alexander von Polen
1438 1439
1467 1506 1548 Sigismund I. von Polen
Ungarn 1424 1434 1444
Sigismund II. August von Polen 1520 1548 1572
409 1448 1457 1464 1465 1467 1470
Gustav I. Wasa von Schweden 1496 1521 1560
Christian I. von Dänemark und Schweden 1426 1448 1464 1481
1503 1534 1559 Christian III. von Dänemark
Johann II. von Dänemark und Schweden 1455 1481 1482 1513
1412 1459
Christian II. von Dänemark und Schweden 1481 1513 1523 1559
1418 1440 1448
Friedrich I. von Dänemark 1471 1523 1533

Die Päpste

Benedikt XI., 1303-1304

Residenz: Avignon

Clemens V., 1305-1313
Johannes XXII., 1316-1334
Nikolaus V., (Gegenpapst in Rom) 1328-1330
Benedikt XII., 1334-1342
Clemens VI., 1342-1352
Innozenz VI., 1352-1362
Urban V., (in Rom 1367-1370) 1362-1370
Gregor XI., (in Rom seit 1377) 1370-1378

Schisma 1378-1417

Urban VI., (in Rom) 1378-1389
Clemens VII., (in Avignon) 1378-1394
Bonifaz IX., (in Rom) 1389-1404
Benedikt XIII., (in Avignon) 1394-1409/1417
Innozenz VII., (in Rom) 1404-1406
Gregor XII., (in Rom) 1406-1409/1415
Alexander V., (in Pisa) 1409/10
Johannes XXIII., (in Pisa) 1410-1415
Martin V., 1417-1431
Clemens VIII., (in Avignon) 1423-1429
Benedikt XIV., (in Avignon) 1425-1430
Eugen IV., 1431-1447
Felix V., (Gegenpapst) 1439-1449
Nikolaus V., 1447-1455
Calixtus III., 1455-1458
Pius II., 1458-1464
Paul II., 1464-1471
Sixtus IV.,1471-1484
Innozenz VIII., 1484-1492
Alexander VI., 1492-1503
Pius III., 1503
Julius II., 1503-1513
Leo X., 1513-1521
Hadrian VI., 1522-1523
Clemens VII., 1523-1534
Paul III., 1534-1549
Julius III., 1550-1555
Marcellus II., 1555
Paul IV., 1555-1559

Die Patriarchen von Konstantinopel

Nephon I., 1310-1314
Johannes XIII. Glykys, 1315-1319
Gerasimos I., 1320-1321
Jesaias, 1323-1332
Johannes XIV. Kalekas, 1334-1347
Isidorus I., 1347-1350
Kallistos I., 1350-1353 und 1355-1363
Philotheos, 1353-1354 und 1364-1376
Makarios, 1376-1379 und 1390/91
Neilos, 1379-1388
Antonios IV., 1389-1390 und 1391-1397
Kallistos II. Xanthopulos, 1397
Matthaios I., 1397-1410
Euthymios II., 1410-1416
Joseph II., 1416-1439
Metrophanes II., 1440-1443
Gregorios III. Melissenos Strategopulos, 1443-1451
Athanasios II., 1450
Gennadios II. Scholarios, 1454-1456, 1462-1463 und 1464-1465
Isidoros II. Xanthopulos, 1456-1462
Sophronios I. Syropulos, 1463-1464
Joasaph I. Kokkas, 1465-1466
Markos II. Xylokarabes, 1466-1467
Symeon I. von Trapezunt, 1466-1467, 1471-1474 und 1482-1486
Dionysios I., 1467-1471 und 1488-1490
Raphael I., 1475-1476
Maximos III., 1476-1482
Nephon II., 1486-1488, 1497-1498 und 1502
Maximos IV., 1491-1497
Joachim I., 1498-1502 und 1504
Pachomios I., 1503-1504 und 1504-1513
Theoleptos I., 1513-1522
Jeremias I., 1522-1545
Dionysios II., 1546-1554
Joasaph II., 1554-1565

Italien

Die Dogen von Venedig

Andrea Contarini, 1368-1382
Michele Morosini, 1382
Antonio Venier, 1382-1400
Michele Steno, 1400-1413
Tommaso Mocenigo, 1414-1423
Francesco Foscari, 1423-1457
Pasquale Malipiero, 1457-1462
Christofo Moro, 1462-1471
Niccolò Tron, 1471-1473
Niccolò Marcello, 1473-1474
Pietro Mocenigo, 1474-1476
Andrea Vendramin, 1476-1478
Giovanni Mocenigo, 1478-1485
Marco Barbarigo, 1485-1486
Agostino Barbarigo, 1486-1501
Leonardo Loredan, 1501-1521
Antonio Grimani, 1521-1523
Andrea Gritti, 1523-1538
Pietro Lando, 1539-1545
Francesco Donà, 1545-1553
Marcantonio Trevisan, 1553-1554
Francesco Venier, 1554-1556

Mailand

Gian Galeazzo Visconti, 1378/1385-1402
Gianmaria Visconti, 1402-1412
Filippo Maria Visconti, 1412-1447
Ambrosianische Republik 1447-1450
Francesco I. Sforza, 1450-1466
Galeazzo Maria Sforza, 1466-1476
Gian Galeazzo Sforza (Regentin: Bona von Savoyen), 1476-1481
Lodovico il Moro Sforza, 1481-1499
Massimiliano Sforza, 1512-1515
Francesco II. Sforza, 1522-1535
Karl V. (Kaiser), 1535-1540
Philipp II., 1540-1598

Florenz

Giovanni di Bicci de'Medici, gest. 1429
Cosimo de'Medici, 1429/1434-1464
Piero I. de'Medici, 1464-1469
Lorenzo I. de'Medici, il Magnifico, 1469-1492
Giuliano de'Medici, 1469-1478
Piero II. de'Medici, 1492-1494
Theokratisches Volksregiment unter Savonarola 1494-1498
Giuliano de'Medici, 1512/13
Lorenzo II. de'Medici, 1516-1519
Giulio de'Medici (Clemens VII.), 1519-1523
Alessandro de'Medici, 1523-1527 und 1530-1537
Cosimo de'Medici, 1537-1574

Ferrara-Modena

Aldobrandino III. d'Este, 1352-1361
Niccolò II. d'Este, 1361-1388
Alberto I. d'Este, 1388-1393
Niccolò III. d'Este, 1393-1441
Lionello d'Este, 1441-1450
Borso d'Este, 1450-1471
Ercole I. d'Este, 1471-1505
Alfonso I. d'Este, 1505-1534
Ercole II. d'Este, 1534-1559

Mantua

Luigi Gonzaga, 1360-1382
Francesco Gonzaga, 1382-1407
Giovanni Francesco I. Gonzaga, 1407-1444
Lodovico III. Gonzaga, 1444-1478
Federico I. Gonzaga, 1478-1484
Giovanni Francesco II. Gonzaga, 1484-1519
Federico II. Gonzaga, 1519-1540
Francesco III., 1540-1550
Guglielmo Gonzaga, 1550-1580

Savoyen

Amadeus VI., 1343-1383
Amadeus VII., 1383-1391
Amadeus VIII. (Felix V.), 1391-1434
Ludwig, 1434-1465
Amadeus IX., 1465-1472
Philibert I. (Regentin: Jolanthe von Frankreich), 1472-1482
Karl I., 1482-1490
Karl II., 1490-1496
Philipp, 1490-1497
Philibert II., 1497-1504
Karl III., 1504-1553
Emanuel Philibert, 1533/1559-1580

Neapel

Johanna I. von Anjou, 1343-1382
Karl III. von Anjou, 1380/81-1386
Ladislaus von Anjou, 1386/1390-1414
Johanna II. von Anjou, 1414-1435
(Ludwig II. von Anjou, 1423-1434)
(René I. von Anjou, 1434-1442)
Alfons I. (V.) von Aragon, 1435-1458
Ferrante I. von Aragon, 1458-1494
Alfons II. von Aragon, 1494/95
Ferrante II. von Aragon, 1495/96
Federigo III. von Aragon, 1496-1501

Die Kurfürsten des Deutschen Reiches

Mainz

Johann von Nassau, 1397-1419
Konrad von Daun, 1419-1434
Theoderich Schenk von Erbach, 1434-1459
Diether von Isenburg, 1459-1461 und 1475-1482
Adolf von Nassau, 1461-1475
Albrecht von Sachsen, 1481/82-1484
Berthold von Henneberg, 1484-1504
Jakob von Liebenstein, 1505-1508
Uriel von Gemmingen, 1508-1514
Albrecht von Brandenburg, 1514-1545
Sebastian von Heussenstamm, 1545-1555
Daniel Brendel von Homburg, 1555-1582

Köln

Friedrich von Saarwerden, 1370-1414
Dietrich von Moers, 1414-1463
Ruprecht von der Pfalz, 1463-1480
Hermann von Hessen, 1480-1508
Philipp von Daun-Oberstein, 1508-1515
Hermann von Wied, 1515-1546/47-1552
Adolf von Schauenburg, 1546-1556

Trier

Werner von Falkenstein, 1388-1418
Otto von Ziegenhain, 1418-1430
Ulrich von Manderscheid, 1430-1436
Rhabanus von Helmstädt, 1436-1439
Jakob von Sierk, 1439-1456
Johann von Baden, 1456-1503
Jakob von Baden, 1503-1511
Richard von Greifenklau, 1511-1531
Johann von Metzenhausen, 1531-1540
Johann Ludwig von Hagen, 1540-1547
Johann von Isenburg, 1547-1556

Pfalz

Ruprecht III. (deutscher König), 1398-1410
Ludwig III., 1410-1436
Ludwig IV., 1436-1449
Friedrich I., der Siegreiche, 1451-1476
Philipp, 1476-1508
Ludwig V., der Friedfertige, 1508-1544
Friedrich II., der Weise, 1544-1556

Sachsen

Rudolf III. (Askanier), 1388-1419
Albrecht III. (Askanier), 1419-1422
Friedrich I., der Streitbare (Wettiner), 1423-1428
Friedrich II., der Sanftmütige, 1428-1464
Ernst, 1464-1486
Albrecht der Beherzte (Mitregent), 1464-1485
Friedrich III., der Weise, 1486-1525
Johann der Beständige, 1525-1532
Johann Friedrich I., der Großmütige, 1532-1547
Moritz, 1548-1553
August, 1553-1586

Brandenburg

Sigismund (Kaiser), 1378-1395 und 1411-1415/1417
Jobst von Mähren (deutscher König), 1393/1397-1411
Friedrich I., 1415/1417-1440
Friedrich II., 1440-1470
Albrecht Achilles, 1470-1486
Johann Cicero, 1486-1499
Joachim I., Nestor, 1499-1535
Joachim II., Hektor, 1535-1571

Böhmen

Karl (IV., Kaiser), 1346-1378
Wenzel (deutscher König), 1378-1419
Sigismund (Kaiser), 1419/20-1437
Albrecht (II., deutscher König), 1438/39
Ladislaus Posthumus, 1440/1453-1457
Georg Podiebrad, 1458-1471
Matthias Corvinus, 1469-1471
Wladislaw, 1471-1516
Ludwig II., 1516-1526
Ferdinand I. (Kaiser), 1526-1564

Die Hochmeister des Deutschen Ordens in Preußen

Wynrich von Kniprode, 1351-1382
Konrad Zöllner von Rotenstein, 1382-1390
Konrad von Wallenrod, 1391-1393
Konrad von Jungingen, 1393-1407
Ulrich von Jungingen, 1407-1410
Heinrich von Plauen, 1410-1413
Michael Küchenmeister, 1414-1422
Paul von Rußdorf, 1422-1441
Konrad von Erlichshausen, 1441-1449
Ludwig von Erlichshausen, 1450-1467
Heinrich Reuß von Plauen, 1467/1469-1470
Heinrich Reffle von Richtenberg, 1470-1477
Martin Truchsess von Wetzhausen, 1477-1489
Johann von Tiefen, 1489-1497
Friedrich von Sachsen, 1498-1510
Albrecht von Brandenburg-Ansbach, 1511-1525, als Herzog in Preußen, 1525-1568
Walther von Kronberg (Administrator), 1526-1543
Wolfgang Schutzler (Administrator), 1543-1586

Burgund

Philipp von Rouvres, 1339-1361
Philipp der Kühne, 1363-1404
Johann ohne Furcht, 1404-1419
Philipp der Gute, 1419-1467
Karl der Kühne, 1467-1477
Maria, 1477-1482
Philipp der Schöne, 1482/1494-1506
Karl V. (Kaiser), 1507-1556

Portugal

Peter I., 1357-1367
Ferdinand I., 1367-1383
Johann I., 1385-1433
Eduard I., 1433-1438
Alfons V., 1438-1481
Johann II., 1481-1495
Emanuel I., 1495-1521
Johann III., 1521-1557

Granada

Muhammad V. Ghani, 1354-1359 und 1362-1391
Ismail II., 1359/60
Muhammad VI. Abu Said, 1360-1362
Yusuf II., 1391/92
Muhammad VII., 1392-1407
Yusuf III., 1407-1417
Muhammad VIII., 1417-1427, 1429-1432 und 1432-1444
Muhammad IX., 1427-1429
Yusuf IV., 1432
Muhammad X., 1444/45 und 1446-1461
Saad Mustain, 1445/46
Ali Abu l-Hasan, 1461-1482 und 1483-1485
Muhammad XI., 1482/83 und 1486-1492
Muhammad XII., 1485/1486

Schottland

Robert II., 1371-1390
Robert III., 1390-1406
Jakob I., 1406-1437
Jakob II., 1437-1460
Jakob III., 1460-1488
Jakob IV., 1488-1513
Jakob V., 1513/1524-1542
Maria Stuart, 1542-1567

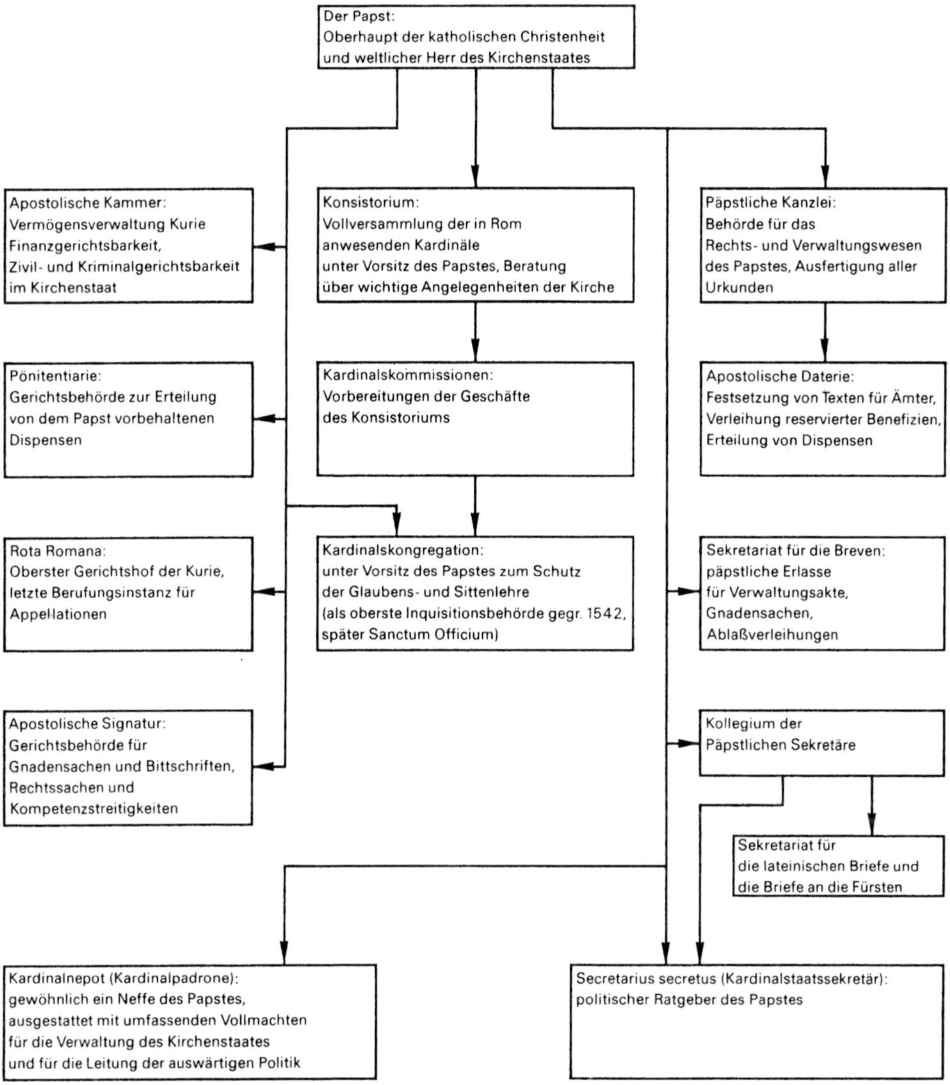

Die Darstellung berücksichtigt die Institutionen der Kurie zu Beginn des 16. Jh., soweit sie für die Leitung der Kirche und des Kirchenstaates Bedeutung besaßen. Noch im 11. Jh. umfaßte die Kurie nur die päpstliche Hofhaltung. Durch wachsende Aufgaben wurden ihr neue Institutionen angegliedert, deren Tätigkeit zunächst zeitlich begrenzt sein sollte. Jedoch entwickelten sie sich meistens zu festen Behörden. Das Kardinalskollegium wählte bei Vakanz des Stuhls Petri den Papst (Konklave). Um die Leitung der päpstlichen Politik konkurrierten der Secretarius secretus als Leiter der päpstlichen Geheimkorrespondenz und der Kardinalnepot als Vertrauter des Papstes.

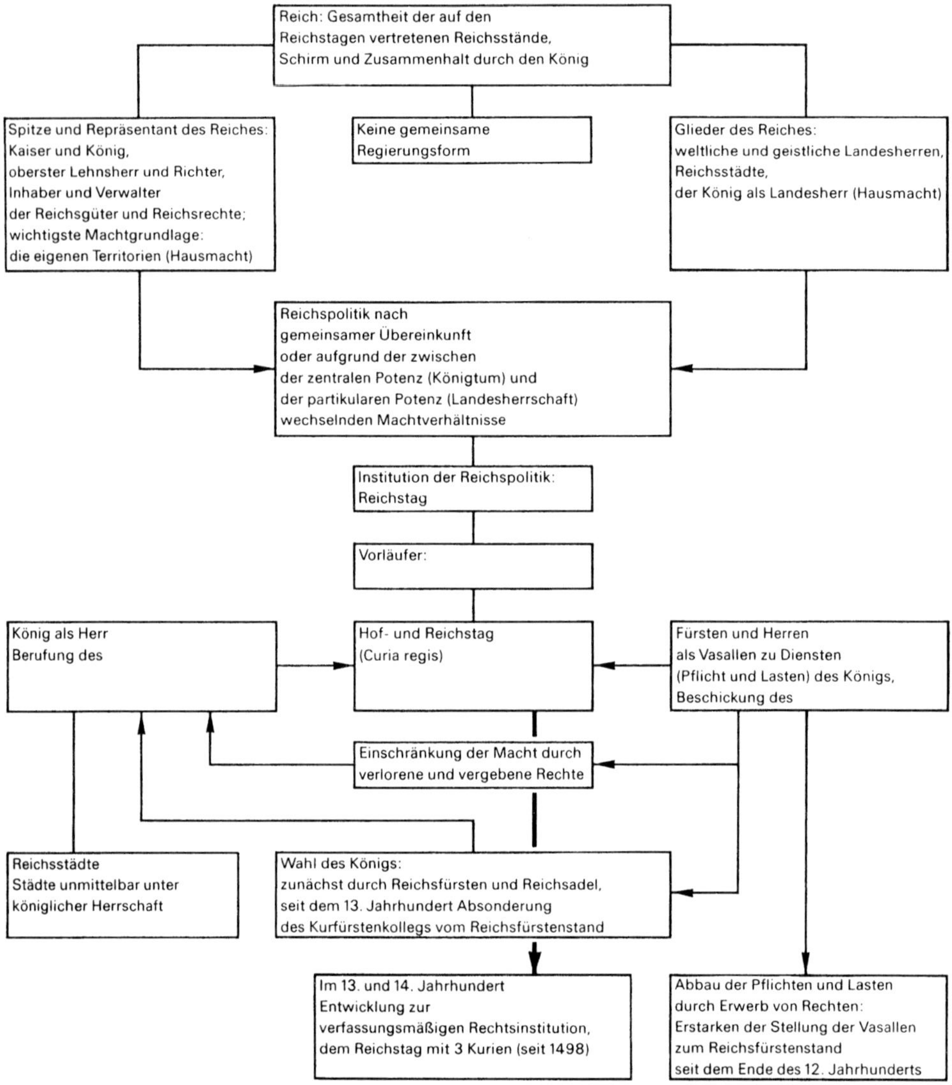

Eine Reichsverfassung gab es nicht. Nur gewisse Reichsverfassungselemente existierten, die sich aus allgemein anerkannten Rechtsgrundsätzen und Rechtsgewohnheiten zusammensetzten, und deren Kern seit 1356 die Goldene Bulle als eine Art Reichsgrundgesetz bildete (Recht der Königswahl, Stellung der Kurfürsten, Wahlort des Königs: Frankfurt, Krönungsstadt: Aachen, Einberufung des 1. Reichstags nach Nürnberg). Die Wahlkapitulationen der Könige ergänzten das Reichsrecht.

Die Reichsreformbestrebungen des 15. Jh. setzten sich zum Ziel, eine Rechtsgemeinschaft der Reichsstände und eine handlungsfähige Staatlichkeit des Reiches zu schaffen: mehr politische Verantwortung für den Reichstag, dauerhaften Frieden im Reich,

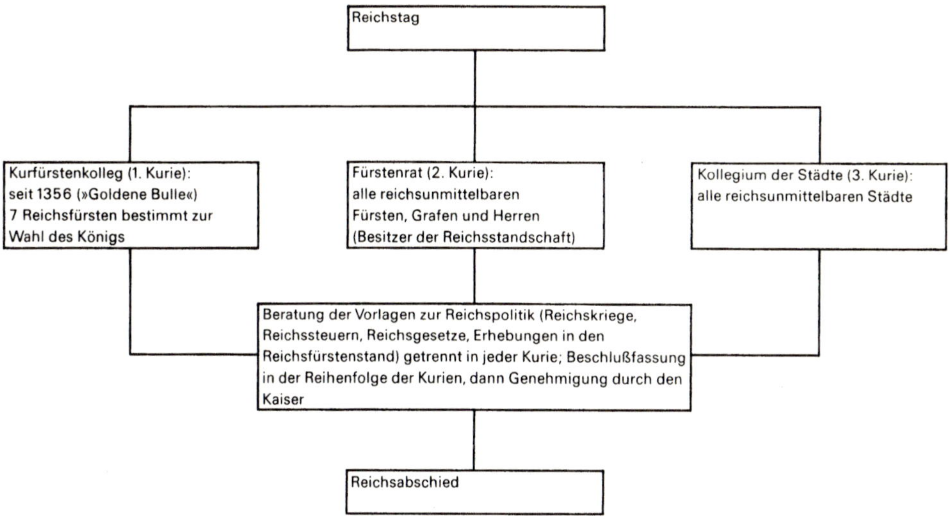

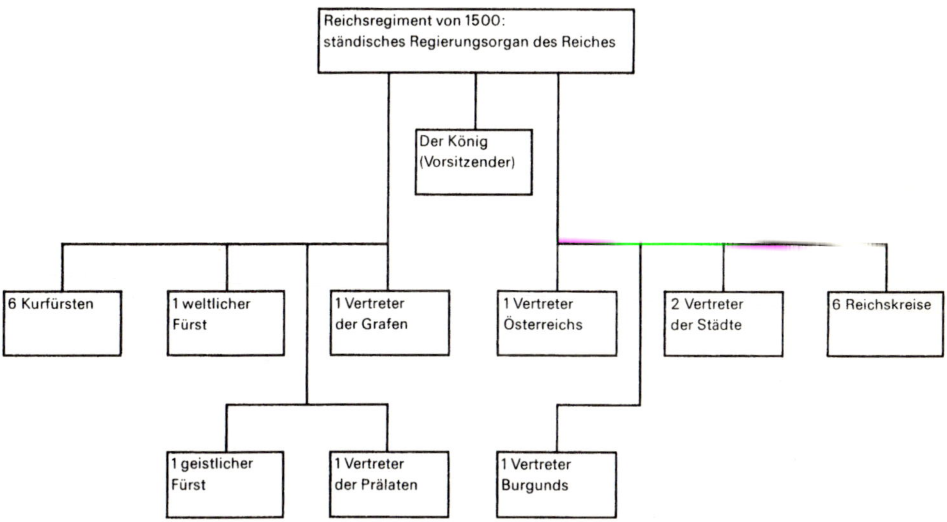

eine Institution zur Rechtwahrung, eine Reichssteuer und ein ständiges Regierungsorgan. Die Ergebnisse waren die Errichtung des ›Ewigen Landfriedens‹, 1491 (Aufhebung des Fehderechts im Reich), die Errichtung des ständisch orientierten Reichsregiments als Reichsregierungsorgan (Auflösung wegen völliger Handlungsunfähigkeit und Kompetenzüberschreitung durch den König 1501), Gründung des Reichskammergerichts als oberstes Reichsgericht, Kreiseinteilung des Reiches als Wahlbezirke für das Kammergericht und das Reichsregiment sowie zur Durchführung der Reichsabschiede. Als Gegenstück zum Reichsregiment schuf der König als Zentralbehörden für das Reich den Reichshofrat und die Reichshofkanzlei.

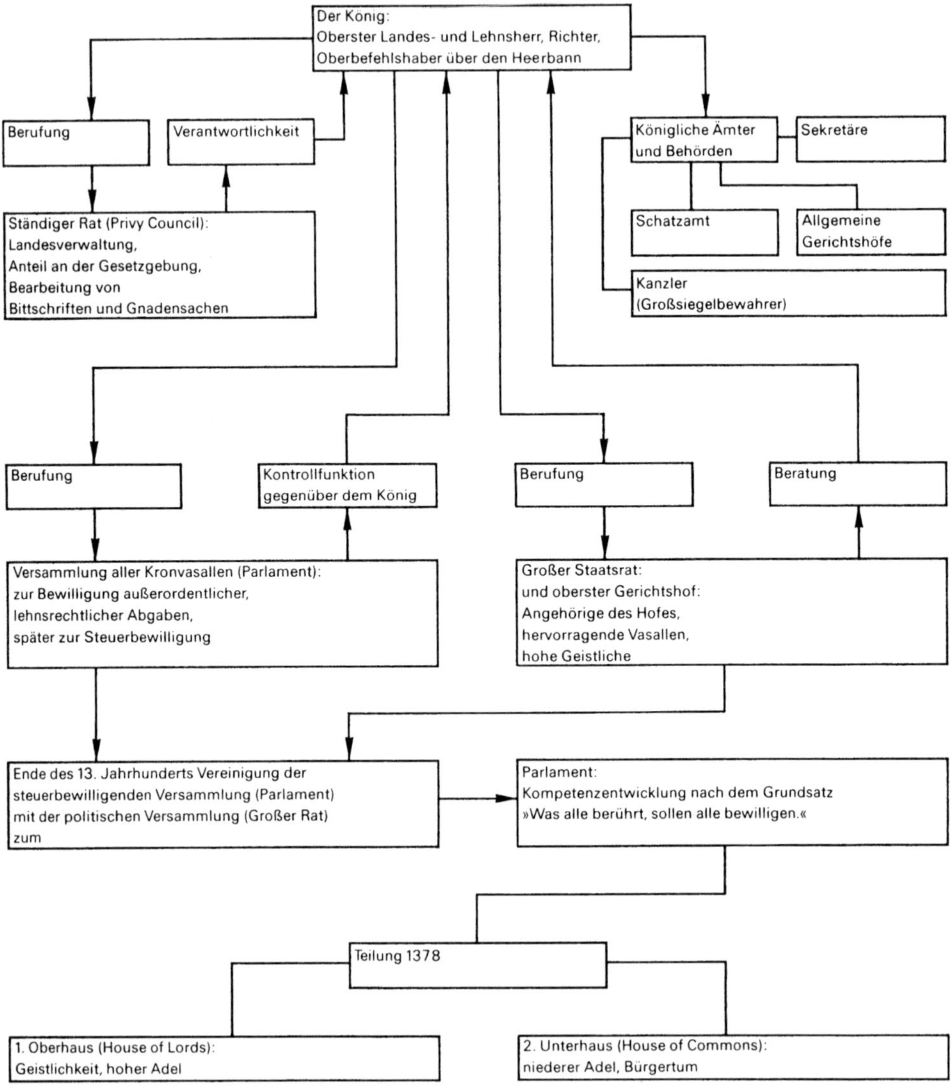

Die englische Verfassungsordnung wurde durch die Magna Charta von 1215 begründet. Damals erzwangen die Vasallen des Reiches wegen der Eingriffe des Königs in ihre Lehnsrechte und wegen der eigenmächtigen Erhebung von Abgaben die schriftliche Fixierung ihrer althergebrachten Rechte. Die zentrale Stellung der monarchischen Gewalt blieb jedoch unangetastet, weil es wegen der Struktur des englischen Lehnswesens nicht zur Ausbildung von Territorien mit politischen Befugnissen kam. Auch gelang es den Vasallen nicht, die monarchische Gewalt durch eine landständisch-aristokratische zu ersetzen.

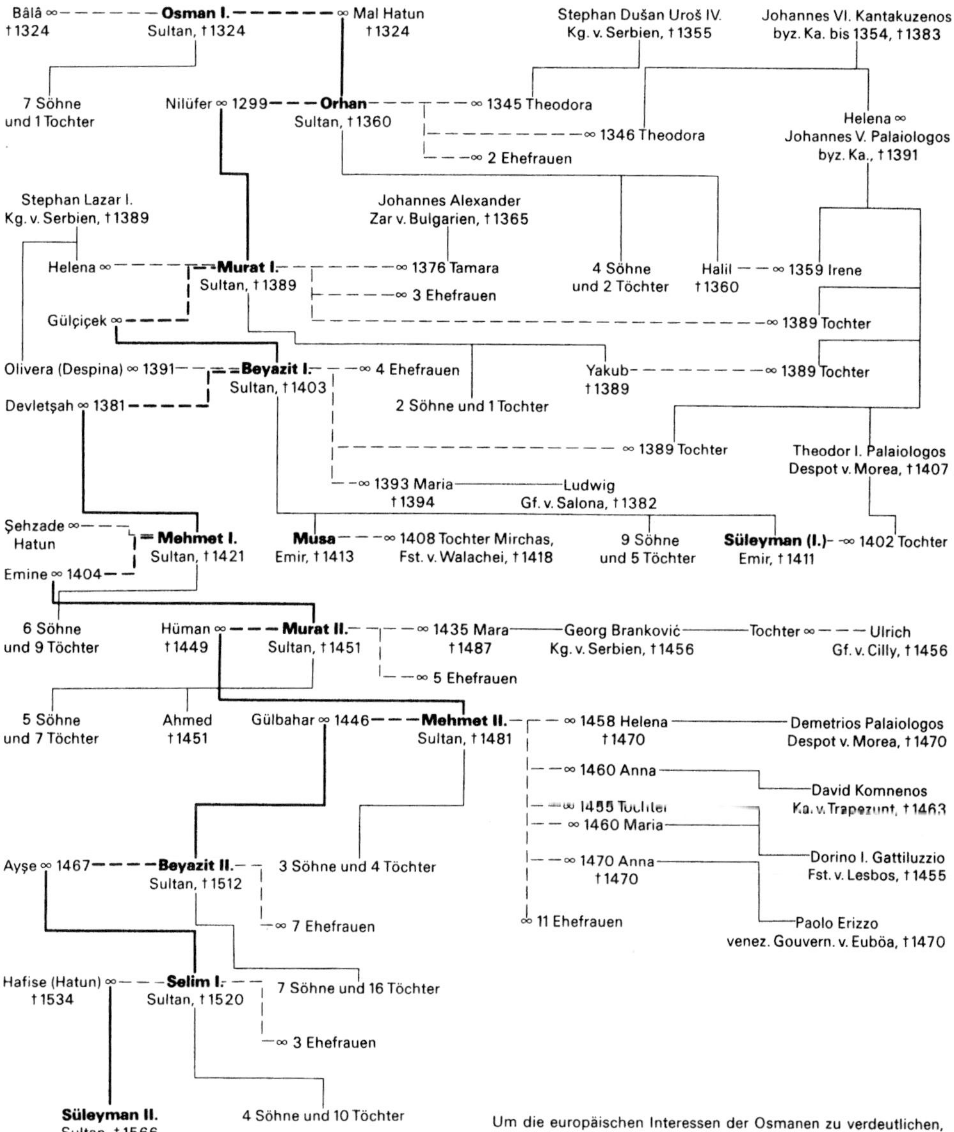

Um die europäischen Interessen der Osmanen zu verdeutlichen, berücksichtigt die Genealogie in erster Linie die Einheirat christlicher Prinzessinnen in die Familie der Osmanen. Die anderen Ehefrauen der Sultane, die meist aus dem islamischen Herrschaftsbereich stammten, lassen sich nur teilweise ermitteln, weil nur diejenigen registriert wurden, die ein Kind geboren hatten. Wiederholt sind selbst deren Namen und die ihrer Kinder unbekannt.

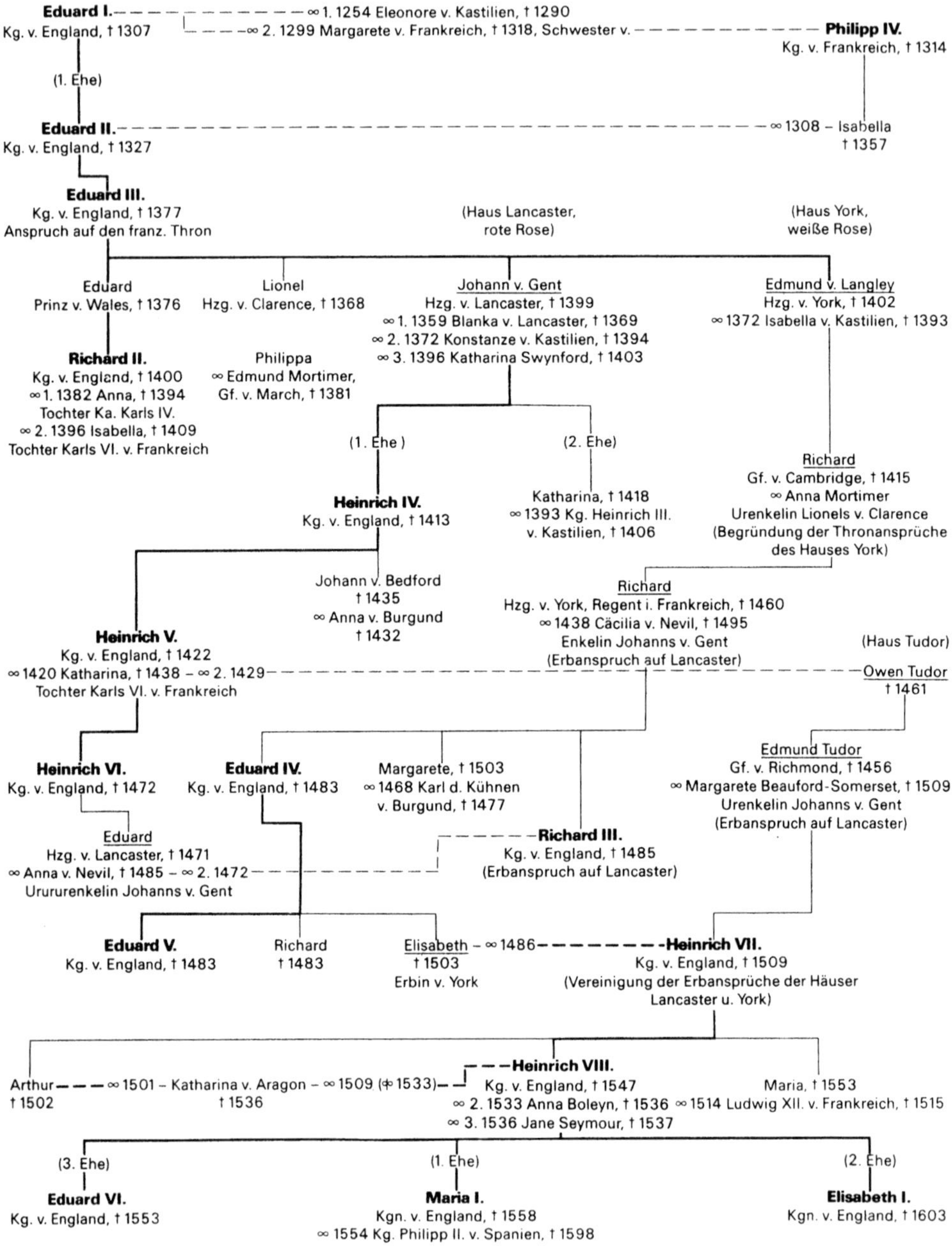
Eduard I.
Kg. v. England, † 1307
∞ 1. 1254 Eleonore v. Kastilien, † 1290
∞ 2. 1299 Margarete v. Frankreich, † 1318, Schwester v.
Philipp IV.
Kg. v. Frankreich, † 1314
(1. Ehe)
Eduard II.
Kg. v. England, † 1327
∞ 1308 – Isabella
† 1357
Eduard III.
Kg. v. England, † 1377
Anspruch auf den franz. Thron
(Haus Lancaster,
rote Rose)
(Haus York,
weiße Rose)
Eduard
Prinz v. Wales, † 1376
Lionel
Hzg. v. Clarence, † 1368
Johann v. Gent
Hzg. v. Lancaster, † 1399
∞ 1. 1359 Blanka v. Lancaster, † 1369
∞ 2. 1372 Konstanze v. Kastilien, † 1394
∞ 3. 1396 Katharina Swynford, † 1403
Edmund v. Langley
Hzg. v. York, † 1402
∞ 1372 Isabella v. Kastilien, † 1393
Richard II.
Kg. v. England, † 1400
∞ 1. 1382 Anna, † 1394
Tochter Ka. Karls IV.
∞ 2. 1396 Isabella, † 1409
Tochter Karls VI. v. Frankreich
Philippa
∞ Edmund Mortimer,
Gf. v. March, † 1381
(1. Ehe)
(2. Ehe)
Richard
Gf. v. Cambridge, † 1415
∞ Anna Mortimer
Urenkelin Lionels v. Clarence
(Begründung der Thronansprüche
des Hauses York)
Heinrich IV.
Kg. v. England, † 1413
Katharina, † 1418
∞ 1393 Kg. Heinrich III.
v. Kastilien, † 1406
Johann v. Bedford
† 1435
∞ Anna v. Burgund
† 1432
Richard
Hzg. v. York, Regent i. Frankreich, † 1460
∞ 1438 Cäcilia v. Nevil, † 1495
Enkelin Johanns v. Gent
(Erbanspruch auf Lancaster)
(Haus Tudor)
Owen Tudor
† 1461
Heinrich V.
Kg. v. England, † 1422
∞ 1420 Katharina, † 1438 – ∞ 2. 1429
Tochter Karls VI. v. Frankreich
Heinrich VI.
Kg. v. England, † 1472
Eduard IV.
Kg. v. England, † 1483
Margarete, † 1503
∞ 1468 Karl d. Kühnen
v. Burgund, † 1477
Edmund Tudor
Gf. v. Richmond, † 1456
∞ Margarete Beauford-Somerset, † 1509
Urenkelin Johanns v. Gent
(Erbanspruch auf Lancaster)
Eduard
Hzg. v. Lancaster, † 1471
∞ Anna v. Nevil, † 1485 – ∞ 2. 1472
Ururrenkelin Johanns v. Gent
Richard III.
Kg. v. England, † 1485
(Erbanspruch auf Lancaster)
Eduard V.
Kg. v. England, † 1483
Richard
† 1483
Elisabeth – ∞ 1486
† 1503
Erbin v. York
Heinrich VII.
Kg. v. England, † 1509
(Vereinigung der Erbansprüche der Häuser
Lancaster u. York)
Arthur ∞ 1501 – Katharina v. Aragon – ∞ 1509 (⚮ 1533)
† 1502
† 1536
Heinrich VIII.
Kg. v. England, † 1547
∞ 2. 1533 Anna Boleyn, † 1536
∞ 3. 1536 Jane Seymour, † 1537
Maria, † 1553
∞ 1514 Ludwig XII. v. Frankreich, † 1515
(3. Ehe)
(1. Ehe)
(2. Ehe)
Eduard VI.
Kg. v. England, † 1553
Maria I.
Kgn. v. England, † 1558
∞ 1554 Kg. Philipp II. v. Spanien, † 1598
Elisabeth I.
Kgn. v. England, † 1603

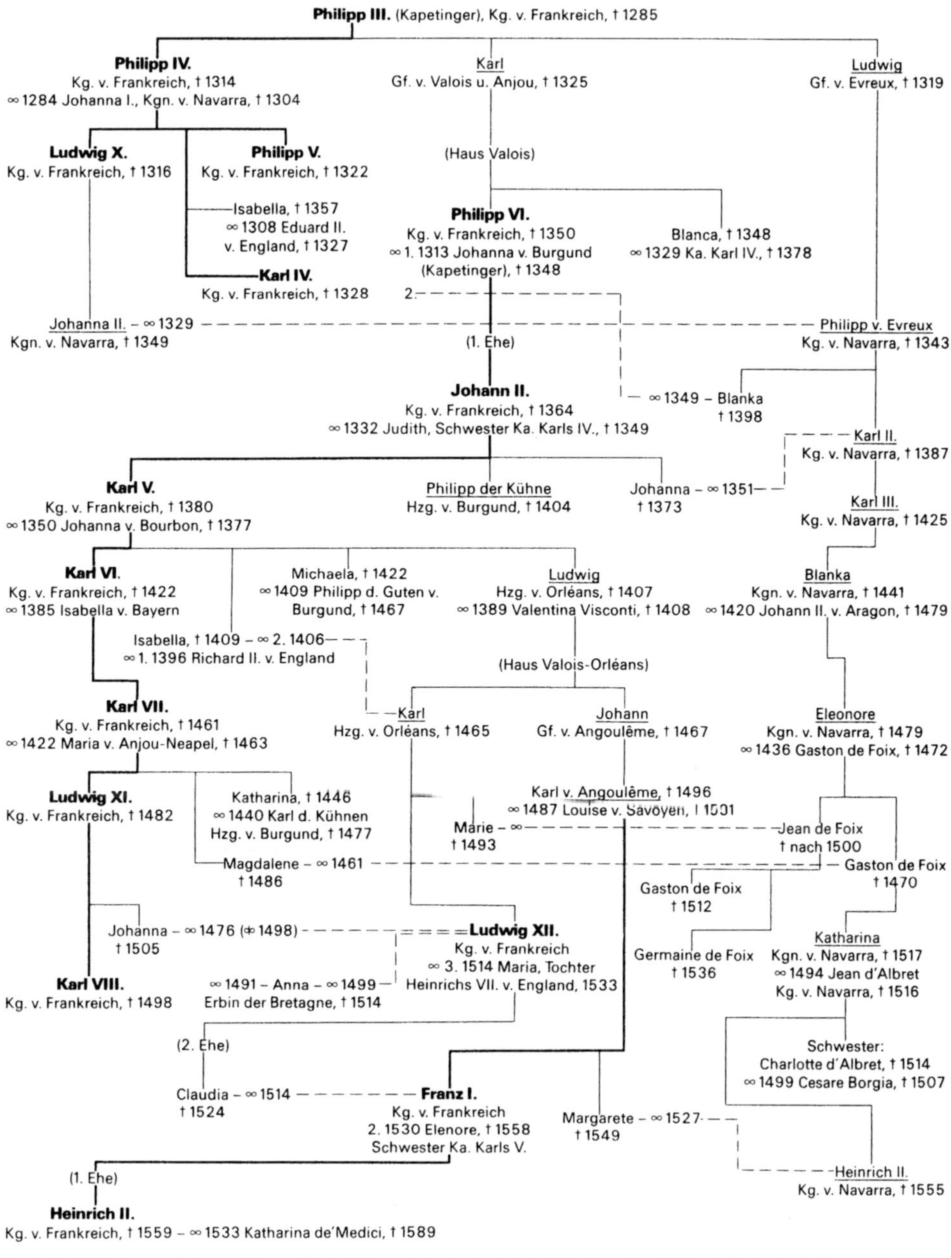
Philipp III. (Kapetinger), Kg. v. Frankreich, † 1285
Philipp IV.
Kg. v. Frankreich, † 1314
∞ 1284 Johanna I., Kgn. v. Navarra, † 1304
Karl
Gf. v. Valois u. Anjou, † 1325
Ludwig
Gf. v. Evreux, † 1319
Ludwig X.
Kg. v. Frankreich, † 1316
Philipp V.
Kg. v. Frankreich, † 1322
(Haus Valois)
Isabella, † 1357
∞ 1308 Eduard II.
v. England, † 1327
Karl IV.
Kg. v. Frankreich, † 1328
Philipp VI.
Kg. v. Frankreich, † 1350
∞ 1. 1313 Johanna v. Burgund
(Kapetinger), † 1348
2.
Blanca, † 1348
∞ 1329 Ka. Karl IV., † 1378
Johanna II. – ∞ 1329
Kgn. v. Navarra, † 1349
(1. Ehe)
Philipp v. Evreux
Kg. v. Navarra, † 1343
Johann II.
Kg. v. Frankreich, † 1364
∞ 1332 Judith, Schwester Ka. Karls IV., † 1349
∞ 1349 – Blanka
† 1398
Karl II.
Kg. v. Navarra, † 1387
Karl V.
Kg. v. Frankreich, † 1380
∞ 1350 Johanna v. Bourbon, † 1377
Philipp der Kühne
Hzg. v. Burgund, † 1404
Johanna – ∞ 1351
† 1373
Karl III.
Kg. v. Navarra, † 1425
Karl VI.
Kg. v. Frankreich, † 1422
∞ 1385 Isabella v. Bayern
Michaela, † 1422
∞ 1409 Philipp d. Guten v.
Burgund, † 1467
Ludwig
Hzg. v. Orléans, † 1407
∞ 1389 Valentina Visconti, † 1408
Blanka
Kgn. v. Navarra, † 1441
∞ 1420 Johann II. v. Aragon, † 1479
Isabella, † 1409 – ∞ 2. 1406
∞ 1. 1396 Richard II. v. England
(Haus Valois-Orléans)
Karl VII.
Kg. v. Frankreich, † 1461
∞ 1422 Maria v. Anjou-Neapel, † 1463
Karl
Hzg. v. Orléans, † 1465
Johann
Gf. v. Angoulême, † 1467
Eleonore
Kgn. v. Navarra, † 1479
∞ 1436 Gaston de Foix, † 1472
Ludwig XI.
Kg. v. Frankreich, † 1482
Katharina, † 1446
∞ 1440 Karl d. Kühnen
Hzg. v. Burgund, † 1477
Karl v. Angoulême, † 1496
∞ 1487 Louise v. Savoyen, † 1531
Marie – ∞
† 1493
Jean de Foix
† nach 1500
Magdalene – ∞ 1461
† 1486
Gaston de Foix
† 1470
Gaston de Foix
† 1512
Johanna – ∞ 1476 (⚮ 1498)
† 1505
Ludwig XII.
Kg. v. Frankreich
∞ 3. 1514 Maria, Tochter
Heinrichs VII. v. England, 1533
Katharina
Kgn. v. Navarra, † 1517
∞ 1494 Jean d'Albret
Kg. v. Navarra, † 1516
Germaine de Foix
† 1536
Karl VIII.
Kg. v. Frankreich, † 1498
∞ 1491 – Anna – ∞ 1499
Erbin der Bretagne, † 1514
(2. Ehe)
Schwester:
Charlotte d'Albret, † 1514
∞ 1499 Cesare Borgia, † 1507
Claudia – ∞ 1514
† 1524
Franz I.
Kg. v. Frankreich
2. 1530 Elenore, † 1558
Schwester Ka. Karls V.
Margarete – ∞ 1527
† 1549
Heinrich II.
Kg. v. Navarra, † 1555
(1. Ehe)
Heinrich II.
Kg. v. Frankreich, † 1559 – ∞ 1533 Katharina de'Medici, † 1589

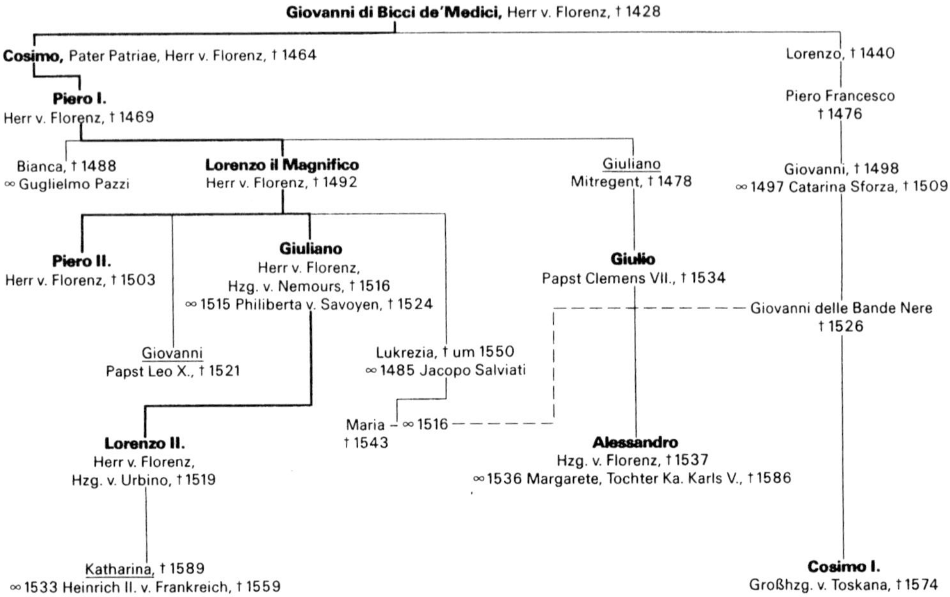
Giovanni di Bicci de'Medici, Herr v. Florenz, † 1428
Cosimo, Pater Patriae, Herr v. Florenz, † 1464
Lorenzo, † 1440
Piero I.
Herr v. Florenz, † 1469
Piero Francesco
† 1476
Bianca, † 1488
∞ Guglielmo Pazzi
Lorenzo il Magnifico
Herr v. Florenz, † 1492
Giuliano
Mitregent, † 1478
Giovanni, † 1498
∞ 1497 Catarina Sforza, † 1509
Piero II.
Herr v. Florenz, † 1503
Giuliano
Herr v. Florenz,
Hzg. v. Nemours, † 1516
∞ 1515 Philiberta v. Savoyen, † 1524
Giulio
Papst Clemens VII., † 1534
Giovanni delle Bande Nere
† 1526
Giovanni
Papst Leo X., † 1521
Lukrezia, † um 1550
∞ 1485 Jacopo Salviati
Maria – ∞ 1516
† 1543
Lorenzo II.
Herr v. Florenz,
Hzg. v. Urbino, † 1519
Alessandro
Hzg. v. Florenz, † 1537
∞ 1536 Margarete, Tochter Ka. Karls V., † 1586
Katharina, † 1589
∞ 1533 Heinrich II. v. Frankreich, † 1559
Cosimo I.
Großhzg. v. Toskana, † 1574

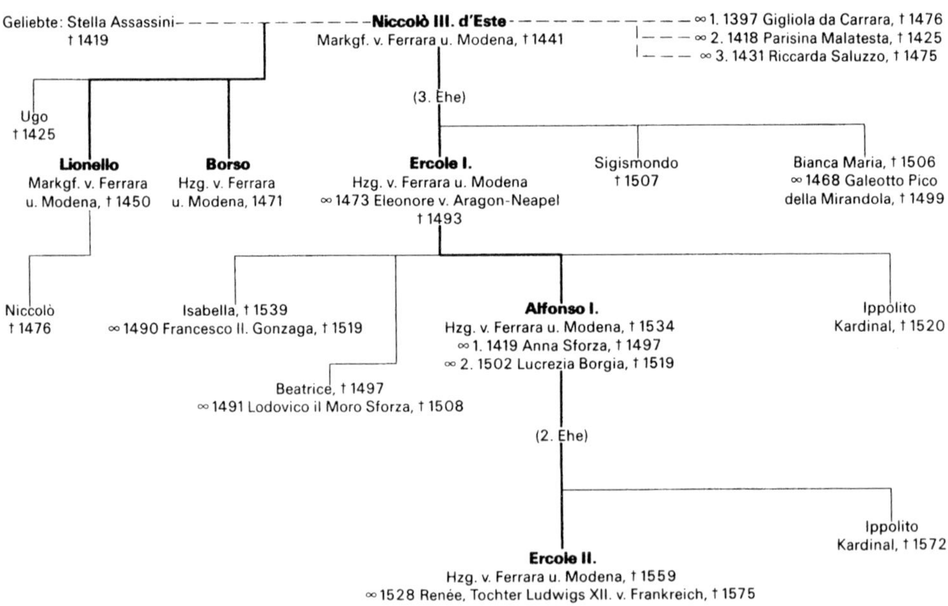
Geliebte: Stella Assassini
† 1419
Niccolò III. d'Este
Markgf. v. Ferrara u. Modena, † 1441
∞ 1. 1397 Gigliola da Carrara, † 1476
∞ 2. 1418 Parisina Malatesta, † 1425
∞ 3. 1431 Riccarda Saluzzo, † 1475
(3. Ehe)
Ugo
† 1425
Lionello
Markgf. v. Ferrara
u. Modena, † 1450
Borso
Hzg. v. Ferrara
u. Modena, 1471
Ercole I.
Hzg. v. Ferrara u. Modena
∞ 1473 Eleonore v. Aragon-Neapel
† 1493
Sigismondo
† 1507
Bianca Maria, † 1506
∞ 1468 Galeotto Pico
della Mirandola, † 1499
Niccolò
† 1476
Isabella, † 1539
∞ 1490 Francesco II. Gonzaga, † 1519
Alfonso I.
Hzg. v. Ferrara u. Modena, † 1534
∞ 1. 1419 Anna Sforza, † 1497
∞ 2. 1502 Lucrezia Borgia, † 1519
Ippolito
Kardinal, † 1520
Beatrice, † 1497
∞ 1491 Lodovico il Moro Sforza, † 1508
(2. Ehe)
Ippolito
Kardinal, † 1572
Ercole II.
Hzg. v. Ferrara u. Modena, † 1559
∞ 1528 Renée, Tochter Ludwigs XII. v. Frankreich, † 1575

- **Matteo I. Visconti**, Reichsvikar u. Herr v. Mailand, † 1322
  - **Galeazzo I.**, Herr v. Mailand, † 1328, ∞ 1300 Beatrice d'Este, † 1334
    - **Azzo**, Herr v. Mailand, † 1339, ∞ Katharina v. Savoyen, † 1388
  - Stefano, † 1327
    - **Matteo II.**, Herr v. Mailand, † 1355, ∞ Gigliola Gonzaga
    - Bernabò, † 1385, ∞ 1350 Beatrice della Scala, † 1384
      - Viridis, 1414, ∞ 1365 Leopold III. v. Habsburg Hzg. v. Steiermark, † 1386
      - 8 Töchter
      - Katharina – ∞ 1380 – **Gian Galeazzo**, † 1404
    - **Galeazzo II.**, Herr v. Mailand, ∞ 1350 Blanka Maria v. Savoyen, † 1387
      - **Gian Galeazzo**, Hzg. v. Mailand, † 1402, ∞ 1.1360 Isabella v. Valois Tochter Johanns II. v. Frankreich, † 1372
        - **Gian Maria**, Hzg. v. Mailand, † 1412
        - Valentina, † 1408, ∞ 1389 Ludwig v. Orléans, † 1407
        - **Filippo Maria**, Hzg. v. Mailand, † 1447, ∞ 2.1427 Marie v. Savoyen, † 1479, Geliebte: Agnes del Maino, † nach 1447
          - Bianca Maria – ∞ 1441 – **Francesco I.**, † 1468
  - **Lucchino**, Herr v. Mailand, † 1349
  - Giovanni, Erzbf. v. Mailand, † 1353

- Mucio Attendolo Sforza, † 1424
  - **Francesco I.**, Hzg. v. Mailand, † 1466
    - **Galeazzo Maria**, Hzg. v. Mailand, † 1476, ∞ 1368 Bona v. Savoyen, † 1485
      - **Gian Galeazzo**, Hzg. v. Mailand, † 1494, ∞ 1469 Isabella v. Aragon
        - Bona, † 1558, ∞ 1518 Sigismund I. v. Polen, † 1548
      - Bianca Maria, † 1511, ∞ 1494 Maximilian I. deut. Kg., Ka., † 1519
      - Anna, † 1497, ∞ 1491 Alfonso I. d'Este, † 1534
      - Caterina, † 1509, ∞ 1497 Giovanni de'Medici, † 1498
    - Ascanio, Kardinal, † 1505
    - Ippolyta, † 1484, ∞ 1465 Alfons II. v. Aragon-Neapel, † 1495
    - **Lodovico il Moro**, Hzg. v. Mailand, † 1508, ∞ Beatrice d'Este, † 1497
      - **Massimiliano**, Hzg. v. Mailand, † 1515
      - **Francesco II.**, Hzg. v. Mailand, † 1535

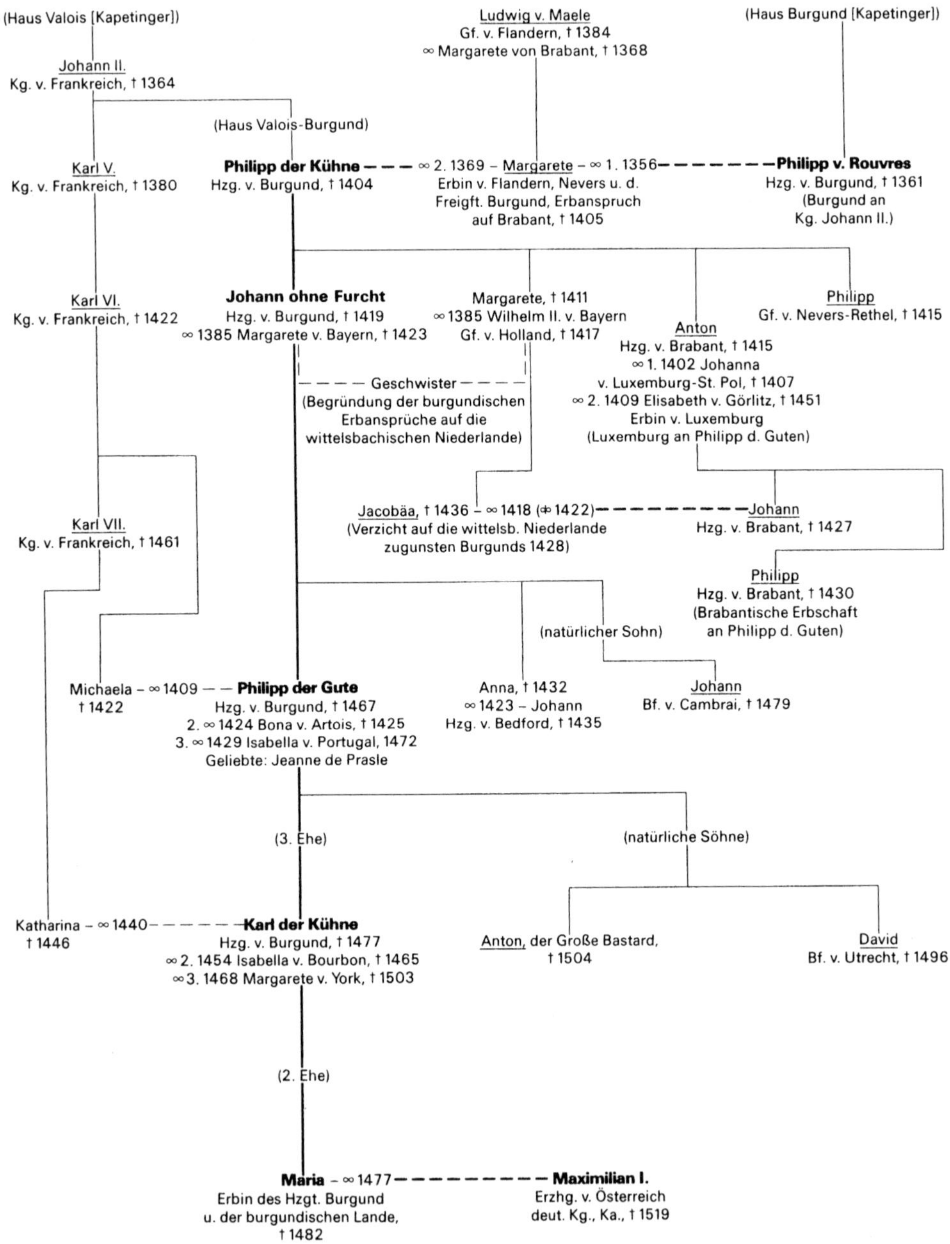
(Haus Valois [Kapetinger])
Johann II.
Kg. v. Frankreich, † 1364
Ludwig v. Maele
Gf. v. Flandern, † 1384
∞ Margarete von Brabant, † 1368
(Haus Burgund [Kapetinger])
(Haus Valois-Burgund)
Karl V.
Kg. v. Frankreich, † 1380
Philipp der Kühne
Hzg. v. Burgund, † 1404
∞ 2. 1369 – Margarete – ∞ 1. 1356
Erbin v. Flandern, Nevers u. d.
Freigft. Burgund, Erbanspruch
auf Brabant, † 1405
Philipp v. Rouvres
Hzg. v. Burgund, † 1361
(Burgund an
Kg. Johann II.)
Karl VI.
Kg. v. Frankreich, † 1422
Johann ohne Furcht
Hzg. v. Burgund, † 1419
∞ 1385 Margarete v. Bayern, † 1423
Margarete, † 1411
∞ 1385 Wilhelm II. v. Bayern
Gf. v. Holland, † 1417
Anton
Hzg. v. Brabant, † 1415
∞ 1. 1402 Johanna
v. Luxemburg-St. Pol, † 1407
∞ 2. 1409 Elisabeth v. Görlitz, † 1451
Erbin v. Luxemburg
(Luxemburg an Philipp d. Guten)
Philipp
Gf. v. Nevers-Rethel, † 1415
Geschwister
(Begründung der burgundischen
Erbansprüche auf die
wittelsbachischen Niederlande)
Jacobäa, † 1436 – ∞ 1418 (⚮ 1422)
(Verzicht auf die wittelsb. Niederlande
zugunsten Burgunds 1428)
Johann
Hzg. v. Brabant, † 1427
Karl VII.
Kg. v. Frankreich, † 1461
Philipp
Hzg. v. Brabant, † 1430
(Brabantische Erbschaft
an Philipp d. Guten)
(natürlicher Sohn)
Michaela – ∞ 1409
† 1422
Philipp der Gute
Hzg. v. Burgund, † 1467
2. ∞ 1424 Bona v. Artois, † 1425
3. ∞ 1429 Isabella v. Portugal, 1472
Geliebte: Jeanne de Prasle
Anna, † 1432
∞ 1423 – Johann
Hzg. v. Bedford, † 1435
Johann
Bf. v. Cambrai, † 1479
(3. Ehe)
(natürliche Söhne)
Katharina – ∞ 1440
† 1446
Karl der Kühne
Hzg. v. Burgund, † 1477
∞ 2. 1454 Isabella v. Bourbon, † 1465
∞ 3. 1468 Margarete v. York, † 1503
Anton, der Große Bastard,
† 1504
David
Bf. v. Utrecht, † 1496
(2. Ehe)
Maria – ∞ 1477
Erbin des Hzgt. Burgund
u. der burgundischen Lande,
† 1482
Maximilian I.
Erzhg. v. Österreich
deut. Kg., Ka., † 1519

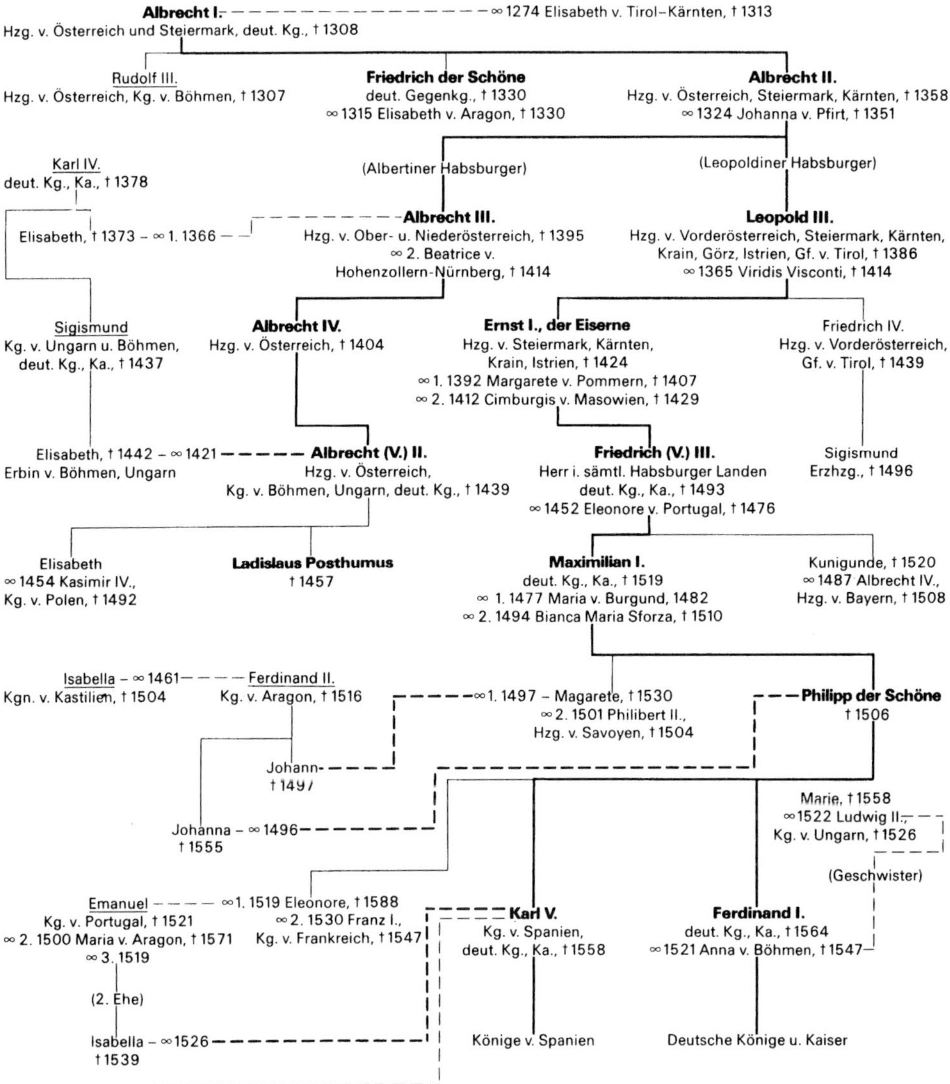

Verlobungen bzw. Heiratsprojekte Karls V.

1501: Claudia, 1499-1524, Tochter Ludwigs XII. v. Frankreich
∞ 1514 Franz I. v. Frankreich

1508: Maria, 1496-1533, Tochter Heinrichs VII. v. England
∞ 1514 Ludwig XII. v. Frankreich

1513: Renée, 1510-1575, Tochter Ludwigs XII. v. Frankreich
∞ 1528 Ercole II. d'Este, Hzg. v. Ferrara

1516: Louise, 1515-1517, Tochter Franz' I. v. Frankreich

1517: Charlotte, 1516-1524, Tochter Franz' I. v. Frankreich

1519: Anna, 1503-1547, Tochter Wladislaws v. Böhmen-Ungarn
∞ 1521 Ferdinand I., deut. Kg.

1521: Maria, 1516-1558, Tochter Heinrichs VIII. v. England
∞ 1554 Philipp II. v. Spanien

Anhang

Bibliographie

Europa: Abendland und Morgenland

C. BARBAGALLO, Storia universale, Bd. 1–5, Turin 1930–1936, Bd. 4,1: L'età della rinascenza e della riforma 1454–1556, 1936

G. BARRACLOUGH, Die Einheit Europas als Gedanke und Tat, Göttingen 1964. (European unity in thought and action, Oxford 1963)

G. BARRACLOUGH, Geschichte in einer sich wandelnden Welt, Göttingen 1957. (History in a changing world, Oxford 1956)

J. BOWLE, The unity of European history, A political and cultural survey, 2. Aufl. New York 1970

O. BRUNNER, Die ›Welt‹ und ›Europa‹, Bemerkungen eines Mittelalter-Historikers, in: Europa und Übersee, Festschrift für Egmont Zechlin, Hamburg 1961

B. CHEVALIER, L'occident de 1280 à 1492, Paris 1969

G. N. CLARK, Early modern Europe from about 1450 to about 1720, 2. Aufl. London 1966

O. HALECKI, Europa, Grenzen und Gliederung seiner Geschichte, Darmstadt 1957. (The limits and divisions of European history, London und New York 1950)

E. HASSINGER, Das Werden des neuzeitlichen Europa 1300–1600, 2. Aufl. Braunschweig 1966

D. HAY, Europe in the fourteenth and fifteenth centuries, London 1966

J. HEERS, L'occient aux quatorzième et quinzième siècles, Aspects économiques et sociaux, Paris 1963

H. HEIMPEL, Europa und seine mittelalterliche Grundlegung, in: H. Heimpel, der Mensch in seiner Gegenwart, 2. Aufl. Göttingen 1957

A. MIRGELER, Die europäische Differenz, in: Saeculum, Jahrbuch für Universalgeschichte 17, 1966

E. F. RICE, The foundation of early modern Europe 1460–1559, London 1971

G. RITTER, Die Neugestaltung Deutschlands und Europas im 16. Jahrhundert, Die kirchlichen und staatlichen Wandlungen im Zeitalter der Reformation und Glaubenskämpfe, 3. Aufl. Frankfurt am Main und Berlin 1967

F. WAGNER, Die Europazentrik des klassischen deutschen Geschichtsbildes und ihre Problematik, in: Saeculum, Jahrbuch für Universalgeschichte 14, 1963

F. WAGNER, Der Historiker und die Weltgeschichte, Freiburg und München 1965

E. WALDER, Zur Geschichte und Problematik des Epochenbegriffs ›Neuzeit‹ und zum Problem der Periodisierung der europäischen Geschichte, in: Festgabe Hans von Greyerz zum 60. Geburtstag, Bern 1967

E. W. ZEEDEN, Deutsche Kultur in der frühen Neuzeit, Frankfurt am Main 1968

Kirche in der Welt

E. DUPRE THESEIDER, I papi di Avignone e la questione romana, Florenz 1939

A. ESCH, Das Papsttum unter der Herrschaft der Neapolitaner, Die führende Gruppe Neapolitaner Familien an der Kurie während des Schismas 1378, in: Festschrift für Hermann Heimpel zum 70. Geburtstag, Bd. 2, Göttingen 1972

J. FAVIER, Les finances pontificales à l'époque du grand schisme d'occident 1378–1409 (Bibliothèque des écoles françaises d'Athènes et de Rome 211), Paris 1966

B. GUILLEMAIN, La cour pontificale d'Avignon 1309 – 1376, Etude d'une société (Bibliothèque des écoles françaises d'Athènes et de Rome 201), Paris 1963

F. MACHILEK, Ludolf von Sagan und seine Stellung in der Auseinandersetzung um Konziliarismus und Hussitismus (Wissenschaftliche Materialien und Beiträge zur Geschichte und Landeskunde der böhmischen Länder 8), München 1967

G. MOLLAT, Les papes d'Avignon 1305 – 1378, 10. Aufl. Paris 1965

O. PREROVSKY, L'elezione di Urbano VI e l'insorgere dello scisma d'Occidente, Rom 1960

Y. RENOUARD, La papauté à Avignon, Paris 1954

H. SEGALL, Der ›Defensor Pacis‹ des Marsilius von Padua, Grundfragen der Interpretation, Wiesbaden 1959

M. SEIDLMAYER, Die Anfänge des großen abendländischen Schismas, Studien zur Kirchenpolitik insbesondere der spanischen Staaten und zu den geistigen Kämpfen der Zeit (Spanische Forschungen der Görresgesellschaft 2,5), Münster 1940

W. ULLMANN, The origins of the great schism, London 1948

Der Hundertjährige Krieg

W. ABEL, Massenarmut und Hungerkrisen im vorindustriellen Europa, Hamburg 1974

J. J. BAGLEY, Margaret of Anjou, Queen of England, London 1948

K. BEER, Der gegenwärtige Stand der Forschung über die Reformatio Sigismundi, in: Mitteilungen des Instituts für österreichische Geschichtsforschung 59, 1951

A. BLACK, Monarchy and community, Political ideas in the later conciliar controversy 1430 – 1450, Cambridge 1970

P. BONENFANT, Du meurtre de Montereau au traité de Troyes, Brüssel 1958

A. BOSSUAT, Le rétablissement de la paix sociale sous le règne de Charles VII, in: Le Moyen âge 60, 1954

A. H. BURNE, The Agincourt war, A military history of the latter part of the hundred years war, from 1369 to 1453, London 1956

J. CORDIER, Jeanne d'Arc, Ihre Persönlichkeit, ihre historische Bedeutung, Wiesbaden 1966. (Jeanne d'Arc, Paris 1948)

S. COSACCHI, Makabertanz, Das Totentanzproblem in Kunst, Poesie und Brauchtum des Mittelalters, Meisenheim 1965

J. G. DICKINSON, The congress of Arras 1435, A study in medieval diplomacy, Oxford 1955

H. GUILLEMIN, Jeanne dite ›Jeanne d'Arc‹, Paris 1970

R. HANHART, Das Bild der Jeanne d'Arc in der französischen Historiografie bis zur Aufklärung (Baseler Beiträge zur Geschichtswissenschaft 51), Basel 1955

A. HRUBÝ, Der ›Ackermann‹ und seine Vorlage (Münchener Texte und Untersuchungen zur deutschen Literatur des Mittelalters 35), München 1971

E. F. JACOB, The fifteenth century, 1399 – 1485 (The Oxford history of England 6), Oxford 1961

H. JEDIN, Bischöfliches Konzil oder Kirchenparlament? Ein Beitrag zur Ekklesiologie der Konzilien von Konstanz und Basel (Vorträge der Aeneas-Silvius-Stiftung an der Universität Basel 2), Basel und Stuttgart 1963

E. KELTER, Das deutsche Wirtschaftsleben im 14. und 15. Jahrhundert im Schatten der Pestepidemien, in: Jahrbücher für Nationalökonomie und Statistik 165, 1953

P. M. KENDALL, Richard the Third, London 1955

K. KLUXEN, Geschichte Englands, Von den Anfängen bis zur Gegenwart, Stuttgart 1968

Von Konstanz nach Trient, Beiträge zur Geschichte der Kirche von den Reformkonzilien bis zum Tridentinum, Festgabe für August Franzen, München, Paderborn und Wien 1972

Das Konzil von Konstanz, Beiträge zu seiner Geschichte und Theologie, Hrsg. von A. Franzen und W. Müller, Freiburg, Basel und Wien 1964

J. R. LANDER, Henry VI. and the duke of York's second protectorate, 1455 – 1456 etc., Manchester 1960

J. R. LANDER, The wars of the roses, London 1965

J. D. MACKIE, The earlier Tudors, 1485 – 1558 (The Oxford History of England 7), Oxford 1952

J. R. MAJOR, Deputies to the estates general in renaissance France (International community for the history of representative and parliamentary instituts. Studies 21), Madison, Wisc. 1960

J. R. MAJOR, Representative institutions in renaissance France, 1421 – 1559, Madison, Wisc. 1960

E. MALYUSZ, Das Konstanzer Konzil und das königliche Patronatsrecht in Ungarn (Studia Historica Academiae Scientiarum Hungaricae 18), Budapest 1959

R. A. MEUNIER, Les rapports entre Charles VII et Jeanne d'Arc de 1429 à 1431, Poitiers 1946

C. MORRIS, The Tudors, London – New York 1955 u. 1956

J. H. MUNDY und K. M. WOODY, The council of Constance, New York und London 1961

C. W. OMAN, The great revolt of 1381, With a new introduction and notes by E. B. Fryde, 2. Aufl. Oxford 1969

R. OURSEL, Le procès de condamnation de Jeanne d'Arc, Paris 1954

E. PERROY, The hundred year's war, London 1951. (La guerre de cent ans, Paris 1945)

I. RAKNEM, Joan of Arc in history, legend and literature, Oslo 1971

H. ROSENFELD, Der mittelalterliche Totentanz, Entstehung, Entwicklung, Bedeutung (Beihefte zum Archiv für Kulturgeschichte 3), 2. Aufl. Köln und Graz 1968

R. RUDOLF, Ars moriendi, Von der Kunst des heilsamen Lebens und Sterbens (Forschungen zur Volkskunde 39), Köln und Graz 1957

E. SCHWARZ, Der Ackermann aus Böhmen des Johannes von Tepl und seine Zeit, Darmstadt 1968

P. DE SERMOISE, Les missions secrètes de Jehanne la Pucelle, Paris 1970

H. M. SMITH, Pre-reformation England, New York und London 1938

M. SPINKA, John Hus, A biography, Princeton 1968

R. L. STOREY, The end of the house of Lancaster, London 1966

J. VIVENT, La guerre de cent ans, Paris 1954

B. I. ZADDACH, Die Folgen des Schwarzen Todes, 1347 – 51, für den Klerus Mitteleuropas (Forschungen zur Sozial- und Wirtschaftsgeschichte 17), Stuttgart 1971

P. ZIEGLER, The black death, London 1969

Das Habsburger Spiel

M. AWERBUCH, Über die Motivation der burgundischen Politik im 14. und 15. Jahrhundert, Phil. Diss. Berlin 1970

J. BARTIER, Légistes et gens de finances au XVe siècle, Les conseillers des ducs de Bourgogne Philippe le Bon et Charles le Téméraire (Académie royale de Belgique, Classe des lettres et des sciences morales et politiques 50,2), Brüssel 1955

L. BOEHM, Geschichte Burgunds, Politik, Staatsbildungen, Kultur, Stuttgart, Berlin und Köln 1971

J. CALMETTE, Die großen Herzöge von Burgund, 3. Aufl. München 1973. (Les grands ducs de Bourgogne, Philippe le Hardi, Jean sans Peur, Philippe le Bon, Charles le Téméraire, Paris 1950)

O. CARTELLIERI, Am Hofe der Herzöge von Burgund, Basel 1926

C. DERICUM, Burgund und seine Herzöge in Augenzeugenberichten, Düsseldorf 1966

F. DEUCHLER, Die Burgunderbeute, Inventar der Beutestücke aus den Schlachten von Grandson, Murten und Nancy 1476 – 1477, Bern 1963

H. DOMKE, Burgund, München 1963

J. DURDIK, Husitské vojenství, Prag 1953

P. FREDERIX, La mort de Charles le Téméraire, 5 janvier 1477, Paris 1966

B. HALLER, Kaiser Friedrich III. im Urteil der Zeitgenossen (Wiener Dissertationen aus dem Gebiete der Geschichte 5), Wien 1965

H. HEIMPEL, Karl der Kühne und der burgundische Staat, in: Festschrift für Gerhard Ritter zu seinem 60. Geburtstag, Tübingen 1950

F. G. HEYMANN, George of Bohemia, King of heretics, Princeton 1965

F. G. HEYMANN, John Zižka and the hussite revolution, Princeton 1955

L. HOMMEL, Marie de Bourgogne ou le grand héritage, Brüssel und Paris 1946, Neuaufl. Brüssel und Paris 1953

J. HUIZINGA, Herbst des Mittelalters, Studien über Lebens- und Geistesformen des 14. und 15. Jahrhunderts in Frankreich und in den Niederlanden, 10. Aufl. Stuttgart 1969. (Herfstij der middeleeuwen, 1. Aufl. Haarlem 1919, Aufl. letzter Hand Haarlem 1941)

H. KAMINSKY, A history of the hussite revolution, Berkeley 1967

H. KOLLER, Kaiserliche Reformpolitik und die Reformpläne des 15. Jahrhunderts, in: Festschrift für Hermann Heimpel zum 70. Geburtstag, Bd. 2, Göttingen 1972

A. LHOTSKY, A E I O V, Die Devise Kaiser Friedrichs III. und sein Notizbuch, in: Mitteilungen des Instituts für österreichische Geschichtsforschung 60, 1952

A. LHOTSKY, Aufsätze und Vorträge, Bd. 1–3, München 1970 – 1972, Bd. 2: Das Haus Habsburg, 1971 und Bd. 3: Historiographie, Quellenkunde, Wissenschaftsgeschichte, 1972

J. MACEK, Die Hussitenbewegung in Böhmen, Prag 1965. (Husitské revolučni hnuti, Prag 1952)

A. MÜHR, Die deutschen Kaiser, Traum und Wirklichkeit des Reiches, Frankfurt am Main 1971

G. PAPARELLI, Enea Silvio Piccolomini (Pius II.), Bari 1950

U. SCHWARZKOPF, Die Rechnungslegung des Humbert de Plaine über die Jahre 1448 bis 1452, Eine Studie zur Amtsführung des burgundischen maître de la chambre aux deniers (Veröffentlichungen des Max-Planck-Instituts für Geschichte 23), Göttingen 1970

F. SEIBT, Hussitica, Zur Struktur einer Revolution (Beihefte zum Archiv für Kulturgeschichte 8), Köln und Graz 1965

F. SEIBT, Die Zeit der Luxemburger und der hussitischen Revolution, in: Handbuch der Geschichte der böhmischen Länder, Bd. 1, Stuttgart 1967

P. SPUFFORD, Monetary problems and politics in the burgundian Netherlands 1433 – 1496, Leiden 1970

G. STADTMÜLLER, Geschichte der habsburgischen Macht, Stuttgart, Berlin und Köln 1966

A. TAUTSCHER, Wirtschaftsgeschichte Österreichs, Auf der Grundlage abendländischer Kulturgeschichte, Berlin 1974

C. de TERLINDEN, Das Goldene Vlies, in: Virtute fideque, Festschrift für Otto von Habsburg, Wien und München 1965

M. R. Thielemans, Bourgogne et Angleterre, Relations politiques et économiques entre les Pays-Bas bourguignons et l'Angleterre 1435–1467 (Université libre de Bruxelles, Travaux de la faculté de philosophie et lettres 30), Brüssel 1966

R. Vaughan, Philip the Good, The apogee of Burgundy, London 1970

P. de Vooght, L'hérésie de Jean Hus (Bibliothèque de la revue d'histoire ecclésiastique 34), Löwen 1960

A. Walther, Die burgundischen Zentralbehörden unter Maximilian I. und Karl V., Leipzig 1909

A. Wandruszka, Das Haus Habsburg, Die Geschichte einer europäischen Dynastie, Stuttgart 1956, Neuaufl. Freiburg, Basel und Wien 1968

B. Widmer, Enea Silvio Piccolomini in der sittlichen und politischen Entscheidung, Basel und Stuttgart 1963

E. Winker, Margarete von Österreich, Grande Dame der Renaissance, München 1966

Ein Fürstenhof

G. Bertoni, La biblioteca estense e la coltura ferrarese ai tempi del duca Ercole I, 1471 – 1505, Turin 1903

G. Bertoni, L'Orlando Furioso e la rinascenza a Ferrara, Modena 1919

P. Burke, Culture and society in renaissance Italy 1420 – 1540, London 1972

K. von Chłędowski, Der Hof von Ferrara, München 1934. (Dwór w Ferrarze, Lemberg 1909)

W. Gundersheimer, Art and life at the court of Ercole I d'Este, The „De triumphis religionis" of Giovanni Sabadino degli Arienti (Travaux d'humanisme et renaissance 127), Genf 1972

W. Gundersheimer, Ferrara, The style of a renaissance despotism, Princeton 1973

D. Hay, Geschichte Italiens in der Renaissance, Stuttgart 1962. (The italian renaissance in its historical background, Cambridge 1961)

J. Lauts, Isabella d'Este, Fürstin der Renaissance 1474 – 1539, Hamburg 1952

A. Lazzari, Il primo duca di Ferrara, Borso d'Este, in: Atti e memorie della deputazione di storia patria per l'Emilia e la Romagna, Sezione di Ferrara 3, 1945

G. Pardi, Lo studio di Ferrara nei secoli XV et XVI, Bologna 1972

G. Procacci, History of the italian people, London 1970. (Storia degli italiani, Bd. 1 und 2, Bari 1968)

B. S. Pullan, A history of early renaissance Italy, From the mid-thirteenth to the mid- fifteenth century, London 1973

D. Waley, The italian city-republics, London 1969

Mailand und Rom:
Herrschaft und Usurpation

W. Andreas, Staatskunst und Diplomatie der Venezianer im Spiegel ihrer Gesandtenberichte, Leipzig 1943

F. Berence, Lucrèce Borgia 1480 – 1519, Neuaufl. Paris 1951

M. Brion, Le pape et le prince, Les Borgia, Paris 1953

M. Brion u. E. Smith, Schatzkammer Venedig, Glanz und Größe der Lagunenrepublik Venedig, Frankfurt am Main 1963. (Venise, Paris 1962 und Venice, the masque of Italy, London 1962)

P. C. Decembrio, Leben des Filippo Maria Visconti und Taten des Franzesco Sforza (Das Zeitalter der Renaissance 1,7), Jena 1913. (Vita Philippi Mariae Vicecomitis et vita Francisci Sfortiae) in: Rerum Italicarum scriptores 20, Mailand 1731, 2. Aufl. Bologna 1940–1965

O. Ferrara, Il papa Borgia, Novara 1969

B. Kindt, Die Katastrophe Ludovico il Moros in Novara im April 1500, Greifswald 1890

F. Malaguzzi Valeri, La corte di Lodovico il Moro, Bd. 1–4, Mailand 1913

M. E. Mallett, The Borgias, The rise and fall of a renaissance dynasty, 2. Aufl. London 1970

L. Martines, Lawyers and statecraft in renaissance Florence, Princeton 1968

L. C. Morley, The story of the Sforzas, London 1933

G. Nicodemi, Gli Sforza duchi di Milano, Mailand 1951

G. Sacerdote, Cesare Borgia, La sua vita, la sua famiglia, i suoi tempi, Mailand 1950

S. Schüller-Piroli, Borgia, Die Zerstörung einer Legende, die Geschichte einer Dynastie, Olten und Freiburg 1963

G. Soranzo, Studi intorno a papa Alessandro VI (Pubblicazioni dell'università cattolica del sacro cuore, Nuova serie 34), Mailaind 1950

G. Soranzo, Il tempo di Alessandro VI papa e di fra Girolamo Savonarola (Pubblicazioni dell' università cattolica del sacro cuore 3, 1), Mailand 1960

Die Medici

C. M. Ady, Lorenzo de' Medici and renaissance Italy, London 1955

R. von Albertini, Das florentinische Staatsbewußtsein im Übergang von der Republik zum Prinzipat, Bern 1955

H. Baron, The crisis of the early italian renaissance, Civic humanism and republican liberty in an age of classicism and tyranny, 2. Aufl. Princeton, N.J. 1966

M. B. Becker, Florence in transition, Bd. 1 und 2, Baltimore 1967 – 1968

M. Brion, Die Medici, Eine Florentiner Familie, Wiesbaden 1970. (The Medici, London 1969)

A. M. Brown, The humanist portrait of Cosimo de' Medici ›Pater Patriae‹, in: Journal of the Warburg and Courtauld institutes 24, 1961

G. A. Brucker, Renaissance Florence, New York 1969

E. Cremer, Lorenzo de'Medici, Staatsmann, Mäzen, Dichter, Frankfurt am Main 1970

J. Gage, Life in Italy at the time of the Medici, London 1968

F. Gilbert, Florentine political assumptions in the period of Savonarola and Soderini, in: Journal of the Warburg and Courtauld institutes 20, 1957

R. A. Goldthwaite, Private wealth in renaissance Florence, A study of four families, Princeton 1968

C. S. Gutkind, Cosimo de' Medici, Pater Patriae, 1389 – 1464, Oxford 1938

M. Heilmann, Florenz und die Medici, Ein Begleiter durch das Florenz der Renaissance, Köln 1968

G. A. Holmes, The Florentine enlightenment 1400–1450, London 1969

H. Kellenbenz, Der italienische Großkaufmann und die Renaissance, in: Vierteljahrschrift für Sozial- und Wirtschaftsgeschichte 45, 1958

L. Martines, The social world of the florentine humanists, 1390 – 1460, Princeton und London 1963

R. Palmarocchi, Lorenzo de' Medici, Turin 1941

G. Frh. von Pölnitz, Fugger und Medici, Deutsche Kaufleute und Handwerker in Italien, Leipzig 1942

A. Rochon, La jeunesse de Laurent de Medici 1449 – 1478, Paris 1963

R. de Roover, The rise and decline of the Medici bank, 1397 – 1494 (Harvard studies in business history 21), Cambridge, Mass. 1963

N. Rubinstein, The government of Florence under the Medici 1434 to 1494 (Oxford-Warburg Studies 4), Oxford 1966

F. Tateo, Lorenzo de'Medici e Angelo Poliziano (Letteratura italiana Laterza 14), Bari 1972

Die Wiedergeburt der Antike:
Mäzene und Manuskripte

H. Baron, From Petrarch to Leonardo Bruni, Studies in humanistic and political literature, Chicago und London 1968

H. Baron, Franciscan poverty and civic wealth in humanistic thought, in: Speculum, A journal of mediaeval studies 13, 1938

H. Bauer, Kunst und Utopie, Studien über das Kunst- und Staatsdenken in der Renaissance, Berlin 1965

Zu Begriff und Problem der Renaissance, Hrsg. von A. Buck, Darmstadt 1969

J. Beumer, Erasmus, der Europäer, Die Beziehungen des Rotterdamers zu den Humanisten seiner Zeit unter den verschiedenen Nationen Europas (Franziskanische Forschungen 22), Werl 1969

J. Beumer, Erasmus von Rotterdam und sein Verhältnis zu dem deutschen Humanismus mit besonderer Rücksicht auf die konfessionellen Gegensätze, in: Scrinium Erasmianum, Mélanges historiques, Hrsg. von J. Coppens, Bd. 1, Leiden 1969

G. Boehm, Studien zur Perspektivität, Philosophie und Kunst in der frühen Neuzeit (Heidelberger Forschungen 13), Heidelberg 1969

S. Braunfels, Vom Mikrokosmos zum Meter, in: Der ›vermessene‹ Mensch, Anthropometrie in Kunst und Wissenschaft, München 1973

P. Burke, Culture and society in renaissance Italy 1420–1540, New York und London 1972

A. Chastel, Die Krise der Renaissance 1520–1600, Genf 1968 (La crise de la renaissance, Genf 1968)

A. Chastel, Der Mythos der Renaissance 1420–1520, Genf 1969. (Le mythe de la renaissance, 1420–1520, Genf 1969)

A. Chastel und R. Klein, Die Welt des Humanismus, Europa 1480–1530, München 1963. (L'âge de l'humanisme, Brüssel 1963)

K. Clark, The nude, A study in ideal form, London 1956

J. Delumeau, La civilisation de la renaissance, Paris 1967

S. Dresden, Humanismus und Renaissance, München 1968

W. P. Eckert, Erasmus von Rotterdam, Werk und Wirkung (Zeugnisse der Buchkunst 4), Bd. 1 und 2, Köln 1967

R. Ergang, The renaissance, Princeton 1967

G. Faludy, Erasmus von Rotterdam, Frankfurt am Main 1973. (Erasmus of Rotterdam, London 1970)

R. A. Fraser, The dark ages and the age of gold, Princeton 1973

J. Gadol, Leon Battista Alberti, Universal man of the early renaissance, Chicago und London 1969

E. Garin, Der italienische Humanismus, Bern 1947. (L'umanesimo italiano, Bari 1958)

B. Gille, Ingenieure der Renaissance, Wien und Düsseldorf 1968. (Les ingénieurs de la renaissance, Paris 1964)

V. H. H. Green, Renaissance and reformation, Europe 1450–1660, 2. Aufl. London 1964

D. HAY, Geschichte Italiens in der Renaissance, Stuttgart 1962. (The italian renaissance in its historical background, Cambridge 1961)

S. R. JAYNE, John Colet and Marsilio Ficino, London 1963

G. KISCH, Erasmus und die Jurisprudenz seiner Zeit, Studien zum humanistischen Rechtsdenken (Basler Studien zur Rechtswissenschaft 56), Basel 1960

P. O. KRISTELLER, The classics and renaissance thought, Cambridge, Mass. 1955

P. O. KRISTELLER, Die Philosophie des Marsilio Ficino (Das Abendland. N. F. 1), Frankfurt am Main 1972

P. O. KRISTELLER, Renaissance concepts of man and other essays, London 1973

P. O. KRISTELLER, Studies in renaissance thought and letters (Storia e letteratura 54), Rom 1956

K. LADNER, Die mittelalterliche Reformidee und ihr Verhältnis zur Idee der Renaissance, in: Mitteilungen des Instituts für österreichische Geschichtsforschung 60, 1952

A. R. LEWIS, Aspects of the renaissance, A symposium, Papers presented at a conference on the meaning of the renaissance, Austin und London 1967

R. MARCEL, Marsile Ficin 1433–1499, Paris 1959

A. VON MARTIN, Soziologie der Renaissance, Physiognomik und Rhythmik einer Kultur des Bürgertums, 2. Aufl. Frankfurt am Main 1949

K. A. MEISSINGER, Erasmus von Rotterdam (Veröffentlichungen des Instituts für Reformationsforschung München 1), 2. Aufl. Berlin 1948

P. H. MICHEL, Un idéal humain au XVe siècle, La pensée de Leon Battista Alberti, 1404–1472, Paris 1930

L. W. MILES, John Colet and the Platonic tradition, New York, London und Sydney 1962

A. MOLHO, Social and economic foundations of the italian renaissance, New York 1969

E. MONNERJAHN, Giovanni Pico della Mirandola, Ein Beitrag zur philosophischen Theologie des italienischen Humanismus (Veröffentlichungen des Instituts für europäische Geschichte Mainz 20), Wiesbaden 1960

G. MÜLLER, Bildung und Erziehung im Humanismus der italienischen Renaissance, Grundlagen, Motive, Quellen, Wiesbaden 1969

E. PANOFSKY, Die Perspektive als symbolische Form, in: Panofsky, Aufsätze zu Grundfragen der Kunstwissenschaft, Berlin 1964

M. M. PHILLIPS, Erasmus and the northern renaissance, London 1949

G. POCHAT, Figur und Landschaft, Eine historische Interpretation der Landschaftsmalerei von der Antike bis zur Renaissance, Berlin 1973

P. L. RALPH, The renaissance in perspective, New York 1973

Die Renaissance, Hrsg. von D. Hay, München und Wien 1968. (The age of the renaissance, New York 1967)

La renaissance et la réformation en Pologne et en Hongrie, 1450–1650, Hrsg. von G. Székely und E. Fügedi (Studia historica academiae scientiarum hungaricae 53), Budapest 1963

The renaissance-image of man and the world, Hrsg. von B. O'Kelly (Annual conference on the humanities 4), Ohio 1966

P. RENUCCI, L'aventure de l'humanisme européen au moyen-âge, Paris 1953

F. SATTLER, Die Politik der Renaissance in Italien, Salutati, Savonarola u. a., München 1972

O. SCHOTTENLOHER, Erasmus und die Respublica Christiana, in: Historische Zeitschrift 210, 1970

M. SEIDLMAYER, Wege und Wandlungen des Humanismus, Göttingen 1965

C. S. SINGLETON, Art, science and history in the renaissance, Baltimore 1967

R. WEISS, Humanism in England during the fifteenth century, 2. Aufl. Oxford 1957

J. E. C. T. WHITE, The birth and rebirth of pictorial space, 2. Aufl. London 1967

J. E. C. T. WHITE, Developments in renaissance perspective, in: Journal of the Warburg and Courtauld institutes 12, 1949 und 14, 1951

Das osmanisch-europäische Reich

A. D. ALDERSON, The structure of the ottoman dynasty, Oxford 1956

W. E. D. ALLEN, Problems of Turkish power in the sixteenth century, London 1963

A. S. 'ATIYA, The crusade of Nicopolis, London 1934

F. BABINGER, Mehmed der Eroberer und Italien, in: Byzantion 21, 1951

F. BABINGER, Mehmed der Eroberer und seine Zeit, Neuaufl. München 1959

S. BONO, I corsari barbareschi, Turin 1964

C. CAHEN, Pre-Ottoman Turkey, New York und London 1968

P. COLES, The Ottoman impact on Europe, New York und London 1968

S. A. FISCHER-GALATI, Ottoman imperialism and German protestantism 1521–1555, Cambridge, Mass. 1959

S. N. FISHER, The foreign relations of Turkey, 1481–1512, Urbana, Ill. 1948

R. GUILLAND, Les appels de Constantin XI Paléologue à Rome et à Venise pour sauver Constantinople, in: Byzantinoslavica 14, 1953

A. C. HESS, The evolution of the Ottoman seaborne empire in the age of the oceanic discoveries, 1453–1525, in: The American Historical Review 75, 1969/70

H. INALCIK, The Ottoman empire, The classical age 1300–1600, London 1973

H. J. KISSLING, Betrachtungen über die Flottenpolitik Sultan Bâjezîds II., 1481–1512, in: Saeculum, Jahrbuch für Universalgeschichte 20, 1969

H. J. KISSLING, Sultan Bâjezîds II. Beziehungen zu Markgraf Francesco von Gonzaga, München 1965

M. F. KÖPRÜLÜ, Les origins de l'empire ottoman, Paris 1936

H. E. MAYER, Geschichte der Kreuzzüge, 2. Aufl. Stuttgart 1968

R. B. MERRIMAN, Suleiman the Magnificent, 1520–1566, Cambridge, Mass. 1944

R. NECK, Österreich und die Osmanen, in: Mitteilungen des österreichischen Staatsarchivs 10, 1957

B. D. PAPOULIA, Ursprung und Wesen der ›Knabenlese‹ im osmanischen Reich (Südosteuropäische Arbeiten 59), München 1963

E. PEARS, The destruction of the Greek empire and the story of the capture of Constantinople by the Turks, London und New York 1903

H. PFEFFERMAN, Die Zusammenarbeit der Renaissancepäpste mit den Türken, Winterthur 1946

D. E. PITSCHER, An historical geography of the Ottoman empire from earliest times to the end of the sixteenth century, With detailed maps to illustrate the expansion of the sultanate, Leiden 1972

S. RUNCIMAN, Die Eroberung von Konstantinopel 1453, München 1966. (The fall of Constantinople 1453, Cambridge 1965)

S. RUNCIMAN, Geschichte der Kreuzzüge, Bd. 1–3, München 1957–1960, Bd. 3: Das Königreich Akkon und die späteren Kreuzzüge, 1960. (A history of the crusades, Bd. 1–3, Cambridge 1951–1954, Bd. 3: The kingdom of Acre and the later crusades, 2. Aufl. 1955)

S. RUNCIMAN, Das Patriarchat von Konstantinopel, Vom Vorabend der türkischen Eroberung bis zum griechischen Unabhängigkeitskrieg, München 1970. (The great church in captivity, A study of the patriarchate of Constantinople from the eve of the turkish conquest to the greek war of independence, London 1968)

R. SCHWOEBEL, The shadow of the crescent, The renaissance image of the Turk, 1453–1517, New York 1967

S. TANSEL, Sultan II. Bayezit' in Siyasi Hayati, Istanbul 1964

S. TANSEL, Yavuz Sultan Selim, Istanbul 1969

A. S. ULGEN, Constantinople during the era of Mohammed the Conqueror, Ankara 1939

D. M. VAUGHAN, Europe and the turk, A pattern of alliances, 1350–1700, Liverpool 1954

E. WERNER, Die Geburt einer Großmacht – die Osmanen 1300–1481, Ein Beitrag zur Genesis des türkischen Feudalismus, 2. Aufl. Wien, Köln und Graz 1972

P. WITTEK, The rise of the Ottoman empire, London 1938

Rom in Rußland

E. BENZ, Geist und Leben der Ostkirche, Hamburg 1957

Deutscher Osten und slawischer Westen, Festschrift für H. Aubin zum 70. Geburtstag (Tübinger Studien zur Geschichte und Politik 4), Tübingen 1955

H. D. DÖPMAN, Der Einfluß der Kirche auf die moskowitische Staatsidee, Staats- und Gesellschaftsdenken bei Josif Volockij, Nil Sorskij und Vassian Patrikeev, Berlin 1967

D. DONNERT, Rußland an der Schwelle der Neuzeit, Der Moskauer Staat im 16. Jahrhundert, Berlin 1972

J. L. I. FENNELL, The dynastic crisis 1497–1502, in: Slavonic and East European Review 39 (92/93), 1960/61

J. L. I. FENNELL, Ivan the Great of Moscow, London 1961

V. GLÖTZNER, Das Moskauer Cartum und die Byzantinische Kaiseridee, in: Saeculum, Jahrbuch für Universalgeschichte 21, 1970

A. N. GROBOVSKY, The ›chosen council‹ of Ivan IV, A reinterpretation, Brooklyn, N. Y. 1969

O. HALECKI, The ecclesiastical separation of Kiev from Moscow in 1458, in: Studien zur älteren Geschichte Osteuropas, Bd. 1: Festschrift für H. F. Schmid (Wiener Archiv für Geschichte des Slawentums und Osteuropas 2), Graz und Köln 1956

O. HALECKI, From Florence to Brest, 1439–1596, 2. Aufl. Hamden, Conn. 1968

K. HAMPE, Der Sturz des Hochmeisters Heinrich von Plauen, in: Sitzungsberichte der Preußischen Akademie der Wissenschaften, Philosophisch-historische Klasse 3, 1935

M. HELLMANN, Iwan IV. der Schreckliche, Göttingen, Frankfurt am Main und Zürich 1966

E. HÖSCH, Byzanz und die Byzanzidee in der russischen Geschichte, in: Saeculum, Jahrbuch für Universalgeschichte 20, 1969

P. JOHANSEN, Novgorod und die Hanse, in: Städtewesen und Bürgertum als geschichtliche Kräfte, Gedächtnisschrift für Fritz Rörig, Lübeck 1953

W. LETTENBAUER, Moskau, das dritte Rom, Zur Geschichte einer politischen Theorie, München 1961

P. LONGWORTH, Die Kosaken, Legende und Geschichte, 2. Aufl. München 1973 (The cossacks, London 1969)

I. NEANDER, Grundzüge der russischen Geschichte, Darmstadt 1970

H. NEUBAUER, Car und Selbstherrscher, Beiträge zur Geschichte der Autokratie in Rußland (Veröffentlichungen des Osteuropa-Instituts München 22), Wiesbaden 1964

P. NITSCHE, Großfürst und Thronfolger, Die Nachfolgepolitik der Moskauer Herrscher bis zum Ende des Rjurikidenhauses (Kölner historische Abhandlungen 21), Köln und Wien 1972

B. NØRRETRANDERS, The shaping of czardom under Ivan Groznyj, Diss. Kopenhagen 1964

K. ONASCH, Grundzüge der russischen Kirchengeschichte (Die Kirche in ihrer Geschichte 2), 2. Aufl. Göttingen 1967

G. OSTROGORSKY, Byzanz und die Welt der Slawen, Beiträge zur Geschichte der byzantinisch-slawischen Beziehungen, Darmstadt 1975

H. PASKIEWICZ, The origin of Russia, London 1954

W. PHILIPP, Die gedankliche Begründung der Moskauer Autokratie bei ihrer Entstehung, 1458–1522, in: Forschungen zur osteuropäischen Geschichte 15, 1970

W. PHILIPP, Ivan Peresvetov und seine Schriften zur Erneuerung des Moskauer Reiches (Osteuropäische Forschungen, N. F. 20), Königsberg 1935

H. VON RIMSCHA, Geschichte Rußlands, 3. Aufl. Darmstadt 1972

P. ROSTANKOWSKI, Siedlungsentwicklung und Siedlungsformen in den Ländern der russischen Kosakenheere (Berliner geographische Abhandlungen 6), Berlin 1969

H. SCHAEDER, Moskau, das dritte Rom, Studien zur Geschichte der politischen Theorien in der slawischen Welt, 2. Aufl. Darmstadt 1957

W. SCHULZ, Zur Problematik der Entstehungsgeschichte des Moskauer Staates, in: Jahrbücher für die Geschichte Osteuropas, N. F. 13, 1965

I. SMOLITSCH, Russisches Mönchtum, Entstehung, Entwicklung und Wesen 988–1917 (Das östliche Christentum, N. F. 10/11), Würzburg 1953

B. SPULER, Die Goldene Horde, Die Mongolen in Rußland 1223–1502, 2. Aufl. Wiesbaden 1965

G. STÖKL, Das Echo von Renaissance und Reformation im Moskauer Rußland, in: Jahrbücher für die Geschichte Osteuropas 7, 1959

G. STÖKL, Die Entstehung des Kosakentums (Veröffentlichungen des Osteuropa-Instituts München 3), München 1953

G. STÖKL, Russische Geschichte, Von den Anfängen bis zur Gegenwart, 2. Aufl. Stuttgart 1965

G. STÖKL, Rußland und Europa vor Peter dem Großen, in: Historische Zeitschrift 184, 1957

P. G. THIELEN, Die Verwaltung des Ordensstaates Preußen vornehmlich im 15. Jahrhundert (Ostmitteleuropa in Vergangenheit und Gegenwart 11), Köln und Graz 1965

Kapital und Krieg

Bartholomäus Welser und seine Zeit, Hrsg. von H. von Welser, Augsburg 1962

C. BAUER, Unternehmung und Unternehmungsformen im Spätmittelalter und der beginnenden Neuzeit (Münchner volkswirtschaftliche Studien, N. F. 23), Jena 1936

F. BRAUDEL, Capitalism and material life 1400–1800, London 1970. (Civilisation matérielle et capitalisme 15ᵉ–18ᵉ siècle, Paris 1967)

The Cambridge economic history of Europe, Hrsg. von M. M. Postan, Bd. 1–3, Cambridge 1952–1963, Bd. 3: Economic organization and policies in the middle ages, Hrsg. von M. M. Postan, E. E. Rich und E. Miller, 2. Aufl. 1971

C. M. CHENU, Jacques Coeur, le royaume sauvé, Paris 1962

R. DIETRICH, Untersuchungen zum Frühkapitalismus im mitteldeutschen Erzbergbau und Metallhandel, in: Jahrbuch für die Geschichte Mittel- und Ostdeutschlands 7, 1958

M. J. ELSAS, Umriß einer Geschichte der Preise und Löhne in Deutschland vom ausgehenden Mittelalter bis zum Beginn des neunzehnten Jahrhunderts, Bd. 1–3, Leiden 1936

R. ENNEN, Zünfte und Wettbewerb, Möglichkeiten und Grenzen zünftlerischer Wettbewerbsbeschränkungen im städtischen Handel und Gewerbe des Spätmittelalters (Neue Wirtschaftsgeschichte 3), Köln – Wien 1971

A. FANFANI, La préparation intellectuelle et professionelle à l'activité économique en Italie du XIVᵉ au XVIᵉ siècle, in: Le Moyen âge 6, 1951

K. FRITZE, Am Wendepunkt der Hanse, Untersuchungen zur Wirtschafts- und Sozialgeschichte wendischer Hansestädte in der ersten Hälfte des 15. Jahrhunderts (Veröffentlichungen des Historischen Instituts der Ernst-Moritz-Arndt-Universität Greifswald 3), Berlin 1967

J. HÖFFNER, Wirtschaftsethik und Monopole im 15. und 16. Jahrhundert (Freiburger staatswissenschaftliche Schriften 2), Jena 1941

H. KELLENBENZ, Les frères Fugger et le marché international du poivre autour de 1600, in: Annales, Economies, sociétés, civilisation 11, 1956

G. LUZZATTO, Il debito pubblico della republica di Venezia, Dagli ultimi decenni del XII. secolo alla fine del XV. (Mercato e azienda 2, 4), Mailand 1963

H. DE MAN, Jacques Coeur, der königliche Kaufmann, Bern 1950

R. MANDROU, Les Fugger, Propriétaires fonciers en Souabe 1560–1618, Paris 1969

H. A. MISKIMIN, The economy of early renaissance Europe 1300–1460, Englewood Cliffs, N. J. 1969

A. MOLHO, Florentine public finances in the early renaissance 1400–1433 (Harvard historical monographs 65), Cambridge, Mass., 1971

K. O. MÜLLER, Welthandelsbräuche, 1480 bis 1540 (Deutsche Handelsakten des Mittelalters und der Neuzeit 5), Stuttgart 1934

O. NÜBEL, Mittelalterliche Beginen- und Sozialsiedlungen in den Niederlanden, Ein Beitrag zur Vorgeschichte der Fuggerei (Studien zur Fuggergeschichte 23), Tübingen 1970

G. FRHR. VON PÖLNITZ, Die Fugger, 3. Aufl. Tübingen 1970

G. FRHR. VON PÖLNITZ, Anton Fugger, Bd. 1–4 (Studien zur Fuggergeschichte 20–23), Tübingen 1958–1971

G. FRHR. VON PÖLNITZ, Fugger und Hanse, Ein hundertjähriges Ringen um Ostsee und Nordsee (Studien zur Fuggergeschichte 11), Tübingen 1953

G. FRHR. VON PÖLNITZ, Jakob Fugger, Kaiser, Kirche und Kapital in der oberdeutschen Renaissance, Bd. 1 und 2, Tübingen 1949 und 1951

H. PRUTZ, Jacques Coeurs Beziehungen zur römischen Kurie, in: Sitzungsberichte der königlich bayerischen Akademie der Wissenschaften zu München, Philosophisch-historische Klasse 1910, 2

R. RIDOLFI, Vita di Girolamo Savonarola, Bd. 1 und 2, Rom 1952

F. RÖRIG, Wirtschaftskräfte im Mittelalter, Abhandlungen zur Stadt- und Hansegeschichte, 2. Aufl. Köln und Graz 1971

R. ROUSSEL, Jacques Coeur le magnifique, Paris 1965

L. SCHEUERMANN, Die Fugger als Montanindustrielle in Tirol und Kärnten, München 1929

L. SCHICK, Un grand homme d'affaires au début du XVIe siècle, Jacob Fugger, Paris 1957

R. SCHMIED, Kapitalbeschaffungsformen des Frühkapitalismus, Die Formen der Kapitalbeschaffung und der Vergrößerung des Eigenkapitals der frühkapitalistischen Kaufleute und Handelsgesellschaften des 15. und 16. Jahrhunderts, Berlin 1936

J. SCHNITZER, Savonarola, Bd. 1 und 2, München 1924

J. STRIEDER, Das reiche Augsburg, Ausgewählte Aufsätze zur Augsburger und süddeutschen Wirtschaftsgeschichte des 15. und 16. Jahrhunderts, München 1938

W. STROMER VON REICHENBACH, Oberdeutsche Hochfinanz, 1350–1450, Bd. 1 (Vierteljahrschrift für Sozial- und Wirtschaftsgeschichte, Beiheft 55–57), Wiesbaden 1970

F. TREMEL, Der Frühkapitalismus in Innerösterreich, Graz 1954

E. E. UNGER, Die Fugger in Hall in Tirol (Studien zur Fuggergeschichte 19), Tübingen 1967

A. WEITNAUER, Venezianischer Handel der Fugger, Nach der Musterbuchhaltung des Matthäus Schwarz (Studien zur Fuggergeschichte 9), München und Leipzig 1931

Handelswege, Entdeckungen, Expansion

E. AXELSON, South-East Africa 1488–1530, New York und Toronto 1940

A. BALLESTEROS Y BERETTA, Cristóbal Colón y el descubrimiento de América, Bd. 1 und 2, Barcelona und Buonos Aires 1945

J. W. BLAKE, European beginnings in West Africa 1454–1578, London 1937

E. W. BOVILL, The golden trade of the moors, London 1958

P. CHAUNU, Conquête et exploitation des nouveaux mondes, XVIe siècle, Paris 1969

P. CHAUNU, L'expansion européenne du XIIIe au XVe siècle (Nouvelle Clio 26), Paris 1969

F. CHEVALIER, La formation des grands domaines au Mexique, Terre et société au XVIe – XVIIe siècles, Paris 1952

F. C. DANVERS, The Portuguese in India, being a history of the rise and decline of their eastern empire, Bd. 1 und 2, London und New York 1966

P. DOLLINGER, Die Hanse, Stuttgart 1966. (La hanse, XIIe – XVIIe siècles, Paris 1970)

E. DUSSEL, Les évêques hispano-americains, Défenseurs et évangélisateurs de l' Inde, 1504–1620 (Veröffentlichungen des Instituts für Europäische Geschichte Mainz 58, Abteilung Abendländische Religionsgeschichte), Wiesbaden 1970

J. H. ELLIOTT, The old world and the new, 1492–1650, London 1970

E. J. GOODMAN, The explorers of South America, New York 1972

E. J. HAMILTON, American treasure and the price-revolution in Spain, 1501–1650, Cambridge, Mass. 1934

L. HANKE, The Spanish struggle for justice in the conquest of America, Philadelphia 1949

C. H. HARING, The Spanish empire in America, New York 1947

H. INNES, Die Konquistadoren, Stuttgart 1970

C. A. JULIEN, Les voyages de découverte et les premiers établissements, 15e–16e siècles (Colonies et empires 3,1), Paris 1948

F. A. KIRKPATRICK, Die spanischen Konquistadoren, Leipzig 1935. (The spanish conquistadores, London 1934)

R. KONETZKE, Der weltgeschichtliche Moment der Entdeckung Amerikas, in: Historische Zeitschrift 183, 1957

H. LÜTHY, Die Epoche der Kolonisation und die Erschließung der Erde, Versuch einer Interpretation des europäischen Zeitalters, in: H. Lüthy, In Gegenwart der Geschichte, Historische Essays, Köln und Berlin 1967

F. P. MARJAY, Portuguese navigators, Lissabon 1970

F. MAURO, Le seizième siècle européen, Aspects économiques (Nouvelle Clio 32), Paris 1970

Merchants and scholars, Essay in the history of exploration and trade, Collected in memory of J. F. Bell, Minneapolis und New York 1965

M. MITTLER, Mission und Politik, Diss. Zürich 1951

S. E. MORISON, Admiral des Weltmeeres, Das Leben des Christoph Columbus, Bremen und Horn 1948. (Admiral of the ocean sea, A life of Christopher Columbus, Bd. 1 und 2, Boston 1942)

S. E. MORISON, The European discovery of America, The northern voyages, A. D. 500–1600, New York 1971

J. H. PARRY, Zeitalter der Entdeckungen, Zürich 1963 (The age of reconnaissance, Discovery, exploration and settlement 1450–1650, London 1963)

B. PENROSE, Travel and discovery in the renaissance, 1420–1620, Cambridge 1955

D. PERES, A history of the Portuguese discoveries, Lissabon 1960. (Historia dos descobrimentos portugueses, Lissabon 1959)

O. PESCHEL, Geschichte des Zeitalters der Entdeckungen, Neuauflg. Berlin 1968

E. PRESTAGE, The Portuguese pioneers, New York 1967

E. SANCEAU, Die Pfefferflotte, Das Leben des portugiesischen Generalkapitäns Albuquerque, Leipzig 1939. (Indies adventure, London und Glasgow 1936)

L. SUAREZ FERNANDEZ, Navegación y comercio en el Golfo de Vizcaya, Un estudio sobre la política marinera de la Casa de Trastamara, Madrid 1959

C. VERLINDEN, Christoph Kolumbus, Vision und Ausdauer, Göttingen, Berlin und Frankfurt am Main 1962

C. VERLINDEN, Navigateurs, marchands et colons italiens au service de la découverte et de la colonisation portugaise sous Henri le Navigateur, in: Le moyen âge 64, 1958

J. A. WILLIAMSON, Maritime enterprise 1485–1558, Oxford 1913 und New York 1972

C. M. DE WITTE, Les bulles pontificales et l'expansion portugaise aux XVe siècle, in: Revue d'histoire ecclésiastique 48, 1953, 49, 1954, 51, 1956 und 53, 1958

Der weltliche und verweltlichte Staat

M. BALLESTEROS GAIBROIS, La obra de Isabel la Católica, Segovia 1953

K. BITTMANN, Die Ursprünge der französisch-mailändischen Allianz von 1463 (Abhandlungen der Akademie der Wissenschaften und der Literatur. Geistes- und sozialwissenschaftliche Klasse, Mainz, 1952, Bd. 1), Mainz 1952

E.-W. BÖCKENFÖRDE, Die Entstehung des Staates als Vorgang der Säkularisation, in: Säkularisation und Utopie. Ebracher Studien, Ernst Forsthoff zum 65. Geburtstag, Stuttgart, Berlin und Köln 1967

J. H. ELLIOTT, Imperial Spain, 1469–1716, London 1963

Die Entstehung des modernen souveränen Staates (Neue Wissenschaftliche Bibliothek 17, Geschichte), Köln und Berlin 1967

M. GOMEZ-MORENO, La escultura del renacimiento en España, Florenz und Barcelona 1931

J. HÖFFNER, Kolonialismus und Evangelium, Spanische Kolonialethik im Goldenen Zeitalter, 3. Aufl. Trier 1972, 1. Aufl. u. d. Titel: Christentum und Menschenwürde, Trier 1947

H. KAMEN, Die spanische Inquisition, München 1967. (The spanish inquisition, London 1965)

R. KONETZKE, Die Außenpolitik Ferdinands des Katholischen von Spanien, in: Historische Zeitschrift 175, 1953

R. KONETZKE, Das spanische Weltreich, Grundlagen und Entstehung, München 1943

Y. LABANDE-MAILFERT, Trois traités de paix, 1492/93, in: Le Moyen âge 60, 1954

C. LUCIUS, Pius II. und Ludwig XI. von Frankreich 1461 – 1462 (Heidelberger Abhandlungen zur mittleren und neueren Geschichte 41), Heidelberg 1913

R. B. MERRIMAN, The rise of the Spanish empire in the old world and in the new, 1–4, New York 1918, Neudruck New York 1962

J.-A. NERET, Charles VIII, 1470–1498, Paris 1947

C. SILIO CORTES, Isabel la Católica, fundadora de España. Su vida, su tiempo, su reinado 1451–1504, 4. Aufl. Madrid 1967

TARSICIO DE AZCONA, La elección y reforma del episcopado español en tiempo de los reyes católicos, Madrid 1960

TARSICIO DE AZCONA (Vater), Isabel la Católica, Estudio crítico de su vida y su reinado, Madrid 1964

J. VICENS VIVES, Historia crítica de la vida y reinado de Fernando II de Aragón, Saragossa 1962

J. VICENS VIVES, Juan II de Aragón, 1458–1479, Monarquia y revolución en la España del siglo XV, Barcelona 1953

J. VICENS VIVES, El principe don Fernando el Católico, Rey de Sicilia, 1458–1478, Madrid 1952

Politik als Kunst des Unmöglichen: Machiavelli und Maximilian I.

H. ANGERMEIER, Die Reichsregimenter und ihre Staatsidee, in: Historische Zeitschrift 211, 1970

K. S. BADER, Berthold von Henneberg, ein Staatsmann vom Mittelrhein, Mainz 1954

K. S. BADER, Kaiserliche und ständische Reformgedanken in der Reichsreform des endenden 15. Jahrhunderts, in: Historisches Jahrbuch 73, 1953

E. BOCK, Der Schwäbische Bund und seine Verfassungen 1488–1534 (Untersuchungen zur deutschen Staats- und Rechtsgeschichte 137), Breslau 1927

A. BONADEO, Corruption, conflict and power in the works and times of Niccolò Machiavelli, Berkeley, Calif. 1973

R. BUCHNER, Kaiser Maximilian als geschichtliche Erscheinung, in: Kaiser Maximilians I. Weisskunig, Hrsg. von H. T. Musper, Bd. 1 und 2, Stuttgart 1956

R. BUCHNER, Maximilian I., Kaiser an der Zeitenwende (Persönlichkeit und Geschichte 14), Göttingen, Berlin und Frankfurt 1959

H. FICHTENAU, Der junge Maximilian 1459–1482, Wien 1959

F. GILBERT, Machiavelli and Guicciardini, Politics and history in sixteenth-century Florence, Princeton, N.J. 1965

K. KLUXEN, Politik und menschliche Existenz bei Machiavelli, Dargestellt am Begriff der Necessità, Stuttgart, Berlin und Köln 1967

A. PAREL, The political calculus, Essays on Machiavelli's philosophy, Toronto und Buffalo, N. Y. 1972

G. SASSO, Niccolò Machiavelli, Geschichte seines politischen Denkens, Stuttgart 1965. (Il pensiero politico di Niccolò Machiavelli, Turin 1964)

TH. SCHIEDER, Niccolò Machiavelli. Epilog zu einem Jubiläumsjahr, in: Historische Zeitschrift 210, 1970

A. SCHRÖCKER, Maximilians Auffassung vom Königtum und das ständische Reich, in: Quellen und Forschungen aus italienischen Archiven und Bibliotheken 50, 1971

F. SOLLEDER, Reichsverbote fremden Kriegsdienstes, fremder Werbung und Rüstung unter Maximilian I., in: Zeitschrift für bayerische Landesgeschichte 18, 1955

L. STRAUSS, Thoughts on Machiavelli, London 1969

G. E. WAAS, The legendary character of Kaiser Maximilian (Columbia university germanic studies, Neue Serie 14), New York 1941

H. WIESFLECKER, Italien in der Kaiserpolitik Maximilians I., in: Der Schlern 34, 1960

H. WIESFLECKER, Der Italienfeldzug Maximilians I. im Jahre 1496, in: Carinthia I, 146, 1956

H. WIESFLECKER, Kaiser Maximilian I., Das Reich, Österreich und Europa an der Wende zur Neuzeit, Bd. 1–2, München 1971 und 1975, Bd. 1: Jugend, burgundisches Erbe und Römisches Königtum bis zur Alleinherrschaft 1459–1493, 1971

H. WIESFLECKER, Kaiser Maximilian I., 1459–1519, in: Gestalter der Geschicke Österreichs (Studien der Wiener Katholischen Akademie 2), Innsbruck, Wien und München 1962

H. WIESFLECKER, Maximilian I. und die habsburgisch-spanischen Heiratsverträge von 1495/96, in: Mitteilungen des Instituts für Österreichische Geschichtsforschung 67, 1959

H. WIESFLECKER, Maximilian und die Wormser Reichsreform, in: Zeitschrift des historischen Vereins für Steiermark 49, 1958

E. ZIEHEN, Frankfurter Reichsreform und Reichsgedanke 1486–1504, Ein Beitrag zur deutschen Geschichte in landschaftlich geprägter Form (Historische Studien 371), Berlin 1940

Der große Protest

K. ALAND, Martin Luther in der modernen Literatur, Ein kritischer Dokumentarbericht, Witten und Berlin 1973

P. ALTHAUS, Die Ethik Martin Luthers, Gütersloh 1965

P. ALTHAUS, Die Theologie Martin Luthers, 2. Aufl. Gütersloh 1963

W. ANDREAS, Der Bundschuh, Karlsruhe 1953

J. ATKINSON, The trial of Luther, New York und London 1971

J. BAUR, Gott, Recht und weltliches Regiment im Werke Calvins (Schriften zur Rechtslehre und Politik 44), Bonn 1965

R. H. BAINTON, Erasmus, Reformer zwischen den Fronten, Göttingen 1972 (Erasmus of christendom, New York 1969)

M. BENSING, Thomas Müntzer und der Thüringer Aufstand 1525 (Leipziger Übersetzungen und Abhandlungen zum Mittelalter, Reihe B, 3), Berlin 1966

A. E. BERGER, Die Sturmtruppen der Reformation, Flugschriften der Jahre 1520–1525, Leipzig 1931, Neudr. Darmstadt 1964

H. BORNKAMM, Das Jahrhundert der Reformation, 2. Aufl. Göttingen 1966

H. BORNKAMM, Luthers geistige Welt, 4. Aufl. Gütersloh 1960

H. BORNKAMM, Thesen und Thesenanschlag Luthers (Theologische Bibliothek Töpelmann 14), Berlin 1967

W. BORTH, Die Luthersache (causa Lutheri) 1517–1524, Die Anfänge der Reformation als Frage von Politik und Recht (Historische Studien 414), Lübeck und Hamburg 1970

J. CHAMBON, Der französische Protestantismus, 6. Aufl. München 1948

W. F. DANKBAAR, Calvin, Sein Weg und sein Werk, Neukirchen 1959 (Calvijn, zijn weg en werk, Neukirchen 1957)

A. G. DICKENS, The English reformation, London 1964

A. G. DICKENS, The German nation and Martin Luther, London 1973

W. ELLINGER, Thomas Müntzer (Erkenntnis und Glaube 16), Berlin-Friedenau 1960

E. H. ERIKSON, Der junge Mann Luther, Reinbek 1970. (Young man Luther, London 1959)

G. FRANZ, Der deutsche Bauernkrieg, München 1939, 4. Aufl. Darmstadt 1956

A. GANOCZY, Le jeune Calvin, Genèse et évolution de sa vocation réformatrice (Veröffentlichungen des Instituts für Europäische Geschichte Mainz 40), Wiesbaden 1966

G. GEBHARDT, Die Stellung des Erasmus zur römischen Kurie, Marburg 1966

H. A. E. VAN GELDER, The two reformations in the 16th century, 2. Aufl. Den Haag 1964

M. GRESCHAT, Luthers Haltung im Bauernkrieg, in: Archiv für Reformationsgeschichte 56, 1965

M. GRESCHAT, Melanchthon neben Luther (Untersuchungen zur Kirchengeschichte 1), Witten 1965

H. GRIMM, Ulrich von Hutten, Wille und Schicksal (Persönlichkeit und Geschichte 60/61), Göttingen 1971

H. HEIMPEL, Luthers weltgeschichtliche Bedeutung, in: Heimpel, Der Mensch in seiner Gegenwart, 2. Aufl. Göttingen 1957

G. F. HERSBERGER, Das Täufertum (Die Kirchen der Welt, Reihe B, 2), Stuttgart 1963

C. HINRICHS, Luther und Müntzer (Arbeiten zur Kirchengeschichte 29), Berlin 1952

J. HÖSS, Georg Spalatin, 1484–1545, Weimar 1956

H. HOLBORN, Ulrich von Hutten, Göttingen 1968

J. HURSTFIELD, The reformation crisis, London 1966

E. ISERLOH, Luther zwischen Reform und Reformation (Katholisches Leben und Kämpfen im Zeitalter der Glaubensspaltung 23/24), Münster 1966

F. W. KANTZENBACH, Martin Luther, Der bürgerliche Reformator (Persönlichkeit und Geschichte 68), Göttingen 1972

E. KINDER, Luther und die politische Frage, Neuendettelsau 1950

K. KLEINSCHMIDT, Ulrich von Hutten, Ritter, Humanist und Patriot, Berlin 1955

E.-W. KOHLS, Luther oder Erasmus, Luthers Theologie in der Auseinandersetzung mit Erasmus, Bd. 1 (Theologische Zeitschrift Sonderband 3), Basel 1972

E.-W. KOHLS, Die Theologie des Erasmus, Bd. 1 und 2, Basel 1966

K. KUPISCH, Leo X. und die europäische Reformation, in: Geschichte in der Gegenwart, Festschrift für Kurt Kluxen zu seinem 60. Geburtstag, Paderborn 1972

F. LAU, Luther, Berlin 1959

F. LAU, Luthers Lehre von den beiden Reichen (Luthertum 8), Berlin 1953

J. LORTZ, Die Reformation in Deutschland, Bd. 1 und 2, 4. Aufl. Freiburg, Basel und Wien 1962

J. LORTZ, Wert und Grenzen der katholischen Kontroverstheologie in der ersten Hälfte des 16. Jahrhunderts, in: Um Reform und Reformation, Hrsg. von A. Franzen (Katholisches Leben und Kirchenreform im Zeitalter der Glaubensspaltung 27/28), Münster 1968

H. LÜTHY, Die Kirchenspaltung als Ereignis der Sozialgeschichte, in: Lüthy, In Gegenwart der Geschichte, Historische Essays (Essay 9), Köln und Berlin 1967

J. MACEK, Das revolutionäre Programm des deutschen Bauernkrieges von 1526, in: Historica 2, 1960

P. MEINHOLD, Philipp Melanchthon, Der Lehrer der Kirche, Berlin 1960

P. MEINHOLD, Society in transition in the age of the reformation, in: The Sixteenth Century Journal 3, 1, 1972

H. MICHAELIS, Die Verwendung und Bedeutung der Bibel in den Hauptschriften der Bauern von 1525/26, Theol. Diss. Greifswald 1954

R. NÜRNBERGER, Die Politisierung des französischen Protestantismus, Tübingen 1948

K. H. OELRICH, Der späte Erasmus und die Reformation (Reformationsgeschichtliche Studien und Texte 86), Münster 1961

D. OLIVIER, Der Fall Luther, Geschichte einer Verurteilung 1517–1521, Stuttgart 1972. (Le procès Luther, 1517–1521, Paris 1971)

M. PIANZOLA, Thomas Munzer ou la guerre des paysans (Portraits de l'histoire 14), Paris 1958

Reformation oder frühbürgerliche Revolution? (Nymphenburger Texte zur Wissenschaft 5), München 1972

S. SKALWEIT, Reich und Reformation, Berlin 1967

M. M. SMIRIN, Die Volksreformation des Thomas Münzer und der große Bauernkrieg, 2. Aufl. Berlin 1956. (Narodnaja reformacija Tomasa Mjuncera i velikaja krest'janskaja vojna, Moskau 1955)

A. SPERL, Melanchthon zwischen Humanismus und Reformation (Forschungen zur Geschichte und Lehre des Protestantismus, Reihe 10, 15), München 1959

O. VASELLA, Reform und Reformation in der Schweiz (Katholisches Leben und Kämpfen im Zeitalter der Glaubensspaltung 16), Münster 1958

A. WAAS, Die Bauern im Kampf um Gerechtigkeit, 1300–1525, München 1964

Wandlungen des Lutherbildes (Studien und Berichte der Katholischen Akademie in Bayern 36), Würzburg 1966

Das Reich der Ewigen Sonne

H. W. BACHMANN, Kuriale Reformbestrebungen unter Adrian VI., 1522–1523, Diss. Erlangen 1948

H. BECHER, Die Jesuiten, München 1951

K. E. BORN, Moritz von Sachsen und die Fürstenverschwörung gegen Karl V., Darmstadt 1972

J. BOWLE, Henry VIII, A biography, Newton Abbot 1973

K. BRANDI, Kaiser Karl V., Werden und Schicksal einer Persönlichkeit und eines Weltreiches, Bd. 1: 7. Aufl. München 1964, Bd. 2 Quellen und Erörterungen, München 1941, Neuausg. unter dem Titel: Kaiser Karl V. und sein Weltreich, München 1973

R. CARANDE THOBAR, Los banqueros de Carlos Quinto, Bd. 1 und 2, Madrid 1944–1949, Bd. 1 La vida económia de España en una fase de su hegemonía, 1944, Bd. 2 La hacienda real de Castilla, 1949

E. DOERNBERG, Henry VIII and Luther, An account of their personal relations, London 1961

G. R. ELTON, England under the Tudors (A history of England 4), London 1955

G. R. ELTON, Henry VIII, An essay in revision (Historical association, General series 51), London 1962

H. O. EVENNETT, The spirit of the counter-reformation, Cambridge 1968

E. FABIAN, Die Entstehung des Schmalkaldischen Bundes und seiner Verfassung (Schriften zur Kirchen- und Rechtsgeschichte 1), 2. Aufl. Tübingen 1962

E. FABIAN, Die Schmalkaldischen Bundesabschiede 1530–1532, Bd. 1 und 2 (Schriften zur Kirchen- und Rechtsgeschichte 7/8), Tübingen 1958

M. DE FERDINANDY, Karl V., Tübingen 1966

C. W. FERGUSON, Naked to mine enemies, The life of Cardinal Wolsey, London, Boston und Toronto 1958

S. FISCHER-GALATI, Ottoman imperialism and the religion peace of Nürnberg, in: Archiv für Reformationsgeschichte 47, 1956

P. FRAENKEL, Einigungsbestrebungen in der Reformationszeit, Zwei Wege – zwei Motive (Institut für europäische Geschichte Mainz, Vorträge 41), Wiesbaden 1965

W. FRIEDENSBURG, Kaiser Karl V. und Papst Paul III. 1534–1549 (Schriften des Vereins für Reformationsgeschichte 50, 1), Leipzig 1932

E. GARCÍA-ONTIVEROS Y HERRERA, La politica norteafricana de Carlos I, Madrid 1950

R. GARCÍA VILLOSLADA, Ignacio de Loyola, un español al servicio del pontificado, Saragossa 1956

Gegenreformation, Hrsg. von E. W. Zeeden, Darmstadt 1973

C. GLITSCH, Die Bündnispolitik der oberdeutschen Städte des Schmalkaldischen Bundes unter dem Einfluß von Straßburg und Ulm 1529/31–1532, Diss. Tübingen 1960

P. F. GRENDLER, Critics of the Italian world, 1530–1560, Anton Francesco Doni, Nicolò Franco and Ortensio Lando, Madison, Wis. 1969

O. VON HABSBURG, Karl V., Wien und München 1967 (Charles-Quint, Paris 1967)

L. E. HALKIN, La réforme en Belgique sous Charles-Quint, Brüssel 1957

L. HATZFELD, Staatsräson und Reputation bei Kaiser Karl V., in: Zeitschrift für Religions- und Geistesgeschichte 11, 1959

P. HEIDRICH, Karl V. und die deutschen Protestanten am Vorabend des Schmalkaldischen Krieges, Bd. 1 und 2, Frankfurt 1911–1912

H. HOLBORN, Ulrich von Hutten and the german reformation, New Haven und London 1937

P. HUGHES, The reformation in England, Bd. 1–3, London 1950–1954

W. KAEGI, Erasmus and the age of reformation, New York 1957

F. W. KANTZENBACH, Das Ringen um die Einheit der Kirche im Jahrhundert der Reformation, Stuttgart 1957

KARL V., Kölner Colloquium 26.–29. Nov. 1958, Der Kaiser und seine Zeit, Köln und Graz 1960

S. E. LEHMBERG, The reformation parliament 1529–1536, London 1970

O. LEHNHOFF, Die Beichtväter Karls V., Diss. Göttingen 1932

A. LHOTSKY, Das Zeitalter des Hauses Österreich, Die ersten Jahre der Regierung Ferdinands I. in Österreich, 1520–1527 (Veröffentlichungen der Kommission für Geschichte Österreichs 4), Wien, Köln und Graz 1971

I. LUDOLPHY, Die Voraussetzungen der Religionspolitik Karls V. (Arbeiten zur Theologie Reihe 1, 24), Stuttgart 1965

H. LUTZ, Christianitas afflicta, Europa, das Reich und die päpstliche Politik im Niedergang der Hegemonie Kaiser Karls V., 1552–1556, Göttingen 1964

J. D. MACKIE, The earlier Tudors, 1485–1558 (Oxford history of England 7), Oxford 1952

S. DE MADARIAGA, Charles-Quint, Paris 1969

G. MATTINGLY, Katharina von Aragon, Stuttgart 1962 (Catherine of Aragon, Boston 1941)

A. MERCATI, Adrien VI, le premier pape de la contre-réforme, Sa personnalité, sa carrière, son oeuvre, in: Ephemerides theologicae lovanienses, Bibliotheca 14, 1959

G. V. DE C. PARMITER, The king's great matter, A study of Anglo-Papal relations 1527–1534, London 1967

A. F. POLLARD, Henry VIII, London 1951

J. POSNER, Der deutsche Papst Adrian VI., Recklinghausen 1962

H. RAHNER, Ignatius von Loyola als Mensch und Theologe, Freiburg, Basel und Wien 1964

P. RASSOW, Die Kaiser-Idee Karls V., dargestellt an der Politik der Jahre 1528–1540 (Historische Studien 217), Berlin 1932

P. RASSOW, Karl V., Der letzte Kaiser des Mittelalters (Persönlichkeit und Geschichte 1), Göttingen, Berlin und Frankfurt/Main 1957

P. RASSOW, Die politische Welt Karls V., München 1942, 2. Aufl. München 1946

Der Reichstag zu Worms von 1521. Reichspolitik und Luthersache, Im Auftrag der Stadt Worms zum 450-Jahr-Gedenken hrsg. von F. Reuter, Worms 1971

E. RICHTER, Frundsberg, Vater der Landsknechte, Feldherr des Reichs, München 1968

K. RISCHAR, Johann Eck auf dem Reichstag zu Augsburg 1530 (Reformationsgeschichtliche Studien und Texte 97), Münster 1968

M. SALOMIES, Die Pläne Karls V. für eine Reichsreform mit Hilfe eines allgemeinen Bundes (Annales academiae scientiarum fennicae Serie B 83, 1), Helsinki 1953

J. J. SCARISBRICK, Henry VIII, London 1968

H. VON SCHUBERT, Der Reichstag zu Augsburg in Zusammenhang der Reformationsgeschichte (Schriften des Vereins für Reformationsgeschichte 48, 3), Leipzig 1930

M. SIMON, Der Augsburger Religionsfriede, Augsburg 1955

S. SKALWEIT, Karl V. und die Nationen, in: Saeculum, Jahrbuch für Universalgeschichte 9, 1958

H. M. SMITH, Henry VIII and the reformation, London 1962

L. B. SMITH, Die fünfte Frau, Heinrich VIII. und Katharina Howard, Stuttgart 1969. (A Tudor tragedy, the life and times of Catherine Howard, New York 1961)

L. B. SMITH, Henry VIII, the mask of royalty, London 1971

L. W. SPITZ, The religious renaissance of the German humanists, Cambridge 1963

G. STÖCKL, Kaiser Ferdinand I., 1503–1564, in: Gestalter der Geschicke Österreichs, Hrsg. von H. Hantsch (Studien der Wiener katholischen Akademie 2), Innsbruck, Wien und München 1962

C. TERRASSE, Franz der Erste von Frankreich, Der König und sein Reich, Bd. 1, Hamburg 1943. (François Ier, Le roi et le règne. Bd. 1 und 2, 2. Aufl. Paris 1949–1950)

C. TURETSCHEK, verehel. MEIER, Die Türkenpolitik Ferdinands I. von 1529–1532 (Dissertationen der Universität Wien 10), Diss. Wien 1968

J. V. WALTER, Der Reichstag zu Augsburg 1530, in: Lutherjahrbuch 12, 1930

Dokumentation

A. D. ALDERSON, The structure of the Ottoman dynasty, Oxford 1956

E. FÜGEDI, Der Außenhandel Ungarns am Anfang des 16. Jahrhunderts, in: Der Außenhandel Ostmitteleuropas, Hrsg. von J. Bog 1450–1650, Köln 1971

HALIL EDHEM, Düvel-i islâmiyye [Islamische Dynastien], Istanbul 1927

W. K. PRINZ ZU ISENBURG und F. BARON FREYTAG VON LORINGHOVEN, Stammtafeln zur Geschichte der europäischen Staaten, Bde. 1 und 2, Neuausg. Marburg 1965

ST. LANE-POOL, The Mohammadan dynasties, Paris 1925

G. LECHNER, Die hansischen Pfundzollisten des Jahres 1368 (Quellen und Darstellungen zur hansischen Geschichte N. F. 10), Lübeck 1935

C. MARTIN, Übersichtskarte von dem Verbreitungsgebiet des Schwarzen Todes, in: Petermanns geographische Mitteilungen 25, 1879

A. DA MOSTO, I dogi di Venezia nella vita publica et privata, Mailand 1960

CH. VERLINDEN, Wo, wann und warum gab es einen Großhandel mit Sklaven während des Mittelalters? (Kölner Vorträge zur Sozial- und Wirtschaftsgeschichte 11), Köln 1970

Personen- und Sachregister

Vorlagen für die Farbtafeln fertigten an oder liehen dem Verlag: Lichtbildwerkstätte »Alpenland«, Wien XIV; Photographie Giraudon, Paris, I, II; Photo Meyer K. G., Wien XIV; Scala Istituto Fotografico Editoriale, Florenz IV, V, VI.

Die hier nicht aufgeführten Quellen sind mit den in den Bildunterschriften genannten Archiven, Bibliotheken, Museen und Sammlungen identisch.

Die Vorlagen für die Bilddokumente stammen von:
Anderson, Rom 16, 158, 276, 286; Architekturmuseum A. W. Schtusewa, Moskau 199; Archives Photographiques, Paris 104, 220; Archiv für Kunst und Geschichte, Berlin 157, 193, 196, 238, 275, 331 l., 340 l., 352; Archivní Správa, Prag 43; Theo Bandi über Conzett & Huber, Zürich 171; Bildarchiv der Österreichischen Nationalbibliothek, Wien 58, 182, 185, 291, 309; Bildarchiv Foto Marburg 341; Antonin Bláha, Prag 326; Erwin Böhm, Mainz 179; Brunel, Lugano 294; Chomon-Perino, Turin 110; Franco Cianetti 247; Copyright reserved to H. M. The Queen with permission of The Lord Chamberlain, London 79; Dethmann, Wolfenbüttel 347; Deutsche Fotothek, Dresden 234; Deutsches Museum, München 267; Jean Dubout, Paris 212; J. t'Felt, Antwerpen 213; Fotografia Editrice Orlandini, Modena 84; Fotostelle der Universitätsbibliothek Bonn 188, 368; Fratelli Alinari, Florenz 87, 94, 122, 141, 240, 299, 360; Gabinetto Fotografico della Soprintendenza alle Gallerie, Florenz 132; Lilly Hannemann, Bonn-Bad Godesberg 24; Prof. Dr. Martin Hürlimann über Atlantis Verlag, Zürich 175; Alfred Janderka, Wien 374; Werner Kaletsch, Nürnberg 318; Ralph Kleinhempel, Hamburg 76 o., 111; Laboratorio Fotografico della Soprintendenza alle Gallerie, Neapel 128; Prof. Dr. V. N. Lasarew, Moskau 195, 206; Lauros-Giraudon, Paris 32, 126, 384; Lichtbildwerkstätte »Alpenland«, Wien 56, 315, 366; MAS, Barcelona 278, 292; Leonard von Matt, Buochs/Schweiz 280, 283; E. Meiche, Annaberg-Buchholz 233; Mikrographisches Institut, Kassel-Wilhelmshöhe 28 u.; Obenauf, Erlangen 373; Karl-Heinrich Paulmann, Berlin 26, 47; Photographie Giraudon, Paris 34 l., 34 r., 52, 86, 210, 322, 327, 362; Dr. G. B. Pineider, Florenz 100, 119; Rheinisches Bildarchiv, Köln 61; Guido Sansoni, Florenz 115; Helga Schmidt-Glassner, Stuttgart 355; Grandi Silvio, Siena 20; Stadtbildstelle Augsburg 223, 226, 338; Walter Steinkopf, Berlin 67, 109, 130, 136, 152, 155, 224, 235, 303, 329 r., 349, 359; VAAP, Moskau 203; C. Vetterli, Zürich 332 l.; Wolf, Nürnberg 270; Wolter, Düsseldorf, über C. G. Boerner, Düsseldorf 181; Ludwig Zimmermann, Lauingen a. d. Donau 379. – Alle übrigen Aufnahmen lieferten die in den Bildunterschriften erwähnten Archive, Bibliotheken, Museen und Sammlungen.

Die Erlaubnis zur Wiedergabe von Originalen erteilten freundlicherweise die in den Bildunterschriften und Fotonachweisen genannten Institutionen und privaten Besitzer.

Redaktion:
Wolfram Mitte, Ferdinand Schwenkner, Ruth Kubitz

Die Erarbeitung der Dokumentation unterstützten:
Peter Ambros, Berlin;
Dr. Eberhard Bohm, Berlin; Felix Escher, Berlin

Die Landkarten und Graphiken zeichneten:
Erhard Bechtluft, Berlin; Helmut Kreische, Berlin;
Paul Gerhard Müller, Berlin; Volkmar Schwengle, Berlin

Die Bibliographie standardisierte:
Ute Brandis, Berlin

Bei der Erstellung des Registers halfen:
Ulrike Mayer, Nürnberg; Prof. Dr. Lorenz Weinrich, Berlin

Bei der Beschaffung
von Bildvorlagen und deren Betextung halfen
mit Anregungen und Auskünften:
Dr. Fedja Anzelewski, Berlin; Dr. Udo Arnold, Bonn-Röttgen;
François Avril, Paris; Univ.-Prof. Dr. Richard Blaas, Wien;
M. Blanch, Barcelona;
C. G. Boerner – Kunstantiquariat, Düsseldorf;
Prof. Giulia Bologna, Mailand; Dr. Tilo Brandis, Berlin;
A. Brejon, Paris; Costantina dalle Fusine, Venedig;
Wilfried Göpel, Berlin; Ilse Graefe, Berlin;
Dr. Ernst Hauswedell & Ernst Nolte, Hamburg;
Prof. Dr. Ludwig H. Heydenreich, München;
Dr. Eva Irblich, Wien; Dr. Georg Kugler, Wien;
Juan Díaz López, Madrid; Dr. Ubaldo Morandi, Siena;
Dr. Helmut Presser, Mainz; Dr. Ludwig Veit, Nürnberg;
Dr. Mirko Velinský, Prag; Nicole Villa, Paris;
Dr. Leonie von Wilckens, Nürnberg